PSYCHOLOGIE DER KULTUR
BAND 1

G. Condrau (Hrsg.)

Kindlers »Psychologie des 20. Jahrhunderts«

PSYCHOLOGIE DER KULTUR

Band 1: Transzendenz und Religion

Herausgegeben von Gion Condrau

Beltz Verlag
Weinheim und Basel

CIP-Kurztitelaufnahme der Deutschen Bibliothek

Psychologie der Kultur / hrsg. von Gion Condrau.
– Weinheim ; Basel : Beltz
(Kindlers „Psychologie des 20. Jahrhunderts")
ISBN 3-407-83051-3
NE : Condrau, Gion [Hrsg.]

Bd. 1. Transzendenz und Religion. – 1982
ISBN 3-407-83043-2

Umschlaggestaltung: Eckard Warminski, Frankfurt/Main
Gesamtherstellung: Beltz Offsetdruck,
6944 Hemsbach über Weinheim
Printed in Germany

ISBN 3 407 **83043** 2

Vorbemerkung zur Lizenzausgabe

Die 1976 bis 1981 bei Kindler erschienene 15bändige Enzyklopädie „Die Psychologie des 20. Jahrhunderts" war bislang nur als Gesamtwerk erhältlich. Die vorliegende Lizenzausgabe in Einzelbänden sowie mehrbändigen Teilausgaben zu geschlossenen Themenbereichen soll dieses Werk nunmehr auch einem größeren Leserkreis zugänglich machen. Die Originalausgabe wurde, abgesehen von einigen unbedeutenden Weglassungen, unverändert übernommen. Um eine günstige Preisgestaltung zu ermöglichen, wurde auf Korrekturen verzichtet; die im Text gegebenen Querverweise auf die Bände der Originalausgabe blieben deshalb erhalten. Wir bitten die Leser hierfür um Verständnis. Alle Register und die übrigen Teile des Anhangs wurden jedoch für die Lizenzausgabe völlig neu bearbeitet.

Inhaltsverzeichnis

Anhang

Einleitung

Transzendenz, Imagination, Kreativität sind die Themen dieses letzten Bandes der Enzyklopädie. Als Helmut Kindler mit der Bitte an mich herantrat, ich möge die Herausgabe dieses Bandes übernehmen, bedeutete die Ehre, die mir damit zufiel, gleichzeitig Freude und Erschrecken. Freude darüber, daß ich mich selbst mit diesem so wichtigen und gehaltvollen Gebiet auseinandersetzen durfte, Erschrecken ob der damit verbundenen, auf mich zukommenden Aufgabe. Der Titel erhielt zwar gleich vom Verlag her eine Konkretisierung: Es sollte das nachgeholt werden, was vermutlich in den vorhergehenden Bänden nicht oder ungenügend zur Darstellung gekommen war; so insbesondere die Beziehungen der Psychologie zur Religion, die Phänomene der Parapsychologie und schließlich Psychologie und Kunst, Psychologie und Literaturwissenschaft. Mit diesen Angaben galt es, dem Gesamtwerk einen runden Abschluß zu geben, gleichzeitig wohl aber auch diesen Abschluß zu einem eigentlichen Beginn zu gestalten. Denn mit der Psychologie des 20. Jahrhunderts dürfte die Psychologie ja nicht zu Ende sein. Sie kann aber richtungsweisend für die Weiterentwicklung werden, sofern die Bestandsaufnahme zu Fragen führt, auf die heute noch keine Antworten gegeben werden können. Und wer könnte schon behaupten, irgendeine Wissenschaft sei bereits am Ende ihrer Weisheit angelangt? Wer könnte sich vermessen anzunehmen, die Psychologie habe alle an sie gestellten Anforderungen erfüllt, alle Fragen beantwortet? Und schließlich: Stellt nicht gerade dieser XV. und letzte Band der »Psychologie des 20. Jahrhunderts« die Psychologie als eigenständige Wissenschaft in Frage?

Sollte ich je eine andere Ansicht vertreten haben, so lehrte mich der Werdegang dieses vorliegenden Bandes eines Besseren. Nirgends, so fand ich, drängten sich Themen auf, welche die Psychologie nackt, selbstgenügsam, autonom, für-sich-seiend zur Darstellung hätten bringen können. Psychologie gilt zwar als *Wissenschaft von der Seele*, zumindest von den seelischen Erscheinungen. Da man jedoch *die Seele* nicht objektivieren kann, sagen wir wohl besser: *von der Begegnung menschlichen Daseins mit der Welt.* Aber auch eine solche »Begegnung« deutet eine zweifelhafte Dualität zwischen Subjekt und Objekt an. So daß wir eigentlich sagen müßten: Es geht in der Psychologie um die Offenständigkeit des Menschen in all seinen Bezügen zu dem, was wir »Welt« nennen. Die Welt des Menschen ist aber nicht lediglich seine physiologisch am Leibe feststellbare Biologie, nicht die meß- und wägbare Außenwelt der physikalischen Materie, nicht nur die Schönheit und Vielfalt pflanzlichen und tierischen Lebens, nicht das Leben schlechthin, sondern gerade auch das, worum der Titel dieses Bandes kreist: die Transzendenz, die Imagination und die Kreativität. So ist im Grunde Psychologie ohne diese Trias nicht denkbar. Damit aber steht dieser Band nicht nur als letzter, sondern auch als erster da. Auf dem Grunde von Kreativität, von Imagination und Transzendenz kann sich Psychologie entfalten, kann sie erst werden.

Das Geschick war gütig mit mir. Aus einem dürftigen Rohbau wurde zunächst ein Gerüst, dann, wir mir scheint, doch ein Haus, in dem sich wohnen läßt. Es wurde mir von allen Seiten Hilfe zuteil. Das eine Thema führte zum anderen, ein Autor führte zum nächsten, ich lernte Wissenschaftler und Menschen kennen, die mir bislang wohl von ihren Schriften her bekannt waren, aber mir nicht nahestanden. Die gemeinsame Arbeit an einem solchen Werk verbindet, selbst dann, wenn man sich nicht von Auge zu Auge sieht. Ich gebe zu: Es war nicht immer leicht. Um im psychoanalytischen Sprachgebrauch zu sprechen: Das gewaltige »Über-Ich« (oder besser: »Ich-Ideal«) des Verlages mit dessen Normen und Grenzen (die Gesamtseitenzahl durfte nicht überschritten werden, die Abfassung der Manuskripte war formal einer einheitlichen Ordnung unterworfen, Bibliographie innerhalb und außerhalb des Textes vorgeschrieben und reglementiert); auf der anderen, auf der Gegenseite, das »Es«, die Autoren, neben dem Herausgeber 92 an der Zahl. Wie immer und überall auf der Welt, teils brav und diszipliniert, teils autistisch-undiszipliniert, rebellisch, den Herausgeber zur Verzweiflung treibend, letztlich aber immer sich fügend. Dazwischen eben das »Ich«, der Herausgeber, den Standpunkt des Verlegers vertretend, den Standpunkt der Autoren verstehend, einen Mittelweg suchend, Wünsche erfüllend oder auch nicht, lästig, aufsässig für viele, nachgiebig, wenn auch händeringend, für andere. Kurz: es war eine herrliche Zeit. Ich bitte alle, deren Anliegen ich nicht genügend berücksichtigen konnte, denen ich zu autoritär »nein« sagen mußte, um Nachsicht und Verzeihung. Ausnahmslos allen aber habe ich zu danken, für ihre primäre Zusage, für ihr Entgegenkommen und letztlich auch für ihr Verständnis. Mein Dank gebührt vor allem der Sekretärin des Daseinsanalytischen Institutes für Psychotherapie und Psychosomatik in Zürich, Frau Theres Aeschlimann, für die große und mit viel Können und Geduld ausgeführte administrative Arbeit. Selbstredend danke ich auch für die praktische Hilfe, die mir von seiten des Verlags, insbesondere der Herren Wolf Keienburg und Dr. Bernd Nitzschke, zuteil wurde, Herrn und Frau Helmut und Nina Kindler für ihre Ratschläge, aber vor allem für die Möglichkeit, die sie mir geboten haben, an dieser Enzyklopädie mitzuwirken.

Transzendenz, Imagination und Kreativität sind Begriffe, die geistesgeschichtlich verschiedene Interpretationen zulassen. Alle drei gehören in den Bereich der Philosophie, alle drei in jenen der Theologie, alle drei in den Bereich des Irrationalen, des wissenschaftlich Undurchsichtigen, der Utopie. Die Zuordnung von Theologie zur Transzendenz, von Parapsychologie in ihrer ganzen Vielfalt zur Imagination, von Kunst und Literatur zur Kreativität bedeutet denn auch nichts anderes als eine etwas willkürliche, von der Sache her aber doch gerechtfertigte Schwerpunktsetzung. Kein Zweifel darf darüber aufkommen, daß Transzendenz, Imagination und Kreativität übergreifende und übergeordnete Begriffe sind, die erst die verschiedenen Aspekte und Beiträge dieses Bandes zu einer Einheit verschmelzen, zu der nämlich, die wir *Kultur* nennen.

Herrliberg, im Juni 1979 *Gion Condrau*

PROLEGOMENA

TRANSZENDENZ

von Helmut Holzhey

»Transzendenz« ist in diesem Band das Stichwort für die Psychologie der Religion. Das mag verwundern. Die Termini »Transzendenz« und »transzendent« spielen wohl bei C. G. Jung eine Rolle, der Terminus »transzendental« ist dank der so benannten Meditationstechnik (TM) zu öffentlichem Ruf gelangt. Aber weder hat »Transzendenz« bloß religiöse Bedeutung – nicht einmal in der Psychologie, denn der Begriff ist daseinsanalytisch bei L. Binswanger aufgenommen worden –, noch wird Religion generell tiefenpsychologisch in der Perspektive des Transzendenzgedankens thematisch. Auch für die theologischen Stellungnahmen zur Religionspsychologie steht er nicht im Vordergrund. Reformatorische Theologie dürfte von ihrem Gottesverständnis her sogar Bedenken gegen ein in der Terminologie verstecktes Vorurteil für eine dem Glauben und seinem Gegenstand fremde Betrachtungsweise haben. Nicht zuletzt muß heute mit einem allgemeinen »Transzendenzschwund« (Struve 1969, 8) gerechnet werden; man ist weit herum von der »Entmachtung oder Abdankung der Transzendenz« (Berger 1969, dt. Ausg., 14) überzeugt. Die psychologische Analyse der Religion hat das Ihrige dazu beigetragen.

Das Wort »Transzendenz« (mit seinen Paronymen) ist ein Kunstwort und gehört im wesentlichen der philosophischen Sprache an. Wenn es in der *gehobenen Alltagssprache* verwendet wird, hat es religiöse Bedeutung. Ob nun der Verlust an Transzendenz beklagt oder der Glaube an eine transzendente Macht bezeugt wird – das Wort signalisiert, ähnlich wie »Jenseits«, ein religiöses Problem, drückt aber zugleich eine gewisse Scheu aus, ein »Objekt« der religiösen Beziehung direkt namhaft zu machen, eine Art neuerlicher Scheu vor dem Gottesnamen. Diese Scheu mag bewußter Vorsicht gegenüber Objektivationen oder Existenzannahmen in bezug auf das religiöse »Objekt« entstammen; häufig gibt sie einfach dem Gefühl Raum, daß es untunlich sei, eine spezifische konfessionell-religiöse Bindung öffentlich zu deklarieren, tunlich hingegen, sich den »Himmel« offenzuhalten, wenn auch auf vage und nicht besonders verpflichtende Weise. Die normalsprachliche Rede von Transzendenz ist also in der Hauptsache Schwundstufen religiösen Bewußtseins zuzuordnen.

Das müßte auch vom Wort »Transzendenz« im Titel dieses Bandes gelten und insbesondere dann, wenn man es vor eine religionspsychologische Überschau gesetzt findet. Im Aufhänger »Transzendenz« erscheint so eine Verfallsform der Gottesidee, eine Verfallsform mit dem Anspruch auf Offenheit für das unverkürzte religiöse Phänomen. Auf diese Einstellung zugeschnitten, entschärft die Transzendenz-Terminologie die Differenzen im Gottesbegriff der verschiedenen Religionen und Konfessionen (an Transzendenz kann man sich schwerlich vergiften), entpflichtet von allen nichtprojektiven Objektivationen und sichert in dieser anthropologischen Orientierung die wissenschaftliche Neutralität des Religionspsychologen.

Demgegenüber hat der Transzendenz*begriff* eine große philosophische Tradition, die sich von der Blässe des zeitgenössischen Transzendenz-Vokabulars farbig abhebt. Wenn das Titelwort zu rechtfertigen ist, dann muß seine Legitimation in der philosophischen Begriffsgeschichte gesucht werden. Der philosophische Begriff bildet auch den Boden und Horizont religionspsychologischen Redens von Transzendenz. Aber er ist keineswegs auf die Semantik einer religiösen Terminologie beschränkt, wie unter anderem die nachfolgenden Ausführungen zum Transzendenzbegriff im allgemeinen und seinen zeitgenössischen Ausformungen im besonderen zeigen werden. Natürlich bleibt die eigenständige philosophische Problematik mit der religiösen aus der Sache heraus in mannigfacher Weise verkettet.

ZUM TRANSZENDENZBEGRIFF IM ALLGEMEINEN

Das lateinische Wort »transcendere« setzt sich aus der Präposition »trans« (jenseits, über, über – hin) und dem Verb »scandere« (steigen) zusammen und heißt wörtlich: übersteigen (z. B. Mauern, die Alpen, einen Fluß). Primär ist ein Überschreiten in vertikaler Richtung gemeint, das sich zu einem Hinaus-Steigen, einem Darüber-hinweg-Steigen und einem Nach-jenseits-Gelangen nuanciert. Diese Nuancen im Wortgebrauch wie generell die räumliche Dimension sind für den Begriffsinhalt relevant (vgl. Struve 1969, 37 ff).

Seinem Ursprung nach ist Transzendenz ein Begriff der *philosophischen* Theologie (Metaphysik), der Lehre vom (höchsten) Einen. Die Verbindung zum biblischen Gottesverständnis wird von antiken und mittelalterlichen Theologen erst gesucht oder auch abgewehrt. »Die Transzendenz Gottes ist in der Bibel nicht gedacht als die Jenseitigkeit des Geistes gegenüber der Sphäre des Materiellen, Sinnlichen, als die Zeitlosigkeit gegenüber dem Werden und Vergehen, sondern als die schlechthinnige Autorität, die Unverfügbarkeit und ständige Zukünftigkeit Gottes. Gott ist zwar auch der ewige Gott, aber er ist ein handelnder Gott, der in der Geschichte wirkt« (Bultmann 1958, 107). Philosophisch-metaphysisch begriffen meint Transzendenz das radikale »Hinaussein« sowohl über alle weltliche Wirklichkeit wie auch über die gängigen Weisen der Welthabe und Wirklichkeitserfassung (bis zur Verabschiedung sogar des geistigen Sehens). Beide Aspekte, der einer jenseitigen Wirklichkeit und der eines diese Wirklichkeit vermittelnden Erfahrungsmodus, einer transzendentalen Erfahrung, gehören zusammen. Es ist also eine falsche Alternative, der metaphysisch-theologischen Transzendenz eines über- oder außerweltlichen »Gottes« die Alternative der »Transzendierung des normal-menschlichen raumzeitlichen Bewußtseins« (Govinda 1966, 260), wie sie östliche Religiosität anstrebe, entgegenzusetzen. Der spätgriechische Philosoph

Plotin, der mit seinem »alles übersteigen« (Enn. VI, 9, 11) den eigentlichen Begriff der Transzendenz hervortreibt (das Wort selbst entsteht im Mittellateinischen), ordnet dem Einen und Höchsten die ekstatisch-punktuelle Erfahrung eines »geistigen Berührens« zu, eines augenblicklichen Sehens, »wo die Seele jählings von Licht erfüllt wird« (Enn. V, 3, 17).

Das Wort »Transzendenz« geht auf das aktivische Partizip Präsens »transcendens« zurück, es bezeichnet primär eine Aktivität. Sehr pauschal geurteilt wird *Gott* in der mittelalterlichen Philosophie als das »Sein selbst« gedacht, das alles endlich-beschränkt Seiende samt der menschlichen Vernunft übersteigt; neuzeitlich betrachtet ist der *Mensch* (der menschliche Geist) der transzendierende Akteur, der die Grenze sinnlich erfahrbarer Wirklichkeit auf der Suche nach Transzendentem überschreitet (s. die Beiträge von E. Hoch, J. Y. Wendt und K. v. Dürckheim in diesem Bd.).

In dieser letzten Formulierung ist das Wort nicht mehr zur Bezeichnung einer Aktivität verwendet (transzendent = transzendierend); »das Transzendente« steht (ebenso wie häufig »Transzendenz«) für das Woraufhin des Überstiegs, es bezeichnet in formaler Weise die jenseitige Wirklichkeit selbst, zu der der Transzendierende aufbricht, was immer auch inhaltlich noch von dieser »Wirklichkeit« ausgesagt werden kann. Diese *terminale* Verwendung des Ausdrucks ist an den menschlichen Akteur des Transzendenzgeschehens gebunden; man hat Anlaß, schon in diesem Wortgebrauch eine Verflüchtigung der Realität des Transzendenten zu sehen, weil sich die »flüchtige« Seinsart des Überstiegs (der Transzendenz als Relation) auf die transzendente »Wirklichkeit« (die Transzendenz als Woraufhin) überträgt (Krings 1964, 51).

Ausgehend von diesen Differenzierungen bespreche ich im folgenden einige zentrale Momente des philosophischen Transzendenzbegriffes. Leitende Hinsichten bilden dabei: Transzendenz als Relation, als jenseitige »Wirklichkeit«, als durch den Menschen vollziehbarer Akt. Beabsichtigt ist, mit diesen Überlegungen, die an den Terminus »Transzendenz« geknüpft bleiben, Hinweise für eine mögliche Orientierung im Labyrinth der Thematik von *Seele und Gott*, einer Grundthematik der europäischen Geistesgeschichte, zu geben.

Relation Transzendenz

Transzendenz ist eine Relation, eine Relation der Differenz zwischen dem Transzendenten (alles Übersteigenden) und dem Transzendierten; in der Perspektive des transzendierenden Menschen ausgedrückt: eine Relation zwischen dem, woraufhin transzendiert wird, und dem, woraus transzendiert wird. Wenn diese Differenz nicht absolut gedacht ist (und sie absolut zu denken, nämlich ihre Relationalität aufzuheben, würde die Denk»kraft« selbst übersteigen), so erscheint sie als ein Gefälle. Begrifflich gesprochen: Das Transzendente bzw. das Woraufhin des Überstiegs wird als (absoluter) Seinsgrund gedacht, in dem das Transzendierte bzw. das Woraus des Überstiegs fundiert ist.

Transzendenz läßt sich als *Grenzüberschreitung* auffassen. »Im Begriff des transcendere ist die Tatsache der Grenze immer schon mitgedacht« (Leist 1957, 295). Überstiegen wird die Grenze nicht in horizontaler, sondern in vertikaler Richtung, d. h. auf einen wesensverschiedenen Bereich hin; die »transzendentale«

(= zu Transzendenz gehörige) Grenze trennt nicht bloß Verschiedenes, sondern Verschiedenartiges, wie das Undenkbare und Unsagbare vom Denk- und Sagbaren, das Unendliche vom Endlichen, das Sein vom Seienden, den Grund von den Gründen, das umfassende Ganze vom Teilhaften usw.

Die Grenze bestimmt sich erst in und mit der »transzendentalen« Relation. Sie bildet also nicht ein »Problem«, d. h. eine *vor*gegebene Aufgabe, die mit dem Überstieg gelöst würde. Die Transzendenz »definiert« die Grenze, indem das Transzendente nicht bloß über das Transzendierte hinausführt, sondern im Übersteigen auf es zurückweist. »In allgemeiner und formaler Fassung ist ... Transzendenz der Prozeß von Überstieg und Rückbezug, genauer: von Überstieg als Rückbezug« (Simons 1974, 1540). Die in sich zurückgewendete oder *reflexe* Transzendenz ist durch die Momente des Hinausseins, in dem aber das Transzendierte nicht zurückgelassen oder verloren ist, und der Rückkehr in sich, mit der aber das Hinaussein nicht »vergessen« ist, gekennzeichnet (vgl. Krings 1964, 54).[1]

Diese Reflexion-in-sich des Transzendenzgedankens, eine spekulative Denkfigur, kennzeichnet Transzendenz auch unter der modernen Voraus-Setzung der Endlichkeit des Denkens, ja als Lebensäußerung des Lebewesens Mensch. Plessner ist in seiner Untersuchung des organischen Seins davon ausgegangen, daß lebendige Körper ihre Grenze an sich selbst haben, d. h. nicht nur eine räumliche Begrenzung besitzen, sondern den Grenz*übergang* an ihnen selbst vollziehen. Die Grenze schließt den lebendigen Körper dem Medium gegenüber auf, so daß er *über ihm* (nicht schon: über sich) *hinaus* ist; sie behält ihn aber auch ein, bringt ihn auf sich zurück, so daß er *ihm entgegen* ist. Indem etwas die Grenze an sich hat, ist es über es hinaus- und in es hineingesetzt, ist damit »angehoben« (Plessner 1928, 99 ff u. 127 ff). Dieses Gesetztsein (*Positionalität*) ist das Grundcharakteristikum des Organismus, der damit zu seinem Positionsfeld weder ein Verhältnis »absoluter Immanenz« (d. h. realer Identität von Umfeld und Organismus) noch »absoluter Transzendenz« (d. h. vollkommener Fremdheit des Umfeldes für den Organismus) einnimmt (1928, 203). Der Mensch erreicht die höchste Stufe des Gesetztseins, die *exzentrische* Positionalität, indem er zu seiner eigenen positionalen Mitte selbst in Beziehung steht, damit zugleich in sie hinein- und aus ihr herausgesetzt ist (1928, 288 ff). Aus dieser (von Plessner nicht so genannten) anthropologischen Transzendenz, die für den Menschen den »realisierten Widersinn birgt«, sein Hier-Jetzt einzunehmen und zugleich nicht einzunehmen, versteht sich die Ausgliederung einer wirklichkeitstranszendenten Sphäre anderen Seins, d. h. die religiöse Transzendenz (1928, 341 ff).

Wie sich in der naturphilosophisch-anthropologischen Bestimmung der reflexen Transzendenzrelation andeutet, scheint diese zwei Richtungen zu haben. In diesem Schein gibt sich das Über-ihm-hinaus des Organismus als ein Übersteigen *nach außen* zu erkennen, das Aus-sich-heraus des in seine eigene Mitte gesetzten Menschen als ein Übersteigen *nach innen.*[2] So fragwürdig diese verräumlichende Auffassung der Richtungsdualität mit ihren metaphysisch-dualistischen Implikationen der modernen anthropologischen Einsicht nach ist (vgl. Keller 1977), so bedeutsam, weil offenbar erfahrungsnahe, tritt sie doch in der geschichtlichen Entwicklung des Transzendenzproblems hervor, und gerade auch dann, wenn dem Dualismus entgegen die Parallelität oder Gleichgültigkeit des Weges nach außen und nach innen betont wurde. Die religiöse Vorstellungswelt ist noch heute von dieser Dualität geprägt.

Anschaulich und der Vorstellungsrichtung entsprechend, die das Wort nahelegt, zielt der Transzendenzgedanke auf eine in räumlichem Sinne über oder jenseits der Welt liegende Wirklichkeit, eine andere, »höhere« Welt. Das bezeugen jene Gottes- oder Weltbilder, die eine schlechthin weltjenseitige Gottheit kennen, ebenso die Mythenkritik, die dem Glauben an weltimmanente Götter entgegentritt. Eine Transzendenz *nach innen*, in den menschlichen »Seelengrund«, läßt sich demgegenüber nicht eigentlich vorstellig machen; die Strukturmomente der Transzendenzrelation (Übersteigen, Grenze, Reflexivität) haben geistigen Charakter; die Rede von Transzendenz ist hier metaphorisch, wie ja auch die von einer Transzendenz im wörtlichen Sinne, also des räumlichen über ... hinaus, für den Philosophen immer ein Bild war. Nach innen zu transzendieren (»intratranscendance« nach Le Senne) heißt nicht, die Immanenz der Transzendenz vorzuziehen. »Immanenz« bezeichnet eine diesseitige Sphäre wie »Transzendenz« (vgl. den Abschnitt über »Die transzendente ›Wirklichkeit‹«) die jenseitige, Immanenz (das Darinsein) ist aber kein Bewegungsbegriff. Auch in der Innenrichtung wird eine Grenze überschritten; spekulativer formuliert: Das innerlichere transcendens liegt über das (seelische) Innere hinaus.

Im Bericht über seine und seiner Mutter Vision ewigen Lebens verknüpft Augustinus den Weg von Extra- und Intratranszendenz aufs eindrücklichste: »... da erhoben wir uns mit heißer Inbrunst nach ›jenem Selben‹ (Gott) und durchwanderten stufenweise die ganze Körperwelt, auch den Himmel, von dem herab Sonne, Mond und Sterne leuchten über die Erde. Und weiter stiegen wir an innerlich (zugleich: tiefergehend) im Betrachten, Bereden, Bewundern Deiner Werke, und wir gelangten zu unserer Geisteswelt und schritten hinaus über sie, um die Gefilde unerschöpflicher Fülle zu erreichen, auf denen Du Israel auf ewig weidest mit der Speise der Wahrheit ...«[3]

Wo, wie bei Plotin, die Intratranszendenz radikal gedacht bzw. erlebt wird, fällt sie mit der Extratranszendenz zusammen, weil im Ziel (dem Einen) alle Differenzierungen (auch die raum-zeitlichen und damit die der Richtung) überwunden sind. Dennoch ist die Bindung von Transzendenz an die Bewegung nach innen folgenreich. Hier wurzelt der anthropologische und fernerhin der erkenntnistheoretische Transzendenzbegriff. Nicht über die Welt hinaus in der Ausbildung einer zweiten Physik (»Metaphysik«), sondern in die Tiefe des menschlichen Inneren hinein auf dem Wege einer »transzendentalen Psychologie« ist das Transcendens, der göttliche »Seelengrund«, zu suchen.

Kant formuliert in der erkenntnistheoretischen Interpretation der Intratranszendenz einen neuen Begriff des *Transzendentalen*. Während »transzendental« wörtlich »auf Transzendenz bezogen«, »zu Transzendenz gehörig« heißt und in dieser Bedeutung in der philosophischen Tradition (Transzendentalien = Transzendentien: allgemeinste Seinsbestimmungen[4]) bis in die Gegenwart gebraucht wird, hebt Kant (wenngleich nicht konsequent) die Begriffe »transzendent« und »transzendental« voneinander ab. *Transzendental* ist ein Vernunftgebrauch, der die apriorischen Bedingungen von Erfahrungserkenntnis in ihrer Möglichkeit ermittelt und dabei in dem Sinne »nach innen« transzendiert, daß das reine Selbstbewußtsein als letzte Wurzel apriorischer Erkenntnis entdeckt und ausgewiesen wird. *Transzendent* nennt Kant denjenigen Vernunftgebrauch, der bei der Suche nach Erkenntnis jenseits des Erfahrungsfeldes, d. h. nach metaphysischer Erkenntnis, zum Einsatz kommt; einem derartig »überfliegenden« Denken gegenüber wird das in den Grenzen des Erfahrungsfeldes bleibende Denken als »immanentes« bezeichnet. Der Gebrauch der Vernunftideen, heißt es bei Kant (1781, 643 bzw. 1787, 671), kann »entweder in Ansehung der gesamten möglichen Erfahrung überfliegend (transzendent) oder einheimisch (immanent) sein«. Diese Unterscheidung ist ein wesentliches Element von Kants Metaphysikkritik; sie erlaubt es ihm, im Begriff transzendentaler Erkenntnis an der metaphysischen Aufgabe der Philosophie festzuhalten. »Kant verlegte die Richtung des Transzendierens. Weder ein Ding an sich der Weltdinge noch eine unsterbliche Seele war sein Gegenstand – er erkannte die Unmöglichkeit, sie als Gegenstände zu erkennen –, es war weder ein Objekt noch ein Subjekt, das transzendierend ihm zum Gegenstand wurde, sondern er hatte überhaupt keinen Gegenstand. Er vollzog, was er die transzendentale Methode nannte, und unterschied sie von einem Transzendieren zu einem jenseitigen Dingsein, hielt aber in ihr das Transzendieren als solches fest, durch das alles Dasein Erscheinung wurde« (Jaspers 1932, I, 40 f).

Die transzendente »Wirklichkeit«

Der Begriff der Transzendenz bezieht sich, wie schon angedeutet, auf eine »jenseitige Wirklichkeit« (das Transzendente), sei es, daß diese im Sinne reiner göttlicher Aktivität, sei es, daß sie als Woraufhin menschlichen Transzendierens aufgefaßt wird. Auch so genommen ist Transzendenz, obwohl sie hier sprachlich vergegenständlicht scheint, nie Ding oder Gegenstand, sondern – wenn schon eine positive Bestimmung versucht wird – viel eher reines Wirken (actus purus). Als ein Widerschein dieser aristotelischen und scholastischen Bestimmung göttlichen Seins kann die formale Charakteristik gelesen werden, daß »Ursprung und Ausgang der Transzendenzbewegung ... nicht beim Transzendierenden, sondern stets nur beim Transzendenten liegen« (Struve 1969, 42). Diesem *radikalen* Begriff von Transzendenz steht der »säkularisierte« gegenüber, der an die Bewegung des transzendierenden Menschen als seine Erkenntnis- und Seinsbedingung gebunden ist. Diese Bewegung ist Bewegung auf eine *andere* Wirklichkeit hin, wie gern gesagt wird, eine Wirklichkeit »von absoluter Bedeutung für den Menschen« (Berger 1969, dt. Ausg., 14). Indem eine »andere«, d. h. *nicht* »diese« Wirklichkeit berufen wird, ist zwar Transzendenz, wie angemessen, negativ gekennzeichnet und, geht man mit Kant davon aus, daß wirklich ist, »was mit den materialen Bedingungen der Erfahrung (der Empfindung) zusammenhängt« (Kant 1781, 218 bzw. 1787, 266), in ihrem Anderssein durch *bestimmte* Negation, nämlich als trans-empirische Wirklichkeit, definiert. Ob aber *Wirklichkeit* eine angemessene Bestimmung des Transzendenten abgeben kann, erweist sich damit als fragwürdig, daß diese Kategorie als solche auf die Existenz eines Gegenstandes bzw. gegenständlichen Sachverhalts abzielt (vgl. Natorp ²1908, 104).[5] Ebenso ist es nicht harmlos, das Transzendente als *absolute* Wirklichkeit zu charakterisieren. »Das Absolute ist seinem Begriffe nach dasjenige, was abgelöst und unabhängig von jedwedem denkbaren Anderen besteht und restlos sich selbst genügt« (Krings 1964, 176). Vom radikalen Transzendenzgedanken her beurteilt, geht die Kennzeichnung »absolut«, wenn sie nicht bloß negativ (in der Bedeutung »abgelöst«, »unabhängig«), sondern positiv (im Sinne von »vollkommen«) verwendet wird, in die Irre

(Jaspers 1932, I, 51; Struve 1969, 44 ff). Diesen Einspruch erhebt Plotin gegen das Idee- oder Gestaltsein des Transzendenten:

»Nein, so wie der, welcher die geistige Wesenheit erblicken will, keine Vorstellung von etwas Sinnlichem in sich tragen darf, um zu erschauen, was jenseits des Sinnlichen ist, so muß auch der, der das jenseits des Geistigen Liegende erschauen will, bei seiner Schau jeglichen geistigen Inhalt forttun; daß Jenes ist, das erkennt er durch das Geistige, welcher Art es aber ist, nur dadurch, daß er das Geistige forttut. Dies ›welcher Art‹ dürfte aber wohl bedeuten ›keiner Art‹; denn es gibt ein ›welcher Art‹ nicht bei einem Dinge, für das auch das Etwas nicht gilt. Sondern wir sind es, die in unseren Geburtsnöten nicht wissen, wie wir es bezeichnen sollen; wir sprechen über ein Unsagbares und geben ihm Namen, um es uns selber zu bezeichnen, so gut wir vermögen. Auch sein Name ›Eines‹ will nur die Aufhebung der Vielheit ... Ist dagegen die Bezeichnung ›Eines‹ eine Setzung, das Wort sowohl wie das dadurch Bezeichnete, so würde es durch diesen Namen undeutlicher bezeichnet, als wenn man ihm überhaupt keinen Namen beilegte ...« (Enn. V, 5, 6).

Wo sich philosophisches Denken den Gedanken der Transzendenz zumutet, setzt es sich, bewegt von der Unmöglichkeit einer positiven Aussage über das Transzendente und so zum Schweigen verurteilt (vgl. Wittgenstein 1921, 6.54 u. 7), dem eigenen Scheitern aus. Das gilt auch vom Weg nach innen, der Intratranszendenz, einem Weg, der nicht mit der psychologischen Beschreibung religiöser Erlebnisse zu verwechseln ist. Dem stammelnden oder gar sprachlosen Ausgang dieser Zumutung steht der positive gegenüber, wenn via negationis positive Bestimmungen der Transzendenz gewonnen werden, die in sich selbst übergehenden Charakter haben wie bei Thomas v. Aquin oder Hegel (vgl. Heintel 1973). Man kann in den Gottesbeweisen sowohl wie im spekulativen Begriff bereits eine Form von Transzendenzschwund beklagen; andererseits binden diese »erfolgreichen« Denkversuche das Transzendente in seinem Begriff an die transzendierte Welt, insofern dieser in der Transzendenz ihr Seinsgrund angewiesen wird. Ein *Begriff* des Transzendenten ist möglich nur bei Anerkennung der Relationalität von Transzendenz, die also weder als Akt des Überstiegs noch in ihren Termini (dem Woraus und dem Woraufhin) absolut genannt werden darf.

Bezugspunkt Mensch

Die Einsicht in den relationalen Charakter von Transzendenz schließt noch nicht ihre anthropologische Engführung ein. Transzendenz als Vollzug der Transzendenzbewegung (des Überstiegs) durch den Menschen artikuliert sich erst damit zu einer eigenen Begriffsgestalt, daß die Bindung an den Menschen ausschließlich wird. Das Transzendenzgeschehen ist nicht mehr auf eine schlechthin »andere« Wirklichkeit bezogen. Der Mensch bildet vielmehr als endliches Frage- und Erkenntnissubjekt, als endliches Bewußtsein, als »Existenz«, als Handelnder die Bedingung, an die jedes Transzendieren seiner Möglichkeit nach geknüpft erscheint. In letzter Konsequenz dieses Ansatzes fungiert Transzendenz als anthropologischer Begriff, mit dem ausgesagt wird, was der Mensch seinem Wesen nach ist.

Einen anderen Transzendenzbegriff als den auf einen menschlichen Akteur bezüglichen scheint der Zeitgeist nicht zuzulassen. Das zeigt sich am Schicksal der Gottesbeweise. Der für ihr Gelingen letztverantwortliche ontologische Beweis des Daseins Gottes geht vom Begriff eines an und für sich bestimmten Wesens aus, das *nicht* durch seine »Beziehung zu einem denkenden Subjekt« definiert ist. Gerade diese Abhängigkeit aber ist Bestandteil der philosophischen Grundüberzeugung nach dem Ende der Hegelschen Schule (Henrich 1960, 264 f). Die Möglichkeit metaphysischen Transzendierens wird, wie Jaspers (1932, I, 49) diagnostiziert, durch den philosophischen Satz des Bewußtseins verneint, daß alles, was ist, als einem Bewußtsein gegenwärtig (immanent) gedacht werden muß, wenn immer es überhaupt gedacht werden will.[6] Auch die Verdammung in die Sinnlosigkeit, die metaphysischen Sätzen mit der Anwendung eines enggefaßten Kriteriums sinnvoller Sätze im Neopositivismus widerfährt, unterstreicht diese zeitgenössische Grundeinstellung.

Die Redimensionierung des Transzendenzgedankens zu einem »Projekt« hat ihre Tücke: Jedem Überstiegsversuch stellt sich das Problem der Nichtigkeit dessen, woraufhin er gemacht wird. »Symbole ohne Inhalt sind nicht gefragt. Sie überzeugen nicht mehr« (Berger 1969, dt. Ausg., 39). Das dürfte zunächst in der Tat für christliche Religiosität zutreffen; der geheime oder offene Verzicht auf Transzendenz, d. h. das Schwinden der Überzeugung von der Realität einer transzendenten Wirklichkeit, macht das Transzendieren auch in seinen eingespielten rituellen Formen zum leeren Gestus – mit den bekannten Folgen, wie sie der Religionssoziologe konstatiert. Aber mutatis mutandis gilt das auch für die philosophische Metaphysik, wenn sie – die moderne Kritik im Rücken – Systemanspruch, Letztbegründungsidee usw. preisgibt.

MODERNE TRANSZENDENZKONZEPTE

Die Krise des metaphysischen Transzendenzgedankens hat verschiedene Versuche gezeitigt, in Berücksichtigung der Kritik eine neue Problemstellung zu formulieren. Den Ausgangspunkt bildet immer die Bindung des Transzendenzgeschehens an den endlichen Menschen. Der Terminus »Transzendenz«, der nun in Wendungen wie »Transzendenz des Erkennens« (Landmann 1923) oder »Transzendenz der Welt« (Husserl 1913, § 58; Heidegger 1927, § 69) gebraucht wird, erinnert aber – warum bleibt er überhaupt ein Element der philosophischen Sprache? – aus seiner Geschichte an das metaphysische Interesse des Denkenden. Sei es also, daß er pointiert erkenntnistheoretisch reformuliert wird, sei es, daß er zum Grundbegriff einer existentialen Anthropologie avanciert: »das Wort ist hier nur ein Name für einen allgemeinen, wenn auch erstaunlichen und in aller Alltäglichkeit gar nicht selbstverständlichen Tatbestand des Daseins«, der unterscheidend zu beziehen bleibt auf das, was »wir meinen, wenn das Wort sein eigentliches Gewicht hat, ja den Glanz, als ob in ihm das Geheimnis des Seins offenbar werden könnte« (Jaspers 1932, I, 38). Wenn ich im folgenden in systematischer Absicht und deshalb ohne jeden Anspruch auf historische Vollständigkeit einige moderne Transzendenzkonzepte unter besonderer Berücksichtigung ihres Widerscheins in der Psychologie bespreche, so soll gerade dieses Verhältnis zwischen nichtmetaphysischem (erkenntnistheoretischem, anthropologischem, existentialem) und metaphysisch-religiösem (onto-theologischem) Transzendenzverständnis Beachtung finden.

Transzendenz der Erkenntnis

Der Ausdruck »Transzendenz« tritt in zahlreichen philosophischen Arbeiten des neunzehnten und zwanzigsten Jahrhunderts bei der Auslegung der *Erkenntnisrelation* hervor. Die Erkenntnis eines gegenständlichen Sachverhalts läßt sich nur dadurch mit Transzendenz in Verbindung bringen, daß zwischen Subjekt und Objekt der Erkenntnis eine im Erkennen vom Subjekt zu überwindende Grenze angenommen wird. Zum Gegenstand scheint ein Überschritt nötig, weil sich – gemäß einer geläufigen Interpretation der Subjekt-Objekt-Differenz – das Subjekt als Bewußtsein vom Gegenstand, der nicht Bewußtsein ist, unterschieden weiß. Dieses Wissen artikuliert sich im Gegensatz von Bewußtseinsimmanenz und -transzendenz. Auf ihn bezogen bedeutet der Überschritt, einen Weg aus der Bewußtseinsimmanenz heraus zu finden, in der phänomenologischen Terminologie Husserls: transzendent gerichtete Akte zu vollziehen, in denen solches vermeint (konstituiert) wird, das im Bewußtseinsstrom nicht reell beschlossen ist, wie insbesondere reale Dinge (Husserl 1913, § 38). Transzendent sind also solche Objekte *intentionaler* Erlebnisse (z. B. von Wahrnehmungen), die mit diesen Erlebnissen keine seinsmäßige Einheit bilden (das Wahrnehmungsding ist nicht Bestandteil des Wahrnehmungserlebnisses, obwohl es in ihm samt seinem transzendenten Seinscharakter vermeint wird).

Das transzendierende Vermeinen des Gegenstandes bewegt sich je nach erkenntnistheoretischer Position in der Spannung von Gegenstands*erzeugung* und bloßer *Wiederholung* der Gegenstandsbestimmungen. Im radikalen erkenntnistheoretischen Idealismus (Logizismus) spielt bezeichnenderweise der Transzendenzbegriff keine Rolle, indem für den versuchten Ausweis der denkenden Erzeugung des Gegenstandes gar nicht von dessen »Jenseitigkeit« ausgegangen werden darf. Das gleiche gilt mit anderer Begründung für den Materialismus. Hingegen explizieren gemäßigt idealistische wie realistische Erkenntnistheoretiker ihre Positionen häufig mit Hilfe des Gedankens der Bewußtseins- bzw. Subjekttranszendenz. N. Hartmann geht davon aus, daß das unaufhebbare Gegenüber von Erkenntnissubjekt und -objekt »den Charakter gegenseitiger Urgeschiedenheit oder *Transzendenz*« trägt. Das Erfassen des Objekts durch das Subjekt läßt sich von letzterem aus beschreiben »als ein Hinausgreifen des Subjekts über seine Sphäre, ein *Hinübergreifen* in die ihm transzendente und heterogene Sphäre des Objekts, ein Ergreifen der Bestimmtheiten des Objekts in dieser Sphäre und ein Einbeziehen oder *Einholen* der ergriffenen Bestimmtheiten in die Subjektssphäre«, knapper: »als Heraustreten, Außersichsein und in sich Zurückkehren des Subjekts« (1921, 36 f). Auf der anderen Seite, vom Objekt her gesehen, transzendiert dieses in die Subjektsphäre hinein, und dieser Transzendenz des *Objekts* in der Bestimmung des Subjekts weist Hartmann sogar den Primat zu.

Es stellt sich die Frage nach dem Zusammenhang dieses erkenntnistheoretischen mit dem metaphysisch-religiösen Transzendenzproblem. Formal ergibt sich ein einleuchtender Zusammenhang dann, wenn auch das letztere als Erkenntnis(grenz)problem aufgefaßt wird, dessen Lösung unter Anerkennung des mit der Erkenntnisrelation unaufhebbar gesetzten Gegenüber von Subjekt und Objekt gesucht werden muß. So aufgefaßt kristallisiert es sich in der Frage nach den Bedingungen der Möglichkeit metaphysisch-religiöser Erkenntnis. Diese Erkenntnisart ist aber nach Hartmann vor anderen gerade nicht durch ihren transzendenten Charakter ausgezeichnet, den sie vielmehr mit allen Erkenntnisarten teilt. Die dem Erkennen als solchem zugesprochene Transzendenzrelation ist auch für das ideenhafte Bewußtsein eines »jenseitigen« An-sich, also eines Transobjektiven und Transintelligiblen konstitutiv; auch für das Transintelligible kann im Verhältnis zu seiner Idee im Bewußtsein kein höherer Transzendenzanspruch geltend gemacht werden als für das empirische Objekt gegenüber seinem Bewußtseinsbild (Hartmann 1921, 83 f). Auswucherung und Nivellierung des Transzendenzgedankens bedingen sich gegenseitig in diesem Versuch, der Erkenntnistheorie eine metaphysisch-ontologische Wendung zu geben.[7]

Eine andere Verbindung von erkenntnistheoretischer Aufgabe und nun insbesondere metaphysisch-*religiösem* Transzendenzproblem resultiert daraus, daß die erstere ohne Voraussetzung einer Subjekt-Objekt-Transzendenz und das letztere primär gerade nicht als Erkenntnisproblem in Angriff genommen werden. Wenn Erkenntnis nämlich, wie das Natorp tut, als unendlicher Prozeß der Gegenstandsbestimmung gedacht wird, dann ist mit dem Begriff der Unendlichkeit bzw. der Idee der Totalität, auf die die Erkenntnisarbeit ewig zustrebt, in der endlichen Erkenntnis immer schon eine Brücke zum ihr Transzendenten geschlagen. *Gegenstand* wird das Unendliche aber erst in der Religion, und erst indem es das wird, entsteht auch »die Gefahr der Transzendenz« (Natorp [2]1908, 39). Transzendenz bedeutet für Natorp, den schlechthin unverantwortlichen Schritt der gegenständlichen Setzung des Unendlichen zu vollziehen, einen Schritt, der auch als unzulässiger Übergang vom religiösen Gefühl zum objektivierenden Erkennen beschrieben werden kann. Jede Vergegenständlichung ist an die Gesetze des Erkenntnisprozesses gebunden, also auch die gegenständlich gemeinte Rede von Gott. »Es ist nicht durchführbar, den Zentralbegriff der Religion, den Begriff des wirklichen, lebendigen, transzendenten Gottes seinem Vollsinn nach festzuhalten, zugleich aber auf jeden objektiven Geltungsanspruch dieses Begriffs verzichten zu wollen« (Natorp [2]1908, 103). Konsequenz: »Das Transzendente also als Gegenstand ... muß fallen« ([2]1908, 104), ist aber ungegenständlich im psychischen Leben als ungestaltetes, grenzenloses Gefühl repräsentiert, das »die ursprüngliche Konkretion des unmittelbaren Erlebens« ([2]1908, 86) bedeutet.

Dieses Natorpsche Konzept ist durchaus exemplarisch zu nehmen. Von Besonderheiten gereinigt hat es folgende Gestalt: a) Von Transzendenz soll nur im strikten Sinne die Rede sein, d. h. dann, wenn positive Behauptungen über eine in sich selbst gegründete, »jenseitige« Wirklichkeit vorliegen. b) Mit derartigen Behauptungen sind eo ipso Erkenntnisansprüche verbunden (z. B. Gottes Existenz zum Gegenstand einer wahren Aussage machen und diese Aussage sogar beweisen zu können), die sich nicht einlösen lassen, weil sie den Bedingungen gesetzmäßiger Erkenntnis nicht genügen. c) Erkenntnis, die sich nicht ausweisen läßt, ist keine Erkenntnis; der Kritik verfällt der Erkenntnisanspruch religiösen Bewußtseins wie auch alle Formen, in denen er sich artikuliert (Vergegenständlichung, Rede von einer jenseitigen Wirklichkeit usw.). d) Was dann von den metaphysisch-religiösen Gehalten bleibt, hat den Charakter eines ungegenständlichen Gefühls, eines Bedürfnisses, eines Archetyps o. ä., ist vorprädikativ und präkognitiv, vielleicht auch »unbewußt«, läßt sich aber als solches zum Gegenstand einer ihm äußeren Betrachtung machen, besitzt es doch keinen eigenen, ihm immanenten Erkenntnisanspruch mehr. Für den Psychologen wird dieser »Rest« als psychisches Phänomen thematisch.

Daß in diesem erkenntnistheoretischen Aufklärungsprozeß das Transzendente »fällt«, gilt auch dann, wenn es als »das Unerkennbare« bloß der Urteilsenthaltung anheimgegeben wird (Jung 1929, 62 ff). Diese Vorsicht, mit der der Psychologe suggerieren kann, der religiösen Wahrheit selbst ihre Chance zu lassen, ist nämlich nicht zu verwechseln mit dem Schweigenmüssen des Mystikers, dem in der Berührung des Einen jede Redemöglichkeit zerbricht. Zweifellos ist »über eine mögliche Existenz Gottes ... damit weder positiv noch negativ etwas ausgesagt« (Jung 1944, 28), wenn ein archetypisches Gottesbild in der menschlichen Seele festgestellt wird – außer durch und für den Psychologen selbst, der es eben im Rahmen seiner »Kompetenz« bloß mit Gottes*bildern*, nicht mit Gott selbst zu tun hat. »Psychologie als Wissenschaft von der Seele hat ... sich davor zu hüten, ihre Grenzen etwa durch metaphysische Behauptungen oder sonstige Glaubensbekenntnisse zu überschreiten. Sollte sie einen Gott auch nur als hypothetische Ursache setzen, so hätte sie implicite die Möglichkeit eines Gottesbeweises gefordert, womit sie ihre Kompetenz in absolut unzulässiger Weise überschreiten würde« (Jung 1944, 28). (S. auch die Beiträge von E. Spengler und D. Spiess in diesem Bd.).

Was hier von der Psychologie gesagt wird, gilt auch für jede andere Wissenschaft. Transzendente oder Gottes-Erkenntnis und wissenschaftliche Erkenntnis schließen sich im Selbstverständnis moderner Wissenschaft aus, und da wissenschaftliche Erkenntnis exemplarische Erkenntnis ist, Erkenntnis, die allein diesen Namen verdient, scheint jeder Erkenntnisweg zum Transzendenten abgeschnitten.

Der existential-anthropologische Transzendenzbegriff

Weiterführen kann das Bedenken, ob der Maßstab der (wissenschaftlichen) Erkenntnis selbst, an dem das Transzendenzbewußtsein gemessen wird, bei dieser Prüfung »aushält«, es also nicht bloß das Transzendenzbewußtsein ist, das der Kritik verfällt. Das Hauptargument auch der Metakritik bildet in der Tat die Infragestellung des Erkenntnischarakters der Transzendenzrelation, aber nun so, daß diese Infragestellung den totalen Vermittlungsanspruch der (wissenschaftlichen) Erkenntnis betrifft, nicht den Sinn und Wert von Transzendenz. Wenn schon Erkenntnis, so könnte zunächst argumentiert werden, ist dann die Beziehung zum Transzendenten nicht Erkenntnis anderer Art, »Intuition« oder »Erfahrung«, eine Erkenntnisweise sui generis, die ihre eigenen Beurteilungskriterien hat? Aber ist sie überhaupt, schärfer formuliert, kognitiver Natur und nicht Glaube oder vielmehr Liebe – jedenfalls ein Verhalten, das der ganze Mensch lebt?

Diese Rettung wird nun aber mit einer Zweideutigkeit erkauft. Ich verfolge das an Heideggers existentialontologischem Transzendenzverständnis. Das Erkennen ist in existentialer Perspektive bloß eine sekundäre menschliche Verhaltensform, Transzendenz Sache des Menschseins als solchen, vor allem (intentionalen) Verhaltens (wie dem Erkennen) und als sein Ermöglichungsgrund. Menschsein (»Dasein«) bedeutet, das eigene Sein (Leben) selbst vollziehen zu können und selbst vollziehen zu müssen; diese Grundweisen des Daseinsvollzuges heißen »Verstehen« (Seinkönnen) und »Befindlichkeit« (Zuseinhaben). Das Transzendieren, das die Grundverfassung des Menschseins ausmacht, ist entsprechend diesen seinen zwei gleichursprünglichen und in der Einheit einer Struktur zusammengehörigen Vollzugsweisen zumal »überschwingend« (dem Dasein Seinsmöglichkeiten entwerfend) und »entziehend« (den Entwurf bindend). Das Entwerfende wird »vom Seienden, das es übersteigt, auch schon gestimmt durchwaltet« (Heidegger 1929 a, 45). Nicht das Seiende aber ist es, woraufhin Dasein transzendiert bzw. wozu es sich transzendierend verhält; »Transzendenz« heißt vielmehr das mit dem menschlichen Dasein als solchem geschehende Übersteigen alles Seienden auf *Welt* hin, in deren Horizont sich Seiendes als solches offenbart, und zwar sowohl Seiendes vom Charakter des transzendierenden Daseins, das im Überstieg auf es selbst zurückkommt, d. h. seine Selbstheit konstituiert, wie Seiendes von nicht daseinsmäßiger Seinsart. Transzendenz meint also Entwurf von Welt, nicht als Entwurf des Gesamt der Dinge, sondern dessen, »aus dem her das Dasein *sich zu bedeuten gibt*, zu welchem Seienden und wie es sich dazu verhalten *kann*« (Heidegger 1929 a, 37).

Diese Tieferlegung des Transzendenzgeschehens bleibt aber mit der Zweideutigkeit behaftet, daß sie der erkenntnistheoretischen Nivellierung in formaler Hinsicht parallel läuft. Denn wie in dieser die Transzendenz zu einem Grundcharakter der Erkenntnisrelation als solcher herabgesetzt wird, so hier zur Grundverfassung des Menschseins als solchen.[8] Damit wird dieser Begriff im strengen Sinne des Wortes zu einem *anthropologischen*; er sagt etwas über das Wesen des Menschen aus, nicht jedoch über die Beziehung von Mensch und Gott. Die Krise des metaphysischen Transzendenzgedankens, der an eine andere, »jenseitige« Welt wenigstens erinnern sollte, nun aber als Interpretament des menschlichen In-der-Weltseins gebraucht wird, kommt in dieser anthropologischen Auswertung zu voller Deutlichkeit. Wir »transzendieren« als und im Vollzug unseres Daseins!

Wenn nun auch dieses Transzendenzkonzept einer primär ontologischen Fragestellung entspringt, für die die metaphysische These »Sein ist das transcendens schlechthin« (Heidegger 1927, 38) den zu einer neuen Denkanstrengung herausfordernden Ausgangspunkt bildet, hat es anthropologische Implikationen und ist für konkrete anthropologisch-psychologische Analysen ausgewertet worden. Anthropologie stellt für Binswanger eine Betrachtungsweise des Menschen dar, die sich ganz vom Gesichtspunkt des transzendierenden In-der-Weltseins bestimmen läßt, um gerade so der Blickverengung zu begegnen, die in der Fokussierung geistigen Seins unvermeidlich wäre. »Transzendiert ›der Mensch‹ doch auch schon im Greifen nach etwas, im rein greifenden Nehmen-bei, also in einer von der Umgangssprache und der Wissenschaft als leiblich angesprochenen Seinsform, und transzendiert er doch auch schon in der bloßen Stimmung (als Gestimmtsein oder Befindlichkeit), also in einer gemeinhin als vital angesprochenen Seinsform, und transzendiert er doch auch im ›liebeerfüllten Geschlechtsakt‹, also in einer von der Biologie als ›natürlich‹ oder ›naturhaft‹ angesprochenen Seinsform« (Binswanger 1942, 448). Gegenüber Heideggers – von der Sorgestruktur und der ihr eigentümlichen überschwingend-entziehenden Transzendenz geprägten – Daseinsanalytik hat nun aber die anthropologisch verstandene Transzendenz[9] bei Binswanger eine Dimension mehr: die Dimension der »rein überschwingenden« *Liebe* (1942, 155), die nicht erst durch determinierende Negation (»Entzug«) möglich wird (1942, 568). »Stille und Schweigen« bilden »die eigentlichen anthropologischen Bedingungen der Möglichkeit des reinen Überschwungs« (1942, 215), der im Gegensatz zum – menschliche Endlichkeit bekundenden – Weltentwurf der Sorge als »transzendentales Dokument für die *Unendlichkeit* der Freiheit des Daseins« (1942, 158) gelten muß.

W. Keller betrachtet es als Aufgabe der philosophischen Anthropologie, die Transzendenz menschlichen Seins »der Psychologie zu vermitteln und in ihr zur Geltung zu bringen« (1974, 203). Transzendenz charakterisiert das menschliche Seelenleben in doppelter Weise: Als Selbstvollzug übersteigt menschliches Dasein das bloß naturhafte Sein, an das es zugleich unabdingbar gebunden bleibt (*ontische* Transzendenz); als Selbstvollzug ereignet es sich auch in transzendierenden Beziehungen und Leistungen (*funktionelle* Transzendenz) wie Welthabe, Erkenntnis von Gültigem, Handeln, Bezug zur Zeit, Reflexivität seiner selbst (1974 232 ff). Transzendenz als Welthabe und Selbstverhältnis beruht für Keller auf dem Selbstsein als ontischer Transzendenz (1974, 241 ff).

Die Anthropologisierung von Transzendenz, die ihre Vorläufer in Pascal und Kierkegaard hat, mündet in den »Appell zu einer entschlossenen Unruhe, einer bejahten Ungesichertheit, durch die das Leben erst den Horizont seiner Möglichkeiten erfährt und in ihm die Intensität seiner Selbsterfahrung steigert« (Blumenberg 1962, 996). Dabei steht diese inhaltlose Transzendenz ständig in der Gefahr ideologischer Besetzung.

Existentiell-metaphysisches Transzendieren

Ein umfassendes, weder bloß auf Objekterkenntnis noch Selbstkonstitution abstellendes Transzendenzverständnis legt Jaspers seiner »Philosophie« zugrunde. Philosophisches Denken als solches ist transzendierend, aber ohne Erwartung eines jenseitigen Gegenstandes, nur im Vollzug, der kein Resultat hat (Jaspers 1932, I, 39). Das philosophische Transzendieren hat in Weltorientierung, Existenzerhellung und Metaphysik unterschiedene Vollzugsweisen. In der Weltorientierung zu transzendieren bedeutet, deren prinzipielle Grenzen zu suchen und sie so zu erfassen, daß damit ohne Weltverlust ein Überschreiten der Welt möglich wird. In der Existenzerhellung geht das Transzendieren vom empirischen Individuum zum eigentlichen Selbst. Das metaphysische Transzendieren, das nur zu sich kommende Existenz zu vollziehen vermag, richtet sich auf die »Ruhe des einen Seins« (Jaspers 1932, I, 48), die Transzendenz. »Transzendenz ist das Sein, das nicht Dasein und nicht Bewußtsein und auch nicht Existenz ist, sondern alle transzendiert« (I, 50). Jaspers ordnet also Transzendenz dem »letzten«, dem metaphysischen Transzendieren als sein Ziel zu; sie wird auf diese Weise vom Überschreiten in Welterkenntnis und Selbstfindung unterschieden, ja bleibt diesen übergeordnet, wiewohl sie ihrer bedarf. In allen Formen metaphysischen Transzendierens, die Jaspers im 3. Band seiner »Philosophie« darstellt (formelles Transzendieren, existentielle Bezüge zur Transzendenz, Lesen der Chiffreschrift), bleibt aber Transzendenz selbst ungegenständlich und für das suchende existentielle Denken ungreifbar: »Niemals gewinne ich, was ist, als einen Wissensinhalt« (III, 3). Alles kann Chiffre der Transzendenz werden (III, 168), jedoch ohne damit einen »symbolischen« Charakter eigenschaftlich zu besitzen. Transzendenz wird im Vernehmen ihrer unmittelbaren Sprache nur in existentieller Erfahrung vergewissert. Zwischen der glaubensmäßigen Fixierung und der Entleerung der Symbole ist hier eine Form »symbolischen« Bewußtseins angesprochen, die den Bezug zum Transzendenten in geschichtlicher Einmaligkeit, nicht nachprüfbar und – im Unterschied zum Symbol – nicht deutbar (III, 141) realisiert. Existenz weiß sich immer wieder vom »Umgreifenden« (wie Jaspers später sagt) gehalten; Transzendieren ist mehr als Selbstwerdung oder ontologisches Grenzbewußtsein. Wenn sie erfahren wird, dann wird damit ein vom menschlichen Bewußtsein unabhängiges, jenseits der Subjekt-Objekt-Spaltung sich artikulierendes Sein erfahren. »Die Chiffre ist das Sein, das Transzendenz zur Gegenwart bringt, ohne daß Tranzendenz Sein als Objektsein und Existenz Sein als Subjektsein werden müßten« (III, 137).

Glanz und Elend der Transzendenz liegen in ihrem Jasperschen Verständnis nahe beieinander. Sie ist einerseits nicht zu einem Interpretament intramundaner oder -psychischer Überschreitungen herabgesetzt; es gibt andererseits keine rationale (methodische) Vergewisserung ihr gegenüber, keine Aussicht auf Lösung der Widersprüche und Aporien metaphysischen Transzendierens. Diese Ambivalenz erfüllt sich in der letzten Chiffre der Transzendenz, dem Scheitern. »... Scheitern ist der umspannende Grund allen Chiffre-Seins. Chiffre als Seinswirklichkeit zu sehen, entspringt erst in der Erfahrung des Scheiterns« (III, 234) (s. zu diesem Abschnitt den Beitrag von M. Boss über Daseinsanalyse in diesem Bd.).

Freiheit und Erfahrung

Mit Transzendenz wird, wie die angeführten Autoren zeigen, ein grundlegender anthropologischer Sachverhalt zur Sprache gebracht. Das Transzendieren kann sogar zum Bestimmungsfundament menschlichen Wesens gemacht werden. Ihm diesen Rang zuzubilligen heißt aber nicht schon, den Transzendenzgedanken selbst sachgerecht zur Geltung zu bringen, sondern nur, eine unter modernen Denkvoraussetzungen stehende und diesen angepaßte Interpretation zu geben. Den Rahmen einer solchen Interpretation bildet die grundwissenschaftlich konzipierte Anthropologie. Der Transzendenzgedanke entstammt dem Bereich von Metaphysik und Religion und ist in deren Kontext überliefert. Metaphysisch gedacht wird Transzendenz (das transcendens) nicht als ein von einem denkenden Subjekt abhängiges Objekt oder Produkt von dessen Denken gedacht. Transzendenz und »spekulatives« Denken fordern sich gegenseitig.

Bedeutende Vertreter der antiidealistischen Strömung, wie sie um 1840 einsetzte, stellten ihre Kritik des spekulativen Denkens ins Zeichen der Entbindung des *emanzipatorischen Gehalts* der Transzendenzidee. Feuerbach führt diesen Versuch damit an, daß er Transzendenz anthropologisch herleitet: »Das absolute Wesen, der Gott des Menschen ist sein eignes Wesen. Die Macht des Gegenstandes über ihn ist daher die Macht seines eignen Wesens« (1841, 41). In der Religion bzw. Theologie erscheint dem Menschen sein Wesen vergegenständlicht als transzendentes Gegenüber; der philosophische Anthropologe hebt diese Vergegenständlichung ins menschliche Selbstbewußtsein auf. Als Gott erkennt sich nun das menschliche Individuum in seinem Wesen – und bringt Gott in diesem Erkenntnisprozeß um seine selbständige Existenz. Das ganze Potential metaphysisch-religiösen Transzendierens kommt aber erst bei Marx zum Vorschein, der davor warnt, es bei dieser anthropologischen Reduktion zu belassen: »Die Aufhebung der Religion als des *illusorischen* Glücks des Volkes ist die Forderung seines *wirklichen* Glücks ... Die Kritik hat die imaginären Blumen an der Kette zerpflückt, nicht damit der Mensch die phantasielose, trostlose Kette trage, sondern damit er die Kette abwerfe und die lebendige Blume breche« (Marx 1843/44; zit. n. MEW, Bd. 1, 379). Religiöse Phantasie, als die jetzt das Transzendieren erscheint, hat Blumen blühen lassen, wenn auch imaginäre, und mehr noch: Sie hat Glück verheißen, wenn auch illusorisches. Was wird aus diesem Potential? Ist es noch wirksam, wo »die Wahrheit des Diesseits« statt der »phantastischen Wirklichkeit des Himmels« etabliert wird?

Marx' Rückgang in den Grund des religiösen Phänomens (die verkehrte Welt als Grund verkehrten Weltbewußtseins) hat seine Parallele in der *psychologischen* Suche nach den Quellen der Religiosität im menschlichen Seelenleben, nur daß diese Fragestellung eine Fortsetzung der *anthropologischen* Reduktion des Transzendenzbewußtseins bildet, die Marx gerade mit einer Kritik der sozialen und politischen Zustände unterlaufen wollte. Diese Kritik in praktischer Absicht ihrerseits mit dem Transzendenzbegriff in Beziehung zu bringen, scheint wenig sinnvoll. Transzendenz muß zu diesem Zweck definiert werden als Überschreiten einer gegebenen gesellschaftlichen Wirklichkeit auf ihren Grund, von dem her sie wiederum zu erschließen und positiv zu verändern ist (Simons 1974). Aber so bereichert man die Geschichte des Transzendenzbegriffs nicht bloß um eine neue Variante seiner »Säkularisierung«, sondern reichert auch das Konzept gesellschaftsimmanenter Umwälzungsprozesse mit aus ihrem Kontext gelösten und so fragwürdigen »Transzendentien« (Totalisierungen, Heilserwartungen) an.

Fraglos steht Transzendenz aber in Zusammenhang mit menschlicher *Freiheit* (vgl. Müller 1974). Die begegnenden Dinge auf ihr Sein oder ihr Bewußtwerden, das empirische Bündel von Vorstellungen und Handlungen, das »ich« bin, auf ein Selbst, die Welt auf einen Gott hin zu übersteigen – das *setzt* Freiheit *voraus*, sich nämlich vom unmittelbar Gegebenen und von naturhaften, gesetzmäßig geregelten Abläufen distanzieren zu können. Transzendenz *realisiert* aber auch menschliche Freiheit: Im Transzendieren wird erst jene zunächst abstrakt unterstellte Freiheit konkret wahrgenommen. In transzendierenden Vollzügen *stellt sich* schließlich der Mensch *unter die Bestimmung der Freiheit.*

Läßt sich dieser dreifache Zusammenhang zwischen Freiheit und Transzendieren auch für die metaphysisch-religiöse Transzendenz behaupten? In diesem Problem kulminiert die Frage nach der Bedeutung von Transzendenz für das Menschsein des Menschen. Es ist in der theologischen und philosophischen Tradition vielfältig im Blick auf das Verhältnis von Gott(esglauben) und menschlicher Willensfreiheit diskutiert worden; hier kann es nur noch unter der modernen Voraussetzung, daß philosophisch-anthropologisch bloß menschliches Ausgreifen nach einem Transzendenten und nicht dessen Eigenpräsenz zur Sprache kommen, knapp beleuchtet werden.

Zunächst ist diese Voraussetzung als die eines *metaphysikkritischen* Transzendenzbegriffes zu explizieren. Das am metaphysisch-religiösen Transzendenzgedanken gemessen ins Leere gehende Transzendieren des endlichen Menschen und der damit einhergehende Wirklichkeitsverlust (Simons 1974) erscheinen gegenwärtig als ein geistiges Schicksal, das hinzunehmen ist. Religionspsychologie ist als solche eine Form bewußten Hinnehmens dieser Gegebenheit. Als hingenommene ist sie aber nicht angeeignet. Das versucht, wer sich auf die *Erfahrung des Transzendenzverlustes* einläßt. In dieser Erfahrung ist das metaphysisch transzendierende Denken mit seinem »Scheitern« konfrontiert, also weder positiv noch negativ über seine Krise hinaus (vgl. Holzhey 1975).

Als eine Parallele zu dieser Erfahrung läßt sich der Weg der Psyche zu einer *Mitte, die leer ist,* interpretieren. Der Theologe W. Bernet schreibt über diese Zielbestimmung des psychischen Prozesses durch Jung: »Erfahrung ... verbraucht, verzehrt alle dingliche und geistig-dingliche Aspektualität der Wirklichkeit, das heißt, Erfahrung verzehrt alle Götter und dinglichen Götzen, verzehrt auch den geglaubten Gott, um zur leeren Mitte und damit zur Wirklichkeit in ihrem primärsten Charakter selbst zu kommen« ([4]1975, 79 f). Die Gewißheit, in der leeren Mitte »ein Unerkennbares, dem höchste Intensität zukommt«, von Jung »Selbst« genannt, zu finden (Jung 1972, 496 f), kontrastiert allerdings zur metaphysikkritischen Erfahrung von Transzendenz darin, daß diese nur erst im »Verzehren« begriffen, nur erst in den noch unüberschaubaren Prozeß *sich entziehender* Transzendenz eingelassen ist.

Auf die Denkerfahrung in der Krise der Metaphysik ist Heideggers Philosophie nach der Preisgabe des existential-ontologischen Ansatzes konzentriert. Die These vom weltbildenden Transzendieren des »Daseins« wie auch seine Gleichsetzung mit Freiheit gerät nun in den Verdacht, noch vom neuzeitlichen Subjektivismus geprägt zu sein. Aber nicht nur dieses Stadium in der Geschichte der Metaphysik, sondern Metaphysik überhaupt verfehlt ihre Aufgabe, das Sein zu denken, indem sie es immer schon als Seiendes (im Ganzen bzw. höchstes Seiendes) gedacht hat. »Die Ontologie stellt die Transzendenz als das Transzendentale vor. Die Theologie stellt die Transzendenz als das Transzendente vor ... Kraft ihres Wesens denkt die Metaphysik das Seiende, indem sie es transzendental-transzendent übersteigt – übersteigt aber nur, um das Seiende selbst vorzustellen, d. h. zu ihm zurückzukehren ... Das übersteigende Denken denkt am Sein selbst ständig vorbei, nicht im Sinne des Verfehlens, sondern in der Weise, daß es sich auf das Sein als solches, in das Fragwürdige seiner Wahrheit nicht einläßt« (Heidegger 1961, II, 349 f). Der metaphysisch-religiöse Transzendenzbegriff gehört also für den späteren Heidegger in den Kontext metaphysischer Onto-Theologie, die das Sein verfehlt.[10] Daraus ergibt sich zunächst: »Wer die Theologie, sowohl diejenige des christlichen Glaubens als auch diejenige der Philosophie, aus gewachsener Herkunft erfahren hat, zieht es heute vor, im Bereich des Denkens von Gott zu schweigen. Denn der onto-theologische Charakter der Metaphysik ist für das Denken fragwürdig geworden ...« (Heidegger 1957, 51). Von Gott schweigend, konfrontiert sich der Philosoph mit dieser Erfahrung, indem er das *Wesen* der metaphysischen Transzendenz zu denken versucht, um – dergestalt in metaphysisches Denken sich einlassend – das metaphysische Transzendieren zu »verwinden«.

Transzendenz ist heute für den philosophisch Denkenden eine Sache der Erinnerung. Diese geschieht als trauernde Erfahrung des Transzendenzverlustes (Holzhey 1976) – eine Erfahrung, in der Transzendenz als schwindende der Bezugspol bleibt. Mit der Alternative, die Erfahrung des Transzendenzschwundes zu verleugnen oder sich auf sie einzulassen, wird wieder das Verhältnis zwischen Transzendenz und Freiheit berührt. Ist das metaphysische Transzendieren einmal als Quellgrund von Freiheit aufgefaßt worden, so müßte sich im unabsehbaren

Prozeß der trauernden Ablösung von Transzendenz der höchstmögliche Grad menschlicher Freiheit realisieren: in der Befreiung Bindung gewähren zu lassen.

ANMERKUNGEN

1

Vgl. das im Abschnitt »Moderne Transzendenzkonzepte« weiter unten dargestellte Transzendenzverständnis bei Hartmann und Heidegger.

2

Wenn diese im Blick auf die Struktur der Transzendenzrelation gewählte naive Formulierung die Zustimmung Plessners, der mit seiner Anthropologie gerade den kartesischen Dualismus bekämpft, finden wollte, müßte sie mit dem Hinweis präzisiert werden, daß die Transzendenz nach innen die *dreifach*, als Außen-, Innen- und Mitwelt, gegliederte menschliche Welt konstituiert (Plessner 1928, 293), nicht etwa nur die Innenwelt.

3

»... erigentes nos ardentiore affectu in ›id ipsum‹ perambulavimus gradatim cuncta corporalia et ipsum caelum, unde sol et luna et stellae lucent super terram. Et adhuc ascendebamus interius [!] cogitando et loquendo et mirando opera tua et venimus in mentes nostras et transcendimus eas, ut attingeremus regionem ubertatis indeficientis, ubi pascis Israel in aeternum veritatis pabulo ...« (Augustinus, »Confessiones«, IX, 10, 24).

4

Thomas v. Aquin (»De veritate«, I, 1 c) zählt sechs transcendentia bzw. transcendentalia auf: ens, res, aliquid, unum verum bonum. Es sind Bestimmungen, die jeglichem Seienden zukommen.

5

Jene Reduktion von Transzendenz, in der sie zu der vom Menschen gesuchten anderen *gesellschaftlichen* Wirklichkeit umdefiniert wird (Simons 1974), kommt noch im Abschnitt »Freiheit und Erfahrung« zur Sprache.

6

Vgl. C. G. Jung (1972, II, 500 f): »Wir sind, solange wir unserer selbst bewußt sind, einerseits von der Psyche und ihren Strukturen getragen und anderseits darin befangen, ohne irgendwelche Möglichkeit in ein ›Außer-uns-selber‹ zu gelangen.«

7

Husserl dagegen sondert klar »Transzendenz im Sinne der Welt« bzw. »Transzendenz der Welt« und Transzendenz Gottes; Gott bekundet sich im Bewußtseinsstrom grundsätzlich anders, er ist »ein Transzendentes in total anderem Sinne« als die transzendente dingliche Realität (1913, § 51 Anm. und § 58).

8

Zu vergleichen ist Husserls (1950, 117) Feststellung, daß Transzendenz ein sich immanent konstituierender Seinscharakter ist.

9

Die Differenz von Ontologie und Anthropologie zeigt sich sehr deutlich im Verständnis der Angst. Für Heidegger hat Angst eine ausgezeichnete transzendentale Funktion, indem sie die Erfahrung des Hinausseins über das Seiende im ganzen machen läßt (1929 b, 35), während Binswanger Angst als »Stehen vor dem Nichts«, wo die Weltlichkeit der Welt unbedeutsam wird (Heidegger: gerade offenbar wird), in »Gegensatz zur Transzendenz überhaupt« stellt (1942, 288, Anm.).

10

In einer handschriftlichen Anmerkung zum Leitgedanken »Sein ist das transcendens schlechthin« dagegen holt Heidegger den Ausdruck »Transzendenz« im positiven Sinne in seine Überlegungen zur »Wahrheit des Seyns« ein (1977, 51).

LITERATUR

AUGUSTINUS, A. Confessiones – Bekenntnisse. Lateinisch und deutsch. Eingel., übers. u. erläut. v. J. Bernhart. München: Kösel ^{3}1966

BERGER, P.L.: A Rumor of Angels. Modern Society and the Rediscovery of the Supernatural. Garden City, N. Y.: Doubleday & Co. 1969. Deutsch: Auf den Spuren der Engel. Die moderne Gesellschaft und die Wiederentdeckung der Transzendenz. Frankfurt/M.: Fischer 1970

BERNET, W.: C. G. Jung und die Theologen. In: C. G. Jung im Leben und Denken unserer Zeit. Olten, Freiburg i. B.: Walter 1975, 72–87

BINSWANGER, L.: Grundformen und Erkenntnis menschlichen Daseins (1942). München, Basel: Reinhardt ^{5}1973

BLUMENBERG, H.: Transzendenz und Immanenz. In: Religion in Geschichte und Gegenwart, Bd. 4. Tübingen: Mohr ^{3}1962, Sp. 989–997

BULTMANN, R.: Geschichte und Eschatologie. Tübingen: Mohr 1958

FEUERBACH, L.: Das Wesen des Christentums (1841), hg. v. W. Schuffenhauer. Berlin: Akademie-Verlag 1956

GOVINDA, A.: Durchbruch zur Transzendenz. In: M. Hippius (Hg.): Transzendenz als Erfahrung. Beitrag und Widerhall. Festschrift zum 70. Geb. v. Graf Dürckheim. Weilheim/Obb.: Barth 1966

HARTMANN, N.: Grundzüge einer Metaphysik der Erkenntnis. Berlin, Leipzig: de Gruyter 1921, ^{4}1949

HEIDEGGER, M.: Sein und Zeit (1927). Tübingen: Niemeyer ^{13}1976 (Bd. 2 der Gesamtausgabe Frankfurt/M.: Klostermann 1977)

Vom Wesen des Grundes (1929 a). Frankfurt/M.: Klostermann ^{4}1955

Was ist Metaphysik? (1929 b). Frankfurt/M.: Klostermann ^{8}1960

Identität und Differenz. Pfullingen: Neske 1957

Nietzsche, I–II. Pfullingen: Neske 1961

HEINTEL, E.: Transzendenz und Analogie. Ein Beitrag zur Frage der bestimmten Negation bei Thomas v. Aquin. In: H. Fahrenbach (Hg.): Wirklichkeit und Reflexion. Walter Schulz zum 60. Geb. Pfullingen: Neske 1973, 267–290

HENRICH, D.: Der ontologische Gottesbeweis. Sein Problem und seine Geschichte in der Neuzeit. Tübingen: Mohr 1960

HOLZHEY, H.: Die Angst des Philosophen. In: S. Goeppert (Hg.): Die Beziehung zwischen Arzt und Patient. Festschrift für W. Loch zum 60 Geb. München: List 1975, 184–201

Philosophische Epigonalität. Studia philosophica, 36, 1976, 24–36

HUSSERL, E.: Ideen zu einer reinen Phänomenologie und phänomenologischen Philosophie, 1. Buch (1913). Husserliana Bd. III, neu hg. v. K. Schuhmann. Den Haag: Nijhoff 1976

Cartesianische Meditationen und Pariser Vorträge. Husserliana, Bd. 1, hg. u. eingel. v. S. Strasser. Den Haag: Nijhoff 1950

JASPERS, K.: Philosophie, I–III. (1932). Berlin, Göttingen, Heidelberg: Springer ^{3}1956

JUNG, C. G.: Das Geheimnis der goldenen Blüte. Aus dem Chinesischen übersetzt von R. Wilhelm. Europäischer Kommentar von C. G. Jung (1929). Zürich: Rascher ^{5}1957

Psychologie und Alchemie (1944). Olten, Freiburg i. B.: Walter ^{4}1975

Brief an W. Bernet, 13. 6. 1955. In: Briefe in 3 Bdn., hg. v. A. Jaffé und G. Adler, Bd. II. Olten: Walter 1972

Die transzendente Funktion. In: Geist und Werk. Zum 75. Geb. von D. Brody. Zürich: Rhein-Verlag 1958, 3–33

KANT, I.: Kritik der reinen Vernunft. Riga: Joh. Fr. Hartknoch 1781 (^{2}1787)

KELLER, W.: Philosophische Anthropologie – Psychologie – Transzendenz. In: W. Keller: Dasein und Freiheit. Abhandlungen und Vorträge zur philosophischen Anthropologie und Psychologie. Bern, München: Francke 1974, 202–246

Innen und Außen als anthropologisches Problem. In: H. Holzhey, W. Zimmerli (Hg.): Esoterik und Exoterik der Philosophie. Beiträge zu Geschichte und Sinn philosophischer Selbstbestimmung. Basel, Stuttgart: Schwabe 1977, 289–314

KNITTERMEYER, H.: Der Terminus transszendental in seiner historischen Entwickelung bis zu Kant. Marburg: Hamel 1920

KRINGS, H.: Transzendentale Logik. München: Kösel 1964

LANDMANN, E.: Die Transcendenz des Erkennens. Berlin: Bondi 1923

LEIST, F.: Transzendenz, transzendent und transzendental. In: Philos. Jahrbuch der Görres-Gesellschaft, 65, 1957, 294–308

LE SENNE, R.: Introduction à la philosophie (1939). Paris: P. U. F. ^{5}1970

MARX, K.: Zur Kritik der Hegelschen Rechtsphilosophie. Einleitung (1843/44). In: Marx-Engels-Werke (MEW), Bd. 1. Berlin: Dietz 1970, 378–391

MÜLLER, M.: Philosophische Anthropologie. Hg. v. W. Vossenkuhl. Freiburg, München: Alber 1974

NATORP, P.: Religion innerhalb der Grenzen der Humanität. Ein Kapitel zur Grundlegung der Sozialpädagogik (1894). Tübingen: Mohr ^{2}1908

PICLIN, M.: La Notion de Transcendance. Son sens – son évolution. Paris: Colin 1969

PLESSNER, H.: Die Stufen des Organischen und der Mensch. Einleitung in die philosophische Anthropologie (1928). Berlin, New York: de Gruyter ^{3}1975

PLOTIN: Schriften. (Übersetzt von R. Harder. Neubearb. mit griech. Lesetext und Anm. fortgef. v. R. Beutler und W. Theiler. 5 Teile in 11 Bänden). Hamburg: Meiner 1956–1967 (zit. Enn.)

SARTRE, J.-P.: La Transcendance de l'Ego. Esquisse d'une description phénoménologique (1936). Introd., notes et appendices par S. Le Bon. Paris: Vrin 1965

SIMONS, E.: Transzendenz. In: Handb. philos. Grundbegriffe. Studienausgabe Bd. 6. München: Kösel 1974, 1540–1556

STRUVE, W.: Philosophie und Transzendenz. Eine propädeutische Vorlesung. Freiburg i. B.: Rombach 1969

THÉVÉNAZ, P.: La Notion de Transcendance vers l'Intérieur. In: P. Thévénaz: L'Homme et sa Raison. Raison et Conscience de Soi. Neuchâtel: Éditions de la Baconnière 1956 (Être et Penser. Cahiers de Philosophie, 46), 29–55

WITTGENSTEIN, L.: Tractatus Logico-philosophicus (1921). In: Schriften, Frankfurt/M.: Suhrkamp 1960

IMAGINATION

von Gonsalv K. Mainberger

LEXIKOLOGISCHE HINWEISE

Zweierlei Redesorten

Phantasie, Imagination und Einbildungskraft bilden eine lexikalische Kette. Der eine Terminus ist in den andern übersetzbar. Zuweilen werden sie so gebraucht, als wären sie untereinander gänzlich vertauschbar. Dieser Umstand legt die hier getroffene terminologische Vereinbarung nahe. Sie besteht darin, *Imagination* sei überall dort der gemeinsame Nenner aller drei Begriffe, wo diese nicht ausdrücklich in ihren Differenzen untereinander betrachtet werden.

Die Nuancen unterschiedlicher Bedeutungen sind bei näherem Zusehen beträchtlich. Besonders in historisch aufgearbeiteten Zusammenhängen und in textuell explizierten Feldern, in Satzkombinationen und systematischen Darstellungen, kommen relevante, ja unvereinbare Gegensätze zum Vorschein. Die Gebrauchsmöglichkeiten des Wortes Imagination sind wenig klar umrissen, der Sinn ist vage und in viele Richtungen weisend. Klarheit und Präzision sind deswegen unerläßlich. Ein »Streit um Worte« lohnt dann, wenn sichtbar gemacht werden kann, daß es sich nicht nur um lexikalisch-analytische Bedeutungsunterschiede handelt, sondern daß enzyklopädisch-synthetische Differenzen, also Weltverfassungen vorliegen, die in der Erfahrung ihren Rückhalt haben (Sperber 1974). Es ergibt sich demnach die Aufgabe, jene epistemologischen Bedingungen herzustellen, unter denen die Welt der Imagination, das Imaginäre selbst, zustande kommt. »Imagination« hat lexikologisch dann eine Paradigmafunktion, wenn jene wissenstheoretischen Anordnungen getroffen und eingehalten werden können, unter welchen Phantasie, Imagination und Einbildung sich voneinander abheben, ihre sprachliche Funktion ausüben und als Träger eines absichtsvollen Diskurses erscheinen.

Die Sprachgeschichte der drei Termini ist komplex, der Sprachgebrauch uneinheitlich. Grund dafür ist die Imagination selbst, sofern sie Trägerin von Wünschen ist. Rede- und Textsorten, die der Wunschkraft ihre Expressivität und Intensität verdanken, weisen einen hohen Grad an *Intentionalität* auf: Sie sind auf Wunscherfüllung (oder -vereitelung) angelegt. Gerade sofern sie anschaulich verfaßt, deutlich konstruiert und einprägsam sind, werden sie leicht Beute der Verdrängung, der Verleugnung und des Interdiktes. Diesem zweifachen Mechanismus gilt zuerst unsere Aufmerksamkeit.

Einerseits wird der imaginäre Bereich durch den Diskurs *begrenzt.* In Redesorten wie z. B. in der Selbstanklage eines »Sünders gegen Gottes Gebot« kommt die Imagination als Bewegung, die kanalisiert, als Kraft, die gebändigt werden muß, zum Vorschein. Andererseits wird Imagination durch sprachliche Artikulation verdeutlicht, in der plastischen Vergegenwärtigung veranschaulicht, durch politische und religiöse Rhetorik gesteigert, in den Exzessen der Innerlichkeit entgrenzt. Der Diskurs über das Imaginäre ist Vergegenwärtigung und Materialisierung zugleich. Seine Struktur ist symbolisch, ambivalent und erheischt Entschlüsselung. In der Imagination ist der Mensch mit der Sinnlichkeit verwurzelt und zugleich aufs Handeln angelegt. Sprache, Kunstwerke und das geschichtliche Handeln sind Entäußerungen des Menschen durch Imagination. Soll das Imaginäre an ihr deutlich werden, muß untersucht werden, ob der die Imagination begleitende Wunsch unterdrückt, verdrängt und verschoben oder entbunden, befreit und autonom gesetzt werde.

Die lexikalische Bearbeitung von Imagination konzentriert sich demgemäß auf jene Bedingungen, unter denen es in historisch verschiedenen Epochen jeweils möglich, notwendig oder nützlich erschien, die genannten Kräfte zu sammeln, die von der Imagination ausgelösten Bewegungen zu ordnen, das von ihr angeblich oder tatsächlich herbeigeführte Chaos zu bannen – oder aber umgekehrt: dieselben Kräfte freizusetzen, ihnen autonome Geltung zu verschaffen, sie über die von den Gegeninstanzen gesetzten Grenzen hinauszutreiben. Es gilt zu fragen, ob bei Plato und Aristoteles die *phantasia* von *dianoia* (diskursives Denken) und vom *nous* (Vernunft) gefesselt wurde; wie in der römischen Zivilisation die *imago* aus dem Kult entlassen wurde; ob im Übergang vom dreizehnten zum vierzehnten Jahrhundert die *imaginatio* in die von der *fides* (Glaube) und von der *ratio* (Verstand) vorgezeichneten Bahnen gelenkt worden sei; ob die der *Einbildungskraft* durch die reine Vernunft auferlegten Fesseln in der Moderne gesprengt werden konnten. An solche Fragen hält sich diese Darstellung, und sie setzt sich zum Ziel, den Gegensatz »imaginatio contra ratio« als falsche Alternative zu entlarven und zu überwinden.

Die kognitive Funktion

Unter der Logik der Imagination verstehen wir den Zusammenhang zwischen Phantasie und Logos, Imaginatio und Ratio, Einbildungskraft und Vernunft. Zwischen Imagination und Vernunft besteht ein allgemein anerkannter Begründungszusammenhang, wie immer er kategoriell auch ausgelegt worden sein mag. Die Imagination, Trägerin von Wünschen, veranschaulicht den Begriff. Sie vermittelt zwischen der reinen Theorie und dem Handeln. Von Interesse sind hier deshalb alle jene philosophischen Versuche, die diese Vermittlung explizieren und nicht einseitig reduzieren. Im Verhältnis Imagination zum Leiblichen, Materiellen, Vielfältigen und Widerständigen einerseits, zum Geistigen, Allgemeinen, Systematischen und Kategorischen anderseits sollen kognitive Gesetzmäßigkeiten zum Vorschein kommen. Erst so bleibt die Imagination eine bleibende Herausforderung.

Wünsche gehen entweder durch zivilisatorische Arbeit oder durch »Phantasien« in Erfüllung. Welchen Anteil hat die Vernunft dabei? Diese Fragen können nur im Bereich der Imagination zureichend aufgehellt werden. Die Beziehungen zu

»Theorien« und »Bildern« sind der Imagination immanent, deshalb unauffällig und selbstverständlich. Der Sachverhalt hat denn auch historisch gesehen noch kaum reflektiert werden können. Inzwischen sind wenigstens die formalen Momente der historischen Entfaltung – Entgrenzung, Entschränkung, Emanzipation und Transgression einerseits, Begrenzung, Interdikt, Tabuisierung und Unterdrückung andererseits – offenkundig geworden. Die Imagination kann jetzt auch als kognitive Instanz erkannt und anerkannt werden. Sie ist ein Wahrnehmungsurteil. Sie macht es möglich, den Ort der Transzendenz und der Transgression auszumachen. Als »Wurzel«, ja sogar als eine Art »Erdreich« bezeichnet, wodurch und worin menschliche Tätigkeit überhaupt gründet, oder gar als nicht auflösbares Residuum kommt ihr kognitive Funktion zu. Ihr Anteil am Prozeß der Aneignung von Welt, von Eigenem und Fremdem ist hoch. Das wird gerade dann deutlich, wenn sie als projektive Synthese unter die angeblich legitime, weil wissenschaftlich fundierte und zweckrational notwendige Kontrolle durch die Vernunft gestellt wird.

DIE IMAGINATION, TREIBENDE KRAFT IM PARADIGMENWANDEL

Die historischen Komponenten

Phantasie, Imagination und Einbildungskraft sind nach bestimmten Regeln mit Vernunft, Wunschkraft und Wahrnehmung verbunden. Diese Zusammenhänge bleiben freilich abstrakt, der Imagination äußerlich und deswegen in ihrer Tragweite verborgen, solange die Gesetzmäßigkeiten im Wandel der Vorstellungen unaufgedeckt bleiben.[1] Es gibt einschlägige Traktate über »Imagination« von Plato und Aristoteles, Kant und Freud, Dali und Guattari. Sie sind geschichtlich möglich geworden und waren von je verschiedenen Bewertungen begleitet, wenn nicht sogar durchstimmt. Ihre Auslegung hat den Kontext gebührend zu berücksichtigen. Erst die mit Imagination verbundenen systematischen Vorentscheide, die politisch-sozialen Normen, die institutionellen Paradigmen des religiösen Verhaltens, der sozialen Gewohnheiten und der Strategien, mit welchen Widersprüche entweder erträglich oder noch unerträglicher gemacht werden, eröffnen die notwendigen Einsichten in die kognitive Funktion der Imagination. Zur platonischen *phantasia* gehören sowohl der für Plato typische »Rationalismus« wie auch die damals lebendigen mythischen Anschauungen über die »Seele«. Zur aristotelischen Auffassung über das *phantastikon* gehört das kinetische Naturmodell *(physis)* wie die Abhandlung »Über Träume«.[2] Bei Guattari hat das Individuum seine Struktur der »imaginären Totalisierung« verloren. Es ist geschichtlich an den Nullpunkt verwiesen, findet also den Thesaurus sowohl der Tradition wie der vor ihm gemachten Erfahrungen leer vor (Guattari 1972). Diese Behauptungen erheischen aber alle den sie tragenden Kontext: die Institution.

Die Normen der Gesellschaft haben den Phantasien der Individuen Inhalte und Zuschüsse geliefert, aber auch die Interdikte verordnet. Umgekehrt haben gesellschaftliche Widersprüche und Sackgassen durch die Vorstellungskraft der Individuen ihre, wenn auch oft nur vorläufige, prekäre und illusionäre Auflösung erfahren. Die Konflikte zwischen »phantastischen« und »realistischen« Instanzen wurden in der Geschichte an gut markierten Orten, an herausragenden Gipfeln der historischen Vernunft selber entwickelt und ausgetragen. Die Imagination als kognitives System impliziert die ihr *geschichtlich*, also nicht beliebig, sondern im jeweiligen Diskurs fundiert zugeordnete und entsprechend wirksame Gegeninstanz. Hierfür einige signifikante Hinweise.

Die geschichtlichen Orte des Wandels

Die Psyche. Die Explikation der *phantasia* ist in der Seelenlehre des Aristoteles (»de anima«, III. 3.) jenes Teilstück, das zwischen der Wahrnehmung *(aisthesis)* und dem denkenden Teil der Seele vermittelt. Die *phantasia* hat einen sinnlich-organischen, aber auch einen *denkenden*, urteilenden *(logistike)* Aspekt, eine das Denken begleitende Funktion. Sie liefert die sinnlichen Schemata zur Veranschaulichung des in reiner Form gedachten Allgemeinen. Diese Komplexität findet nun ihre Einheitlichkeit in der Seele selbst. Sie ist nach Aristoteles stets ein Ganzes, Mitte, Angelpunkt und Kern einer Stufenordnung des Seienden. In ihr kommt die Flucht der Erscheinungen zum Stehen: Sie vermag durchzuhalten *(paschein)*, weil sie ein Ungeteiltes und Ununterscheidbares ist. Die Psychologie des Aristoteles ist nicht *ohne* Metaphysik, nicht ohne Bezug auf die Ordnung des Seins verständlich, aber sie ist *nicht* Metaphysik, sondern eine ihrer wichtigsten kritischen Instanzen: »Es ist notwendig, das Erste (Seiende) durch Hinführung *(epagoge)* zu erkennen, denn die Wahrnehmung bildet auf diese Weise der Seele das Allgemeine ein« (»topica«, 100 b, 4 f).

Der Gott. Imaginatio verweist, sofern sie ein Eigenname-Typus ist, also etwa »ein Jupiter« oder »ein Priap« oder sonst ein namentlicher Gott, auf *drei* in ihr gründende Signifikate oder »imagines« hin: auf »die urtümliche Identifikation von Gott und Bild«, auf die »kunstgelehrte Kürzung« und auf die satirischen Zweifel, die im Kunstwerk selber angelegt sind (Daut 1975, 29). Horaz erfaßt die satirische Situation, läßt den Gott Priap selber reden und in drei Versen ist das Wesentliche gesagt: »Olim truncus erat ficulnus, inutile lignum: Cum faber incertus scamnum faceretne Priapum, Maluit esse Deum. Deus inde ego ...«(1822, II, 426).[3] Der Fruchtbarkeitsgott Priap, aus Olivenbaumholz geschnitzt, als Material für Möbel untauglich, den rohen und ungebildeten Leuten vorgesetzt (»rudis et informis«)[4] wird an seiner eigenen Existenz irre, sofern diese an eine *imago* gebunden und diese wiederum als *simulacrum* entlarvt ist.[5] Die *imago* läßt von sich aus gegenteilige Interpretationen zu, weil sie selbst, genau wie die Imagination auch, kein Gegenteil hat, außerhalb von wahr und falsch steht.

Der Wald. Die Bildwelt des vierzehnten Jahrhunderts wiederum zeigt, im Vergleich zu derjenigen des dreizehnten Jahrhunderts, was für Folgen eine Transformation innerhalb des Imaginären nach sich zieht. Die plastisch-architektonische Kunst des dreizehnten Jahrhunderts war von der Physik des Aristoteles beherrscht: strenger Aufbau, Einteilung des Raumes, keine Leerstellen, lauter besetzte Räume, Abscheu vor dem Leeren (horror vacui). Es läßt sich dokumentarisch nachweisen, daß im Paris des Jahres 1325 unter dem Druck der Logik damaliger Aristoteliker, der Predigerbrüder an der Universität, die Buchillustrationen der Familie Belleville »auf eine reine Modulation der Arabesken beschränkt war und in exakten Formen die Pflanzen der Gärten und der Wälder wiedergab« (Duby 1976, 367). Die plastische, architektonische und bildnerische Darstellung änderte sich schlagartig im vierzehnten Jahrhundert. Die Ritterkultur begann über die Konstrukteure zu triumphieren. Die Logik der an strenge Diesseits/Jenseits-Vorstellungen gebundenen Fachleute »verschwindet unter dem Ornamentenwust, der sie verbirgt und durch die völlige Gratuität der ritterlichen Rituale ersetzt« (Duby 1976, 366). Dasselbe Phänomen läßt sich auf den gewirkten Teppichen und bei Buchillustrationen feststellen. Das gefährliche Abenteuer war Mitte und Bezugspunkt der Ritterspiele und ihrer Mythen. Suche und irrendes Sehnen nach Glück beherrschte die Gemüter. Der adäquate Aufenthaltsort für diese *Wünsche* konnte nicht mehr der genau orientierte Raum, die Veranschaulichung dieses *Sehnens* konnte nicht mehr die exakt umrissene Arabeske sein. Nur der *fiktive* Raum veranschaulichte die frei gewordene Intentionalität; wie er, ohne strenge Dimension, ohne Grenzen und klare Aufteilung, gehorchte sie nun der spiralenförmigen Logik des mythischen Denkens. Die *imago* hierfür aber war der Wald: »l'espace illogique de la forêt, celui des équipées chevaleresques dans l'imaginaire, celui des équipées qui lançaient dans l'aventure les jeunes hommes de la société noble, en quête de rencontres amoureuses, d'une épouse, d'un établissement ou tout simplement de la gloire, envahit les pages des livres enluminés« (Duby 1976, 366).[6]

Die Freiheit. Die äußerste Grenze des Imaginären ist im Surrealismus erreicht. Das Unbewußte hat die Stelle der Imagination eingenommen oder wird sogar mit dieser identifiziert. Das Gegenüber und das in der Imagination fortab Mitgedachte ist das Unbewußte. Die Imagination selbst aber wird zur Statthalterin des »modernen Bewußtseins« im Modus der Spontaneität, der Autonomie und der Kreativität. Der Schreibautomatismus, die zufällige Wortkonstellation und die intendierte gegenseitige Aufhebung des Wortsinnes durch Wortannäherungen – dans la forêt incendiée, les lions etaient frais (im abgebrannten Wald waren die Löwen frisch – Roger Vitrac) – sind Beweis dafür.

André Breton versucht bis zur Geburt des Wortes vorzudringen, an jenen Punkt zu gelangen, an welchem der Dichter »blind aus dem subjektiven Schatz (trésor) schöpfen kann, um der einen Versuchung willen, hier und dort ein paar schäumende Algen und Smaragde auf den Sand werfen zu können«. Seit Jahrhunderten habe einer falsch verstandenen Strenge gehorcht werden müssen. Der Punkt sei zu erreichen, an welchem man aus der »Erziehungsanstalt« fliehen könne, um diejenigen Tätigkeiten endlich hinter sich zu lassen, die bis jetzt Geltung gehabt hätten: »korrigieren«, »sich korrigieren«, »verfeinern«, »wieder aufnehmen«, »es noch einmal sagen«. Am Geburtsort des Wortes winkt Freiheit: Es muß nicht mehr (oder noch nicht) gemäß dem vorliegenden, verobjektivierten Programm und Repertoire geschrieben, gedacht und gehandelt werden (Breton 1934, 164 f).

Der Surrealismus versagt sich jegliche Hilfe von seiten des Bewußtseins, um sich gänzlich dem Unbewußten anheimstellen zu können. Das Angebot des Bewußtseins besteht nach Breton darin, eine Vereinbarung zu treffen zwischen dem, »wovon einer wußte, daß er es sagen wollte und dem, was er, zum gleichen Thema, nicht wußte, daß er es sagen wollte und es gleichwohl aussprach« (Breton 1929, 142). Das Bewußtsein ist also gar nicht autonom; es übt an sich selbst Verrat durch diesen Rückgriff auf imaginative Latenz. Die stumme, blinde und ungewollte Übereinkunft widerspricht offenbar jedem exakten Wissen, jeder Selbstvergewisserung über ein Objekt, über die klare und deutliche Idee von etwas. Sie widerspricht auch dem Reden über etwas und hebt die Logik der Aussage aus den Angeln. Breton glaubt, durch diesen Standpunkt die Ideenlehre, die ja der »Anfang« aller Rationalität ist, zerstören zu können. Mehr noch: Der Vorgang des Denkens und Sagens sei in sich selbst schon die Zerstörung der Idee, des Eidos. Denn alles Begreifen und nachträgliche Sagen und Aussprechen könne selbst nie der geheimen Anlehnung und Absprache mit der unerwünschten Hilfe von seiten einer vom Wortsinn entbundenen Freiheit entsagen und entbehren. Die von Aristoteles bemerkte Freiheit der *phantasia* der Wahrheit und Falschheit gegenüber wird im Surrealismus zur imaginativen Freiheit gegenüber jeglichem Sinn.

Das Delirium. Das im Surrealismus stets Mitgedachte ist das Abwesende, das Nichts, der Tod. Die Inhalte surrealistischer Imagination sind *auch* die Inhalte der Metaphysik, aber ohne Rückhalt, den diese traditionellerweise im Menschen und im »höchsten Sein« hatten. Der Mensch ist in den Werken der Surrealisten kein Prinzip mehr, er hat »Seele« und »Logos« verloren. Es läßt sich von ihm nicht mehr her- und nichts mehr ableiten. Die Imagination ist autonom, kreativ und allmächtig geworden. Salvator Dali ist bei der Ausschöpfung der imaginativen Kräfte am weitesten gegangen. Er leitet den Begriff der »konkreten Irrationalität« vom »sogenannten Delirium zwanghafter Genauigkeit« ab. Das konkrete Irrationale wird »in der Phantasie auftauchen, und zwar, darauf kann man sich verlassen, ebenso häufig wie die verschiedenen Trugbilder, die sich überall einnisten, sobald ein neues erotisches Verlangen bewußt geworden ist« (Dali 1935, dt. Ausg., 26).

Dali spricht der paranoiden Tätigkeit Systematik, also eine Art Begrifflichkeit zu. Paranoia ist kein nachträglich am Maßstab der Rationalität, der Kausalität oder der Satzgliederung bestimmbares Phänomen. Ihre Systematik ist die Konsequenz der wahnhaften Vorstellung selbst. Dali bezieht sich ausdrücklich auf die Lektüre von Jacques Lacan (1932). Er interpretiert den nachmaligen Gründer der Pariser Freud-Schule dahin, die psychoanalytischen Eingriffe seien zwar logisch, aber eben in dem Maße auch zwangshaft. Sie griffen nämlich in die wahnhaften Inhalte mit ganz artfremden Vorstellungen von Systematisierung und Interpretation ein. Der paranoide Mechanismus sei jedoch eine Kraft und ein Vermögen, das bereits an der Basis des Phänomens »Persönlichkeit« beteiligt sei. Nichts von dem, was an einer Person »homogen« (einheitlich), »total« (ungeteilt) und »unvermittelt« (selbsttätig) sei, lasse sich auf die »mechanistischen Erbärmlichkeiten, mit denen sich die gängige Psychiatrie festfährt« (Dali 1935, dt. Ausg., 28), zurückführen. Das Systematische an jeder Person ist nach Dali (im Gefolge der Lektüre von Lacan) die Fortdauer, die Steigerung und die Produktivität: die Grundbestimmungen der autonom gesetzten Imagination. Dali rückt damit vom Automatismus und von der Stereotypie des Traumes ab. Der paranoide Wahn ist die äußerste vom Subjekt ergriffene Tätigkeit, nicht nur passives Erleiden, sondern stellt selbst eine Form der Interpretation des Lebens dar.

Die Institutionen. Die Psychoanalyse sieht sich in Frankreich unter der Führung, im Gefolge und am Leitfaden dieses eben gezeichneten Kontextes sowohl in der Lage als auch gezwungen, der Imagination neue Inhalte zu geben, ihr andere Bahnen vorzuschreiben, als diejenigen, die ihr über die Psychoanalyse von der griechischen Mythologie her vorgeschrieben worden sind. Die »Institutionelle Analyse«[7] geht darauf aus, der Phantasie und ihrer Tätigkeit eine neue Wende zu geben. Das Subjekt wird nicht mehr als ein Ort und eine Struktur der imaginären Totalisierung betrachtet. Zu diesem Effekt der Vereinheitlichung und der Kontinuität, zu der der Seelenbegriff seit Aristoteles entscheidend beigetragen hat, tragen die Institutionen ebenso kräftig und nachhaltig bei. Das Subjekt erscheint unter diesen Voraussetzungen als »kollektiver Agent der Aussagen« (Guattari 1972, dt. Ausg., 92). Das Subjekt der Subjekte ist die Gruppe. Setzt sich diese nicht in den Stand, selber Subjekt der Geschichte zu werden, die Referenzpersonen des persönlichen und des kollektiven Sozialisierungsprozesses zu entdecken, dann werden bloß die alten Rollen wiederhergestellt: die des Arztes, des Pflegers, des Kranken, die ganze innere Hierarchie und die Phantasiesysteme. Gewiß, der seelisch Kranke hat oft keinen anderen Ausweg als sich durch Phantasie zu artikulieren. Es ginge aber darum, die Systeme der Phantasien an ihren Orten der Entstehung, der Legitimierung und der Verhärtung aufzubrechen. Dies aber sind nach Guattari die Institutionen, die zugleich psychiatrisch, analytisch und politisch sind. Mit der Imagination ist also im Kontext der Antipsychiatrie alles das mitzubedenken, was bisher scheinbar jenseits des Einflußbereiches der Imagination lag: die Produkte der praktischen Vernunft, die Politik und die Heilkunde selbst.

Eine mustergültige Darstellung der »Imagination« ließe sich zwanglos der folgenden Topologie unterordnen: In der griechischen Philosophie, bei Plato und Aristoteles sowie in der Sprachphilosophie der Stoa wird *phantasia* innerhalb der Ökonomie der Seelenkräfte und der Sprachbewegungen definiert. Ohne dem Klischee des bereits in der platonischen und aristotelischen Lehre von der Vernunft anhebenden »Rationalismus« zu verfallen, kann man von der durch und durch vom *logos* bzw. vom *nous* in Anspruch genommenen *phantasia* reden. Das Klischee »gefesselte Phantasie« wäre deshalb schief und unangebracht, weil platonisch und aristotelisch gesehen die Denktätigkeit restlos auf die Anschaulichkeit durch Phantasie angewiesen bleibt.

An zweiter Stelle wäre *imaginatio* abzuhandeln. Der Bezug zur *imago* liegt auf der Hand. *Imaginatio* zeigt jenen Bereich an, in welchem sie sich als Kraft, als *vis imaginativa*, etabliert. Sie wird »Quelle« der plastischen, literarischen und kultischen Werke und rechtfertigt, als deren Interpretationsinstanz, ihre Existenz. Drittens wäre Imagination auszumachen als der bevorzugte Ort der Äquivalenzen und der Latenz. Die »Phantasien« gehören ihrem Wesen nach jeweils zwei Welten an: der wirklichen Welt der Innerlichkeit, der Willkür, der Abbildhaftigkeit und der Bildnispräsenz – aber auch der bloßen Scheinwelt, der Absenz dessen, wofür ein Phantasiegebilde steht; oder sie sind noch nicht einmal das: eben »reines« Phantasieprodukt. Für den Phantasierenden freilich sind Phantasien die eigentliche Wirklichkeit, oft einziger Ausweg aus den Sackgassen des Leidens oder der durch Interdikte verbotenen Lust. Gleichwohl sind sie doch nur wieder Illusion und Trug. Und schließlich, viertens, stellt sich die entfesselte Phantasie ein. Ihr Ort müßte ausdrücklich als Nichtort, als Utopie, sichergestellt werden.

IMAGINATION ZWISCHEN KREATIVITÄT UND TRANSZENDENZ

Imagination zwischen Religion und Kunst

Die hier ausgewählten Aspekte der Imagination verstehen sich im Rahmen der angezeigten historisch-thematischen Topologie. Die Auswahl ist darüber hinaus so getroffen, daß Zusammenhänge mit den Schwerpunkten dieses Bandes sichtbar werden können. Die Imagination erscheint als jene Instanz, die zwischen Religion und Kunst vermittelt. Die Religionen haben zu ihrem gemeinsamen Merkmal, daß sie innerseelische Produktionen sind und einen Bezug zur Transzendenz (s. die Beiträge von H. Holzhey und K. v. Dürckheim in diesem Bd.) aufweisen. Die Kunst wiederum veräußert sich im Werk und hat darin Bezug zur Immanenz bzw. zur Kreativität (s. die Beiträge zum Thema Kreativität von P. Matussek, R. Certer und W. Metzger in diesem Bd.). Die Imagination fungiert als Trägerin von Wünschen. Die Wünsche sind die erfahrbare Seite der Transzendenz und insofern vermittelt die Imagination die Subjekte mit den Religionen. Die Imagination hat umgekehrt auch eine »objektive« Seite. Sie ist Ikon, Bild und als solches das Erscheinende par excellence. Man spricht von »Phantasie« und gemeint ist, im syntagmatischen Zusammenhang, etwa ein Werk von Franz Schubert; paradigmatisch steht »Phantasie« im Systemzusammenhang mit Ouvertüre, Capriccio, Pastorale und gehört zum Lexem Musikstück.

Die unwägbaren Kräfte

Die Imagination vermittelt aber nicht nur zwischen Religionen und Kunst. Sie erzeugt durchaus ihre eigene Welt, die Phantasmen, das Imaginäre, das Eingebildete. Unter dem Begriff des Phantastischen versteht man gemeinhin alles, was »über« die Vernunft oder »ohne Kontrolle der Vernunft« vorstellbar ist. Die imaginären Welten haben *trans*zendenten Charakter, sofern sie das »Diesseits« des jeweils überschrittenen Bereichs, z. B. die »*physis*«, immer auch miteinbeziehen und voraussetzen. Die metaphysische Dimension und Funktion der Einbildungskraft ist es geradezu, den Bezug zum Verstand und zur Einsicht einerseits, zum Sinnlichen anderseits aufrechtzuerhalten. Es gibt keine Einsicht in das, was »der Apfel« ist, ohne die Anschauung »dieses Apfels da«.

Die Imagination im Modus des »para« hingegen, im Sinne des »außerhalb« also, des »wider« oder des »gegen« – also das parapsychologische Moment der Imagination – hat den Rückhalt und die Fundierung im anschaulichen Bereich der Wahrnehmung hinter sich gelassen. Die imaginative Tätigkeit ist, so verstanden, pure Negation. Das »Hirngespinst«, die »Illusion«, das »Blendwerk«, die »Ausgeburt« oder der »höhere Blödsinn« stellen sich durch sich selbst ins Abseitige. Jede Setzung von »Außerweltlichem« ist imaginäre Objektivation des Phantastischen, Negation des Denkbaren, Intelligiblen, das ja Seiendes nennt, dessen Hervorscheinen selbst dem Akt des Denkens zugänglich ist. Kehrt sich die imaginativ-regierende Tätigkeit nach innen, para-psychologisch und paranoid, realisiert sie sich als Wahnsinn, Ekstatik und Besessenheit; entwirft sie sich nach außen, imaginiert sie die von diabolisch-dämonischen Verkörperungen bevölkerte Unterwelt, es sei denn, sie postuliere notwendigerweise die überirdische Gegenwelt etwa der Sterne als »vollkommene Wesen« (Antike), die sphärischen Substanzen, die die Hellenistik Geister nannte.

Allen Produkten des »para« ist ein bestimmtes Maß an Irrationalität eigen und gemeinsam. Das bedeutet bei weitem nicht, sie seien gänzlich unfaßbar und unzugänglich. Die Erzeuger des »para«-Produktes wehren sich dagegen mit guten Gründen, nicht zuletzt mit ihren Erzeugnissen selbst (s. den Beitrag von E. Bauer in diesem Bd.). Denn ein Residuum von »Natur« und Natürlichkeit ist in jeder dieser Produktionen noch vorhanden. Die Frage ist, auf welchem Wege, mit welchen sprachlichen Mitteln, in welchen gestischen, plastischen Verkörperungen und andern, sozial anerkannten (oder diesen widersprechenden) Instrumentarien diese Imaginationen vermittelt werden.[8] Die Sprache ist wohl unumstrittenermaßen das Gemeinsame sowohl der in Werke eingegangenen Imaginationen (Dichtung, bildende Kunst, mystische Erfahrung), als auch der objektivierten Imagination im Wahnsinn, in den okkultistischen, spiritistischen und para-therapeutischen Praktiken. Überzeugendstes Beispiel sind wiederum Dada und Surrealismus. Diese der Imagination aufs äußerste verpflichteten Produktionen erproben sich am *Wort*. Die automatische Schreibweise ist keine Attacke gegen die Sprache, sondern vielmehr die Probe darauf, wieviel Widerstand gegen Sprachlichkeit wiederum durch Sprache und sprachliche Form gefaßt und überwunden werden kann. Die Surrealisten haben den Automatismus bis in die kaum noch begehbaren Konsequenzen übernommen. Für sie ist Passivität die unbedingte Voraussetzung aller imaginativen Tätigkeit. Durch Passivität versuchen sie, das wirkliche, selbsttätige Denken einzuholen und zu überwinden. Das, was nach Aristoteles *dianoia* ist, d. h., der diskursive Verstand, das mühsame Durcharbeiten aller zeitlich bedingten möglichen oder unmöglichen Verbindungen und das unumgängliche Beurteilen derselben nach Wahrheit und Falschheit (»de anima« III, 4, 430 a 27–31) – eben dies soll überschritten und durch Passivität hinter sich gelassen werden. Wiederum nach Aristoteles ist es der *nous*, die Vernunft oder der Geist, der die Verstandestätigkeit überhöht; am unabänderlichen Wahren findet er, als leidensunfähiger Geist, im Göttlichen seine Erfüllung.

Die Faszination der Verneinung

Der Surrealismus unterwandert die Kontrolle des Verstandes durch Passivität, die nichts von außen erleidet; ganz nach innen gekehrt, eröffnet sie dem Geiste die Möglichkeit der Freiheit. Man kann mit Recht »diese totale Unterwerfung unter das Denken ohne irgendwelchen Zwang einer Kontrolle ... als den sensationellsten Versuch aller Zeiten zur Erlangung der Freiheit des Geistes« (Dali 1935, dt. Ausg. 24 f) betrachten. Die surrealistische Produktion stellt dar, wie sich der Geist durch Passivität, d. h. durch Distanznahme und Negation vom Verstand und auch noch von den Gegebenheiten der Imagination selbst, von dem Zwang der Sprache und der Kunst befreit. Es ist bezeichnend, daß Künstler wie W. Blakke und H. R. Giger ihre Befreiung durch *passive Vermählung* der Gegensätze einleiten, daß sie aber zugleich zur *Satanologie der Innenräume* zurückkehren müssen. Sie sind die ihnen unentbehrliche Veranschaulichung dafür, gegen welche Kräfte sich der »Geist« zu behaupten hat.

Die *Exorzismen* der religiösen Magie unterliegen denselben Gesetzen. Denn Besessenheit ist als Begriff die kulturell bedingte Bezeichnung sowohl von Seelenzuständen (*daß* überhaupt die Seele der Ort von Einwohnungen sein kann) als auch von imaginativen und imaginierten Teufelsfiguren. Alle Zivilisationen, die Teufelsaustreibungen praktizieren, können die Freiheit des Menschen nur in Verbindung mit Gott sehen, der aber selber die Existenzform des Imaginierten hat. Sie anerkennen die primär-natürlichen Symptome wie etwa Schreien, Zu-Boden-Fallen, Schäumen und Um-sich-Schlagen, als Produkte der entfesselten Phantasie, der unbändig, obszön und wild gewordenen »Seele«. Ihr sprachliches und sozioreligiöses Deutungsschema freilich erlaubt es ihnen nicht, die angeblich natürliche Erklärung der Symptome durch die Medizin zu übernehmen und deren Urteil anzuwenden: »Besessenheit ist eine Krankheit«. Die Symptome haben in diesen Zivilisationen *Bedeutung*, und diese ist *jenseits* der Symptome, entsteht sie doch nur innerhalb des Schemas der »Freiheit Gottes« und der »Unterwerfung des Menschen unter den Gegengott, den Teufel« (s. die Beiträge von U. Rosin u. A. J. Hammers sowie C. Ernst in diesem Bd.).[9]

Die lexikologischen Überlegungen führen zur Einsicht, daß sich der Bedeutungshof und der Geltungsbereich des Begriffes Imagination ständig verschiebt. Jede einmal gültige Vorstellung beruht auf einer ihr voraufgegangenen imaginierten Welt. Diese gerät zum Phantasma, zum eingebildeten und unwirklichen Schemen, wird bedeutungslos und verliert die operationelle Kraft in dem Moment, wo eine »neue« Vorstellung sie ablöst. Die Imagination untersteht einer historisch angeordneten, zugleich auch systematisch darstellbaren Topologie. An ihr orientiert sich diese Darstellung. Segmente sprachlicher und bildnerischer Angebote im Zusammenhang mit der Imagination zu prüfen, gehört zu den Grundoperationen der Imagination selbst. Denn sie wird mit sprachlichen Strategien, mit semantischen, symbolischen und interpretatorischen Strukturen nicht nur bearbeitet, kanalisiert und operationell verfügbar gemacht. Die Imagination verdankt ihre Prägnanz, ihre Stellung und »Wirklichkeit« der Logogenese und der Soziogenese, also der sprachlichen und sozialen Herkunft, die sie trägt und in der sie, wie in einer *arche* (Grund), gründet.

IMAGINATION ALS MITTE

Vom Dunkel ans Licht

Phantasie, Imagination und Einbildungskraft nennen einen Seinsbereich, der seinerseits gänzlich vom Diskurs über Imagination determiniert ist. Das Imaginäre läuft der Grenze von Satzbildungen entlang, die das Phantastische und Eingebildete einzuholen versuchen. Es schwingt an den plastischen Oberflächen einer Statue, dort, wo der Künstler leere Stellen schuf, damit die Imagination ergänze; sie ordnet die Umrisse eines Platzes und unterwirft sich ihnen gleichermaßen. Das Imaginäre verengt, präzisiert und versinnlicht sich im Sprachfeld, am Formgebilde aus Farben, Stein oder Tönen. An den der Wahrnehmung beinahe entzogenen Stellen, an den Übergängen vom Land ins Meer, an der kaum wahrzunehmenden Nahtstelle von Erdreich und Pflanze[10], am dramatischen und zugleich kaum merklichen Übergang vom Leben zum Tod wird die Imagination wie nirgendwo sonst geweckt. Sie hält sich an den von den »Fakten« gesetzten Grenzen auf, um sich über eben diese hinauszuschwingen und sich im Akt der Ergänzung und des Dazutuns zu bewahrheiten. In den erzeugten Symbolen werden Bedingungen der Suggestion und Evokation imaginärer Überraschungen geschaffen. Die Imagination schwankt freilich stets zwischen der Untrüglichkeit der Sinneserkenntnis einerseits und der Unwiderruflichkeit der reinen Wahrheitseinsicht. Die tätige Imagination geht kühn über die sinnliche Wahrnehmung hinweg und zeigt eine gewisse Willkür gegenüber dem unverrückbaren Akt der Einsicht in das, was ist wie es ist.

Imagination ist die Latenz der Seele. Ohne festen Bezug zur Wahrheit oder Falschheit, der eigenen Grenzenlosigkeit ausgeliefert, ermöglicht sie dem Lebewesen die erste rudimentäre Form von Freiheit. Jede mögliche Welt kann durch Einbildungskraft hervorgebracht werden. Weil Imagination aber jenseits der Krisis von Wahr und Falsch tätig ist, wird ihr die eigene Tätigkeit immer dann zum Verhängnis, wenn sie ihre Produktionen wie nach einem technisch verfaßten Modell abwickelt und repetiert. Die Kette der Phantasmen ist potentiell unendlich. Die Imagination kennt kein Gegenteil ihrer selbst oder ihrer Erzeugnisse; Phantasmen sind allesamt gleichermaßen wahr oder falsch. Deshalb hat der Diskurs über die Imagination in jeder historischen Epoche seine Kriterien der »Wirklichkeit« der imaginären, phantastischen Produktion gehabt: Aristoteles war dem Kriterium Wahrheit verpflichtet, die christliche Philosophie der dogmatischen Normativität, Freud unterstellte die Phantasie dem »wahren Diskurs« über die Sexualität. Die Aufgabe bleibt, den imaginativen *Anteil* am Zustandekommen eines wahren Urteils, einer historiographischen Rekonstruktion, einer psychologischen Analyse, aber auch eines Wunsches oder einer vom wünschenden Subjekt veranstalteten Wunschbefriedigung genau zu ermessen.

Die Imagination ist die von Wahrnehmungsdaten abgeleitete Bewegung. Sie ist jene »Kraft«, welche auch dann tätig ist, wenn die präsente, aktuelle Wahrnehmung verstummt und verschwunden ist. Unter diesem Gesichtspunkt hat die Imagination auch eine der Wahrheit und Falschheit zugewandte Seite. Ihre Leistung ist ja, die Wahrheit einer Wahrnehmung als nicht mehr präsente aufzubewahren. Die Bilder der Imagination sind deshalb als «Überbleibsel« bezeichnet worden (Aristoteles, »de somniis«, 461 b 20). Durch diese Zeitmarke auf Vergangenes und Gegenwärtiges hin ist die »als-ob«-Struktur der Imagination wesentlich. Das Imaginäre ist als Welt der verinnerlichten Zeiterlebnisse die Bedingung der Möglichkeit dafür, daß etwas erscheint, um überhaupt verstanden werden zu können. »Thesaurus der durch die Sinne empfangenen und empfundenen Formen, die imaginativ zusammengestellt und auseinandergehalten werden«, diese Definition hat Thomas von Aquin (»Summa theologica«, I. q. 78, art. 4 c) überliefert.

Das Imaginäre ist als jener Bereich des Subjektes ausgegrenzt, in welchem dem vernünftigen Menschen ein möglicher Aufenthalt gewährt wird. Die Logik der Imagination kommandiert nun aber zuweilen ganze Ensembles kollektiver Verhaltensweisen einer gegebenen Gruppe oder Gesellschaft. Es steht zu vermuten, daß die Wünsche nach Glück, Freiheit und Frieden *nicht* auf der Ebene des Faktischen, also des tatsächlichen Glückes eines einzelnen, der wirklichen Freiheit und des herrschenden Friedens ausgetragen und abgegolten werden. Vielmehr führen sie am Ort des Imaginären ein verborgenes, deshalb nicht minder hartnäckiges, irreduktibles, gegen Aufklärung resistentes Dasein. Hinweis darauf ist die beklemmende Tatsache, daß Glück, Freiheit und Frieden als Wünsche genau und immer dann zu politisch wirksamen Formeln, zu pädagogisch sinnspendenden Angeboten, zu therapeutisch willkommenen Instanzen und Instrumenten gedeihen, wenn die Wünsche selber aus dem Manko an Realität entspringen, das Defizit an Wirklichem kompensieren und oft sogar aus Unglücken geboren sind. Wünsche, von den Phantasmen der Imagination getragen, bilden sich aus der Abwesenheits- und Fehlstruktur und gedeihen von dieser Voraussetzung her als Fülle und Exuberanz der imaginären Produktionen.

Dieser imaginativen Anordnung entsprechend handeln denn auch sowohl die primitiven wie die industrialisierten Gruppen und Gesellschaften; die nach rationalen Maßstäben verordneten und entsprechend minuziös durchgeführten und eingehaltenen Ritualien der Prodigalität, der Verschwendung und des geplanten Überschusses sind, bewußt oder unbewußt, die Grundnormen des sozialen Handelns. Auch die scheinbar rein ökonomisch bedingten Handlungen der Ausbeutung sind von dieser Gesetzlichkeit betroffen, aber kaum als solche erkannt. »Die *imaginären Wirkungen* der Ausbeutung des Menschen durch den Menschen sind weit weniger ausdrücklich erfaßt und expliziert als ihre ökonomischen Bedingungen, obwohl wir gerade dort einen Knotenpunkt, eine Energiequelle für die Perspektive einer sozialen Revolution vor uns haben« (Guattari 1972, dt. Ausg., 31).

Bild und Werturteil

Das Imaginäre an der Imagination ist widerständig gegenüber den Strategien der Sprachen und den Bildsequenzen. Doch je mehr sich das Imaginäre und das Phantastische entziehen, um so wendiger, erfindungsreicher, listiger, aber auch rücksichtsvoller wird die Sprache. Sprachliche und bildnerische Darstellungen der durch Imagination oder auch durch krankhafte Phantasie erzeugten Produkte lassen dem Imaginären einen anreichernden und beziehungsvollen Umgang angedeihen. Hinter dieser Rücksichtnahme freilich verbirgt sich nicht selten die Absicht, die mit der Imagination verbundene Affektivität abzublocken und die traumhafte Organisation samt deren produktiver Energie ins Reich der puren Willkür, der Pathologie und der »Phantasterei«, aber auch der Unmoral, der Wildheit und sittlichen Zersetzung zu versetzen. »Es ist ein Irrtum, sich unziemliche Freiheit der äußeren Sinne zu erlauben, unter dem Vorgeben, man nehme keinen Eindruck wahr. Man warte nur, bis die Phantasie Zeit findet, den wahrgenommenen Stoff zu bearbeiten, und man wird mit Staunen und vielleicht mit Schaden sehen, wie die Geister der Versuchung aus der Hexenküche und aus dem Brautiegel der Phantasie nach Legion aufsteigen und uns in ihren Reigen hineinziehen ... So umfaßt, man möchte sagen die dämonische Macht der Phantasie den ganzen Menschen, Leib und Seele ... Daher die Phantasienarren und Gefühlstroddel, daher Zerfahrenheit, Schwärmerei, Wirrheit der Gedanken und Vorstellungen, hysterische Zustände, Halluzinationen und Illusionen, Sinnesvorspiegelungen, Geisterseher ... Man könnte solche Menschen mit Recht die unrühmlichen ›Märtyrer der Phantasie‹ nennen« (Meschler 1907, 499).

Die Produkte der Imagination zeigen an, daß sie nicht beliebig, sondern nach Regeln der Imagination selbst als Gegeninstanz zur Vernunft und zur diskursiven Vergewisserung fungieren. Eben dieser Gesetzmäßigkeit ist Rechnung zu tragen, um die im Verhältnis von Imagination und Vernunft gründenden Vorurteile als solche zu erkennen. Die Logik der Imagination kann die Mißverständnisse über Beliebigkeit, Anarchie und Wildheit der imaginativen Tätigkeit ausräumen. Sie fußt auf dem wohlstrukturierten Sachverhalt, daß jedem Denksystem ein Vorrat an Imaginationen zur Verfügung steht; Mentalitäten sind vorausgegangen und Einschätzungen der »Realität« als Bedingungen ihrer Möglichkeit und des Zustandekommens von Denkakten und Schlußfolgerungen wurden getätigt. Diese imaginären Prolepsen haben mit der materiellen Lage und mit den tatsächlichen Verhältnissen oft kaum mehr etwas zu tun, wohl aber mit den sie begleitenden *Institutionen.* Das wird vor allem auch im Prozeß der historischen Sozialisationsmodi und deren Selbsteinschätzung durch die an ihr beteiligten Individuen deutlich. »En effet, le sentiment qu'éprouvent les individus et les groupes de leur position respective, et les conduites que dicte ce sentiment, ne sont pas immédiatement déterminées par la réalité de leur condition économique, mais *par l'image* qu'ils s'en font, laquelle n'est jamais fidèle mais toujours infléchie par le jeu d'un ensemble complexe de *représentations mentales*« (Duby 1971, 10).[11] Bei allen Selbstentfaltungen der Imagination spielt die Institution eine entscheidend wichtige Rolle. Sie bildet, zusammen mit der Imagination, einen Angelpunkt des menschlichen Handelns.

IMAGINATION UND INSTITUTION

Das antike Dispositiv

Platos Suche nach der idealen Staatsform führt im 9. Buch des Staates zur Frage, was ein tyrannischer Mensch sei. Zuvor muß geklärt sein, in welchem Verhältnis er zu den *Begierden* steht. Plato beobachtet die psychische Szenerie der Leidenschaften innerhalb der *psyche.* Zugleich bringt er diejenigen normierenden Wertvorstellungen zur Geltung, die politisch vorgegeben sind, und deren Inhalte erst durch das Gesetz, den Logos und die Selbstbesinnung, sunnoia (»de republica«, IX, 571 d7) garantiert sind.

Die Welt der Begierden wird nach Platon beim Erwachen deutlich. Dann erst zeigt sich, was der Mensch jenseits der waltenden Gesetze, außerhalb der Normen der Republik und der Erziehung ist. Der tierische, wilde, von Speise und Trank erfüllte Seelenanteil springt plötzlich auf, will sich Geltung verschaffen und strebt der Trieberfüllung entgegen. Plato übernimmt aus der Tradition die stärksten, im griechischen »Theaterleben« verankerten Traditionen um zu verdeutlichen, was alles im Menschen steckt: der Beischlaf mit der Mutter, mit einem Gott oder einem Tier. Jeglicher Besinnung bar, ohne Zensur also, entziehen sich die Lüste dem »herrschenden Teil« der *psyche.* Diese *phantasiai* gehören zum Menschen, sind nicht unabhängig von der seelischen Gesamtdisposition, noch entfalten sie sich außerhalb der politischen Anordnung der Republik.[12] Platos Vorstellungen über den Staat als Ort der tugendhaften Selbstverwirklichung, angereichert durch sämtliche Seelenkräfte, ergeben zusammen das Modell seiner »Psychologie«.

Für Plato war es evident, daß der vernünftige Seelenteil über den unvernünftigen zu herrschen habe. Parallel zu diesem »Rationalismus« gab es aber den Einfluß der pythagoreischen Sekte. Die Überlieferung des mythologischen Seelenverständnisses »reichte mit ihren Wurzeln bis in die nördliche Schamanenkultur hinein« (Dodds 1966, dt. Ausg., 109). Der Glaube an die Seelenwanderung war noch lebendig; der von Schamanen praktizierte Trancezustand wurde zwar weder in der Akademie noch im Peripatos propagiert, aber er erfuhr in der Technik der Besinnung und der Versenkung des Geistes seine prägnante Transformation. Parallel zur Konzentration auf das *Vor*leben entwickelte Plato die Lehre von der *Anamnesis.* Die *phantasia* wurde *pathe,* Schicksalsgröße und seelische Kraft zugleich erst im Moment, als die *psyche* vom okkulten, vor-zeitlichen Ich abgelöst wurde, sich den mythischen Vorstellungen entwunden hatte, und ihre eigenständige Behandlung durch Beobachtung und Begriffsanalyse erfuhr. Diese klärende und bis weit in die neuzeitliche Psychologie hinauf weiterwirkende Arbeit hat Aristoteles geleistet.[13] Mit ihm hat sich erstmals ein »Psychologe« aus den Zwängen des religiösen und idealistischen Jenseits befreit und die etablierten Normen politischer Verfassungen relativiert. Aristoteles hat die Seelenlehre resolut als Naturwissenschaft betrieben. Die Psyche, bisher Trägerin von göttlichen Kräften, mit der Qualität der Unsterblichkeit ausgestattet, bleibende »Substanz« im Wandel von einem Leben ins andere, tritt nun in den Hintergrund zugunsten der *psyche* als Lebensmitte lebendiger und vernünftiger, aber auch sterblicher, weil körperlicher Wesen. Die *phantasia* wurde zur unentbehrlichen Instanz, sofern sie die vermittelnde Funktion zwischen der jetzt aufbrechenden Dualität von Leib und Seele ausüben konnte. *Phantasia* wird definiert als »jene Bewegung, die durch die abgeschlossene, tätige Wahrnehmung erzeugt ist« (»de anima«, III, 3, 429 a 1 f). *Phantasia* wird nicht reduziert, sondern ausdrücklich als die *andere Seite* der Verstandestätigkeit, als dieser zugehörig, erklärt (»de anima«, III, 3, 427 b 14–16).

Der Übergang

Die römische Rezeption der »Psychologie« der Griechen bringt das gewandelte Interesse an der *Phantasia* zum Ausdruck. Quintilian faßt die griechische Tradition in seiner »Institutio oratoria« (XII. 10. 6) treffend zusammen: »*Phantasia* nennen die Griechen – wir mögen dafür immerhin *visiones* (Gesichte) sagen – die Seelenkräfte, vermöge deren wir Bilder abwesender Dinge uns so lebhaft vorzustellen imstande sind, daß wir sie mit Augen zu sehen und leibhaftig vor uns zu haben glauben. Wer solche Vorstellungen lebendig erfaßt, wird in Stimmungen sehr stark sein (is erit in adfectibus potentissimus)«. Phantasie nennt, römisch transformiert, eine Seelenkraft; sie ist Resultat der Wahrnehmungseindrücke. Als aktives Prinzip jedoch steht sie selbst am Ursprung seelischer Bewegtheit, der Emotion. Ein phantasievoller Mensch heißt, wer Dinge, Äußerungen und Vorgänge, die sich in Wirklichkeit abspielen, in zweiter Version sozusagen, als *phantaston*, umsetzt. Und dies so, daß sie im Subjekt als Stimmungen und Erregungen erfahren werden können. Bezeichnend ist, daß die Lateiner für *phantaston* nun *rerum imagines* sagen.

Freud und die Folgen

Freud nimmt Urphantasien an, die phylogenetischer Herkunft sind (Plato nannte die *phantasiai* »miterzeugt«). Die Phantasien greifen über das eigene Erlebnis hinaus. Sie haben, wie schon der römische Kunstverstand den objektiven *phantasiai* gegenüber behauptete, *ergänzende* Funktion.[14] Sie füllen die individuelle Wahrheit mit »prähistorischen Wahrheiten« aus. Freud folgert hieraus, daß die Neuropsychologie an Altertümern mehr werde ans Tageslicht fördern als die Altertumsforschung selbst. Die Phantasie ist eine Aktivierung des stummen Wissens der Menschheit.

Verglichen mit dem Realitätsprinzip – aristotelisch: verglichen mit dem Vernunft- und Wahrheitskriterium – stellt nach Freud (1933) das Reich der Phantasie ein Schongebiet dar. Freud bezeugt damit, in welchem Maße die »Moderne« dem Subjekt und seiner Autonomie gegenüber duldsam geworden ist.

Aristoteles erklärte die Phantasie am Modell der Bewegung. Freud tritt, im Vergleich dazu, den umgekehrten Weg an. Die Libido *ist* bereits eine Quelle von Energie. An ihr interessiert nun jene Bewegung, die von ihr *ausgeht* (und nicht, wie das Strebevermögen durch Phantasie bewegt wird). Die Phantasie wird denn auch nach Freud nicht etwa tätig, indem sie »beflügelt«, sondern indem sie »besetzt hält«. »Unbefriedigte Wünsche sind die Triebkräfte der Phantasie, und jede einzelne Phantasie ist eine Wunscherfüllung, eine Korrektur der unbefriedigten Wirklichkeit« (Freud, VII, 216). Die Phantasie aktiviert nicht etwa das Strebevermögen, sondern sie fixiert die Abkömmlinge, die Residuen und Stratifikationen, die die Libido erzeugt und als unerfüllt zurückgelassen hat. Im Zusammenhang mit der Wunschkraft erst werden die »Überreste« zu jenen Vermittlern, die die Fixierung der Libido auf übriggebliebene Wunschobjekte möglich machen. Die Erklärung dieses an sich unmotivierten Vorganges wird erst dank der Lehre von der Phantasie bündig, kohärent und schlüssig.

Im Aufsatz, der die Phantasie am ausgiebigsten behandelt (Freud 1908), erwähnt Freud die sozialen Bedingungen, durch welche die Wunschinhalte differenziert und determiniert werden könnten, nur am Rande. Banal ist die Aussage, die treibenden Wünsche seien »verschieden je nach Geschlecht, Charakter und Lebensverhältnissen« (Freud, VII, 217). Ohne Umschweife behauptet Freud, es gebe zwei Kategorien von Phantasien: jene, die den Ehrgeiz, und jene, die die Erotik zu ihrem Ursprung hätten. Aristoteles hat die Phantasietätigkeit nach dem Wahrheitskriterium beurteilt. Der Verdacht ist nicht unbegründet, daß Freud im Jahre 1908, als er seinen analytischen Diskurs über die Phantasie begann, einem moralischen Konzept und einem rein innerseelischen Modell gefolgt sein muß.

Die institutionelle Analyse

Die Antipsychiatrie spricht der Phantasie unerwartete Aufgaben zu, versieht sie mit neuen Inhalten, führt Unterscheidungen ein, die das bisherige Verständnis von »Phantasie« als individuelle seelische Tätigkeit um eine Dimension erweitern.

Nicht die Phantasie, sondern die die Phantasie allenfalls legitimierenden oder diskriminierenden Modelle verleiten, trügen und lügen. Die an die Phantasietätigkeit herangetragenen moralischen, psychologischen oder politischen Vorurteile, die an sie gestellten Ansprüche der Wahrheit, der Freiheit und des Glücks machen aus der Phantasie eine zivilisatorisch entweder minderwertige oder aber unersetzliche Instanz.

Pierre Félix Guattari geht davon aus, »Individuum« und »Persönlichkeit« seien keine unverrückbaren Referenten. Für die Konstitutionierung einer Gruppe zwar unentbehrlich, ist gerade der einzelne auf die ihm von der Gruppe bereitgestellten Signifikanten (schon bedeutsame Elemente der Anordnung, des Selbstverständnisses und der positionellen Orientierung) hingeordnet und von ihnen determiniert. Ringsum umstellen besetzte, bedeutsame Zeichen das Individuum; die an seine Adresse gerichteten Botschaften erreichen es an jedem Ort und engen seinen Spielraum ein; die mit Intentionen geladenen Wörter, Bilder und Vorschriften überspielen die Selbstentfaltung der Person. Bisher als autonom, unantastbar und autark gegolten, entpuppt sich die »Person« von diesem Standort her als Subjekt, das sich – durch institutionelle Analyse – überhaupt erst in den Stand versetzen muß, *selber* den Zugang zu den Wünschen, Phantasien, Träumen und Mythen zu finden, um so den Weg zu den bildlichen und plastischen Ausdrücken seiner selbst und seiner Gruppe antreten zu können.

Zwei Dinge gehören zu den Aufgaben einer humanwissenschaftlich konzipierten, an der Sozialgeschichte orientierten Seelenforschung. Sie hat einmal die materiellen Grundlagen zu berücksichtigen, die wirtschaftlichen Verhältnisse zu veranschlagen, die Rechtspraktiken und gesetzlichen Verlautbarungen zu erörtern. Zum andern und mit gleicher Gewichtung wird sie zu beurteilen haben, welchen Einfluß die imaginären Positionen ausüben, wie hoch die ausphantasierten Glückschancen überhaupt sind, wie wirksam die vorgestellten, inneren Bilder an der Selbstbeurteilung seelischer Vorgänge teilhaben. Die Bilder und Mythen, die imaginierten Welten und kollektiven Wünsche *vermitteln* die Einsicht in die der Phantasie auferlegten Zensuren und in die Unterwerfungen des Selbst unter fremde Instanzen. Sozial, wirtschaftlich und geschichtlich relevantes Verhalten ist nur indirekt, durch Vermittlung des Imaginären, zugänglich.

Die Imagination erscheint auf den ersten Blick eine Instanz zu sein, die rein innerseelisch funktioniert und allein im Kräftespiel der seelischen Vermögen und Bewegungen, der Erregungen, Impressionen, Erinnerungen und Wunschoperationen ihre adäquate Explikation erfährt. Auf eine psychische Größe reduziert, wird die Phantasie endlich greifbar und verfügbar. Sie steht nun unter der Notwendigkeit der Vernunft und deren Diskurs, ist dem moralischen Gesetz und seinen normativen Ansprüchen unterstellt, wird dem Zwang zur lückenlosen Selbstauslegung der Seele im analytisch geführten Geständnis ausgeliefert. So kann die Phantasie zwar geortet und ihre Willkür gebannt werden; sie verliert aber im gleichen Zuge ihre Eigenart als doppelwendig seelische, individuelle, soziale und institutionelle Instanz.

Die Geschichte des Strukturwandels von Phantasie, Imagination und Einbildungskraft läßt erkennen, daß die Imagination selbst Vermittlerin von Geschichte ist. Sie ist auch der Ort, an dem sich die Autonomie gerade der materiellen, sinnlichen und leiblichen Wesen bewahrheitet. Im Imaginären rechtfertigt sich alles der Vernunft unzugängliche Seiende. Am äußersten Ende und am höchsten Punkt der imaginären Selbstentfaltung, durch den analytischen Diskurs herbeigeführt, setzt der Rückgriff auf die Institutionen und die Produktionssysteme ein. Sie sind an der Entstehung von Phantasmen nicht unbeteiligt, die Phantasie liefert ihnen aber die Grundfiguren der Anschaulichkeit. Die Imagination ist ihrem Wesen nach Zirkularität; sie fungiert als Umschlagplatz alles Seienden. Thesaurus der mentalen Anordnungen, hält sie die Schemata bereit, mit welchen die »Wirklichkeit« immer angegangen und überhaupt erst zugänglich gemacht wird. Die Imagination machte Geschichte, indem sie seit eh und je ihren Tribut an die Eruptionen der Mächtigen zahlte, die systematischen Konstruktionen der Vernünftigen stützte und an der Wiederholung der immer gleichen Wünsche und unerfüllten Begierden beteiligt war. An ihrer Innenseite ist sie der Erfahrungsbereich von Dasein, das sich vom Sinnzwang loszumachen gewagt hat.

ANMERKUNGEN

1

Der Terminus Paradigmenwechsel stammt von Thomas S. Kuhn (1962), der ihn zum Grundbegriff einer Systematik der Wissenschaftsgeschichte macht. Für die historische Funktion des »Repräsentierens« in der vorklassischen Periode, vor allem in der Botanik, in der Grammatik und in der Theorie der Reichtümer vgl. Michel Foucault (1966).

2

Die für die Psychologie einschlägigen Titel aus den »Parva naturalia« des Aristoteles hat Paul Gohlke übersetzt und als »Kleine Schriften zur Seelenkunde« herausgegeben. Sie enthalten Aristoteles' Abhandlungen »Über die Wahrnehmung«, »Über Gedächtnis und Erinnerung«, »Über Schlaf und Wachsein«, »Über Träume«, »Über Bedeutung und Erfüllung von Träumen« (Mantik), »Über Lang- und Kurzlebigkeit« und »Über Jugend und Alter, Leben und Tod«.

3

Übersetzung: »Er war einst ein Strunk vom Feigenbaum, unnütz Holz: Als der Zimmermann unschlüssig war, ob er einen Schemel daraus machen soll oder Priap, da wollte er lieber, es sei ein Gott. Ich daraufhin der Gott ...«

4

Übersetzung: »roh und ungebildet«, so der Kommentator Ludovicus Desprez zu Horaz (1822, II, 426).

5

Hieronymus zitiert im »Isaiaskommentar« (1963, 500) die Horazstelle und stützt seine Kampagne gegen die heidnischen Götter auf den Dichter, der »die Götzenbilder lächerlich macht«.

6

Übersetzung: »der widersprüchliche Raum des Waldes, Raum der ritterlichen Handstreiche ins Imaginäre, Raum der Handstreiche, bei welchen die jungen Männer der Adelsgesellschaft auf Abenteuer geschickt wurden, auf der Suche nach Liebesgeschichten, auf Brautschau oder ganz einfach um des Ruhmes willen, dieser Raum dringt nun in die Buchillustrationen ein«.

7

Die Anfänge der institutionellen Psychotherapie gehen auf die Zeit nach 1945 zurück, als Kriegsgefangene und Konzentrationslagerhäftlinge die Ärzte vor neue Probleme stellten, die als spezifisch institutionell bedingt bezeichnet werden mußten. In Saint-Alban fanden sich Intellektuelle aus dem Kreis der Surrealisten, von Freud beeinflußte Ärzte und engagierte Marxisten zusammen. In diesem Schmelztiegel wurden neue Instrumente zur Aufhebung der Entfremdung geschmiedet. Die SPI (»Société de psychothérapie institutionnelle«) besteht seit 1965 (vgl. Guattari 1972). Wie sich die institutionelle Psychotherapie versteht, zeigt folgende Beschreibung: »Jede Forschung, ob ethnologisch oder die einer lebendigen Psychiatrie, lehrt uns, daß die Vorstellungen, die Mythen, alles, was die Bühne hinter dem Vorhang belebt, nicht notwendigerweise die heiligen Monstren der Steinzeit sein müssen, daß die agierenden Figuren nicht zwangsläufig der Vater, die Mutter, die Großmutter sind, sondern durchaus Personen, die in die fundamentalen Konflikte unserer Gesellschaft verwickelt sind, das heißt: in den Klassenkampf unserer Zeit. Wenn es eine philosophische Grundlage der Psychoanalyse gibt, dann muß sie auch die kulturellen und sozialen Sackgassen erhellen, in denen wir miteinander streiten – vorausgesetzt, wir streiten uns noch« (Guattari 1972, dt. Ausg., 95).

8

»Jede sich als zuverlässig ausgebende Interpretation nimmt für sich die Übereinstimmung mit der ›Natur der Dinge‹ in Anspruch: sie zieht es vor, sich nicht als eine Interpretation darzustellen, sondern als Beschreibung dessen, was sich in Wahrheit abspielt, und wendet den Ausdruck ›Interpretation‹ mit einem Quäntchen von Herablassung auf alle älteren Lesarten derselben Gegebenheiten an ... Allerdings ist die moderne Wissenschaft sich eher bewußt, die Bedeutung und den kausalen Zusammenhang der von ihr behandelten Tatsachen durch ein aktives Eingreifen hervorgerufen zu haben; sie schmeichelt sich nicht, sie ›ohne weiteres‹ interpretiert zu haben« (Starobinski 1974, dt. Ausg., 136).

9

Wenn sich, im siebzehnten Jahrhundert, ein starker junger Mann als impotent erwies, den ehelichen Akt zu vollziehen, gab es nur eine mögliche Explikation: Er war Opfer teuflischer Machenschaften. »Ein anderes Ehehindernis ist die Behexung durch den Teufel, die ab und zu bei Ehegatten auftritt« (Francisco Vitoria, »summa sacramentorum« [1602], zit. n. Jean-Louis Flandrin 1975, 85 f). Der Theologe Vitoria hielt es für möglich, die Frigidität durch Liebe, den Einfluß des Teufels durch die »chaleur« zu überwinden. Im Gegensatz dazu vertritt die Kirche die Auffassung, nur die sakramentale Anordnung der Ehe könne vermeiden, daß der Teufel alle jene durch

Frigidität heimsuche, die »sich nur deshalb heiraten, um dem Willen der ungeordneten Fleischesbegierde nachzuleben« (Peronnet, »Manuel général et instruction des curez« [1581], zit. n. Flandrin 1975, 85).

10

J. J. Rousseau steht exemplarisch am Anfang aller neuzeitlichen Lehren von der Einbildungskraft, die »Träumereien« (1782) sind deren reifer und differenzierter Ausdruck. »Was mich an der Botanik anzieht, ist also die Kette der mit ihr verbundenen Vorstellungen. Sie versammelt vor meiner Einbildungskraft alle Erinnerungen, die ihr am meisten zusagen: die Wiesen, die Gewässer, die Einsamkeit ...« (Rousseau 1782, dt. Ausg., 168).

11

Übersetzung: »In der Tat, die Gefühle, die die Individuen und die Gruppen über ihre jeweilige Stellung hegen, und die Verhaltensweisen, die durch solche Empfindungen bewirkt sind, werden nicht unmittelbar durch die Wirklichkeit ihrer wirtschaftlich-materiellen Lage gekennzeichnet, sondern vielmehr durch das *Bild*, das sie sich von ihr machen, und das nie getreues Abbild ist, sondern stets dem Spiel eines komplexen Ensembles von geistigen Vorstellungen unterworfen bleibt.«

12

Platos politische Theorie der Seele ist kontrovers. Nach Popper (1945) ist die platonische Seeleneinteilung streng parallel zur griechischen Klassengesellschaft verfaßt, das platonische Modell wiederum sieht Popper im linearen Begründungszusammenhang mit der Freudschen Psychoanalyse. Den Bezug von der Antike zur Psychoanalyse sieht Dodds (1966) anders.

13

Zur Wirkungsgeschichte des Aristotelismus vgl. Düring (1968).

14

Zur sogenannten »Florentiner Niobe«, bei der sowohl todbringende Geschosse wie strafende Götter fehlen, bemerkt Trendelenburg folgendes: »Und sie sind entbehrlich. Denn um so viel eindrucksvoller das unsichtbare Geschoß ist, das den sicheren Tod bringt, als das kümmerlich aus Holz oder Rohr gefestigte, das in der Wunde steckt, um so viel eindrucksvoller ist das Strafgericht der unsichtbaren Götter, die sich die Phantasie an Größe und Furchtbarkeit viel gewaltiger ausmalen als der Marmor sie vor Augen stellen kann« (1910, 19).

LITERATUR

ARISTOTELES: Opera omnia. Oxonii: University Press 1955 ff

Kleine Schriften zur Seelenkunde (hg. u. übertr. v. Paul Gohlke). Paderborn: Schöningh 1947

Über die Seele (Übers. v. Willy Theiller). In: Werke, Bd. 13. Darmstadt: Wiss. Buchges. 1959

BRETON, A.: Second manifeste du surréalisme. Paris: Ed. Surréalistes 1929

Point du jour. Idées. Paris: N.R.F. 1934

DALI, S.: La conquête de l'irrationel. Paris: Ed. Surréalistes 1935. Deutsch: Die Eroberung des Irrationalen. Essays. Frankfurt/M.: Ullstein 1973

DAUT, R.: Imago. Untersuchungen zum Bildbegriff der Römer. Heidelberg: Winter 1975

DODDS, E. R.: The Greek and the irrational.Berkeley, Los Angeles: University Press 1966. Deutsch: Die Griechen und das Irrationale. Darmstadt: Wiss. Buchges. 1970

DUBY, G.: Des sociétés médiévales. Paris: Gallimard 1971

Le temps des cathédrales. L'art et la société 980–1420. Paris: Gallimard 1976

DÜRING, I.: Von Aristoteles bis Leibniz. In: Aristoteles in der neueren Forschung. Darmstadt: Wiss. Buchges. 1968, 250–313

FLANDRIN, J.-J.: Les amours paysannes (XVIe–XIXe siècle). Paris: Gallimard/Julliard 1975

FOUCAULT, M.: Les mots et les choses. Paris: Gallimard 1966. Deutsch: Die Ordnung der Dinge. Eine Archäologie der Humanwissenschaften. Frankfurt/M.: Suhrkamp 1971

FREUD, S.: Der Dichter und das Phantasieren (1908). G. W. VII

Neue Folge der Vorlesungen zur Einführung in die Psychoanalyse (1933). G. W. XV

GUATTARI, P.: Psychanalyse et transversalité. Paris: Maspero 1972. Deutsch: Psychotherapie, Politik und die Aufgaben der institutionellen Analyse. Vorwort von Gilles Deleuze. Frankfurt/M.: Suhrkamp 1976

HIERONYMUS, S. PRESB.: Commentarium in Esaiam Libri XII – XVIII. Corp. Christ. Ser. Lat. LXXIII A. Turnholti: Brepols 1963

HORAZ: Opera, I–II (hg. u. kommentiert v. Ludovici Desprez). Bassani: Remondini 1822

KUHN, T. S.: The structure of scientific revolutions. Chicago: Univ. Chicago Press 1962. Deutsch: Die Struktur der wissenschaftlichen Revolutionen. Frankfurt/M.: Suhrkamp ²1976

LACAN, J.: De la psychose paranoïaque dans les rapports avec la personnalité. Paris: Le François 1932

MESCHLER, M.: Erziehung und Bildung der Phantasie. Stimmen aus Maria-Laach, 72, 1907, 489–505

PLATO: Opera omnia. Oxonii: University Press 1900 ff

Sämtliche Werke. Zürich: Artemis 1974

POPPER, K. R.: The open society and its enemies. London: Routledge & Kegan Paul 1945. Deutsch: Die offene Gesellschaft und ihre Feinde. Bd. I: Der Zauber Platons. Bern: Francke ³1973

QUINTILIAN, M. F.: Ausbildung des Redners. Zwölf Bücher. Hg. und Übers. von H. Rahn. Darmstadt: Wiss. Buchges. 1972

ROUSSEAU, J.-J.: Les rêveries du promeneur solitaire (1782). Œuvres complètes, I. Paris: La Pléiade 1959. Deutsch: Träumereien eines einsamen Spaziergängers. Basel: Schwabe/Klosterberg 1943

SPERBER, D.: Le symbolisme en général. Paris: Hermann 1974. Deutsch: Über Symbolik. Frankfurt/M.: Suhrkamp 1975

STAROBINSKI, J.: Trois fureurs. Paris: Gallimard 1974. Deutsch: Besessenheit und Exorzismus. Drei Figuren der Umnachtung. Kempfenhausen: Schulz 1976

THOMAS V. AQUIN: Summa theologica. Ottawa: Commissio Piana 1953

TRENDELENBURG, A.: *ΦΑΝΤΑΣΙΑΙ*. In: Winkelmann-Programme der Archäol. Ges. zu Berlin, 70. Berlin: Reimer 1910

KREATIVITÄT

von Paul Matussek

Das Thema Kreativität ist in den letzten Jahren so brisant geworden, wie man es noch unmittelbar nach Kriegsende kaum für möglich hielt. Auch damals befaßte man sich schon mit der gleichen Problematik, aber im Vergleich zu heute in einem viel enger umrissenen Feld, und vorwiegend wurden diese Forschungen von Experten betrieben. Charakteristisch für die damalige Situation dürften innerhalb der Psychologie die Werke von Duncker »Zur Psychologie des produktiven Denkens« (1935) und von Wertheimer »Productive Thinking« (1945) sein. Beide haben Entscheidendes über das Vorkommen des Schöpferischen ausgesagt. Besonders die Merkmale, die in der wachsenden Nachkriegsliteratur immer wieder als wichtig für schöpferisches Geschehen bezeichnet wurden – Auffächerung der Assoziationen, Kombination von »fremden«, »ungewöhnlichen« Gedankenelementen, die Bedeutung der freien Phantasie, die Wichtigkeit des Spielerischen –, waren in diesen Werken schon mehr oder weniger ausführlich dargestellt. Trotzdem blieben ihre Erkenntnisse der Fachdisziplin, nämlich der Psychologie, vorbehalten. Selbst innerhalb der Psychologie war dieses Thema ein Sonderproblem neben, ja sogar außerhalb der Hauptprobleme dieser Forschungsrichtung. Erst recht drang es nicht in die Öffentlichkeit.

Das gleiche kann man von den psychiatrischen Bemühungen der Vorkriegszeit sagen. Sie beschränkten sich im wesentlichen auf das Werk Ernst Kretschmers »Geniale Menschen« (1931); vor allen Dingen aber auf das Standardwerk von Lange-Eichbaum »Genie, Irrsinn und Ruhm« (1927), das bis 1967 in sechster, von W. Kurth völlig umgearbeiteter Neuauflage erschien. Begnügte Kretschmer sich mit der Auswahl einiger wichtiger Politiker (etwa Caesar, Hindenburg, Ludwig II., Napoleon), Dichter (Fontane, Goethe, Kant, Rilke u. a.) und Wissenschaftler (wie Comte, Galilei, Paracelsus, Zeppelin), etikettierte Lange-Eichbaum fast alle Größen seit vorchristlicher Zeit: viele Namen, umfangreiches Material, aber wenig Aufschlußreiches über die Hintergründe schöpferischen Tuns. Psychiatrische Klassifikationen verdrängten psychologisches Verstehen. Immerhin hatte Lange-Eichbaum eine heute noch nachklingende Breitenwirkung. Die schon im Titel seines Werks verdeutlichte Annahme einer Beziehung zwischen Genie und Irrsinn ist noch nicht außer Mode, zumindest populärer als die Theorien der psychoanalytischen Genieforschung. Deren Vorstellungen wirken so kompliziert, anschauungsfremd, elitär und von Autor zu Autor so widersprüchlich, daß sie nur in Ausnahmefällen das öffentliche Bewußtsein bestimmen. Und das, obwohl seit Freuds Studie über Leonardo da Vinci die psychoanalytisch orientierten Biographien einen beträchtlichen Umfang angenommen haben. Fast alle Größen aus Wissenschaft (Darwin, Kekulé, Kierkegaard, Rousseau u. a.) und Kunst (Baudelaire, Beethoven, Dostojewski, Kafka, van Gogh, Michelangelo u. a.) sind hier vertreten.

Immerhin hatte die psychoanalytische Genieforschung einige positive Wirkungen für die Gegenwart. Sie betonte stärker als die Psychologie die Psychodynamik der Lebensgeschichte und trug damit Entscheidendes zur Auffächerung und Differenzierung der künftigen Kreativitätsforschung bei. Heute ist die Aufgliederung so weit gediehen, daß sich nicht nur Psychologen, Psychiater und Psychoanalytiker, sondern auch Physiker, Chemiker, Biologen und Soziologen mit diesem Thema beschäftigen. Jeder versucht, von seiner Lebens- oder Berufserfahrung ausgehend, den ihm wichtig erscheinenden Aspekt schöpferischen Lebens darzustellen. Eine Folge dieser interdisziplinären Forschung ist die Uneinheitlichkeit des Begriffs Kreativität. Auf einem Symposion Ende der sechziger Jahre haben Wissenschaftler verschiedenster Disziplinen über vierhundert Bedeutungen des Begriffs Kreativität assoziiert. Am häufigsten wurden folgende genannt: Originalität, Erfindungsreichtum, Flexibilität, Entdeckung, Außergewöhnliches, Intelligenz.

Aus dieser einleitenden Übersicht wird deutlich, daß ein Beitrag im Rahmen dieser Enzyklopädie auch nicht annähernd die inzwischen enorm angewachsene und ständig im Anwachsen begriffene Literatur bewältigen kann. Beschränkung auf das Wichtigste ist unerläßlich, zumal ein Teil der modernen Kreativitätsliteratur nur Nebenaspekte oder Wiederholungen früherer Arbeiten darstellt. Richtschnur für die Auswahl der in diesem Beitrag zur Geltung kommenden Gesichtspunkte ist das Grundkonzept, das ich in dem Buch »Kreativität als Chance« (Matussek 1974) entwickelt habe. Dennoch werde ich hier die psychodynamischen Aspekte in der dort ausgeführten Breite nicht aufgreifen können. Ja, ich klammere sie fast ganz aus, da zu ihrer Darstellung die Demonstration an Einzelfällen unerläßlich ist, was aber im Rahmen eines solchen Beitrags zu raumgreifend wäre. Ich werde mich daher auf folgende Hauptaspekte beschränken: 1. das alltägliche Verständnis von Kreativität; 2. divergierendes Denken; 3. Methoden zur Verbesserung kreativen Denkens; 4. Kreativitätsebenen; 5. Merkmale kreativer Persönlichkeiten; 6. Kreativität als Selbstverwirklichung. (Zur weiteren Diskussion des Problems der Kreativität s. die Beiträge von W. Metzger, B. Leuner, U. Wienbruch und M. Curtius-Helbach in diesem Bd.).

DAS ALLTÄGLICHE VERSTÄNDNIS VON KREATIVITÄT

Man wird dem Anliegen der modernen Kreativitätsforschung kaum gerecht, wenn man sich nicht den inzwischen populären, fast modischen Gebrauch des Kreativitätsbegriffes in der Gegenwart vor Augen führt. Er verdeckt nämlich den recht komplizierten Sachverhalt und trägt zu einer Entleerung des Begriffes bei.

Worin besteht nun das alltägliche Verständnis der Kreativität, wie es einem aus Zeitungsannoncen, Radiovorträgen oder Bewerbungsschreiben entgegentritt? Am meisten dürfte es sich in der Annahme kundtun, daß es sich bei Kreativität um eine Eigenschaft handelt, die hauptsächlich für Führungskräfte der Wirtschaft und Werbefachleute erforderlich ist.

Der landläufige Mißbrauch des Begriffes hängt in erster Linie wohl damit zusammen, daß die genannten Berufe am auf- und eindringlichsten in der Öffentlichkeit um Mitarbeiter werben und das Wort Kreativität selten vermissen lassen. Ein Großunternehmen oder eine Werbeagentur floriert ja nicht automatisch. Man braucht Ideen, die dem Druck der Konkurrenz standhalten, ja diese überflügeln. Je mehr von ihnen zu haben ist, desto besser, nämlich für den Profit eines Unternehmens. So verständlich ein solches Anliegen auch ist, so sehr trägt es zum inflationären Gebrauch des Wortes bei.

Früher war es anders. Da galt das Schöpferische eher als Merkmal der Berufe, die weniger auf Gewinn, d. h. auch auf weite Verbreitung des Produktes, dafür aber um so mehr auf eine, wenn auch nur von wenigen verstandene Qualtität programmiert waren. Künstler und Wissenschaftler waren die geläufigsten Beispiele. Nicht der Gewinn mittels Masse, sondern der Vorstoß ins Neuland, das richtungsweisende Gemälde oder die ungewöhnliche Komposition waren das treibende Motiv schöpferischen Tuns. Wie man es verwirklichte, glaubte man nicht lernen zu können, sondern hielt diese Fähigkeiten für angeboren.

Damit ist schon ein zweiter Grund genannt, der dem modernen Begriff der Kreativität eine ihm nicht wesenseigene Nuancierung verleiht. Es ist das Moment des Erlernbaren. Noch vor dem letzten Krieg glaubten die wenigsten an die Verbesserung schöpferischer Kräfte. Heute halten viele – innerhalb und außerhalb der Wissenschaft – diese Möglichkeit für realisierbar. Das trifft vorwiegend auf die erwähnten Führungskräfte der Wirtschaft zu. Sie können sich heute schon auf die Tradition einiger Jahrzehnte berufen. Diese läßt erkennen, daß man durch Schulung und Training seine schöpferischen Potentiale verbessern kann. Konsequenterweise versucht man, diese Erfahrung auch auf die Erziehung in Familie und Schule zu übertragen. Je früher jemand von den Ergebnissen kreativitätsfördernder Techniken profitiert, desto günstiger ist es für sein ganzes Leben. Er wird nicht nur in der Schule besser abschneiden, eher einen Beruf finden und in ihm aufsteigen, sondern auch glücklicher und sinnerfüllter leben.

Das ist eine Behauptung, die es näher zu prüfen gilt. Denn nicht alle sogenannten Kreativitätsmethoden machen schöpferische Kräfte frei, die dem Wachstum der Gesamtpersönlichkeit dienen. Die meisten der heute allseits angepriesenen Techniken zur Verbesserung der Kreativität beeinflussen nur das Denken. Sie können helfen, daß der einzelne nicht nur in der üblichen Weise zu denken lernt – also Nahe-beieinander-Liegendes verknüpft –, sondern durch Schulung allmählich in die Lage versetzt wird, auch entferntere und ungewohnte Vorstellungen miteinander zu verbinden. Ein Autokonstrukteur kann sich aus der Musik oder Botanik Anregungen für sein Fach holen und nicht nur aus der Physik. Man nennt diese Art des Denkens divergierend im Gegensatz zum konvergierenden Denken. Zweifellos ist der im Vorteil, welcher neben seinem normalen Denkstil auch über den entgegengesetzten verfügt. Er kann flüssiger, weiträumiger denken, seine Phantasie ist bunter und reichhaltiger, sie bringt Bewegung in den zähen Brei erlernten Wissens.

Das hat man auch schon früher erkannt, wenn auch nicht so ausführlich untersucht und detailliert begründet. Es geht ja nicht um divergierendes Denken allein, sondern auch um andere Elemente des Denkprozesses. Man kann zu einer neuen Lösung nur vorstoßen, wenn man nicht ausschließlich weit Auseinanderliegendes zu einer neuen Idee verbindet. Man muß vielmehr auch das zielbestimmte, also konvergente Denken benutzen. Trotzdem ist für das Verständnis der gegenwärtigen Kreativitätsforschung die Besinnung auf den Ursprung von Vorteil. Guilfords Arbeiten machten den Anfang. Sein Modell war richtungweisend für die Entwicklung verschiedenster Kreativitätstests und ein Anstoß für die weitere Forschung. Insofern ist der Beginn der modernen Kreativitätsforschung auf ihn zurückzuführen.

DIVERGIERENDES DENKEN

Wir können an dieser Stelle und in dem begrenzten Rahmen dieses Beitrags nicht alle Einzelheiten des Guilfordschen Intelligenzmodells beschreiben. Dennoch soll wenigstens das von ihm vorgeschlagene Schema dargestellt werden, da es die verschiedensten Punkte kreativer Intelligenz einschließt. Es beinhaltet eine Unterscheidung, die der früheren Intelligenzforschung, vor allen Dingen aber dem populären Intelligenzbegriff entgegensteht, nämlich die Unterscheidung zwischen Kreativität und Intelligenz. Früher glaubte man an die Parallelität zwischen beiden: Je intelligenter jemand ist, desto kreativer ist er auch. Diese Gleichsetzung stimmt nur ungefähr bis zu einem IQ von 120. Danach trennen sich die Wege. Es kann also jemand hochintelligent sein, etwa einen IQ von 160 haben, und unkreativer sein als jemand, der über 130 nicht hinauskommt.

Das Modell der menschlichen Intelligenz, welches Guilford 1953 vorlegte, ist dreidimensional. Es geht von der Hypothese aus, daß jede intelligente Leistung durch Operation, Inhalt und Produkt definiert werden muß. Diese Annahme wurde in verschiedenen Variationen faktorenanalytisch untermauert. Auf Details können wir hier nicht eingehen. Der Leser sei statt dessen auf die Beiträge von K. Pawlik in Bd. V und J. Guilford in Bd. VII dieser Enzyklopädie verwiesen, in denen das Modell in Diagrammform abgebildet ist. Es verdeutlicht, daß die Intelligenz nicht so einfach strukturiert ist, wie man es sich gelegentlich vorstellt – eine Feststellung, die vor allem für die Intelligenz kreativer Menschen gilt.

Wir wollen hier nicht jede einzelne der Guilfordschen Kategorien beschreiben, sondern müssen auf die beiden genannten Beiträge verweisen. Hier kommt es lediglich darauf an, in welchem Zusammenhang das Moment des divergierenden Denkens auftaucht, also das Element, welches für die moderne Kreativitätsforschung ausschlaggebend ist. Das divergierende Denken ist nach Guilford durch die Merkmale Flüssigkeit, Flexibilität und Elaborationsfähigkeit gekennzeichnet. Bei der Flüssigkeit hat er fünf verschiedene Faktoren unterschieden: figurale Flüssigkeit, Wortflüssigkeit, Ideenflüssigkeit, Assoziationsflüssigkeit und Expressionsflüssigkeit. Diese Merkmale sind besonders für künstlerische Tätigkeiten wichtig. Die Flexibilität gliedert Guilford in eine spontane und eine adaptive. Die spontane besteht darin, Neues zu denken, zu konstruieren, ohne Einengung durch eine gegebene Aufgabe, während die adaptive sich zwar innerhalb bestimmter Anweisungen und Regeln zu bewegen hat, aber dennoch zu einer neuen originellen Lösung kommt. Die adaptive Flexibilität nennt Guilford daher auch Originalität.

Während beide Arten der Flexibilität für die Qualität einer Lösung verantwortlich gemacht werden, bestimmt die Flüssigkeit des Denkens die Quantität des Ergebnisses. Je schneller bei jemandem die Ideen fließen, je flüssiger sie also sind, desto mehr kann er produzieren im Gegensatz zu dem zäh und langsam Denkenden.

Als drittes Merkmal ist die Elaborationsfähigkeit zu erwähnen. Sie entscheidet darüber, ob eine Idee in die Realität übertragen werden kann. Was nutzen nämlich die besten Ideen – viele Menschen haben sie –, wenn sie nicht in äußere Wirklichkeit umgesetzt werden? Erst das Werk, das Endprodukt der Idee, beeinflußt die Welt. Charakteristisch für die Unfähigkeit zur Elaboration ist der Geisteskranke, z. B. der mit einem Erfinderwahn. Sein Kopf ist voller Einfälle, gelegentlich sogar recht origineller, aber er kann nichts in die Realität umsetzen, obwohl er sie verändern will. Aber eben gerade das gelingt ihm nicht. Er hat den Kontakt zu ihr verloren. Weniger drastisch und auffällig, dafür um so häufiger, begegnet man der Elaborationsunfähigkeit in Wissenschaft, Kunst und Politik. Die Ideenverwirklicher sind auf allen Gebieten die Ausnahme. Das Mögliche und Wünschenswerte spukt in vielen Köpfen, nur wenige aber verwirklichen es.

Wenn auch alle drei Merkmale als wesentliche Bestandteile eines divergierenden und damit kreativen Denkstils angesprochen werden, so hat doch eine Reihe von Untersuchungen gezeigt, daß Wert und Umfang der Leistung nicht nur von der Kreativität der Person, sondern gleichermaßen von der Situation abhängen. Zu diesen situationsabhängigen Faktoren zählt u. a. der heute viel zitierte Streß. Kerr u. McGehee (1964) zeigten, daß Quantität und Qualität unter starkem Streß absinken. Diese Tatsache ist allmählich auch in das Bewußtsein der Öffentlichkeit gedrungen, hauptsächlich durch das fast zum Modebegriff gewordene Wort »Schulstreß«.

Für dieses Phänomen sind auch die Arbeiten von Bedeutung, die nachweisen konnten, daß sich die Zeit zur Überlegung, zum Nachdenken positiv auf die Lösung eines Problems auswirkt (Christensen, Guilford, Wilson 1957; Parnes 1961). Insofern nimmt die Sorge über die Entwicklung kreativer Fähigkeit in den Schulen immer stärker zu. Man kann es einem Jugendlichen nicht verübeln, wenn er sich von dem »Leistungstrend« einer Klasse abhängt, weil für ihn das Tempo des Lernens zu schnell ist. Schließlich ist die Geschwindigkeit des Denkens mit großer Wahrscheinlichkeit ein von äußeren Umständen unabhängiger, angeborener Faktor, durch den sich gleich intelligente Leute unterscheiden. Von zwei Seiten also bedroht das Tempo in der Schule die abverlangte Leistung: Einerseits erlischt jede kreative Tätigkeit generell unter Zeitdruck, andererseits sind die von Natur aus langsamen Denker, die deswegen nicht weniger intelligent zu sein brauchen als ihre Mitschüler, durch das rasante Tempo doppelt benachteiligt.

Diese Befunde sind ernst zu nehmen, und es hieße, wertvolles kreatives Potential zu zerstören, falls man die geschilderte Situation in den Schulen nicht abschafft, welche den Trend zum Denken und generell zur Leistung erschwert. Allerdings darf man dabei nicht in den entgegengesetzten Fehler verfallen und jeden Streß, d. h. jede an physiologischen Parametern meßbare körperliche Reaktion (Katecholaminausscheidung usw.) als schädlich für die Entfaltung schöpferischen Denkens hinstellen. Ein bestimmtes Maß an Belastung ist nicht nur nicht hinderlich, sondern notwendig, ja förderlich. Man unterscheidet daher auch den Eu- vom Dys-Streß, womit ausgedrückt werden soll, daß der eine gut, ja erforderlich, der andere aber schädlich ist.

Der Hinweis auf die Beziehung zwischen Streß und Kreativität sollte zeigen, daß divergierende Denkleistungen nicht nur Konstanten der Persönlichkeit, sondern auch der Situation sind. Bevor wir auf weitere Persönlichkeitsmerkmale eingehen, die neben dem divergierenden Denken für die Kreativität eine Rolle spielen, seien einige der Methoden genannt, die Flüssigkeit, Flexibilität und Elaboration verbessern. Die Anzahl der Methoden ist inzwischen so gewachsen, daß wir uns hier auf einige exemplarische konzentrieren können.

METHODEN ZUR VERBESSERUNG KREATIVEN DENKENS

Am ältesten und wohl auch häufigsten angewandt ist die von Osborn (1953) entwickelte Methode des brain storming. Es ist nicht untypisch, daß diese Methode, deren Standardbeschreibung in elf verschiedene Sprachen übersetzt wurde, von einem Werbepsychologen stammt. Das dürfte nicht zuletzt neben den eingangs erwähnten Gründen dazu beigetragen haben, daß der Begriff Kreativität nicht selten fast ausschließlich mit dem Gebiet der Werbepsychologie in Verbindung gebracht wird. Osborn ging bei der Entwicklung seiner Technik von der Überlegung aus, daß man am ehesten zu genauen Lösungen kommen könne, wenn man möglichst viele Ideen zu einem bestimmten Problem assoziiert. Die optimale Quantität kann aber nur dann erreicht werden, wenn der Ideenfluß durch keine Zensoren blockiert wird, wie etwa die Vorstellung, der Gedanke sei abwegig, unsinnig, widersprüchlich, nicht realisierbar oder unerwünscht.

Die Quantität läßt sich daher dadurch erhöhen, daß nicht ein einzelner, sondern eine ganze Gruppe unkontrollierte Assoziationen ausspricht. Je mehr Einfälle, desto größer die Wahrscheinlichkeit von Treffern, d. h. einer Idee, die ein bestimmtes Problem »kreativ« löst. Alle Gedanken sollen geäußert werden, mögen sie auch noch so absurd erscheinen. Kein Gruppenmitglied darf Kritik üben. Osborn ist allerdings der Ansicht, daß diese Technik auch individuell angewandt werden kann. Im allgemeinen versteht man aber unter brain storming die Assoziationssitzung in einer Gruppe, zumal nach Matthew (1962) die Gruppe gegenüber der individuellen Anwendung den Vorteil des unterstützenden Zensorenabbaus hat. Wird nämlich erkannt, daß auch andere sich nicht scheuen, unkritisiert »komische« Ideen zu äußern, fühlt man sich zusätzlich stimuliert, auch seinerseits alle Blockaden aufzuheben. Das gibt persönliche Sicherheit.

Neben der Anzahl der Personen kann auch die Anweisung und die Dauer der Sitzungen variiert werden. Das Prinzip bleibt sich gleich. Wichtig sind nur die zwei Phasen des Experimentierens: In der ersten wird unkontrolliert assoziiert, in der zweiten werden die Ideen bewertet. Moore (1962) hat zum Erarbeiten der Bewertung folgende Technik entwickelt: Die Gruppenmitglieder versehen alle Einfälle mit den Kennziffern I, II oder III, wobei die mit I bewerteten den geringsten Zeit- und Kostenaufwand beanspruchen (II und III = entsprechende Steigerungen). Dieses Verfahren ist schnell und leicht durchzuführen und nicht zuletzt deshalb wesentlich, weil es aus der Unverbindlichkeit der Ideenäußerung zur Verantwortung und Begründung des zu Bewertenden führt.

Eine andere Technik zur Aktivierung kreativer Lösungen hat Gordon (1956) entwickelt. Sie ist als »synectics« oder »operational creativity« bekannt geworden. Im Prinzip besteht sie darin, daß Personen verschiedener Bildungsgrade, Berufe und Fähigkeiten in einer Gruppe zusammengefaßt werden. Dabei sollte man darauf achten, daß einige mehr analytisch, andere eher synthetisch denken. Bei dieser Technik kommt es darauf an, die Problemlösung nicht durch starres, direktes und willentliches Lossteuern auf das Ziel, sondern durch Beiseiteschauen anzugehen. Die Gruppe assoziiert zunächst über bestimmte Aspekte des Problems, wobei das Problem ein Eigenleben bekommen soll und durch Analogien und Metaphern aus den verschiedensten Bereichen verfremdet wird. Über anscheinend irrelevante Einfälle und wilde Spekulationen kann sich dann plötzlich eine Lösung abzeichnen. Die Gruppe kehrt nun zur ursprünglichen Fragestellung zurück und erarbeitet alle Details der Lösung bis zur praktischen Durchführbarkeit.

Den Asiaten ist die Technik des Wegschauens in den indischen (Yoga), chinesischen (Taoismus) und japanischen (Zen-Buddhismus) Variationen wohlvertraut. Eugen Herrigels Buch »Zen – Kunst des Bogenschießens« (1948) hat dieses Prinzip genau beschrieben und weiten Kreisen nichtasiatischer Leser bekannt gemacht. Wer mit Pfeil und Bogen etwa sportlich umgeht, verfehlt diesen Weg. Nur wer vom Ziel wegsieht, entspannt sich so, daß das »Es« den Pfeil absichtslos genau in die Mitte der Scheibe trifft (s. den Beitrag von I. Y. Wendt in diesem Bd.).

Schließlich sei noch eine dritte Kreativitätstechnik erwähnt. Sie heißt »Methode 635« und ist eine Abwandlung des brain storming. Der Name ist ein Hinweis auf die äußere Struktur der Methode. Eine Gruppe von 6 Personen soll je 3 Ideen in 5 Minuten zu Papier bringen. Das Ergebnis wird eingetragen und dann dem nächsten weitergegeben, der seinerseits innerhalb von 5 Minuten 3 andere Einfälle aufschreibt. Das geht so weiter, bis jedes Gruppenmitglied sämtliche Blätter vollgeschrieben hat.

Diese Regel sieht zwar starr aus, ist aber ein Stimulus für das Spielerische im Menschen. Während bei der Methode der Synektik das Wegschauen, so steht hier das Spielerische als Kreativitätsstimulus im Vordergrund. Das ist als Absicht gut, besonders in den Unternehmungen, die unter einem starken Druck alltäglicher Routine stehen. Insofern ist diese Methode eine Art Gruppenspiel – wie etwa das in Deutschland bekannte »Stadt-Land-Spiel«. Verkrustete Strukturen und Denkschablonen sowie eingeschliffene Antworten sollen abgebaut werden, um der Phantasie freien Lauf zu gewähren. Es ist ja nicht erst seit der Kreativitätsforschung bekannt, daß für schöpferische Leistung spielerische Elemente von großer Bedeutung sind. Am Ausdrucksverhalten von Kindern, besonders in deren Spiel, sind schöpferische Elemente enthalten. Schon Nietzsche weist darauf hin, daß der Mensch erst da Mensch ist, wo er spielt.

In Anbetracht der zunächst in den USA, jetzt aber auch in Europa und Japan zunehmenden Kurse für Kreativität, deren Grundprinzipien an den genannten Beispielen verdeutlicht wurden, taucht eine entscheidende Frage auf: Weshalb werden diese Kurse hauptsächlich von Industriemanagern, Werbepsychologen, Angestellten, Politikern und Unternehmern, aber kaum von Wissenschaftlern und Künstlern frequentiert?

Darauf ist zu antworten: Die moderne Kreativitätsforschung mit ihrem von Guilford entwickelten Denkmodell hat entscheidend dazu beigetragen, daß schöpferisches Tun nicht als Reservat einiger weniger Auserwählter betrachtet wird, sondern auch anderen grundsätzlich zugänglich ist. Nachdem man nämlich in Fortführung früherer Arbeiten, wie etwa der schon erwähnten von Duncker

(1935) und Wertheimer (1945), erkannt hatte, daß auch bei der Lösung alltäglicher Probleme eine Umstrukturierung des Denkens von Nutzen sein kann, bemühten sich auch Mitglieder »unkreativer« Berufe um die Verbesserung ihres Denkstils und damit um die Optimierung der Bewältigung von Alltagsproblemen. Infolgedessen überrascht die heute allgemein akzeptierte Definition nicht, daß man von Kreativität überall dort sprechen kann, wo ein Problem, aus welchem Bereich auch immer, in neuer Weise gelöst wird, ob es sich um ein Kochrezept, eine politische Idee, ein Gedicht oder eine Symphonie handelt. Bei dieser Aufzählung wird allerdings schon deutlich, daß zwischen einem kreativen Gedicht und einem Kochrezept trotz der Involvierung divergierenden Denkens beträchtliche Differenzen nicht zu leugnen sind.

So hat man qualitative und graduelle Unterschiede der Kreativität getroffen. Unter »qualitativ« verstand man etwa den Unterschied zwischen dem Werk eines Politikers oder Künstlers, unter »graduell« den zwischen einem Gedicht eines verliebten Jünglings und einem von Goethe. Im ersten Fall kann man auch von fächerspezifischer Kreativität, im letzten vom Grad des Talentes sprechen. Zahlreich sind die Tests zur Feststellung gradueller Unterschiede. Fast jedes Fach besitzt heute entsprechende Bewertungsinstrumente, wobei wieder die Fähigkeiten innerhalb des Faches genau gewichtet und gewertet werden müssen. Das ist eine notwendige Folge der Spezialisierung.

Eine andere Unterscheidung als die nach Fach und Grad ist die nach den Kreativitätsebenen, wie sie etwa I. A. Taylor (1959) vorgeschlagen hat. Sie sollen im folgenden referiert werden.

KREATIVITÄTSEBENEN

Für Taylor ist die niedrigste Stufe der Kreativität die *expressive.* Sie beruht auf spontanem und freiem Tun ohne besondere Fähigkeiten. Einfälle in einer psychotherapeutischen Sitzung sind hierfür ebenso Beleg wie Zeichnungen von kleinen Kindern. Die nächste Ebene ist die *produktive.* Hier geht es nicht nur um das Ausdrücken, sondern um die Gestaltung von Empfindungen und Phantasien mittels erworbener Fähigkeiten und Begabungen. Das kann ein Gedicht, ein Bild, eine technische Konstruktion sein. Freiheit und Spontaneität sind eingeengt durch Material und Wissen, haben dafür aber einen größeren Kommunikationsgehalt. Die anderen verstehen besser, was gemeint ist. Man begegnet sich im gemeinsamen Resultat. Die meisten Menschen bleiben in der Entwicklung der Kreativität auf dieser Ebene stehen.

Die nächsthöhere Ebene ist die *erfinderische.* Man operiert mit neuen Kombinationen. Die Mitwelt reagiert mit Überraschung. Sie hat diese Produkte weder erwartet noch für möglich gehalten. Hierzu gehören alle Erfindungen. Dasselbe Prinzip, aber auf einer noch höheren Ebene, herrscht dort, wo die Erfindung neue Entwicklungen einleitet. Taylor nennt sie die *innovatorische.* Sie setzt ein tiefes Verständnis der Zusammenhänge und bestimmte Fähigkeiten voraus. Jung und Adler sind im Bereich der Tiefenpsychologie treffende Beispiele für innovierende Leistungen. Sie kannten nicht nur Freuds Idee, sondern überblickten mit eigenen Augen und eigener Methodik seelische Strukturen. So konnten sie Freuds Impulse und Einsichten zu neuen Theorien verarbeiten.

Die höchste Ebene der Kreativität ist die *emergentive*. Sie umfaßt eine Kreativität, die mit völlig ungewöhnlichen Entdeckungen und Ergebnissen überrascht, die nur wenige erreichen. Anfangs werden diese Forscher nur von einzelnen verstanden und anerkannt, dann aber gewinnen sie Anklang und sind Gründer von Schulen und neuen Denkrichtungen. Alte Erkenntnisse werden in einer neuen »aufgehoben«. Das gilt nicht nur in der Wissenschaft, wofür Freud, Planck und Einstein Beispiele sind. Auch in der Politik gibt es »Explosionen«, das Aufbrechen und Auftauchen neuer Ideen in den Köpfen von Staatsmännern. In den zwanziger Jahren waren es etwa Stresemann und Briand. Sie entschieden sich im Verhältnis ihrer beiden Länder für eine Umstrukturierung, die der Majorität als Verhängnis und Verrat erschien.

An dieser Einteilung sieht man, daß trotz aller Gemeinsamkeiten, die dem modernen Kreativitätsbegriff zugrunde liegen, die Ebenen, auf denen sich schöpferische Akte abspielen, nicht ohne Bedeutung sind. Das Produktiv-Neue der Entdekkungen von Einstein, Freud oder Heisenberg findet auf einem höheren Niveau statt, als es bei einem Durchschnittswissenschaftler auf entsprechendem Gebiet der Fall ist. Um auf dieses Niveau zu kommen, genügt das unter der Überschrift »Kreativitätstechniken« entwickelte Gedankengut nicht. Es muß mehr hinzukommen.

Das dürfte auch einer der Gründe sein, warum sich heutzutage relativ wenige Wissenschaftler und Künstler, also die Prototypen kreativer Berufe, an einer der genannten Schulungen beteiligen. Genauer ausgedrückt: Was an diesen Techniken richtig ist, ob brain storming, synectics oder Methode 635, haben kreative Wissenschaftler und Künstler schon von sich aus, gleichsam intuitiv, gemacht. Als Beleg dafür braucht man nur das Buch »Die Doppel-Helix« (1968) zu lesen, in dem J. D. Watson, der Mitentdecker der DNS (Desoxyribonucleinsäure = Träger der Erbsubstanz), die Lebenssituationen, Besprechungen, Überlegungen und Streitigkeiten, vor allen Dingen aber auch die Phantasien und damit Beispiele divergierenden Denkens im Prozeß der Entdeckung schildert. Das ist aber nur *ein* Beispiel von vielen. In den meisten wissenschaftlichen Instituten der Welt geht es ähnlich zu. Man plant, diskutiert, phantasiert, verändert, streitet sich, erkennt Irrtümer, verbohrt sich in Umwege, ist enttäuscht, kurz: Alles pendelt immer zwischen dem auf einen bestimmten Punkt bezogenen, sogenannten konvergenten Denken und dem Denken, das zwei ungewöhnliche Assoziationen miteinander verbindet.

Das Denken allein macht aber den Kreativitätsprozeß nicht aus. Legt man einmal die übliche Phaseneinteilung zugrunde, nämlich die von Problemfindung, Präparation, Frustration, Inkubation, Illumination, Verifikation und Kommunikation, ist jede Phase nicht nur durch den Denkstil, sondern auch andere Merkmale der Persönlichkeit gekennzeichnet. Welches Problem jemand wählt, ob allein oder abhängig von anderen, was er überblickt, wie er sich präpariert, welche Frustrationen, Enttäuschungen er leicht und welche er gar nicht verkraften kann, ob er in der Lage ist, sich umzuorientieren, oder immer wieder in derselben Weise gegen das Problem anrennt: All das sind Fragen, deren Lösung nicht allein vom Denkstil abhängt.

Die Teile der Persönlichkeit, die nicht mit Intelligenz und Denken zusammenfallen, wie etwa Interessen, Neigungen, Affekte, Empfindlichkeit, Einstellung zum Mitmenschen, sind genauso wichtig, ja in manchem Bereich noch wesentlicher als der Denkstil. Wie die Geschichte zeigt, entstanden die großen Entdeckungen ohne spezielle Anleitungen, ohne bestimmte Denkstilschulung. Die Bahnbrecher haben sich, je nach ihrem Charakter und ihrer Persönlichkeitsartung, den für ihr Fachgebiet geeignetsten Lebens- und Denkstil angeeignet. Es ist daher nicht verwunderlich, daß die moderne Kreativitätsforschung neben den Eigenarten des Denkens auch die Persönlichkeitsmerkmale untersucht, die für kreatives Leben verantwortlich sind.

MERKMALE KREATIVER PERSÖNLICHKEITEN

Das gemeinsame Ergebnis der Forschung, die sich mit der Persönlichkeit kreativer Menschen befaßt, läßt sich bei aller Verschiedenheit der Ausgangspunkte und Methodik (Barron 1955; Mednick, Mednick 1964; Taylor 1964; Schulmann 1966 u. a.) folgendermaßen zusammenfassen: Kreative Menschen sehen die Welt, die Umwelt anders als unkreative. Sie sind offener für neue Perspektiven, sind im wahrsten Sinne des Wortes neugierig, d. h. sie »gieren nach Neuem«. Aber nicht nach dem Neuen, das in Form der Boulevardblätter täglich alte Bedürfnisse befriedigt, sondern dem Unentdeckten, welches hinter verborgenen und schwer lösbaren Problemen steckt. Das aber ist nicht das Leichtverdauliche, das Einleuchtende und Einfühlbare, was in manchen Wissenschaften jahrzehntelang mitgeschleppt wird, sondern eher das Unverständliche, Rätselhafte, Undurchdringliche.

Der Kreative fühlt in sich den Drang, Ordnung in ein Chaos zu bringen. Er fühlt sich aber auch durch das von anderen als unlösbar Beiseite-Geschobene provoziert und zur Erprobung seiner Schöpferkraft stimuliert. Dabei kann er, wie in verschiedenen Untersuchungen deutlich gemacht wurde, aggressiv wirken. Das, was als Feindseligkeit erscheint, ist im Grunde genommen das Unbehagen an konventionellen, von den meisten kritiklos übernommenen Lösungen. So haben schon Guilford (1950) und Parnes u. Meadow (1959) hervorgehoben, daß der Drang zur Mittelmäßigkeit, d. h. auch der Drang zur Durchschnittsnorm, der stärkste »Kreativitätsblocker« ist. Man kann diese Gesichtspunkte jedoch auch außerhalb der Wissenschaft antreffen bzw. das hier Gesagte auf Probleme des Alltags übertragen. Schließlich steht jedes noch so unauffällige Leben ständig vor neuen Aufgaben, die gelöst werden müssen. Ja, es ist nicht falsch, das Leben als einen Prozeß immerwährender Problemlösungen zu interpretieren (s. Bd. VII dieser Enzyklopädie).

Eine Mutter etwa, die zwei rivalisierende und äußerst streitsüchtige Kinder zu erziehen hat, kann sich nicht mit kurzfristigen, aus ihrer Betroffenheit stammenden Reaktionen begnügen, falls sie in der Erziehung ihrer Kinder mehr als Obhut sieht und sich auch für das Gedeihen kreativer Fähigkeiten verantwortlich fühlt. Um solche Ziele zu erreichen, muß sie zunächst so weit mit sich im Einklang stehen, daß sie nicht ihre Probleme in die Kinder hineinprojiziert, sondern in der Lage ist, den Grund dieser Spannung wahrzunehmen und dann auf die Kinder durch ihre Persönlichkeit so zu wirken, daß sie nicht gegen- sondern miteinander wachsen.

Das ist ein alltägliches, fast banales, aber dennoch keineswegs bedeutungsloses Beispiel. Die meisten Menschen nämlich, die das Potential ihrer Talente und Interessen nicht aktivieren können, scheitern weniger an der Umwelt als an ihrer eigenen Vergangenheit. Sie liegen ja innerlich noch im Streit mit einem oder beiden Elternteilen, die ihnen nicht das gaben, worauf sie in ihrer Kindheit angewiesen waren, so wie die Blume auf Sonne, Regen und Nährsubstanzen im Boden.

Von einer Mutter wird also eine Tugend verlangt, die man im wissenschaftlichen Bereich als Problemsensitivität bezeichnet. Zu schöpferischen Fähigkeiten, in welcher Lebenslage auch immer, gehört dieses Gespür für die ungelösten Probleme, die einer Verbesserung bedürfen. Mancher hat das Glück, eine solche Fähigkeit schon in der Kindheit zu besitzen. Die meisten müssen sie aber lernen, oft unter schweren Opfern. Sie kommen nicht daran vorbei, sofern sie ihre schöpferischen Kräfte aktivieren wollen. Diese wachsen ja nicht in einem luftleeren Raum, sondern innerhalb der Unvollkommenheiten und der rauhen Grenzen des täglichen Lebens. Wer diese aber immer erst dann überwindet, wenn er sich genügend Beulen geschlagen hat, wird unschöpferischer sein als der, welcher die Probleme ahnt, bevor sie allen auffallen und selbst der Dickfelligste darüber stolpert.

Problemsensitivität ist jedoch nicht die einzige Persönlichkeitseigenart, die schöpferische Menschen neben ihrer Denkfähigkeit brauchen. Sie müssen auch Frustration, also Versagungen, ertragen, als Künstler oder Wissenschaftler etwa länger und intensiver arbeiten können. Sie haben Niederlagen einzustecken, um als Politiker erfolgreich zu sein, oder müssen als Schriftsteller monatelang in der dürren Leere der Einfallslosigkeit ausharren können. Menschen, die hier stöhnen, resignieren oder sich betäuben, werden ihr Schöpfertum nicht in Bewegung bringen. Schließlich gehört zur Aktivierung schöpferischer Potentiale auch die Fähigkeit, sich die Meinungen anderer anzuhören und sie nicht aus emotionalen Gründen von vornherein abzulehnen. Dazu gehört die Einsicht in die eigenen Fehler. Das macht einen nicht schwächer, sondern erweitert den Aktionsradius für weiteres Wachstum.

Das deutet auf einen zentralen Punkt kreativer Persönlichkeitsmerkmale hin. Es ist die sogenannte Ambiguitätstoleranz, d. h. die Fähigkeit, in einer problematischen und unübersichtlichen Situation zu existieren und dennoch unermüdlich an deren Bewältigung zu arbeiten. Die meisten Menschen ertragen die aus der Ungelöstheit entstehenden Spannungen nur für kurze Zeit und verzichten somit auf eine fruchtbare Lösung. Der Kreative kann dagegen die Ungelöstheit als Problem lange aushalten, ohne die intensive Arbeit an ihm aufzugeben. Er gleicht damit dem Frosch in der Fabel. Dieser sprang mit einem anderen Frosch in einen Eimer Milch. Zunächst tranken sie ausgiebigst von der unvertrauten, aber wohlschmekkenden Flüssigkeit. Als sie nicht mehr konnten, versuchten sie, durch Strampeln aus dem Gefäß herauszukommen. Sie schafften den befreienden Sprung nicht. Schließlich ertrank der eine, weil er aufgegeben hatte. Der andere machte weiter, wenn auch nur mit allergrößter Anstrengung. Als die ersten Strahlen der Morgensonne über die Wiese glänzten, saß dieser Frosch auf einem Klumpen Butter. Er war gerettet, denn nun hatte er die Unterlage, von der aus der Absprung gelang.

Die einzig mögliche Lösung ist oft die unerwartete, nicht voraussehbare. Um zu ihr zu gelangen, muß man in der Schwebe der Ungewißheit arbeiten können. Wer voreilig nach Lösungen greift, beseitigt zwar Spannungen, aber auf Kosten besserer und ausgereifterer Lösungen. Die Geschichte der Wissenschaft läßt sich nicht nur als Kette eindrucksvoller Erfindungen, sondern auch als ein Buch kurzfristiger Lösungen schreiben. Man hielt sich lange, oft allzu lange, bei den bequemsten, weil unwidersprochenen Lösungen auf, ohne zu merken, daß man die besseren verhinderte. Immer mehr Forscher werden sich dieser Kurzatmigkeit bewußt. Der Drang nach interdisziplinärer Forschung wie auch das wachsende Bewußtsein für die Folgen der Entdeckung sind nur einige Anzeichen eines größer werdenden Spannungsbogens, den der einzelne oft vermissen läßt. Angesichts der weitverbreiteten Unfähigkeit, widersprüchliche Lösungsmöglichkeiten längere Zeit mit sich herumzutragen, nimmt es nicht wunder, daß bestimmte Methoden des Kreativitätstrainings gerade diese Fähigkeit einüben wollen. Aber auch ohne die Absolvierung eines vorgesetzten Trainingsprogramms kann jeder Mensch lernen, einander ausschließende Überlegungen in sich zu wecken und auszuhalten. Das alltägliche Leben ist voll von Problemen, die auf verschiedenste Weise gelöst werden können. Warum soll jemand nicht versuchen, bestimmte Schwierigkeiten einmal anders anzugehen, auch wenn das zunächst Schmerzen bereitet?

Mit der Ambiguitätstoleranz hängt wohl auch die Vorliebe des schöpferischen Menschen für komplexe, undurchsichtige Gebiete zusammen. Hier muß er oft Antinomien und Ungereimtheiten lange ertragen können. Aber gerade dadurch fühlt er sich und sein Denken herausgefordert, jedenfalls mehr als durch Fortschreiten auf bereits bekannten Pfaden.

Allerdings wird hier eine deutliche Trennung zwischen der Kreativität im Denken und der im mitmenschlichen Bereich deutlich. Selten gehen beide Hand in Hand. In Abwandlung eines Ausspruchs von Tolstoi (»Der Dichter nimmt dem Leben das Beste und gibt es seinem Werk. Darum ist sein Werk so schön und sein Leben so schlecht«) kann man sagen, daß der Schöpferische die Abenteuer, welche er im Denken durchsteht, im Mitmenschlichen nur selten zu unternehmen bereit ist. Hier ist er eher irritiert durch die Interessen, Wünsche und Ansichten der anderen, wenn sie mit seinen nicht voll übereinstimmen. Daraus erklärt sich ein Teil seiner Kontaktarmut, ja sein gelegentliches Desinteresse am Schicksal des einzelnen, wie es Einstein ganz offen bekennt: »Mein leidenschaftliches Interesse an sozialer Gerechtigkeit und sozialer Verantwortung stand immer in sonderbarem Gegensatz zu einer ausgeprägten Gleichgültigkeit gegenüber direkten Bindungen an Männer und Frauen.«

Neben dieser, wohl als Bindungsangst zu interpretierenden Gleichgültigkeit gegenüber einzelnen Menschen geht oft das Desinteresse an Gruppenarbeit einher. Die anderen erscheinen eher hemmend als förderlich, die Gruppe als ein Ensemble, bei dem eine gute Idee auf das Niveau des Schlechtesten reduziert wird. Taylor, Berry u. Block (1958) verglichen in einem Experiment die Kreativität von Gruppen mit der von Individuen. Zu diesem Zweck bildeten sie zwölf Teams zu je vier Studenten, die bereits längere Zeit zusammen gearbeitet hatten. Weitere 48 Studenten mußten allein arbeiten. Alle nahmen an einer Vorlesung über kreatives Denken und die Prinzipien des brain storming teil und sollten dann Probleme lösen. Es zeigte sich, daß die Einzelarbeiter weniger Ideen produzieren als die Gruppen. Wenn man jedoch die Gruppenleistung mit der von je vier Einzelarbeitern (nominelle Gruppen) verglich, waren Quantität und Qualität der Einfälle bei den letzteren signifikant höher.

Parnes u. Meadow (1963) erhielten allerdings bei einer ähnlichen Untersuchung einen anderen Befund. Sie verglichen zunächst die Leistung von geschulten Gruppen mit den nominellen Gruppen aus Einzelarbeitern, die unabhängig voneinander konventionell, d. h. ohne Anleitung, Probleme lösten. Die trainierten Gruppen waren den anderen signifikant überlegen.

Manche der Einzelarbeiter hatten von sich aus die Technik des brain storming angewandt. Wenn man sie zu Vierergruppen zusammenfaßte und mit den bestehenden Gruppen verglich, ergab sich eine ähnliche Versuchsanordnung wie bei Taylor u. a. Im Gegensatz zu diesen Autoren fanden Parnes u. Meadow keine signifikanten Unterschiede zwischen den Gruppen. Die Leistung der realen Gruppen war sogar etwas besser als die der nominellen. Die Autoren weisen darauf hin, daß weitere Untersuchungen nötig sind, um den Widerspruch zu klären. Die gruppendynamische Forschung hat klar gezeigt, daß keine Gruppe wie die andere ist. Unterschiedliche Persönlichkeiten von Gruppenleitern und -mitgliedern sowie eine abweichende Atmosphäre können eine völlig verschiedene Kreativitätsleistung bewirken. Wie sehr die Verschiedenheit von Persönlichkeitsstrukturen die Arbeit in der Gruppe beeinflußt, habe ich in dem Aufsatz »Faktor Persönlichkeit in der Wissenschaftsplanung« (Matussek 1966) aufzuzeigen versucht.

Was der Schöpferische den anderen nicht als Kredit gibt, schenkt er sich selbst. Er spürt die Quellen neuer Ideen in sich, wenn auch nicht immer von Anfang an und in gleicher Stärke. Oft muß er jahrelang bohren oder auf einem ihm fremden Gebiet arbeiten, wie etwa Fontane als Apotheker. Aber auch auf Umwegen ist er sich letztlich seiner sicher. Kein Wunder, wenn in fast allen Untersuchungen dieses unbeugsame und gelegentlich als Arroganz erscheinende Selbstvertrauen hervorgehoben wird. Dieses gibt ihm die Kraft, sich in seiner Arbeit zu disziplinieren und nicht vor lauter Unsicherheiten in zahlreiche Sekundärprojekte und -kontakte auszuweichen. Der in Kommissionen seine besten Jahre verbringende Forscher ist demzufolge der Gegentyp des schöpferischen Menschen. Er ist froh, wenn er durch irgendein Gremium seine Wichtigkeit bescheinigt bekommt, die er in sich nicht vorfinden kann.

Der Kreative ist trotz seines Selbstvertrauens jedoch nicht unkritisch sich selbst gegenüber. Er ist bereit, andere Lösungen zu prüfen und zu akzeptieren, falls sie überlegen sind. Auch das im Gegensatz zum Unschöpferischen, der sich in seiner Meinung festbeißt und sich verteidigt, als ginge es um »letzte Wahrheiten«. In gewisser Hinsicht stimmt das auch: Für den Unschöpferischen ist nämlich das gerade Erreichte oftmals die letzte Wahrheit, der er sich stellt. Zu mehr reicht es nicht. Daher auch seine viel größere Kritikempfindlichkeit als die des Schöpferischen, der zwar oft als sensibel und nervös beschrieben wird, aber auch als jemand, der Kritik an der Sache verträgt.

Vergegenwärtigt man sich diese kleine und daher unvollständige Aufzählung von Persönlichkeitseigenschaften, die neben dem divergierenden Denken das schöpferische Leben bestimmen, so erkennt man trotz der begrenzten Auswahl ihre Bedeutung. Denn ohne diese und verwandte Tugenden lassen sich schöpferische Kräfte nicht befreien, welche Techniken man auch immer sonst zur Aktivierung der eigenen Kreativität anwenden will. Wer bei jeder Spannung gleich zu einem Whisky oder einer Zigarette greifen muß, verhindert die Entfaltung der Elemente, die das schöpferische Leben braucht. Jeder aber, der weiß, wie schwer die Abgewöhnung von Suchtarten ist, kann sich vorstellen, daß kreatives Leben nicht mit einigen Trainingsstunden erlernbar ist. Welche Methode jedoch die geeignetste ist, um die eigene Persönlichkeit schöpferisch zu entfalten, unterscheidet sich von Fall zu Fall. Ein musischer Mensch muß andere Charaktereigenschaften in sich entwickeln als ein Wissenschaftler oder Sportler. Insofern sind die im vorangegangenen Abschnitt geschilderten »Grundzüge« kreativer Persönlichkeiten immer nur als relative Größen zu verstehen. Der eine hat mehr, der andere weniger davon. Das zeigte auch eine Untersuchung von Gough u. Woodworth (1960). Sie forderten 45 Wissenschaftler auf, 56 Aussagen über wissenschaftliche Tätigkeit und Forschungsstile in eine Rangreihe zu bringen, mit der sie sich jeweils selbst charakterisieren sollten. Durch eine Faktorenanalyse (s. Glossar zu Bd. V dieser Enzyklopädie) ergaben sich 8 Typen, zu deren Beschreibung und Benennung diejenigen Forscher, welche die einzelnen Faktoren am besten repräsentierten, noch genauer getestet und beurteilt wurden (Leistungstests, lebensgeschichtliche Daten, Aussagen von Beobachtern u. a.). An Hand dieser großen Materialfülle wurde versucht, die 8 Typen, die jeweils einen bestimmten Forschungsstil repräsentierten, mit wenigen, aber psychologisch relevanten Worten zu beschreiben:

1. Der *Eifrige* (zealot): Widmet sich ganz der Forschung. Sieht sich selbst als unermüdlicher Wissenschaftler. Hat außergewöhnliche mathematische Fähigkeiten und großes wissenschaftliches Interesse. Wird von Beobachtern als toleranter, ernsthafter, gewissenhafter Mensch geschildert, der nicht leicht mit anderen zurechtkommt und nicht sehr anpassungsfähig ist.

2. Der *Initiator* (initiator): Reagiert schnell auf Forschungsaufgaben. Beginnt sofort damit, Ideen zu produzieren. Wirkt stimulierend auf andere. Beurteilt sich selbst als undoktrinär und guten Teamarbeiter. Beobachter beschreiben ihn als ehrgeizig, fleißig, guten Führer, leistungsfähig und relativ frei von Angst und Nervosität.

3. Der *Diagnostiker* (diagnostician): Sieht sich als guten Beurteiler und fähig, die Stärken und Schwächen eines Programms schnell und genau zu erkennen. Findet bei Forschungsproblemen schnell Lösungen. Hat keine starke methodologische Vorliebe. Ist nicht hart und geringschätzig, wenn andere Fehler machen. Beobachter sehen ihn als kraftvoll und selbstsicher im Auftreten, aber als selbstlos und frei von narzißtischen Bestrebungen.

4. Der *Gelehrte* (scholar): Hat ein außergewöhnlich gutes Gedächtnis, ein Auge für Details und Ordnung, ist aber weder ein Wissenschaftsperfektionist, noch sucht er ständig nach noch besseren Lösungen. Hat keine Bedenken, um Hilfe zu bitten, wenn er bei einer Arbeit blockiert ist. Kann sich anderen anpassen. Ist in seinem Bereich gut informiert und blufft nicht. Beobachter beschreiben ihn als gewissenhaft, gründlich und sehr verläßlich, aber auch als etwas verschlossen, unentschlossen und mit zu geringem Vertrauen in sein eigenes Urteil.

5. Der *Geschickte* (artificer): Spricht gern mit anderen Wissenschaftlern. Sieht seine eigenen Grenzen. Beginnt nichts, was er nicht durchführen kann. Glaubt, daß er die spezielle Fähigkeit hat, unausgegorene Ideen anderer für praktikable und wichtige Programme zu verwerten. Beobachter sehen ihn als ehrlich und direkt. Er kommt gut mit anderen zurecht, ist einfühlsam und sensibel.

6. Der *Ästhet* (esthetician): Bevorzugt analytisches Denken und Forschungsprobleme, die sich für elegante und formale Lösungen eignen. Hat breit angelegte Interessen. Tendenz zu Ungeduld bei Stagnation eines Vorhabens oder bei Forderung von Ordnung und Systematik. Beobachter sehen ihn als klug und spontan, je-

doch unzuverlässig und unreif an. Er hat nicht genug Geduld und Fleiß, denkt zu wenig an Verpflichtungen.

7. Der *Methodiker* (methodologist): Vitales Interesse an Methoden, an der mathematischen Analyse von Problemen. Ist offen in bezug auf sein Forschungsvorhaben, diskutiert es gern mit anderen durch. Hat wenig Konkurrenzdenken. Toleranz bei wissenschaftlichen Differenzen mit anderen. Beobachter charakterisieren ihn als überlegt und liebenswert, als frei von übertriebenem Ehrgeiz, gleichzeitig als launisch und kompliziert.

8. Der *Unabhängige* (independent): Scheut Teamarbeit, vermeidet Verwaltungsarbeiten, die mit der Forschung verbunden sind. Ist kein energischer Forscher, trotz intellektueller Neugier. Denkt eher in strukturellen und physikalischen als in analytischen und mathematischen Modellen. Wirkt im Auftreten aktiv und robust, starr und geradlinig im Urteil. Scheint relativ frei von Problemen und Selbstzweifeln zu sein, neigt aber zu unhöflichem, abruptem Verhalten.

Neben dem Betätigungsfeld ist auch das von Erbe und Umwelt Mitgeprägte von Bedeutung. So muß der eine geduldig werden, während der andere sein Zögern zu überwinden hat. Ein Dritter wiederum muß mehr Phantasie entwickeln im Gegensatz zu jenem, der seine Phantasien zügeln muß. Sollte jemand aber bei bestem Willen und größter Anstrengung nicht vom Fleck kommen, kann er sich einer psychotherapeutischen Behandlung unterziehen. Die kreativitätsblockierenden Kräfte sind ja, wie ich es in meinem Buch »Kreativität als Chance« (1974) beschrieben habe, oft so fest in der Persönlichkeit verankert, daß hier nur eine in die Tiefe gehende Behandlung helfen kann. Man kann sich das an Hand der Fälle, die ich dort beschrieben habe, vergegenwärtigen. Wer etwa zu ungeduldig ist, um eine einmalig begonnene Aufgabe systematisch, Schritt für Schritt, zu Ende zu führen, kann in seinem Unbewußten von einer Angst getrieben sein, die aus frühkindlichen Quellen kommt, genauso wie jener, der nicht gelernt hat, sich auf das zu konzentrieren, was er gerade verrichtet. Er muß immer woanders sein, findet kein Genüge am Gegenwärtigen, braucht ständig Ablenkungen, weil er das Gebundensein an das Vorhandene nicht erträgt.

Wegen dieser, in der frühen Entwicklung liegenden Gründe für die Entfaltung schöpferischen Lebens versucht man heute, Eltern und Erzieher über die Prinzipien einer kreativitätsfördernden Erziehung aufzuklären. Die wenigsten können sich ja im späteren Leben einer psychotherapeutischen Behandlung unterziehen, zumal sie kaum wissen, daß die Indikation solcher Hilfen sich nicht allein auf die Beseitigung schwerer und schwerster seelischer Störungen erstreckt.

Um so notwendiger gehört die Schaffung eines entsprechenden Klimas in Elternhaus und Schule zu den Vorbedingungen für das Wachstum kreativer Impulse. Nicht Dressat, blinder Gehorsam, Verleugnung oder Pochen auf Recht und Macht sind hierfür entscheidend, sondern Hinhören, Zuwendung, Anleitung zu Spiel und Risiko, Förderung der Phantasie und Eigenständigkeit, aber auch Klarheit und Wahrheit der eigenen Person, um ihre Richtlinien attraktiv und glaubwürdig zu machen. Sicher sind diese Stichworte kein Programm, aber sie können verdeutlichen, in welchem familiären oder schulischen Klima Schöpferisches wachsen und in welchem es verkümmern kann.

Für die meisten von uns liegt die Kindheit weit zurück, ohne jede Chance der Wiederholung. Was kann der Erwachsene aber tun, um neben der schon erwähnten Arbeit an seinen Denk- und Charaktereigenschaften die Chancen für ein kreatives Dasein zu verbessern? Hierfür lassen sich keine allgemeingültigen Regeln aufstellen. Was immer man auch tut, ob mit oder ohne Anleitung, wird an zwei Faktoren gemessen, auf die im letzten Abschnitt einzugehen ist. Der eine ist die Verinnerlichung der Kreativitätsmotivation und der zweite, damit zusammenhängende, die wachsende Verwirklichung seines Selbst. (Zur kreativen Persönlichkeit s. auch den Beitrag von R. Oerter in diesem Bd.).

KREATIVITÄT ALS SELBSTVERWIRKLICHUNG

Der erste Punkt, die Verinnerlichung der Kreativitätsmotivation, läßt sich leicht verstehen, wenn man das eingangs Erwähnte über die profitorientierte Kreativitätsanwendung berücksichtigt. Wer seine Talente und Fähigkeiten nur verbessert, um zu mehr Geld, Ruhm und Ansehen zu gelangen, wird bald ermüden in der Anstrengung um die Befreiung des Schöpferischen. Zwar ist der Glaube noch weit verbreitet, daß man durch Gehaltsverbesserungen, Orden und Ehrenzeichen das Leistungsniveau anheben könne. Aber nicht nur im Sport, dem von der Öffentlichkeit am stärksten beachteten Feld, auch in der Wissenschaft und Wirtschaft haben neuere Untersuchungen die alte Annahme als Irrtum aufgedeckt.

Die Leistungsmotivation kann zwar bei einer bestimmten Minimalgrenze an Belohnungen so weit absinken, daß nur wenig Lust zur Arbeit besteht. Man kann aber nicht umgekehrt durch Steigerung der Prämien Spitzenleistungen provozieren. Wer im Fußball nicht für 10 000 Mark monatlich sein Bestes gibt, vermag es auch nicht für den zehnfachen Betrag. Das wird von Spitzensportlern immer wieder betont. Die Menge glaubt dies aber nicht, weil ihre eigene Arbeitsmotivation vorwiegend von äußeren Belohnungen abzuhängen scheint. Für diese Menschen gibt die Arbeit selbst wenig her, ob sie als Polizisten, Ärzte oder Ministerialbeamte tätig sind. Sie messen den Wert ihrer Arbeit an Lohn und Prestige. Damit aber verstopfen sie die Kanäle, die frei sein müssen, um schöpferische Kräfte zu aktivieren (Matussek 1967). Nur wer sich an der Sache erfreuen kann, wer – auch wenn es niemand hört – etwa die kleinen Fortschritte im Klavierspielen genießt oder sich ganz bei der Lektüre eines Buches vergißt, kann unentdeckte Potentiale zum Wachsen bringen, die möglicherweise eines Tages auch nach außen auffallen.

Denn das ist ja die Frage, die in unseren Ausführungen bisher unbeantwortet bleiben mußte: Was ist denn das Produkt schöpferischer Tätigkeit? Wie kann man ein gutes Buch, einen wertvollen Zeitungsartikel, einen künstlerisch hochstehenden Film von mittelmäßiger Ware unterscheiden? Doch sicher nicht an der Auflagenhöhe eines Werkes, einer Zeitung oder dem allgemeinen Ruf, den sich ein Film erworben hat.

Kritiken können manchmal zutreffen, häufiger aber führen sie in die Irre. Das Kreative ist ja per definitionem das Neue, Ungewohnte, Unverstandene und damit leicht Übersehene. Man kann sich also nicht an den anderen orientieren, jedenfalls nicht zunächst und zumeist, wenn man Schöpferisches erkennen will. Das gilt erst recht für die eigene Leistung. Zwar ist der kreative Mensch durchaus kritikempfänglich, aber die Kritik der anderen ist nicht letzter und entscheidender Maßstab. Diesen muß man in sich finden, selbst wenn die meisten das aus dieser Haltung entstehende Produkt zunächst ablehnen. Ist jemand wirklich schöpferisch, wird auch die Umwelt das Werk im Laufe von Jahren oder Jahrzehnten erkennen, was viele Beispiele aus Kunst und Wissenschaft zeigen. Der Schöpferische erntet den äußeren Erfolg gelegentlich später als der Unschöpferische. Er wird aber während seiner Arbeit durch Erlebnisse prämiiert, die der Unschöpferische nicht oder nur in einem geringen Maße kennt.

Maslow (²1970), der sich mit dieser inneren Seite kreativer Prozesse besonders eingehend beschäftigt hat, zählt eine Reihe von Erlebnissen auf, die schöpferisches Tun begleiten. Dazu gehört u. a.: Die im Schöpfungsakt begriffene Person fühlt sich integrierter als im gewöhnlichen Zustand; ist stärker verbunden mit der Welt als üblich; empfindet, daß sie anstrengungslos funktioniert; erlebt sich als aktive Quelle ihres Handelns und Erlebens; fühlt sich frei von Einengungen; ist spontaner und ausdrucksfähiger als sonst; antwortet stärker auf ihr innerstes Selbst als auf äußere Mächte; fühlt sich niederer Triebkräfte entbunden; erlebt sich als Beschenkte.

Die genannten Punkte beinhalten folgende Konsequenzen: Schöpferische Potentiale werden immer dann freigelegt, wenn man sich durch die Tätigkeit bzw. die Art des Tätigseins verwirklicht oder genauer, der Selbstverwirklichung einen Schritt näher kommt. Das klingt banal, zumindest unklar, weil nicht wenige annehmen, daß sie das tun, was für sie das geeignetste ist. Andere meinen dagegen, daß sie niemals das verwirklichen, was sie eigentlich tun wollen. Vielleicht denken so die meisten. Sie weisen dann auf den Zwang der Industriegesellschaft hin, der die Menschen in Berufe preßt, die ihnen nicht liegen, und eine Arbeitsweise verlangt, bei der von Selbstverwirklichung nicht die Rede sein kann. Das gilt auch für sogenannte schöpferische Berufe. Ein Werbeberater, Maler, Firmenchef oder Wissenschaftler kann durchaus als kreativ gelten, ja seine Kreativität durch überzeugende Beweise erbracht haben, und dennoch kann ein solcher Mensch im innersten unzufrieden, ja resigniert und verzweifelt sein.

Deutlich wird der Zusammenhang zwischen einer von außen sichtbaren Kreativität und innerer Zufriedenheit, wie sie in den von Maslow oben genannten Kriterien zum Ausdruck kommt, bei der Frage nach der Altersstruktur schöpferischer Menschen. J. E. Birren (1959), K. Fränz (1971) und H. C. Lehmann (1953) haben die Beziehung zwischen Kreativität, Lebensalter und Fachrichtung statistisch untersucht. Es überrascht nicht, daß die Kreativitätsgipfel in den einzelnen Wissenschaftsfächern in verschiedenen Lebensabschnitten liegen. Mathematiker und Physiker haben ihn früher als Historiker und Psychologen. Der Gegenstand des Faches erfordert eine je unterschiedliche Zeit des Einarbeitens. Die Fächerdifferenz hebt aber nicht die Tatsache auf, daß der Kreativitätsgipfel – statistisch gesehen – eher in die erste als in die zweite Lebenshälfte fällt – im allgemeinen unter vierzig Jahren, unbeschadet der zahlreichen Ausnahmen in allen Disziplinen. Überall gibt es Menschen, die bis ins hohe Alter, auch in ihrem Beruf, schöpferisch geblieben sind. Die Untersuchung dieser Ausnahmen ist von der bisherigen, mehr auf statistische Aussagen erpichten Kreativitätsforschung zu kurz gekommen. Das hängt sicherlich auch mit der einseitigen technischen Betonung des Kreativitätsbegriffes zusammen.

Was nutzen einem Forscher seine zehn Entdeckungen, wenn er vom vierzigsten Lebensjahr an resigniert und verbittert auf sein Lebensende wartet, keine Beziehung zu Familie und Mitmenschen hat und sich bestenfalls in irgendeiner Organisation nützlich machen kann? Solche Menschen sind oft blind für die Werte, die in der zweiten Lebenshälfte ausgeprägter sind als in der ersten: Erfahrung, Einfühlung, Toleranz, Überblick, Geduld, Klarheit, Einfachheit usw. In einer nur auf den momentanen Erfolg eingestellten Welt, wie es in der Wettbewerbsgesellschaft der Industrienationen der Fall ist, haben diese Werte bestenfalls pietätisches Gewicht, aber keine Bedeutung mehr für Kreativität. Darin liegt eine große Gefahr.

Der technisch-, profit- und prestigeorientierte Kreativitätsbegriff bringt eine Verengung des Daseins mit sich, die nicht nur dem einzelnen das Leben von einem bestimmten Alter an schwermacht, sondern auch das Gleichgewicht in einer schöpferischen Gesellschaft benachteiligt. Aus dem Drang zum Neuen wird unmerklich der Zwang zum Originellen, ja zum Grotesken. Der Wille zur Veränderung führt zu roher Gewalt. Freude an der Konstruktion pervertiert zur Lust an der Demonstration, Exhibitionsdrang macht Reifen unmöglich. Schöpferisch kann ein Werk erst dann sein, wenn es den anderen dient, aber auch zur eigenen Selbstverwirklichung beiträgt. Neben der Altersverteilung kreativer Berufe ist aber noch ein weiteres Phänomen zu berücksichtigen.

Das Stichwort für die moderne Berufsarbeit ist das der Entfremdung. So sehr dadurch auch ein wesentlicher Bestandteil technisch-industrieller Arbeitswelt charakterisiert ist, so sicher ist andererseits, daß Selbstverwirklichung nicht allein, ja nicht einmal vorwiegend mit Berufstätigkeit identisch ist. Das ist nur in einigen wenigen Berufen möglich. Zwar kann gelegentlich ein Künstler, Politiker oder Wissenschaftler den Eindruck haben, daß er sich in seiner Tätigkeit voll verwirklicht. Er wird das aber nur mit vielen Einschränkungen behaupten können. Denn sein Selbst entfaltet sich ja nicht nur in seinem beruflichen Alltag. Es muß sich auch in seinen Bezügen zum Mitmenschen, zu Frau und Kindern, zur Gesellschaft und zum Staat aktivieren. Überdies wird nicht jeder Schritt seines beruflichen Tuns als notwendig auf dem Weg zu sich selbst empfunden. Er wird Konzessionen an das Nicht-Selbst machen müssen, seien es solche des Geschmacks, des Themas oder anderer Gründe wegen, und dabei oft den Eindruck des Sich-Verfehlens haben.

Auf der anderen Seite gibt es Berufe, die ich in meinem oben erwähnten Buch näher skizziert habe und bei denen der Außenstehende nicht erwarten würde, daß bei ihnen so etwas wie Selbstverwirklichung vor sich gehen kann. Auch ein Büro oder eine Fabrik vermag Ausgangspunkt hierfür zu sein, wenn auch sicher nicht so ohne weiteres. Um das besser zu verdeutlichen, sei der Fall des blinden Marathonläufers Werner Rathert erwähnt. Er gab vor einigen Jahren, als er noch nicht so bekannt war wie nach seiner Teilnahme am Silvesterlauf in São Paulo (1976) in der »Frankfurter Allgemeinen Zeitung« ein aufschlußreiches Interview über sein Leben. Das für uns Bedeutungsvolle besteht darin, daß der mit neunzehn Jahren an einem Glaukom erblindete Sportler täglich einen Marathonlauf, also eine Strekke von 42 Kilometern, absolvierte. Um die Richtung nicht zu verlieren, band er sich mittels einer leichten Schnur an einen Begleiter fest. Auf die Frage des Interviewers, warum er so etwas Eintöniges und Langweiliges täglich erledige, antwortete der von keinem philosophischen Wissen beeinflußte Mann: »Ich tue das, um zu mir selbst zu kommen. Dadurch aber entdecke ich immer neue Menschen.«

Das Exemplarische für unser Thema ist klar. Es läßt sich in der Frage formulieren: Wie kommt ein Blinder darauf, eine so monotone und äußerst anstrengende

Aktivität auf sich zu nehmen? Wäre es nicht leichter und hätte es nicht den gleichen körperlichen Effekt, wenn er eine abwechslungsreiche Gymnastik betriebe? Die Antwort von Werner Rathert müßte sinngemäß lauten: »Ja, wenn es mir bloß um Gesundheit und Fitneß ginge, könnte ich sie auch anders und leichter haben. Mir geht es aber um mehr. Es geht mir um mein Selbst.«

Abgesehen davon, daß der psychologisch unvorgebildete Sportler in seinem Bericht von dem Erreichen des Selbst spricht und damit all jene Bedenken ausräumt, die wegen der verschiedenen Bedeutungen des Selbst – in Philosophie und Psychologie – den Begriff der Selbstverwirklichung im Rahmen der Kreativitätsforschung für unfruchtbar halten, zeigt unser Beispiel drei wesentliche Punkte:

1. Der letzte Sinn einer sportlichen Übung braucht nicht Gesundheit und Freude an körperlicher Ertüchtigung zu sein. Er kann vielmehr in der Entfaltung der Persönlichkeit und – im Sinne, wie es Werner Rathert meint – der Selbstverwirklichung liegen. Das Selbst ist nicht etwa ein nebulös-mystisches Etwas, sondern beinhaltet als Begriff auch das Reservoir der Kräfte, die nach Verwirklichung drängen. Da ein jeder aber andere Talente hat, kann der Mensch sich nur wohl, glücklich und in sich ruhend erleben, wenn er seine Kräfte verwirklicht und nicht versucht, die eines anderen zu kopieren. Das gilt für Hobbyaktivitäten wie für berufliche Arbeit. Auch in einer eintönigen Tätigkeit, wie sie in jedem Beruf vorkommt, kann jemand zu sich kommen, falls er die Eintönigkeit mit der richtigen Einstellung meistert. Was das bedeutet, kann folgende Anekdote aus einer chassidischen (ostjüdischen) Erzählung verdeutlichen: Ein Schüler bat Rabbi Schmelke von Nikolsburg, ihn zu unterweisen, wie er seine Seele zum Dienst Gottes bereiten solle. Der Zaddik hieß ihn zu einem anderen seiner Schüler, Rabbi Abraham Chajim, fahren, der damals noch eine Herberge hielt. Der Jüngling folgte der Weisung und wohnte da etliche Wochen, ohne an den Wirt, der sich vom Morgengebet bis gegen Abend in der Schankwirtschaft zu schaffen machte, irgendwelche Heiligkeit wahrzunehmen. Endlich fragte er ihn, was er den Tag über tue. ›Mein vornehmstes Geschäft‹, sagte Rabbi Abraham, ›ist, die Gefäße recht zu säubern, daß auch nicht der kleinste Speiserest an einem hafte, und auch alle Geräte zu putzen und trockenzuwischen, daß sich keines der Rost bemächtigt.‹ Als der Schüler heimkehrte und, was er gesehen und gehört hatte, Rabbi Schmelke berichtete, sagte ihm dieser: »Nun weißt du, was du zu wissen begehrtest.«

Der zweite Punkt, den das Beispiel des Marathonläufers verdeutlichen soll, ist die schon oben erwähnte Tatsache, daß man von außen nicht feststellen kann, welche Methode die geeignetste ist, um zu seinem Selbst zu gelangen. Wer hätte einem Erblindeten schon geraten, sich täglich durch eine Schnur an einen anderen zu binden, um einen anstrengenden, eintönigen Lauf von dreißig, vierzig, ja hundert Kilometern hinter sich zu bringen? Pädagogen, Psychotherapeuten, Psychologen, aber auch moderne Kreativitätstechniker hätten wohl eher abwechslungsreiche Tätigkeiten empfohlen, wie Basteln oder Modellieren, Musizieren oder wenn schon Sport, dann Spiel oder gymnastische Übungen. Wohl kaum einer der Fachleute für die Verbesserung der Kreativität wäre auf die Idee gekommen, einem Blinden einen täglichen Marathonlauf zu empfehlen, selbst wenn dieser schon vorher ein guter Langstreckenläufer war. Vor allen Dingen hätte er nicht geglaubt, daß der Blinde durch diese Tätigkeit zu sich selbst kommen würde. Diese Technik konnte nur er selbst entdecken. Er allein konnte den Weg wissen, der in sein Innerstes führt und die Kräfte freilegt, die ohne die von ihm gewählte Methode verkümmern würden. Das ist auch der grundsätzliche Einwand gegen alle Kreativitätstechniken, die von außen erdacht und ganzen Gruppen von Kindern, Schülern und Erwachsenen übergestülpt werden.

Sicher können dadurch einige wichtige Teilfunktionen produktiver Tätigkeit verbessert werden. Höchst selten wird aber dadurch schöpferische Kraft mobilisiert, die ganz spezifisch für den einzelnen gilt und primär von ihm gefunden und befreit werden muß. Das kann unter Umständen auf erhebliche Schwierigkeiten stoßen. Denn meist tut man Dinge, die andere von einem erwarten oder einem geraten haben. Das mag durchaus mit den eigenen Intentionen einhergehen. Oft ist das aber nicht der Fall. Schon Maslow (1958) und Roe (1959) weisen auf die immer wieder zu beobachtende Tatsache hin, daß in der Schulzeit Anpassungen an geschlechts- oder altersspezifische Erwartungen schöpferische Entfaltung hemmen können. So wird etwa ein musisch Interessierter als feminin, ein spielerischer Schüler als kindisch oder ein mathematisch brillierender als Streber abgelehnt.

Das sind alltägliche und bekannte Hemmnisse. Überträgt man dieses Prinzip jedoch auf die Talente, die bei jedem einmalig sind, wird das Problem in der ganzen Tragweite, aber auch Schwierigkeit sichtbar. Vorurteile gegenüber einzelnen sind ja nur schwer zu erfassen, falls sie sich nicht in einige der üblichen Klischees (Klasse, Rasse, Geschlecht, Konfession, Nation, Beruf usw.) einfügen. Daher gilt es letztlich, daß von einem bestimmten Alter ab, etwa dem der »Reifeprüfung«, schlußendlich jede kreative Fähigkeit und die Methode zu deren Erweckung zum entscheidenden Teil von einem selbst gefunden werden muß. Das haben auch die Untersuchungen bewiesen, die den Erfolg von Kreativitätskursen testeten.

Parnes u. Meadow (1959) konnten nachweisen, daß Teilnehmer an Kreativitätskursen in ihren Leistungen denen qualitativ und quantitativ überlegen waren, die nicht daran teilnahmen. Der Erfolg hielt einige Jahre an. Ob mehr als vier Jahre, wurde nicht geprüft. Vor allen Dingen jedoch – und das ist für das Problem einer möglichst andauernden Aktivierung des Kreativitätspotentials wichtig: Die Kursabsolventen zeigten höhere Punkte nur auf einer Dominanzskala, aber keine Verbesserung des Leistungsbedürfnisses und der Selbstkontrolle. Letztere aber ist für eine permanente Verbesserung der eigenen Kreativität notwendig. Das heißt nicht, daß Hilfen von außen völlig nutzlos sind. Sie können jedoch unter Umständen mehr zerstören als aufbauen, falls sie die Individualität des einzelnen zudekken. Nur diese Selbstfindung führt zu dem Schöpferischen, welches etwas wirklich Neues darstellt.

Das ist der dritte Punkt, den unser Beispiel zeigt. Der Blinde erklärt, er könne erst dann neue Freunde finden, wenn er vorher sich selbst gefunden hat. Die meisten Menschen gehen den umgekehrten, den unkreativen Weg. Man sucht sich einen neuen Menschen und hofft, damit sich zu finden. Daß der Blinde die Beziehung zu Menschen als etwas zu Erringendes und Erstrebenswertes hinstellte, ist ein wichtiges Nebenprodukt der an diesem Beispiel angestellten Überlegungen. Häufig wird ja der schöpferische Mensch nur an seinem Produkt – einem Gemälde, einer Komposition, einer Entdeckung oder einer politischen Tat – gemessen und nicht an den Beziehungen zu seinen Mitmenschen. Ja, gelegentlich wird die Ablehnung, ja Feindseligkeit zu den anderen als wesenskonstitutiv für das Schöpferische empfunden. Das haben die Untersuchungen zahlreicher Genies bestätigt.

Für viele große Denker und Künstler war die Abkehr von der alltäglichen Mitmenschlichkeit notwendig, um sich durch das Gerede der anderen und die Rücksichtnahme auf deren Interessen nicht von der eigenen Arbeit ablenken zu lassen. Dieser häufig zu beobachtende Tatbestand darf aber nicht so interpretiert werden, daß diese Abkehr, zumindest Gleichgültigkeit gegenüber den anderen, wie es z. B. in dem oben erwähnten Zitat Einsteins zum Ausdruck kommt, unbedingt zum Schöpferischen gehören muß.

Heutzutage wird man viel eher als früher die Verbesserung mitmenschlicher Beziehungen als Merkmale kreativer Lebensläufe postulieren. Allerdings ist ein solches Ziel nicht erreichbar, wenn es auf einem Ich aufbaut, das von Fremdbestimmungen überflutet ist. Wer sich bei den anderen sucht, muß, um schöpferisch zu sein, die anderen oft aggressiv und feindselig von sich abstoßen. Sucht man dagegen zunächst in einer für den Außenstehenden völlig überraschenden, ja unverständlichen Weise sein Selbst, wie es der Blinde spontan getan hat, werden in dieser Selbstfindung auch jene schöpferischen Kräfte frei, die mitmenschliche Beziehungen nicht blockieren, sondern fördern.

Damit taucht als abschließende Bemerkung zu dem exemplarisch geschilderten Fall die Frage auf, ob es wirklich notwendig, zumindest fruchtbar ist, den Terminus »Selbst« – wie er im Laufe dieses Beitrags in den verschiedensten Formen (Selbstverwirklichung, Selbstfindung usw.) auftrat – in die Kreativitätsforschung mit größerem Nachdruck als bisher einzuführen. Zur Zeit ist er nämlich nur dort gebräuchlich, wo die Selbstfindung im Sinne des persönlichen Glücks als das Hauptziel der Kreativität gesehen wird, ungeachtet aller »Werke« und Problemlösungen, die der Betreffende für die Öffentlichkeit vollbringt. Ich meine daher, daß der Selbstbegriff auch bei der Betrachtung einer mehr instrumentell-objektiven Kreativität von Bedeutung ist. Ausführliche Belege dafür habe ich in meinem schon zitierten Buch angeführt.

Man kann aber auch auf die Erfahrungen und empirisch gesicherten Erkenntnisse der transzendentalen Meditationstechniken hinweisen (Matussek 1976). Streicht man von dieser Methode alle ideologischen und sektiererischen Überinterpretationen ab und hält sich an das empirisch Nachgeprüfte, so zeigt sich, daß alle kognitiven und emotionellen Faktoren, die bei der Kreativität jeder Fachrichtung eine Rolle spielen, durch Meditation wesentlich verbessert werden können (u. a. Fehr, Nerstheimer, Torber 1972; Orme-Johnson 1973; Orme-Johnson, Domash, Farrow 1974). Natürlich dauert es eine Zeit und erfordert meist auch den richtigen Lehrer, bis man »seine« Meditationstechnik gefunden hat. Sind diese Voraussetzungen aber gegeben, so besteht kein Zweifel an der positiven Beeinflussung der Kreativität. Also doch eine Technik zur Verbesserung des Schöpferischen?

In gewisser Hinsicht ja. Ohne Übung und Training ist das Selbst nicht zu finden, was nach unserer Theorie auch für die instrumentell-objektive Kreativität fruchtbar und wesentlich ist. Allerdings – und hier ist die Einschränkung bzw. Parallele zu den oben beschriebenen Denktechniken: Es gibt nicht nur die Meditation in ihren verschiedensten Formen, sondern auch autogenes Training, Yoga, Gebet und die unterschiedlichsten Arten der Psychotherapie. Alle Techniken können dazu beitragen, den für die Entfaltung der Kreativität notwendigen Weg zum Selbst freizulegen.

Warum verwendet man jedoch einen so vieldeutigen Begriff wie den des Selbst? Viele können sich unter ihm wenig oder nichts vorstellen, zumal er seit Hegel und Kierkegaard in der verschiedensten Bedeutung von Philosophie und Psychologie gebraucht wird. Auch in der Tiefenpsychologie wird er unterschiedlich angewandt, etwa bei Freud, C. G. Jung oder den modernen Narzißmusforschern, wie etwa Kohut (s. die Bde. II u. III dieser Enzyklopädie).

Die hier nur global angedeuteten Differenzen können aber die Fruchtbarkeit und »erlebte« Einheit des mit dem Begriff Gemeinten nicht aus der Welt schaffen. Als Beleg dafür sollte auch das ausführlich geschilderte Beispiel des blinden Langstreckenläufers dienen. Er, der philosophisch Unvoreingenommene, verwendet den Begriff in einer Weise, daß ihn jeder unmittelbar versteht. Er läßt sich vielleicht als das nicht ausgeschöpfte Reservoir der individuellen, bei keinem anderen Menschen in dieser Form vorhandenen Möglichkeiten umschreiben. Mit einem Vergleich aus der Bibel könnte man sagen: Es sind die Talente, die jeder mitbekommen hat, um sie im Laufe seines Lebens zu vermehren. Wer seine Talente nicht mehrt, verkümmert und wird verdammt. In diesem Vergleich wird auf die anthropologisch grundlegende Tatsache hingewiesen, daß ein jeder ein individuelles Selbst hat und zum Wachstum bestimmt ist. Es unterscheidet sich von dem kollektiven, allen gemeinsamen Selbst, wie es die Buddhisten kennen.

Das individuelle Selbst ist mehr als das durch Erbmasse, äußere Realität und frühkindliche Einflüsse Bestimmte. Dieses »Mehr« gilt es aus der Möglichkeit in die Wirklichkeit zu überführen, was sich mit Energie und Willen allein nicht erreichen läßt. Ein Nach-innen-Hören ist gleich wesentlich. Die erwähnten Techniken, wie etwa Meditation, Yoga oder Psychotherapie, können dabei helfen, indem sie eine von dem Äußeren losgelöstere Bewußtseinsebene erfahren lassen. Je mehr von diesem Selbst verwirklicht ist, desto stärker verändert sich das Ich, also die Instanz, die malt, dichtet, forscht, denkt, komponiert, Politik treibt oder Büroarbeit verrichtet, kurz: die schöpferisch ist, je nach Grad und Betätigungsfeld. Denn das Ich entscheidet in einem von Individuum zu Individuum verschieden großen Spielraum der Freiheit darüber, ob und wie es sein Denken und andere Fähigkeiten schult und daneben auch lernt, nach innen zu schauen und sich vom Selbst beschenken zu lassen. Durch letzteres gelingt es, alle hemmenden Fremdeinflüsse abzustreifen und schließlich die Identität zu finden, in der Ich und Selbst zusammenfallen oder, anders ausgedrückt: in der man in sich ruht, aber doch unverwechselbare Werke für die anderen schafft (s. den Beitrag von K. v. Dürckheim in diesem Bd.).

LITERATUR

Barron, F.: The disposition toward originality. Journal of Abnormal and Social Psychology, 51, 1955, 478–487

Birren, J. E. (Ed.): Handbook of Aging and the Individual. Chicago: University of Chicago Press 1959

Christensen, P. R., Guilford, J. P., Wilson, R. C.: Relations of creative responses to working time and instructions. Journal of Experimental Psychology, 53, 1957, 82–88

Duncker, K.: Zur Psychologie des produktiven Denkens (1935). Berlin, Göttingen, Heidelberg: Springer ²1963

Fehr, T., Nerstheimer, U., Torber, S.: Eine Untersuchung an 49 Praktizierenden der Transzendentalen Meditation mit dem Freiburger Persönlichkeits-Inventar. Köln: 1972

Fränz, K.: Forschungseffizienz. Unveröffentlichtes Manuskript, Ulm 1971

Gordon, W. J. J.: Operational approach to creativity. In: Harvard Business Review, 34, 1956, 41–56

Gough, H. G., Woodworth, D. G.: Stylistic variations among professional research scientists. Journal of Psychology, 49, 1960, 87–98

GUILFORD, J. P.: Creativity. American Psychologist, 5, 1950, 444–454

Personality. New York: McGraw Hill Book Comp. 1959. Deutsch: Persönlichkeit. Weinheim, Basel: Beltz 1964

HERRIGEL, E.: Zen in der Kunst des Bogenschießens (1948). Planegg/München: Barth [17]1951

KERR, W. A., MCGEHEE, E. M.: Creative temperament as related to aspects of strategy and intelligence. Journal of Social Psychology, 62, 1964, 211–216

KRETSCHMER, E.: Geniale Menschen (1931). Berlin, Göttingen, Heidelberg: Springer [5]1958

LANGE-EICHBAUM, W., KURTH, W.: Genie, Irrsinn und Ruhm. Geniemythus und Pathographie des Genies. München: Reinhardt 1927. (Völlig überarbeitete, umgearbeitete Aufl.): [6]1967

LEHMANN, H. C.: Age and achievement. Princeton: Princeton University Press 1953

MASLOW, A. H.: Emotional blocks to creativity. Humanist, 18, 1958, 325–332

Creativity in self-actualizing people. In: H. H. Anderson (Hg.): Creativity and its cultivation. New York, Evanston: Harper & Row 1959, 83–95

Motivation and personality. New York, Evanston: Harper & Row [2]1970

MATTHEW, J.: The psychology of creative thinking groups. In: S. J. Parnes, H. F. Harding (Hg.): A source book of creative thinking. New York: Scribener's 1962, 297–304

MATUSSEK, P.: Faktor Persönlichkeit in der Wissenschaftsplanung. In: Krauch, Kunz, Rittel (Hg.): Forschungsplanung. München, Wien: Oldenbourg 1966, 94–109

Psychodynamische Aspekte der Kreativitätsforschung. Nervenarzt, 38, 1967, 143–151

Kreativität als Chance. München: Piper 1974

Kreativität und Psychotherapie. Schlesw.-Holst. Ärzteblatt, 29, 1976, 550–556

MEADOW, A., PARNES, S. J.: Evaluation of training in creative problemsolving. Journal of Applied Psychology, 43, 1959, 189–194

MEDNICK, S. A., MEDNICK, M. T.: An associative interpretation of the creative process. In: C. W. Taylor (Hg.): Widening horizons in creativity. New York: J. Wiley & Sons 1964, 54–68

MOORE, L. B.: Creative action – the evaluation, development, and use of ideas. In: S. J. Parnes, H. F. Harding (Hg.): A source book for creative thinking. New York: Ch. Scriber's Sons 1962, 297–304

ORME-JOHNSON, D. W.: Autonomic stability and transcendental meditation. Psychosomatic Medicine, 35, 1973, 341–349

ORME-JOHNSON, D. W., DOMASH, L., FARROW, J. (Hg.): Scientific research on transcendental meditation. Collected papers, I. Los Angeles: M. I. V. Press 1974

OSBORN, A. F.: Applied imagination: principles and procedures of creative thinking. New York: Ch. Scriber's Sons 1953

PARNES, S. J.: Effects of extended effort in creative problem solving. Journal of Educational Psychology, 52, 1961, 117–122

PARNES, S. J., MEADOW, A.: Development of individual creative talent. In: C. W. Taylor (Hg.): The third (1959) University of Utah research conference on the identification of creative scientific talent. Utah: University of Utah Press 1959, 187–201

Development of individual, creative talent. In: C. W. Taylor, F. Barron (Hg.): Scientific creativity: Its recognition and development. New York, London: Wiley 1963

ROE, A.: Personal problems and science. In: C. W. Taylor (Hg.): The third (1959) University of Utah research conference on the identification of creative scientific talent. Utah: University of Utah Press 1959, 202–212

SCHULMANN, D.: Openess of perception as a condition for creativity. Exceptional Children, 33, 1966, 89–94

TAYLOR, C. W.: Some possible relations between communication abilities and creative abilities. In: C. W. Taylor (Hg.): The 1955 University of Utah research conference on the identification of creative scientific talent. Utah: University of Utah Press 1956, 213–218

Widening horizons in creativity. New York, London: Wiley 1964

TAYLOR, D. W., BERRY, P. C., BLOCK, C. H.: Does group participation when using brainstorming facilitate of inhibit creative thinking? Administrative Science Quarterly, 3, 1958, 23–47

TAYLOR, I. A.: The nature of the creative process. In: P. Smith (Hg.): Creativity. An examination of the creative process. New York: Hasting House Publ. 1959, 51–82

WATSON, J. D.: The Double Helix. London 1968. Deutsch: Die Doppel-Helix. Reinbek: Rowohlt 1969

WERTHEIMER, M.: Productive thinking. London, New York: Harper Brothers 1945

TRANSZENDENZ

RELIGIONSPHÄNOMENOLOGIE

von Hans-Jürg Braun

Die Religionsphänomenologie liefert zusammenfassende Deskriptionen der Erscheinungsformen, die als religiöse im Kontext des menschlichen Daseins anzutreffen sind. Darüber hinaus kennt sie den Auftrag, eine Wesensbestimmung der Religion zu suchen (vgl. v. d. Leeuw [3]1970; Goldammer 1960, 1965).

Zumeist werden die religiösen Erscheinungsformen so zusammengestellt, daß ihre historische Genesis weitgehend unbeachtet bleibt. Der Akzent liegt auf vergleichender Darstellung. Da sich die Religion dem ganzen Menschen zuwendet, ist der andere Mensch mit der Gesamtheit seiner Handlungen, Zeichen und Symbole, die religiös genannt werden, Objekt der Religionsphänomenologie. Diese Disziplin erwächst aus der Grundeinstellung der Epoche, einer Urteilsenthaltung, welche jegliche Frage nach dem, was »hinter« und »über« den Phänomenen steht, ausschließt (vgl. v. d. Leeuw [3]1970, Bleeker 1974). In den bis heute vorliegenden Religionsphänomenologien herrscht durchgehend ein Prinzip, nämlich möglichst unvoreingenommen die Phänomene zu studieren. Als Phänomen ist das zu nehmen, was sich zeigt und zwar im Sinne eines Objekts, das in Beziehung zu einem Subjekt besteht, wie im Sinne eines Subjekts, das in Beziehung zu einem Objekt zu verstehen ist (vgl. v. d. Leeuw [3]1970).

Die Religionsphänomenologie bedient sich der von der Religionsgeschichte vorgetragenen Ergebnisse und bewegt sich in einfühlender und verstehender Beschreibung der Grundformen religiösen Erlebens und Verhaltens sowie deren Objektivationen (vgl. v. d. Leeuw [3]1970). Je nach Gewicht, welches dem inneren Telos dieser Wissenschaft zugemessen wird, offenbart sich ihr Charakter entweder im Ordnen und Vergleichen historischer und empirischer Fakten oder in einem grundsätzlichen philosophischen Verständnis. Gilt ersteres, so gewahren wir besonders ihre deskriptiven und klassifizierenden Seiten (Kulte, Riten, Mythen, Opfer, Heiligkeit, heilige Schriften, Personen, Orte, Gebet, Worte, Symbole usw.). Gilt aber das an zweiter Stelle Genannte, so wird dem Phänomen die Bedeutung zugesprochen, ein Bewußtseinsinhalt zu sein, und zwar unter Ausschluß aller seiner sonstigen Beziehungen zur realen Existenz oder möglichen Nichtexistenz des betreffenden Inhalts außerhalb des Bewußtseins. In beiden Fällen freilich bleibt ein Ziel dasselbe: evidenter Aufweis der originären Eigenart des Religiösen (vgl. König 1956).

Die Frage, von wann ab die Religionsphänomenologie im umrissenen Sinne hervortritt, kann seit dem großen Werk G. van der Leeuws eindeutiger beantwortet werden.[1] Grundlegend für die vergleichende Religionsforschung – als solche kann man die deskriptive Religionsphänomenologie betrachten – ist die Arbeit J. Wachs (1924). Ihr ging der geniale Wurf R. Ottos »Das Heilige« (1917) voraus.[2] Beide Werke haben das Gesicht der Religionsphänomenologie im deutschen Sprachraum in der Folgezeit geprägt.

R. Otto zielt auf die Erfahrungszone, innerhalb derer sich religiöse Erfahrungen von eigentümlicher Wucht und Evidenz finden. Die religiöse Grunderfahrung des Numinosen als des Substrates des Heiligen läßt sich nicht rational fassen, nur auf Umwegen beschreiben. Otto differenziert seine Phänomenanalyse in dem Sinne, daß die verschiedenen Momente (tremendum, fascinosum, mirum u. a.) unüberhörbar werden. Er denkt das Heilige als Kategorie a priori in der Tradition des Kantianismus. Wo das Irrationale und das Rationale in einer Religion harmonisch vereint sind, bietet sich mit und in dieser Vereinigung der Maßstab, an dem man nach Otto (1917) echte Religion messen kann.

G. van der Leeuw schafft in seinem weitgespannten idealtypischen Katalog eidetische Leitfäden zur Orientierung in der unübersehbaren Phänomenfülle des Religiösen. Er sucht Idealtypen der Phänomene im Sinne Sprangers ohne ausdrückliche Berücksichtigung ihrer historischen und gegenwärtigen Bedeutung und bekundet zugleich eine im Christentum gründende religionsphilosophische und theologische Absicht (vgl. v. d. Leeuw 1970).

Die Religionsphänomenologie van der Leeuws hat aber gerade darin ihre Voraussetzung, daß alles, was wesentlich menschlich ist, immer wesentlich menschlich bleibt und somit einfühlendem Verstehen zugänglich wird. Ein Verstehen, wie es der Phänomenologe anstreben möchte, gilt van der Leeuw als Kunst. Weil menschliches Leben in seinen Äußerungen nie völlig durchschaubar ist, besteht eine Distanz zwischen dem Leben des Phänomenologen und dem betrachteten fremdreligiösen Leben. Doch gerade diese Distanz ist als methodisches Hilfsmittel zu verwenden, und ein einzelnes Phänomen ist so rascher und sicherer in einen größeren Zusammenhang einzuordnen. Die Religionsphänomenologie beachtet eine geübte Zurückhaltung gegenüber dem sich darbietenden Material. Gemeint ist des näheren die Einklammerung der zufälligen Daseinskoeffizienten, um so die Voraussetzungen zu schaffen für die Wesensschau.[3]

Modifizierte Ausläufer der von van der Leeuw inaugurierten Optik liegen vor in K. Goldammers »Formenwelt des Religiösen« (1960) und F. Heilers »Erscheinungsformen und Wesen der Religion« (1961). G. Widengren, der in kritischer Abesetzung von van der Leeuw eine eigene große Religionsphänomenologie konzipiert, polemisiert gegen eine der Sachkenntnis vorgreifende Methodenerkenntnis und sprengt die Einengung, die bei van der Leeuw infolge der Dominanz schriftloser Religiosität vorliegt, durch Beizug von Quellen aus den Hochreligionen. Für Widengren (1974) ist jede bloße Strukturerfassung – wie sie bei van der Leeuw intendiert ist – mit der Gefahr verbunden, die Phänomene ihrem gegebenen historischen Kontext zu entreißen und damit einseitig zu verstehen (vgl. Widengren 1969, 1974; Bleeker 1975; Rudolph 1971).

M. Eliade hat seinen eigenen systematischen Ansatz nicht wie van der Leeuw vom Begriff der Macht aus konzipiert, sondern der Polarität von heilig und profan. Ihm geht es um die hierophane Dialektik, die sich mit der Abscheidung eines Sanctums zugleich auch als Strukturierung der menschlichen Welt zu erkennen gibt. Die Offenbarungen des Heiligen (= Hierophanien), die den ganzen Religionskosmos durchwirken, deuten nach Eliade auf das Unwandelbare, Ewige im Gegensatz zum Wandelbaren, Profanen (vgl. Eliade 1954, 1957). Die Religionsphänomenologie ist eine junge Wissenschaft: Sie konnte erst in der zweiten Hälfte des letzten Jahrhunderts ihre weiterwirkenden Wege suchen. Die Abwendung von gängigen Theorien über die Religion bzw. deren Entstehung und Hinwendung zu einer schlichten Besinnung auf die gegebenen Formen findet sich zuerst bei P. D. Chantepie de la Saussaye (vgl. Chantepie de la Saussaye 1887, v. d. Leeuw ³1970, Waardenburg 1973, Merkel 1942). Bis heute gewahren wir in den Werken der Religionsphänomenologen den ständig erneuerten energischen Versuch, Religion aus sich selbst heraus zu verstehen und dies unter Beachtung der Tatsache, daß dort, wo der Mensch ist, auch Religion ist. Das, was sich als religiöses Geheimnis andeutet, drängt erst zum religiösen Phänomen, wenn es sich selbst dem Menschen gibt. Im Moment seines Sich-Zeigens nimmt es der Mensch zur Kenntnis. Dieser Akt der Kenntnisnahme heißt Konstitution.[4]

Religiöse Phänomene stehen als konstituierte immer in Beziehung zu einem Koordinatenkreuz, wobei diachron in der Horizontale der Geschichte und synchron in der Vertikale der phänomenologische Verstehensvorgang verläuft. Phänomenologie der Religion ist somit ein dialektisches Verfahren zwischen zwei Arbeitsstilen (vgl. v. d. Leeuw ³1970).

Weil der Religionsphänomenologie bis heute eine entschieden selbstkritische Grundlage mangelt, vermag sie keine einheitliche und eindeutige Bestimmung des Phänomenbegriffs und seines Logos zu leisten (vgl. Colpe 1971). Wir finden uns damit an dem Punkt, wo sich die philosophische Frage erhebt: Gibt es noch andere Möglichkeiten, um die anthropologische Konstitution des Transzendenzgefüges, zu dem auch der Mensch gehört, aufzuhellen (vgl. Struve 1969)?

Was die bisherige oder klassische Religionsphänomenologie in ihren verschiedenen Spielarten vermissen läßt, ist eine ständige Reflexion auf die Korrelation von menschlichem Subjekt und numinosem Objekt. Eine zeitgemäße Religionsphänomenologie hat sich deshalb zunächst und betonter noch auf den Menschen zu richten, als Zentralpunkt, in dessen gelebter Existenz eine Sinnstiftung geschieht, die ausgelöst ist durch die Begegnung mit dem Numinosen. Der Mensch als transzendentaler Ursprung seiner eigenen Welt gelangt in die neue Betrachtung der Religion (vgl. v. d. Leeuw ³1970, Burke 1975).

J. D. J. Waardenburg eröffnet eine Grundsatzdiskussion der Phänomenologen über ihre eigene Sache. Er nennt die Erforschung dessen, was Menschen unter Sinn verstehen, Phänomenologie. Zunächst empfiehlt er eine Betrachtung der Religionsphänomenologie in ihrem Werdegang; und zwar als Teil der Geistesgeschichte Europas und ihrer inneren Auseinandersetzungen, worin sie ihren historischen Platz hat (Waardenburg 1972, 1973, 1977). Der Kernbegriff jeder Analyse menschlicher Wirklichkeit, wie sie sich in den Objektivierungen von Gesellschaft, Kunst, Religion oder idealen und materialen Größen darbietet, muß als Zusammenspiel von vielfältigen Intentionen interpretiert werden. So wäre z. B. zu fragen, welche Intentionen in einem bestimmten Kultus oder einem Komplex von Ursprungsmythen ans Licht kommen. Der Unterschied zwischen der bisherigen und dieser neuen von Waardenburg angestrebten Form der Religionsphänomenologie zeigt sich darin, daß nun nicht mehr die Erscheinungen von der Religion im allgemeinen und damit von ihrem Wesen getrennt werden, um sie hernach wieder aufeinander zu beziehen (vgl. Waardenburg 1972). Diese neue Religionsphänomenologie hat festzustellen, was für einen Menschen oder eine Gemeinschaft von Menschen Geltung besitzt und Sinn stiftet. Religion weist eine absolute Quelle als Objekt menschlicher Intentionen auf und ist so für den betroffenen Menschen transzendent. Versuchte die bisherige Religionsphänomenologie, die Religion in den Kategorien sich wandelnder Erscheinungsformen und des immer gleichen Wesens zu verstehen, so handelt es sich nun zuerst um weitere Erforschung der Menschen, die an Religion beteiligt sind. In einer entsprechenden Analyse enthüllt sich die sinnverleihende menschliche Intentionsfähigkeit, so daß gesagt werden kann, hinter jedem religiösen Wort und Tun waltet eine Intention, gerichtet auf ein bestimmtes Objekt, das für sie grundsätzlich sinngebend ist (vgl. Waardenburg 1972, 1977).

Es bleibt die Verantwortung des Phänomenologen, dafür zu sorgen, daß die religiösen Tatsachen nicht in ein vorgefaßtes Schema der Religion eingepaßt werden. Diese neue Religionsphänomenologie erhält in dieser Weise eine kritische Funktion bei allen sonstigen Untersuchungen des Religionsbegriffs. Religion ist ein großes Signifikationssystem und religiöse Wirklichkeit muß vor allem als sinnverleihende Wirklichkeit mit absoluter Qualität verstanden werden (vgl. Waardenburg 1977). »Die phänomenologische Rekonstruktion einer religiösen Lebenswelt mit ihren Werten und Intentionen, die aus empirischer Forschung stammt, beruht wesentlich auf der Befragung des Materials hinsichtlich der Problematik der menschlichen Existenz. Religionsphänomenologie mag von einer Liebe zeugen für metaphysische Fragen und für Religion als Existenzrealität; sie ist aber wesentlich gerichtet auf den menschlichen Inhalt, die menschliche Substanz der Wirklichkeit. Hinter den Intentionen sind es die Mitmenschen, in Vergangenheit und Gegenwart, mit denen der Forscher zu kommunizieren versucht« (Waardenburg 1972, 335).

Die Religionsphänomenologie bedarf, um mit dieser Zielsetzung erfolgreich voranzuschreiten, erneuter Besinnung auf ihre methodischen Grundlagen. Sie müßte zum Überstieg in die transzendentale Einstellung führen und selbst zur Transzendentalphilosophie im Sinne der Phänomenologie E. Husserls gelangen. Dabei wäre im ersten Schritt entscheidend zu reflektieren, wie religiöse Objekte zu Phänomenen werden – im Sinne des Übergangs von Fremdgegebenheit zur Selbstgegebenheit. Bekunden sich doch in den religiösen Phänomenen weder die Gewalt der Natur noch irgendeine Allegorie oder sonst welche Fakten, sondern »die Offenbarkeit des Ganzen in einer durchgängigen Bestimmtheit seines Seins« (Rombach 1975, 16 f; vgl. Fink 1966). Die Religionsphänomenologie hat sich um die elementar-anschauliche Form der Apriorität religiösen Erlebens und Verhaltens zu bemühen (s. die Beiträge von H. Müller, G. Szczesny und C. D. Eck in diesem Bd.) und eine weitgespannte Intentionalanalyse anzustreben. Zu erfragen sind die Wesensgesetze der religiösen Vernunft ebenso wie die Gesetze des inneren Zeitbewußtseins oder die Archetypik des religiösen Erlebens und Verhaltens (vgl.

Keller 1974). Soll sich das religiöse Bewußtsein seiner wahren Natur als transzendentaler Subjektivität vergewissern, so ist es vorab durch die phänomenologische Reduktion auf sich selbst zurückzuleiten. Die transzendentale Subjektivität konstituiert den Religionskosmos, wobei gerade dieser als ein im letzten zusammenhängendes System und als eine Einheit des Sinnes zutage tritt. Im Menschen als religiös Verehrendem ist das Wesen der konstituierenden Intentionalität zu beschreiben. Weil alle verfügbaren Begriffe innerweltliche Bedeutung haben, während Konstitution durchaus nicht ein Prozeß ist, der in der Welt stattfindet, sondern vielmehr für die Beziehung zwischen der transzendentalen Subjektivität und dem Religionskosmos steht, sind die zu bewältigenden Schwierigkeiten enorm. Religionsphänomenologische Konstitutionsforschung folgt den gleichen Leitfäden wie die phänomenologische Konstitutionsforschung überhaupt. Ist der Gegenstand eines gewissen Typus gegeben, so hat der Religionsphänomenologe diejenigen Akte des Bewußtseins zu studieren, durch welche im betreffenden Kulturkreis und historischen Kontext der Gegenstand erfahren wird (vgl. Noack 1973, Fink 1966, Drüe 1963).

Diese konstituierenden Akte müssen deskriptiv analysiert und die Formen herausgestellt werden, in denen sich Einzelakte miteinander zu einem religiösen Erfahrungsprozeß verbinden, der seinerseits eine Gesamterfahrung des in Frage stehenden religiösen Zusammenhangs ist. Eine auf die philosophische Phänomenologie gegründete Religionsphänomenologie strebt zu universaler und vollständiger Deskription und Analyse der möglichen Modi des religiösen Bewußtseins und letztbegründender Klärung aller Typen von Phänomenen hinsichtlich ihres Sinnes und des Sinnes ihres Seins (vgl. Drüe 1963, Gurwitsch 1973).

Die phänomenologische Grundlegung einer zeitgemäßen Religionsbetrachtung kann freilich nur gelingen, wenn sich der Forscher entschließt, den Rückzug in die menschliche Innerlichkeit zu wagen, in welcher die religiös entscheidenden Vollzüge ihre Wurzel haben. Das heißt: das Vorhaben einer Religionsphänomenologie, wie sie hier in Aussicht steht, ist nur möglich in der Grundmethode konsequenter Enthaltung, der Epoche, die aber gegenüber der bloßen Urteilssuspendierung in der klassischen Religionsphänomenologie nun die ganze Radikalität des Husserlschen Verständnisses gewinnt (vgl. Janssen 1976).

Keine mehr oder weniger zufällige Lebenssituation ist geeignet, um aus ihr die notwendige Selbstbesinnung als religionsphänomenologische Grundlegungsmethode hervorgehen zu lassen. Wir bedürfen vielmehr des Eindringens in die Ursituation, die alle wechselnden Situationen fundiert, nämlich des menschlichen Daseins in seiner Urbezogenheit zum Sein. Eine so formulierte Religionsphänomenologie steht vor unendlicher analytischer Arbeit. An den Leitfäden der (ontologisch) vorgegebenen Gliederungen der Phänomene müssen entsprechende konstitutive Theorien zur Durchführung kommen.[5]

ANMERKUNGEN

1

G. van der Leeuw hat 1924 eine »Einführung in die Phänomenologie der Religion« als Vorarbeit zur großen »Phänomenologie« von 1933 veröffentlicht.

2

Die ganze Arbeit Ottos ist von der einen Frage beherrscht: Wie können Wesen und Wahrheit der Religion wissenschaftlich erfaßt werden? Er sucht eine Methode, durch Selbstbesinnung zur Sachgesinnung zu gelangen. Religion ist ihm nicht aus materiellen Gegebenheiten und nicht aus ideellen Funktionen des Geistes abzuleiten: Sie fängt mit sich selber an.

3

G. van der Leeuw übernimmt die Phänomenologie Husserls, wie sie von Scheler rezipiert wurde.

4

Dieser Konstitutionsbegriff ist nicht der phänomenologische im Sinne Husserls; er bedarf der Ausgliederung mit Hilfe der philosophischen Phänomenologie.

5

M. Scheler gehört zu den Denkern, die sich besonders eindrücklich als Phänomenologen des Religiösen betätigt haben. Er entwirft das Grundmuster einer philosophischen Phänomenologie der Religion, deren Struktur er selbst zweigliedrig sieht: 1. eine konkrete katalogisierende Phänomenologie, die die Konturen der religiösen Gegenstände zu zeichnen hat; 2. die eigentlich philosophische Wesenserkenntnis, die das philosophische Fundament für alle anderweitige philosophische Beschäftigung mit der Religion sein soll. Schelers Hauptfrage als Religionsphänomenologe lautet: In welcher Weise enthüllt sich außermenschliches Göttliches dem Menschen?

LITERATUR

Arapura, J. G. Religion as anxiety and tranquillity. Religion and reason, 5. Den Haag, Paris: Mouton 1972

Baaren, T. P., Drijvers, H. J. W.,v.: Religion, culture and methodology. Religion and reason, 8. Den Haag, Paris: Mouton 1973

Baird, R. D.: Category formation and the history of religions. Religion and reason, 1. Den Haag, Paris: Mouton 1971

Bertholet, A.: Grundformen der Einscheinungswelt der Gottesverehrung. Tübingen: Mohr 1953

Lexikon der Religionen. Stuttgart: Kröner ³1976

Bianchi, U., Bleeker, C. J., Bausani, A.: Problems and method of the history of religions. In: Studies in the history of religions. Supplements to numen XIX. Leiden: Brill 1972

Bleeker, C. J.: Die phänomenologische Methode. In: G. Lanczkowski (Hg.): Selbstverständnis und Wesen der Religionswissenschaft. Darmstadt: Wiss. Buchges. 1974, 225–242

The rainbow. In: Studies in the history of religions. Supplements to numen XXX. Leiden: Brill 1975

Burke, T. P.: The reluctant vision. Philadelphia: Fortress Press 1974. Deutsch: Erste Schritte in der Religionsphilosophie. München: Kösel 1975

Chantepie de la Saussaye, P.: Lehrbuch der Religionsgeschichte. Tübingen: Mohr 1887

Colpe, C.: Religion und Religionswissenschaft. In: Taschenlexikon Religion und Theologie, Bd. 3. Göttingen: Vandenhoeck & Ruprecht 1971, 259–263

Danielou, J.: Die Phänomenologie der Religionen und die Religionsphilosophie. In: M. Eliade, J. Kitagawa (Hg.): Grundfragen der Religionswissenschaft. Salzburg: Müller 1963, 147–174

Drue, H.: Edmund Husserls System der phänomenologischen Psychologie. Berlin: De Gruyter 1963

Duméry, H.: Phénoménologie et religion. Paris: Press universitaires de France 1958

Eliade, M.: Die Religionen und das Heilige. Salzburg: Müller 1954

Das Heilige und das Profane. Hamburg: Rowohlt 1957

Grundfragen der Religionswissenschaft. Salzburg: Müller 1963

The quest. Chicago, London: The University of Chicago Press 1969. Deutsch: Die Sehnsucht nach dem Ursprung. Wien: Europaverlag 1973

Fink, E.: Studien zur Phänomenologie 1930–1939. Den Haag: Nijhoff 1966

Goetz, J.: Religionsphänomenologie. In: J. Höfer und K. Rahner (Hg.): Lexikon für Theologie und Kirche, Bd. 8. Freiburg: Herder 1963, 1188–1190

Goldammer, K.: Die Formenwelt des Religiösen. Stuttgart: Kröner 1960

Religionen, Religion und christliche Offenbarung. Stuttgart: Metzler 1965

Gurwitsch, A.: Rezension von G. Bergers „Das Cogito in Husserls Philosophie" (1941). In: H. Noack: Husserl. Darmstadt: Wiss. Buchges. 1973, 223–230

Heiler, F.: Die Religionen der Menschheit in Vergangenheit und Gegenwart. Stuttgart: Reclam 1959

Erscheinungsformen und Wesen der Religion. Stuttgart: Kohlhammer 1961

Hirschmann, E.: Phänomenologie der Religion. Würzburg: Trietsch 1940

Holsten, W.: Religionsphänomenologie. In: K. Galling (Hg.): Die Religion in Geschichte und Gegenwart, Bd. 5. Tübingen: Mohr 1961, 322–324

Janssen, P.: Edmund Husserl. Freiburg, München: Alber 1976

Keller, W.: Dasein und Freiheit. Bern und München: Francke 1974

KÖNIG, F. (Hg.): Religionswissenschaftliches Wörterbuch. Freiburg: Herder 1956

KRISTENSEN, W. B.: The meaning of religion. Den Haag: Nijhoff 1971

LANCZKOWSKI, G.: Religionsphänomenologie. In: Sacramentum mundi, Bd. 4. Freiburg, Basel, Wien: Herder 1969, 234–238

Selbstverständnis und Wesen der Religionswissenschaft. In: Wege der Forschung, CCLXIII. Darmstadt: Wissenschaftl. Buchgesellschaft 1974

LEEUW, G. v. d.: Einführung in die Phänomenologie der Religion (1924). Darmstadt: Wissenschaftl. Buchgesellschaft ²1961

Phänomenologie der Religion (1933). Tübingen: Mohr ³1970

MENSCHING, G.: Die Religion. Stuttgart: Schwab 1959

MERKEL, R. F.: Zur Geschichte der Religionsphänomenologie. In: C. M. Schröder (Hg.): Deo omnia unum, für F. Heiler. München: Reinhardt 1942, 38–61

MOWINCKEL, S.: Religion und Kultus. Göttingen: Vandenhoeck & Ruprecht 1953

NOACK, H. (Hg.): Husserl. In: Wege der Forschung, XL. Darmstadt: Wissenschaftl. Buchgesellschaft 1973, 223–324

OTTO, R.: Das Heilige (1917). München: Beck ³⁵1963

RICŒUR, P.: Symbolik des Bösen. Freiburg: Alber 1971

RITTER, J., GRÜNDER, K. (Hg.): Historisches Wörterbuch der Philosophie, Bd. 4. Stuttgart, Basel: Schwabe 1976

ROMBACH, H.: Phänomenologie heute. In: W. Orth (Hg.): Phänomenologische Forschungen, Bd. 1. Freiburg, München: Alber 1975, 11–30

RUDOLPH, K.: Religionsgeschichte und »Religionsphänomenologie«. Theologische Literaturzeitung, 96, 1971, 241–250

SCHELER, M.: Vom Ewigen im Menschen. Berlin: Der Neue Geist Verlag 1933

SCHLETTE, H. R.: Einführung in das Studium der Religionen. Freiburg: Rombach 1971

STRUVE, W.: Philosophie und Transzendenz. Freiburg: Rombach 1969

WAARDENBURG, J. D. J.: Grundsätzliches zur Religionsphänomenologie. Neue Zeitschrift f. system. Theologie und Religionsphilosophie, 14, 1972, 315–335

Classical approaches to the study of religion. Religion and Reason, 3. Den Haag, Paris: Mouton 1973

Religionen der Gegenwart im Blickfeld phänomenologischer Forschung. Neue Zeitschrift f. system. Theologie und Religionsphilosophie, 19, 1977, 62–77

WACH, J.: Religionswissenschaft. Prolegomena zu ihrer wissenschaftstheoretischen Grundlegung. Leipzig: Hinrichs 1924

Vergleichende Religionsforschung. Stuttgart: Kohlhammer 1962

WIDENGREN, G.: Religionsphänomenologie. Berlin: De Gruyter 1969

Einige Bemerkungen über die Methode der Phänomenologie der Religion. In: G. Lanczkowski (Hg.): Selbstverständnis und Wesen der Religionswissenschaft. Darmstadt: Wissenschaftl. Buchgesellschaft 1974, 257–272

DIE RELIGIONSPSYCHOLOGIE IM ZWANZIGSTEN JAHRHUNDERT

Gegenstand und Methoden

von Heinz Müller-Pozzi

Es kann nicht die Aufgabe eines kurzen Beitrages sein, die Geschichte der Religionspsychologie der letzten achtzig Jahre nachzuzeichnen. Eine gute zusammenfassende historische Darstellung gibt Mann (1973); ein systematischer Überblick der Methoden findet sich bei Pöll (1965, 1974). Ich möchte auch nicht das Fazit bisheriger religionspsychologischer Forschung ziehen, sondern mehr schlaglichtartig einige Stationen ihrer Entwicklung aufzeigen, die jeweils ein bestimmtes Verständnis des Gegenstandes der Religionspsychologie und einen entsprechenden methodischen Zugang repräsentieren. Eine solche Darstellung bleibt notwendigerweise fragmentarisch. Ich hoffe, daß sie trotzdem die dominanten Züge der Entwicklung der Religionspsychologie aufleuchten läßt.

RELIGIÖSE ERFAHRUNG ALS GEGENSTAND DER EMPIRISCHEN PSYCHOLOGIE

Zu den Pionieren der empirischen Religionspsychologie gehören die Amerikaner E. D. Starbuck und W. James. Als einer der ersten untersuchte Starbuck 1899 mit wissenschaftlichen Methoden die Religiosität des einzelnen und nicht nur die Religion als historische Größe und kulturelles Phänomen. Er dokumentierte damit, daß individuelle Religiosität in Absehung von der Transzendenz ihres Bezugsobjektes dem psychologischen Erklären zugänglich ist. Sein Ziel war, im religiösen Erleben im allgemeinen und im Erlebnis der Bekehrung im besonderen allgemein gültige Gesetzmäßigkeiten aufzudecken. Sein Untersuchungsmaterial gewann er aus Fragebogenerhebungen, die er statistisch und inhaltlich analysierte. Der Zusammenhang von Jugendalter und Bekehrung beschäftigte ihn besonders. Er kommt zum Schluß, daß die Bekehrung ihrem Wesen nach eine normale Erscheinung des Jugendalters ist. Sie kürzt lediglich die normative Sturm-und-Drang-Periode ab, gestaltet sie aber auch intensiver und reichhaltiger.

Starbuck war von einem unbändigen Positivismus geradezu besessen, den er in fast religiös-schwärmerischer Inbrunst pries (1909). In seinem Bemühen, Religion empirisch faßbar zu machen, verliert er das Spezifische und Wesentliche religiösen Glaubens aus dem Blick. Das methodische Prinzip, von der Transzendenz abzusehen, wird unversehens zu einer Negierung der Tatsache, daß sich der Mensch im religiösen Erleben auf einen »transzendenten Gott« bezieht.

James trägt in seinem 1902 veröffentlichten Werk »Varieties of Religious Experience« dem eigentlich Religiösen viel mehr Rechnung. Er sucht nicht Gesetzmäßigkeiten, sondern will Sinn und Bedeutung religiöser Erfahrung im Leben des einzelnen erforschen. Damit stellt sich ihm das methodische Problem von Materialgewinnung und Deutung. Sein Material sind literarische Zeugnisse von Menschen, »deren religiöses Leben besonders ausgebildet war« (a. a. O., dt. Ausg., [4]1925, I). Seine Arbeit besteht in einem ständigen Oszillieren zwischen Deskription und Deutung. Was oft verächtlich als James' Pragmatismus abgetan wird, ist in Wahrheit Vorläufer einer psychologischen Hermeneutik, wie sie in jüngster Zeit u. a. Ricœur mit dem Instrumentarium der Psychoanalyse entwickelt hat.

Erst mit der Frage nach Sinn und Bedeutung religiösen Erlebens beginnt der bedeutsamste Teil der religionspsychologischen Aufgabe. »Wir wollen ja nicht nur einen interessanten Abschnitt aus der Geschichte des menschlichen Innenlebens vorführen, sondern ein Werturteil (James' Begriff für Deutung, Anm. d. Ref.) über die tatsächliche Bedeutung der verschiedenartigen religiösen Erlebnisse gewinnen« (a. a. O., dt. Ausg., [4]1925, 210).

James schrieb die erste dynamische Psychologie des Glaubens, die auch heute noch nichts an Aktualität eingebüßt hat und die in manchem der Psychoanalyse verblüffend nahesteht. Zwar hat bereits Starbuck die unbewußten Faktoren der Bekehrung erfaßt, aber erst James gibt ihnen ihren Stellenwert im Konfliktgeschehen der Bekehrungssituation. Er sieht in der religiösen Wandlung die Lösung eines unbewußten Konfliktes. Das Ergebnis ist eine Befreiung, die sich affektiv in dem sie begleitenden Glücksgefühl und praktisch in der Freisetzung von Energien zeigt, die jetzt für andere Zwecke verfügbar werden. Der Hauptgewinn liegt jedoch in der größeren Einheit des Selbst, die sich im Prozeß der Wandlung herstellt.

Starbuck und James haben die Weiterentwicklung der Religionspsychologie entscheidend beeinflußt. In Europa knüpften daran u. a. die »religionspsychologische Schule« innerhalb der deutschen Theologie (Wobbermin 1913) und die experimentelle Religionspsychologie an.

WILHELM WUNDT UND DAS METHODENPROBLEM DER RELIGIONSPSYCHOLOGIE

Die Gegenüberstellung der Pioniere Starbuck und James hat das Methodenproblem der Psychologie im allgemeinen und der Religionspsychologie im besonderen aufgedeckt: die Dichotomie von Erklären und Verstehen, von »nomothetischer« und »idiographischer«, von naturwissenschaftlicher und geisteswissenschaftlicher, experimenteller und hermeneutischer Methode.

Nirgends wird das Problem so deutlich wie in der Person und im Werk Wilhelm Wundts, dem eigentlichen Begründer der experimentellen Psychologie. Im Gegensatz zu seinen Vorgängern Fechner und Weber, die Psycho*physik* und Psycho*physiologie* betrieben, zielte Wundt darauf ab, Psychisches von Physischem abzugrenzen. Im Experiment kann aber nur das momentane Erleben als unmittelbarer sinnlicher Vorgang erfaßt werden, nicht jedoch die Kontinuität und Einheit psychischen Lebens. Wo es also um die phylo- und ontogenetische Entwicklung des Psychischen, wo es um »das Höhere im Menschen« geht, versagt die experimentelle Methode. Hier ist nach Wundt allein die »reine Beobachtung« angemessen. Damit meint er die geisteswissenschaftlich verstehende, bzw. genetisch-vergleichende Methode. Er anerkennt, daß dort, wo es um Sinn und Bedeutung geht, die experimentelle, »objektivierende« Forschung an ihre Grenzen gelangt.

So bleiben Religion, Sprache und Mythos dem empirischen Zugriff entzogen. Neben der »allgemeinen Psychologie«, die auf das Experiment aufbaut, steht die »Völkerpsychologie«, die der geistesgeschichtlichen Analyse vorbehalten bleibt. Wundt betrachtet die Religion als eine Schöpfung der Gemeinschaft. Um ihre Bedeutung zu verstehen, untersucht er ihre Entwicklung aus primitiven Formen und vergleicht sie mit anderen Erscheinungen der Kulturentwicklung. Erst wenn Religion als Gemeinschaftsphänomen verstanden ist (s. den Beitrag von C. D. Eck in diesem Bd.), können sich die subjektiven Motive und die individuelle Bedeutung des Glaubens für den einzelnen Menschen erschließen.

GEISTESWISSENSCHAFTLICHE RELIGIONSPSYCHOLOGIE UND PHÄNOMENOLOGIE DER RELIGION

Obwohl die Entwicklung der Religionspsychologie im zwanzigsten Jahrhundert im Zeichen der empirischen Forschung steht, gibt es zwei Linien, die insofern an Wundt anschließen, als sie nach dem Wesen von Religion fragen und Religion aus einer Analyse des menschlichen Geistes oder Bewußtseins heraus zu verstehen versuchen. Es sind dies die geisteswissenschaftliche Religionspsychologie und die Phänomenologie.

Repräsentativ für die »verstehende Psychologie« (s. Bd. I dieser Enzyklopädie) und von bleibender Aktualität sind die religionspsychologischen Arbeiten von E. Spranger. Religion und Glaube entstehen aus der Beunruhigung und der Unbefriedigung über die Unzulänglichkeit des Lebens und der Welt. Diese Unzulänglichkeit zeigt sich als Glücklosigkeit, als Sinnlosigkeit, als Zerfall der Gemeinschaft und Zerwürfnis mit dem besseren Selbst. An den leeren Stellen des Lebens, wo die Unzulänglichkeit des Lebenszusammenhanges erfahren wird, setzt der Glaube an. Er setzt an im Negativen, in der Verzweiflung, der Schuld und der Angst. Glaube entsteht im Konflikt und ist der Versuch einer Konfliktbewältigung.

Seiner Grundausrichtung gemäß sieht Spranger die Religion als eine bestimmte Sphäre des »objektiven Geistes«, »geistige Objektivitäten«, die »auf bestimmten überindividuellen *gültigen* Gesetzen der Sinngebung oder Sinndeutung beruhen« (Spranger 1965, 3). Die verschiedenen Wertausrichtungen und Lebensformen (der theoretische, ökonomische, ästhetische, soziale, der Macht- und der religiöse Bereich) versteht Spranger als eine Gliederung des objektiven Geistes. Der Religion kommt die höchste Stellung zu, da in ihr der Mensch nicht mehr nach isolierten Wertausrichtungen, sondern nach der Bedeutsamkeit subjektiven Werterlebens für den gesamten Lebenssinn fragt. Gott ist das objektive Prinzip, der Gegenstand der höchsten persönlichen Werterfahrung. »Der religiöse Mensch ist derjenige, dessen ganze Geistesstruktur dauernd auf die Erzeugung des höchsten, restlos befriedigenden Werterlebnisses gerichtet ist« (Spranger 1965, 206).

Es ist deutlich, wie sehr Sprangers Analyse traditionsgebunden und an die »Objektivationen« des »objektiven Geistes« gebunden bleibt. Obwohl Spranger als erster von »Psychologie des Glaubens« (1942) spricht, bleibt ihm eine funktionalpsychologische Betrachtungsweise, die Glaube als psychischen Prozeß versteht, noch fremd.

Auch die Phänomenologie Husserls ist Bedeutungs- und Sinnforschung. Sie kümmert sich um das Wesen einer Sache, sie ist »Wesensschau«, die von der realen Existenz von Dingen, Tatsachen und deren Erfahrung absieht. Aus dieser Methode hat sich die *Religionsphänomenologie* als eigenständige Richtung der Religionswissenschaft entwickelt (s. den Beitrag von H.-J. Braun in diesem Bd.).

Aber auch innerhalb der Religionspsychologie wurde immer wieder in mehr oder weniger stringenter Weise die phänomenologische Methode, u. a. zur Klärung von Gefühlen wie Reue, Demut, Gottvertrauen, Heilsverlangen, angewendet (z. B. Scheler 1954). Den neuesten und umfassendsten Versuch hat Pöll (1965, 1974) vorgelegt. Dabei verflacht aber der ursprüngliche phänomenologische Ansatz zur bloßen Deskription. Trotz des umfangreichen Materials, das er nach verschiedenen Gesichtspunkten ordnet, gelingt es Pöll kaum, religiösen Glauben dem psychologischen Verständnis näherzubringen. Bedeutend mehr leistet hier die Religionspsychologie von Vergote (1970), die aber mehr psychoanalytisch orientiert ist.

RELIGIÖSER GLAUBE IM PSYCHOLOGISCHEN LABORATORIUM

Seit den frühen Arbeiten der Amerikaner sind die Bemühungen um einen empirischen Zugang zu den religiösen Phänomenen nicht mehr zum Stillstand gekommen. Darin wissen sich so unterschiedliche Richtungen wie die experimentelle Religionspsychologie, die quantifizierende Religionsforschung und die Tiefenpsychologie einig.

Die Grenze, die Wundt dem Experiment setzte, wurde bald überschritten. Külpe entwickelte eine experimentelle Methode der kontrollierten Introspektion, um Denkprozesse zu erfassen. Die »experimentelle Religionspsychologie«, repräsentiert durch die »Dorpater Schule«, übernahm diese Methode für die Religionspsychologie. An die Stelle der Denkaufgaben im Külpeschen Experiment traten religiöse Reizworte. Die Versuchsperson mußte berichten, welche Erlebnisse diese Reizworte bei ihr auslösten. Genauigkeit, Zuverlässigkeit und Gültigkeit der Methode wurden unkritisch vorausgesetzt.

Die »Dorpater Schule« wurde fast ausschließlich von Theologen getragen. Ihre Hauptvertreter sind K. Girgensohn (1921) und W. Gruehn (1960). Es ist ihr unbestreitbares Verdienst, die Religionspsychologie von der sogenannten »religionspsychologischen Schule« innerhalb der deutschen Theologie abzusetzen, die mit Hilfe der in Amerika entwickelten empirischen Methoden alle theologischen Probleme lösen wollte (Wobbermin 1913), und gleichzeitig der dialektischen Theologie gegenüber, für die Glaube und Psychologie unvereinbar waren, die Bedeutung der Religionspsychologie zu behaupten.

Mit der von Külpe übernommenen Methode konnte sich aber bestenfalls eine Psychologie religiöser Vorstellungsinhalte entwickeln, und auch das nur unzureichend (ausführliche Darstellung, Würdigung und Kritik s. Müller-Pozzi 1975).

Religiöses Erleben kann im Experiment lediglich auf der Ebene bewußter Vorstellungen erfaßt werden. Gruehn (1960) bestritt denn auch konsequenterweise die Existenz unbewußter Vorgänge im religiösen Erleben. In ihrem krampfhaften Bemühen, empirische Psychologie zu sein, beschränkt sich die experimentelle Religionspsychologie auf das reine Feststellen von Tatsachen und verzichtet, zumindest vordergründig, auf jede psychologische Deutung. Das Deuten der erhobenen Daten sieht sie als Aufgabe der Theologie. Damit fehlt ihr eine psychologische Theorie der Religion, und sie wird gerade deshalb für die Psychologie und die Theologie bedeutungslos.

DIMENSIONEN DER RELIGIOSITÄT

Die weit entwickelte Religionssoziologie einerseits, die differentielle Psychologie andererseits, die beide durch den Einsatz quantitativer Methoden große Fortschritte erzielt haben, legen es nahe, Religiosität als Persönlichkeitsmerkmal zu konzeptualisieren und mit den in der Religionssoziologie erprobten Methoden zu untersuchen. Besonders fruchtbar erweist sich der Ansatz von Glock (1965). Für die Religionssoziologie konzipiert, bietet er auch ein psychologisches Modell der Religiosität. Glock versteht Religiosität als eine komplexe Einstellung des Menschen und gliedert sie in fünf Dimensionen. Sein Modell ist ein heuristisches Mittel, um die Bedeutung der Religion für den einzelnen Menschen in der Gemeinschaft begrifflich zu erfassen. Schon wenige stichwortartige Hinweise dürften die Relevanz seines Modells für die Religionspsychologie deutlich machen.

1. Die *ritualistische Dimension* erfaßt die private und öffentliche religiöse Praxis. Psychologisch geht es dabei um die Bedeutung der Ritualisierung im menschlichen Leben im allgemeinen und in der Religion im besonderen (Reik 1928, Erikson 1968).

2. Die *ideologische Dimension* bezeichnet das Ausmaß, in dem ein Gläubiger sich zu den Glaubensaussagen einer religiösen Gemeinschaft bekennt und ihnen für sein Leben Sinn beimißt. Sie wird durch die Pole Orthodoxie und Heterodoxie bestimmt. Mit gutem Recht kann man die ideologische Dimension als die Kerndimension der Religion bezeichnen. Sie drückt nicht bloß die Teilnahme an einem Ritus aus, die die verschiedensten Motive haben kann, sondern die Teilhabe am »bedeutsamsten Stück des psychischen Inventars einer Kultur« (Freud, XIV, 326). Die frühe psychoanalytische Religionskritik hat an diesem Punkt angesetzt, und die neuere Religionspsychologie fragt innerhalb dieser Dimension nach Bedeutung und Funktion religiöser Vorstellungen, Symbole und Dogmen im Konfliktgeschehen des Menschen (Müller-Pozzi 1975).

3. Die *intellektuelle Dimension* bezeichnet den Grad der Kenntnis einer Religion und seiner Glaubensinhalte. Sie steht in einem eigenartigen Spannungsverhältnis zur ideologischen Dimension einerseits, zur Dimension der religiösen Erfahrung andererseits, ist doch das Wissen um einen Glauben notwendige Voraussetzung, ihn zu übernehmen. Aber Wissen führt nicht unbedingt zum Glauben, und der Glaube kann sich auch auf ein sehr unzureichendes Wissen stützen. Das Verhältnis der ideologischen zur intellektuellen Dimension ist je ein anderes in einem fundamentalistischen oder symbolischen Glaubensverständnis, und am Schnittpunkt von Wissen und Erfahrung stellt sich die Frage der Offenbarung. Das Für-wahr-

Halten übernatürlich geoffenbarter Wahrheiten ist etwas ganz anderes als Glaube als »Weise der Existenz«, als eine Möglichkeit des Menschen im Umgang mit den Grundkonflikten des Daseins.

4. Die *Dimension der religiösen Erfahrung* trägt der Annahme Rechnung, daß der Mensch einen unmittelbaren Zugang zur letzten Wirklichkeit, zu Gott, zum Heiligen haben kann. Religiöse Erfahrung ist unabhängig von religiöser Praxis, von Glaube und Wissen, und doch steht sie in einem eigentümlichen Zusammenhang mit den anderen Dimensionen. Im Ritus, z. B. im Gebet, kann religiöse Erfahrung geschehen oder nicht. Religiöse Erfahrung prägt den Glauben, und der Glaube hat Einfluß auf religiöse Erfahrung. Wissen über Religion kann originäre religiöse Erfahrung erleichtern oder auch verhindern. Hier stellen sich religionspsychologisch so brennende Probleme wie das der Bekehrung, der Mystik, von Ekstase und Wunder, von Furcht und Ehrfurcht, von Nähe und Distanz zum Göttlichen oder Heiligen, von religiösen Bedürfnissen, von Unterwerfung und Autonomie, von Pietismus und Orthodoxie. Starbuck und James, aber auch die geisteswissenschaftliche und die experimentelle Religionspsychologie haben in dieser Dimension eingesetzt.

5. Die *Dimension der Konsequenzen* ist die »horizontale Dimension« von Mensch zu Mensch im Verhältnis zu den vier »vertikalen Dimensionen«, in denen es um das Verhältnis des Menschen zu Gott geht. In dieser Dimension wird Religion nicht als Privatsache, sondern als soziale Praxis betrachtet. Welche Wirkungen haben Glaube, Wissen, Erfahrung auf das alltägliche Leben? Lenski (1967) hat dieser Frage seine faszinierende Untersuchung »Religion und Realität« gewidmet. Er greift Webers These vom Einfluß der protestantischen Ethik kalvinistischer und puritanischer Prägung auf den Geist des Kapitalismus auf und weist den Einfluß unterschiedlicher Glaubensweisen auf das Verhalten des Menschen in Wirtschaft, Familie, Bildung und Wissenschaft nach. Aber auch Erikson (1958) geht es um diese Dimension, wenn er den Einfluß numinoser Erfahrungen, religiöser Praxis, der Auseinandersetzung mit Glaubensinhalten und theologischem Wissen auf säkulares Handeln im Leben des jungen Luther aufzeigt. Diese beiden so verschiedenen Arbeiten stehen überdies in einem inneren Zusammenhang, denn – so Weber – ohne die protestantische Reformation hätte sich das westliche Wirtschafts- und Sozialsystem nie entwickelt.

Es fehlt hier der Raum, sich mit dem Glockschen Ansatz so umfassend auseinanderzusetzen, wie es ihm angemessen wäre. Der Anspruch und die Möglichkeiten, die in diesem Ansatz liegen, sind noch kaum erkannt worden und sind mit quantitativen Methoden allein nicht auszuschöpfen, was Glock in seinen ausführlichen und differenzierten Überlegungen zur Operationalisierung der fünf Dimensionen hinlänglich deutlich macht. Hier stellt sich erneut das von Wundt signalisierte Problem der Zuständigkeit oder vielleicht besser der Reichweite einer Methode. Wo man psychologisch nach der Bedeutung und »den Funktionen des Glaubens für das Individuum« (Glock 1965, dt. Ausg., 155) fragt, greift die Statistik zu kurz.

Ich möchte die Probleme, die sich hier stellen, kurz am Beispiel der sorgfältigen und theoretisch einwandfreien Studie von Boos-Nünning (1972) andeuten. Sie faßt zwar Religiosität als psychische Disposition auf, die sich aber nicht als Glaube des einzelnen Menschen, sondern lediglich als Religiosität einer Gruppe von Menschen mit ähnlicher Sozialisation und daher ähnlichen Einstellungen erfassen läßt. Individuelle Religiosität, Sinn und Funktion religiösen Glaubens sowie die Frage der Motivierung bleiben ausgeklammert. Religiosität wird auf das faktisch Feststellbare, vom Persönlichkeitsbereich auf den Merkmalsbereich reduziert.

Die quantitative Erforschung der Religiosität setzt eine Nominaldefinition von Religiosität voraus, die sich in meßbaren Indikatoren operationalisieren lassen muß. Dabei fallen notwendigerweise die für religiösen Glauben konstitutiven innerpsychischen Momente heraus. Religiosität kann dann lediglich noch hinter den äußeren Merkmalen als hypothetisches Konstrukt oder intervenierende Variable erschlossen werden. Glaube als psychischer Prozeß, wie ihn beispielsweise die Psychoanalyse unter genetischen, dynamisch-ökonomischen und strukturellen Aspekten erfaßt, bleibt unverstanden. »In unserem Bemühen, die Korrelate der Religiosität zu erforschen und ihre Wirkung zu verstehen, haben wir das Phänomen selbst aus dem Blick verloren« (Glock 1965, dt. Ausg., 167).

Was ist das Ergebnis? Boos-Nünning (1972) führt an ihrem Untersuchungsmaterial eine Faktorenanalyse (s. Glossar zu Bd. V dieser Enzyklopädie) durch. Sie bestätigt zwar den multidimensionalen Ansatz, nicht aber die fünf Dimensionen Glocks. Sie extrahiert sechs andere Faktoren: allgemeine Religiosität, kirchliche Kommunikation und Information, Ehe- und Sexualmoral, Glaube an Gott, öffentliche religiöse Praxis und kirchliches Wissen. Während es keine Mühe bereitet, die fünf Glockschen Dimensionen aufgrund phänomenologischer und tiefenpsychologischer Erkenntnisse religionspsychologisch zu interpretieren und zueinander in Beziehung zu setzen, dürfte das bei den Faktoren von Boos-Nünning erheblich schwerer fallen.

Ihre Absicht ist allerdings nicht psychologisch, sondern soziologisch. Sie will die gegenwärtig gültige Sozialform der Religion bestimmen. Ob sie diese mit ihrem Faktor der »allgemeinen Religiosität« gefunden hat, ob sie nicht vielmehr – was sie ausdrücklich vermeiden wollte – »kulturelle Selbstverständlichkeiten« aufgedeckt hat und wieder zu einer eindimensionalen Bestimmung der Religiosität zurücktendiert, kann ich hier nur kritisch anfragen, muß es aber dahingestellt lassen.

Soviel ist gewiß: Die Faktorenanalyse allein ist ein unzureichendes Mittel, darüber zu befinden, ob die fünf Dimensionen von Glock *verschiedene* Aspekte des *einen* Phänomens Religiosität erfassen. Der differenzierte und diffizile statistische Apparat, der zur Auswertung von Repräsentativumfragen eingesetzt wird, läßt allzuleicht übersehen, daß ein Fragebogen, so raffiniert er auch immer konstruiert sein mag, ein recht plumpes und naives Instrument bleibt, wenn es um die psychologische Erfassung so vielschichtiger psychischer Bildungen geht, wie es individueller Glaube und Religion sind. Inhaltlich-psychologisch bleibt die quantifizierende Forschung wie seinerzeit die experimentelle Religionspsychologie ganz auf der Bewußtseinsebene. Der Sinn- und Bedeutungsaspekt der geisteswissenschaftlichen und phänomenologischen Richtung und der hermeneutische Zugang von James sind verlorengegangen.

RELIGION ALS DIE DIMENSION DER TIEFE: TIEFENPSYCHOLOGIE UND THEOLOGIE

Was die quantifizierende Forschung lediglich als intervenierende Variable hinter den Merkmalen annimmt, versucht umgekehrt die Tiefenpsychologie in ihrem Sinn- und Bedeutungsaspekt zu verstehen. Je mehr sich die Tiefenpsychologie zu einer hermeneutischen Methode hinentwickelt, desto weniger kann sie aus dem Dialog mit Theologie und Religionswissenschaften weggedacht werden. Mehr und mehr zeichnet sich ab, daß die Religionspsychologie die wesentlichsten Impulse von den verschiedenen tiefenpsychologischen Richtungen erhält. Vielleicht wird sich einmal die tiefenpsychologische Hermeneutik als die Lösung des von Wundt aufgedeckten Methodenproblems erweisen (s. den Beitrag zur theologischen und tiefenpsychologischen Hermeneutik von W. Bernet in diesem Bd.).

Paul Tillich hat die Religion als die Dimension der Tiefe interpretiert, die den Menschen mit dem in Beziehung treten läßt, was ihn unbedingt angeht. Und Glaube bestimmt er als Funktion des menschlichen Geistes. So wird Religionspsychologie und ihr Grundprinzip vom »Absehen von der Transzendenz« erst möglich. Tillich formuliert das, was die Theologie ihr »Proprium« nennt, in nichttheologischer Sprache. Entsprechend entwirft er in seiner »Systematischen Theologie« (1956–1966), die für die Religionspsychologie sehr wichtig ist, eine »Dogmatik«, die nicht von Gott, sondern von den existentiellen Bedingungen des Menschen ausgeht. Sie ist deshalb nicht mehr »Glaubenslehre«, sondern »antwortende Theologie«. Die Bibel – um im Bereich der christlichen Religion zu bleiben – gibt Antwort auf die existentiellen Fragen des Menschen. Zur menschlichen Situation gehört die Angst vor Schicksal und Tod, vor Leere und Sinnlosigkeit, vor Schuld und Verdammung (Tillich [5]1964). Religiös sein heißt, aus der Dimension der Tiefe leben, heißt, angesichts von Angst, Sinnlosigkeit und Tod »leidenschaftlich nach dem Sinn des Lebens fragen«.

Die Religion bearbeitet also Grundkonflikte des Menschen. Angesichts der Sinnlosigkeit fragt sie nach dem Sinn. Das hat sie mit der Tiefenpsychologie gemeinsam. Eine Religionspsychologie, die diese grundlegende Funktion der Religion außer acht läßt, kann höchstens mehr oder weniger bedeutsame Einzelaspekte erfassen. Daher hat James mehr in die Religionspsychologie einzubringen als Starbuck, haben die Beiträge der geisteswissenschaftlichen und phänomenologischen Richtung bleibendere Bedeutung als die quasi-empirischen Ergebnisse der experimentellen Religionspsychologie, und daher betrifft ein tiefenpsychologisches Verständnis der Religiosität wesentlichere Aspekte, als sie von faktorenanalytischen Befunden erfaßt werden.

Es ist nicht verwunderlich, daß die Tiefenpsychologie sowohl Freudscher wie Jungscher Richtung sich mit Emphase und Leidenschaft, allerdings mit unterschiedlicher Stoßrichtung, dem Thema Religion zugewandt hat. Nach einer Zeit der Psychophysik, Psychophysiologie, der experimentellen Bewußtseinspsychologie schuf Freud einen ganz neuartigen Zugang zum Psychischen wie auch eine einzigartige und originäre psychologische Theorie. Er begründete eine Psychologie, in der die oben genannten Grundkonflikte, die um Angst, Schuld, Trennung und Tod kreisen, konstitutiv sind. Freud ergänzte die kausale Fragestellung durch die finale nach dem Sinn und eröffnete damit auch der Religionspsychologie ganz neue Perspektiven. (Zu Freud s. die Beiträge von F. Meerwein und J. Scharfenberg in diesem Bd.)

LITERATUR

Boos-Nünning, U.: Dimensionen der Religiosität. München: Kaiser 1972

Erikson, E. H.: Young man Luther. A study in psychoanalysis and history. New York: Norton 1958. Deutsch: Der junge Mann Luther. München: Szczesny 1965

Die Ontogenese der Ritualisierung. Psyche, 22, 1968, 481–502

Freud, S.: Die Zukunft einer Illusion (1927). G. W. XIV

Girgensohn, K.: Der seelische Aufbau des religiösen Erlebens. Leipzig: Hirzel 1921

Glock, C. Y.: On the study of religions commitment. In: C. Y. Glock, R. Stark (Hg.): Religion and society in tension. Chicago: Rand McNally 1965. Deutsch: Über die Dimensionen der Religiosität. In: J. Matthes (Hg.): Kirche und Gesellschaft. Hamburg: Rowohlt 1969, 150–168

Gruehn, W.: Die Frömmigkeit der Gegenwart. Konstanz: Friederich Bahn 1960

James, W.: Varieties of religious experience. London: Longmans Green 1902. Deutsch: Die religiöse Erfahrung in ihrer Mannigfaltigkeit. Leipzig: J. C. Hinrichs'sche Buchhandlung [4]1925

Lenski, G.: The religious factor. A sociological study of religious impact on politics, economics and family life. New York: Doubleday 1961. Deutsch: Religion und Realität. o. O.: Grote 1967

Mann, U.: Einführung in die Religionspsychologie. Darmstadt: Wiss. Buchges. 1973

Müller-Pozzi, H.: Psychologie des Glaubens. München: Kayser 1975

Pöll, W.: Religionspsychologie. Formen der religiösen Kenntnisnahme. München: Kösel 1965

Das religiöse Erlebnis und seine Strukturen. München: Kösel 1974

Reik, T.: Das Ritual. Wien: Int. Psychoanal. Bibliothek 1928

Scheler, M.: Vom Ewigen im Menschen. Bern: Francke [4]1954

Spranger, E.: Lebensformen. Geisteswissenschaftliche Psychologie und Ethik der Persönlichkeit (1914). München, Hamburg: Siebenstern Taschenbuch Verlag 1965

Zur Psychologie des Glaubens (1942). In: E. Spranger: Philosophie und Psychologie der Religion. Tübingen: Niemeyer 1974, 251–270

Starbuck, E. D.: The psychology of religion. London: W. Scott 1899. Deutsch: Religionspsychologie. Leipzig: Klinkhardt 1909

Tillich, P.: Der Mut zum Sein. Stuttgart: Steingrüben [5]1964

Systematische Theologie, I–III. Stuttgart: Ev. Verlagswerk 1956–1966

Vergote, A.: Psychologie religieuse. Brüssel: Charles Dessart 1966. Deutsch: Religionspsychologie. Olten: Walter 1970

Wobbermin, G.: Systematische Theologie nach religionspsychologischer Methode. Leipzig: Hinrichs 1913

ZUR NATURGESCHICHTE DES RELIGIÖSEN EMPFINDENS

von Gerhard Szczesny

Der Fragenkreis, den unser Thema meint, läßt sich durch folgende Einzelfragen umschreiben: Gibt es eine natürliche Religiosität? Wo ist sie verankert, und wie macht sie sich bemerkbar? Kann sie verlorengehen und läßt sie sich – wenn sie verlorenging – wiedergewinnen?

Trennen möchte ich in meiner Darstellung die Frage der Funktion und Leistung des religiösen Empfindens von der Wahrheitsfrage; wenn man letztere zu früh ins Spiel bringt, gerät Religiosität als ein sehr allgemeines und vielgestaltiges Merkmal der menschlichen Existenz und Geschichte sehr schnell aus dem Blickfeld, weil sich für jede dogmatische Interpretation die Mannigfaltigkeit religiöser Möglichkeiten sogleich auf einige wenige, allein »legitime«, reduziert.

Um einen Zugang zu den Fakten zu finden, die es rechtfertigen könnten, von einer Naturgeschichte des religiösen Empfindens zu sprechen, muß man weit ausholen und auf jene Sachverhalte zurückgreifen, die darauf hinweisen, daß es Empfinden und Erleben bereits in der vormenschlichen Natur gibt.

Zweifellos haben auch Tiere Empfindungen und Erlebnisse. Die für ihr Leben und Überleben entscheidenden Situationen setzen Gefühlsbewegungen und damit physiologische Vorgänge und Verhaltensweisen in Gang. Ohne diese Erlebnisfähigkeit gäbe es keine angemessene Orientierung in der Realität, keine Sicherheit vor Feinden, kein Erkennen der Beute, keine Fortpflanzung und keine Chance für die Nachkommen.

Der biologische Sinn des Erlebens ist also unmittelbar einleuchtend. Bestimmte Umweltreize lösen psychophysische Reaktionen aus. Der Anblick des Feindes erhöht die Leistungsfähigkeit jener Körperfunktionen, die zum Kampf oder zur Flucht nötig sind, und bewirkt dann entsprechende Angriffs- oder Fluchthandlungen. Genaugenommen sind also Aggressionsempfindungen oder Angstgefühle nicht die Ursache der somatischen und motorischen Reaktionen, sondern deren Begleiterscheinungen: Das Lebewesen erlebt die Antwort seines Organismus auf äußere Bedrohungen als Flucht- oder Kampftrieb (s. Bd. VI dieser Enzyklopädie).

Wo aber liegt nun der Unterschied zwischen diesen Erlebnissen des Tieres und denen des Menschen? Der Mensch ist biologisch genauso auf Leben und Überleben, auf Kampf, Flucht, Paarung, Brutpflege programmiert wie das Tier und wird von den gleichen Empfindungen betroffen. Aber ihm werden sie zum Problem, zum Gegenstand des Nachdenkens; er empfindet seine Empfindungen, erlebt seine Erlebnisse, versucht sie zu bewerten, einzuordnen, zu deuten. Und da ihm die Erfahrung zeigt, daß er ihnen nicht ausweichen kann, erscheinen sie ihm als Zwang, als etwas, was ihm zustößt, was er nicht in der Hand hat. Solange weder ein Feind noch eine Beute auftauchen, besteht – jedenfalls subjektiv – Entscheidungsfreiheit; der Mensch kann dieses oder auch jenes tun. Stellen sich jedoch die biologisch bedeutsamen Situationen ein, sieht er sich jeder Entscheidungsfreiheit beraubt. Da er zunächst und für viele Jahrtausende keine Vorstellung von den naturgesetzlichen Zusammenhängen hatte, konnte er Erlebnisse dieser Art nur als den Eingriff einer fremden Macht verstehen: Irgendein Zauber, irgendein Dämon, irgendein Gott hat sich seiner bemächtigt. Bereits hier also stoßen wir auf eine der tiefsten und elementarsten Ursachen religiösen Empfindens. Es sind gerade die vitalen, die für den Menschen am wenigsten spezifischen Bedürfnisse und Antriebe, die ihn – weil er sich ihnen hilflos ausgeliefert fühlt – glauben machen, daß da fremde, übermenschliche Mächte am Werk sind (s. zum Thema »Wunder« den Beitrag von F. Annen in diesem Bd.).

Schon auf dieser Stufe findet nun die eigentlich menschliche Leistung statt. Der Mensch befreit sich vom Gefühl der totalen Abhängigkeit und Ohnmacht, indem er alles, was ihm zustößt, in ein magisches oder mythisches Bezugssystem einordnet, indem er zu wissen glaubt, warum es ihm zustößt. Mythen und Kulthandlungen heben die Naturzwänge nicht auf, machen aber den Menschen zum Mitwisser und Mitspieler. Der Mensch will, was er wollen muß. Ohne seine Mithilfe wären die Götter nicht imstande, die Welt in Gang zu halten.

Und es gelingt ihm ein weiterer entscheidender Schritt. Indem er Kampf, Flucht, Beutemachen – unabhängig von einer konkreten Situation – »spielt«, löst er erstmals die mit diesen Situationen verbundenen Erlebnisse von den sie bewirkenden Zwängen. Er erlebt Angst, Aggression, ohne die Umstände, die ihn tatsächlich nötigen würden, Angst zu haben und aggressiv zu werden. Die Energie, die in der realen Situation von den korrespondierenden Handlungen ge- und verbraucht werden würde, kommt ganz der Intensität des Erlebens zugute. Diese Fähigkeit des Menschen, biologisch verankerte Empfindungsabläufe allein durch die Vorstellung, durch Spiel und Motorik auszulösen, führt schließlich nicht nur zu einer quantitativen Steigerung, sondern auch zu einer durchgehenden qualitativen Veränderung des Gefühlslebens. Es entsteht der für die menschliche Existenz charakteristische Bereich des »Seelischen«, der zum Selbstzweck werdenden Empfindungen und Erlebnisse.

Dieses Empfinden des Empfindens, das sich von den biologischen Zwängen gelöst hat – genauer: von dort nur noch seine Antriebskraft empfängt –, übernimmt nun eine neue Funktion, die gleichfalls im Dienste der Lebenssicherung steht; es entwickelt sich ein zwischen Sein und Bewußtsein, Körper und Geist angesiedeltes, beide Bereiche verbindendes Medium, mit dessen Hilfe der Mensch den Schock der Absurdität überwindet – oder doch auszuhalten vermag.

Wenn im und mit dem Menschen sich die Umwelt zur Welt öffnet und er nicht mehr in einem abgeschlossenen biologischen Regelkreis geborgen ist, sondern der Unbegreiflichkeit von Raum und Zeit, Leben und Sterben ansichtig wird, läßt sich diese erschreckende Erfahrung nur überstehen, indem der Mensch das Unbegreifliche als tragendes und bewegendes Element des eigenen Wesens und Daseins erlebt. »Die Seele« ist der Ort, an dem das Verfügbare und das Unverfügbare, das Aufklärbare und das Nichtaufklärbare zu einer Einheit verschmelzen und zur persönlichen, unmittelbaren, bewußten (wenn auch rational nicht voll artikulierbaren) Erfahrung werden.

Wenn der Mensch nun in den magischen und mythischen Frühformen des religiösen Lebens sich Einblick in und Einfluß auf jenen Teil der Wirklichkeit zu verschaffen sucht, von dem er sich immer und überall umgeben und abhängig fühlt, dessen er aber weder ansichtig noch habhaft werden kann, so geschieht dies aus solcher seelischer Erfahrung heraus – ist also keineswegs ein illusionistischer Akt. Biologisch gesehen ist es ein Orientierungs- und Verarbeitungsprozeß: Auch das »Jenseits« wird zur Umwelt, zu einem Bezirk von Geschehnissen, Anforderungen und Signalen, in dem man sich – wenn man die Zeichen richtig deutet – verläßlich einrichten kann.

Die Leistung, die die religiöse Erlebnisfähigkeit des Menschen erbringt, ist einleuchtend: Sie macht es ihm möglich, wachen Sinnes zu sein und dennoch zu leben. Würde alles, was sich seinem Verständnis und seinem Zugriff entzieht, absolut unverständlich und fremd bleiben, hätte die Bedrohlichkeit dieses den Menschen allenthalben umgebenden Unbegreiflichen sein Dasein wahrscheinlich schon im Anfangsstadium erstickt.

Neben dieser allgemeinsten und fundamentalsten Leistung der religiösen Gestaltungskraft, die nicht nur von ihrem Antrieb her, sondern auch in bezug auf ihr erstrebtes und erreichtes Ziel noch ganz im Bereich der natürlichen Arterhaltung bleibt, erbringt sie nun noch eine zweite Leistung, die gleichfalls im Biologischen wurzelt, aber über das Biologische hinausführt ins spezifisch Humane: in den Bereich der Kultur.

Wir sahen, daß der Mensch sich aus dem totalen Ausgeliefertsein an die Naturzwänge löst, indem er sie zu seiner eigenen Sache macht, indem er sie »spielt«. Aber er spielt sie nicht direkt, sondern vermittelt: als Ereignisse dämonischen oder göttlichen Ursprungs und Sinns. Beutemachen, Kampf und Flucht, Paarung, Leben und Tod – dies alles sind numinose, die Menschen mit dem Übermenschlichen verbindende Geschehnisse. Ihre Darstellung ist nicht Theater, Volkstanz oder Sport, sondern Kulthandlung und Ritual. Das Spiel orientiert sich also an den Anforderungen, die die Götter stellen, es zwingt den Spieler seine Kräfte aufs äußerste anzuspannen, in der Überzeichnung, Stilisierung, Überhöhung eines Triebes oder einer Situation diesen Trieb so auszuleben und diese Situation so zu bestehen, als bewege ihn ein Dämon oder ein Gott.

Das aber bedeutet, daß jene qualitative Veränderung triebbedingter Bedürfnisse und Handlungen, die sich bei ihrer Ablösung von den realen biologischen Bedingungen ergibt, eine Leistung religiöser Imagination ist. Aus der Kulthandlung entwickelt sich die Kultur: die Kultur als Inbegriff nicht nur der Verselbständigung, sondern der Sensibilisierung und Subtilisierung naturgegebener Fähigkeiten und Interessen. In der Vorstellung, einen göttlichen Auftrag zu erfüllen und dabei an göttlichen Kräften teilzuhaben, setzt sich der Mensch ein Ziel, das ihn dazu treibt, aus sich etwas zu machen, was er weder von Natur ist noch sein muß, was er aber sein kann.

Bis zur eigentlichen Säkularisation ist die Geschichte des kulturellen nur ein

Aspekt und Produkt der Geschichte des religiösen Lebens. Und die radikale Trennung von Kultur und Religiosität hat sich überhaupt nur im Bereich der christlich-abendländischen Zivilisation ereignet.

Ich möchte nun den Zusammenhang von religiöser Gestaltungskraft und kultureller Sensibilisierung an zwei Beispielen verdeutlichen; einmal am Beispiel der Entwicklung des Paarungs- und Fortpflanzungstriebes zum Phänomen der Liebe; und zum anderen am Beispiel der Entwicklung der Naturbindung und Naturfrömmigkeit zur Erfahrung des Schönen.

Der biologische Zweck der geschlechtlichen Instinkte, Empfindungen und Verhaltensweisen ist die Erhaltung der Art. Da dies die Grundintention des Lebens überhaupt ist, handelt es sich hier um einen besonders starken Trieb, der von besonders starken Empfindungen begleitet ist. Löst er sich nun beim Menschen aus dem konkreten organischen und situationsbedingten, zwanghaft-blinden Zusammenhang, wird er einerseits zur Sexualität, das heißt zur Lust um der Lust willen, andererseits zu Eros und Liebe, also zur Lust an der nicht nur körperlichen Vereinigung mit einem anderen Menschen. Obwohl weiterhin im Vitalen verankert und von dessen Kraft gespeist, meinen Sexualität und Liebe nicht mehr Fortpflanzung und Arterhaltung, sondern haben nur noch für die unmittelbar betroffenen Individuen Bedeutung. Was sie bewirken, ist außerordentlich: Der Mensch blüht auf, wird schöner, schöpferischer, beredter, hingebungsvoller und opferbereiter – zu Empfindungen und Taten fähig, von denen er sich nichts träumen ließ. Welche Bedeutung die Liebeskultur für die allgemeine Kultur in allen Gesellschaften gehabt hat, ist bekannt. Sie ist sowohl der Ursprung der Gesittung als auch eine der Quellen jener Erlebnisfähigkeit des Menschen, die ihn bis an die Grenzen seiner endlichen Existenz zu tragen vermag.

Aber diese Steigerung, Differenzierung und Intensivierung eines Grundtriebes kommen nur zustande, weil sie sich im Verständnis des Menschen wiederum als Eingriff der Götter vollziehen. Die Zahl der Götter in der griechischen oder indischen Mythologie, die Formen der Liebe darstellen, ist Legion, und es spielen auch in den frühesten und abseitigsten Kulten die Dämonen und Geister, die sexuelle Vorgänge repräsentieren und überhöhen, eine entscheidende Rolle. Wenn im Verlauf der Menschwerdung aus dem Fortpflanzungstrieb und Paarungsakt ein Ereignis wird, das bestimmte seelische und soziale Möglichkeiten der menschlichen Natur zur äußersten Entfaltung bringt, so sind die mit diesem Ereignis verbundenen religiösen Vorstellungen und Aktivitäten nicht eine nachträgliche Interpretation, sondern vielmehr die das Ereignis in Gang bringende Idee. In den Bildern, die sich der Mensch von den Liebesmotiven, -kräften und -formen der Götter macht, aktualisiert er seine eigenen Möglichkeiten.

Schon hier stellt sich natürlich die Frage, ob es sich bei dieser Entwicklung der Liebeskultur unter dem Einfluß des Mythos um einen bloßen Umweg handelt, der zwar zunächst begangen werden muß, aber auf den man – nach der Entzauberung der Mythen – verzichten kann. Diese Frage zielt sowohl auf die funktionale Legitimität des Mythos als auch auf seinen Wahrheitswert. Hier wäre festzustellen, daß die humane Leistung, die das Religiöse – jedenfalls solange es noch an Natur und Mythos gebunden bleibt – für die Kultivierung der Sinnlichkeit zustande bringt, offenbar nicht ersetzbar ist (s. den Beitrag von K. A. Wipf in diesem Bd.). In allen radikal profan gewordenen Gesellschaften verfällt auch die Geschlechts- und Liebeskultur.

Untersuchen wir die Bedeutung des Religiösen nun noch am Beispiel des Verhältnisses von Mensch und Natur. Tag und Nacht, Frühling, Sommer, Herbst und Winter, Kälte und Wärme, Trockenheit und Überschwemmungen, Stürme und Erdbeben, Flüsse und Wälder und Berge, Pflanzen und Tiere spielen für das Leben und Überleben auch des Menschen eine entscheidende Rolle. Auch sie werden zunächst danach bewertet, ob sie Gefährdung oder Sicherheit bieten.

Und auch hier ist es der Mythos, der den Menschen vom erdrückenden Gefühl des bloßen Ausgeliefertseins befreit. In allen Naturerscheinungen sieht er Geister und Götter am Werk, deren Motive und Absichten durchschaubar sind, mit denen man sich verbünden, die man freundlich stimmen kann. Und es kommt wiederum über die mythische und kultische Verarbeitung der Natursignale und der auf sie antwortenden Reaktionen zu einer Verselbständigung der sie begleitenden Empfindungsabläufe. Das Erlebnis der Naturerscheinungen wird immer noch von den biologischen Zwängen und Programmierungen ausgelöst und gespeist, aber es hat keinen biologischen Zweck mehr, sondern dient der individuellen Sensibilisierung, der Fähigkeit des Lebens, sich in einem geschlossenen psychosomatischen System durch die Organe dieses Systems seiner selbst zu vergewissern. Die Natur wird zum Auslöser dieser Erlebnisfähigkeit, zum ästhetischen Panorama.

Das Erhabene ist das Bedrohliche, das nicht mehr wirklich bedrohlich werden kann, das Idyllische die Zufluchtslandschaft und Zufluchtssituation, deren Sicherheit man nicht wirklich mehr braucht. Das Naturschöne insgesamt ist ganz offenbar der Eindruck, den die Natur vermittelt, wenn nur noch die Intensität des biologisch verankerten Empfindens übriggeblieben ist, nicht auch das, was dieses Erlebnis im Daseinskampf ursprünglich bedeutet und bewirkt hat.

Ausgelöst und entwickelt wird die Erfahrung des Naturschönen wiederum von der Vorstellung, daß sich darin ein Göttliches zu erkennen gibt. »Als Gott die Morgenröte schuf, erschrak er, sie so schön zu finden.« Es ist ein religiöses Empfinden, das die Naturschilderung noch der großen neuzeitlichen Poesie und Prosa trägt.

Kunst und Literatur zeigen nicht nur diesen Zusammenhang, sie selbst sind ein Produkt mythischer Imagination, die Ablösung des in der Kulthandlung gespielten durch den im Bild dargestellten oder in Wort und Schrift erzählten Mythos. Da bildende Kunst und Literatur Leistungen einzelner sind, ergibt sich hier eine Steigerung der Erlebnis- und Gestaltungskraft, die der ans Kollektiv und damit ans Mittelmaß gebundene Kult nicht erreichen konnte. Es sind nun die Begabtesten, Phantasievollsten, Empfindungsstärksten, die das Liebes- oder Naturerlebnis artikulieren und auf diesem Wege die Erlebnisfähigkeit von jedermann bis zum äußersten stimulieren und in Bewegung halten (s. den Beitrag von H. Dieckmann in diesem Bd.).

Ich stelle nun die Frage nach dem Wahrheitswert des religiösen Empfindens. Daß das Religiöse eine wichtige Funktion für die menschliche Existenz und für die Entwicklung der Kultur hat, ist kaum bestreitbar. Aber könnte es diese Leistung nicht auch erbringen, wenn die Inhalte religiösen Erlebens und Gestaltens bloße Einbildung, durch nichts gedeckte Phantasieprodukte einer noch unaufgeklärten Menschheit wären?

Um auf diese Frage eine Antwort zu finden, greife ich zurück auf meine Beschreibung des Seelischen. Wenn dieser Bereich tatsächlich der Ort oder das

Medium ist, in dem beim Menschen die Erfahrung des biologischen Seins mit den Möglichkeiten und Kategorien des geistigen Seins zusammentrifft, dann spiegelt das, was wir religiöses Empfinden nennen, einen realen Sachverhalt, eine »Wahrheit«. Die Wahrheit nämlich, daß das Sein, das den Menschen hervorbringt, umgibt und wieder zurücknimmt, in seinem ganzen Umfang und in seiner ganzen Tiefe nur in einer emotionalen, nicht in einer rationalen Zuwendung vergewissert, erlebt und erfahren werden kann. Religiös sein heißt begreifen, daß alles Erkennbare in einem Unerkennbaren, alles Bedingte in einem Unbedingten wurzelt. Ich sage »wurzelt«, weil das Bild des »Wurzelns« am anschaulichsten wiedergibt, daß jeder Kommunikationsversuch mit dem Unbedingten die Bindung und Verbindung nach unten, zum Bios und zur Materie, halten muß. Der Riese Antaios ist unbesiegbar, solange er den Kontakt mit der Erde nicht verliert.

Die beiden Beispiele, die ich vorhin gegeben habe, machen hinreichend deutlich, was damit gemeint ist. »Liebe« – auch in ihren subtilsten Ausprägungen – bezieht ihre Kraft aus der Intensität des organischen Lebens, das sich selbst will und in diesem »Nichts-als-sich-selbst-Wollen« seine eigene Grenze überschreitet, selbstlos wird. Im tantrischen Hinduismus und Buddhismus ist die geschlechtliche Vereinigung der Götter (und der von ihnen inspirierten Gläubigen) nicht nur ein spirituelles Symbol, sondern der tatsächliche Vollzug der Einswerdung, der Öffnung des Bedingten zum Unbedingten hin. Und die Gottesliebe vieler Mystiker aller Religionen ist voll glühender Sinnlichkeit, weil der Weg zu Gott für sie der Weg ist, der vom rational verengten und isolierten Ich zurückführt zum allumfassenden Es.

Naturfrömmigkeit und Schönheitsempfinden meinen die gleiche Erfahrung. Schönheit ist ein anderer Name für Transzendenz, für die Anwesenheit des Geheimnisses der Welt, das uns als konkretes Erlebnis nur in den mannigfaltigen Erscheinungen der Natur begegnet und in der Darstellung solcher Erscheinungen und Konstellationen von Kunst und Dichtung festgehalten werden kann.

Wenn wir Religiosität als unmittelbare Vergewisserung des Unbedingten in allem Bedingten über das Medium der Seele definieren, würde die gleiche Intention bei einer Verschiebung zur Reflexion und Begrifflichkeit hin Philosophie, bei einer Verschiebung zur mittelbaren Anschauung und Darstellung Naturfrömmigkeit und Kunst und bei einer Verschiebung zum handelnden Vollzug hin Liebe ergeben. Alle diese Talente, Bedürfnisse und Betätigungen des Menschen gelten dem Versuch, durch das Bedingte über das Bedingte hinauszugelangen, und alle diese Aktivitäten laufen leer, wenn diese ihre eigentliche Motivation und Zielsetzung vergessen wird.

Genau dieses hat sich nun in unserer Kultur ereignet. Verantwortlich für diese Entwicklung sind ganz offenbar drei Vorgänge, die zwar in mancherlei Weise miteinander zusammenhängen und einander bedingen, aber doch verschiedenartig sind. Es handelt sich um die Verdrängung des Religiösen einmal durch den christlichen, zum anderen durch den Wissenschaftsglauben und zum dritten durch einen sich absolut setzenden politisch-sozialen Ethizismus.

Das Christentum als Offenbarungsglaube hat das Religiöse – soweit es diesen Begriff überhaupt noch für zutreffend erachtet und verwendet – auf einen ganz bestimmten, genau abgrenzbaren Bereich von Heilsgeschehnissen – nämlich jenen, von denen die Bibel erzählt – beschränkt und es damit dem Ganzen der Wirklich-

keit entzogen. Der Glaube an die einmalige Offenbarung Gottes in Christus an einem bestimmten Ort zu einer bestimmten Zeit konzentriert alles Heilige, Numinose, Transzendente auf eben dieses Ereignis. Und diese Verengung des religiösen Interesses und religiösen Empfindens wird sozusagen noch einmal verengt durch die Tatsache, daß das Offenbarungsgeschehen von niemandem mehr unmittelbar erlebt, sondern nur noch auf dem Umweg über die Lektüre eines Buches nachvollzogen werden kann.

Die Fixierung des Glaubens auf einen geschichtlichen Vorgang und eine schriftliche Überlieferung ergibt im Christentum eine Theologie, die außerordentlich dogmatische und intellektualistische Züge trägt und nur geringe Möglichkeiten hat, von den in der Person und Situation ihres Stifters begründeten zeitgeschichtlichen Umständen wegzukommen. Das biographisch und historisch Bedingte wird nicht zum Medium eines verborgenen Unbedingten, sondern durch das angenommene personale In-Erscheinung-Treten Gottes selbst zum Unbedingten, der Rest der Welt und Weltgeschichte damit zur radikalen Profanität verdammt.

Aber auch der christliche Glaube ist Religiosität im Sinne unserer Definition, nämlich der Versuch, sich des Unbedingten, des Übergreifenden, des Numinosen zu vergewissern. Solange dieser Glaube die Menschen wirklich durchdringt, trägt er damit mittelbar ihr ganzes Wesen und Leben. Seine antinaturalistische Einstellung führt erst in dem Augenblick zur allgemeinen religiösen Verarmung der vom Christentum geprägten Kultur, in dem eine Mehrzahl ihrer Angehörigen den Glauben an die Wahrheit der biblischen Erzählung verliert. Da für sie die Inhalte eben dieser Erzählung mit Religiosität identisch sind, verschwindet mit dem Verständnis für den christlichen Offenbarungsglauben das Verständnis für Religiosität überhaupt.

Daß der gleichzeitig stattfindende Siegeszug des wissenschaftlichen Denkens ebenfalls zu einem allgemeinen Abbau religiöser Einstellungen führte, liegt auf der Hand. Meines Erachtens hätte die wissenschaftliche Weltbetrachtung jedoch – wenn überhaupt – niemals so schnell und so gründlich den Charakter einer Ersatzreligion angenommen, wenn die Voraussetzung dazu nicht schon vom Christentum geschaffen worden wäre. Die alles Numinosen entleerte Natur war das ideale Forschungs- und Ausbeutungsobjekt eines Rationalismus, der hoffte, die Welt als ganze denk- und verfügbar machen zu können. Das Verständnis der Natur und des Menschen als eines theoretisch und praktisch vollständig erfaßbaren Systems schnitt die Verbindung zur Tiefe und zum Ganzen endgültig ab.

Das, was unter diesem Zwang von der Wirklichkeit bleibt, sind Strukturen, Formeln, quantifizierbare Abläufe; was verlorengeht, ist die konkrete Wirklichkeit des ge- und erlebten Lebens, die immer komplex, widersprüchlich, im ganzen unaufklärbar ist und damit auf die transzendente Dimension der Welt verweist.

Es gibt nun eine dritte und letzte Ursache für die Verdrängung des Religiösen aus dem Leben und Bewußtsein der Menschen: die Aufmerksamkeit, die mehr und mehr die sozialen und politischen Aufgaben auf sich ziehen. Für den entschieden antireligiös auftretenden Kommunismus ebenso wie für den allgemeinen Politizismus eines radikalen Demokratieglaubens ist die Beschäftigung mit religiösen Fragen eine Sache, die die Konzentration aller Kräfte des Menschen auf die sozialen und zivilisatorischen Anforderungen nur behindert. Es gilt hier auf dieser Erde die Erlösung zu bewerkstelligen, und sie kann bewerkstelligt werden, weil der Mensch, wenn er seinen Verstand und seine Vernunft richtig anwendet, eine friedliche und gerechte Welt tatsächlich schaffen kann.

Es wäre nun noch die Frage zu erörtern, ob es Chancen und Anzeichen für eine Wiedergeburt des Religiösen gibt. Wahrscheinlich gibt es sie nur, wenn dem in diese heutige Welt hineinwachsenden Menschen die wirklich existentiellen, die außerwissenschaftlichen und außergesellschaftlichen Güter und Werte wieder deutlich gemacht und die entsprechenden Empfindungs- und Erlebnismöglichkeiten trainiert und kultiviert werden. Ohne solche Voraussetzungen ist von diesem Menschen Verständnis des Religiösen, über eine Aneignung als zusätzliches Bildungsgut hinaus, nicht zu erwarten. Das Religiöse ist nicht eine von den übrigen menschlichen Anlagen abgesonderte, unabhängig von ihnen entwickelbare Fähigkeit, sondern der subtilste Aspekt eines Gesamtkultivierungsprozesses, dessen Medium das Seelische und dessen Wurzelgrund die Natur ist.

LITERATUR

Comfort, A.: Nature and human nature. London: Weidenfeld & Nicolson 1966. Deutsch: Natur und menschliche Natur. Die Selbstbefreiung des Menschen aus den Zwängen der Instinkte. Reinbek: Rowohlt 1970

Freud, S.: Die Zukunft einer Illusion (1927). G. W. XIV

Lorenz, K.: Das sogenannte Böse. Wien: Borotha-Schoeler 1963

Otto, R.: Das Heilige. Über das Irrationale in der Idee des Göttlichen und sein Verhältnis zum Rationalen. München: C. H. Beck 1963

Wickler, W.: Die Biologie der zehn Gebote. München: R. Piper & Co. 1971

Zimmer, H.: Philosophie und Religion Indiens. Frankfurt/M.: Suhrkamp 1973

SOZIALPSYCHOLOGISCHE ASPEKTE DER RELIGION

DARGESTELLT AN RELIGIÖSEN SOZIALISATIONSPROZESSEN

von Claus D. Eck

Die Sozialpsychologie kann als Scharnier zwischen der Psychologie und Soziologie und des Zweiges der Anthropologie, welcher sich mit dem Phänomen »Kultur«, »Persönlichkeit« auseinandersetzt, bezeichnet werden. In teils molaren, teils molekularen Ansätzen werden u. a. die Einflüsse und die Prozesse beschrieben und interpretiert, welche sich im Zusammenhang mit z. B. Einstellungen (attitudes), Inhalten und Wirkungen von Normen, Rollenverhalten und Status, Gruppenbeziehungen, Kommunikation, Konfliktverhalten, Kooperation, Beeinflussung, Wahrnehmung usw. ergeben (s. Bd. VIII dieser Enzyklopädie). Eine Sozialpsychologie der Religion wäre demnach die Behandlung der religiösen Phänomene in ihrer Gesamtheit, eine Art Systematik der Religion und Religiosität unter einem bestimmten, nämlich sozialpsychologischen, Gesichtspunkt. Im Rahmen dieses Beitrages werden lediglich einige sozialpsychologische Aspekte im Zusammenhang mit der religiösen Sozialisation diskutiert. Die Bedeutung der religiösen Sozialisation ist nicht nur an dem in den letzten zwanzig Jahren enorm gestiegenen diesbezüglichen Forschungs- und Publikationsaufwand abzulesen, sondern etwa auch an einer Veröffentlichung wie Tilman Mosers »Gottesvergiftung« (1976) abzuschätzen.

Eine weitere Einschränkung betrifft den Begriff »Religion« bzw. »Religiosität«. In nur pragmatisch zu rechtfertigender Verkürzung wird dieser Begriff weder analysiert noch in seiner inhaltlichen und kulturanthropologischen Universalität in Betracht gezogen.

Der Hintergrund des Begriffs Religion, wie er hier behandelt wird, bezieht sich auf westliche Formen kirchlichen Christentums; alles Einschränkungen, welche der Universalität und Komplexität des Phänomens »Religion« und »Religiosität« nicht gerecht werden. Stellvertretend für die ausgesparten Aspekte sei auf die Arbeiten hingewiesen, welche z. B. in den Bänden 5, 6 und 7 des »Internationalen Jahrbuches für Religionssoziologie« (1969, 1970, 1971) vorgelegt wurden sowie auf Peter Worsley »Die Posaune wird erschallen. Cargo-Kulte in Melanesien« (1957, dt. Ausg.). In diesen Arbeiten werden die nicht-kirchlichen, nicht- (bzw. nicht ausschließlich) christlichen und nicht-westlichen Formen der Religion und Religiosität behandelt.

ZUM BEGRIFF SOZIALISATION

In der Sozialisationsdiskussion geht es mehrheitlich um die Vergesellschaftung des Menschen im Sinne der Übernahme und Verinnerlichung von sozialen Wertorientierungen und Rollenverhaltensformen. Der Begriff Sozialisation bedeutet aber auch Individuation im Sinne von Besonderung der individuell bestimmten Auseinandersetzung des Menschen mit den Angeboten und Einflüssen seiner Gesellschaft. In der primären Sozialisationsphase wird dem neugeborenen Menschen zunächst die subjektive Handlungsfähigkeit vermittelt. Die dominierenden Sozialisationsfaktoren sind u. a. Familie, Schule, Kirche. In der sekundären Sozialisationsphase lernt das handlungsfähige Individuum ständig weitere Rollen hinzu. Es ist dies die Sozialisation des Adoleszenten und des Erwachsenen (Brim-Wheeler 1966). Dominante Sozialisationsfaktoren sind u. a. Beruf, Ehe, Freizeit.

Dieter Geulen (1977) gibt eine instruktive Übersicht und Kritik der gängigsten Sozialisationstheorien, welche er in fünf Modellen zusammenfaßt:

1. das anthropologisch-funktionalistische Modell Arnold Gehlens;
2. das Wissensmodell – soziale Lebenswelt (P. Berger, T. Luckmann), Sprachlichkeit (G. H. Mead);
3. das Integrationsmodell oder Rollenmodell (O. G. Brian, T. Parson, R. K. Merton);
4. das Repressionsmodell etwa – als Einschränkung des Individuell-Persönlichen (R. Dahrendorf) oder als Triebrepression (S. Freud, H. Marcuse);
5. das Individuationsmodell (E. Durkheim, G. Simmel, H. Plessner, E. Goffman, J. Habermas).

Ein sechstes Modell ist das von D. Geulen selbst entwickelte Modell des »gesellschaftlich handlungsfähigen Menschen«.

Alle diese Modelle haben eine Relevanz für die religiöse Sozialisation, weil die von diesen Modellen erfaßten Intentionen, Prozesse und Wirkungen in der Praxis der religiösen Sozialisation ihren Niederschlag und ihre Parallelen finden und abweichende Folgen für das projektive System Religion bzw. Religiosität haben. So spricht Hubertus Halbfas (1976, 108) von der »Sozialisation als religiöses Schicksal«.

ASPEKTE DER RELIGION UND RELIGIOSITÄT

Religion in der modernen Gesellschaft begegnet gegenwärtig in einer allgemeinen, gesellschaftlich integrierten, aber gleichsam privatisierten Form und in einer je besonderen, erlebnisintensiven subkulturellen Form.

T. W. Adorno spricht die erstere Form der Religion als die »neutralisierte Religion«, welche »die Beziehung auf mögliche Praxis einbüßt« (1966, 385), als jenen »Gesinnungspaß für Einverständnis« (1966, 389) mit den herrschenden gesellschaftlichen Kräften an. Ähnlich auch T. Luckmanns These von der »Privatisierung der kirchengebundenen Religiosität und ... Auflösung ihres doktrinalen Sinnzusammenhanges« (1963, 63). Das ist vor allem eine Verlustanzeige. Von der Identität zwischen Religion – Kirche und den Hauptthemen der subjektiven religiösen Erfahrung bis zur »Verbraucherorientierung«, für welche die »traditionellen, spezifisch religiösen Vorstellungen nur einen Teil des ›Angebots‹ darstellen«

(Luckmann 1963, 58), war ein langer Weg der Substanzveränderung. Was bleibt, ist »eine gefühlsmäßig vertraute Ästhetisierung der Privatsphäre« (Luckmann 1963, 59). D. Stoodt, kirchlicherseits, konstatiert dann auch:

– »Indem ›Technik und Ideologie‹ ihren lange vorbereiteten Siegeszug angetreten haben, werden Scheingewißheiten an die Menschen herangebracht, die den massenhaften Verlust innerer Gewißheiten erst recht verdecken.

– Für viele ist dieses Christentum, ›die Religion‹ ... eine unbegriffene ideologische Hülle; seine Symbole haben vom verdinglichten Bewußtsein aus geurteilt keinen einlösbaren Wahrheitsanspruch mehr.

– Diese Religion ›kommt vor‹, aber neutralisiert, d. h. um die positive Wirkung ihrer Impulse gebracht und ohne in persönlicher Glaubenserfahrung erlebt zu werden ...

– Neutralisiert nennen wir diese Religion nicht, weil sie etwa keine Wirkung mehr hätte, sondern weil sie um die Wirkungen ihrer selbst gebracht ist; dieses Faktum ist allerdings sehr erfolgreich und wirkungsvoll« (1972, 220 f).

Seit Ende der sechziger Jahre gibt es aber eine Intensivierung religiöser Erfahrung im Ausbruch aus der Tradition. Sie findet subkulturell und mit fließenden Grenzen zur »Sekularreligion«, »Quasireligion« und »politischen Religion« statt. Die Sozialpsychologie der religiösen Sekte und der politischen Sekte wird konvergierend.

Vergleichen wir die verschiedenen Dimensionen institutionalisierter Religiosität und der subkulturellen Religiosität. Zunächst zu den Dimensionen institutionalisierter Religiosität: Charles Y. Glock (1965) stellt fünf Dimensionen der institutionalisierten Religion dar (s. den Beitrag von H. Müller-Pozzi in diesem Bd.).

Boos-Nünning (1972), teils in Kritik, teils in Anlehnung an den Glockschen Ansatz, findet in einer Untersuchung an deutschen Katholiken folgende Hypothesen bestätigt:

– Religiosität in Formen formeller Kirchlichkeit und öffentlicher Praxis ist zu einem peripheren Phänomen geworden. »Der Glaube an Gott und das Vertrauen in den religiösen Glauben dagegen gehört zu den zentralen Glaubenssätzen der Bevölkerung« (1972, 157).

– Religiosität ist relativ institutionsunabhängig. Zwar sind die Erscheinungsformen traditionell und historisch kirchlich beeinflußt, aber nicht direkt institutionell abhängig. Sich als religiös gebunden bezeichnende Menschen brauchen keinen Kontakt zur Kirche zu haben.

– Starke Verringerung der Kirchlichkeit, vor allem in Formen der öffentlichen Praxis. So ist z. B. Gottesdienstbesuch nicht mehr Schwellwert für Religiosität.

– Normakzeptierung und tatsächliches Verhalten fallen tendenziell auseinander. Dies nicht nur in dem Sinne, daß das Verhalten unter dem Niveau der akzeptierten Norm (wie z. B. in Fragen der Sexual- und Ehemoral) liegen kann, sondern auch im umgekehrten Sinne. So wird beispielsweise die Verpflichtung zum Gottesdienstbesuch weniger stark empfunden als tatsächlich praktiziert. Normbindungen können sich also auch lockern, ohne daß eine andere Praxis geübt wird.

– Die Bindung an eine lokale Kirchgemeinde hat in der Großstadt nur noch für wenige Katholiken Bedeutung.

– Trotz der starken Relativierung der Institution Kirche in den Dimensionen Teilnahme, Normen, Erfahrung und Zustimmung zu Lehrsätzen werden der Kirche meist positive Begriffe zugeordnet.

Bezüglich der subkulturellen Religiosität nennt Schibilsky sechs Kriterien:
– »ein von der alltäglichen Plausibilitätsstruktur abweichender *Wirklichkeitsbegriff*, damit im Zusammenhang
– ein *dichotomisches Gesellschaftsbild*« (radikale Weltkritik vs. idealisierte Zukunftserwartung);
– Dimension *innerer Erfahrung* im Sinne von Erfahrung der Heiligkeit;
– eine *religiöse Praxis*, welche im Alltag verankert ist (z. B. religiöse Riten im gewöhnlichen Tagesablauf);
– *bevorzugte Interaktion* in der gleichgesinnten *Kleingruppe*;
– »das *Bewußtsein einer marginalen Existenz*, (sei es durch Kritik anderer gesellschaftlicher Existenzformen, sei es durch die Betonung gegenwärtiger gesellschaftlicher Defizite, sei es durch Betonung eines missionarischen Bewußtseins)« (1976, 43).

O'Toole (1975) fand in der Untersuchung sektierischer *politischer* Gruppen u. a. folgende sozialpsychologische Kennzeichnungen:
– Anziehungskraft auf die »entfremdete« junge Generation;
– Notwendigkeit einer faktischen Konversion;
– Methoden, die Pflichtbindung ihrer Mitglieder zu sichern;
– Genugtuung der Mitglieder über ihre aktive Zugehörigkeit zu dieser Gruppe;
– ideologische Rechtfertigung der Vorteile der Kleinheit und Isolation der Organisation;
– Abwehr der Vorwürfe oder Feststellungen, daß die Organisation stagniere bzw. scheinbare Indifferenz gegenüber Entwicklungen der Organisation, welche mit ihrem Selbstverständnis und ihren Zielen nicht übereinstimmen.

Kenner der subkulturellen Religiosität werden leicht die präzisen Analogien dieser politischen Sekten-Struktur zu den religiösen subkulturellen Bewegungen erkennen, wie z. B. Jesus-People-Bewegung, religiöse Pop-Kultur, aber auch die fundamentalistischen Kreise, die süddeutschen neupietistischen Gruppierungen, die im kirchlich-theologischen Sinne so bezeichneten Sekten bis hin zu den religiös-politischen Bewegungen vom Typus »kein anderes Evangelium« (vgl. u. a. Hoffmann 1972, Wöller 1973, Pflüger 1976, Schibilsky 1976).

RELIGION – GLAUBE – IDEOLOGIE

Zu den erkenntnistheoretischen und methodischen Problemen der Soziologie und Psychologie der Religion gehört die Frage des grundsätzlichen Ansatzes: die Betrachtung von »außen«, objektiv, unter Verwendung von Themen und Kriterien, welche primär mit dem Selbstverständnis der untersuchten Phänomene nichts mehr zu tun haben, oder die Betrachtung, welche versucht, vom Selbstverständnis der Religion auszugehen. Es gibt gute Gründe, warum die sozialwissenschaftlichen Ansätze zur Erforschung der Religion mehrheitlich vom ersteren Ansatz ausgehen, vielleicht auszugehen haben. Die Grenzen dieses Ansatzes werden aber langsam bewußt, und es mehren sich in diesem Zusammenhang die Versuche, beide Ansätze zu wählen und in eine Beziehung zueinander zu setzen. So schreibt schon Lou Andreas-Salomé: »Indem man vom Menschen ausgeht, anstatt wie einst von Gott, übersieht man fast unwillkürlich, daß das eigentliche religiöse Phänomen in der Tat erst gegeben ist in der Rückwirkung einer gleichviel wie entstandenen Gottheit auf den an sie glaubenden Menschen« (Zit. n. Oehler 1977, 693).

In diesem Zusammenhang taucht u. a. das Problem der Bestimmung des Verhältnisses von *Religion* als formales und inhaltliches System und *Glaube* als Evidenzerlebnis und Verhaltensmotivierung und dem erkenntniskritischen und wissenssoziologischen Begriff der *Ideologie* auf, von der Karl Mannheim sagt, »daß auch Ideologien als Motive zu irgendeinem Tun wirken können, ihre Ideologiehaftigkeit (Falschheit) besteht aber darin, daß sie es nicht in der Richtung ihres vermeintlichen Gehaltes tun« ([4]1965, 171).

Die Sozialpsychologie der Religion kann nicht an der religions-philosophischen und theologischen Debatte über die Vereinbarkeit bzw. Unvereinbarkeit von Religion und Glaube bzw. deren Verhältnis zur Ideologie vorbeigehen. Die dialektische Theologie hat die Religiosität problematisiert. Eine große Breitenwirkung haben die radikale Religionskritik Karl Barths und Bonhoeffers »Widerstand und Ergebung«, (1951) gehabt. Dagegen hat Paul Tillich, für den religiös zu sein bedeutet, »leidenschaftlich nach dem Sinn unseres Lebens fragen und für Antworten offen sein, auch wenn sie uns tief erschüttern« (1964, 44), schon 1923 gewarnt: »Aber wieder ist vergessen, daß keine dialektische Selbstaufhebung die religiöse Position, die dieser Negation zu Grunde liegt, aufheben kann. Auch Glaubensreligion ist Religion, wie die dialektische Autonomie Autonomie ist« (267). Wolf-Dieter Marsch (1973) sieht die christliche Legitimation von Religion in den fünf großen Säulen, die seit altkirchlicher Zeit zum biblischen Lehrgebäude gehören: Schöpfung und Geschöpftsein des Menschen; Sünde und Gesetz als seine faktischen Bestimmtheiten; die Rechtfertigung (justificatio) im Christusgeschehen; Kirche als das Moment der Gemeinschaftsbildung; eschatologische Hoffnung innerhalb des Daseins und über das raumzeitliche Dasein hinaus als das Telos von Religion.

C. D. Eck (1969) untersucht zwei Glaubensweisen, welche fundamentale kognitive und affektive Haltungen sind, nämlich: *integrierender* Glaube einerseits, *kritisch-autonomer* Glaube andererseits.

Der psychoanalytisch orientierte Paul Matussek (1977) kritisiert das Vorurteil der älteren Psychoanalyse, alle Wert- und Glaubenssysteme für Ideologien zu erklären bzw. eine religiöse Haltung als Zwangsneurose zu interpretieren. Mit diesen Annahmen verbaut sich die Psychoanalyse den Weg zum Verständnis des religiösen Glaubens. Matussek legt dann eine Liste von zwölf Kriterien vor, welche eine Differenzierung zwischen gläubiger und ideologischer Haltung ausreichend gut ermöglicht. Die ideologische Persönlichkeit ist einstellungs- und verhaltensmäßig gekennzeichnet durch folgende Merkmale:

1. Weltanschauung wird missionarisch vertreten – Hang zum Predigen und Belehren;
2. Intoleranz anderen Weltanschauungen gegenüber;
3. andere Weltanschauungen werden grundsätzlich abgewertet;
4. starres Befolgen äußerer Gesetze und Vorschriften – autoritär bestimmtes Gewissen;
5. Enge des sittlichen Bewußtseins, Tendenz zum Rigorismus;
6. Überlegenheitsgefühl über andere, besonders über Mitmenschen anderer Weltanschauungen;
7. Hang zu Besserwissen und Rechthaberei;
8. Empfindlichkeit gegenüber Kritik an eigener Person;

9. Tendenz zu Konflikten mit Vorgesetzten;
10. Distanzierte Einstellung zum Mitmenschen, Tendenz zum Sonderling;
11. Kontakt wird hauptsächlich über die gemeinsame Weltanschauung hergestellt, hierdurch kann starker Kontakt erreicht werden;
12. Schwierigkeiten im emotionalen Nahkontakt (besonders in der Ehe).

Die Gegenposition zur ideologischen Haltung bezeichnet Matussek als »Glauben«. Glauben ist Reflektieren über den Sinnzusammenhang des eigenen Lebens und des Lebens überhaupt, dient dabei aber nicht zum Verdecken unbewußter Motive – vor allen Dingen nicht von Aggressionen – und bildet mit der Liebe eine phänomenologisch schwer zu trennende Einheit.

Es ist ersichtlich, wie sich hier vielfältige Berührungspunkte ergeben zu dem was Erich Fromm den »sozialen Charakter« nennt und beschreibt (1947, 1950, 1976). Die unser Zeitalter kennzeichnende »industrielle Religion» (Fromm 1976) entspricht der »nicht-produktiven Orientierung« als der einen Grundform des sozialen Charakters. Diese Orientierungen beschreibt Fromm (1950) als rezeptive, ausbeuterische Hamster- und Marktorientierung. Sie haben alle ihre religiöse Komponente bzw. Entsprechungen im Religiösen. Demgegenüber steht die »produktive Orientierung« des Charakters, deren Formen produktiver *Liebe* als »Fürsorge für den andern, Verantwortungsgefühl für den andern, Achtung vor dem andern und wissendes Verstehen« (Fromm 1950, dt. Ausg., 113) und produktiven *Denkens* als betroffenes, teilnehmendes und antwortendes Reagieren des Subjekts auf das Objekt, als Fähigkeit, das Objekt so zu sehen, wie es ist und nicht wie es sein sollte, als Respekt für die Einmaligkeit und Totalität einer Erscheinung und als ständiges Bewußtbleiben der besonderen Konstellation, in der man als das Subjekt, das man in Wirklichkeit ist, dem Objekt gegenübersteht, fruchtbar werden.

DIE RELIGION UND DIE ROLLEN

Einen der interessantesten sozialpsychologischen Ansätze der Religion, besonders relevant für die Erforschung der religiösen Sozialisation, hat Hjalmar Sundén (1966, 1967, 1969) vorgelegt. Die zentralen Begriffe dieses Ansatzes sind »Rolle«, »Situation«, »Expektation« und »Interaktion«.

Die *Rollenaneignung*, deren Voraussetzung eine frühzeitige Identifikation zwischen Kind und Mutter zu sein scheint, tritt in zwei Formen auf: *Rollenübernahme* ist »die Aneignung der zeitweiligen Rolle, die der ›Status‹ einem Menschen auferlegt und *Rollenaufnahme*, (ist) die Rollenaneignung, die einem Menschen ermöglicht, das Verhalten des anderen zu antizipieren« (1966, 9). Es ist deutlich, wie sehr bei H. Sundén »Rollen nicht nur Verhaltensmuster sind, sondern auch gleichzeitig Referenzrahmen für Wahrnehmungen« (1966, 10).

Die Lebens*situation* von Menschen kann in bestimmten Umständen als eine charakteristische Bedarfssituation gekennzeichnet werden. Die je nach den Lebensumständen komplizierte Bedarfssituation – etwa ein starkes Bedürfnis nach Geborgenheit – führt zu einer spezifischen Erwartungshaltung (Expektation).

Hier muß von der in diesem Zusammenhang immensen Bedeutung der *religiösen Tradition* gesprochen werden. »Die Tradition handelt ja von Menschen und Göttern und wie sie miteinander verkehren. Zu sagen, daß sie aus Rollen bestehen, ist also nur die technische Formulierung einer wohlbekannten Sache« (1966, 10). In

Kulturen, in denen die religiöse Tradition nicht schriftlich fixiert ist, begegnen die Rollen am greifbarsten in den Initiationsriten und Maskentänzen. »Die Tanzmaske ist ja eine Art von fixierter Rolle, aber sie ist ... auch zugleich der Geist« (1966, 11). »Wenn die religiöse Tradition schriftlich fixiert ist, enthält sie eine Anzahl Erzählungen über Situationen (oder Auslegungen davon), wo der Mensch im Verhältnis zu dem Gott oder den Göttern einen bestimmten Status besitzt, zu dem eine bestimmte Rolle gehört. Alle, die diese Tradition kennen, können sich mit einem dieser Menschen identifizieren, und die Identifikation hat dann zur Folge, daß sie auch die Rolle des Gottes aufnehmen« (1966, 13), d. h. das Verhalten des andern, nämlich Gottes, antizipieren, indem sie das ganze Ereignis- und Handlungsschema der Tradition übernehmen. »Wenn (nun) der mit der Bibel Vertraute sich in einer Lebenssituation befindet, in der praktisch-technisches Verhalten nicht ausreicht, kann für ihn eine biblische Situation reaktualisiert werden, die irgendwie gemeinsame Züge mit der aktuellen Lebenssituation hat« (1969, 132); dies kann der Fall sein, auch wenn nur einzelne Elemente der Tradition mit der eigenen Lebenssituation übereinstimmen. »Wir müssen uns darüber klar werden, daß Gott als Erlebnisinhalt des Menschen mit Hilfe von solchen Referenzrahmen aufgebaut wird, die eine zentrale Bearbeitung dessen gestattet, was periphere Nervenprozesse dem Gehirn zuführen. Psychologisch gesehen, muß der Gott der Bibel als eine Rolle bestimmt werden, die der Mensch durch Identifizierung mit irgendeiner Gestalt der biblischen Tradition antizipierend aufnimmt.

Identifiziert sich ein Mensch mit einer menschlichen Gestalt der biblischen Tradition, sagen wir, daß er deren Rolle übernimmt; aber in demselben Augenblick nimmt er die Rolle Gottes auf, d. h. er kann kraft der biblischen Erzählung Gottes Handeln antizipieren und kann alles kommende Geschehen in seinem eigenen Leben als das Handeln Gottes wahrnehmen« (1966, 29).

Was im frommen, erlebnishaften, aber unreflektierten Sprachgebrauch als »gläubiges Erfassen«, »die Verheißung beim Wort nehmen«, »wirkliche Begegnung« (mit Gott oder Christus), »gnädiges Handeln Gottes an mir«, »wunderbare Durchhilfe und Errettung«, »Gott hat mir deutlich gemacht ...« und ähnlich formuliert wird, stellt sich in der psychologischen Sicht dieses Ansatzes als das Ergebnis einer durch die primäre und sekundäre Tradition geleisteten Sozialisation dar, in der »alle drei Momente, die wir vorausgesetzt haben, wirklich vorliegen: Situation, Expektation und Interaktion« (1969, 134) in einer dualen Rollensituation. Es ist darauf hinzuweisen, daß im Traum, Wachtraum, in Visionen und in ekstatischen Erlebnissen religions-psychologisch bedeutungsvolle Rollensituationen vorkommen.

Sundén exemplifiziert seinen Ansatz an einer Fülle von Personen und Ereignissen aus dem christlichen und nichtchristlichen Religionskreis verschiedener Epochen, sozialer Schichten und Niveaus der Persönlichkeitsintegration. Thorvald Källstad (1974) interpretiert mit diesem Ansatz – und Leon Festingers Theorie der kognitiven Dissonanz – das zentrale Verhältnis von John Wesley (1703–1791) zur Bibel. Sundéns Ansatz hat nichts Reduktionistisches im Sinne des Prinzipes »Nichts-anderes-als« (vgl. Geiger 1933) an sich. Sundén zitiert in zustimmendem Sinne Caruso: »Es kann behauptet werden: Auch die Tiefenpsychologie wird am klarsten durch eine Anthropologie erhellt, die einer personalen Erlösungslehre Raum läßt« (1957, 349). Hingegen ist der Ansatz Sundéns äußerst fruchtbar für das Verstehen religiöser Erlebnisse, der religiösen Wahrnehmung und Sozialisation, der normalen Frömmigkeit und der offiziellen Religion im Spannungsverhältnis zur spontanen und exzeptionellen Rollenannahme.

SOZIALISIERUNG DER WAHRNEHMUNG UND RELIGIÖSES ERLEBEN

Auch die Wahrnehmung, die, wie wir bei Sundén gesehen haben, für das religiöse Empfinden von eminenter Bedeutung ist, ist nicht in allen Elementen genetisch vorprogrammiert, sondern hängt ebenfalls von den Sozialisationsbedingungen ab. Es kann hier nicht auf die Darstellung der wahrnehmungspsychologischen Zusammenhänge als solchen eingegangen werden (vgl. dazu z. B. Holzkamp 1974, s. auch Bd. VII dieser Enzyklopädie). Es können hier nur einzelne Aspekte kurz skizziert werden.

Die Sozialisation, also das adäquate Erlernen der Wahrnehmung, bezieht sich zunächst darauf, daß eine als adäquat geltende Wahrnehmung kanalspezifisch kodiert ist. Mit anderen Worten, die Reizestimuli werden gesondert, getrennt klassifiziert als visuelle, auditive, kinästhetische u. a. Wahrnehmungen. Dabei hat heute die visuelle Kodierung und die scharfe Trennung von internen und externen Reizquellen (die sogenannte perzeptive Isolation) ein besonderes Primat. Synästhesie als das Miteinbeziehen von Kodierungen (z. B. visuell und auditiv), welche vom Reiz nicht unmittelbar stimuliert wurden, stellt in unserer Kultur den Ausnahmefall dar. Kinder und Angehörige anderer Kulturen haben aber mehr synästhetische Erlebnisse als die Erwachsenen unserer Kultur (Oerter 1975, 195). Sachliche Wahrnehmung meint also letztlich eine Kodierung, die bei Reizen externer Herkunft nur externe Anteile, bei Reizen interner Herkunft nur interne Anteile registriert. Weiterhin ist bei »sachlicher« Wahrnehmung die eindeutige Zuweisung zu *einer* Reizmodalität geboten. Hiervon gibt es gesellschaftlich gebilligte und erwünschte Ausnahmen. Gebilligt wird die andersartige Wahrnehmung des Geschlechtspartners, erwünscht ist die globalere Kodierung bei Waren, die attraktiv und begehrenswert sein sollen (Oerter 1975, 197). Die integrierte Reizkodierung ist zwar die genetisch frühe Form der Informationsverarbeitung, also die des Kindes, hat aber auch eine große Affinität zum religiösen Erleben. In allen Religionen stehen integrierte Reizkodierungen (also Aufhebung oder Relativierung der Grenze interne/externe Reizquelle, Synästhesie und hohe kinästhetische Wahrnehmungs- oder Repräsentations-Anteile) an hervorragenden Stellen des religiösen Lebens (zum Beispiel Ekstase, Visionen, Tanz, pompöse Rituale und Zeremonien, dann aber auch besonders intensives Erleben von Gemeinschaftsformen).

Die gegenwärtigen Sozialisationsbedingungen der Wahrnehmung, allgemeine Wertschätzung der Wahrnehmungsschulung (schon in der vorschulischen Erziehung), Scheidung von externer und interner Reizinformation, Partialisierung der Reizmodalität, systematischer Abbau von globalen Kodierungen, kurz, eine Überdifferenzierung und Dissoziation in der Wahrnehmung verhindern tiefere und globale – und damit religiöse – Wahrnehmungserlebnisse und führen letztlich von der perzeptiven Isolation zur sozialen Isolation.

Besonders der Jugendliche spürt diesen spezifischen Mangel der sozialisierten Wahrnehmungsorganisation. Pop-Farben und -Musik, hämmernde Rhythmen,

Faszination östlicher Mystik, Meditation, Rousseausche Naturliebe, Experimente mit Drogen usw. haben u. a. auch den Aspekt des Ausgleichs der Defizite der sozialisierten Wahrnehmungsorganisation (s. zu diesem Thema die beiden musiksoziologischen Beiträge von P. Hamel in diesem Bd.). Demgegenüber sind die liturgischen Erneuerungbewegungen im zwanzigsten Jahrhundert immer auch von einer Intensivierung, ja Totalisierung der Wahrnehmung ausgegangen (Eck 1975). Die »Neue Sensibilität« (Menne 1974) wird zum Programm auf der Suche nach alternativen Lebensmöglichkeiten in sprachlicher, künstlerischer, gruppendynamischer und liturgischer Artikulation.

»Religiöse Erziehung der Gegenwart sollte ihre Zielsetzung daraufhin reflektieren, ob sie religiöse Erlebnisse im Sinne integrierter Reizkodierung für erstrebenswert hält. Sie sollte das vorhandene Defizit berücksichtigen und bedenken, was an seine Stelle zu setzen sei ... Hinsichtlich der Wahrnehmungsorganisation scheint es mir nicht abwegig, Formen des Wahrnehmens zu trainieren, die unsere Gesellschaft zu verlieren im Begriffe ist ... Der Ausweg ... wäre eine Förderung von Wahrnehmungs- bzw. Erlebnisprozessen, bei denen man durchaus wissen soll, um was es geht, und das Resultat des Erlebens psychologisch oder naturwissenschaftlich interpretieren kann. Religiöse Erfahrung ist deshalb dennoch nicht verbaut, aber sie geschieht eine Stufe höher, wiederum als Glaubensakt des Trotzdem« (Oerter 1975, 203).

DIE BIOGRAPHISCHE LERNGESCHICHTE UND DIE RELIGIÖSE SOZIALISATION

Dem biographischen Niederschlag der Sozialisationsprozesse und dem Erleben der Alltagswelt werden in letzter Zeit vermehrt Beachtung geschenkt (Schütz 1971, Brand 1972, Krappmann [2]1972, Schibilsky 1976; s. auch den Beitrag von G. Strube in diesem Bd.). So werden die Strukturen der Sozialwelt z. B. durch Alfred Schütz gekennzeichnet: »Ich erfahre diese Welt als menschliches Wesen: hineingeboren in die Sozialwelt und in ihr mein tägliches Leben verbringend, baut sie sich rund um mich auf, meiner Deutung und meinem Handeln zugänglich, aber stets in bezug auf meine tatsächliche biographisch bestimmte Situation« (1971, Bd. I, 12).

Für das Verständnis der biographischen Lerngeschichte in bezug auf religiöse Erfahrungen und Erlebnisse sind die Arbeiten Jean Piagets von immenser Bedeutung (s. Bd. VII dieser Enzyklopädie). Die allgemeinen entwicklungspsychologischen Strukturen werden durch die konkrete biographisch-familiäre Lerngeschichte gerade in bezug auf das religiöse Erleben gefüllt.

Bereits in den frühen Werken von Jean Piaget (1923, 1924, 1926, 1932) findet sich das Konzept des kindlichen *Egozentrismus* als wesentliches Kriterium der geistigen Entwicklung des Kindes, welche sich vornehmlich auf der sprachlichen Ebene kundtut. Mit dem Terminus Egozentrismus bezeichnet Piaget eine ausgeprägte Tendenz des Kindes, sich gewissermaßen als Mittelpunkt der Welt zu erfahren. Das Kind ist noch nicht in der Lage, in Betracht zu ziehen, daß es außer den eigenen räumlichen und zeitlichen Gesichtspunkten auch andere Gesichtspunkte geben kann. Es fällt dem kleinen Kind noch sehr schwer, überhaupt zu bemerken und angemessen zu berücksichtigen, daß bei anderen Personen nicht die gleichen Kenntnisse oder Überzeugungen vorhanden sein können, oder vielmehr gänzlich andere vorhanden sind. Kurz, das Kind hat als Ausgangspunkt seines Orientierungshorizontes zur Deutung der Welt zunächst nur die seiner Selbsterfahrung zur Verfügung stehenden Erlebnisqualitäten. Das hat auch soziale Implikationen. Es ist klar, daß man sich auf der Ebene der zwischenmenschlichen Kommunikation anders verhält, wenn man dazu neigt, nicht nur die Kenntnis des Gesprächsthemas beim Gesprächspartner vorauszusetzen, sondern ebenso, daß dieser darüber derselben Meinung ist wie man selbst, als wenn man erfährt, der Gesprächspartner hat davon keine Kenntnis bzw. bewerte die Dinge gänzlich anders (Petter 1966). Oerter (1975) weist aber darauf hin, wie sehr gerade im Zusammenhang der zwischenmenschlichen Kommunikation der Egozentrismus für den Menschen zunächst eine wichtige, lebenserhaltende Funktion hat. »Interaktion aber geht, so merkwürdig das klingen mag, vom Egozentrismus aus, denn nur durch den Schluß: der andere ist wie ich, kann das Individuum zunächst mit einem anderen in Kontakt treten, sich darstellen und die Selbstdarstellung des andern verstehen« (Oerter 1975, 189).

Die egozentristische Haltung äußert sich in verbalen Denkinhalten, in der Entwicklung der Moralbegriffe (so z. B. in der Annahme einer immanenten Gerechtigkeit d. h. Unausweichlichkeit der Bestrafung durch Menschen oder durch die »Natur« selbst, von welcher in den Untersuchungen Piagets 86 Prozent der sechsjährigen Kinder ausgingen gegenüber 73 Prozent der sieben- bis achtjährigen und 34 Prozent der elf- bis zwölfjährigen), in der Vorstellung der physikalischen oder der mechanisierten Kausalität. Besondere Kennzeichen der egozentristischen Weltorientierung und -deutung sind:

– Der kindliche *Animismus*: Tote Objekte werden belebt, physikalische Prozesse beseelt. Z. B. Gewitter, Schnee, Nebel usw. werden mit dem zürnenden Himmel, Frau Holle, Schleiern von Feen in Verbindung gebracht, Tiere und Pflanzen sprechen und haben auch sonst anthropomorphistische Eigenschaften.

– Der kindliche *Artifizialismus*: Der Ursprung der Dinge wie die Erscheinungen der ganzen Natur werden vom Kind als von jemandem *gemacht* oder *gesandt* erlebt. Dieser »Jemand« sind entweder Gott oder die ersten bzw. bestimmte Menschen. Der Artifizialismus wird verstärkt (i. S. von reinforcement) durch a) das Interesse an den eigenen Körperproduktionen und -funktionen; b) die Abhängigkeit von den Eltern, deren fraglose Überlegenheit, gleichzeitig aber auch deren faktische Zuwendung zum Kind; c) durch die religiöse Erziehung.

– Der kindliche *Finalismus*: Alles, was vorhanden ist oder geschieht, hat einen bestimmten Zweck bzw. bewirkt etwas, tendiert auf ein Ziel hin, so wie ja die eigenen Wünsche und Handlungen auf bestimmte Ziele hintendieren.

Die Bedeutung dieser charakteristischen Kennzeichen der egozentristischen Haltung des Kindes für die Entwicklung religiösen Erlebens und Verhaltens liegt auf der Hand. In formaler wie inhaltlicher Hinsicht finden sich in religiösen Überzeugungen und Praktiken typische Entsprechungen zu den Kennzeichen des Egozentrismus. Petter (1966) weist auf die zahlreichen Formen des Egozentrismus hin, welche sich bei Erwachsenen aufzeigen lassen: z. B. überhöhte Selbsteinschätzung in bezug auf die Richtigkeit der eigenen Urteile über ästhetische, wirtschaftliche, politische, moralische Wertungen. Jede Leserbriefseite, nicht nur kirchlicher Zeitschriften beweist das Vorhandensein solcher im entwicklungspsychologischen Sinne egozentristischer Haltung. Ein anderes Beispiel ist die Unfähigkeit von Erziehern, bzw. Fachleuten und Experten, sich darüber Rechenschaft zu geben, daß bestimmte Elemente von Demonstrationen, Beweisführungen, Begriffen usw., die ihnen selbst zwar ganz evident und selbstverständlich erscheinen, ihren Schülern hingegen völlig fremd und unverständlich sind. Desgleichen kann auch der Erwachsene rein zufälligen Ereignissen eine evidente Bedeutung zuschreiben oder sein Leben auf eine immanente Gerechtigkeit hin leben. »Bei vielen Erwachsenen zeigt sich das Überleben gewisser Denkweisen, die einmal die Grundlage ihres geistigen Lebens ausmachten und dann als nicht mehr angemessen fallengelassen wurden, noch ganz klar. Dies ist besonders dann der Fall, wenn Erlebnisse eines Mißerfolges oder aber stark emotionsgeladene Situationen eine Regression der Persönlichkeit auf primitivere und eigentlich schon seit langer Zeit aufgegebene Verhaltensweisen hervorrufen« (Petter 1966, 359).

SOZIALISIERUNG UND EGOZENTRISMUS

Formen und Inhalte des Egozentrismus sind kulturspezifisch und außerdem schichtabhängig. Ganz allgemein kann gesagt werden, daß in unserer westlichen Kultur das Grundmuster, welches auch die Phase des Egozentrismus durchzieht, die Erlebbarkeit und Wertschätzung eines einmaligen und individuellen Personseins ist, während in anderen (z. B. afrikanischen) Kulturen das Grundmuster der Selbsterfahrung als ein sozial-kollektives erscheint. So hat also der Egozentrismus bereits bestimmte kulturelle Sozialisierungsprozesse und -bedingungen zur Voraussetzung.

Andererseits ist der Einfluß der Sozialisierung auf die Phase und Entwicklung des Egozentrismus enorm und für die religiöse Erziehung von größter Bedeutung. Es ist der Frage nachzugehen: Inwieweit verstärken, hemmen, modifizieren die gegenwärtigen Sozialisierungsbedingungen die egozentristische Haltung?

In bezug auf den kindlichen *Animismus* haben die letzten dreißig Jahre deutliche Veränderungen gebracht. Obwohl in den verschiedenen sozialen Schichten diese Veränderungen unterschiedlich akzentuiert sind, ist es das Bestreben der Eltern, für Naturereignisse und soziale Gegebenheiten aus dem Erfahrungsbereich des Kindes (z. B. Witterungsverhältnisse, Aggressionen) kausale rationale Erklärungen anzubieten, so daß die Quote für animistische Deutungen heute wesentlich niedriger liegt als etwa zur Zeit entwicklungspsychologischer Arbeiten aus den zwanziger und dreißiger Jahren. Gegen diese Entwicklung ist zwar grundsätzlich nichts einzuwenden; sie ist in gewisser Weise eigentlich begrüßenswert. Die Ausschließlichkeit, mit der dies getan wird, und vor allem die allgemeine affektive Verarmung und der Verlust an Innigkeit und Intimität, welche heute aus den verschiedensten Gründen auch die Beziehung zwischen Eltern und Kindern kennzeichnen, lassen jedoch ein erhebliches Defizit an Reifung der Gefühlswelt entstehen. Bruno Bettelheim (1975) weist in seinem Buch »Kinder brauchen Märchen« darauf hin, wie einseitig und dadurch nicht ungefährlich die optimistisch rationalkausalen Erklärungen und Deutungen der Wirklichkeit sind.

Ganz im Gegensatz zur tendenziellen Schwächung des kindlichen Animismus erfährt der kindliche *Artifizialismus* durch die herrschenden Sozialisationsbedingungen erhebliche Verstärkung, aber auch Modifikationen. In einer Zeit der uneingeschränkten Wertschätzung des »bigger, better, faster«, der Euphorie der Machbarkeit aller Dinge ist die geistige Situation stark artifizialistisch. So ist z. B. der Auftrag J. F. Kennedys an die amerikanische Nation, vor den siebziger Jahren einen Mann auf dem Mond landen zu lassen und ihn wieder sicher auf die Erde zu bringen, ein Höhepunkt jener Entwicklung, welche in der Renaissance einsetzte, wonach der Mensch zu allem fähig sei und alle seine Ziele erreichen könne. Diese Grundstimmung verstärkt einen *immanenten operativen* Artifizialismus, während der transzendente, metaphysische Artifizialismus eines übermenschlichen oder überpersönlichen Urhebers, Lenkers der Geschicke, entbehrlich, ja hinderlich wird. Denn das Erziehungsleitbild der Mittelschicht tendiert auf frühzeitiges autonomes Handeln, ist leistungszentriert und fördert »symmetrische Kommunikation« (Watzlawick u. a. 1967) zwischen Eltern/Erziehern/Vorgesetzten und Kind/Schüler/ Mitarbeiter. Die in vielen Untersuchungen (vgl. u. a. Mitscherlich 1963) aufgezeigten tiefgreifenden Wandlungen der Vater-Rolle haben als »Sozialisationsagent« ebenfalls eine ambivalente Auswirkung auf die religiöse Erziehung. Der Wechsel ist intensiv und abrupt von den artifizialistischen Annahmen des Kindes über die Größe und Bedeutung des Vaters und der frühen Erkenntnis der wirklichen Bedingungen und Möglichkeiten seiner Existenz sowie der von ihm wahrscheinlich angestrebten symmetrischen Beziehungsmuster. Die so u. U. entstehende Leere wird durch rationale Kausalerklärungen des vorherrschenden naturwissenschaftlichen Denkens aufzufüllen gesucht. Davon ist auch die soziale Interaktion betroffen. Der kommunikationsstiftende Schluß »der andere ist wie ich« wird fragwürdig, da der naturwissenschaftliche Realitätsbegriff den Schluß von sich auf andere im Grunde nicht zuläßt. »Die Kommunikation, die schon beim sozialen Partner erschwert ist, erscheint mit einer transzendenten Macht unmöglich. Jeder Versuch des Anredens oder Auf-Antwort-Wartens wird als Erzeugnis der eigenen Phantasie und des Wunschdenkens durchschaut« (Oerter 1975, 191). Verstärkt wird dieser Trend noch durch das in der Pädagogik der zweiten Hälfte unseres Jahrhunderts starke Mißtrauen gegenüber einer emotionalen Grundlegung der Erziehung. Eine tiefe Heimatlosigkeit, Vereinsamung und Vereinzelung des modernen Menschen, der nicht mehr hinter den desillusionierten Egozentrismus zurück kann, ist die Folge. Diese Defizite werden subkulturell (z. B. Pop-Kultur) und in heute besonders aktuellen psychologischen Richtungen und Theorien aufzufangen versucht. Man vergleiche diesbezüglich die »Encountergroups« (Rogers 1970), die »themenzentrierte interaktionelle Methode« (Cohn 1976), die »Transaktionsanalyse« (Berne 1961, 1972; Harris 1967; Oden 1977 – entsprechende Darstellungen finden sich in Bd. VIII dieser Enzyklopädie).

Schließlich sei noch darauf hingewiesen, daß der im Egozentrismus wurzelnde *Finalismus* und die kindlichen Vorstellungen über die immanente, die vergeltende und die distributive Gerechtigkeit durch die Sozialisation stark abgebaut, bzw. im Sinne der Ideologie auf politische, soziale oder kulturelle Institutionen umgeleitet werden.

Dies ist eminent eine Krise des religiösen Erlebens, wie es durch die übliche religiöse familiäre und zum Teil auch kirchliche Erziehung strukturiert ist. Gleichzeitig wird deutlich, in welcher Richtung religiöse Erziehung gehen müßte. »Religiosität und religiöse Erfahrung werden in einem solchen Sozialisierungsprozeß erst möglich, wenn die Grenzen menschlicher Macht sichtbar werden, wenn die Realität kognitiv so strukturiert ist, daß der Mensch mit immanenten Deutungsversuchen unzufrieden wird« (Oerter 1975, 191). Religion ohne egozentristische Haltung? Wie sie möglich ist und was sie sein könnte, darüber haben Theologen, Religionspädagogen und Psychologen zu arbeiten. »Sicherlich aber erhält der Akt des Glaubens und die Dimension der Hoffnung von dieser Sicht aus eine weitere Bedeutung: Glauben und Hoffen hieße dann, über alle Desillusionierung des Egozentrismus hinweg glauben und hoffen, hieße eine Bindung suchen oder aufnehmen, die auf Grund des Erkenntnisniveaus unvernünftig, ja sogar sinnlos ist« (Oerter 1975, 192). Das wohl fälschlicherweise Tertullian (»De carne Christi«) zugeschriebene »Credo quia absurdum« muß in diesem Zusammenhang – entgegen dem Einspruch Nietzsches – neu bedacht werden.

Eine sorgfältige und bewußte religiöse Erziehung, welche gleicherweise ihrer Zielvorstellung verpflichtet ist wie auch die entwicklungspsychologischen Gegebenheiten und die gegenwärtigen Sozialisationsbedingungen berücksichtigt, ist besonders zwischen dem zwölften und sechzehnten Lebensjahr von ausschlaggebender Bedeutung. Das Christentum ist kognitiv viel zu komplex, als daß es das kleine Kind schon begreifen könnte. Die Bildung religiöser Gewohnheiten wie Beten, Besuch der Sonntagsschule, des Gottesdienstes, das erzählerische Berichten von biblischen Personen usw. steht am Anfang der religiösen Erziehung, deren geglückte Folge in der Regel beim Kind eine positiv getönte Gefühlsbeziehung zu diesen Verhaltenskomponenten darstellt. Der Katholizismus hat hierbei ein differenzierteres Angebot an rituellen Wahrnehmungs- und Erlebnismöglichkeiten als der im Grunde rationalistische und intellektuelle Protestantismus, insbesondere reformierter Prägung. Scharfenberg (1974, 350) sieht im Anschluß an Gruehn ([2]1960, 378) im Kommunikationssystem Mutter-Kleinkind, dessen Informationsträger bisher unbekannt sind, welches jedoch vornehmlich die Übertragung emotionaler Zustände ermöglicht, eine früheste Möglichkeit, etwa durch das Beten der Mutter mit dem Kind auch im vorsprachlichen Alter grundlegendes religiöses Erleben zu vermitteln. Die Gefühlskomponente verflacht sich aber mit zunehmendem Alter des Kindes, was durch die Affektneutralisierung, welche unsere Gesellschaft kennzeichnet, und das schon erwähnte pädagogische Mißtrauen gegenüber dem Emotionalen verstärkt wird. Oerter (1966, 1971) weist darauf hin, wie sehr Verhaltenskomponenten allgemein, besonders aber im religiösen Bereich, längst nicht wie früher gefestigt werden. Relativ früh werden theologische Zusammenhänge, also Kognitives, in den Verständnishorizont des Kindes miteinbezogen. Dabei wird oft übersehen, daß die affektive Komponente die zentrale Instanz der Werthaltung darstellt. Die geltenden Gesellschaftsnormen mit ihrer Akzentsetzung auf naturwissenschaftlichen und ökonomischen Denkmodellen, der Betonung des Konsums, des Äußeren und der Hygiene, die egalitären, nivellierenden und anpassungsfordernden Tendenzen auf die oben skizzierte Desillusionierung des Egozentrismus sowie die den Sozialisationsbedingungen unterstehende eher rationalistische religiöse Erziehung durch Eltern und Schule lassen eine deutliche *Diskrepanz* zwischen formalem religiösem Erziehungsziel und faktischen Gesellschaftsnormen entstehen. Die Jugendlichen haben die Tendenz, sich im Sinne der Dissonanzreduktion (Festinger 1957; Brehm, Cohen 1962) dieser erlebten Diskrepanz durch Indifferenz und periphere Wertung des religiösen Bereichs zu entziehen. In seiner Untersuchung der Entwicklung von Werthaltungen fand Oerter (1966), daß der »Wert des Religiösen« bei den Elfjährigen an erster Stelle steht, bei den Fünfzehnjährigen auf den vierten Platz von sechs möglichen Positionen rückt. Demgegenüber steht der »theoretische Wert« (umschrieben als Forschen, Entdecken und Wissen) bei den Elfjährigen an dritter Stelle, bei den Fünfzehnjährigen an erster Stelle.

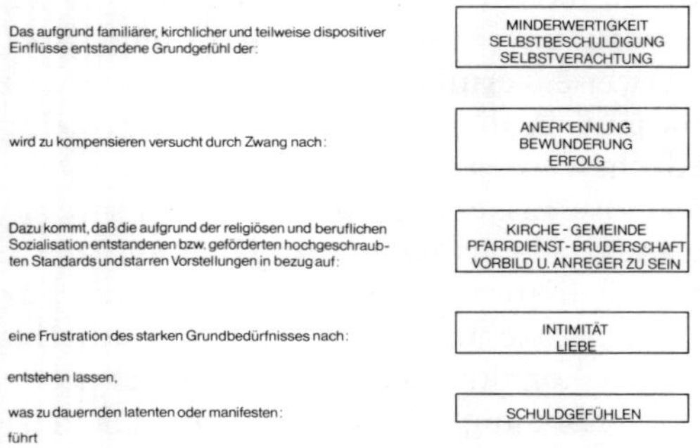

Abb. 1 Einige Aspekte der berufsspezifischen Pfarrerpersönlichkeit als Ergebnis familiärer und beruflicher Sozialisationserfahrungen, abgeleitet aus einer Untersuchung von H. A. Eadie (1972) an 85 Gemeindepfarrern in Schottland.

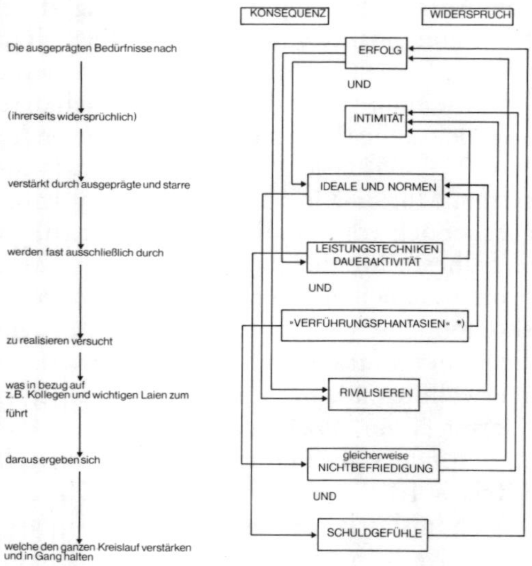

Abb. 2 Sozialisationserfahrungen und Folgestörungen bei schottischen Pfarrern (nach: Eadie 1972, 1973).

*)»Verführungsphantasien« brauchen nicht erotischer Natur zu sein, sondern sind Phantasien über »erfolgreiches«, unbegrenzt verständnisvolles, hilfreiches Einwirken auf andere Menschen bzw. Vorstellungen über Innigkeit und Intimität unrealistischer Prägung.

Die religiöse Erwachsenen-Sozialisation kann besonders gut an den Untersuchungen bestimmter kirchlicher Berufsgruppen studiert werden. Eadie (1972, 1973) hat den sozialisierten Werdegang und die religiöse Lebenswelt von schottischen Pfarrern untersucht. Die Ergebnisse seiner Untersuchungen sind schaubildlich und thesenartig in Abb. 1 zusammengefaßt.

Die Wirkmechanismen dieser widersprüchlichen Konstellation sind in Abb. 2

dargestellt. Sie sind die Ursache subjektiver Unzufriedenheit, Mißmutigkeit und zahlreicher psychosomatischer Störungen.

Abschließend läßt sich konstatieren: Neben der Religionspsychologie im engeren Sinne (s. den Beitrag von H. Müller-Pozzi in diesem Bd.) und der Religionssoziologie sind die sozialpsychologischen Aspekte der Religion ein besonderer Weg, individuelles religiöses Erleben und die institutionellen und gesellschaftlichen Aspekte in eine fruchtbare Verbindung zu bringen. Nachdem »religionsloses Christentum«, »Gott-ist-tot« und, etwas früher, »Entmythologisierung« Diagnose und Programm der Theologie waren, ist angesichts des Wiedererwachens religiösen Erlebens, ja einer eigentlichen »Renaissance der Religion« eine gewisse Ratlosigkeit bei Theologie und Kirchensoziologie entstanden. Theologische und kirchensoziologische Aussagen, welche bis vor kurzem endlos repetierte Allgemeinplätze von quasiaxiomatischem Rang waren, sind plötzlich überholt oder unzutreffend. Sicherlich nicht der Religion, aber der wissenschaftlichen Betrachtung der Religion und Religiosität kann die Sozialpsychologie der Religion einige neue Impulse geben.

LITERATUR

Adorno, T. W.: Negative Dialektik. Frankfurt/M.: Suhrkamp 1966

Berger, P.: Zur Dialektik von Religion und Gesellschaft. Frankfurt/M.: S. Fischer 1973

Berger, P., Luckmann, T.: Die gesellschaftliche Konstruktion der Wirklichkeit. Frankfurt/M.: S. Fischer 1969

Berne, E.: Transactional Analysis in Psychotherapy. New York: Grove Press 1961

What do you say after you say hello? New York: Grove Press 1972. Was sagen Sie, nachdem Sie guten Tag gesagt haben? Tb.-Ausg. »Geist und Psyche« Bd. 2192. München: Kindler 1975

Bettelheim, B.: The use of enchantment. New York: Knopf 1975. Deutsch: Kinder brauchen Märchen. Stuttgart: Deutsche Verlagsanstalt 1977

Bonhoeffer, D.: Widerstand und Ergebung (hg. von E. Bethge). München: Kaiser 1951

Boos-Nünning, U.: Dimensionen der Religiosität. München: Kaiser 1972

Brand, G.: Gesellschaft und persönliche Geschichte. Die mythologische Sinngebung sozialer Prozesse, Stuttgart: Kohlhammer 1972

Brehm, J. W., Cohen, A. R.: Explorations in cognitive dissonance. New York: 1962

Brim-Wheeler, O. G. S.: Socialization after childhood. New York: Wiley 1966. Deutsch: Erwachsenen-Sozialisation. Stuttgart: Enke 1974

Caruso, I. A.: Bios, Psyche, Person. Eine Einführung in die allgemeine Tiefenpsychologie. Freiburg, München: Herder 1957

Cohn, R.: Von der Psychoanalyse zur themenzentrierten Interaktion. Stuttgart: Klett 1976

Eadie, H. A.: The health of Scottish clergymen. Contact, 41, 1972, 2–22

Stress and the clergymen. Contact, 42, 1973, 22–34

Eck, C. D.: Zwei Glaubensweisen. Wege zum Menschen 21, 1969, 289-296

Liturgie als Vergegenwärtigung und Veränderung. Information, 8, CVB, Zürich: 1975

Festinger, L.: A theory of cognitive dissonance. Evanston: 1957. Deutsch: Theorie der kognitiven Dissonanz. Bern, Stuttgart: Huber 1978

Freud, S.: Die Zukunft einer Illusion (1927). G. W. XIV

Das Unbehagen in der Kultur (1930). G. W. XIV

Der Mann Moses und die monotheistische Religion (1939). G. W. XVI

Fromm E.: Man for himself: An inquiry into the psychology of ethics. New York: Rinehard & Co. 1947. Deutsch: Psychoanalyse und Ethik. Stuttgart: Diana 1954

Psychoanalysis and religion. New Haven: Yale Univ. Press 1950. Deutsch: Psychoanalyse und Religion. Stuttgart: Diana 1966

To have or to be. New York, London: Harper & Row 1976. Deutsch: Haben oder Sein. Stuttgart: Deutsche Verlagsanstalt 1976

Gehlen, A.: Der Mensch – seine Natur und seine Stellung in der Welt. Frankfurt/M.: Athenäum [7]1962

Geiger, M.: Alexander Pfänders methodische Stellung. In: A. Pfänder zum 60. Geburtstag. Neue Münchner Phil. Abhandlungen. Leipzig: Hirzel 1933

Geulen, D.: Das vergesellschaftete Subjekt. Frankfurt/M.: Suhrkamp 1977

Glock, C. Y.: On the study of religious commitment. In: Glock-Stark (Hg.): Religion and society in tension. Chicago: McNally Company 1965

Gremmels, C.: Bekehrung und Lebensgeschichte. Wissenschaft und Praxis in Kirche und Gesellschaft, 66, 1977, 488–504

Gruehn, W.: Die Frömmigkeit der Gegenwart. Konstanz: Bahn [2]1960

Halbfas, H.: Religion. Stuttgart: Kreuz 1976

Harris T. A.: I am OK, You're OK. New York: Harper & Row 1967. Deutsch: Ich bin o. k. Du bist o. k. Reinbek: Rowohlt 1973

Hoffmann, H.: Gott im Underground. Die religiöse Dimension der Pop-Kultur. Hamburg: Furche 1972

Holzkamp, K.: Wahrnehmung. Frankfurt/M.: Akademische Verlagsgesellschaft 1974

INTERNATIONALES JAHRBUCH FÜR RELIGIONSSOZIOLOGIE (hg. von J. Matthes). Köln: Westdeutscher Verlag 1965ff

KÄLLSTAD, T.: John Wesley and the bible – A psychological study. Stockholm: NYA Bokförlags 1974

KERÉNYI, K.: Dionysos – Urbild des unzerstörbaren Lebens. München: Langen-Müller 1976

KRAPPMANN, L.: Soziologische Dimensionen der Identität. Stuttgart: Klett ²1972

LUCKMANN, T.: Das Problem der Religion in der modernen Gesellschaft. Freiburg: Rombach 1963

MANNHEIM, K.: Ideologie und Utopie. Frankfurt/M.: Schulte-Bulmke, 4, 1965

MARCUSE, H.: Eros and civilization. Boston: Bacon Press 1951. Deutsch: Triebstruktur und Gesellschaft. Frankfurt/M.: Suhrkamp 1967

MARSCH, W.-D.: Plädoyers in Sachen Religion. Gütersloh: Mohn 1973

MATTHES, J.: Religion und Gesellschaft (I u. II). Reinbek: Rowohlt 1967, 1969

MATUSSEK, P.: Ideologie und Glaube. In: Das Irrationale in der Psychoanalyse – Theoretische und klinische Aspekte. Weiterentwicklung der Psychoanalyse und ihrer Anwendungen, hg. v. G. Chrzanowski et al., Bd. V. Göttingen: Vandenhoeck & Ruprecht 1977, 69–76

MENNE, F. (Hg.): Neue Sensibilität – Alternative Lebensmöglichkeiten. Darmstadt: Luchterhand 1974

MITSCHERLICH, A.: Auf dem Weg zur vaterlosen Gesellschaft. München: Piper 1963

MOSER, T.: Gottesvergiftung. Frankfurt/M.: Suhrkamp 1976

ODEN, T. C.: Wer sagt: Du bist okay? Gelnhausen: Burckhardthaus 1977

OEHLER, I.: Dionysos und das Dionysische. Merkur, 31, 1977, 689

OERTER, R.: Die Entwicklung von Werthaltungen während der Reifezeit. Weinheim, Basel: Beltz 1966

Genese und Struktur von Werthaltungen bei Kindern und Jugendlichen. Archiv für Religionspsychologie, 10, 1971, 159–178

Sozialisation und religiöses Erleben. Archiv für Religionspsychologie, 11, 1975, 188–208

O'TOOLE, R.: Some Social-psychological aspects of sectarian social-movements: A study in politics and religion. In: Internationales Jahrbuch für Wissens- und Religionssoziologie, hg. v. G. Dux et al., Bd. 9. Opladen: Westdeutscher Verlag 1975, 161–200

PETTER, G.: Die geistige Entwicklung des Kindes im Werk von Jean Piaget. Bern: Huber 1966

PFLÜGER, P.-M. (Hg.): Religiöse Erfahrung im Ausbruch aus den Traditionen. Stuttgart: Bonz 1976

PIAGET, J.: Le langage et la pensée chez l'enfant. Neuchâtel: Délachaux 1923. Deutsch: Sprechen und Denken des Kindes. Düsseldorf: Schwann 1972

Le jugement et le raisonnement chez l'enfant. Neuchâtel: Délachaux 1924. Deutsch: Urteil und Denkprozeß des Kindes. Düsseldorf: Schwann 1972

La représentation du monde chez l'enfant. Neuchâtel: Délachaux 1926. Deutsch: Das Weltbild des Kindes. Stuttgart: Klett 1978

Le jugement moral chez l'enfant. Neuchâtel: Délachaux 1932. Deutsch: Das moralische Urteil beim Kinde. Zürich: Rascher 1954

ROGERS, C. R.: On Encounter-Groups. New York: Harper & Row 1970. Deutsch: Encounter Gruppen. München: Kindler 1974

SCHARFENBERG, J.: Einige Probleme religiöser Sozialisation im Lichte neuerer Entwicklungen der Psychoanalyse. Wege zum Menschen, 26, 1974, 343–358

SCHARFENBERG, J., SCHÜTTE, H. W., TIMM, H., GREMMELS, C.: Religion: Selbstbewußtsein – Identität. München: Kaiser 1974

SCHIBILSKY, M.: Religiöse Erfahrung und Interaktion. Stuttgart: Kohlhammer 1976

SCHÜTZ, A.: Gesammelte Aufsätze (I–III). Den Haag: Nijhoff 1971

SCHÜTZ, A., LUCKMANN, T.: Strukturen der Lebenswelt. Luchterhand: Darmstadt 1975

STOODT, D.: Religiöse Sozialisation und emanzipiertes Ich. In: K. W. Dahm et al.: Religion – System und Sozialisation. Darmstadt: Luchterhand 1972, 189–237

SUNDÉN, H.: Die Religion und die Rollen. Berlin: Töpelmann 1966

Bedingungen religiöser Erfahrungen. Archiv für Religionspsychologie, 9, 1967, 41–50

Die Rollenpsychologie und die Weisen des Religions-Erlebens. In: C. Hörgl et al. (Hg.): Wesen und Weisen der Religion. München: Hueber 1969, 132–144

TILLICH, P.: Kritisches und positives Paradox. Theologische Blätter, 2, 1921, Sp. 263–269 (L 923)

Die Frage nach dem Unbedingten. In: Ges. Werke, Bd. 5. Stuttgart: Evangelisches Verlagswerk 1964

WATZLAWICK, P., BEAVIN, J. H., JACKSON, D. D.: Pragmatics of human communication. New York: Norton 1967. Deutsch: Menschliche Kommunikation. Bern: Huber 1971

WESLEY, J.: Works, I–XV (ed. by T. Jackson). Michigan: Zonderman 1930

WÖLLER, H.: Die getaufte Revolution. Mythos aus dem Underground. München: Kaiser 1973

WORSLEY, P.: The trumpet shall sound. A study of »Cargo«-cults in Melanesia. London 1957. Deutsch: Die Posaune wird erschallen. »Cargo«-Kulte in Melanesien. Frankfurt/M.: Suhrkamp 1973

ONTOGENETISCHE ASPEKTE DER RELIGIOSITÄT

von Gerhard Strube

RELIGIOSITÄT UND KIRCHLICHKEIT

Es kann eigentlich keinen Streit mehr darüber geben, daß Religion eine wesentliche, ja daß sie eine unabdingbare Institution der menschlichen Gesellschaft ist. Von der philosophischen Anthropologie her eröffnet sich ihre Begründung in der »Weltoffenheit« des Menschen (Scheler 1928, Gehlen 1940). Denn von da ergibt sich die Suche nach einem umfassenden Sinn der menschlichen Existenz – sei es die individuelle oder die der menschlichen Gattung –, die ihre positive Antwort in Glaubensaussagen findet.

Entsprechend definiert der Soziologe Niklas Luhmann »Religionssysteme« als »Teilsysteme mit besonderen Funktionen«, die »im Laufe der gesellschaftlichen Evolution ... im Gesellschaftssystem ausdifferenziert« werden; ihre Funktion bestimmt er als die umfassender Sinngebung: »Die spezifische Funktion der Religion liegt in der Bereitstellung letzter, grundlegender Reduktionen, die die Unbestimmtheit und Unbestimmbarkeit des Welthorizontes in Bestimmtheit oder doch Bestimmbarkeit angebbaren Stils überführen« (Luhmann 1972, 11).

Diese Bestimmung umfaßt mit Sicherheit mehr als das konkret in theologischen Aussagen und in der Praxis der Glaubensgemeinschaften, etwa der christlichen Kirchen und Sekten, Vorfindbare; zugleich umfaßt sie weniger als das. Luhmann hat Sinnsysteme im Blick, die Antworten geben auf die »letzten Fragen«.

Unsere gegenwärtige »abendländische« Gesellschaft, auf die allein in diesem Beitrag Bezug genommen wird, ist hinsichtlich der Religion durch zwei, scheinbar gegenläufige Tendenzen gekennzeichnet: Sie ist, erstens, geprägt vom Christentum und, zweitens, von der Auflösung der kirchlichen Gestalt des Christentums. Dies hat z. B. Rendtorff (1966) im Blick, wenn er vorschlägt, Religionssoziologie als »Christentumssoziologie« zu betreiben. Die Kirchen erscheinen in einer solchen Perspektive als die spezifischen organisatorischen Ausformungen von Religion, Kirchlichkeit, d. h. die mit Kirche verbundenen Verhaltensweisen als partikularer Ausdruck von Religiosität.

Es ist nicht davon auszugehen, daß Religiosität sich immer in Kirchlichkeit ausdrücke und infolgedessen durch Erfassung z. B. der Häufigkeit des Gottesdienstbesuchs meßbar sei. Die Entwicklung eines »Kirchlichkeit« anzeigenden Verhaltens wird daher im folgenden nur gestreift; im Mittelpunkt steht die Frage nach den Quellen und dem Schicksal des religiösen Interesses und des entsprechenden Handelns.

RELIGIOSITÄT UND MORALISCHES VERHALTEN

Den Lauf der Welt und das individuelle Schicksal mit Sinn zu erfüllen, wird nicht von allen als die einzige Funktion der Religion angesehen. Sigmund Freud hat die Religion mit der Wissenschaft verglichen und ihr dabei drei Funktionen zugeschrieben: »In der ersten befriedigt sie die menschliche Wißbegierde, tut dasselbe, was mit ihren Mitteln die Wissenschaft versucht, und tritt hier in Rivalität mit ihr. Ihrer zweiten Funktion verdankt sie wohl den größten Anteil ihres Einflusses. Wenn sie die Angst der Menschen vor den Gefahren und Wechselfällen des Lebens beschwichtigt, sie des guten Ausgangs versichert, ihnen Trost im Unglück spendet, kann die Wissenschaft es nicht mit ihr aufnehmen ... In ihrer dritten Funktion, wenn sie Vorschriften gibt, Verbote und Einschränkungen erläßt, entfernt sie sich von der Wissenschaft am meisten« (Freud, XV, 174). Auf Freuds religionskritische Absicht und seinen zeitbedingten Wissenschaftsbegriff wird hier nicht eingegangen (vgl. hierzu Bd. II dieser Enzyklopädie).

Freud hebt also die Schutz- und Trostfunktion als wichtigste hervor – darauf wird noch einzugehen sein – und weist der Religion außerdem eine normative Funktion zu. Dies letztere gibt Anlaß zu vermuten, daß die Entwicklung der Religiosität und dessen, was Piaget (1932) das moralische Urteil genannt hat, ursächlich verbunden sind. Ist moralisches Verhalten demnach als Bestandteil von Religiosität zu betrachten, oder, abgeschwächt formuliert, ist ein Zusammenhang zwischen Religiosität und moralischem Verhalten festzustellen?

Wenn man die Frage so weit faßt, ist leider das Fehlen empirischer Untersuchungen zu konstatieren; der genannte Zusammenhang läßt sich höchstens behaupten, indem man auf ethische Prinzipien als regelmäßig feststellbaren Bestandteil konkreter Religionen verweist. Zu der (im Sinne des vorigen Abschnitts engeren) Frage nach der Beziehung zwischen Kirchlichkeit und moralischem Verhalten liegen indes empirische Untersuchungen vor, über die zusammenfassend Wright (1967, 1971) berichtet hat. Ihm zufolge bestehen Unterschiede zwischen Kirchgängern und anderen vornehmlich in »geäußerter moralischer Überzeugung« (expressed moral belief), z. B. in der strikten Ablehnung einer hedonistischen, antiasketischen Lebensweise oder freizügiger sexueller Praktiken, wohingegen solche Unterschiede bezüglich »menschlich-mitfühlender Einstellung gegenüber Straffälligen und Menschen anderer Rassenzugehörigkeit« oder »Ehrlichkeit« (z. B. bei Tests, die man nur durch Mogeln lösen kann) nicht aufweisbar sind.

Auch im Lichte dieser Ergebnisse scheint es also besser, die Entwicklung der Religiosität nicht mit der des moralischen Verhaltens in eins zu setzen, sondern für sich zu behandeln.

DER WANDEL DER RELIGIOSITÄT IN DER ENTWICKLUNG

Kindheit

Die Religiosität des Vor- und Grundschulkindes erscheint als Ergebnis sozialer Lernprozesse: Trotz der oft zitierten »Entkirchlichung« erfährt der größte Teil der Kinder in unserer Gesellschaft eine mehr oder weniger intensive religiöse Erziehung (zumindest kennt jedes Kind andere, gleichaltrige Kinder, die religiös erzogen werden), und selbst Eltern, die keiner Kirche angehören, legen zuweilen Wert auf eine solche Erziehung.

Dabei steht zunächst die Übernahme kirchlicher Verhaltensgewohnheiten im Vordergrund. Neben den täglichen Übungen (z. B. vor dem Einschlafen zu beten) stehen die kirchlichen Feste, über deren Sinn das Kind zu Hause, aber auch im Kindergarten oder in der Schule informiert wird, zu denen es Lieder lernt und an denen es in der Regel erstmals zu einem Gottesdienst mitgenommen wird, sofern die Eltern selbst wenigstens gelegentliche Kirchgänger sind.

Religiöses Verhalten ist in besonderem Maße affektiv getönt. So sind beispielsweise die situativen Bedingungen des Gottesdienstes (großer, meist dunkler Raum, Kerzenlicht, Stille bzw. Orgelmusik und/oder Gemeindegesang, gemeinsames Gebet; feste, dem Kind nicht durchsichtige Verhaltensregeln, die von den Erwachsenen mit Ernst befolgt werden, usw.) geeignet, beim Kind Ergriffenheit (u. U. bis hin zu akuten Angstzuständen) auszulösen. Je nach der Bedeutung, die das Religiöse im Leben der Eltern einnimmt, kann es für das Kind zum Zentrum seiner Vorstellungswelt (besonders im Alter von fünf bis acht Jahren) oder nur gelegentlich aktualisiert werden. Allgemein wird von Kindern den Wertmaßstäben der Religion der höchste Rang zuerkannt.

Die Kenntnisse über die Inhalte der Religion hingegen sind im Kindesalter generell ungenau bis wirr. »Gott und Jesus werden häufig durcheinandergebracht, und die Vorstellungen von Gott sind meist sehr persönliche: Er wird daher um Nahrung, Kleidung, Spielzeug usw. gebeten ... Jesus wird als Beschützer angesehen: ›holt einen in den Himmel, wenn man immer brav ist‹, ›macht einen gesund, wenn man krank ist‹; und ein siebenjähriges Mädchen war fest davon überzeugt, daß Jesus Bonbons machte« (Merry, Merry 1950, 484).

Jugendalter

Der gesichertste Befund über die Religiosität im frühen Jugendalter (zirka zwölf bis fünfzehn Jahre) lautet: »Religiöse Werte werden mit zunehmendem Alter nicht mehr so positiv wie in der Kindheit eingestuft, und: dieser Entwicklungstrend wird durch Erziehungseinflüsse zeitlich hinausgeschoben« (Oerter 1969, 287). Oerter führt dazu zahlreiche Untersuchungen an; als Beispiel seien die Ergebnisse seiner eigenen Befragung von Würzburger katholischen Volks- und Berufsschülern genannt: Vor die Aufgabe gestellt, die von Spranger (1922) angegebenen sechs Wertrichtungen (religiös, sozial, ökonomisch, theoretisch, politisch, ästhetisch) in eine Rangfolge zu bringen, erkannten die elfjährigen Schüler dem Religiösen eindeutig den ersten Rang zu. Auch bei den Dreizehnjährigen stand der religiöse Wert noch durchschnittlich (es gab Abweichungen) an erster Stelle.

Die fünfzehnjährigen Berufsschüler hingegen setzten das Religiöse im Durchschnitt erst an die vierte Stelle (vgl. Oerter 1966). Dieser Abfall der Geltung religiöser Wertmaßstäbe im Alter von dreizehn bis fünfzehn Jahren (bei den Konfessionsschülern Oerters; andere Autoren geben etwas frühere Jahre an) kann damit erklärt werden, daß der Jugendliche, zumal wenn er ins Berufsleben eintritt, verstärkt mit anderen (besonders mit ökonomischen) Wertmaßstäben vertraut wird, denen gegenüber der religiöse geradezu als realitätsfern erscheinen kann. Festzustellen ist daher bei den meisten Jugendlichen, kirchlicher Jugendarbeit zum Trotz, ein kräftiges Nachlassen der Kirchlichkeit.

Noch bemerkenswerter als dieses Schicksal der Kirchlichkeit ist aber eine gegenläufige Entwicklung, die gleichfalls das Jugendalter prägt, obwohl sie im allgemeinen erst in dessen späterem Abschnitt, etwa ab fünfzehn oder sechzehn Jahren, deutlich wird. Es handelt sich dabei um eine nicht notwendig kirchliche Form der Religiosität, um ein existentielles Fragen, das eine neue, reflektierte Qualität von Religiosität anzeigt: das nämlich, was als die Formung der eigenen Identität bezeichnet worden ist (Erikson 1959; vgl. auch de Levita 1971). Schon Spranger (1925) hat auf diesen Sachverhalt hingewiesen und drei grundsätzliche Lösungsmöglichkeiten angesichts des Untergangs der kindlichen Religiosität beschrieben: 1. religiöse Gleichgültigkeit oder 2. eine eigenständige, nicht mehr an die religiöse Tradition der Kindheit anknüpfende Religiosität; schließlich 3. die Umgestaltung des traditionell überkommenen Glaubensgutes. Nicht erwähnt ist bei Spranger eine vierte Möglichkeit, die in letzter Zeit bedeutend (um nicht zu sagen: beängstigend) an Umfang zugenommen hat: der Bruch mit der tradierten Religion und zugleich – ohne eigene Gestaltung oder Umgestaltung – das totale Aufgehen in sogenannten »östlichen« oder sonstigen »Jugendreligionen«. Zu diesen zählen verschiedene Organisationen, u. a. die Hare-Krishna-Sekte, die »Vereinigungskirche« des Koreaners Mun, die Scientology »Sea Org«, die »Children of God«, die Anhänger des selbsternannten »Gottes« Bhagwan usw. (vgl. dazu Haack 1975). Hauptmerkmal dieser Organisationen ist die totale Unterwerfung und Ausbeutung der Jugendlichen, die sich ihnen anschließen. Hier liegt eine große Gefahr gerade für labile Jugendliche, denen in solchen Gemeinschaften nicht etwa zur Ausbildung einer persönlichen Identität verholfen wird, sondern die daran eben gehindert werden. Andere neue Formen der (tatsächlichen oder scheinbaren) Bewältigung der religiösen Krise des Jugendalters bestehen in der Hinwendung zu bestimmten meditativen oder auch am Rande der Psychotherapie angesiedelten Verfahren, die ebenfalls organisatorisch verankert sind. Auch das jugendliche »Ausreißen« kann in diesen Zusammenhang der Identitätssuche gestellt werden (vgl. den Beitrag von S. Arnecke in Bd. XII).

Erwachsenenalter

Beim berufstätigen Erwachsenen treten die »existentiellen« Fragen im allgemeinen zurück, teils weil sie als – zumindest vorläufig – gelöst gelten, teils weil sie von den Problemen des Alltags zurückgedrängt werden. Nur in Lebenskrisen (wofür neuerdings das verzerrende Etikett »midlife crisis« in Mode gekommen ist) bricht dieses grundlegende Fragen wieder durch, ohne daß es sich deshalb offen als »religiöses« erkennbar zeigt. Insbesondere schmerzhafte Trennungserlebnisse, z. B.

durch Tod eines nahen Angehörigen, geben zu solchen Aktualisierungen Anlaß; doch auch extreme Lebensumstände (bei Soldaten im Krieg sind solche Phänomene beschrieben worden, vgl. Stouffer u. a. 1949).

Erst im höheren Lebensalter ist wieder eine allgemeine Belebung von (nun auch »offener«, z. B. als Kirchlichkeit kenntlicher) Religiosität zu verzeichnen, ausgelöst durch das Ausscheiden aus dem Berufsleben und der nun immer kürzer werdenden Lebenserwartung, die zur Reflexion über die Vergänglichkeit der eigenen Existenz und den Sinn des eigenen Lebens anregt. Hinzu kommt die Einschränkung der sozialen Beziehungen im hohen Alter. Kirchlichkeit kann daher bei alten Menschen auch eine Funktion im Kampf gegen Vereinsamung erhalten.

DIE WURZELN DER RELIGIOSITÄT

Unsere Skizze derjenigen Phänomene, welche die Entwicklung der Religiosität im Laufe des Lebens anzeigen, bliebe unvollständig ohne die Frage nach den ontogenetischen Wurzeln der Religiosität: Woher kommt sie, worin gründet sie sich? Reduziert man Religiosität auf Kirchlichkeit, so fügt sich die Erklärung zwanglos dem Modell der kindlichen Sozialisation; Kirchlichkeit erscheint dann als Produkt sozialen Lernens, als wesentlich anerzogen. Die aufgezeigte Entwicklungsfolge: Übernehmen kirchlich-ritueller Verhaltensweisen, Verbindung dieser Handlungen mit spezifischen affektiven Gehalten, Erlernen von Kenntnissen über zumindest eine Religion bzw. Konfession, schließlich kritische Ablösung von der erworbenen religiösen Tradition – diese Folge entspricht ganz den zu erwartenden Ergebnissen von religiöser Erziehung in der Kindheit und deren nachlassender Wirkung angesichts des Einflusses beruflicher Sozialisation. Gleichwohl bleibt diese Erklärung dem Konstrukt der Religiosität äußerlich, erklärt nur die konkretisierte, die kirchliche Ausformung von Religiosität.

Religiosität in dem zu Anfang definierten, umfassenden Sinn – als das grundsätzliche Fragen, das in der Religion seine positive Antwort findet – scheint demgegenüber geradezu spontan und autochthon in der Entwicklung des Individuums hervorzutreten. Charakteristischerweise vollzieht sich dieser Vorgang, dessen auffälligste Manifestationen hier in den Zusammenhang der Identitätskrise gestellt wurden, nicht im bloß Kognitiven. Das, was Religiosität ausmacht, nämlich: zu glauben, ist nicht nur (und vielleicht sogar weniger) ein Für-wahr-Halten, sondern erscheint verbunden mit Zuversicht, wird erlebt als das, worin die Person ruht, ist »Heimat«, Grund und Ziel der Hoffnung zugleich (Bloch 1959). Schon Schleiermacher hatte betont: »Ihr Wesen (sc. der Religion) ist weder Denken noch Handeln, sondern Anschauung und Gefühl« (1799, 50), wobei ihm die religiösen Gefühle durch das Bewußtsein »schlechthinniger Abhängigkeit« von Gott (^{2}1830/31, § 4) gekennzeichnet schienen. Wer ihm darin nicht folgen will, sei daran erinnert, daß auch Freud die Schutz- und Trostfunktion der Religion besonders hervorgehoben hat.

Freud war es auch, der den Versuch unternahm, die Wurzeln der menschlichen Religiosität aufzuspüren. Da er Religion als kulturelle Erscheinung faßte, war er aber mehr an der Erhellung der Phylogenese der Religiosität interessiert (vgl. »Totem und Tabu«, 1912; erklärende Hypothesen über die Religiosität in ontogenetischer Perspektive sind daher nur am Rande und eher durch Erschließen aus seinem Werk zu gewinnen. Besonders bedeutsam ist für einen solchen Versuch seine Schrift »Die Zukunft einer Illusion«, 1927). Unterzieht man sich dieser Aufgabe, so läßt sich festhalten:

Als grundlegend für die Entstehung der Religion beim Individuum (wie auch – auf die Phylogenese rückprojiziert – in der Gesellschaft) sieht Freud in erster Linie das Schuldgefühl an, das als Reaktion auf den ödipalen Doppelwunsch (die Mutter zu erringen und den Vater zu töten) verstanden werden muß. Lebensgeschichtlich wäre dieser Vorgang, der zugleich das Über-Ich durch den Untergang des Ödipuskomplexes hervorbringt, frühestens in das dritte bis vierte Lebensjahr des Kindes zu datieren. Das massive Schuldgefühl ist dabei als Reaktion nicht auf den bloßen Wunsch hin zu verstehen, sondern auf die vom Kind (via »magisches Denken«) phantasierte Erfüllung des Todeswunsches, verbunden mit der Vorstellung vom allmächtigen Vater, der sich dafür (durch die Kastration des Knaben – nur für ihn ist Freuds Theorie ausgeführt) rächen kann.

Diese Theorie erklärt mit ihrem Hauptprinzip »Schuldgefühl« allerdings nur eine der von Freud selbst angegebenen Funktionen der Religion, die moralische nämlich. Denn das Produkt des Untergangs des ödipalen Konflikts, die fundamentalen Tabus (Tötungs- und Inzestverbot), stellen nach Freud sowohl den Kern des Über-Ichs als auch die Grundlage aller Religion dar. Die Befriedigung der Wißbegierde und insbesondere die Erfüllung des kindlichen Schutzbedürfnisses durch die Religion werden hingegen von Freuds Erklärung nur unbefriedigend gedeckt; vor allem erscheint unzureichend, daß Freud die Bedeutung des Vaters (etwa gegenüber der Mutter) zu stark akzentuiert: »Denn dieselbe Person, der das Kind seine Existenz verdankt, der Vater, hat auch das schwache, hilflose, allen in der Außenwelt lauernden Gefahren ausgesetzte Kind beschützt und bewacht; in seiner Obhut hat es sich sicher gefühlt ... Die affektive Stärke dieses Erinnerungsbildes und die Fortdauer seiner (sc. des Menschen) Schutzbedürftigkeit tragen miteinander seinen Glauben an Gott« (Freud, XV, 175 f).

Überzeugender scheint dagegen der Versuch Eriksons, speziell die Schutzund Trostfunktion der Religion zu erklären und zugleich die Ontogenese der Religiosität in die früheste Phase der Kindheit zu verlegen. Nach Eriksons Theorie der psychosozialen Entwicklung, deren Phasen er den psychosexuellen Entwicklungsphasen an die Seite stellt (vgl. den Beitrag von E. C. Adams in Bd. III dieser Enzyklopädie), ist dies die Mutter-Kind-Beziehung in der oralen, durch das Stillen des Säuglings charakterisierten Phase. Hier setzt Erikson die erste psychosoziale Krise an, deren positives Ergebnis die Entstehung des »Urvertrauens« beim Kinde ist: »Das Urvertrauen ist der Eckstein der gesunden Persönlichkeit« (Erikson 1959, dt. Ausg., 62). Solches Urvertrauen bildet sich aus, so kulturell genormte kognitive Schemata (»ein Begriff der Mutterschaft, der mit einer vertrauenswürdigen sozialen Umwelt geteilt wird; ein alles umfassendes Weltbild, das Vergangenheit, Gegenwart und Zukunft in einer überzeugenden Grundform der Vorsorge zusammenhält«; 1964, dt. Ausg., 105) mit der positiven Erfahrung der Mutter, selbst einmal bemuttert worden zu sein, zusammenkommen.

In seiner Arbeit über die »Grund-Tugenden« (in: 1964) hat Erikson das Urvertrauen als die Quelle der menschlichen Hoffnung qualifiziert. Diese wird ihm zum vermittelnden Begriff zwischen Urvertrauen und Religiosität: »Hoffnung ist die ontogenetische Grundlage des Glaubens und wird durch den erwachsenen

Glauben genährt, der die Grundformen der Fürsorge durchtränkt« (1964, dt. Ausg., 105). Diese Zeit der intensivsten mütterlichen Zuwendung, die Spitz (1965) so eindrucksvoll beschrieben hat und die wohl besser als mit der Freudschen Bezeichnung »primärer Narzißmus« durch den von Margaret Mahler (1969) geprägten Begriff »symbiotische Phase« gekennzeichnet wird, entscheidet darüber, ob die fundamentalen Bedürfnisse des Menschen nach Schutz und Geborgenheit befriedigt werden. Wie Erikson deutlich macht, ist die Entstehung des Urvertrauens abhängig von dem »erwachsenen Glauben« der Mutter. Es geht also um die Weitergabe der Religiosität, nicht darum, sie zu erzeugen – letztlich also um soziales Lernen auf einer ursprünglich-ganzheitlichen Ebene. Diese Religiosität bedarf keiner bestimmten (etwa kirchlichen) Festlegung, wenngleich nach Erikson zu beobachten ist: »Der Glaube der Eltern, der das im Neugeborenen keimende Vertrauen unterstützt, hat stets im Verlauf der Geschichte seine institutionelle Sicherung in einer organisierten Religion gesucht« (1950, dt. Ausg., 224).

Indem Erikson die Schutz- und Trostfunktion der Religion thematisiert (und damit auch verstehbar macht, daß Religion Möglichkeiten zur positiv zu wertenden Regression in Lebenskrisen bereitstellt), ergänzt er nicht nur Freuds Religionstheorie an deren schwächster Stelle, sondern erschüttert sie grundlegend. Freuds Interesse, Religion-Haben als eine sekundäre Verfaßtheit des Menschen zu erweisen und den Kampf gegen die Religion als Kampf für die Befreiung des Menschen von ihr zu betreiben, hat historisch notwendig das gegen ihn gerichtete Interesse zur Geltung gebracht, Religiosität als dem Menschen wesentlich Eigenes darzustellen; dieses Interesse hat Erikson artikuliert, indem er die ontogenetischen Wurzeln der Religiosität in der ersten zwischenmenschlichen Beziehung findet.

Auch Eriksons Theorie enthält ein über die Ontogenese hinausweisendes Element: Das Urvertrauen entsteht ja nicht im Rahmen einer Mutter-Kind-Beziehung »jenseits« oder »vor« aller Religion, sondern wird gerade durch den »erwachsenen Glauben« vermittelt. Erikson bescheidet sich also damit, die Ontogenese der Religiosität auf der Grundlage der als vorgängig gesetzten Religion zu erklären. Die Phase der symbiotischen Beziehung bezeichnet lediglich den zeitlichen und psychodynamischen Rahmen, innerhalb dessen die Weitergabe des Glaubens an das Individuum beginnt, und befördert durch die Darstellung der Folgen ihres Mißglückens (»Urmißtrauen«) die Erkenntnis, daß der Mensch Religiosität nötig hat, um sein Leben zu leben. Erikson liefert somit das Korrelat zur eingangs genannten anthropologischen These von der »Weltoffenheit« des Menschen, dessen »unendliche Angewiesenheit ... ein Gegenüber jenseits aller Welterfahrung« voraussetze (so der Theologe Pannenberg 1962, 11): das Korrelat einer Theorie der Entwicklung von Religiosität, die sich, kritisch gegenüber theologischer Deutung, explizit auf Welterfahrung bezieht.

LITERATUR

BLOCH, E.: Das Prinzip Hoffnung, I–III. Frankfurt/M.: Suhrkamp 1959

ERIKSON, E. H.: Childhood and society. New York: Norton 1950. Deutsch: Kindheit und Gesellschaft. Stuttgart: Klett 1957

Identity and the life cycle. Psychological Issues 1/1, 1959. Deutsch: Identität und Lebenszyklus. Frankfurt/M.: Suhrkamp 1966 a

Insight and responsibility. Lectures on the ethical implications of psychoanalytical insight. New York: Norton 1964. Deutsch:

Einsicht und Verantwortung. Die Rolle des Ethischen in der Psychoanalyse. Stuttgart: Klett 1966 b

FREUD, S.: Totem und Tabu (1912). G. W. IX

Die Zukunft einer Illusion (1927). G. W. XIV

Neue Folge der Vorlesungen zur Einführung in die Psychoanalyse (1933). G. W. XV

GEHLEN, A.: Der Mensch. Seine Natur und seine Stellung in der Welt (1940). Frankfurt/M.: Athenäum [9]1971

HAACK, F. W.: Neue Jugendreligionen. München: Evang. Presseverband 1975

LEVITA, D. J. DE: Der Begriff der Identität. Frankfurt/M.: Suhrkamp 1971

LUHMANN, N.: Religion als System. Thesen. In: K.-W. Dahm, N. Luhmann, D. Stoodt (Hg.): Religion: System und Sozialisation. Darmstadt, Neuwied: Luchterhand 1972, 11–13

MAHLER, M. S.: On human symbiosis and the vicissitudes of individuation. Bd. I: Infantile psychosis. London: Hogarth 1969. Deutsch: Symbiose und Individuation. Stuttgart: Klett 1972

MERRY, F. K., MERRY, R. V.: The first two decades of life. New York: Harper 1950

OERTER, R.: Die Entwicklung von Werthaltungen während der Reifezeit. München, Basel: Reinhardt 1966

Moderne Entwicklungspsychologie. Donauwörth: Auer 1969

PANNENBERG, W.: Was ist der Mensch? Die Anthropologie der Gegenwart im Lichte der Theologie. Göttingen: Vandenhoeck & Ruprecht 1962

PIAGET, J.: Le jugement moral chez l'enfant. Paris: Alcan 1932. Deutsch: Das moralische Urteil beim Kinde. Zürich: Rascher 1954

RENDTORFF, T.: Zur Säkularisierungsproblematik. Über die Weiterentwicklung der Kirchensoziologie zur Religionssoziologie. In: Internationales Jahrbuch für Religionssoziologie, 2, 1966, 51–72

SCHELER, M.: Die Stellung des Menschen im Kosmos. München: Francke 1928

SCHLEIERMACHER, F. E. D.: Über die Religion, Reden an die Gebildeten unter ihren Verächtern. Berlin: Unger 1799

Der christliche Glaube nach den Grundsätzen der evangelischen Kirche im Zusammenhange dargestellt. Berlin [2]1830/31

SPITZ, R. A.: The first year of life. A psychoanalytic study of normal and deviant development of object relations. New York: International Universities Press 1965. Deutsch: Vom Säugling zum Kleinkind. Stuttgart: Klett [2]1969

SPRANGER, E.: Lebensformen. Geisteswissenschaftliche Psychologie und Ethik der Persönlichkeit. Halle: Niemeyer 1922

Psychologie des Jugendalters. Leipzig: Quelle & Meyer 1925

STOUFFER, S. A., LUMSDAINE, A. A., LUMSDAINE, M. H., WILLIAMS, R. M., SMITH, M. B., JANIS, I. L., STAR, S. A., COTTRELL, L. S.: Studies in social psychology in World War II. Bd. I: The American soldier: Combat and its aftermath. Princeton: Princeton University Press 1949

STRUBE, G.: Zur Ontogenese der Religiosität. Magisterschrift, Universität München 1973

WRIGHT, D.: Morality and religion: A review of empirical studies. Rationalist Annual, 1967, 26–36

The psychology of moral behaviour. Harmondsworth: Penguin 1971

MYTHOS, MYTHOLOGIE UND RELIGION

von Karl A. Wipf

Mythos ist Wort, und gesprochenes Wort wirkt. Alltäglich belanglos Dahergeredetes zeitigt entsprechend den Nichtigkeiten des Geäußerten und der Beschränktheit des Sprechenden nur höchst bedingt Wirkung. Die Wirkung des Wortes erhöht sich gemäß der dem Sprecher verfügbaren Macht und Kraft, die u. a. von dessen sozialer Stellung und damit Verantwortung abhängt (Ältester, Häuptling, Magier, Priester), da die Annahme besteht, daß in Verbindung mit größerer Machtfülle das Gesprochene auch sinnhafter sei. Jede menschliche Macht aber ist begrenzt. Über unbegrenzte Macht kann nur ein omnipotentes Wesen (Gottheit) verfügen, und nur dessen Wort allein könnte unbeschränkt *verbum efficax* sein.

Die Wirkung, die machtvolles Wort hervorbringt, wird in einer nichtnaturwissenschaftlichen Weltsicht als ein Akt der Magie aufgefaßt.

Die Sprache ermöglicht, das Phänomen Umwelt und zugleich die Innenwelt, die maßgeblich durch die äußere bestimmt wird, seelisch-geistig zu bewältigen. Außen- wie Innenwelt erscheinen zunächst als Chaos, d. h. als ein Durcheinander, in dem alles jederzeit überall möglich ist. Das Symbol des Chaos ist die totale Finsternis (vgl. die Darstellungen in »Genesis« 1; in den »Anales« der Cakchiquel[1]; im »Popol Vuh« der Quiché[2]; im Mythos von Rangi und Papa bei den Maori[3] u. a.).

Um sich Lebensraum, d. h. Raum zum Leben zu schaffen, muß in dieses Chaos Licht gebracht werden, da es Voraussetzung für die Unter-Scheidung der Dinge ist. Erst dann kann es gestaltet und geordnet werden. Ein Kosmos wird angelegt, da nur in einem solchen die Menschen gedeihen können. Seine Gestaltung erfährt der Kosmos auf der materiell-realen Ebene durch die planvoll geordnete Anlage eines Aufenthaltsplatzes (Haus, Rodung, Siedlung). In ihr verwirklicht sich der Mensch selbst, indem er dem Wohnplatz diejenige Gestalt gibt, die seiner Idee der Ordnung am adäquatesten ist. Die sprachliche Bewältigung der chaotischen Umwelt im Hinblick auf einen Kosmos beginnt mit der Bezeichnung markanter Punkte (Sonnenaufgang und -untergang, auffällige Erscheinungen jeder Art in der Natur). Bezeichnung und Namengebung sind ein Herausrufen eines Bestimmten aus dem Unbestimmten und insofern ein magischer Akt, als erst dadurch das Genannte Form und Wesen, seine Individualität erhält. Gleichzeitig bricht das Koordinatensystem von Raum und Zeit auf und fixiert das Genannte in seinem Netze.

Damit hat der Kosmos im Chaos seinen Ur-sprung (Gebser 1949, Bd. I) gefunden. Nach und nach wird er, dem Bedürfnisse entsprechend, in allen Bereichen ausgebaut. Der Bezugspunkt, von dem aus die Ordnung vorgenommen wird, ist von selbst die Mitte. Das Ordnen selbst ist eine rituelle Handlung, die den Kosmos, das, was Welt genannt wird, konstituiert. Die menschliche Gemeinschaft, die in dieser festgesetzten Ordnung lebt, betrachtet sich deshalb als am Nabel der Welt, d. h. im Zentrum der Welt befindlich (symbolisch z. B. durch den Weltbaum dargestellt). Diese Welt ist ein Natur- und Sozialkosmos (Maag 1961, 1965, 1966). Darunter ist diejenige Einheit der Ordnung oder der Lebensraum zu verstehen, in der die Gruppe derer lebt, die sich »Menschen« nennen.

Die menschliche Kosmoskonstituierung wird als am Ur-sprung von Zeit und Raum durch ein numinoses Wesen vorgenommen betrachtet und als eine Geschichte im Sinne des lateinischen Wortes *fā-bula (< fā-ri)* (vgl. Pettazzoni 1976) erzählt. Der Kosmos, ständig vom Chaos umgeben, von diesem auch stets bedroht, muß periodisch in seiner Funktion bestätigt bzw. neu gebaut, revitalisiert werden. Die Erneuerung kann durch Rezitation der am Ur-sprung geschehenen Ereignisse erfolgen, denn die Magie des Wortes bewirkt bei jeder solchen Rezitation den Bau der Welt wieder, wobei unter Rezitieren der mündliche Vortrag verstanden sein soll. Eine Geschichte, der solche Wirkung und Macht innewohnt, wird von Menschen archaischer Kulturen als *wahre* Geschichte empfunden und soll *Mythos* heißen (Pettazzoni 1976). Dieser ist Grundlage des Kosmos, der Kosmos umgekehrt aber auch Grundlage des Mythos. Damit sind vom Ursprung an grundsätzlich Mythos, Kosmoskonstituierung und kosmoskonstituierendes Ritual eins.

Fragt man nach der Legitimation der mythischen Wahrheit, so ist in einer mythischen Weltsicht keine rational-logische Begründung zu erwarten. Vielmehr wird der Erzähler sagen: »Unsere Väter, unsere Großväter sagen ...« (z. B. die Cakchiquel), oder die Begründung beruht in der Selbstverständlichkeit eines: »Es ist so, weil man sagt, daß es so ist« (z. B. Eskimo; vgl. Pettazzoni 1976).

Der Mythos erzählt allerdings nicht allein Kosmogonien und Kosmologien, sondern berichtet von allen Ereignissen überhaupt, die sich am Ur-sprung begaben und vom Ur-sprung her waren. Neben Nachrichten von göttlichen Wesen hat vor allem das gesamte Stammesbrauchtum seine Gültigkeit von jenem Ur-sprung her und ist darum Gegenstand mythischen Sagens. Hierzu gehören Riten zur Sicherstellung der Ernährung, wie Jagd, Fischfang, Feldbestellung und damit verknüpft die Schaffung eines speziellen Agrarkalenders (z. B. Tzolkin der Maya[4]), oder Riten, die das menschliche Leben gliedern, wie Geburt, Heirat, Altersklassen-Initiation, Bestattung, aber auch Riten zur Heilung von Krankheit, zur Kriegführung, Häuptlingswahl, Anlage und Bau von Siedlungen u. a. m.

Als Träger und Wirker von Macht ist der Mythos sakrale Größe und, solange ihm diese ursprüngliche Sakralität zukommt, profaner Erzählfreude entzogen. Der Mythos unterliegt seinem Inhalt, seiner Form und dem Zeitpunkt seiner Rezitation nach einem Tabu, damit er vor jeder willkürlichen Veränderung bewahrt und somit Form und Inhalt fixiert seien. Der Ur-sprung hat sich so und nicht anders ereignet, als er rezitiert wird. Bei gewissen Stämmen wird der Vortragende von den Zuhörern buchstäblich »zu-recht«gewiesen, wenn ihm auch nur der geringste Eingriff, und sei er auch unbeabsichtigt, in die Überlieferung unterläuft (z. B. bei den Haussa[5]; vgl. Pettazzoni 1976). Da dem wahren Mythos magische

Kraft innewohnt, die bei der Rezitation freigesetzt und wirksam wird, ist die Tabuierung seines Inhaltes verständlich, weil sonst der Kosmos gefährdet würde; denn was im Mythos gesagt ist, geschieht bei seinem Verlauten.[6] Durch die Rezitation wird am Ur-sprung Geschehenes im Sinne des Wortes ver-gegenwärtigt, d. h. wiederum wirklich gemacht. Auf diese Weise erhält die Gegenwart aus der Vergangenheit ihre Legitimation und Kraft und wird zur Grundlage einer gesunden Zukunft. Gleichzeitig wird die vom Ur-sprung wegführende Zeit in den magischen Zirkel des zeitlichen Zyklus gebunden.

Der Mythos ist sakrale Größe, seine Rezitation daher sakrale Handlung und als solche Bestandteil des Rituals (ritueller Akt). Das Ritual, in den Tiefen archaischen Wesens wurzelnd, ist ein Symbol für die weitgehend durch den Instinkt bestimmte Art und Weise, wie man sich bei gewissen Gelegenheiten verhält. Rituale sind Bestandteile des Kultes. Kult wiederum ist, kurz gesagt, sinnenfälliger Ausdruck des menschlichen Verhaltens zum Kosmos (Jensen 1960).

Der Mythos wird anläßlich bestimmter Gelegenheiten innerhalb eines Rituals unter Beobachtung bestimmter Vortragsregeln rezitiert, gesungen oder gespielt (Tanz, dramatische Darstellung). Die Rezitation erfolgt vorzüglich in metrischer Gestaltung. Metrische Formgebung unterlegt dem Rezitierten einen verbindlichen Rhythmus. Oft tritt ein Schlaginstrument (Trommel, Handpauke) zur Verstärkung des Rhythmus oder ein Instrument (Flöte, Saiteninstrument) zur Untermalung der Worte hinzu. In zweierlei Hinsicht wirkt so die Musik als Potenzierung der vom Mythos bewirkten Gestaltungsmagie. Einerseits durch die Harmonie, die nicht nur den menschlichen Zuhörer, sondern die ganze mithörend gedachte Mitwelt »bezaubert« (Orpheus), und andererseits durch den Rhythmus. Rhythmus bedeutet Wiederholung, ist Summierung von Kraft (Mana, *δύναμις*). Der Rhythmus ist das Bändigende, das die Melodie an eine Ordnung bindet und auf diese Weise immateriell Kosmos gestaltet. Dieser Gestaltungsvorgang zieht die materielle Umwelt gleichsam in seinen Machtbereich herein und wird so zur kosmosschaffenden Energie. Wo nun der Mythos nicht nur ausgesungen, sondern zugleich ausagiert oder ausgetanzt wird, da ereignet sich schon in der Sphäre humanen Verhaltens das Hinübergleiten von immaterieller in materielle Kosmoswerdung (Tanz der aufgehenden Sonne, Popol Vuh, Quiché; vgl. Wipf [unveröffentlicht]). Daher ist der Vortrag des Mythos völlig ritualisiert und an den sakralen Ort, die sakrale Zeit und die sakrale Person gebunden.

Was Mythos rezitierende, Mythos singende und ihn austanzende Menschen vollziehen, sind selber Schöpfungsakte. Die Agierenden nehmen dabei an der Erneuerung der von den Göttern gesetzten Urordnung teil, sie er-leben und leben den Mythos und werden darum *in actu* über ihr alltägliches Menschsein emporgehoben (Graderhöhung des Menschen). Verständlich, daß der Mythos selbst und die, die ihn rezitieren und agieren, von Tabuierungen umgeben sein müssen. Diese erlauben seine »Darstellung« nur in bestimmter Form im Schnittpunkt einer bestimmten Raum-Zeit-Konstellation durch eine bestimmte Person (Personen) vor einem bestimmten Kreise. So kann ein Neujahrsmythos ausschließlich nur am Neujahrsfest rezitiert werden (z. B. Enūma-elīš anläßlich des Akītu-Festes[7]; vgl. dazu auch das Neujahrsritual bei den Yucateken[8]). Ähnliches gilt für Mythen, die nur nachts oder nur zu einer bestimmten Jahreszeit erzählt werden dürfen oder bestimmten Örtlichkeiten vorbehalten sind. Falscher Wortlaut, regelwidrige Gestik beim Vortrag können die beabsichtigte Wirkung der Mythenrezitation gleichfalls in Frage stellen, genau wie andere fehlerhafte rituelle Handlungen im Sinne des Wortes ungültig werden oder gar Gegenteiliges bewirken. Mythen müssen daher in jedem Belange *rite* dargestellt werden.

Mythen sind auch nicht unbedingt Allgemeingut. Oft sind sie esoterisch, d. h. einem bestimmten Kreis von Wissenden vorbehalten. Zu diesem zählen dann z. B. alle erwachsenen Männer des Stammes, oder die Mythen sind nur den Frauen oder nur den Schamanen (z. B. Bewahrer der heiligen Pfeife bei den Sioux) oder einer speziellen, ausgewählten Kultgemeinde (Eleusinien[9] u. a.) bekannt und stellen eine Art Geheimwissen dar.

Der Mythos wird aber, wie bereits gezeigt, nicht nur rezitiert, sondern auch dargestellt. Die am Anfang stehende einfache mimische Repräsentation des Rezitierten (Stimmodulation, Gebärde, eventuell spezielle Kleidung) führt zum kultischen Spiele. Dieses ist Imitation nicht nur der im Mythos handelnden Person(en), sondern auch seines Handlungsablaufes. Das ist nicht leere Maskerade, sondern Wiederholung von Ur-sprungs-Geschehen, ist echte mystische Partizipation. Der Akteur *ist*, was er »dar-stellt« (z. B. eine Gottheit), die Handlung *ist* das imitierte Ur-sprungs-Geschehen (z. B. die Taten des Kulturbringers). Die Verkleidung (Gewänder, Masken usw.) und der charakteristische Gestus verwandeln die Person des Verkleideten. Eine andere Persönlichkeit hat von ihm Besitz ergriffen, und er lebt diese andere Existenz. Und insofern Darsteller und Darstellung Wirklichkeit und Wahrheit sind, reaktualisieren sie magisch das Ursprungsgeschehen.

Der Ablauf des Mythos ist nicht in der tödlichen Starre der rationalen Logik befangen, sondern folgt oft einer voluntativen oder affektiven »Logik«, ist aber stets sinnvoll (Jensen 1960). Gleich den Ereignissen, von denen der Mythos erzählt, ist er selbst ein Phänomen und muß zunächst so genommen werden, wie er verlautet. Der Mythos wird geboren aus stämmisch-völkischer Eigenart und mentaler Verarbeitung der Gegebenheiten, in denen der mythenerzählende Stamm lebt. Diese Bestimmung hat ihre Konsequenzen. Der Wahrheitsgehalt des Mythos, auf dem seine Mächtigkeit beruht, bleibt nämlich nur so lange unangetastet, als er in der Umgebung belassen wird, aus der er erwuchs. Tritt völkische Veränderung ein (Zusammenschluß verschiedener Stämme oder Unterwerfung mit nachfolgender Integration von Fremdelementen, Auswanderung des mythensagenden Volkes in eine andere Umgebung, Übertritt in einen anderen Kulturhorizont), so verliert der Mythos seinen Wahrheitsgehalt zumindest teilweise, denn der Kosmos, die gesamte Ordnung des erzählenden Stammes verändert sich. Die alte Welt geht aus den Fugen und wird im Hinblick auf die neuen Verhältnisse umgebaut. Die »neue« Welt findet im alten Mythos ihren Spiegel nicht mehr.

Der Mythos kann nun vom veränderten Kosmos her neu gedeutet und unter Abstoßung der der neuen Situation inadäquaten Mythologeme umgebaut werden (z. B. bei den Cakchiquel, bei denen die einst positive Qualifikation ihres früheren nomadischen Daseins nach Eintritt in den ackerbäuerlichen Kulturhorizont einfach zur »Nacht«, zum »Chaos« wurde). Damit behält der Mythos einen Teil seines Wahrheitsgehaltes. Dennoch überliefert die Tradition Züge, die aus dem veränderten Weltbild nicht mehr erklärbar sind. Es sind Leerstellen im Mythos. Wird der Mythos überhaupt nicht mehr mit neuem Gehalte gefüllt, so ersetzt ihn ein den neuen Verhältnissen Rechnung tragender Mythos. Der erstere sinkt zum unverbindlichen Fabulieren ab. Ebenso zerfällt in einer nicht mehr mythenschöpferischen Welt der Rationalisierung und Relativierung das magische Weltverständnis und macht einem rationalen bzw. mechanistischen Verständnis Platz (z. B. Übergang von mythischer zu naturwissenschaftlicher Weltsicht bei den Vorsokratikern). Zwar ist der Mythos seinem verbalen Inhalt nach noch bekannt, verliert aber in einer nicht mehr kollektiv am hergebrachten Kult interessierten Gesellschaft seine kultische Tabuierung und die ihm einst innewohnende magische Mächtigkeit. Er wird zur bloßen, kaum mehr ernstgenommenen Mitteilung über einst *illo tempore* ( ) erfolgte Geschehnisse. Damit ist es zusammen mit seiner Effizienz auch um seine Wahrheit geschehen (vgl. dazu Euhemeros[10], ca. 300 v. Chr., oder Saxo Grammaticus[11], 12. Jh. n. Chr., in deren Werken die Götter als Könige oder Heroen der Vorzeit gedeutet werden). Als Mythen, die ihrer kultischen Tabuierung entkleidet und ihrer einstigen Kultmagie entleert waren, hat die klassische Antike die griechische Mythologie weitergegeben.

Die Folgeerscheinungen namentlich im literarischen Bereich sind kurz zu streifen. Der Mythos vereint in sich die drei grundlegenden Elemente des Poetischen: das Lyrische, Epische und Dramatische (Novalis ³1977; Staiger 1966). Lied, Hymnus, Gebet und Gedicht sind die literarischen Ausformungen des dem Mythos innewohnenden lyrischen Elementes; das Epos, später Roman und Heldenlied sind Gestaltwerdung der epischen Komponente; der dramatische Zug führt zur Schaubarmachung des Mythos innerhalb des Rituals als kultisches Spiel. Daraus entwikkelt sich das Kultdrama, ein Spiel, das Rezitation, Gesang, Musik, Tanz und Bild in eins zusammenfaßt (z. B. Kultdrama von Horus und Seth, Ägypten[12]). Ihm entwächst das nicht mehr streng lokal und temporal fixierte Schauspiel, das, seines sakralen Gehaltes zum Teil verlustig gegangen, nicht mehr fest im Ritual eingebaut ist (z. B. klassische griechische Tragödie; Rabinal Achi[13], Quiché; Ollantay[14], Inka). Es stellt zwar mythologische Begebenheiten dar, ist aber nicht mehr Mythos. Schließlich findet sich das Drama in völlig profaner Umgebung als reines Schau-Spiel wieder.

Lieder, Epen und Schauspiele bilden Erweiterungen, Umgestaltungen, Fortsetzungen und Neuerfindungen zur gegebenen mythischen Welt. Aus Chaoskampfmythen entstehen z. B. Heldenlieder und -romane; aitiologische Erzählungen versuchen alles Mögliche und Unmögliche mythisch zu erklären und geben sich als Mythen aus; Göttergeschichten, Anekdoten und Schwänke schildern Handeln und Wirken der göttlichen Wesen menschlich-allzumenschlich u. a. m. Durch die Herauslösung aus der sakralen Einbezogenheit gehen die Geschichten ihrer Sakralität verlustig, die Tabuierung fällt, und sie werden für den Erzähler frei verfügbar. Diesem bleibt unbenommen, Änderungen nach Belieben vorzunehmen; denn diese Geschichten entbehren nun ja der magischen Kraft und Wirkung und sind vom wahren Mythos aus gesehen un-sinnig, d. h. ohne Sinn (Jensen 1960).

Derart sinnlose, »unwahre« Geschichten werden von vielen Völkern (z. B. den Pawnee[15]) *falsche* Geschichten genannt (Pettazzoni 1976). Die Gesamtheit der falschen mythischen Erzählungen bildet die Mythologie, die zu Recht auch als Mythenrest angesprochen wird.

Mythos wie mythologische Erzählung nehmen auf die Seinsordnung des Kosmos Bezug. Der Mythos aber *bewirkt* diese Weltordnung, die Mythologie *beschreibt* diese nur. Ersterer ist unantastbar, letzterer dagegen treibt im Volksmund

und unter der Hand des Dichters farbenprächtige, oft merkwürdige Blüten. Hingegen versucht die Theologie der Priesterschaft, die Mythologie zu systematisieren und in einen zufriedenstellenden, logischen Zusammenhang zu bringen. Diese beiden gegensätzlichen Strömungen entfernen die kanonisch priesterlichen von den mehr apokryphen volkstümlichen Varianten. Aber ob theologisch funktionalisiert oder volkstümlich phantasiert, sie bleiben falsche Geschichten, sind Mythologie.

Es wäre darum gut, wenn sich die Wissenschaft terminologisch einigen könnte, Mythos und Mythologie begrifflich voneinander zu trennen. Der Terminus *Mythos* wäre der im pettazzonischen Sinne oben dargelegten »fa-bula«, dem magisch mächtigen, streng ans Ritual gebundenen und wie jedes Kultereignis tabuierten Reden vom Ur-sprung vorbehalten, während unter *Mythologie* die ihrer rituell-magischen Funktion entfremdeten Sprech- und Vorstellungstraditionen zu verstehen wären. Der Übergang vom Mythos zur Mythologie markierte dann zugleich den Übergang von einem religiös-kultischen zu einem spielerisch-erzählenden Reden.

Der Kult als sinnenfälliger Ausdruck menschlichen Verhaltens zum Kosmos erweist sich als dem Mythos engstens verbunden. So sind Kulthandlungen manchmal nichts anderes als dramatische Aufführungen mythischer Vorgänge (Jensen 1960), oder aufgrund einer rituellen Handlung bildet sich ein Mythos, der diese in einer bestimmten Form fixiert. Im Kult wie im Mythos kommt das gesamte sozialkosmische Geschehen zur Sprache. Im Kultgeschehen werden die Existenzgrundlagen aus der alltäglichen Selbstverständlichkeit herausgehoben, in die Mitte gestellt und bewußtgemacht. Die Ordnung, die dabei offenbar wird, ist ebenso »wahr« wie der Mythos. So ist kultische Begehung Ausübung von magischer Wirkung und zugleich (mystische) Verwirklichung, ist in hohem Sinne: Spiel mit magischen Kräften, die Wirklichkeit gestalten. Kult ist Feier und Fest und damit Graderhöhung des Lebens.[16] Feierliche und festliche Begehung aber heißt Teilnahme. Diese betrifft die Gesamtheit der im Kosmos Lebenden (in Geheimkulten die die Kultgemeinde bildende esoterische Schar). Alle sind in die feierliche Handlung einbezogen, das Fest läßt sie sich als der im Kult erfahrenen Ordnung verpflichtet, in sie hineingenommen und darin geborgen fühlen. Der Kult schließt sie zu einer Ganzheit zusammen. Sie haben teil am sakralen Geschehen und werden von ihm erfüllt. Kult wird die Möglichkeit zu affektivem Erleben, sei es beim Anhören rezitierter Mythen, in der Teilnahme am kultischen Spiele, an Zeremonien, im Tanze, im gemeinsamen Schmaus oder Trank.

Wie Mythos sich in Mythologie wandeln kann, so Kult in profane Festlichkeit. Dabei gelten für den Kult in dieser Hinsicht mutatis mutandis ganz parallele Gesetze wie für den Mythos.

So stellen sich Mythos und Kult als zentrale Mitte des religiösen Lebens im sozialen Kosmos dar. Die Mythologie steht abseits und spielt im aktiven religiösen Leben nur eine sekundäre Rolle. Dafür bringt der Künstler sie im profanen Bereich zur Entfaltung (s. dazu auch den Beitrag von M. Lüthi in diesem Bd.).

ANMERKUNGEN

1

Anales de los Cakchiqueles, auch Memorial de Tecpán-Atitlán (Sololá), eine Chronik mythisch-historischen Inhalts der zur Völkerschaft der Maya gehörenden Cakchiquel-Indianer. Sie leben im Hochland von Guatemala an den Küsten der nördlichen Hälfte des Atitlán-Sees, den sie mit den Tzutuhil teilen. Nördlich grenzt ihr Siedlungsgebiet an das Stammesland der Quiché (siehe Anm. 2). Ihre Hauptstadt ist Sololá, aus der die Handschrift des Anales stammt. Das Werk wurde in der zweiten Hälfte des 16. Jh. n.Chr. von einem Nachfahren des einstigen Königsgeschlechts unter Verwendung von lateinischen Lettern in der Cakchiquel-Sprache geschrieben. Es berichtet von der Wanderung der Cakchiquel von der toltekischen Stadt Tula (Staat Hidalgo, nördlich von Mexico City) an den Atitlán-See und von der nachfolgenden Landnahme.

2

Popol Vuh, auch Manuscrito de Chichicastenango, eine Chronik mythisch-historischen Inhalts der Quiché-Indianer, gefunden in der Stadt Chichicastenango, Provinz El Quiché. Wie die Cakchiquel-Maisbauern leben die Quiché nördlich des Cakchiquelgebietes in den Hochtälern Guatemalas und gelten als der mächtigste Stamm. Sie sind die traditionellen, mythologisch begründeten Feinde der Cakchiquel, mit denen und anderen Stämmen zusammen sie aus Tula ausgewandert sein wollen. Das Popol Vuh, was soviel wie »Buch des Rates« heißt, stammt aus der ersten Hälfte des 16. Jh. n.Chr. Der in lateinischen Lettern in Quiché-Sprache tradierende Autor ist unbekannt. Der Inhalt des Popol Vuh, dessen Schwergewicht entgegen den mehr historisch orientierten Anales de los Cakchiqueles vorwiegend auf dem Mythologisch-Mystischen beruht, läßt aber vermuten, daß es sich beim Verfasser um einen Priester gehandelt haben könnte.

3

Der Mythos von Rangi und Papa ist ein personifizierter Schöpfungsbericht des Arawa-Stammes in Neuseeland.

4

Tzolkin bzw. Warin tzi kin: Dieser 260-Tage-Agrarkalender der Maya besteht aus 13 Monaten zu 20 Tagen. Er hat seinen Ursprung wahrscheinlich in der Schwangerschaftszeit der Frau, die zu 9 Mondumläufen zu 29 Tagen (Lunation) = 261 Tagen gerechnet wird.

5

Haussa oder Hausa: äthiopide Völkergruppe Afrikas im zentralen Sudan von Togo (West) bis Bagirmi (Ost), von der Südsahara (Nord) bis zur Guineaküste (Süd) siedelnd. Sie stammen aus der Sahara und begründeten seit 1000 n. Chr. sieben Haussa-Staaten. Vom 14. Jh. an wurden sie islamisiert, Ende des 19. Jh. von den Fulbe erobert. Die Haussa-Sprache wurde neben dem Suaheli südlich der Sahara zur wichtigsten Handels- und Verkehrssprache in Afrika. Die Haussa sind meist Händler und Handwerker (Metall- und Lederbearbeitung, Töpferei, Weberei und Färberei), treiben aber auch Hackbau und Groß- und Kleinviehzucht (Schafe, Ziegen, Rinder, Esel, Pferde). Ihre Siedlungsweise ist der Lehmbau, die Stadtkultur ist beachtlich. In Wirtschaft wie Siedlungsweise werden mediterrane Hochkultur und ostsudanesische Einflüsse sichtbar.

6

Über die Folgen bei zur Unzeit rezitierten Mythen vgl. Pettazzoni (1976).

7

Enūma-elīš: der babylonische Weltschöpfungsbericht (18.–16. Jh. v.Chr.). So benannt nach den beiden einleitenden Worten: enūma-elīš (als droben ...). Regelmäßig am vierten Tage des Akītu-Festes (babylon. Neujahrsfest) rezitiert. Der Bericht umfaßt sieben Tafeln und scheint nur wenig sumerische Vorlagen benutzt zu haben.

8

Yucateken: alle zur gleichen Sprachgruppe gehörenden Maya-Indianer in Yucatan (Mexiko). Ihre Siedlungsanfänge reichen wohl bis ins 2. Jt. v.Chr. zurück.

9

Eleusinien: Fruchtbarkeitsfeier zu Eleusis (Griechenland), in deren Zentrum Demeter, die alte Erd- und Vegetationsgöttin, und ihre Tochter Kore standen. Den im Herbst stattfindenden »Großen Mysterien« gingen im Frühjahr die »Kleinen Mysterien« voraus, die ursprünglich eine selbständige Feier für Demeter und Kore in Agrai bildeten. Die großen Mysterien begannen mit einer Prozession von Athen nach Eleusis. Über die eigentliche Mysterienhandlung ist nur Unsicheres bekannt. Die einleuchtendste Deutung gibt V. Maag, wonach den Mysten, nachdem sie im Dunkel den symbolischen Gestus des Aussäens vollzogen hatten, als Höhepunkt der Feier im strahlenden Lichte eine Ähre gezeigt wurde. Als Abschluß ist das gemeinsame Essen eines Getreidebreis zu vermuten, das in einer Kommunion die Kultteilnehmer zusammenschloß.

10

Euhemeros von Messene: griech. Philosoph ca. 340–260 v. Chr. Nach ihm wird die rationalistisch-historische Umdeutung von Mythen Euhemerismus genannt.

11

Saxo Grammaticus, geboren in der ersten Hälfte des 12. Jh. n.Chr., lebte in Dänemark. Über sein Leben kann nichts Endgültiges ausgesagt werden. In seinem Werke »Gesta Danorum« überliefert er viele germanische Mythen in euhemeristischer Weise.

12

Kultdrama von Horus und Seth: Die sozusagen klassische Ausbildung dieses zeitlich bis ins Alte Reich zurückreichenden kultischen Dramas fand in den großen Wandreliefen der Tempelanlagen von Edfu (Ägypten) in ptolemäischer Zeit seinen Höhepunkt. Dargestellt wird darin der Sieg des Lichtes über die Finsternis, des Kosmos über das Chaos.

13

Rabinal-Achi, ballet-drama (Der Mann von Rabinal. Rabinal ist eine größere Quiché-Siedlung in der Provinz Baja Verápaz): altüberliefertes historisch-kultisches Drama der Quiché (siehe Anm. 2) in Quiché-Sprache, bestehend aus Musik, Tanz und Dialog unter Verwendung von Masken und entsprechenden Kostümen. Die Handlung spielt im 12. Jh. n.Chr. und berichtet vordergründig vom Streit der Rabinal mit den Gumarcaah um die Vorherrschaft im Hochland. Ist hintergründig der Kampf des Kosmos mit dem Chaos zu vermuten?

14

Ollantay: schriftlich fixiert im 18. Jh. n.Chr. von Padre Antonio Valdéz in der Quechua-Sprache. Es ruht möglicherweise auf präkolumbischen Vorlagen auf, da Teile des Ollantay in Legendenform im Urabamba-Tal erzählt werden sollen. Die Handlung spielt zur Zeit des 9. Inka Inca Pachacuti (15. Jh. n.Chr.) und erzählt die tragische Liebesgeschichte des tapferen Heerführers Ollanta, der nichtadeligen Blutes ist, zu Cusi Ccoyllur, der Tochter des Pachacuti.

15

Pawnee: Sie gehören zu den Plain-Indians. Ihr Stammesgebiet lag in der Mitte des 17. Jh. n.Chr. in den Prärien östlich des Missouri im heutigen Bundesstaat Nebraska.

16

Der Begriff der Graderhöhung stammt aus der Begriffswelt des deutschen Frühromantikers Novalis (Fr. v. Hardenberg).

LITERATUR

Campbell, J.: The masks of god, I–IV. New York: The Viking Press ⁷1975

Eliade, M.: Der Mythos der ewigen Wiederkehr. Düsseldorf: Diederichs 1953

Mythen und Mythologien. In: A. Eliot (Hg.): Mythen der Welt. Luzern, Frankfurt/M.: Verlag C. J. Bucher 1976, 12–29

Gebser, J.: Ursprung und Gegenwart, I–II. Stuttgart: Deutsche Verlags-Anstalt 1949–1953

Jensen, A. E.: Mythos und Kult bei Naturvölkern. Wiesbaden: Steiner 1960

Landa, F. D., de: Relación de las Cosas de Yucatán (1560). México: Editorial Porrúa, S. A. ¹⁰1973

Maag, V.: Syrien – Palästina. In: H. Schmöckel (Hg.): Kulturgeschichte des Alten Orient. Stuttgart: Kröner 1961, 448–604

Jahwäs Begegnung mit der kanaanäischen Kosmologie. Asiat. Studien, 18/19, 1965, 252–269

Unsühnbare Schuld. Kairos, 2, 1966, 90–106

Novalis: Schriften, Bd. 1. Stuttgart: Kohlhammer ³1977

Pettazzoni, R.: Die Wahrheit des Mythos (1950). In: K. Kerényi (Hg.): Die Eröffnung des Zugangs zum Mythos. Darmstadt: Wissenschaftliche Buchgesellschaft 1976, 253–261

Schupp, F. (Hg.): Mythos und Religion. Düsseldorf: Patmos Verlag 1976

Staiger, E.: Grundbegriffe der Poetik. Zürich, Freiburg: Atlantis ⁷1966

Wipf, K. A.: Wanderer in der Nacht, Betrachtungen zu mittel- und südamerikanischen Chroniken. (Unveröffentlicht)

RELIGIONSPSYCHOPATHOLOGIE

von Klaus Thomas

EINLEITUNG

Eine Lehre von den krankhaften Erscheinungen des religiösen Lebens wurde bisher nur selten aus psychiatrischer oder religionspsychologischer Sicht behandelt. Grundsätzlich umfaßt sie drei Bereiche: a) das religiöse Leben von seelisch Kranken, das je nach der Erkrankung verzerrt, aber grundsätzlich auch durchaus echt und gesund verlaufen kann; b) die typischen Entstellungen und Verzerrungen des religiösen Lebens und Erlebens bei den wichtigsten seelischen Erkrankungen; und c) die krankhaften Entartungen des religiösen Lebens bei seelisch Gesunden.

Zwei (vergriffene) Monographien vermitteln einige Grunderkenntnisse zu den genannten typischen Entstellungen religiösen Lebens bei seelischen Krankheiten. Kurt Schneiders Schrift »Zur Einführung in die Religionspsychopathologie« (1928) ist die ältere der beiden Arbeiten. Obwohl Schneiders Begriff und seine Einteilung der Psychopathen inzwischen zumindest umstritten sind, lohnen seine Erkenntnisse für die Religionspsychopathologie ein Nachdenken und Prüfen auch innerhalb heute veränderter Kategorien.

Kurt Schneider gelangt u. a. zu folgenden Ergebnissen: Schwachsinn schließt meist jedes religiöse Erleben aus. Die übereifrige Betriebsamkeit hyperthymischer Psychopathen darf nicht als Zeichen der Frömmigkeit gedeutet werden. Stimmungslabile Psychopathen verwechseln oft fromme Stimmungen mit echtem religiösem Erleben. Geltungssüchtige Psychopathen suchen sich auch auf religiösem Gebiet wichtig zu tun. Gemütlose Psychopathen erweisen sich auch religiös als erlebnisunfähig und unansprechbar. Selbstunsichere Psychopathen suchen häufig Beichtgespräche.

Kranke mit »abnormen seelischen Reaktionen« neigen zu Sinnestäuschungen, also auch zu Christus- und Marienerscheinungen, zu Bewußtseinstrübungen, also auch zu hellseherischen Verzückungszuständen und zur Stigmatisation.

Epileptiker zeigen oft ein schwerfälliges, frömmelndes, bigottes Wesen. Depressive äußern auch religiös ein starkes Anlehnungsbedürfnis und religiöse Ängste. Schizophrene sind oft erfüllt von religiösen Halluzinationen und Wahnideen.

Hans Jörg Weitbrechts »Beiträge zur Religionspsychopathologie« (1948) gehen zunächst den vielen Arten der Wandlungs- und Bekehrungserlebnisse auch bei Schwachsinnigen, Epileptikern, Zyklothymen u. a. nach und schildern unter den

»religiösen Sonderzuständen« besonders die Halluzinationen, das Zungenreden, die ekstatischen und die wahnhaften Zustände mit religiösen Inhalten.

Zur Psychopathologie allgemein. In theoretischen Grundsatzdiskussionen sind verschiedene Meinungen möglich, ob einzelne Persönlichkeiten mit ihren Verhaltensweisen und Äußerungen noch einem gesunden oder schon einem krankhaften Bereich zuzuordnen sind.

Im praktischen Umgang erweisen sich solche Fragen fast als belanglos, besonders wenn man verschiedene Grade ausgeprägter Gesundheit ohne oder mit manchen Schwächen unterscheidet von verschiedenen Stärkegraden psychischer Erkrankungen. Folgende Unterscheidungen lassen sich dann treffen: a) meist einfühlbare Störungen als Abweichungen im Grenzbereich der üblichen Norm; b) meist noch leichtere neurotische Fehlhaltungen und Symptome; c) meist schwere und tiefe neurotische oder psychotische Fehlhaltungen und Symptome; und d) extreme Formen psychischer Katastrophen.

Dementsprechend unterscheiden wir auch vier Stärkegrade religionspsychopathologischer Fehlhaltungen: a) eine noch »normale«, meist übertriebene religiöse Haltung; b) eine verstiegene oder verschrobene Sonderlings- oder Scheinreligiosität; c) eine schwer entstellte und verzerrte Pseudoreligiosität; und d) Extremformen verhängnisvoller Wahnreligiosität.

Gewiß erlauben dann die Mannigfaltigkeit und der Schichtenaufbau der seelischen Erscheinungen kein befriedigendes einfaches Einteilen aller zu beobachtenden innerweltlichen und religiösen Lebensäußerungen; dennoch entziehen sich die zahlreichen religionspsychopathologischen Phänomene nicht einem Gliederungsversuch.

EINE ÜBERSICHT DER RELIGIONSPSYCHOPATHOLOGISCHEN ZUSTANDSBILDER

Unter der fast unübersehbaren Vielfalt psychischer Krankheitszeichen fanden wir 24 Hauptsymptome, die sich auch als Merkmale religiöser Fehlhaltungen finden. Wir haben sie in sechs Hauptgruppen untergliedert.

Fehlhaltungen religiöser Disharmonie. Innere Harmonie gilt als Merkmal der seelischen Gesundheit, Disharmonie und Dysphorie (Verstimmungen) können ein Zeichen von Krankheit sein. Im religiösen Bereich steht dem geistlichen Frieden ein – oft verbissener – religiöser Kampf gegenüber, der vom Ringen um die Seligkeit über Haß und Kampf gegen Andersdenkende bis zu Religionsverfolgungen und -kriegen reicht.

Die Ganzheit des psychischen Lebens und Erlebens gilt als Zeichen für seelische Gesundheit und Ausgeglichenheit, im Gegensatz zur Einseitigkeit, zum Überwerten von Teilaspekten und zu seelisch »blinden Flecken« (= Skotomen). Auch im geistlichen Bereich steht der ganzheitlichen Sicht eines umfassenden Heilsplanes und -weges ein – oft schon krankhaftes – Überwerten einer Nebensache gegenüber, die sich bis zu unsinnigen religiösen Vorstellungen und unkorrigierbaren Wahnideen steigert.

Innere Weite steht im Gegensatz zur verbreiteten, gesunden oder krankhaften Angst mit ihrer Enge; diese findet sich auch in der Religionspsychopathologie, wo uns religiöse Enge u. a. als Angst vor dem Gericht oder der Strafe Gottes bis hin zur panischen, nicht mehr zu beherrschenden Angst (z. B. vor dem Weltuntergang) begegnet.

In ähnlicher Weise erscheint innere Freiheit als Zeichen und Ziel seelischer Gesundheit, während der Zwang von leichten Anankasmen bis zu schweren Zwangsneurosen ein Hauptkapitel der Psychopathologie beherrscht. So kommen auch religiöse Gesetzlichkeit und geistliche Zwänge besonders bei Gewissensskrupeln und religiösen Zwangsneurosen bis zu schwersten Formen häufig vor.

Fehlhaltungen religiöser Nachlässigkeit und/oder Verkrampfung. Der Abionomie, der lebensverneinenden oder -feindlichen Haltung, mit primitiv-magischen Vorstellungen entspricht auf religiösem Gebiet ein Irr- und Aberglaube, der mit Dämonen- und Geistervorstellungen den Begriff der Besessenheit unzulässig wuchern läßt.

Psychologische Halt- und Willensschwäche (Abulie) kommt im religiösen Bereich als frommer Selbstgenuß vor, der von individualistischer »Erbaulichkeit« und religiösem Hippietum bis zu verwahrlosten »falschen Propheten« zu finden ist.

Krankhafte Spannungen sehen wir auch als religiöse Hochspannung und Ungeduld. Vorformen süßlicher Freundlichkeitsstarre führen bis zu unnatürlicher Verzückung und unbeweglicher Verkrampfung.

Im Gegensatz zu heilsamer Konzentration zeigen sich Zersplitterung und Zwiespältigkeit auch im religiösen Gewand von übersteigerter Betriebsamkeit bis hin zu deutlichen Spaltungserlebnissen und religiösem Wahn.

Fehlhaltungen religiöser Umwelt- und Innenweltverkennung. Klare zeitliche und örtliche Orientierung fehlt bei einigen ernsten psychischen Erkrankungen, und auch manche religiöse Sonderlehren und -gruppen verkennen die Wirklichkeit, versuchen äußerlich die Zukunft zu berechnen und steigern sich in eine übertriebene Endzeiterwartung statt echter geistlicher Hoffnung und nüchterne Einschätzung der Wirklichkeit.

Anstelle des umfassenden Realitätssinns herrscht oft bei psychischen Krankheiten eine einseitige, wahnhafte Verzerrung der Umwelt vor, die auch durch religiöse Pseudovisionen und Wahnsysteme die Wirklichkeit umdeuten kann.

Eine fehlende Wertordnung und -bindung wirkt sich auch im religiösen Bereich verheerend aus, wenn Überheblichkeit und Übereifer sich zu rücksichtslosem Fanatismus und unduldsamen Gewalttaten steigern (z. B. bei Wiedertäufern, Inquisitoren u. a.).

Depressive Verstimmungszustände können sich auch als Unfähigkeit zu glauben, als religiöse Leere äußern, als ein Hadern mit Gott, ein Verzweifeln an ihm: »Gott ist tot!«

Fehlhaltungen religiöser Schwärmerei. Die Leidenschaftlichkeit von Hochstimmungen und ihren Schwankungen kann gerade auch bei religiöser Seligkeit und Verzückung umkippen in die Nacht der Gottesferne und Verzweiflung der Gottverlassenheit.

Das gesunde Gleichgewicht zwischen Ausdruck und Eindruck ist bei den hysterischen Krankheitsbildern empfindlich gestört, deren religiöse Darstellungsfreude sich auch in öffentlichen Sündenbekenntnissen, in künstlicher Stigmatisation oder gar in religiöser Raserei äußern kann.

Der gesunden Nüchternheit widerspricht ein religiöser Taumel und Rausch, wenn etwa Kurzschlußschaltungen von Nerven mit automatischem Sprechen für biblisches Zungenreden gehalten werden oder wenn Privatoffenbarungen religiöse Verwirrung stiften.

Dem echten wahren Sein steht der Schein unechter Selbst- und Fremdtäuschung entgegen, die vom frömmelnden Pathos und der Heuchelei bis zur religiösen Hochstapelei reichen.

Fehlhaltungen zu geringen und zu starken religiösen Selbstbewußtseins. Innere Unselbständigkeit als Reifungsstörung tut sich religiös als ein autoritätsabhängiger, oberflächlicher »Rand-« und »Fremdglaube« kund, der sich bis zur kritiklosen Abhängigkeit und Hörigkeit steigern kann. Selbstunsicherheit begegnet uns auch in religiösen Minderwertigkeits- und Versündigungsgefühlen, die sogar die Form von Selbstanklagen und -verwünschungen erreichen.

Zu starke Selbstsicherheit dagegen begünstigt – im Unterschied zur wichtigen Arbeit am eigenen Charakter – ein überhebliches Heiligungsstreben, das in einem krampfhaften Vollkommenheitsringen oder gar in einem Unfehlbarkeitswahn enden kann. Besonders verbreitet ist die religiöse Form des Machtstrebens und der Herrschsucht, die manchmal bis zur Unterdrückung und zum Despotismus führten.

Fehlhaltungen religiöser Lebensverneinung. Gemeinschafts- und Kontaktunfähigkeit leisten auch religiöser Eigenbrötelei und abgeschlossenem Einzelgängertum Vorschub. Arbeitsunfähigkeit oder -unwilligkeit können sich auch als frommes Nichtstun tarnen. Eine pseudoreligiöse Vertrauensseligkeit, »Gott wird schon sorgen«, kann schließlich in willenloser Passivität und stumpfem Fatalismus gipfeln.

Echte Leidensfähigkeit ist von schwärmerischer Leidensseligkeit durchaus verschieden. Eine masochistische Leidenssucht (z. B. bei den Geißlern) oder gar selbstquälerische Leidenswütigkeit müssen als krankhaft gelten.

Liebesunfähigkeit – nicht nur in Gestalt von Impotenz und Frigidität – beruht mit überstarken Hemmungen oder gar einer Leibesfeindlichkeit recht häufig auf den »ekklesiogenen Neurosen« mit erhöhter Selbstmordgefahr.

SCHLUSSFOLGERUNGEN

Klare Religionspsychopathologie und die intuitive Gabe der »Unterscheidung der Geister« widersprechen einander ebensowenig wie folgerichtiges theologisches Denken und innige Frömmigkeit.

Trotz aller Ähnlichkeiten sind nicht länger zu verwechseln:

der glühende Glaubenseifer des zuinnerst Ergriffenen mit dem verhängnisvollen Fanatismus des an seine überwertigen Ideen Gefesselten;

die Meditation des echten Mystikers, der von seinen Visionen überwältigt wird, mit den Pseudohalluzinationen prahlender Pubertierender;

die Bedrückungen des Depressiven, der in der Beichte vergeblich Befreiung von seinen Schuldgefühlen sucht, mit den echt Schuldbeladenen, die durch die Vergebung Freiheit finden.

Von 500 Ratsuchenden, die scheinbar nur mit Glaubensproblemen in unserer Telefonseelsorge Trost und Hilfe suchten, waren mehr als die Hälfte durch religionspsychopathologische Fehlhaltungen so belastet, daß ihnen nur von diesem

Bereich her und durch therapeutische Maßnahmen ursächlich und wirksam zu helfen war.

In diesem Zusammenhang sind nicht etwa irgendwelche Sekten und Sondergemeinschaften oder gar deren Angehörige anzuklagen, bei denen sich Frömmler und Fanatiker, Enthusiasten und Ekstatiker, Schwärmer und Chiliasten gehäuft zusammenfinden. Sonst müßten wir auch in den Kirchen oft Theologisieren und Theoretisieren, Politisieren und Pathos, Rationalismus und Routine, Machthunger und Monopolstreben, vor allem aber mangelnde Herzensfrömmigkeit und fehlende kundige Seelsorge beklagen und fragen, welche Fehlhaltungen hier auf krankhaften Zügen von Minderwertigkeitsgefühlen und Geltungsstreben, auf krankhaftem Ehrgeiz oder krampfhafter Enge, auf verdrängten sexuellen Strebungen und den häufigen »ekklesiogenen Neurosen« beruhen.

Hauptaufgabe der praktischen Religionspsychopathologie ist vielmehr, in der Seelsorge den Suchenden sachliche Auskunft zu geben und den Fragenden und Prüfenden die Maßstäbe zu vermitteln, die die moderne Medizin uns durch ihre Forschungen zur Verfügung stellt. Nur eine praktische Arbeitsgemeinschaft von Psychiatern und Seelsorgern kann diese Aufgabe lösen (s. zur Zusammenarbeit von Seelsorge und Psychotherapie den Beitrag von K. Winkler in diesem Bd., zum Thema »Psychiatrie und Religion« den Beitrag von G. Hole in Bd. X dieser Enzyklopädie).

LITERATUR

HEIMANN, H.: Prophetie und Geisteskrankheit. Bern: Haupt 1956

PFISTER, O.: Analytische Seelsorge. Göttingen: Vandenhoeck & Ruprecht 1927

RUST, H.: Das Zungenreden. München: J. F. Bergmann 1924

SCHNEIDER, K.: Zur Einführung in die Religionspsychopathologie. Tübingen: J. C. B. Mohr 1928

THOMAS, K.: Schwärmer- und Sektierertum als außerwache »religionspsychopathologische« Erlebensstufen und die Schlafprediger. In: Archiv für Religionspsychologie, VII. Göttingen: Vandenhoeck & Ruprecht 1962, 149–167

WEITBRECHT, H. J.: Beiträge zur Religionspsychopathologie. Heidelberg: Scherer 1948

DIE HERAUSFORDERUNG DER THEOLOGIEN DURCH DIE HUMANWISSENSCHAFTEN

von Gonsalv K. Mainberger

LIBERALE THEOLOGIE – REAKTIONÄRER NEOTHOMISMUS – ENTMYTHOLOGISIERUNG

Die *protestantische* Theologie hatte seit dem siebzehnten Jahrhundert die Transformation des Naturverständnisses, die Kritik der Vernunft und die historische Methode in ihren Diskurs über Gott, den Menschen und die Welt aufgenommen. Geschichtliches Selbstverständnis und Textkritik gehörten zur Bibellesung, nachdem im Laufe des neunzehnten Jahrhunderts der Protestantismus mit dem Liberalismus paktiert und dieser den Erfolg davongetragen hatte. Die starken Strömungen des *Pietismus* blieben autonomes, aber nur zur Defensive der Orthodoxie abgerufenes Residuum. Die einheitliche Wissenshierarchie – Kennzeichen religiöser Institutionen – war zersplittert. Die Einheit lag lediglich in der gemeinsamen Denomination, allenfalls im antikatholischen Affekt und im Lutherpathos. Protestantische Bibelauslegung bedeutete, die Vielfalt legitimer, weil historischer Auslegungen des heiligen Textes »anthropologisch« zusammenzuhalten. Die *katholische* Theologie hingegen schirmte sich, erfolgreich, aber um den Preis des Gettos, gegen diese Transformationen, Aufsplitterungen und Dezentrierungen ab. Sie blieb intakt, insofern sie das antik-mittelalterliche Wissensmodell metaphysischer Deduktionen beibehielt. Unbesehen und naiv, aber nie ohne politische Interessen durchzusetzen, wurde aus der bereitgestellten Metaphysik das Vorbild für den theologischen Dogmatismus entlehnt, als Argumentationsform verwendet und zu Legitimationszwecken göttlicher Autoritätsansprüche gehandhabt. Die ontotheologische Denkart, in den Versionen entweder der analogischen Metaphorik oder eines unterschwelligen, mit dem Naturbegriff geschützten Rationalismus galt als *der* Grundpfeiler des Theologisierens, der Glaubenspraxis und der Sittenlehre. Das maßgebliche Menschenbild war die ungeschichtlich verstandene Kreatürlichkeit, zusammengehalten vom Schema des Hervorganges des Menschen aus Gottes Hand, des nach Gewinn und Verlust erprobten Erdenlebens und der Rückkehr in die ewige Heimat.

Auch über die Jahrhundertschwelle hinweg – als Karl Marx längst das »Manifest der Kommunistischen Partei« (1848) veröffentlicht hatte, Friedrich Nietzsche den Tod Gottes verkündete und Sigmund Freud dabei war, die Seele als Apparat der Triebvorgänge zu analysieren und die Seelenlehre am Modell des Austausches zwischen Bewußt und Unbewußt zu konstruieren – blieben diese Vorstellungen gültig. Der damalige Beitrag der katholischen Theologie zu den »Zeitfragen« war die neothomistische Reaktion. Erst zu Beginn des Zweiten Vatikanums (1962) wurde die in ihren Bischöfen präsente Weltkirche gewahr, daß ihr das universalistische, sakrale, römisch-lateinische Instrumentarium zum Denken und Befehlen abhanden gekommen war; die bisher alles prägende sprachliche Vorlage, um menschliche Handlungen, gesellschaftliche Vorgänge und historische Konstellationen zu beurteilen, hatte ausgedient. Die als unantastbar geltenden Verhältnisse des Menschen zu Gott, der Glaubenden zu den »übernatürlichen« Instanzen (Jüngstes Gericht, Gnadenstrom, Priestertum, Absolution u. dgl.) sowie die Beziehungen der Oberen zu den Untergebenen, der Wissenden zu den Unwissenden, kurz alle bisher theologisch legitimierten Klassenunterschiede im Schoße der »Einen Kirche« sowie innerhalb der nach deren Vor-Bild eingeteilten und in Anspruch genommenen »Menschheit« waren unwiederbringlich durcheinandergeraten. Thomas von Aquin, bisher beinahe unbestrittener, weil amtlich empfohlener Lehrmeister und Fürst aller innerkatholischen Theologien, war beim Konzil der große, stumme Abwesende. Sein Buchstabe und sein Werk, wenngleich keineswegs sein Geist, hatten die mit dem Konzil zu Ende gegangene Epoche der Neuscholastik bestimmt. »Sanctus Thomas« hatte an Vernünftigkeit und Systematik nichts zu wünschen übriggelassen und eignete sich somit vorzüglich als Vorspann zur Restauration. Die Bestimmung des Menschen hatte in der »Summa theologica« klar und einsichtig vorgelegen; die seelischen und sittlichen Tätigkeiten waren bis in alle Einzelheiten in die subtilen Frage-Antwort-Kataloge eingegangen (vgl. Pfürtner 1958). Das zuweilen widerspenstige *animal rationale*, das Vernunfttier Mensch, erhielt durch Theologie allemal höhere Weihen: In seiner Naturhaftigkeit war es um so akzeptabler und konnte einer vorgeschriebenen Ordnung um so williger unterwürfig gemacht werden, als die Folgewirkungen seiner naturhaften Tätigkeiten auf die übernatürliche Bestimmung rational durchbesprochen und theologisch gesichtet und gesichert waren. Die *analogia entis*, d. h. die das Seiende durchherrschende Ideologie der vernünftig angelegten Übereinstimmung von Sein und Sollen, die Parallelität aller Lebensformen, die konzentrische Anordnung des Weltganzen (vorgalileiisch) hatte ihre Dienste als Erfüllungsgehilfin geleistet. »L'épistémologie thomiste, et les rapports entre le naturel et le surnaturel qu'elle entraîne, offre des avantages apologétiques qui ne sont utiles qu'au pouvoir pontifical. Les clergés nationaux s'accommodent facilement d'une collaboration avec les pouvoirs publics qui les dispense d'accorder une grande attention à l'apologétique formelle. La véritable justification de la renaissance du thomisme au XIXe siècle se trouve dans la renaissance des ambitions du Saint-Siège« (Thibault 1972, 98).[1]

Die seit 1950 die Theologien erreichende Herausforderung traf die protestantische Theologie vorbereitet, die katholische wurde überrascht und überrumpelt. Die protestantischen Theologen leisteten die Hauptarbeit, um den beinahe tödlichen Streich zu parieren. Erst wurden die Theologie und die kirchliche Predigt, dann die heiligen Orte menschlich-religiöser Selbstverwirklichung wie Gebet, Kult, Himmel, Hölle und Welt, schließlich aber der heilige Text selbst entmythologisiert. Die Entmythologisierung[2] ist jenes im Rückblick gut lesbare Feld, auf welchem sich die Debatte zwischen den Humanwissenschaften und den Theologien abgespielt hat. Der Ablauf der Ereignisse ist kompliziert; Wirkungen und Gegenwirkungen bilden ein schwer entwirrbares Geflecht. Die humanwissenschaftliche Provokation hat die Theologien in einen Zustand versetzt, der zuweilen wie Befreiung und Läuterung anmutet, dann wieder als hoffnungslose Agonie des Christentums, das an seiner Theologie krankt, diagnostiziert werden muß. Aufs Ganze gesehen entstand nach dem Durchgang durch die humanwissenschaftliche Periode eine von Zweideutigkeit, Ungewißheit und schwer erträglichem Aufschub zutiefst gekennzeichnete Lage. Das durch theologische Zersetzungsarbeit geschwächte Christentum brachte sich nicht mehr auf den Stand der gegenwärtigen Krise. Erst die »Theologie der Befreiung« macht Kräfte frei: Sie ist aber aus ganz anderen Quellen, nämlich aus der lateinamerikanischen Revolution, gespeist worden (vgl. Schöpfer 1977).

THEOLOGISCHE REZEPTION

Die Rezeption humanwissenschaftlicher Einsichten durch die *katholische* Theologie ist exemplarisch. Nicht nur wird dadurch die Qualität der Wahrheitsfindung in der Theologie aufgedeckt, sondern auch die Strukturen der Humanwissenschaften selbst erscheinen in hellem Licht. Das Ergebnis der Herausforderung sei hier als die unten zu verifizierende Hypothese vorgestellt.

Die Theologie vermag den christlichen Anspruch, Heilsreligion zu sein, nicht mehr zu stützen, sie hat gegenüber der wissenschaftlichen Kritik aller Heilslehren verloren; der desolate Zustand des theologischen Diskurses zeigt, daß seine Wahrheitskonstante gar nicht »Gott« ist, vielmehr in den Regeln des Austausches fundiert bleibt.[3] Obwohl durch Schrift und Tradition beglaubigt, haben theologische Wahrheiten nicht in der göttlichen Offenbarung ihre letzte Stütze, sondern am Umgang des Menschen mit dem Menschen ihren Prüfstein. Eschatologie und Utopie sind keine spezifisch-christlichen Lehren, weil sich das Christentum mit Hilfe der Anpassungstheologien seines eschatologischen Charakters entledigt hat. Gegenüber dem radikalen Aufschub der wesensmäßig atheistisch verfaßten Humanwissenschaften hat die Theologie nur noch Chancen, wenn sie praktisch wird, d. h. als Zeugnis und Predigt, also nicht als Dogmatik. Anders gesagt: Der Zustand der heutigen Welt beweist schlagend, daß Gott diese Welt nicht liebt (Overbeck 1919). Somit gibt es für den Erdenmenschen auch keine »vernünftigen Zwecke« außerhalb seiner selbst. Wer aber wirklich glaubt, wird sich nicht mit Theologie stark machen, sondern freiwillig die Ohnmacht der »christlichen Botschaft« dieser Welt und ihrer Geschichte gegenüber teilen. Biblische Todesweisheit ist der maßgebliche Text. Glaubensenergie ist Widerstand – nicht gegen die Humanwissenschaften, sondern gegenüber theologischen Anpassungsversuchen, gegen die Totengräber des Jenseitsglaubens, zugunsten einer »Wiederkunft des Menschensohnes in Herrlichkeit« (Markus 13,26).

Die katholische Theologie hat, wie seinerzeit die liberale Theologie, mit opportunistischer Anpassungsstrategie die Destruktion des Christenglaubens beschleunigt. Mit der Institution eng verknüpft, hat sie deren Aushöhlung vor den Blicken der Glaubenden zu verbergen versucht. Der Welt, der zu entsagen Jesu Auftrag und Befehl ist, hat sie Entgegenkommen vorsimuliert. Hingegen beweisen innerkirchliche Säuberungen und unauffällige, aber hochwirksame Interdikte unwiderlegbar, daß die Kluft nicht einzuebnen ist: Entmythologisierte Theologie (d. h. eine wie immer verfaßte »biblische Anthropologie«), entsakralisierte Praxis (d. h. Lebenshilfe), humanisierter Diskurs über Sitte, Sexualität und Sinn (d. h. wissenstheoretisch fundierte, aggressionsfreie »Genealogie der Moral«) einerseits und andererseits Himmelsversprechen und Höllendrohung, sazerdotale Hierarchie und kanonisch-disziplinarische Urteils- und Ächtungsmechanismen der mittelständischen religiösen Bürokraten sind unverträgliche und unvereinbare Größen. Nun ist aber eine Bewegung innerhalb der katholischen Theologie stets auch raum-zeitliche Verschiebung innerhalb einer religiösen Gruppe; eine wie immer getätigte theologische »Reform« ist auch sichtbarer Umbau der Institution. Die theologische Bewegung am Zweiten Vatikanum erzeugte weltweit registriertes Auftauchen und Verschwinden von Zeichen, von sozialen Regeln, sinnträchtigen Symbolen und schalen Salzen und Formeln. Repräsentation und Praxis sind in der katholischen Religion eng verknüpft. Der theologische Diskurs ist von der ihn tragenden Institution abhängig. Wie kaum eine Theorie sonst, leistet die katholische Theologie viel an umgesetzter Praxis, verabreicht Trostangebote und Motivationszuschüsse für Sinndefizite. Deshalb kann das Bemühen, humanwissenschaftliche Resultate zu rezipieren, an der katholischen Theologie exemplarisch abgelesen werden.

DER HUMANWISSENSCHAFTLICHE DISKURS

Eben diese Verknüpfung von Theorie und Praxis, von Repräsentation und sozialer oder seelischer Wirklichkeit, von Selbstzensur der Vernunft und entsprechender institutioneller Legitimation ist der formale Gegenstand der Humanwissenschaften. Sie sind entstanden aus dem Verschwinden des »Menschenbildes«. Solange es lebendig war, hatte es die Psychologie, die Gesellschaftslehre und die Moral normativ zusammengehalten. Die faschistischen, kapitalistischen und kommunistischen Verdüsterungen und die Entkolonialisierung führten zu Katastrophen, aus denen sich »der Mensch« nicht mehr erholen sollte. Eine »Lobrede auf die Philosophie« konnte sagen, nichts sei durch den Menschen erklärt, »puisqu'il n'est pas une force, mais une faiblesse au cœur de l'être« (Merleau-Ponty 1953, 52).[4] Die Ideale der Antike, des Humanismus, eines J. J. Rousseau und die Gottmenschlichkeit der Bibel sind ihrer prägenden Kraft beraubt. Die ethnologische Forschung hat gezeigt, daß der Weiße dem Farbigen in den entscheidenden Epochen seiner historischen Wahl – im Inkareich unter Pizarro, in Algerien unter den Franzosen, in Indochina unter den Amerikanern – nicht gut gesinnt ist. Im Zuge dieser Zusammenbrüche erstand den Humanwissenschaften die Aufgabe, jene Bedingungen zu erforschen, unter welchen es dem Menschen fortab möglich sein würde, Mensch zu sein. Der unmittelbare Zugang zur Seele, zu den Wünschen und dem humanen Verhalten, also zur Ehrlichkeit wie zum Trug, war verschüttet und gab nichts mehr her. Den Menschen und seine Welt – die reale und die erträumte, wirkliche und symbolische, natürliche und übernatürliche, ökonomische und bildhafte – in humanwissenschaftlicher Manier zu untersuchen hieß, die Wirklichkeit mit Hilfe eines Modells zu analysieren und zu rekonstruieren. Ziel der Humanwissenschaften vom Typus der Soziologie z. B. ist, »de construire un modèle, d'étudier ses propriétés et les différentes manières dont il réagit au laboratoire, pour appliquer ensuite ces observations à l'interprétation de ce qui se passe empiriquement et qui peut être fort éloigné des prévisions« (Lévi-Strauss 1955, 62).[5] Psychoanalytische, sprachwissenschaftliche und biologische Aussagen erfolgen nach denselben Regeln.

Sie sind nicht am zentralen Logos orientiert, nicht axiomatisch abgeleitet, sondern führen von einem Wirklichkeitsmodus auf den anderen über. Sie bewerkstelligen den *Ausgleich* zwischen der Ebene der reinen Einsichtigkeit und der Empfindung. Humanwissenschaftliche Wahrheit ist Gunst gegenüber unterschiedlichen, vielgestaltigen Versuchen, mit den im Wesensentwurf der Menschen eingeschriebenen Widersprüchen zurechtzukommen. Diese Widersprüchlichkeit tritt in den gesellschaftlichen Anordnungen selbst zutage, die der Mensch im Umgang mit seinesgleichen und mit Fremdem veranstaltet: als Machtentfaltung oder Erbarmen, als symbolische Darstellung von Interesse oder Entsagung, als Herrschaft oder Armut.

Humanwissenschaftlich gesehen gehört der Mensch immer einer Rasse und Klasse an, ist auf geographische und kognitive Orte angewiesen, hat Geschichte gemacht und Chancen und Wahlmöglichkeiten angeboten erhalten. Er hat entweder zu seinen Gunsten entschieden oder hat als Wünschender sich selbst zu entsagen vermocht, entweder Herrschaft installiert oder sich herbeigelassen, einem unbekannten anderen, dem Fremden, den Vorrang der Menschlichkeit einzuräumen. Zugleich mit den Humanwissenschaften entstand ein Ethos der Humanität, ein Fundus ethischer Würde wurde aufgedeckt. Dieser erwies sich zwar auch als Menschenwerk, wie alles, worauf der Mensch setzt und sich stürzt. Aber auch die ethisch fundierte Humanwissenschaft wird niemandem die sittlichen Entscheidungen abnehmen, vereiteln, legitimieren oder ruinieren können.[6] Humanwissenschaftliche Einsicht ist Einblick in die unaufhebbare Endlichkeit. Sie mündet in die Praxis, mit Sterblichkeit und Zufall umzugehen und sie als dasjenige Gut zu verwalten, mit dem allein im Umgang mit seinesgleichen *jeder* zur Überzeugung kommen kann, daß Herrschaft und Erbarmen, Exzeß und Mangel, Austausch, Gleichheit und Ungleichheit ihre *Symbole* haben. Deren Tragfähigkeit aber und der Schlüssel zu ihrer Bedeutung sind nicht mehr ausschließlicher Besitz des höheren Wesens Mensch, sind nicht in den Händen eines »Allmächtigen«, sondern gehören allen Wesen der Natur.

DREI TYPEN THEOLOGISCHER REAKTION

Die Humanwissenschaften haben den Diskurs über den Menschen dezentriert, die Zusammenhänge zwischen Symbolik und Realität thematisiert, den Menschen an den anderen verwiesen und ihn von seinem selbsterschaffenen Bilde entfremdet. Dreifach hat die Theologie darauf geantwortet.

Einmal, auf die Dezentrierung, mit der Doppelstrategie der Vereinnahmung und der Selektion. Zu jedem anthropologischen Thema entstand die »entsprechende« Theologie: ... der Arbeit, ... der Touristen, ... des Worts, ... der irdischen Realitäten usw. Resultat waren unansehnliche Zwittergebilde. Kein theologischer Diskurs fügt sich in die Versuchsanordnung der »Verifikation am Modell«. Die selektive Beurteilung wissenschaftlicher Resultate – nach dem apologetischen Motto »nur das Gute nehme davon ...« – brachte diese vollends um ihre Wirkung. Die Theologie blieb restaurierte Dogmatik.

Zweitens reagierte die von der Theologie laufend neu ausgerüstete Institution auf die Entwirrung von Zeichen und Realität, von bewußten und unbewußten Anteilen an humanen Tätigkeiten jeder Art (auch der religiösen Akte) mit gründlicher Abwehr und Verleugnung. Der entmythologisierten Theologie wurde der Zugang zum »Volke« verwehrt. Wo immer eine in Zeichen und Symbolen verdeutlichte humane Praxis sichtbar wurde und diese im Namen des Evangeliums oder einer Gemeinde erfolgte, war kirchenamtlich verordnete Neutralisierung und Marginalisierung obligatorisch. Überschritt ein einzelner Theologe den Rubikon, funktionierten Abtrennung, Interdikt und Ausschluß.

Drittens fing die katholische Theologie die offenkundig gewordene Zerstörung des »Menschenbildes« in ihrer Art auf. Die Humanwissenschaften haben aus diesem Verlust die Konsequenzen eines systemkritischen Humanismus »ohne Bilder« und ohne das Pathos der Bilderstürmerei gezogen. Die katholische Theologie hat der Institution den Begriff »Volk Gottes« geliefert. Seit dem Zweiten Vatikanum ist katholische Theologie Volk-Gottes-Ideologie. Sie garantiert die Regierbarkeit der Herde; denn dem im einzelnen *abwesenden Gott* wurde ein Platz im »irgendwo« des Volkes zugewiesen. So kann jederzeit gegen eine stürmische Basis, gegen unangepaßte Gruppen im Namen eines nicht existierenden, aber im wirksamen Herrschaftssymbol errichteten »Volkes« vorgegangen werden.

Die Reaktion auf die humanwissenschaftliche Provokation scheint abgeschlossen zu sein. Über die entstandene Bresche hinweg entläuft eine kommende Generation in die Emigration und ins religiöse Niemandsland.

ANMERKUNGEN

1

Übersetzung: »Die thomistische Erkenntnislehre samt den Beziehungen zwischen Natur und Übernatur, die sie nach sich zieht, bietet Vorteile, die nur der päpstlichen Oberhoheit nützen. Der nationale Klerus zeigt sich der öffentlichen Gewalt, die ihn von der Achtsamkeit auf die formelle Apologetik (die Warnung vor der ›Welt‹, Anm. d. Ref.) entbindet, leicht willfährig. Die wirkliche Rechtfertigung der thomistischen Renaissance im neunzehnten Jahrhundert liegt in der Renaissance der ehrgeizigen Bestrebungen des Heiligen Stuhles.«

2

Den umfassendsten synchronischen Überblick über die Debatte, ausgelöst durch den Aufsatz »Neues Testament und Mythologie« (1941) von R. Bultmann, findet man in den Akten der Römer-Kolloquien.

3

Zu Gabentausch, Todesvorstellungen, Körpertechniken und Magie vgl. Mauss (1969).

4

Übersetzung: »... da er keine Kraft, sondern eine Schwäche ist im Herzen des Seins«.

5

Übersetzung: »... ein Modell zu konstruieren, seine Eigenschaften und die verschiedenen Arten, wie es im Laboratorium reagiert, zu studieren, um diese Beobachtungen dann auf die Auslegung dessen, was empirisch vor sich geht, anzuwenden, was übrigens recht stark von den Voraussagen abweichen kann« (dieser Passus fehlt in der gekürzten deutschen Ausgabe).

6

»Wenn ich mich frage, warum ich immer gestrebt habe, ehrlich, für den Anderen schonungsbereit und womöglich gütig zu sein, und warum ich es nicht aufgegeben habe, als ich merkte, daß man dadurch zu Schaden kommt, zum Amboß wird, weil die Anderen brutal und unverläßlich sind, dann weiß ich allerdings keine Antwort. Vernünftig war es natürlich nicht« (Freud 1960, 321).

LITERATUR

BULTMANN, R.: Neues Testament und Mythologie (1941). In: R. Bultmann: Glauben und Verstehen. Gesammelte Aufsätze, 1930–1960 (I–III). Tübingen: Mohr 1968

FREUD, S.: Briefe (1873–1939). Frankfurt/M.: Fischer 1960

LÉVI-STRAUSS, C.: Triste tropiques. Paris: Plon 1955. Deutsch: Traurige Tropen. Köln, Berlin: Kiepenheuer & Witsch 1960

MARX, K.: Manifest der Kommunistischen Partei (1848). In: Marx-Engels-Werke, Bd. 4. Berlin: Dietz 1958

MAUSS, M.: Œuvres, 2 Bde. Paris: Minuit 1969. Deutsch: Soziologie und Anthropologie, 2 Bde. München: Hanser 1974

MERLEAU-PONTY, M.: Eloge de la philosophie et autres essais. Paris: Gallimard 1953

OVERBECK, F.: Christentum und Kultur (hg. v. C. A. Bernoulli). Basel: Schwabe 1919

PFÜRTNER, S.: Triebleben und sittliche Vollendung. Eine moralpsychologische Untersuchung nach Thomas von Aquin. Freiburg (Schweiz): Universitätsverlag 1958

SCHÖPFER, H.: Theologie der Gesellschaft. Interdisziplinäre Grundlagenbibliographie zur Einführung in die befreiungs- und polittheologische Problematik (1960–1975). Bern, Las Vegas: Lang 1977 (über 1000 Titel)

THIBAULT, P.: Savoir et pouvoir. Philosophie thomiste et politique cléricale au XIXe siècle. Québec: Les Presses de l'Université de Laval 1972

THEOLOGISCHE UND TIEFENPSYCHOLOGISCHE HERMENEUTIK

von Walter Bernet

Es hat wenig Sinn, im Zusammenhang der Fragestellung, wie sie im Titel in Erscheinung tritt, auf die ganze, lange Geschichte der Hermeneutik einzugehen (vgl. hierzu den guten Überblick von Ebeling [3]1959). Denn es ist klar, daß die Tiefenpsychologie ein hermeneutisches Problem nicht in der Gestalt kennt, in der es beispielsweise bei den Kirchenvätern als Frage nach der christlichen Auslegung des Alten Testamentes oder im Mittelalter als Frage nach der Rangordnung der verschiedenen *sensus* einer Schriftstelle auftrat. Das hermeneutische Problem wird in der Tiefenpsychologie nur in dem Maße virulent, in dem sich die Hermeneutik selbst unter den Forderungen der Neuzeit und deren Implikationen gewandelt hat (s. auch den wissenschaftstheoretischen Beitrag von R. Vogt in Bd. IX dieser Enzyklopädie).

Ja, mehr noch: Die Tiefenpsychologie in ihren verschiedenen Richtungen ist als eine Psychologie, die – mit Freud anhebend – sich nicht mehr als eine reine Lehre vom Bewußtsein versteht, mithin die Trennung von Subjekt und Objekt auch nicht mehr zur prinzipiellen Voraussetzung ihres Funktionierens macht, letztlich nur verständlich auf dem Hintergrund gerade jener Hermeneutik, die im Anbruch der Neuzeit zu einer vielschichtigen, tiefgreifenden und folgenschweren Veränderung gedrängt worden ist. Um diese Veränderung auch nur andeutungsweise zu skizzieren, erwähne ich zwei wesentliche Elemente.

Zum ersten: Die unbedingte Geltung der Tradition wird in Frage gestellt, Autoritäten aller Art werden relativiert. Das bedeutet in der Theologie den Verzicht auf die Lehre von der Verbalinspiration der Bibel. Damit aber entfällt die Differenz zwischen einer *hermeneutica sacra* und einer *hermeneutica profana*. Was als hermeneutische Regeln für irgendwelche Texte zu gelten hat, gilt auch für die Bibel.

Zum zweiten: Die alte Metaphysik wird in Frage gestellt. Wer von Gott redet, kann sich nicht mehr auf ein Syndrom spekulativer Sätze berufen, sondern kann nur, der Vernunft in ihrem Anspruch und in ihrem Zweifel, in ihrer allgemeinen Bedeutung und in ihrem spezifischen Sein innerhalb der ihr eigenen Grenzen folgend, indirekt und kritisch mit den Aussagen positiver und das heißt relativer Offenbarung umgehen. Dieser Vorgang aber erweitert den Funktionsradius allgemeiner Hermeneutik über die traditionellen Felder ihrer Anwendung hinaus. Die Hermeneutik wird über die Fragen innerchristlicher Theologie hinaus bedeutsam als kritische Methode in Philosophie, Rechtswissenschaft, Religionsgeschichte, Völkerkunde usw. Und nicht zuletzt schafft die dergestalt sich verändernde Hermeneutik die Voraussetzungen, unter denen am Ende des neunzehnten Jahrhunderts dann das möglich wird, was wir Tiefenpsychologie nennen.

SCHLEIERMACHER UND DILTHEY

Für die Zeit zwischen der Wende zur Neuzeit und dem Auftauchen der Tiefenpsychologie ist nun aber auf zwei Stationen in der Geschichte der neueren Hermeneutik hinzuweisen, ohne deren Skizzierung die These, wonach die Hermeneutik es sei, die das Zustandekommen einer Tiefenpsychologie überhaupt ermöglicht habe, nicht verständlich wäre. Die eine Station ist mit dem Namen Schleiermacher wesentlich verbunden, die andere mit dem Namen Dilthey. Auf beide Stationen kann nur ganz knapp eingegangen werden.

Zu Schleiermacher. Angeregt zweifellos durch Winckelmann und Herder, interessiert sich Schleiermacher bei seinem Versuch, über die Aufklärung und deren Beharren auf allgemeiner Objektivität des Erkennens hinauszugelangen, für jene Phänomene, wie etwa Geschichte und vor allem Sprache, die in ihrer Singularität und unauslotbarer Individualität objektiver Allgemeinerkenntnis Widerstand leisten. Dabei sieht er solche Phänomene unter doppeltem Aspekt. Im Text etwa gibt es das allgemeine Element, das sich als bestimmte Sprache erweist. Damit verbunden aber zeigt sich im Text auch das individuelle Element des Denkens dessen, der den Text geschrieben hat. Die beiden Elemente lassen sich für Schleiermacher nicht – wie häufig in der Aufklärung – voneinander scheiden oder so subsumieren, daß dem einen Vorrang vor dem andern zukäme, oder auf ein Drittes, Umgreifend-Allgemeines beziehen. Sie gehören unabdingbar zusammen. Das hat Konsequenzen: Für die Interpretation des allgemeinen Elementes bleibt die alte grammatische Methode in Geltung. Das individuelle Element aber bedarf zu der ihm gebührenden Interpretation des Verstehens, und zwar des »psychologischen« Verstehens. Dieses »psychologische« Verstehen geht den gleichen Weg, den der Autor von seinem Denken und Fühlen bis zum Text ging, aber in umgekehrter Richtung. Das »psychologische« Verstehen hat also den Charakter des »Divinatorischen«, des »Nachbildens«, des »Nacherzeugens«. Gegenstand des Verstehens ist damit die Relation zwischen Autor und Werk. Die Analyse aber der Grundbedingungen, unter denen ein Verhältnis zwischen dem Autor und dem Vernehmenden möglich und wirksam ist, bedeutet zugleich die Analyse des Verstehens selbst. Aus solcher Analyse ergibt sich eine allgemeine Hermeneutik als eine »Kunstlehre des Verstehens«, wobei der Unterschied solch allgemeiner etwa zu einer biblischen Hermeneutik nicht generell psychologischer, sondern nur grammatisch-sprachlicher Art sein kann (vgl. Schleiermacher 1829).

Zu Dilthey. Er geht aus von Schleiermachers »Kunstlehre des Verstehens« und bestimmt sie näher als die »Kunstlehre des Verstehens schriftlich fixierter Lebensäußerungen«. Das heißt, die Hermeneutik, bezogen auf schriftlich fixierte Lebensäußerungen, hat es wesentlich mit Vergangenem, Geschehenem, eben Geschichte zu tun. Sie wird geradezu zur Methode der Geschichtswissenschaft, aber auch der

Philologie usw. Zugleich aber stellt sie den Gegenwartsbezug von Vergangen-Singulärem zur Gegenwart her, weil sie von einer entscheidenden, auch für die Gegenwart entscheidenden Frage in Bewegung gesetzt wird, von der Frage: »Wie kann eine Individualität eine ihr sinnlich gegebene fremde individuelle Lebensäußerung zu allgemein-gültigem objektivem Verständnis sich bringen?« (Dilthey 1924, 334).

Mit dieser Zielsetzung steht Dilthey durchaus in der Reihe hermeneutischer Versuche, dem Singulären und Individuell-Geschichtlichen Sinn abzugewinnen, wie sie mit Namen wie Herder, Winckelmann, Schleiermacher usw. angedeutet ist.

Das aber, was Dilthey durchaus nicht etwa aus dieser Reihe austreten, ihn aber in dieser Reihe in seiner spezifischen Bedeutung für unsere These, Tiefenpsychologie hätte die Möglichkeit ihrer Entstehung auch und in hohem Maße der in Neuzeit und Moderne veränderten Hermeneutik zu verdanken, deutlich hervortreten läßt, ist erst noch darzustellen. War Schleiermachers Gegner – ganz grob gesagt – die Aufklärung in ihrem Versuch, Singuläres reduktiv auf Allgemeines hin zu deuten, so entwickelt Dilthey seine Hermeneutik gegen jenen naturwissenschaftlichen Positivismus, der – aufgrund seiner ungeheuren Erfolge – versucht, seine Prinzipien und Methoden als universale, für jeden nur möglichen »Gegenstand«, für die gesamte Wirklichkeit zu deklarieren. Gegen diese Usurpation der Wirklichkeit durch eine einzige Methode richtet sich Diltheys hermeneutisches Denken. Und der Begriff des Verstehens, wie er bei Dilthey in Kraft gesetzt wird, erhält seine schärfste Zuspitzung dadurch, daß er im schroffen Gegenüber zum naturwissenschaftlichen »Erklären« formuliert wird.

Dilthey hat seinen Verstehensbegriff präzisiert und artikuliert in der kritischen Auseinandersetzung mit J. St. Mills Buch »Logic of Moral Sciences« (Mill versucht, der Universalität naturwissenschaftlicher Methoden dadurch Folge zu geben, daß er sie auf Individuelles, Singuläres anwendet. Eine individuelle Tatsache sei »erklärt« – mit Mill –, »wenn man ihre Ursache nachgewiesen, d. h. das oder die ursächlichen Gesetze festgestellt hat, von deren Wirksamkeit ihre Entstehung ein einzelner Fall ist«) (zit. nach Schelling 1973, 56). Solchem naturwissenschaftlich-objektivierendem Erklären auch von Singulärem setzt Dilthey sein geisteswissenschaftlich-hermeneutisches Verstehen gegenüber. Verstehen wird zum Signalbegriff für die prinzipielle Unterschiedenheit von Natur- und Geisteswissenschaft in ihren jeweiligen Gegenständen und in ihren jeweiligen dem »Gegenstand« angemessenen Methoden. Die Parole lautet: »Die Natur erklären wir, das Seelenleben verstehen wir« (s. auch den Beitrag von H. M. Graumann in Bd. I dieser Enzyklopädie).

Damit hat Dilthey den Geisteswissenschaften methodologisch und erkenntnistheoretisch zu einem bestimmten Selbstverständnis und zu einem Selbstbewußtsein verholfen, das sich – nicht zuletzt für die Theologie – fruchtbar, aber zugleich auch äußerst problematisch und belastend für heutige – auch theologische – Dialoge zwischen Geistes- und Naturwissenschaften auswirkte.

Es ist bezeichnend, daß sich die neue und neueste Debatte über das Verhältnis von Geistes- und Naturwissenschaft immer wieder am Fall »Tiefenpsychologie« oder »Psychoanalyse« entzündet. Das an Erfahrung gebundene therapeutische Verstehen der »Seele« in ihrer biographischen Singularität *und* Eingebundenheit in Kollektives, Geschichtliches und in *diesem* Sinne Allgemeines ist in der Tat geeignet, zum Testfall par excellence für die Frage zu werden, wie sich Natur- und Geisteswissenschaften zueinander verhalten. Insbesondere die Psychoanalyse Freuds in ihrem zweifachen Charakter der Einübung in die Praxis wie der Metapsychologie birgt in sich und drängt aus sich heraus die Frage, ob sie, die Psychoanalyse, nun eine hermeneutisch-geisteswissenschaftliche oder eine empirisch-naturwissenschaftliche Wissenschaft sei (s. den Beitrag von H. Keupp u. C. Kraiker in Bd. IV dieser Enzyklopädie).

Es ist nicht möglich, hier die heutige Diskussion wiederzugeben. Einige Literaturhinweise müssen genügen (Habermas 1968; Huth, Matussek 1963; Kisiel 1971; Lorenzer 1974; Ricœur 1965; Schelling 1973; Tellenbach 1975). Jedenfalls ist zu sagen, daß gerade die Tiefenpsychologie – in ihrem Versuch des Verstehens sicher auch ein Resultat des Streites der Hermeneutik um ihre eigene Funktion – nicht nur die Frage nach dem Verhältnis von Naturwissenschaft zu Geisteswissenschaft neu zu bedenken, sondern vor allem dieses Verhältnis selbst neu in Frage zu stellen zwingt. An solcher Debatte kann die Theologie und ihre Hermeneutik nicht vorbeigehen; sie ist in ihr in entscheidendem Maße deshalb aufs Spiel gesetzt, weil es ihr immer um dieses Eine geht: um das obligate Zugleich des Erkennens Gottes *und* der »Seele« des Menschen.

THEOLOGISCHE HERMENEUTIK

Die neuere Theologie, soweit sie hermeneutisch interessiert ist, hat sich in ausgeprägtem Maße auf die Konzeption Diltheys eingelassen. Das heißt, sie hat ihr Selbstverständnis aus der radikalen Differenz von Geistes- und Naturwissenschaft zu gewinnen versucht. Nicht daß sie sich einfach – wie vielleicht noch im Neuprotestantismus des neunzehnten Jahrhunderts – auf die Seite der Geisteswissenschaften geschlagen hätte. Aber sie hat von Dilthey gelernt, nach ihrem ihr zukommenden besonderen Gegenstand, nach der für sie bedeutsamen geschichtlichen Singularität, etwa nach Jesus, nach der Bibel, nach der Offenbarung zu fragen. Wohl war für die Theologie dieser »Gegenstand«, diese ihr aufgegebene singuläre »Sache« stark bis radikal unterschieden von den »Sachen« anderer Geisteswissenschaften. Aber trotzdem ging es ihr immer um »Verstehen« und nicht um »Erklären« ihrer Sache. Und darin blieb sie jedenfalls der Struktur nach den Geisteswissenschaften verbunden und den Naturwissenschaften wesensfremd. Hermeneutik konnte sich – und kann sich auch heute noch – nie anders denn als geisteswissenschaftliche Methode vorstellen.

Der wichtigste Vertreter dieser Haltung ist wohl Bultmann. Von ihm sei um seiner exemplarischen Bedeutung willen jetzt die Rede.

Bultmann erkennt Schleiermacher und Dilthey grundsätzlich zu, daß sie in der »verwandtschaftlichen« Relation von Ausleger und Autor eine wesentliche Voraussetzung aller Hermeneutik entdeckt hätten. Nur soll diese Voraussetzung überprüft und korrigiert werden. »Statt der Reflexion auf die Individualität von Autor und Ausleger, auf ihre Seelenvorgänge und auf die Genialität oder Kongenialität des Auslegers bedarf es der Besinnung auf die einfache Tatsache, daß Voraussetzung des Verstehens das Lebensverhältnis des Interpreten zu der Sache ist, die im Text direkt oder indirekt zu Worte kommt« (Bultmann 1952, 217).

Das Lebensverhältnis des Auslegers also wird hier zum allgemeinen hermeneutischen Prinzip – und zwar als ein Vorverständnis, das nicht etwa das Verstehen selbst manipulierte, das dem wirklichen, eigentlichen Verstehen, etwa demjenigen von Offenbarung, schon im voraus seine Gestalt vorschriebe, sondern ein Vorverständnis, welches im Blick auf das immer jeweilige und zukünftige Verstehen in der Schwebe bleibt. Umgekehrt aber gilt auch: Ohne ein solches Vorverständnis fehlt dem Verstehen die Möglichkeit, überhaupt nach dem zu Verstehenden zu fragen.

Das heißt, aus dem Sachinteresse, aus dem Lebensverhältnis, aus dem Vorverständnis erwächst »die Art der Fragestellung, das Woraufhin der Befragung, und damit das jeweilige hermeneutische Prinzip« (Bultmann 1952, 227).

Diese Fragestellungen können ganz verschieden sein. Worauf es ankommt, das ist die »sachgemäße Ausgelegtheit der Frage« (Bultmann 1952, 232). Sie ergibt das entscheidende, der Sache entsprechende hermeneutische Prinzip.

Mit Blick auf geschichtliche Singularität gilt: »Das Woraufhin der Interpretation kann endlich gegeben sein durch das Interesse an der Geschichte als der Lebenssphäre, in der menschliches Dasein sich bewegt, in der es seine Möglichkeiten gewinnt und ausbildet, und in Besinnung auf welche es das Verständnis seiner selbst, der eigenen Möglichkeiten gewinnt. Mit anderen Worten: Das Woraufhin kann gegeben sein durch die Frage nach dem menschlichen als dem eigenen Sein« (Bultmann 1952, 228). Dieses Woraufhin, die so ausgelegte Frage ist es, welche nicht nur zum Verstehen irgendeines Geschichtlichen, sondern gerade auch des Neuen Testaments in seinem Offenbarungscharakter anleitet. Das Verstehen von Offenbarung verlangt also als hermeneutisches Prinzip nach nichts anderem als nach der sachgemäßen Ausgelegtheit menschlicher Existenz.

Solche Vor-Arbeit besorgt nun die Philosophie, d. h. die existentiale Analyse menschlichen Seins, wie sie namentlich von Heidegger dargelegt worden ist.

In Anwendung existentialer Interpretation gelingt es Bultmann, das Neue Testament zu »entmythologisieren«, d. h., die durchgehend mythologische Gestalt des Neuen Testaments von der Existentialität und auf die Existentialität des Menschen hin zu befragen; so daß aus dem Uneigentlichen, dem Mythischen heraus das Eigentliche, der Glaube selbst in seinem Charakter der Rechtfertigung als jene Möglichkeit hervortritt, die Gott selbst im Akt der Gnade dem Menschen in seine Existenz hinein zusagt und die der Mensch nur in einer Entscheidung als eigene Möglichkeit empfangen kann.

Der Wille dieser Hermeneutik ist zweifellos der Wille zur Wahrheit, zu der dem Menschen schlechthin notwendigen Wahrheit. Solche notwendige, Not wendende Wahrheit wird verstanden als Eigentlichkeit, als eigentliches Sein, das im Verstehen herausleuchtet aus aller vieldeutigen Uneigentlichkeit. Das Eigentliche ist das Wirkliche *und* Wahre in einem. Deshalb kann von Gott auch nur geredet werden, wenn zugleich vom Menschen die Rede ist.

TIEFENPSYCHOLOGISCHE HERMENEUTIK

Der Struktur nach ähnliche hermeneutische Versuche findet man auch in der Tiefenpsychologie. Auch wenn es da nicht um das Verstehen von Offenbarung im Neuen Testament, sondern um das Verstehen singulärer, biographischer Individualität geht, wird deutlich, daß etwa bei Binswanger, Boss, Condrau u. a. das Gefälle des therapeutischen Verstehens seine Richtung vom Uneigentlichen, Fremden zum Eigentlichen menschlichen Daseins nimmt. Wenn ich mich hier mit diesen Entwürfen nicht weiter beschäftige, dann nicht deswegen, weil ich sie nicht für bedeutungsvoll hielte, sondern deshalb, weil sie in ihrer strukturellen Nähe zu Bultmann weniger dazu angetan sind, theologische Hermeneutik zu reizen, zum Streit zu reizen und sie zu zwingen, ihre eigenen hermeneutischen Hefte neu zu überprüfen.

Das gleiche gilt für die Komplexe Psychologie von Jung, der im Verfahren zwar völlig anders vorgeht als die Genannten, der aber doch auch in seiner Hermeneutik des archetypischen Verstehens deutlich hinter aller oder in aller Uneigentlichkeit Eigentliches, eigentliches Sein und Dasein zu erhellen versucht. Für den Streit um die Hermeneutik, für den doch wohl gerade für die Theologie bedeutsamen und förderlichen Streit, aufregender ist die psychoanalytische Hermeneutik eines Freud. Sie kann hier nicht ausführlich dargestellt werden (s. den Beitrag von L. Székely in Bd. III dieser Enzyklopädie). Nur einige für unseren Zusammenhang wichtige Elemente will ich aufzeigen. Freuds Hermeneutik ist wesentlich *Kunst* des *Deutens.*

Zum Begriff Kunst. Freud sagt, die Deutungsarbeit sei nicht streng in gültige Regeln zu fassen, sie lasse dem Arzt allerhand Spielraum. Allerdings, dadurch daß es ihm gelang, Fehlleistungen und zufällige Handlungen in ihrem Sinn für den Analysanden selbst, also als streng determinierte »Äußerung von unterdrückten Absichten der Person oder als Folge von Interferenz zweier Absichten, von denen die eine dauernd oder derzeit unbewußt war« (Freud, XIII, 216) zu verstehen, konnte er sich vergewissern, mit dem Mittel der Deutung das Unbewußte richtig aufzudecken (s. den Beitrag von P. Härlin in Bd. II dieser Enzyklopädie).

Denken als Kunstübung ist also ein Mittel, mit dem man sich dem Unbewußten, dem zu Verstehenden zuwendet. Dieses zu Verstehende, das Unbewußte aber ist – zwar erfahrbar in seinen Manifestationen – prinzipiell bewußtseinsmäßig nicht zu definieren. Es ist letzten Endes nur in immer neuen, modellhaften Deutungen zu konstruieren. Deshalb bleibt alle Deutung der Logik des Versuchs und des Irrtums verhaftet.

Zum Begriff Deutung. Um verstehen zu können, muß man deuten. Das aber heißt, man muß etwas, was vorliegt, deuten als etwas, was hinter ihm liegt. Das Wahrgenommene also muß im Prozeß des Deutens hinter das Angenommene treten.

Verständlich werden diese Sätze erst, wenn der Ort, an dem Freud seine Hermeneutik als Kunst der Deutung vorlegt, aufgezeigt wird. Es ist der Traum. Schon früh erkennt Freud die entscheidende Bedeutung des Traums für die Psychoanalyse. Er ist die *via regia* zum Unbewußten, weil bei keinem anderen Phänomen des normalen seelischen Lebens die Manifestationen des Unbewußten so deutlich zutage treten, daß sie die Frage nach ihrem eigenen Sinn geradezu mitbringen. Gerade dadurch, daß Träume so oft als sinnlos empfunden werden, ist in ihnen die Frage nach Sinn enthalten. Das heißt, die »vordergründige Sinnlosigkeit weist ... auf eine hintergründige Sinnhaftigkeit hin« (Loosli 1977, 15).

Was sich als vordergründig sinnloses Traummaterial zeigt und erzählen läßt, nennt Freud den manifesten Trauminhalt, der gerade in seiner Unverständlichkeit das Produkt der Traumarbeit sei. Die Traumarbeit sorgt dafür, daß die latenten Traumgedanken des Unbewußten durch Verdichtung, Verschiebung, Verschleierung verhüllt bleiben, ihr eigenes Dasein als unerfüllbare Urwünsche des Menschen nicht aufgeben müssen (s. den Beitrag von A. Becker in Bd. II dieser Enzyklopädie).

Die analytische Deutung nun versucht gewissermaßen, die Traumarbeit rückgängig zu machen, d. h., das unverständliche oder mißverständliche Manifeste auf die Logik des unbewußt bleibenden Latenten hin zu befragen.

Dabei ist in unserem Zusammenhang wichtig: Erstens: Ohne manifeste Traumbilder gibt es keine Deutung auf Latentes. Alle Deutung, alle Hermeneutik ist auf Manifestes angewiesen. Zweitens: Der latente Gedanke wird auf seine Logik hin befragt. Aber das Latente ist nun nicht gegenüber dem Manifesten ein oder gar das Eigentliche, die eigentliche wahre Wirklichkeit. Das Latente in seiner Logik ist durch Deutung zu *konstruieren*. Es ist ein Konstrukt. Seine Wahrheit hat es nicht in sich, sondern seine Wahrheit erweist sich dann, wenn es als therapeutischer Vorschlag vom Patienten übernommen, integriert wird.

Freuds Hermeneutik ist also eine konstruierende, eine solche, die mit Konstruktionen der Wahrheit auf die Beine helfen will. Darin stellt sie m. E. einen wesentlichen Beitrag dar, den garstigen Graben zwischen Natur- und Geisteswissenschaften nicht zu überbrücken, aber aufzufüllen.

Ich meine, die Struktur einer solchen Hermeneutik sei für die Theologie mehr als nur auf- und anregend.

Was hieße es für eine theologische Hermeneutik, ja für die Theologie selbst, wenn sie ihre zu verstehenden »Sachen« als manifeste nicht auf Eigentlichkeit, sondern im Medium von Konstrukten auf ihre Diskursivität und in diesem Sinn auf ihren latenten Logos hin zu deuten und zu artikulieren begänne? (S. auch den zweiten Beitrag des Autors in diesem Bd.).

LITERATUR

Bally, G.: Einführung in die Psychoanalyse Sigmund Freuds. Reinbek: Rowohlt 1961

Bultmann, R.: Glauben und Verstehen, II. Tübingen: Mohr 1952

Dilthey, W.: Die Entstehung der Hermeneutik (1900). Gesammelte Schriften, V. Leipzig, Berlin: Teubner 1924

Ebeling, G.: Hermeneutik. In: Religion in Geschichte und Gegenwart. Tübingen: Mohr [3]1959, Sp. 242 ff

Freud, S.: »Psychoanalyse« und »Libidotheorie« (1923). G.W. XIII

Habermas, J.: Erkenntnis und Interesse. Frankfurt/M.: Suhrkamp 1968

Huth, W., Matussek, P.: Experiment und Erfahrung in der heutigen Psychiatrie und Tiefenpsychologie. In: W. Strolz (Hg.): Experiment und Erfahrung in Wissenschaft und Kunst. Freiburg, München: Alber 1963, 137–184

Kisiel, T.: Zu einer Hermeneutik naturwissenschaftlicher Entdeckung. Zeitschrift für allgemeine Wissenschaftstheorie, 2, 1971, 195–221

Kunz, H.: Die Erweiterung des Menschenbildes in der Psychoanalyse Sigmund Freuds. In: H.-G. Gadamer, P. Vogler (Hg.): Philosophische Anthropologie. Stuttgart: Thieme 1975, 44–113

Loosli, D.: Zur Psychologie des bildnerischen Gestaltens (Diss.). Zürich: Juris 1977

Lorenzer, A.: Die Wahrheit der psychoanalytischen Erkenntnis. Frankfurt/M.: Suhrkamp 1974

Mentzos, S.: Psychoanalyse – Hermeneutik oder Erfahrungswissenschaft. Psyche, 27, 1973, 832–849

Mirgeler, A.: Erfahrung in der Geschichte und Geschichtswissenschaft. In: W. Strolz (Hg.): Experiment und Erfahrung in Wissenschaft und Kunst. Freiburg, München: Alber 1963, 227–265

Ricœur, P.: De l'interpretation. Essai sur Freud. Paris: Editions du Seuil 1965. Deutsch: Die Interpretation. Ein Versuch über Freud. Frankfurt/M.: Suhrkamp 1974

Schelling, W.: Verstehen, Deuten und Beziehung. Zur Hermeneutik der analytischen Situation (Diss.). Zürich 1973

Schleiermacher, F.: Über den Begriff der Hermeneutik mit Bezug auf F. A. Wolfs Andeutungen und Asts Lehrbuch. Sämtliche Werke, III,3 (1829), 1835, 344–386

Tellenbach, H.: Die Begründung psychiatrischer Erfahrung und psychiatrischer Methoden in philosophischen Konzeptionen vom Wesen des Menschen. In: H.-G. Gadamer, P. Vogler (Hg.): Philosophische Anthropologie. Stuttgart: Thieme 1975, 138–181

Wälder, R.: Die Grundlagen der Psychoanalyse. Bern, Stuttgart: Huber u. Klett 1963

DAS SOGENANNTE UNBEWUSSTE IN DER THEOLOGISCHEN DISKUSSION

von Raimar Keintzel

Den Horizont, in den unsere Problematik hineinzustellen ist, kann man durch zwei Zitate umreißen. Wilhelm Keller stellt fest: »Die Ergebnisse der Tiefenpsychologie sind von ungeheurer Tragweite. Aber ihre theoretische Fruchtbarkeit vermögen sie erst zu entfalten, wenn es gelingt, die dogmatischen Theorien zu sprengen und die Einsichten umzusetzen in eine konkrete Psychologie, in der das menschliche Leben in seiner Realität als selbsthaftes Dasein der Persönlichkeit gefaßt wird« (Keller 1974, 69). Gerhard Ebeling, von einer ganz anderen Problemstellung ausgehend, wendet seine Hoffnung ebenfalls dem menschlichen Leben in seiner Realität zu. Er fragt: »Wie kann in einer Zeit, die religiöser Sprache und religiöser Lebenserfahrung weithin entfremdet ist, das dennoch stets präsente, wiewohl verdrängte oder entstellte Gottesverhältnis wieder Sprache gewinnen? Wie kann sich die Wirklichkeit des Gottverhältnisses an der Lebenserfahrung bewahrheiten?« (Ebeling 1975, 258).[1]

Beide Zitate deuten an, daß Tiefenpsychologie wie auch Theologie auf grundlegende Fragen gestoßen sind, die, solange sie keine gültige Antwort gefunden haben, das gegenseitige Gespräch zwingen, bei Entwürfen und Modellen stehenzubleiben. Beide Zitate zeigen, daß die seit 1928 von Scheler, Plessner und ihren Nachfolgern wie auch einer großen Reihe von Theologen vermittelte Einsicht an Aktualität nichts verloren hat, daß die eigentlichen Entscheidungen für Philosophie, Psychologie und Theologie auf dem Gebiet der Anthropologie fallen.

Bei vielen Autoren, die sich zu dem Modethema »Psychologie und Religion« (vgl. Jung 1940)[2] äußern, vermißt man leider die gebotene Selbstbescheidung, aber auch die Einsicht, daß ohne eine Wesensbestimmung des Menschen ein Bau ohne Fundament entsteht. Als Beispiel für viele Anhänger der Schule Jungs mögen die Sätze von H. Wolff stehen: »Die Theologie müßte sich entschließen, wirklich die Sache ... mit einem integrierten Verstehen neu zu sagen, dem radikalen Novum entsprechend, das das durch die Tiefenpsychologie heraufgeführte moderne Menschenbild in der Tat repräsentiert. Das und nur das wäre eine Auferstehung aus theologischem und kirchlichem Tod« (Wolff 1975, 174).[3]

Wie aber, wenn – wie etwa Diemer (1950) in Übereinstimmung mit vielen anderen Autoren (vgl. Keller 1963, 1974; Kunz 1975) feststellt – dieses moderne

Menschenbild gerade bei der Psychoanalyse und der Tiefenpsychologie nicht zu finden ist? Zum Menschen gehört das Verantwortlichsein, das man aber nicht dem letztlich »unmenschlich Unbewußten« (Bloch 1959, 61) Jungs als dem eigentlich Seelischen oder eigentlich Realen zuschieben kann (vgl. Diemer 1950). Die von Theologen manchmal unkritisch übernommene Reduktion des Menschlichen auf das scheinbar zeitlose Psychodynamische verführt die interdisziplinäre Diskussion dazu, geistesgeschichtliche Voraussetzungen zu ignorieren, und verleiht ihr oftmals »anachronistische Züge« (Rössler 1961, 716). Es fehlt auch als wichtige Vorarbeit eine Untersuchung über transkulturelle Aspekte der Tiefenpsychologie, bzw. über ihre religiösen und kulturellen Vorentscheidungen. Jung deutet solche Zusammenhänge einmal an (G.W. VII, 166, Anm. 7), leugnet sie aber im Grundansatz seiner angeblich »voraussetzungslosen« Psychologie. Für die Psychoanalyse gibt es dagegen interessante Untersuchungen, insbesondere über Einflüsse aus dem Judentum, aber auch noch keine Arbeit, die zu den methodischen und systematischen Folgerungen führen könnte, bei denen die theologische Diskussion einsetzen müßte.

Strittig ist nicht die Frage der »Vorgegebenheiten« (Bartels 1976, 111), zu denen allenfalls auch der »psychische Apparat« und seine weithin vorbewußt oder unbewußt ablaufende »Dynamik« gehört, sondern die Frage der Synthese oder der Integration. Diemer (1950), Schwankl (1955) und – mit Einschränkungen – Bartels (1976) haben Antworten auf die Fragen, an denen offensichtlich Freud, Jung und andere gescheitert sind, bei Heidegger gesucht. Bartels (1976) weist hin auf die Bedeutung der Verdrängung für das »bewußtseinsumgrenzende Handeln«, ohne das der Vollzug des Selbstbewußtseins unmöglich wäre, das damit aber auch zu einer der Voraussetzungen für jede Integration wird. Ohne Verdrängung im Sinne der Ausklammerung ich-fremder oder ich-unverträglicher Inhalte könnte die für verantwortliches menschliches Leben unerläßliche Ich-Stärke niemals entstehen.

Es zeigt sich, daß unter anderem auch die umfangreiche theologische Diskussion über die existentialontologische Daseinsanalytik Heideggers und die von ihm aufgezeigte alltägliche Verdeckungstendenz eng bezogen ist auf die Problematik des sogenannten Unbewußten, auch wenn dieses expressis verbis selten genannt wird. Die Sache, um die es letztlich gehen müßte, hat aber meines Erachtens Keller besonders klar formuliert: »Noch geht es ... vorwiegend um Akzentverschiebungen in der Auffassung der bestimmenden Faktoren der Entwicklung der Persönlichkeit ... Der Grundsachverhalt aber, daß der Mensch in seinem *Wesen* nicht einfach das Produkt oder die Resultate solcher Kräfte ist, sondern ein Wesen, das sich selbst zu eben diesen Bedingungen und Kräften und, auf Grund ihrer, zu sich und der Welt *verhält* und in eigenem Vollzug seine entsprechenden Seinsmöglichkeiten selber vollzieht ... ist auch in diesen neuen Horizonten des Denkens immer erst noch zur Geltung zu bringen« (Keller 1963, 41). Entscheidend ist, daß es gelingt, zwei Tatsachen »in einem Gedanken zu vereinen: die Tatsache, daß das Dasein jederzeit und in allen seinen Erscheinungen ein schon bedingtes und vorbestimmtes ist – und die Tatsache, daß es sich gerade *in* dieser Bedingtheit dennoch je und je als schlechthinniger Ursprung selber zeitigt und tätigt« (Keller 1974, 138). Die Tiefenpsychologie, wie auch diejenigen Theologen, die ihr allzu bereitwillig folgten, machten uns glauben, die erste Tatsache schließe die zweite aus. Der letztlich undialektische Zug der Tiefenpsychologie wie auch der Psychoanalyse läßt diese auf die Theologie dringend angewiesen sein, denn es spricht vieles dafür, daß die Grunddialektik des Lebens nur in theologischem Rahmen erfaßt werden kann (vgl. hierzu die Untersuchungen von Schröer [1960] und Joest [1963]. »Grenzüberschreitungen« sind so gesehen gerade nicht ein wissenschaftlicher Sündenfall, sondern wissenschaftlich geboten, denn die Frage nach der dialektischen Integrationsleistung des Ich »ist an sich eine metaphysische und damit psychologisch eine Grenzfrage« (Diemer 1950, 220).

Kann aber nicht auch ohne Berücksichtigung dieses übergreifenden Horizonts in bewußter Abgrenzung von der »unteren« seelischen Schicht gesprochen werden? Eine solche Bescheidung würde auch die vermeintlichen Teilresultate verfälschen, denn es wäre dann schon die Frage nicht mehr zu beantworten, ob man nicht mit Gruehn (^{2}1960, 38) statt von einer »Tiefenpsychologie« von einer »Unterschichtenpsychologie« sprechen müßte, da die Dimension der »Tiefe« nicht im Unbewußten zu finden ist. Daraus ergibt sich die von Wellek herausgearbeitete Unterscheidung zwischen der »unteren« Tiefe, bzw. dem »Vitalgrund«, und der »inneren« Tiefe, bzw. dem »Seelengrund« (Wellek ^{2}1966, 89–101). Die Einsicht, daß Jung diese Unterscheidung nicht kennt, daß aber vieles sich bei ihm anders darstellen würde, wenn er seinen zentralen Begriff, das »Selbst«, dem Seelengrund und nicht dem Vitalgrund zugerechnet hätte, setzt den Wert der gesamten sich an das »Selbst« als vermeintliches Christussymbol anschließenden Diskussion erheblich herab.

Vor allem aber ist auf die Problematik der verschiedenen Versionen der Schichtentheorie zu verweisen. Die Schichtenlehre des Seelischen ist aus der philosophischen Anthropologie nicht mehr wegzudenken, sie wurde aber in der theologischen Anthropologie noch längst nicht ihrer Bedeutung entsprechend gewürdigt.[4] In ihrer naiven Form der einfachen Aufschichtung von untereinander unabhängigen (im Sinne Jungs »autonomen«) Schichten ist sie freilich leicht widerlegbar, denn es kann im Aufbau keine Schichten und in der Entwicklung keine Stufen geben, »von denen nicht die eine schon in den andern vorgebildet und angelegt wäre« (Keller 1974, 114). Daher hat das psychologische Fragen es »nie mit Vorgängen, Zuständen, Funktionen und Dispositionen zu tun, die in Ablösung von ihrem ›Träger‹ – und in diesem Sinn isoliert – zum ›Gegenstand‹ werden könnten. Immer ist ... die Menschlichkeit stets schon mitgedacht und mitzudenken. D. h. jene Grundstrukturen und Dynamismen sind zum voraus – schon in der Antizipation des Fragens selbst – als Teilstrukturen menschlichen Daseins gewärtigt und als ›Elemente‹ einer Ganzheit von personalem Charakter erfragt« (Keller 1974, 225 f).

Die Konsequenzen dieser grundsätzlichen Einsicht sind weder in der Psychologie noch in der Theologie bisher beachtet worden. Sie bedeuten nichts weniger, als daß jede Psychologie eine implizite Theologie, bzw. theologische Anthropologie, in ihren antizipativen Elementen mit einschließt, sofern zur Ganzheit von personalem Charakter der religiöse Glaube konstitutiv dazugehört.[5] Sie bedeutet aber auch, daß jede theologische Anthropologie zu ihrer Entfaltung auf einen Dialog mit der philosophischen und psychologischen Anthropologie angewiesen ist. Es dürfte hier ein bisher noch nicht erhelltes doppeltes »Einbettungsverhältnis« vorliegen, also eine gegenseitige, aber jeweils auf verschiedener Ebene stattfindende »Einbettung«. In der einen Richtung kann diese Einbettung im Anschluß an Keller charakterisiert werden als eine Art »Methexis«, d. h. »Teilhabe an akthaftem Sein ... als dem Leitprinzip, auf das alles ... Seelische hingeordnet ist« (Keller 1974, 115). Zentrale Aufgabe der Psychologie wird es dann zu bestimmen, worin das Wesen des Aktes besteht und in welcher Art und Weise der Akt tatsächlich das Seelische prägt und bestimmt. In der Wendung auf die Theologie heißt das, daß gezeigt werden muß, worin das Wesen des Glaubenaktes liegt – was in der Theologie ausführlich dargelegt, von der Tiefenpsychologie aber ignoriert wurde[6] – und in welcher Art und Weise der Glaubensakt das Seelische bis in seine Tiefen hinein prägt und bestimmt. Diese zweite Aufgabe harrt noch ihrer Bearbeitung. Sie wurde verdeckt durch eine kaum mehr übersehbare Literatur, die offen oder verhüllt sich nur mit der prägenden Wirkung »der Psyche« (und ihrer Symbole) auf »die Religion« beschäftigt. Sie wurde weiterhin erschwert durch die Unklarheit darüber, ob Prägungen und Vorstrukturierungen durch den Glauben empirisch – und wenn, dann in welchem Sinne »empirisch« – nachweisbar sind.[7] Die Grundeinsicht von Keller läßt weder Raum für einen naiven Empirismus, noch für die entweder Stolz oder Resignation – oder beides – verratende Behauptung von Metzger, die symptomatisch ist für mehrere Theologengenerationen: »Die Tiefendimension des coram deo esse erschließt sich dem allgemeinen religiösen Erlebnisbegriff nicht, mit dem die ... Psychologie arbeiten muß« (Metzger 1964, 14).

In der letzten Zeit wurde es immer deutlicher, daß Jung durch seine Unklarheiten die theologische Diskussion wesentlich mehr erschwert als Freud. Zu diesem Ergebnis kommen schon Fromm (1950) und später, jeweils von anderen Voraussetzungen aus, Scharfenberg (1968), Gestrich (1975) und andere. Allerdings muß den meisten theologischen Untersuchungen der Vorwurf gemacht werden, daß sie, wie Ebeling formuliert, den »Erfahrungsmangel in der Theologie durch einen bloßen Empirie-Import« (1975, 26) ausgleichen wollen. Es komme aber darauf an, »daß die Konfrontation mit der Empirie theologisch reflektiert und dem Verständnis und dem Leben des Glaubens integriert« (Ebeling 1975, 26) werde. Diese Aufgabe führe freilich sowohl für die Einheit der Theologie als auch für die Leistungsfähigkeit des Theologen zu einer Zerreißprobe, die vielfach nicht mehr ertragen werde.[8] Nötig sei es, »der Suggestivkraft des Empirischen nicht zu erliegen, ihm aber auch nicht zu entfliehen, vielmehr die Erfahrung (d. h. die neue Erfahrung aus dem Glauben[9], Anm. d. Ref.) mit der profanen Welterfahrung ernst zu nehmen. Sie läßt die fundamentalen Probleme des Menschseins mit verstärkter Wucht auf uns zukommen« (Ebeling 1975, 23).[10] Es gilt, »die natürliche, alltägliche Erfahrung von Welt als Natur und Geschichte zur fundamentalen Lebenserfahrung hin zu öffnen« (Ebeling 1975, 24), oder, anders gesagt, die darin enthaltene implizite Theologie zu explizieren – wobei diese Explikation freilich nicht im Sinne einer »natürlichen« (d. h. in der oben aufgezeigten Weise naiven) Theologie erfolgen kann.

Nun fehlt aber im Hinblick auf das sogenannte Unbewußte eine beschreibbare und abgrenzbare Erfahrung. Die scheinbar einleuchtende Forderung von Haendler, »zur stichhaltigen Bewertung« und »gültigen theologischen Einordnung« gehöre eigentlich »die Erfahrung der Macht des Unbewußten in einer Analyse« (Haendler 1961, 984), verdeckt diese Aporie gründlich. Gegen diese These ist nicht nur das einzuwenden, was Kretschmer gegen die Lehranalyse vorgebracht hat (vgl. Wiesenhütter 1974), sondern auch die Beobachtung von Eissler, daß die analytische Situation eine unnatürliche und insofern unechte sei, denn »der analytische Prozeß schafft dynamische Bedingungen, die im Gegensatz zur natürlichen Funktion des psychischen Apparates stehen« (Eissler 1974, 973). Die theologische Diskussion müßte sich deshalb auf weite Strecken hin ganz allgemein den Vorwurf gefallen lassen, daß sie psychoanalytische und tiefenpsychologische Artefakte für erwiesene Tatsachen genommen hat, oder anders gesagt, daß sie übersehen hat, daß die verschiedenen psychologischen Begriffe des Unbewußten (besonders deutlich bei Freud) nur operational definiert werden können, nämlich unter Einbeziehung der typischen »Operatio psychoanalytica«, die ja keinesfalls identisch ist mit einer – noch zu präzisierenden – »Operatio theologica«.[11] Der Begriff des Unbewußten kann nicht, wie irgendein anderer philosophischer oder psychologischer Begriff, der keine operationale Definition erfordert, direkt in die Theologie übernommen werden.

Störend wirkt weiter die Verhärtung tiefenpsychologischer Dogmen, die den Erfahrungshorizont einengen (vgl. Kretschmer 1919, Keintzel 1977). Das Grundübel besteht aber in der Unklarheit des Begriffs des Unbewußten. Übernimmt man die Entscheidung Diemers, daß im Altertum und Mittelalter der moderne Bewußtseinsbegriff noch unbekannt war und es deshalb auch noch kein Unbewußtes »gab« (so auch Klages 1929, vgl. Heimsoeth[5]1965, Diemer 1950), dann scheiden alle Bemerkungen etwa Augustins oder der Scholastik (z.B. im Umkreis des Stichworts »Potentia«) aus der theologischen Diskussion um das Unbewußte im engeren Sinne aus, und es kommen frühestens Autoren in Frage, die auf die Entdeckung Descartes aufbauen. Das ist aber nur eines der vielen Probleme, auf die man stößt. Es gilt auch zu unterscheiden zwischen dem Gebrauch des Adjektivs »unbewußt«, über dessen Unentbehrlichkeit in der wissenschaftlichen Terminologie kaum ein Zweifel besteht, und dem viel später auftauchenden und erst von Freud als Terminus technicus geprägten Substantiv »das Unbewußte« (vgl. Diemer 1950, McIntyre 1968). Mit ihm erst tauchen die bis heute noch nicht gelösten Probleme – etwa nach der Seinsweise des ›Unbewußten‹ (vgl. Pongratz 1967) – auf. Bei Lersch ([11]1970) findet man eine Übersicht über die verschiedenen Aktualitätsstufen des Erlebens von Unbewußtem und über die verschiedenen Bedeutungen des Begriffs »Unbewußt«. Bei Diemer (1950), der Lersch »eine nicht berechtigte Vermengung von im letzten oft konträren Anschauungen über das Unbewußte« vorwirft (Diemer 1950, 200), findet sich eine Auswahl verschiedener Synonyma, die für angeblich dieselbe Sache gebraucht wurden: »endothymer Grund«, »Paläopsyche«, »Vitalego«, »Vitalperson«, »Psychoides«, »Urpsyche«, »Blindseele«, »Thymopsyche« oder alles in allem: das »Es«. Pongratz (1967) erwähnt die wichtigsten Varianten der Bedeutung, wobei J. G. Miller in seinem Buch »Unconsciousness« von 1942 den Rekord von sechzehn verschiedenen Möglichkeiten erreicht. Pongratz kommt zu dem Schluß: »Die Bedeutungen des Begriffs ›unbewußt‹ sind systemgebunden; sie kovariieren mit den verschiedenen theoretischen Standorten« (1967, 85).

Überblickt man die verschiedenen Aufzählungen, dann stellt sich der Verdacht ein, daß zumindest dort, wo das Unbewußte als Lebensgrund bezeichnet wird, damit u. a. auch das hermeneutische und fundamentalontologische Problem ins Spiel kommt, das Heidegger unter dem Titel der »ontologischen Differenz« abhandelt. Ein großer Teil der Unklarheiten und Mißverständnisse – man denke etwa an die ständigen Warnungen vor einer Hypostasierung des Unbewußten, die dann aber doch mißachtet werden, und an seine Bezeichnung als einen Grenzbegriff – kommt daher, daß jenes Unbewußte, das eigentlich das Sein im Sinne Heideggers meint, als Seiendes mißverstanden wird. Damit stehen wir wiederum bei einer eminent theologischen Problematik, über die es eine umfangreiche Literatur gibt.

Auch Jung kommt nicht um diese Problematik herum, aber er bleibt bei vagen Andeutungen stehen, so etwa, wenn er vom Selbst als dem wichtigsten »Inhalt« des Unbewußten sagt: »Das Selbst ist – und es ist, als ob es nicht wäre« (XI, 287, Anm. 19). Die Überwindung einer »naturalistisch-behaviouristischen Philosophie« mit ihrer »physikalischen Ding-Sprache«, die alles in die »Zwangsjacke der Ontologie der Vorhandenheit« (Apel 1969, 381) preßt, wird hier zur unaufschiebbaren Aufgabe (vgl. Keller 1970). Sie stellt sich jedenfalls immer dann, wenn das Unbewußte als Grund und Ursprung alles Seelischen interpretiert wird, »denn was Ursprung ist, läßt sich nicht selbst unter das fassen, was von ihm ›abkünftig‹ ist« (Keller 1974, 243). Es läßt sich mit anderen Worten ausgedrückt nicht objektivieren. Es ist aber noch eine der Bearbeitung harrende Frage, ob die Nichtobjektivierbarkeit Gottes, von der die Theologie redet (vgl. Hummel (1972) im Anschluß an Bultmann), in Analogie gesehen werden kann zur Nichtobjektivierbarkeit des Unbewußten. Daran schließt sich die andere Frage an, ob der Nichtobjektivierbarkeit bereits genüge getan ist durch eine symbolische oder metaphorische Sprache. Vor allem aber ist zu fragen, mit welchem Recht das Unbewußte als der »Ur-Grund« – womit Husserl ganz gewiß etwas anderes meint als die Tiefenpsychologie (vgl. Held 1966) –, als die »eigentliche Lebensquelle« (Jung, XII, 162, 224) bezeichnet werden darf. Wird dadurch nicht die Transzendenz des menschlichen Seins als Selbstsein, das Skandalon, daß der Mensch sich selbst stets entzogen ist, sich als »homo absconditus«, als »offene Frage« (Keller 1974, 207) erlebt, die Struktur des »nos extra nos esse«, des »Außerhalb-unser-selbst-Seins« (Jüngel 1975, 345) gründlich verdunkelt? Aber gerade das methodisch präzise gestellte Problem des Unbewußten wäre ausgezeichnet dazu geeignet, die Gefahr dieser Verdunkelung abzuwehren.

Dazu müßte man freilich einen Ansatz von Hönigswald durchführen, aber das ist, so viel ich sehe, im einzelnen bisher noch nicht geschehen. Hönigswald stellt grundsätzlich fest: »Nicht ›ich‹ vermag von einem zu meiner Erlebnissphäre gehörigen Gebilde zu sagen, es sei unbewußt – oder ich vermag es doch nur, sofern ›ich‹ ›mir selbst‹ als psychologischer Beurteiler gegenübertrete ... Das Unbewußte verweist mithin auf sein notwendiges Korrelat, auf den ›anderen‹. Es ist also methodologisch genommen eine Art, ›meinen‹ Erlebnissen auf dem Umweg über den ›andern‹ Eindeutigkeit zu sichern« (Hönigswald 1925, 160). Die »okkulte« Qualität des Unbewußten, wonach dieses »ein unbestimmtes substantielles ›Etwas‹ sei, das da an einem unangebbaren Ort ›ist‹ und auf unangebbare Weise ›wirkt‹«, muß aufgegeben werden zugunsten der »relationstheoretischen« Einsicht, »daß das Unbewußte eine methodologisch wohlcharakterisierte Form psychologischer Feststellung bedeute. Es verliert den mystischen Zauber, der es umgibt, um dagegen den höheren Zauber einer analytisch klar gestellten Aufgabe einzutauschen« (Hönigswald 1925, 160 ff).

Zweifellos ist diese Aufgabe bei Freud zwar nicht so wie bei Hönigswald, aber doch wesentlich klarer als bei Jung gestellt. Ist bei Freud das Unbewußte zwar weniger ein Anlaß, herauszuarbeiten, daß menschliches Sein sich nur in der Begegnung mit dem anderen konstituiert – ein eminent theologisches Thema –, so doch Anlaß zu einer Begegnung des Menschen mit sich selbst, wobei Objektivierbares und Nichtobjektivierbares, Prozeß und Akt, Geschehnis und Erlebnis, Eshaftes und Ichhaftes – oder wie immer man die beiden Pole bezeichnen will – auseinandertreten. Damit dies geschehen kann, darf der – insofern legitime – Freudsche »Realismus des Unbewußten« (Ricœur 1965, dt. Ausg., 441) nicht aufgelöst werden.[13] Er konstituiert sich in dem »hermeneutischen Feld« der Analyse – eine Formulierung Ricœurs (1965, dt. Ausg., 441), die nun doch das Programm Hönigswalds impliziert.[14] Es ist dies freilich kein Realismus der Psychismen bzw. der Triebe als solche. Sie können »nie Objekt des Bewußtseins werden« (Freud, X, 175 f). Es ist ein Realismus der »psychischen Repräsentanzen« des Triebes, d. h. aber, »ein Realismus des Erkennbaren und nicht des Unerkennbaren, Unsagbaren, Abgründigen« (Ricœur 1974, 445). Freud warnt unter Bezugnahme auf Kant, »die Bewußtseinswahrnehmung nicht an die Stelle des unbewußten psychischen Vorgangs zu setzen, welcher ihr Objekt ist. Wie das Physische so braucht auch das Psychische nicht in Wirklichkeit so zu sein, wie es uns erscheint« (Freud, X, 270). Daraus ergibt sich die wichtige Folgerung: »Die Realität des Unbewußten ist keine absolute, sondern eine den Operationen, die ihr Sinn verleihen, relative« (Ricœur 1965, dt. Ausg., 446). Anders gesagt: Sie ist eine vermittelte, in der Operation mitgegebene Realität, die Realität eines »Konstrukts« in weiterem Sinne. Die Frage, ob die Entitäten (»Heilstatsachen«), von denen die Theologie spricht, in einem ähnlichen, genau zu präzisierenden Sinne real sind, liegt auf der Hand. Die Psychoanalyse und die Theologie haben es also mit hermeneutischen und ontologischen Fragen zu tun, die sich eng berühren. Ihre Vernachlässigung hat manche unfruchtbare »scholastische Auseinandersetzung über den Realismus des Unbewußten« (Ricœur 1965, dt. Ausg., 441) verschuldet.

Ist die Realität des Unbewußten eine den Operationen relative, eine durch bewußte Einsichten vermittelte, dann fällt auch jene Auffassung dahin, die das Unbewußte zum Ursprung alles Religiösen machen will. Ricœur zitiert zustimmend R. S. Lee: »Religion is more properly a function of the ego than of the unconscious and the id« (zit. n. Ricœur 1965, dt. Ausg., 558, Anm. 59).[15] Zum selben Ergebnis kommt Gruehn (^{2}1960, 37 f), der sich seinerseits auf Girgensohn beruft: »Der Kern aller lebendigen Frömmigkeit ist der das Ich bewegende religiöse Gedanke. An diesem Tatbestand kann heute nicht mehr gerüttelt werden, denn er ist bisher von sämtlichen experimentell arbeitenden Religionspsychologen verschiedener Länder und Konfessionen bestätigt worden. Die Wirkungskraft der religiösen Bilder ist weniger von dem durch sie geweckten Vorstellungsgehalt, als von dem durch sie geweckten Gedanken- und Gefühlsgehalt abhängig«.[16]

Damit soll nicht geleugnet werden, daß auch das Numinose und Arationale vom christlichen Glauben beachtet werden müssen, aber diese haben nicht den Primat. Man kann hier auch auf Paulus verweisen (1. Kor. 14; 2. Kor. 12). Auch ist es mehr als fraglich, ob das Unbewußte als das Numinosum schlechthin bezeichnet werden kann. Treffend bemerkt Willwoll: »Wie die Herbeirufung eines ›deus ex machina‹ mutet es an, wenn das Unbewußte (nicht nur einen Teil, sondern) das Wesentlichste der Erklärung zu bieten hat für alle ungewöhnlichen religiösen Phänomene, wobei allzu Verschiedenes ... auf einen Nenner gebracht wird« (Willwoll 1946, 50). Dann aber ist nicht einzusehen, weshalb in der theologischen Diskussion immer noch Jung einen bevorzugten Platz einnimmt, und die Theologie nicht auf eine Konzeption wie die Achs zurückgreift, der noch stichhaltigeres empirisches Material bringen kann als Jung. Er sagt, wenn das Unbewußte als etwas dem Bewußtsein Gleichartiges oder sogar Überlegenes, selbständig Denkendes und Handelndes hingestellt werde – was nach Ricœur (1965, dt. Ausg., 448) die schlimmste von allen Mythologien ist –, so sei »dem gegenüber festzustellen, daß die Leitung der seelischen Abläufe stets vom Bewußtsein aus erfolgt. (Das Unbewußte sei) in seinen Funktionen stets abhängig vom bewußten Erleben, dem zweifellos der Primat gegenüber dem Unbewußten« (Ach 1933, 244 f) zukomme.

Wie aber ist diese Abhängigkeit zu denken? Hummel, der sich von theologischer Seite bisher am ausführlichsten mit der Problematik des Unbewußten auseinandergesetzt hat, leider aber fast nur auf Jung Bezug nimmt, beanstandet dessen »Übergang zum Transindividuellen, Identitären« (Hummel 1972, 397) und dessen mangelnde Unterscheidung von »Kompensation« und »Komplementarität« im Wechselverhältnis zwischen Bewußtsein und Unbewußtem. Bezeichnet Jung selbst die Komplementarität als ein »sozusagen zwangsläufiges Ergänzungsverhältnis« (Jung, VIII, 328), so definiert Hummel sie als »einen Anschauungstausch, den das menschliche Beobachtungsungenügen bezüglich mikrokosmischer Wirklichkeiten mit sich bringt« (1972, 288, Anm. 61). Jung habe hier »etwas vorschnell seine Wissenschaft anderen modernen Wissenschaften parallelisieren wollen« (1972, 288, Anm. 61). Daß jedoch zwischen Bewußtsein und Unbewußtem ein kompensatorischer Ausgleich stattfinde, nimmt Hummel als erwiesene Tatsache an. Darin gleicht sein Vorgehen dem Rudins (1960), obwohl er auf ihn nicht Bezug nimmt. Beide Autoren kommen leider nicht auf die Idee, diese vermeintliche Kompensation in die Dialektik des Glaubens hineinzustellen und von ihr aus zu interpretieren – ein Unternehmen, das sich schon bei Paulus vorgebildet findet, denn dieser hat das rein anthropologische Spannungsverhältnis zwischen »Fleisch« und »Geist« theologisch (d. h. coram deo) uminterpretiert und damit von Mißverständnissen befreit. »Fleisch« und »Geist« – wie auch »Unbewußtes« und »Bewußtsein« – sind in ihrem eigentlichen Sinne nur theologisch-relational (eben »coram deo«) zu verstehen, nicht als materiale, sondern als relationale Größen.

Vielleicht meint Hummel doch etwas Ähnliches – und nimmt damit auch die Intentionen Hönigswalds und Ricœurs auf, ohne sich auf sie zu beziehen –, wenn er als Lösung anbietet: »Jungs kompensatorisches und das relationale Denken müssen durch eine komplementäre Sicht verbunden werden« (Hummel 1972, 397). Aus dem Textzusammenhang muß man diese Äußerung Hummels so interpretieren: Die intrapsychische Kompensation und die interpsychische (intersubjektive) Relation (das duale Verhältnis in der Analyse) bedingen sich gegenseitig. Um aber die eigentlich theologische Dimension in den Blick zu bekommen, muß man hinzufügen: Beides ist seinerseits bedingt wie auch verankert in dem dualen Verhältnis Gott:Mensch. Dieses Verhältnis ist aber keinesfalls komplementär, d. h. symmetrisch bzw. umkehrbar. Die hier waltende Dialektik ist »supplementär« (im Sinne von Schröer 1960, 45), sie hat ein Gefälle, das theologisch von Gott zum Menschen hin verläuft – psychologisch (oder epistemologisch) betrachtet freilich vom

Menschen auf Gott hin. Die sich hier stellende interessante Frage lautet, ob dieses Wechselverhältnis eine bestimmte Abschattung findet in der ontologischen und der genetischen Betrachtungsweise des Unbewußten. Der Streit darüber, was zuerst da ist, das Bewußtsein oder das Unbewußte, ist dann müßig, denn die Reihenfolge bzw. das Fundierungsverhältnis, hängt von der Betrachtungsweise ab.

Im Lichte solcher Überlegungen erscheinen fast alle Erwähnungen des sogenannten Unbewußten in der theologischen Literatur als zuwenig differenziert und theologisch mangelhaft reflektiert. Gänzlich außer acht gelassen wird die immerhin sehr interessante Möglichkeit, das Unbewußte als Struktur im Sinne von Wellek zu interpretieren (vgl. dazu Diemer 1950). Allenfalls bei Tillich finden sich Andeutungen in dieser Richtung. Er sucht nach dem »Grund aller Schichten« (V, 145), der selbst nicht mehr als Schicht anzusprechen ist. Tillich identifiziert diesen Grund freilich nicht mit dem Unbewußten und meint, auch Jung – dem er auch sonst recht unkritisch zustimmt – tue das nicht und vermeide dadurch den Psychologismus.

Vor dem Psychologismus warnt Görres (1963), während er aber zugleich als Ergebnis der »Entdeckung« des Unbewußten die Minderung der Willensfreiheit behauptet.[17] Das damit gegebene Problem, das Lewin schon 1935 als eine weitgehende Aufhebung der Grenzen zwischen dem Normalen und dem Pathologischen bezeichnet hat, ist theologisch von größter Dringlichkeit, harrt aber immer noch seiner Bearbeitung. Es ist die Notwendigkeit einer theologischen Psychopathologie oder Pathosophie als integrierender Bestandteil der theologischen Anthropologie.[18]

Catalan (1971) will das Unbewußte aufgliedern in »l'inconscient animal« (»animalisches Unbewußtes«) und »l'inconscient spirituel« (»geistiges Unbewußtes«). Dieses zweite – das »Überbewußtsein« vieler anderer Autoren[19] – könne man nur im theologischen Kontext richtig interpretieren. Die grundsätzliche Abwertung des (vitalen und mythischen) Unbewußten geht auf die Encyclica »Pascendi« von Pius X aus dem Jahre 1907 zurück (vgl. Denzinger ^{31}1957).[20] Man muß beachten, daß 1908 der katholische Modernist A. Loisy exkommuniziert wurde. Er gehörte in dieselbe Linie wie die Theologen Sabatier und Flournoy. Nach ihnen sollte als religiöses Erlebnis nur das gelten, »was aus dem Urboden des Unbewußten als religiöse Emotion emporquelle« (Willwoll 1946, 36).

Wesentlich interessanter ist von katholischer Seite der Entwurf einer »Bewußtseinschristologie« – eine nicht sehr glückliche Bezeichnung (vgl. Wiederkehr 1970, 561). Sie versucht den Gedanken ernst zu nehmen, daß »die menschliche Seele Christi« (Rahner, zit. bei Schmaus 1969, I, 655) auch das Unbewußte umfaßte, und daß Jesu »umfassendes Wissen von der Gottesschau« von Anfang an »in den abgründigen Tiefen des Unbewußten« (Schmaus 1969, I, 673 f) vorhanden war. Diese Überlegungen wären sinnlos, wenn hier das von Spitz als nicht urteilsfähig charakterisierte Unbewußte gemeint wäre. Es kann sich nur um das Unbewußte als »Vorbewußtes« (vgl. Diemer 1950, 88, 144, 149 f) handeln, aber sein Verhältnis zu den anderen Arten von »Unbewußtem«, wie auch von »Unbewußtsein«[21] müßte unbedingt geklärt werden.

Es handelt sich mit anderen Worten um das Unbewußte als bloße Potentialität, wie auch Tillich es definiert, um das, was in Analogie zu allem verstanden werden muß, »was noch kein Sein hat« (Tillich 1956, I, 211). Es ist ein höchst dialektischer

Begriff, der gar nicht als Begriff genommen werden darf, denn er weist symbolisch auf das, was nicht benannt werden kann, weil es kein geformtes Seiendes neben anderem Seienden ist. Tillich, der häufiger als jeder andere Theologe vom Unbewußten spricht, hält sich nicht konsequent an seine Definition. So kann er das Unbewußte auch zu dem zählen, was »Natur im Menschen« (VIII, 238) ist. Unklarheiten entstehen auch dadurch, daß er das, was Jung das »kollektive Bewußtsein« nennt, vom »kollektiven Unbewußten« nicht abhebt (Tillich, VIII, 127).

Motiv für den häufigen Rekurs auf das Unbewußte ist für Tillich die Fehlentwicklung des Protestantismus, der »die Religion auf die Bewußtseinssphäre beschränkt« habe. »Die unbewußten Schichten blieben unberührt, leer oder unterdrückt, während die bewußten Schichten durch beständiges letztliches Sichentscheidenmüssen überbelastet werden« (VII, 192). Tillich, der hier von unbewußten Schichten spricht und damit in Spannung zu seinem sonstigen Sprachgebrauch gerät, sieht nur im Glaubensakt eine Möglichkeit für die Integration aller Schichten, denn er ist der »umfassende und innerste Akt der Person«. Er ist »ekstatisch«. »Er ist mehr als die Triebkräfte des nicht-rationalen Unterbewußten, und er geht auch über die Strukturen des rationalen Bewußtseins hinaus. Er transzendiert sie, aber er zerstört sie nicht« (VIII, 115).[22]

Hat Tillich damit die theologische Reflexion der durch das sogenannte Unbewußte aufgegebenen Probleme geleistet? Um darauf zu antworten, muß man natürlich noch sehr viel mehr Äußerungen zur Kenntnis nehmen, als die hier zitierten. Man wird dann verstehen, warum auch er die anstehende Aufgabe kaum in Angriff nehmen konnte. Er geht von einem fast ausschließlich formal bestimmten Glauben aus als »unbedingtem Betroffensein« (vgl. Track 1975, 381; zur weiteren Kritik an Tillich vgl. Track 1975, 376–421). Er redet viel zu global vom ganzen Menschen, ohne ein psychologisches und ein hiervon abhebbares theologisches Integrationsprinzip anzugeben. Vor allem aber ist bei ihm »das legitime personale Anliegen der Theologie ontologisch präjudiziert« (Hummel 1972, 188). Es geht in seiner Anthropologie – ähnlich übrigens wie bei Freud und Jung – auffallend »neutrisch« (Hummel 1972, 174) zu. Auch er kann die Behauptung der Tiefenpsychologie nachsprechen, sie habe gezeigt, daß das bewußte Verhalten des Menschen abhängig sei »von universellen Strukturen des Bösen und des Guten« (V, 35). Wie aber soll man daran die folgende zentrale Aussage von Tillich anschließen, mit der wir abschließend auf das wichtigste unter den vielen durch das Unbewußte aufgeworfenen Problemen zurückkommen wollen: »Das servum arbitrium ist als theologische Aussage nur sinnvoll bei dem seiner selbst mächtigen Wesen, nur dann hat es die paradoxe Tiefe, die in dem logisch widerspruchsvollen Begriff gemeint ist und die der Humanist, der nichts ist als dieses, freilich nicht verstehen kann. Aber ein seiner selbst unmächtiges Wesen hat überhaupt kein arbitrium; die theologische Aussage würde ihm gegenüber nur die ganz unparadoxe Feststellung der Gebundenheit an den Naturprozeß bedeuten« (III, 94).

Das alles sind keine akademischen Spitzfindigkeiten, sondern Existenzfragen der Menschheit. Macht man nämlich den tiefenpsychologischen Reduktionismus mit, dann muß man folgerichtig mit Jung behaupten, auch die Katastrophe des Nationalsozialismus sei nur »ein unverständlicher, menschlichen Sinnes entbehrender lusus naturae, ›a frolic‹ von kosmischem Ausmaß« (Jung, X, 470) gewesen. Die Psychologie schickt sich an, solche Verirrrungen zu überwinden. Sie befindet sich »auf dem Rückweg zum Bewußtsein« (Keller 1974, 247). Die Theologie hat unter den verschiedensten Stichworten von dem philosophisch gestellten Problem des Unbewußten zwar seit eh und je gesprochen, eine kompetente theologische Reflexion der tiefenpsychologischen Problematik auf wissenschaftlicher Ebene aber noch kaum in Angriff genommen. Dabei hätte sie in der Tat ein letztes Integrationsprinzip anzubieten, das auch der philosophischen Anthropologie fehlt – solange jedenfalls, als sie sich nicht mit Ricœur und einigen anderen Philosophen entschließt, die Kategorie des Stehens vor Gott in ihre Reflexion mit aufzunehmen.

ANMERKUNGEN

1

Im Vergleich dazu ist die ähnlich klingende Frage Diemers (1950, 218), die im übrigen repräsentativ ist für alle rein psychologischen oder philosophischen Überlegungen, grundsätzlich anderer, nämlich pragmatischer Natur, wodurch sie aus ihrem unpragmatischen Kontext herausfällt: »Ist der Gottesbegriff heute noch so mächtig ..., eine solche Verantwortung (wie sie noch bis zu Kierkegaard immer im ›Stehen vor Gott‹ gegeben war und so das Humanum konstituierte – Anm. d. Ref.) begründen zu können?« – Die Hoffnung Ebelings auf »Bewahrheitung« erscheint in diesem Zitat genau so kurzschlüssig wie die Hoffnung Tillichs und anderer auf eine »empirische Bestätigung des reformatorischen Sündenbegriffs und eine Widerlegung des modernen Pelagianismus« (Rössler 1961, 717) durch die Psychoanalyse. Der Begriff Pelagianismus geht auf die Lehre des irischen Mönchs Pelagius (5. Jhd.) zurück, der der Gnadenlehre des Augustinus die menschliche Willensfreiheit entgegensetzte.

2

Vgl. den Sammelband von Bitter (1965) und eine nicht mehr übersehbare Zahl von weiteren Autoren, unter ihnen Affemann, Barz, Bernet, Bloch, Buber, Frischknecht, Froboese-Thiele, von Gebsattel, Goldbrunner, Hostie, Hummel, Mann, Müller-Pozzi, Neumann, Sanford, Sborowitz, Schär, Unterste, Wehr, White und viele andere, die von C. G. Jung ausgehen; Ebeling, Gestrich, Gruehn, Preuss, Ricœur, Rorarius, Rössler, Scharfenberg (auch in dem von ihm mit Nase 1972 herausgegebenen Sammelband), Spiegel, Thilo, Tillich und viele andere, die den Schwerpunkt bei der Psychoanalyse setzen. Literaturübersichten finden sich von katholischer Seite in den Artikeln von Catalan (1971), Görres (1963) und La Tendresse (1967), und von evangelischer Seite in den Artikeln von Haendler (1961) und Rössler (1961) sowie bei Hummel (1972). Als theologische Beiträge sind längst nicht nur die Äußerungen von Fachtheologen zu werten – ja solche Äußerungen bringen das eigentlich theologische Anliegen oft gar nicht zur Sprache (etwa Heidland 1971) –, sondern z. B. auch Ausführungen von Jung, der sich von Neumann sagen lassen mußte (Jung 1972, II, 241), daß sein Pochen auf seine theologische Enthaltsamkeit nicht stichhaltig sei.

3

Als Musterbeispiel hierfür seien die ganz und gar nicht in die Tiefe gehenden »Tiefendimensionen der Theologie« von Hiltner, übersetzt und eingeleitet von Riess (1977) genannt. Durch Banalisierung der Fragestellung wird durch diese Art von Literatur der Austausch unter den beiden Disziplinen erschwert.

4

Der um das Problem der »Dimension« kreisende gesamte theologische Entwurf von K. Heim muß als veraltet gelten. Tillich scheint in einem Aufsatz aus dem Jahre 1959 (jetzt in G.W., IV, 197–117) mit dem Titel »Dimensionen, Schichten und die Einheit des Seins« genau unser Thema zu treffen, aber auch bei ihm bleiben die wichtigen Entwürfe von M. Scheler, Plessner, N. Hartmann, Rothacker, Lersch, Wellek, Keller und anderen völlig unbeachtet bzw. abgelehnt (vgl. Hummel 1972).

5

Ein genaues Studium der bedeutenden Arbeit von Joest (1963), oder ähnlicher Werke, wie auch eine Analyse der Aporien, auf die bisher jede rein »psychologische« Deutung der Person gestoßen ist, könnte diese letzte Behauptung erhärten.

6

Vgl. Jung (1972, II, 330, 440, 473, 476, 495), Rudin (1960, 145), Wolff (1968, 158).

7

Naivität in ihrem Rückgriff auf »Empirie« ist nicht nur Jung, sondern auch Autoren wie Rorarius (1964) oder Affemann (1965) vorzuwerfen.

8

Ähnlich beschreiben Simons u. Hecker (1969) im Anschluß an Küng und Baum die Krise der katholischen Theologie. Sie sei in einen »Problemstau« hineingeraten. Dadurch entstehe die Versuchung zur Flucht oder zur Lähmung.

9

Diese Formulierung stammt von Jüngel (1972), der unabhängig von Ebeling zu ähnlichen Ergebnissen kommt. Die Formel »Erfahrung mit der Erfahrung« (als Gesamtheit) öffnet die Problematik ebenso, wie sie sie gleichzeitig verdeckt, ähnlich wie dies auch bei der Bestimmung theologischer Aussagen durch Pannenberg als »Hypothesen dritter Ordnung«, nämlich »Hypothesen über Hypothesen über Hypothesen« (1973, 336), der Fall ist.

10

Nach Diemer (1950) ist dies auch das eigentliche Ergebnis der Beschäftigung mit dem Problem des Unbewußten.

11

Was diese »Operatio« sein könnte, müßte man etwa bei Pannenberg (1973, 345) nachlesen. Ich muß mich auf diesen Hinweis beschränken.

12

Diemer leitet dies aus der »Analyse als Grenzsituation« (1950, 214 f) ab; zu beachten ist aber, daß zwischen Bewußtsein und Unbewußtem keine »Substanzschranke« (Pongratz 1967, 117) postuliert werden darf. Dies geschieht jedoch durch eine unreflektierte Hypostasierung des Unbewußten (vgl. dazu auch Keller 1974).

13

Das ist auch das eigentliche Anliegen der Individuation Jungs (vgl. White 1964, 188), aber er übersieht, daß die notwendige innerseelische Distanz zwischen Bewußtsein und Unbewußtem erst durch die bewußte Stellungnahme gesetzt wird. Er will vielmehr hier eine ähnliche Grenze wie zwischen Organsystemen nachweisen. Dadurch gerät er in unlösbare Schwierigkeiten.

14

Noch deutlicher wird das in den folgenden Bemerkungen Ricœurs: Das »als Zeuge auftretende Bewußtsein ... des Analytikers ist Teil der hermeneutischen Konstellation, in der die topische Realität (und mit ihr auch der ›Topos‹ des Unbewußten, Anm. d. Ref.) sich konstituiert. Wir sind noch nicht in der Lage, diesen Feststellungen ihren vollen Sinn zu verleihen; es bedarf noch eines langen Weges, bevor diese ›Paarung‹ thematisiert werden kann« (1965, dt. Ausg., 447). Der Ermöglichungsgrund für diese Paarung, nämlich für die Tatsache, daß in der dualen Situation der Analyse »das Bewußtsein des einen seine Wahrheit im Bewußtsein des anderen hat« (1965, dt. Ausg., 447) scheint mir letztlich wiederum nur theologisch erhellbar zu sein – eine Auffassung, der auch Ricœur nahe kommt (Ricœur 1971, 1974; vgl. aber Eissler 1974).

15

»Religion ist viel eher eine Funktion des Ich, als eine solche des Unbewußten und des Es«. Vgl. hierzu auch Tillich: »Der Glaube ist ein bewußter Akt, und die unbewußten Elemente sind an seiner Entstehung nur dann beteiligt, wenn sie in das Zentrum der Person hineingenommen und von ihm durchdrungen werden« (VIII, 114). Wenn das nicht geschehe, wenn unbewußte Kräfte allein bestimmend sind, entstehen »Zwangsakte mannigfacher Art« (VIII, 114).

16

Denken ist freilich nicht intellektualistisch zu verstehen, sondern als »Zueignung einer Ganzheit« (van der Leeuw [2]1956, 629 f, Anm. 2; unter Berufung auf Pedersen). An ihm »nimmt die ganze Person Teil ... nicht nur ein Teil oder ein Element« (Tillich, III, 15).

17

Einen ähnlichen Standpunkt vertreten viele Autoren, unter ihnen La Tendresse (1967), aber auch Tillich. Nach Spitz (1957) kennt das Unbewußte kein »Nein« und kann darum auch kein Urteil fällen. Man müßte daraus folgern: Je weniger Bewußtheit, um so weniger Zurechnungsfähigkeit.

18

Das »Praktische Wörterbuch der Pastoral-Anthropologie« (Gastager u. a. 1975) löst diese Aufgabe keinesfalls.

19

Zu nennen wären Schelling, Carus und andere Romantiker sowie Scheler und die Existenzphilosophie, für die die Existenz ein »Überbewußtsein« (vgl. Diemer 1950, 68, 78 f, 168, 205-210) ist.

20

Diese Enzyclica wird auch bei ähnlicher Stellungnahme meistens verschwiegen: vgl. Lexikon des katholischen Lebens (1952), Art.: »Bewußtsein«; Enciclopedia Cattolica (1953, X, 245–250).

21

»Unbewußtsein« im Sinne der Person als »unbewußten Seins im Vollzug ihrer Akte« oder im Sinne der nicht objektivierbaren »Existenz« (nach Diemer 1950, 204 f, unter Bezugnahme auf Scheler und Heidegger).

22

Nach Tillich (XI, 72) schafft der Glaube den »Mut zum Sein«, der sowohl »der Mut, Teil eines Ganzen zu sein«, als auch »der Mut, man selbst zu sein« ist, der sich allerdings unter den Bedingungen der menschlichen Entfremdung aufspaltet. Die beiden Arten von Mut nehmen Angst in sich hinein und wirken zerstörerisch. Mostert hat unabhängig von Tillich die zerstörerische Wirkung seines »wissenschaftlichen« Denkens aufgezeigt, das die Selbstbestätigung zu seiner »Parafunktion« macht und das Individuum dadurch »faktisch vor der Konfrontation mit der Erfahrung seines individuellen Seins schützt«, indem es ihm die »Realitätsflucht« (Mostert 1975, 446 f) ermöglicht. Werden hier, ohne Bezugnahme auf die Tiefenpsychologie, Gründe für deren Realitätsflucht – besonders im Bereich der Ich-Psychologie – bloßgelegt, und verständlich gemacht, warum die »Individuation« Jungs in die Auflösung des Individuums hineinführen muß, so ist der Versuch Mosterts, die These Ebelings von der »Erfahrung mit der Erfahrung« mit Inhalt zu füllen, nicht befriedigend, verdient aber, weiter durchdacht zu werden.

LITERATUR

ACH, N.: Über den Begriff des Unbewußten in der Psychologie der Gegenwart. Zeitschr. f. Psychologie, 129, 1933, 223 ff

AFFEMANN, R.: Psychologie und Bibel. Eine Auseinandersetzung mit C. G. Jung. Stuttgart: 1957

Tiefenpsychologie als Hilfe in Verkündigung und Seelsorge. Stuttgart: Calwer-Verlag 1965

APEL, K. O.: Wittgenstein und Heidegger. Die Frage nach dem Sinn und Sein und der Sinnlosigkeitsverdacht gegen alle Metaphysik. In: O. Pöggeler (Hg.): Heidegger. Köln: Kiepenheuer u. Witsch 1969, 358–403

BARTELS, M.: Selbstbewußtsein und Unbewußtes. Studien zu Freud und Heidegger. Berlin, New York: De Gruyter 1976

BERNET, W.: Inhalt und Grenze der religiösen Erfahrung. Eine Untersuchung der Probleme der religiösen Erfahrung in Auseinandersetzung mit der Psychologie C. G. Jungs. Bern, Stuttgart: P. Haupt 1955

Verkündigung und Wirklichkeit. Tübingen: Mohr (Siebeck) 1961

BITTER, W. (Hg.): Psychotherapie und religiöse Erfahrung. Stuttgart: Klett 1965

BLOCH, E.: Das Prinzip Hoffnung. Frankfurt/M.: Suhrkamp 1959

CATALAN, J. F.: Inconscient. In: Dictionnaire de la Spiritualité, VII. Paris: Beauchesne 1971, 1642–1647

DENZINGER, H.: Enchiridion Symbolorum (hg. von C. Rahner). Freiburg: Herder ³¹1957

DIEMER, A.: Das Problem des Unbewußten in seiner geschichtlichen Entwicklung. Mainz: Diss. phil. (maschinengeschrieben) 1950

EBELING, G.: Wort und Glaube, III. Tübingen: Mohr (Siebeck) 1975

EISSLER, K. R.: Zur Metapsychologie des Vorbewußten. Psyche, 11, 1974, 951–983

ENCICLOPEDIA CATTOLICA, X. Città del Vaticano: Ente per l'Enciclopedia Cattolica 1953

FREUD, S.: Gesammelte Werke. Frankfurt/M.: S. Fischer 1952 ff

FROMM, E.: Psychoanalysis and religion. New Haven: Yale University Press 1950. Deutsch: Psychoanalyse und Religion. Zürich: Diana 1966

GASTAGER, H., u. a. (Hg.): Praktisches Wörterbuch der Pastoral-Anthropologie. Göttingen: Vandenhoeck und Ruprecht 1975

GESTRICH, C.: Karl Barth und Sigmund Freud – ein nachzuholender Dialog. Wissenschaft und Praxis in Kirche und Gesellschaft. Göttingen: Vandenhoeck u. Ruprecht 1975, 443–456

GOLDBRUNNER, J.: Individuation. Freiburg: Herder 1957

GÖRRES, A.: Psychoanalyse. In: Lexikon für Theologie und Kirche, VIII. Freiburg: Herder 1963

GRUEHN, W.: Die Frömmigkeit der Gegenwart. Konstanz: Fr. Bahn ²1960

HAENDLER, O.: Tiefenpsychologie. In: K. Galling (Hg.): Die Religion in Geschichte und Gegenwart, VI. Tübingen: Siebeck 1961, 886–895

HARSCH, H.: Das Schuldproblem in Theologie und Tiefenpsychologie. Heidelberg: Quehre & Meyer 1965

HEIDLAND, H. W.: Die Bedeutung der analytischen Psychologie für die Verkündigung der Kirche. In: W. Böhme (Hg.): C. G. Jung und die Theologen. Stuttgart: Radius 1971, 46–59

HEIMSOETH, H.: Die sechs großen Themen der abendländischen Metaphysik und der Ausgang des Mittelalters. Darmstadt: Wissenschaftl. Buchges. ⁵1965

HELD, K.: Lebendige Gegenwart. Die Frage nach der Seinsweise des transzendentalen Ich bei Edmund Husserl, entwickelt im Leitfaden der Zeitproblematik. Den Haag: M. Nijhoff 1966

HILTNER, S.: Tiefendimensionen der Theologie (Übersetzt und eingeleitet von R. Riess). Göttingen: Vandenhoeck und Ruprecht 1977

HÖNIGSWALD, R.: Die Grundlagen der Denkpsychologie. Leipzig, Berlin: Teubner ²1925

HUMMEL, G.: Theologische Anthropologie und die Wirklichkeit der Psyche. Darmstadt: Wissenschaftl. Buchges. 1972

JOEST, W.: Zur Frage des Paradoxon in der Theologie. In: W. Joest, W. Pannenberg (Hg.): Dogma und Denkstrukturen. Göttingen: Vandenhoeck u. Ruprecht 1963

Ontologie der Person bei Luther. Göttingen: Vandenhoeck u. Ruprecht 1967

JUNG, C. G.: Psychologie und Religion. Zürich: Rascher 1940

Gesammelte Werke. Zürich, Olten: Walter 1958 ff

Briefe, I–III (hg. von A. Jaffé u. G. Adler). Zürich, Olten: Walter 1972 f

Jüngel, E.: Unterwegs zur Sache. München: Kaiser 1972

Der Gott entsprechende Mensch. In: H. G. Gadamer, P. Vogler (Hg.): Neue Anthropologie, VI. Stuttgart: Thieme 1975 341–372

Keintzel, R.: C. G. Jung – Ergebnisse seiner Psychologie. Eine Kritik anhand des Begriffs der ›psychischen Inflation‹. Bonn: Bouvier 1977

Keller, W.: Das Selbstwertstreben. München, Basel: Reinhardt 1963

Dasein und Freiheit. Abhandlungen und Vorträge zur philosophischen Anthropologie und Psychologie. Bern, München: Francke 1974

Klages, L.: Der Geist als Widersacher der Seele (1929). Bonn: Bouvier ⁵1972

Kretschmer, E.: Zur Kritik des Unbewußten. Zeitschr. f. d. gesamte Neurologie und Psychiatrie. 46, 1919, 372

Kunz, H.: Die Erweiterung des Menschenbildes in der Psychoanalyse Sigmund Freuds. In: H. G. Gadamer, P. Vogler (Hg.): Neue Anthropologie, VI. Stuttgart: Thieme 1975, 44–113

La Tendresse, J. D.: Unconscious. In: New Catholic Enzyclopedia, XIV. New York: Mc Graw-Hill 1967, 387–389

Leeuw, G. van der: Phänomenologie der Religion. Tübingen: Mohr (Siebeck) ²1956

Lersch, P.: Der Aufbau der Person. München: J. A. Barth ¹¹1970

Lexikon des Katholischen Lebens (hg. von W. Rauch und J. Hommes). Freiburg: Herder 1952

McIntyre, A. C.: Das Unbewußte. Eine Begriffsanalyse. Frankfurt/M.: Suhrkamp 1968

Metzger, G.: Gelebter Glaube. Die Formierung reformatorischen Denkens in Luthers erster Psalmenvorlesung. Göttingen: Vandenhoeck u. Ruprecht 1964

Miller, J. G.: Unconsciousness. 1942

Mostert, W.: Erfahrung als Kriterium der Theologie. Zeitschr. f. Theologie u. Kirche, 72, 1975, 427–460

Oerter, R.: Unbewußtes. In: Lexikon für Theologie und Kirche, X. Freiburg: Herder 1965

Pannenberg, W.: Wissenschaftstheorie und Theologie. Frankfurt/M.: Suhrkamp 1973

Plessner, H.: Die Stufen des Organischen und der Mensch. Berlin: De Gruyter ²1965

Pongratz, L.: Problemgeschichte der Psychologie. Bern: Francke 1967

Ricœur, P.: Symbolik des Bösen. Freiburg: Alber 1971

Geschichte und Wahrheit. München: List 1974

De l'interprétation. Essai sur Freud. Paris: 1965. Deutsch: Die Interpretation. Ein Versuch über Freud. Frankfurt/M.: Suhrkamp 1976

Rorarius, W.: Glaube und Psychotechnik. Pfullingen: Neske 1964

Rössler, D.: Psychotherapie – Theologische Beurteilung. In: Die Religion in Geschichte und Gegenwart, V. Tübingen: Mohr (Siebeck) 1961, 715–718

Rudin, J.: Psychotherapie und Religion. Olten: Walter 1960

Scharfenberg, J.: Sigmund Freud und seine Religionskritik. Göttingen: Vandenhoeck u. Ruprecht 1968

Religion zwischen Wahn und Wirklichkeit. Hamburg: Furche 1972

Scharfenberg, J., Nase, E. (Hg.): Psychoanalyse und Religion. Darmstadt: Wissenschaftl. Buchges. 1977

Scheler, M.: Die Stellung des Menschen im Kosmos (1928). Bern: Francke ⁷1966

Schmaus, M.: Der Glaube der Kirche. Handbuch Katholischer Dogmatik, Bd. 1. München: Huber 1969

Schröer, H.: Die Denkform der Paradoxalität als theologisches Problem. Göttingen: Vandenhoeck u. Ruprecht 1960

Schwankl, P.: Phänomenologische Untersuchungen zum Problembereich des Unbewußten. München: Diss. phil. (maschinengeschrieben) 1955

Simons, E., Hecker, K.: Theologisches Verstehen. Düsseldorf: Patmos 1969

Spiegel, Y. (Hg.): Psychoanalytische Interpretation biblischer Texte. München: Kaiser 1972

Spitz, R. A.: No and yes. On the genesis of human communication. New York: Int. Univ. Press 1957. Deutsch: Nein und Ja. Die Ursprünge der menschlichen Kommunikation. Stuttgart: Klett 1957

Tillich, P.: Systematische Theologie I–III, Stuttgart 1956 ff

Gesammelte Werke (hg. von R. Albrecht). Stuttgart: Evang. Verlagswerk 1959 ff

Track, J.: Der theologische Ansatz Paul Tillichs. Göttingen: Vandenhoeck u. Ruprecht 1975

Unterste, H.: Theologische Aspekte der Tiefenpsychologie von C. G. Jung. Düsseldorf: Patmos 1977

Wellek, A.: Die Polarität im Aufbau des Charakters. Bern, München: Francke ²1966

White, V.: Seele und Psyche. Theologie und Tiefenpsychologie. Salzburg: O. Müller 1964

Wiederkehr, D.: Christologie. In: J. Feiner, M. Löhrer (Hg.): Mysterium Salutis. Einsiedeln: Benziger 1970

Wiesenhütter, E.: Freud und seine Kritiker. Darmstadt: Wissensch. Buchges. 1974

Willwoll, A.: Vom Unbewußten im Aufbau des religiösen Erlebens. In: E. Spiess (Hg.): Rätsel der Seele. Olten: Walter 1946, 49–55

Wolff, H.: Jesus der Mann. Die Gestalt Jesu in tiefenpsychologischer Sicht. Stuttgart: Radius 1975

Wolff, O.: C. G. Jungs »Antwort auf Hiob«. In: G. Zacharias (Hg.): Dialog über den Menschen. Stuttgart: Klett 1968, 153–168

WEGE ZU RELIGIÖSER ERFAHRUNG

Tiefenpsychologische Bibelauslegung

von Gerhard Wehr

»Kann Christus heute überhaupt noch interpretiert werden? Oder muß man sich mit der historischen Deutung begnügen?« – Diese, wie er es selbst nennt, »große Frage« ist es, die C. G. Jung in seinem späten Werk »Antwort auf Hiob« (Jung, 1952b, 449), aber nicht nur dort, aufgeworfen hat. Von diesem Blickpunkt der Analytischen Psychologie (s. Bd. III dieser Enzyklopädie) soll versucht werden, Ansatzpunkte für eine tiefenpsychologische Bibelauslegung aufzuzeigen.

Seitdem es eine tiefenpsychologische Forschung und Praxis gibt, wird die Bibel Alten und Neuen Testaments neben anderen Dokumenten der Religions- und Geistesgeschichte herangezogen, um als Beleg, gegebenenfalls als Interpretationshilfe für den Analytiker zu dienen. Das trifft für den Psychotherapeuten im allgemeinen, für den Analytiker Jungscher Prägung im besonderen zu. Doch da waltet kein starrer Dogmatismus. Schon vom speziellen Auftrag des Analytikers her versteht es sich, daß er mit anderen Augen als der Theologe die Bildgehalte der Bibel anschaut und mit anderen Ohren als der Prediger oder Seelsorger den Anspruch des Wortes vernimmt, ganz zu schweigen von der persönlichen religiös-weltanschaulichen Orientierung des Therapeuten. Hier muß die Feststellung genügen, daß in der therapeutischen Praxis ähnlich motivierte Hervorbringungen des Unbewußten (Träume, Gedankenverbindungen usw.) durch gleichgerichtete Bilder angereichert werden. C. G. Jung spricht von der sogenannten Amplifikation. Auf diese Weise wird es möglich, Produktionen des Unbewußten zu erhellen und ihrem Sinngehalt nach zu erschließen.

Es versteht sich, daß dieses Verfahren zunächst auf den psychotherapeutischen Sektor beschränkt bleibt, also auf jenen dialogischen Vorgang, der zwischen Analytiker und Analysand abläuft. Und dennoch ist es verwunderlich, daß die Theologie von sich aus den hier liegenden Möglichkeiten für die Bibelauslegung bisher noch verhältnismäßig wenig Aufmerksamkeit geschenkt hat. Immerhin mehren sich die Ansätze, die auf einen Wandel hinweisen.

Freilich bestehen immer noch Skepsis und Mißtrauen der analytischen Psychologie gegenüber, als könne auf diesem Wege das Herzstück des Evangeliums psychologisch überfremdet oder gar verfälscht werden. Psychologie, so meinen manche, sei bestenfalls für die Psyche des Menschen zuständig; das Geheimnis des christlichen Glaubens aber sei pneumatischer Natur. Der Arzt habe es mit dem Kreaturwesen der Seele zu tun; der Geist (pneuma) hingegen, von dem das Neue Testament Zeugnis ablegt, stehe in ganz anderen, dem menschlichen Zugriff entzogenen Seinsordnungen. Psychologie bewege sich notgedrungen im endlichen Bereich des Menschen; Theologie jedoch berufe sich auf die göttliche Offenbarung.

Es wäre aber auch umgekehrt, in unserem Fall von der Seite der Psychologie her, eine Befürchtung denkbar. Sie könnte sich etwa in dem Verdacht äußern, daß die ursprüngliche psychologische und psychotherapeutische Aufgabe mit theologischer Fracht überlastet würde. Träfe das zu, so läge beide Male eine illegitime Grenzüberschreitung vor.

Nun kann es sicher nicht darum gehen, die Gestalten der biblischen Geschichte einer Analyse zu unterziehen. Die eigentliche, heute und hier aktuelle Frage besteht nicht darin, das Seelenleben der Apostel und Propheten zu beleuchten, was übrigens schon von der Quellenlage her problematisch wäre, sondern die Aufgabe einer tiefenpsychologischen Bibelauslegung betrifft *uns* in ihrer überzeitlichen, allgegenwärtigen, archetypischen Gültigkeit.

Bei der tiefenpsychologischen Interpretation kann es folglich nicht darum gehen, die Psychologie zu historischen Fragestellungen zu bemühen. Es ist uns vielmehr darum zu tun, das Wort des Evangeliums zu *uns* sprechen zu lassen. In dem Spiegel der bisweilen dunklen Worte suchen wir uns selbst zu sehen. Mehr noch: Auf dem Weg der Wandlung, den die Evangelisten »Nachfolge Christi« nennen, gilt es Fortschritte zu machen! Metanoeite – ändert euren Sinn! –, das ist auch der Ruf, mit dem Jesus seine öffentliche Wirksamkeit beginnt (Mark. 1,15). Und die Tiefenpsychologie kann dem Bibelausleger schon deshalb nicht gleichgültig sein, weil es in der christlichen Botschaft weder um eine nur an den Intellekt gerichtete theologische Lehre noch um die bloße Übernahme äußerer Bekenntnisse geht. Metánoia meint vielmehr eine ins Wesensgefüge des Menschen eingreifende Wandlung und Reifung.

Damit ist ein wichtiger Korrespondenzpunkt für den Theologen wie für den Psychologen bezeichnet, und zwar insofern sich beide nicht aufs bloße Deuten oder Analysieren von anthropologischen Tatbeständen beschränken wollen, sondern insofern beide einen *Weg* vor sich sehen, der beschritten werden kann und auf dem Menschen Führung und Geleit erwarten dürfen, sei es durch Therapie oder durch Seelsorge (s. den Beitrag von K. Winkler in diesem Bd.).

PRAKTISCHE GESICHTSPUNKTE

Bevor wir uns einem Beispieltext zuwenden, seien noch zwei Vorbemerkungen angefügt. Zu betonen ist einmal, daß eine tiefenpsychologische Bibelauslegung nicht in der Absicht geschehen kann, die bisher geübten und bewährten Methoden der Bibelforschung überflüssig zu machen. Sie werden vielmehr als unerläßliche Hilfen vorausgesetzt. Es wird daher weiterhin nötig sein, den Philologen, den Religionsgeschichtler und den Literarhistoriker beizuziehen oder bibelhermeneutische Einsichten zu berücksichtigen. Was die Tiefenpsychologie beanspruchen kann, das ist, daß ihr Wissen um die Wirklichkeit der Seele, um die Realität dessen, was in den Symbolen, in der Sprache des Mythos, in der imaginativen Sprache der Gleichnisse aufgehoben ist, ebenso beachtet wird, wie es der heutige Leser und Hörer nötig hat (s. den Beitrag von H.-C. Piper in diesem Bd.).

Das andere Moment liegt in der Art und Weise des Umgangs mit dem Wort der Bibel. Diese Weise des Umgangs ergibt sich eigentlich schon aus dem Gesagten. Denn Worte sind dazu da, gehört zu werden. Worte und Bilder enthalten eine sinntragende Botschaft, die sich Mal um Mal mitteilt. Sie ist auch Mal um Mal in die konkrete Situation hineinzusprechen, in die psychische ebenso wie in die soziale, gesellschaftliche. Jedenfalls erschließt sich diese Botschaft nicht bereits dadurch, daß man sie – etwa unter der Parole der Entmythologisierung – auf einige theologische daß-Sätze reduziert oder in die gerade gängigen polittheologischen Parolen ummünzt.

Um des Wortes in den Wörtern innezuwerden, ist eine sehr alte, aufs neue zu übende Praxis der Christenheit angezeigt: die Meditation. In unserem Zusammenhang meinen wir die Übung eines hinhörenden und anschauenden Lesens der Bibel (Methodisches hierzu bei Rittelmeyer 1928; Lotz 1965; Melzer 1968; Tilmann 1974; Rosenberg 1975, 1976).

Die meditative Übung macht bereits eine Metánoia, ein Umdenken erforderlich. Es geht buchstäblich um eine Änderung der Denkgewohnheiten. Denn nicht das, was *ich* als Bibelleser theologisch zu wissen meine, und nicht, was ich über einen Text zu sagen habe, ist maßgeblich, sondern allein, was der jeweilige Wortlaut *mir* sagt, das heißt: was mir an ihm »aufgeht«. Und eben dazu ist eine meditative, eine empfangsbereite Haltung erforderlich. Sprach Freud einmal davon, daß der Traum wie ein heiliger Text zu behandeln sei, so ginge es jetzt umgekehrt darum, einen biblischen Wortlaut wie einen Traum, etwa wie einen »großen Traum« zu betrachten und auf sich wirken zu lassen, aufmerksam und erwartungsvoll. Nicht nur Träume sind mehrdimensional, sondern auch »heilige Texte«. Alles Vorher-Wissen ist beiseite zu lassen, das theologische und auch das psychologische.

Existentiell ausgedrückt: Als Bibelleser habe ich alle Aufmerksamkeit darauf zu richten, daß letztlich immer von mir die Rede ist, von meiner Heillosigkeit, von der Blindheit meiner Augen, von der Unfähigkeit, durch bloße Willensentschlüsse ein neuer Mensch zu werden, von meinem Irren und Scheitern. Gleichzeitig aber sollte ich mich auch dafür offenhalten, daß mir in den biblischen Erzählungen und Schilderungen ein Weg gezeigt wird. Die Erleuchtungskraft des Wortes wird mir zugesprochen, und wo ich vielleicht nur Niedergangserscheinungen, Ausweglosigkeiten zu sehen vermochte, da gilt es Stationen eines Reifungsprozesses zu durchschreiten. Eben darauf, daß ich die Worte Christi als eine unmittelbare Anrede zu erfahren vermag, habe ich zu achten und darauf, daß die Bilder, die Gleichnisse und Symbole transparent werden können, damit ich der frohmachenden Botschaft innewerden kann.

Die hier gemeinte Bibelauslegung hätte demnach eine Aufgabe zu erfüllen, die sich unter zwei Gesichtspunkten betrachten läßt: Einmal ginge es darum, einen neuen Zugang zu der für viele Menschen abgerissenen geistig-religiösen Tradition zu gewinnen und so die Kontinuität zu vertiefen, in der wir dank der Bibel immer noch stehen, ob als Christen oder doch als Menschen, die sich der geschichtlichen Prägekraft des biblischen Wortes innerhalb unserer kulturellen Überlieferung bewußt sind.

Zum anderen kommt dem hier gemeinten Bibelverständnis eine eminent gegenwärtige und zukünftige Bedeutung zu, insoweit es uns gelingt, in den Wahrworten, Gleichnisbildern und Symbolgehalten uns selbst zu sehen als Menschen, die einen Weg vor sich haben, den Weg der Wandlung. – Diese beiden Gesichtspunkte, der mehr retrospektive und der bewußt prospektive, der auf den Reifungsprozeß der Individuation gerichtete (s. den Beitrag von G. Wehr in Bd. III dieser Enzyklopädie), korrespondieren mit der tiefenpsychologisch-psychotherapeutischen Arbeit ihrem ursprünglichen Ansatz nach. Hier wie dort sehen wir – im Lichte des Menschgewordenen, den wir den Christus nennen – den Menschen vor uns, der wir selbst sind, der unser eigentliches »Selbst« ist. Wir sind ein Entwurf der Schöpfung auf Christus hin. Wir sehen unser Bild in seinem Urbild (Archetypus). Wir suchen uns selbst zu erkennen und zu verwirklichen, um dieser Erkenntnis gemäß als einzelner und als Glieder der Gemeinschaft zu handeln. Vor diesem Horizont hat tiefenpsychologische Bibelauslegung letztlich zu geschehen.

DAS BEISPIEL DES JOHANNESEVANGELIUMS

Wer nun in dem angedeuteten Sinn das Johannesevangelium betrachtend in sich aufnimmt, Bild um Bild auf sich wirken läßt, der kann die Beobachtung machen, daß die Aufeinanderfolge der Reden und Schilderungen den Leser von Anfang an in eine ganz bestimmte Bewegung hineinnimmt. Wir sollten versuchen, den Johannes-Prolog hörend zu lesen, um uns ganz dem Rhythmus hinzugeben, der in diesen Sätzen schwingt, wenn es heißt:

»Im Anfang war das Wort,
und das Wort war bei Gott,
und Gott war das Wort,
dasselbe war im Anfang bei Gott.
Alle Dinge sind durch dasselbe gemacht,
und ohne dasselbe ist nichts gemacht, was gemacht ist ...« (Joh. 1,1 ff).

Das wiederholende, gleichsam zurückfassende Nacheinander der Grundworte »Anfang – Wort – Gott – Wort – Anfang – Gott ...« fällt auf. Diese Worte leisten dem betrachtenden, hineinhörenden Leser einen wichtigen Dienst. Sie bringen ihn in Bewegung. Der Evangelist gibt den Anstoß zu einer Bewegung, die den Weg einer Spirale beschreibt. Er macht damit deutlicher, als es durch einen Leseratschlag gesagt werden könnte: Hier ist eine andere Seelenhaltung nötig, als sie etwa beim schlußfolgernden Denken gefordert ist.

An dieser Stelle erinnern wir uns, daß die altkirchliche Überlieferung Johannes das Symboltier des Adlers zugesprochen hat. Es gilt demnach dem spiralförmig kreisenden Aufstieg des Adlers zu folgen, wenn wir dieses Evangelium lesen. Wer bisher seinen Blick nur auf den Mann Jesus von Nazareth und auf dessen historischen Aspekt richtete, wer Matthäus folgend den »Menschen«, Markus folgend den »Löwen« aus Juda, Lukas folgend den Opfer-»Stier« erblickte, der soll sich nun anschicken, aus der »Adler«-Perspektive heraus auf den Christus zu blicken. Das ist nur möglich, wenn es gelingt, den Beobachtungsort dieses Adlers einzunehmen. Aber ist es denn ein »Ort«? Ist es nicht vielmehr eine Bewegung, ein Aufstieg? Und wie können wir Heutigen realisieren, was der im Bilde denkende und gestaltende Evangelist den ersten Empfängern seiner Schrift zumuten konnte?

Die Analytische Psychologie kann hierbei eine Hilfestellung bieten. Sie kennt die hier angemessene Seelenbetätigung als ein kreisförmiges Ausschwingen, als die »Umkreisung der Mitte«. Jung nennt es daher die Circumambulation: »Psychologisch hat sie die Bedeutung der Konzentration auf und der Beschäftigung mit einer Mitte, die als Zentrum eines Kreises gedacht ist und daher als Punkt formuliert wird« (Jung 1951, 324). Umkreis und Mitte sind aufeinander bezogen. In der Sprache des Johannesevangeliums kehrt dieses Motiv wieder, etwa im Bild vom Weinstock und den Reben. Sie bringen nur Frucht, solange sie mit dem Weinstock organisch, das heißt von der Mitte her, auf die Mitte hin, verbunden sind.

Psychologisch ausgedrückt heißt das: Das Ich als der bewußte Seelen- bzw. Persönlichkeitsbereich ist in einer größeren Ganzheit enthalten, nämlich dem Selbst. Dabei haben wir es nicht mit einer statischen Gegebenheit zu tun. Die Selbstwerdung (Individuation) stellt einen Prozeß dar, der am und der mit dem Menschen geschieht. Von daher betrachtet kann das Johannesevangelium als eine Weise und als ein Weg angesehen werden, in die Kreisbahn dieses Prozesses der Selbstverwirklichung zu gelangen. Der Mensch ist unterwegs zu seinem wahren Selbst. Christus ist dieses Selbst, das Urbild des Menschen. Den Charakter eines Wahrwortes besonderer Art hat daher auch der Ausruf des Pontius Pilatus, der auf den zum Hingang bereiten Jesus deutet und sagt: »Siehe, der Mensch!« (Joh. 19,5).

Von daher gesehen könnte man sagen: Das Johannesevangelium, das auffälligerweise keine Geschichte von der Christgeburt überliefert, sondern das gleich mit der Intonation auf den weltschöpferischen Logos anhebt, dieses Evangelium ist das Evangelium des Menschen, der werden soll; es ist das Evangelium des zur Selbstwerdung entschlossenen Menschen (Wehr 1974). – Was gibt uns das Recht zu dieser Vermutung?

Da sind zunächst einmal sehr direkte Aussagen, die darauf hindeuten: Gleich im Eingangskapitel heißt es: Wie viele das göttliche Wort, den Logos, in sich aufnahmen, denen gab dieses Wort Macht, Gottes Kinder zu werden (Joh. 1,12). Und damit niemand einen Zweifel hege, fügt der Evangelist hinzu: Es sind solche, die nicht vom Geblüt noch von dem Willen des Fleisches, noch von dem Willen eines Mannes, sondern von Gott geboren sind. Und diese Menschwerdung ist nicht etwa mit einem Regressionsvorgang zu verwechseln. Es gibt kein Zurück in den Mutterleib, sagt Christus (Joh. 3) zu Nikodemus. In der Auseinandersetzung mit Freud hat Jung auf diese zentrale Aussage verwiesen (vgl. Wehr 1975). Es gibt nur die Geburt »ánothen – von oben her«, also aus einer ungeahnten, unverfügbaren Dimension des Schöpferischen, aus einer Matrix neuer Ordnung (Jung 1952a).

Derselbe Evangelist läßt in seinen weiteren Schilderungen keinen Zweifel darüber aufkommen, daß diese Neugeburt unter Drangsal und Schmerzen vor sich geht. In den Johanneischen Abschiedsreden findet sich daher (Joh. 16,21) das Gleichnis: Eine Frau, wenn sie gebiert, so hat sie Traurigkeit; denn ihre Stunde ist gekommen. Wenn sie aber das Kind geboren hat, denkt sie nicht mehr an die Angst um der Freude willen, daß *der Mensch* zur Welt geboren ist. Eben darauf, auf die Geburt des Menschen zielt das ganze Evangelium hin.

Schauen wir auf einzelne Stationen und Stufen des Weges, dann darf bei einer »Circumambulation« eine Aussage über die »Mitte« erwartet werden. In der Tat, keiner der anderen drei Evangelisten spricht in vergleichbarer Weise von dieser

Mitte wie Johannes, nämlich überall dort, wo die mantramartige Formel steht »ego eimi – ich bin«. Es handelt sich um die bedeutsamen Johanneischen Ich-bin-Worte. Wie F. Rittelmeyer (1928) gezeigt hat, stellen sie eine Siebener-Figur dar. Sie sind mit sieben Zeichen-Taten Christi und schließlich mit sieben Stufen der Christus-Vollendung verbunden. Die Taten und Leiden des Menschensohns korrespondieren gleichzeitig mit dem Innenweg dessen, der die Stadien des Individuationsprozesses durchläuft. »Das Drama des archetypischen Christuslebens beschreibt in symbolischen Bildern die Ereignisse im bewußten und im bewußtseinstranszendenten Leben des Menschen, der von seinem höheren Schicksal gewandelt wird« (Jung 1951, 386).

Angesichts der Ich-bin-Worte stellt sich die Frage: Woher nimmt derjenige die Legitimation, der in diesen Worten die unerhörten Ansprüche stellt: Ich bin das Brot – der gute Hirte – das Licht der Welt – der Weg – die Wahrheit und das Leben – die Auferstehung und das Leben? Ist nicht dieses Wissen, das einer allzu hohen Selbsteinschätzung zugrunde liegt, durch das Wort gerichtet: Scientia inflat, Wissen bläht auf? Die Tiefenpsychologie kennt dieses Phänomen der psychischen Inflation. Es tritt dann auf, wenn sich das bewußte Ich gegenüber den Hervorbringungen des Unbewußten nicht mehr zu behaupten vermag. Wenn sich dieses Ich verkennt, wenn ein gefährlicher Wirklichkeits- und Seelenverlust eintritt (Bitter 1969). Denn wo das tageswache Ich-Bewußtsein zusammenzubrechen droht, stellen sich Wahnvorstellungen, Phantastereien und Fanatismen ein (s. den Beitrag von K. Thomas über »Religionspsychopathologie« in diesem Bd.). Sollte Jesus, der wiederholt von »Besessenen« aufgesucht wurde, von derart psychisch Kranken infiziert worden sein? Wie sollen wir die »ego-eimi«-Formel verstehen?

Wir können im Moment an dieser Stelle einmal außer acht lassen, was die Exegese, etwa aufgrund religionsgeschichtlicher Vergleiche, über die Ich-bin-Formel zu sagen hat. Denn: »Historische und naturwissenschaftliche Kriterien eignen sich nicht zur Erkenntnis mythologischer Wahrheit, die nur durch die Intuition des Glaubens oder durch Psychologie erfaßt ist, und im letzten Fall kann zwar die Einsicht bestehen, ohne aber wirksam zu werden, wenn sich nicht die Erfahrung dazugesellt« (Jung 1967/68, 306).

Dieser Hinweis Jungs besagt nichts Geringeres als dies: Eine Exegese, die sich auf den – freilich unentbehrlichen – Einsatz von philologischen, historischen und theologischen Erkenntnissen beschränkt, vermag die für das Hören und Aufnehmen des Evangelienwortes nötige Glaubenserfahrung nicht zu ersetzen. Den mythischen Bestandteilen der Bibel wird man weder dadurch gerecht, daß man sie – etwa die sogenannten Wundererzählungen – unreflektiert buchstäblich nimmt, noch daß man sie ausschließlich rational interpretiert bzw. entmythologisiert. Im ersten Fall verwechselt man das über die Gegenstandswelt hinausweisende mythische Symbol mit den sichtbaren Realitäten in Raum und Zeit; im anderen Fall verliert man jene spirituelle Dimension der Wirklichkeit, für die die Symbole die einzig mögliche Form der Vergegenwärtigung und der Wiedergabe bieten. Sie ermöglichen erst die religiöse Erfahrung, um die es uns in der Begegnung mit den biblischen Wortlauten geht.

Und eben weil dem Bibelverständnis nicht bereits dadurch hinreichend gedient ist, daß man begriffliche, historische und sprachliche Hindernisse beseitigt, soll die Forschungsart befragt werden, durch die die Sprache des Mythos und des Symbols neu gehört werden kann. Es ginge demnach um die Erlangung eines *Erfahrungswissens*, das uns die Analytische Psychologie erschließen hilft. Sie tut es (freilich ohne ein Monopol dafür zu besitzen!), indem sie den Menschen selbst zum »Gegenstand« und die Menschwerdung des Menschen (Individuation) zum Ziel ihres Forschungs- und Therapieweges macht.

Auf die Johanneischen Ich-bin-Worte angewandt kommt die Einsicht zum Tragen, daß das Ich, von dem Christus, auf sich deutend, hier spricht, nicht etwa mit dem Ego im alltäglichen Sinne identifiziert werden darf, im Grunde auch nicht mit dem Ich des Menschen Jesus von Nazareth. Wieder werden wir dazu genötigt, zwischen dem Alltags-Ich und dem größeren, aber weitgehend verborgenen »Selbst« zu unterscheiden, das auch die Bereiche des Unbewußten umschließt. Jung hat daher das Selbst geradezu das »Ziel des Lebens« genannt. Es lasse sich zwar gerade noch psychologisch rechtfertigen, aber nicht mehr wissenschaftlich beweisen.

Am Unbewußten teilhaben meint, an jener vergessenen oder vernachlässigten Dimension des Spirituellen teilhaben, die den anderen Dimensionen der Wirklichkeit übergeordnet ist. Deshalb ist bei Jung das Selbst »eine dem bewußten Ich übergeordnete Größe. Es umfaßt nicht nur die bewußte, sondern auch die unbewußte Psyche und ist daher sozusagen eine Persönlichkeit, die wir auch sind ... Das Selbst ist auch das Ziel des Lebens, denn es ist der völligste Ausdruck der Schicksalskombination, die man Individuum nennt« (Jung 1928, 263).

Nun ergibt sich aus der Forschung, daß der Archetypus des Selbst im Unbewußten des westlichen Menschen vielfach durch Christus vertreten wird. Auffällig ist dabei, daß Menschen, die sich als Atheisten oder als Religionslose deklarieren, in ihrem Unbewußten Bilder produzieren, die ihrer bewußten Einstellung völlig entgegengesetzt, eben religiös motiviert sein können. Offensichtlich tendiert das Unbewußte, auch wenn man dies leugnen möchte, auf jene Ganzheit hin, die das Selbst repräsentiert. Wir wurzeln demnach in einem Seinsgrund, der historisch wie anthropologisch »vor« dem Erdenklichen, Logischen liegt. Das Wort des johanneischen Christus kommt hier zur Geltung: Ehe denn Abraham war *bin ich*!

Mag es für viele auf den ersten Blick ein unannehmbarer Gedanke sein, biblische Zeugnisse, etwa Glaubenserfahrungen der Urchristenheit, in irgendeiner Weise mit Psychologie in Verbindung gebracht zu sehen, so ist doch in dem dogmatischen Satz von der Inkarnation Christi letztlich auch die Tatsache aufgehoben, daß dieser Christus, der Leib und Leben eines Menschen angezogen hat, sich auch als eine »Wirklichkeit der Seele«, nämlich im Selbst manifestiert. Und wenn Christi Leibwerdung und Erhöhung eine historische *und* eine kosmische Tatsache darstellen, dann muß seine Selbstwerdung auch für die Selbstwerdung jedes einzelnen Menschen von Bedeutung sein. Als antworte er auf die Frage nach der menschenkundlichen Bedeutung Christi, schreibt C. G. Jung: »Das Ziel der psychologischen Entwicklung ist, wie das der biologischen, die Selbstverwirklichung resp. die Individuation. Da der Mensch sich nur als ein Ich kennt und das Selbst als Totalität unbeschreibbar und ununterscheidbar von einem Gottesbild ist, so bedeutet die Selbstverwirklichung in religiös-metaphysischer Sprache die Inkarnation Gottes. Das ist in der Sohnschaft Christi ausgedrückt« (Jung 1953, 385).

Da, abgesehen von Raumgründen, auf eine weitere Vertiefung verzichtet werden muß, die an anderer Stelle versucht worden ist (vgl. Wehr 1974, 1975), sei der hier vorgestellte Ansatz zu einer tiefenpsychologischen Interpretation in folgenden Thesen zusammengefaßt:

1. Die hier gemeinte tiefenpsychologische Interpretation der Bibel stellt den Versuch dar, jene Dimension der biblischen Botschaft in unseren Sichtbereich zu rücken, die die Bibel im Bild und Zeichen (Symbol) als spirituelle Wirklichkeit ausweist. Es handelt sich um die Dimension des Spirituellen, die sowohl durch ein Buchstäblichnehmen wie durch eine nur rationale Interpretationsweise verfehlt wird.

2. Die tiefenpsychologische, auf die Realität des Spirituellen hinzielende Interpretation empfängt vor allem durch die Analytische Psychologie C. G. Jungs eine Bereicherung, soweit sie in der Lage ist, einen Weg zur religiösen Eigenerfahrung zu zeigen. Es kann sich jedoch nicht um eine unkritische oder pauschale Übernahme psychologischer Lehrzusammenhänge handeln. Es ist vielmehr der Weg des Dialogs gewiesen, das heißt des interdisziplinären Gesprächs zwischen Theologie und Tiefenpsychologie, in dem Voraussetzungen, Vorverständnis sowie methodische Fragen abzuklären sind.

3. Diese tiefenpsychologische Interpretation ist letztlich nur möglich, wenn auf dem Weg eines Exercitium spirituale, das heißt durch meditative Bemühung, die innere Legitimation und Befähigung zum Betrachten, Hören und sinnerfassenden Verstehen der biblischen Botschaft übend errungen wird. Die Entschlüsselung der spirituellen Tiefendimension der biblischen Botschaft steht jedoch niemals unter dem Gesetz einer beliebigen Machbarkeit, sondern – religiös gesprochen – im Zeichen der unverfügbaren Gnade.

LITERATUR

Barz, H.: Selbst-Erfahrung. Tiefenpsychologie und christlicher Glaube. Stuttgart: Kreuz 1973

Bitter, W.: Der Verlust der Seele. Ein Psychotherapeut analysiert die Gesellschaft. Freiburg: Herder 1969

Jung, C. G.: Die Beziehungen zwischen dem Ich und dem Unbewußten. Zürich: Rascher 1928; G. W. VII

Aion. Untersuchungen zur Symbolgeschichte. Zürich: Rascher 1951; G. W. IX/2

Symbole der Wandlung. Analyse des Vorspiels zu einer Schizophrenie. Zürich: Rascher 1952 a; G. W. V

Antwort auf Hiob. Zürich: Rascher 1952 b; G. W. XI

Symbolik des Geistes. Studien über psychische Phänomenologie. Zürich: Rascher 1953; G. W. XI

Von den Wurzeln des Bewußtseins. Studien über den Archetypus. Zürich: Rascher 1954; G. W. IX/1

Mysterium Coniunctionis. Zürich: Rascher 1967/68; G. W. XIV

Kollektiv Fördeblick: Tiefenpsychologische Interpretation biblischer Texte; eine Zeitschriftenschau. Wege zum Menschen, 27, 1975, 424–432

Lotz, J. B.: Einübung ins Meditieren am Neuen Testament. Frankfurt/M.: Knecht 1965

Melzer, F.: Innerung. Stufen und Wege der Meditation. Grundlegung und Übungen. Kassel: Johannes Stauda 1968

Rittelmeyer, F.: Meditation. Zwölf Briefe über Selbsterziehung. Stuttgart: Urachhaus 1928, 1948 f

Rosenberg, A.: Christliche Bildmeditation. München: Kösel 1975

Kreuzmeditation. Die Meditation des ganzen Menschen. München: Kösel 1976

Sanford, J. A.: The kingdom within. A study of the inner meaning of Jesus' sayings. Philadelphia, New York: Lippinicott 1970. Deutsch: Alles Leben ist innerlich. Meditationen über Worte Jesu. Olten, Freiburg: Walter 1974

Spiegel, Y. (Hg.): Psychoanalytische Interpretationen biblischer Texte. München: Christian Kaiser 1972

Doppeldeutlich. Tiefendimensionen biblischer Texte. München: Kaiser 1978

Tilmann, K.: Die Führung zur Meditation. Ein Werkbuch, I. Zürich, Einsiedeln, Köln: Benziger 1974

Voss, G. (Hg.): Versuche mehrdimensionaler Schriftauslegung. Stuttgart: Katholisches Bibelwerk; München: Christian Kaiser 1972

Wehr, G.: C. G. Jung und Rudolf Steiner. Konfrontation und Synopse. Stuttgart: Ernst Klett 1972

Wege zu religiöser Erfahrung. Analytische Psychologie im Dienst der Bibelauslegung. Olten, Freiburg: Walter; Darmstadt: Wissenschaftliche Buchgesellschaft 1974

C. G. Jung und das Christentum. Olten, Freiburg: Walter 1975

Veränderung beginnt innen. Gestalten und Dimensionen christlicher Spiritualität. Stuttgart: Steinkopf 1977

Wolff, H.: Jesus der Mann. Die Gestalt Jesu in tiefenpsychologischer Sicht. Stuttgart: Radius 1975

PSYCHOANALYTISCHE SCHRIFTEN (NACH FREUD) ZUR RELIGIÖSEN THEMATIK

von Fritz Meerwein

EINLEITUNG

Sigmund Freuds bis heute unangefochtene Stellung als Begründer und Beweger der psychoanalytischen Forschung sowie die Identifikationen, die mehrere, auf ihn folgende Generationen von Psychoanalytikern mit ihm vorgenommen hatten, ließen es während Jahrzehnten als eine Tatsache erscheinen, daß mit Freud das letzte Wort der Psychoanalyse zum Phänomen der Religion gesprochen worden sei (s. den Beitrag von J. Scharfenberg über »Freud und die Religion« in diesem Bd.). Religion war demzufolge, unter individuellen wie soziokulturellen Gesichtspunkten, in dreierlei Richtung zu verstehen: als universelle Zwangsneurose; als Unterordnung unter ein Vatergesetz zur Aufhebung des Schuldgefühles gegen den Urvater; sowie als »Illusion« (Freud 1927), mittels welcher sich der »gemeine Mann« (Freud 1960, 49) vor den ihn bedrohenden Einbrüchen des Realitätsprinzips zu schützen vermag. Freuds apodiktisches Engagement, mit welchem er seine Analyse der Religion vertrat, hatte zur Folge, daß zu seinen Lebzeiten nur vereinzelte Psychoanalytiker diese Thesen kritisch zu untersuchen wagten und sein Werk auf seiten der Theologie, vor allem in Europa, zunächst auf völlige Ablehnung stieß. In den angelsächsischen Ländern, in welche in den Jahren nach Hitlers Machtergreifung viele europäische Psychoanalytiker emigrierten, war die Freud-Rezeption durch die Theologie einschließlich seiner Religionskritik allerdings viel freundlicher und konstruktiver (z. B. durch P. Tillich in USA oder R. S. Lee in England). Dies hatte zur Folge, daß Bemühungen (z. B. durch G. Zilboorg), die Erkenntnisse der Psychoanalyse der Seelsorge nutzbar zu machen (sog. »Pastoral Counceling«), gerade in diesen Ländern schon früh in Gang kamen (siehe dazu Nase, Scharfenberg 1977).

FREUDS FRÜHE KRITIKER

Freuds vereinzelte frühe europäische Kritiker stießen allerdings in ganz verschiedenen Richtungen vor. Jones' (1913, 1926) Beiträge »Zur Psychoanalyse der christlichen Religion« folgten noch weitgehend den Ansätzen und Konzepten Freuds. O. Pfister, protestantischer Pfarrer in Zürich und 1919 Gründungsmitglied der »Schweizerischen Gesellschaft für Psychoanalyse«, griff Freud jedoch bereits in seiner Schrift »Die Illusion einer Zukunft« (1928) radikal an, indem er ihm eine Art Selbstmißverständnis vorwarf und die Auffassung vertrat, Freud bekämpfe in seiner Arbeit »Die Zukunft einer Illusion« (1927) die Religion aus einem eigenen, wenn auch verleugneten religiösen Anliegen (s. auch Bd. II, 57 f, dieser Enzyklopädie). Wer, wie Freud und die Psychoanalyse, Angst bekämpfe und Liebe fördere, müsse im strengen Sinne als religiös bezeichnet werden. In diesem Vorgang mache die Psychoanalyse die »Dreckarbeit« (Nase, Scharfenberg 1977, 9), d.h. sie lege gesunde und wahre Religion frei, die nicht mehr weiter analysiert werden könne. Psychoanalyse bewirke einen Läuterungsprozeß, bei welchem der Analytiker in die Konflikte des Patienten einsteige, die Übertragung in Liebe annehme und auf absolute Idealleistung hin weiterleite. Ziel der Analyse sei die Reinigung der Liebe von »den Schlacken der Ödipusbindung« (Nase, Scharfenberg 1977, 106). Der Kampf gegen Anthropomorphismen und andere unerlaubte Projektionen, den die Psychoanalyse in ihrem Kampf gegen die Religion führe, gehe ja durch die ganze Geschichte der Wissenschaft. Die Psychoanalyse bilde hier also keine Ausnahme. »Störungen des Liebesdranges und Schuldgefühl im besonderen, eine Spezialform von Liebesstörungen, sind die beiden Hauptursachen der Angst« (Pfister [2]1975, 24), mit welcher sich Pfister in seinem 1946 erschienenen Haupt- und Alterswerk »Das Christentum und die Angst« auseinandersetzt. Thomas Bonhoeffer schließt in seinem Vorwort zur 1975 erfolgten Neuausgabe dieses Werkes Pfisters Thesen an die neuere Narzißmus-Forschung Kohuts an (s. den Beitrag von H. Henseler in Bd. II dieser Enzyklopädie). Pfister habe die Entwicklung der psychoanalytischen Strukturlehre zwar nicht mitgemacht; »Christus«, »Gott« und »Kirche« böten sich ihm aber als narzißtische Objekte im Sinne Kohuts an, so daß in Pfisters Verständnis von Liebe Liebe als eine Art Spiegelübertragung auf Gott bezeichnet werden könne.

Auch C. Müller-Braunschweig (1930) ließ die Freudsche Religionspsychologie, mindestens was den Gottesglauben anbetrifft, nicht gelten. Die Gottesidee sei nämlich als reine Projektion des Über-Ich nicht genügend tief verstanden. In der Projektion liege ein Bedürfnis nach Distanz, nach Übersicht und nach einem ideellen Punkte, der jenseits der Wirklichkeit liege und der eine Art sittlicher Weltordnung garantiere, der sich der Mensch unterordnen wolle. Die Gottesvorstellung sei die Vorstellung eines Schöpfers und eines Bürgen der Welt, der die menschliche Wißbegierde abschließe und vom Triebgehorsam befreie. Ob Gott *sei*, vermöge die Psychoanalyse allerdings nicht zu sagen, wohl aber, daß Gott *gelte*. Als Idealtypus sei der Gottesglaube ebenso wirklich oder unwirklich, wie das psychoanalytische Modell einer normalen Sexualentwicklung.

Wohl mit ähnlichem Eifer und innerer Bewegung wie Freud selber, setzte sich Th. Reik (1923, 1927, 1928) mit der psychoanalytischen Religionspsychologie auseinander. Zwar teilte er Freuds in der »Zukunft einer Illusion« (1927) vertretenen Glauben an den Endsieg der leise sprechenden Stimme des Intellektes über die Religion in keiner Weise. Er erblickte in dieser Arbeit weit eher ein *Be*kenntnis als die Frucht wissenschaftlicher *Er*kenntnis. Für Reik lag das Ende der Religion noch in weiter Ferne, denn Sehnsucht, Zwangshaftigkeit und unbewußtes Schuldgefühl des Menschen seien zu stark, um einfach durch Wissenschaft ersetzt werden zu können. Eher würden andere kollektive Ideale, z. B. sozialistische, an die Stelle der Religion treten (Reik 1927). In der Religion erblickte Reik eine kollektive Verdrängungsmacht, die zwar keinen neurotischen Charakter habe, jedoch als solche in der Neurose eine Tiefendimension annehmen könne, die zu beachten sei. Unter dem Einfluß der Religion könne es zur Verdrängung von Aggression und zur projektiven Aufspaltung ambivalenter Gefühlsregungen kommen, die dann als neurotisch zu bezeichnen seien (»Gott und Teufel«, »Jesus und Judas«, »Der eigene und der fremde Gott«; Reik 1923). »Der Nachweis der Spuren der verdrängten Aggression ist die Grundmelodie der Reikschen Religionspsychologie« (Nase, Scharfenberg 1977, 6). Reiks umfangreiches Gesamtwerk ist in englischer Sprache verfaßt und liegt im deutschen Sprachbereich bis heute leider erst in einzelnen Übersetzungen vor.

Für W. Reich war das religiöse Gefühl subjektiv echt und physiologisch begründet, obwohl ihm eine durch Triebverschiebung entstandene Widersprüchlichkeit innewohnt, denn: »Am Übergang der gesellschaftlichen Organisation vom Natur- und Mutterrecht zum Vaterrecht und damit zur patriarchalischen Klassengesellschaft splitterte sich die Einheit von religiösem und sexuellem Kult auf; der religiöse Kult wurde der Gegensatz des sexuellen« (Reich 1937; Neudruck in: Nase, Scharfenberg 1977, 77). Patriarchalische Religionen sind politisch reaktionär, weil sie im Dienste der machthabenden Schichten der Klassengesellschaft stehen. Ihre Kraft und Beharrlichkeit läßt sich nur begreifen aus dem Widerspruch der religiösen Gefühlserregung, nämlich aus der Tatsache, daß sie gleichzeitig antisexuell und Sexualitätsersatz ist (vgl. Reich 1937). In sämtlichen patriarchalischen Religionen ist die religiöse Grundidee das »Negativ des sexuellen Bedürfnisses«. So gesehen ist also die Sehnsucht des Menschen nach Gott und zu Gott in Wirklichkeit zu verstehen als die »Sehnsucht, die einer sexuellen Vorlusterregung entstammt und nach Auslösung ruft« (Reich 1937; Neudruck in: Nase, Scharfenberg 1977, 79). »Die religiösen ekstatischen Zustände sind nichts anderes als nie erledigbare sexuelle Erregungszustände des vegetativen Nervensystems. Die religiöse Erregung läßt sich ohne den Widerspruch, der sie beherrscht, überhaupt nicht begreifen und daher auch nicht bewältigen. Sie ist nicht nur moralisch, sondern zugleich zutiefst widernatürlich, im sexualökonomischen Sinne unhygienisch« (Reich 1937; Neudruck in: Nase, Scharfenberg 1977, 80). Aus diesen Gründen blühten Hysterien und Perversionen vor allem in Kirchen (s. auch den Beitrag von K. Thomas über »Religionspsychopathologie« in diesem Bd.). In späterer Lebenszeit vollzog Reich hinsichtlich seiner religiösen Einstellung einen Wandel. Im Zuge der Entwicklung seiner sogenannten Orgontheorie identifizierte er Gott mit der Natur schlechthin und verstand Christus als die Realisierung der Naturgesetze. Die Menschheitsgeschichte interpretierte er als einen fortgesetzten »Christusmord« (Reich 1978). Den Boden der psychoanalytischen Forschung hatte er mit diesen Arbeiten jedoch verlassen.

E. Fromm schließlich attestierte Freud, dem Geschöpf der Aufklärungsepoche, zwar einen kompromißlosen Glauben an die Vernunft. Hingegen warf er ihm Mangel an Gefühlswärme, an menschlicher Kontaktnähe und an Liebesfähigkeit vor. Freuds Unsicherheit veranlasse ihn, Theorien aufzustellen, die sein starkes Bedürfnis nach Gewißheit unterstützten (Fromm 1959). Für Fromm ist die Frage, ob der Mensch einen religiösen Gottesglauben habe, von zweitrangiger Bedeutung. Vordringlich ist für ihn, ob der Mensch in Liebe lebe und in Wahrheit denke (Fromm 1950). Als Religion definiert Fromm jedes Denk- und Handlungssystem einer Gruppe, das dem Individuum einen Orientierungsrahmen und ein Objekt der Verehrung anbietet. Den Wunsch nach einem solchen System betrachtet er als in der menschlichen Natur tief verwurzelt (Fromm 1950). Die Neurose kann als eine Art privater Religionsform verstanden werden oder als eine Regression zu primitiveren Religionsformen, die mit dem gesellschaftlichen anerkannten Religionsverhalten in Konflikt gerät (Fromm 1950). Psychoanalyse als seelische Behandlungsmethode erhalte deshalb immer eine religiöse Funktion, obschon sie meist zu einer kritischeren Einstellung gegenüber theistischen Dogmen führe (Fromm 1950).

Fromm unterscheidet zwischen der Dimension der Erfahrung, dem wissenschaftlich-magischen, dem rituellen und dem semantischen Aspekt der Religion. Die Erfahrungsdimension werde durch die Psychoanalyse nicht bedroht, wohl aber der wissenschaftlich-magische Aspekt, der durch jede Wissenschaft in Gefahr gerate. Hinsichtlich der Rituale müssen zwischen rationalen und irrationalen Ritualen unterschieden werden. Die Psychoanalyse richte sich nur gegen die irrationalen Rituale. Rationale Rituale aber seien gemeinsame Aktionen, welche gemeinsame Bedürfnisse zum Ausdruck brächten, welche in gemeinsamen Wertsystemen wurzelten (Fromm 1950). Sie würden durch die Psychoanalyse nicht bedroht. Für den semantischen Aspekt schließlich habe Freuds Ansatz geradezu einen neuen Verstehenshorizont geschaffen. Er habe gezeigt, daß die Sprache religiöser Mythen grundsätzlich von derjenigen der Träume nicht verschieden sei, daß sie eine bedeutsame Ausdrucksweise bedeutungsvoller Erfahrungen darstelle und zu einer neuen Wertschätzung der tiefen Weisheit führe, die in der symbolischen Sprache der Religion zum Ausdruck komme (Fromm 1950). Ähnlich wie Pfister erblickte Fromm in der psychoanalytischen Therapie in erster Linie einen Versuch, dem Patienten zu helfen, seine Liebesfähigkeit zu erlangen oder wiederzuerlangen (Fromm 1950). Das hat Freud selbst allerdings schon sehr früh – 1907 – festgestellt: »Jede psychoanalytische Behandlung ist ein Versuch, verdrängte Liebe zu befreien« (VII, 118).

PSYCHOANALYSE ALS RELIGIONSKRITIK

Die psychoanalytische Theorie, in unendlicher Differenzierung gleichnishaft aus dem Reflexbogen-Modell der Neurologie abgeleitet, geriet und gerät immer wieder in Gefahr, als positivistische Wissenschaft mißverstanden zu werden. Wird ihr kritisch-hermeneutischer Charakter jedoch übersehen, kann dies zu einem Verlust der dialogischen Funktion des Phänomens »Religion« und damit zu dessen völliger Verleugnung durch die Psychoanalyse führen. Dies ist vor allem von Philosophen und Theologen erkannt worden (Ricœur 1966, 1969; Scharfenberg 1968, 1973, 1977; Link 1971; Miss 1976).

Die Identität des Psychoanalytikers ist, sofern er sich im Vollzug derselben befindet, an drei Voraussetzungen gebunden. Er muß erstens seine Aufmerksamkeit ohne Schwierigkeiten auf den latenten Inhalt von Mitteilungen richten können. Er muß zweitens die psychischen Prozesse anderer Menschen (z. B. das Spiel zwischen Primär- und Sekundärprozeß, die Abwehrmachanismen usw.) beobachten, wahrnehmen und in geeigneter Form Sprache werden lassen können. Schließlich muß er über Einsichtsfähigkeit hinsichtlich seiner eigenen un- oder vorbewußten

Haltung verfügen (Widloecher 1976). In der Deutung des Psychoanalytikers wird somit zunächst Nichterscheinendes zur Erscheinung gebracht, d. h. die unverstandenen Inhalte des individuell Gegenwärtigen werden mittels der »vergessenen« Elemente der Kindheitsneurose rekonstruiert und einem neuartigen Sinnzusammenhang zugewiesen. Psychoanalyse ist also Hermeneutik, nach Ricœur (1965) jedoch reduktionistische Hermeneutik, angewandt zunächst auf die Wirkungen des Sinn-Triebhaften, das dem Kulturbereich angehört. Ein genetischer Fragehorizont taucht jedoch dabei auf, in welchem sich die Triebe als Wunsch zur Sprache drängen, die aber wiederum nur durch eine spezielle Entschlüsselungstechnik in ihrer Semantik verstanden werden kann. Der Weg dazu führt über die Destruktion des falschen Bewußtseins. Psychoanalyse ist deshalb auch »destruktive Hermeneutik (Miss 1976). Was wird durch diese Bestimmung der Psychoanalyse als reduktionistische Hermeneutik aber über das Verhältnis von Psychoanalyse und Religion ausgesagt? Durch die Diskussion des Symbolbegriffes wird dies deutlicher.

Religion, insofern sie in Bildern, Vorstellungen oder Handlungen erscheint, bedient sich dabei des Symbols bzw. der Symbolsprache oder der Symbolhandlung. Ricœur bezeichnet mit dem Symbolbegriff jede Sinnstruktur, in der ein unmittelbarer, erster, wörtlicher Sinn überdies einen mittelbaren, zweiten, übertragenen Sinn anzielt, der nur durch den ersten erfaßt werden kann. Als das gemeinsame Feld von Psychoanalyse und Theologie erweist sich somit dieses Problem des Doppelsinns oder des mehrfachen Sinns, das sich in der Dialektik von Symbolik und Hermeneutik entfaltet (Miss 1976). Es entsteht zwischen beiden jedoch auch ein Konflikt: Ist das Zeigen/Verbergen des Doppelsinns immer Verschleierung dessen, was der Wunsch sagen will, oder kann es zuweilen Manifestation, Offenbarung, des Heiligen sein? Und ist diese Alternative selbst real oder illusorisch, vorläufig oder endgültig (vgl. Ricœur 1965)? Dies ist die Kernfrage der psychoanalytischen Religionskritik.

Ricœur faßt die Deutungen der Psychoanalyse, somit auch Freuds Interpretation der Religion, nicht so auf, als schlössen sie andere Deutungen aus, welche weniger auf Reduktion und Destruktion als auf Verstehen bedacht sind sowie darauf, den mythisch-poetischen Symbolgehalten ihre ursprüngliche Echtheit wiederzugeben. Das Modell der psychoanalytischen Hermeneutik ist für Ricœur das Modell der Wunscherfüllung im Traum. Nur innerhalb dieser Grenzen ist die Psychoanalyse zuständig. Die Analogie zwischen Religionen und pathologischen Erscheinungen bleibt Analogie. Über die Bedeutung dieser Analogie vermag die Psychoanalyse nichts auszusagen. »Die Interpretation der Religion in ihren negativen Aspekten ist nur die Aszese, durch die das Triebhafte hindurch muß, bevor es wieder in den Besitz seiner eigenen Größe gelangt« (Ricœur 1966; Nachdruck in: Nase, Scharfenberg 1977, 207). Von Freud kann gelernt werden – so Ricœur –, daß das archaische, infantile Schuldgefühl liquidiert werden muß und daß es dafür keinen Trost gibt. Es muß ein Trost dem Geiste nach entstehen, »der nichts Narzißtisches oder Eigennütziges mehr an sich trägt, der gegen die Widerwärtigkeiten des Daseins keinen Schutz und vor der Härte des Lebens keine Zuflucht mehr bietet« (Ricœur 1966; Nachdruck in: Nase, Scharfenberg 1977, 217).

Scharfenberg (1968) sieht die Religionspsychologie Freuds als Religionskritik, die eine »Herausforderung für den christlichen Glauben« darstellt. Er geht dabei von der Person Freuds selber und dessen Identifikation mit dem Moses des Michelangelo aus (s. dazu auch Meerwein 1965). Freud war so tief im Chassidismus (ostjüdische religiöse Bewegung des 18. Jhd.s) verwurzelt, daß seine einfache Formel, er sei zwar der Religion seiner Voreltern entfremdet, habe aber das Gefühl der Zusammengehörigkeit mit seinem Volke nie aufgegeben, sein Verhältnis zur Religion nicht hat lösen können. Die Identifikation mit dem Moses des Michel- angelo erlaubte ihm dabei zweierlei: einmal das bewußte Niederringen der eigenen Leidenschaften zugunsten und im Auftrag einer Bestimmung, der man sich geweiht hat; gleichzeitig aber auch eine, wohl unbewußte und identifikatorische, nicht objektgerichtete Heimkehr in die religiöse Tradition seines Volkes. In den widersprüchlichen Aussagen Freuds über die Bedeutung seiner religiösen Erziehung erblickt Scharfenberg Verdrängungstendenzen, die er für die Wiederkehr des Religionsthemas durch das ganze Leben Freuds verantwortlich macht. Freuds Bestimmung, der er sich geweiht hat, nämlich durch Intellekt und Vernunft menschliches Leiden einzuschränken und die Menschenliebe zu fördern, mußte allerdings jede »Illusion«, auch wenn sie nicht auf einem Irrtum beruhte, als eine schwerwiegende Beeinträchtigung des wissenschaftlichen Denkens empfinden.

Für Scharfenberg muß deshalb Freuds Religionsbegriff hermeneutisch gesehen werden, als ein Versuch, die menschlichen Verstehensbedingungen der Religion um die Dimension des Unbewußten zu erweitern. Eine derartige kritische Bewußtmachung soll als neues Element in die christliche Theologie aufgenommen werden. Eine Zusammenschau von Religion und Neurose zwinge zu empirischkritischer Überprüfung der Ergebnisse kirchlicher Praxis; und auf die Grundlage des Gegensatzes von Wiederholungszwang und geschichtlicher Progression werde ein kritisches Prinzip formuliert, »das in Weiterführung der historisch-kritischen Methode zu einer Sachkritik wird, mit der die Kirche ein falsches Bewußtsein von ihren eigenen Ursprüngen auflöst und zu einer Selbstanalyse derjenigen Teile ihrer Selbstauslegung fortschreitet, die durch Verdrängung verursacht sind« (Scharfenberg 1977, 310). Psychoanalyse wird so in erster Linie Religionskritik »wider den Tabugehorsam«, »wider den frommen Wahn« und »wider das infantile Wunschdenken als Trost« (Scharfenberg 1968).

NEUERE ANSÄTZE PSYCHOANALYTISCHER FORSCHUNG

Freud erblickte im »Gefühl der menschlichen Kleinheit und Ohnmacht vor dem Ganzen der Welt« (XIV, 355) ein zutiefst irreligiöses Erleben und verstand die Funktion der Religion als diejenige einer Abhilfe auf dieses Gefühl. Überblickt man jedoch die psychoanalytische Forschung der letzten zwei bis drei Jahrzehnte, so wird deutlich zu erkennen sein, daß in ihren Brennpunkt jetzt weniger Triebe oder Strukturen als vielmehr gerade jene psychischen Bildungen getreten sind, die, genetisch betrachtet, mit der Funktion der »Abhilfe« auf Trennungserlebnisse, auf Verluste, Hilf- und Hoffnungslosigkeit, also der Überwindung von »Kleinheit« und »Ohnmacht«, beauftragt sind. Dabei wird gefragt: Wie entsteht, was Erikson das »Urvertrauen« nannte, und wie kann es sich erhalten und zu einer autonomen, gesundes und initiatives Leben garantierenden, psychischen Instanz entwickeln? Die psychoanalytische Entwicklungspsychologie wurde dadurch immer mehr zu einer Psychologie der Objektbeziehungen, bzw. zu einer Psychologie der inneren

Repräsentanz der äußeren Welt (Objektrepräsentanz). Zwar impliziert auch Freuds Triebtheorie eine Theorie der Objektbeziehungen in dem Maße, in welchem Triebe zur Erreichung ihres Zieles ein Objekt benötigen. Hingegen interessierte in der sich nun entwickelnden Objektrepräsentanzenlehre immer vordringlicher die Frage nach der Funktion innerer, d. h. verinnerlichter Objekte, bzw. Objektbeziehungen, als kognitive Faktoren einerseits, aber auch als Stabilisatoren der psychischen Ökonomie andererseits. Die Konstanz der Objekte und ihres inneren Niederschlages im Subjekt, aber auch ihr ambivalenter Charakter, wurden dabei als wesentliche Faktoren im komplexen psychischen Wechselspiel von Macht und Ohnmacht, aber auch von Symbiose, Trennung und Individuation gesehen. M. Klein, W. Fairbairn, E. Jacobson, W. D. Winnicott, M. Balint und J. Sandler haben zur Entwicklung einer derartigen psychoanalytischen Theorie der Objektbeziehungen wesentliches beigetragen.

H. Müller-Pozzi hat die psychoanalytische Theorie der Objektbeziehungen, in Anlehnung an die Besetzungslehre U. Mosers, dem Verständnis der religiösen Symbolbildung nutzbar gemacht. Er sieht im Gottesbegriff zunächst ein »phantasiertes reales Objekt« (Müller-Pozzi 1975, 148), das dem heranwachsenden Kind erlaubt, die libidinöse Besetzung vom idealisierten Anteil der elterlichen Objektpräsentanz abzuziehen, »um so, jenseits der Realitätsprüfung, die ganz vom Es geprägten Wünsche nach Allmacht befriedigen zu können« (Müller-Pozzi 1975, 148). Voraussetzung hierfür ist allerdings, daß dem Kind eine Gottesvorstellung angeboten wird. So kann das Kind eine »Ausweitung der intrapsychischen Struktur« vornehmen und den Konflikt, »der aus dem Erleben der Allmacht der Eltern und seiner eigenen Ohnmacht entsteht, psychisch bearbeiten und durch Übernahme eines religiösen Symbols lösen« (Müller-Pozzi 1975, 145). Müller-Pozzi nennt diese Phase die »präreligiöse« Zeit. Später identifiziert sich das Kind mit dem Gottesbild der Eltern, das somit in die Selbstrepräsentanz aufgenommen wird. Dort behalten die Eigenschaften dieses Gottesbildes aber »die Funktion der Objektrepräsentanz, aus der sie sich entwickelt haben, und somit einen unabhängigen Status« (Müller-Pozzi 1975, 150). Ob die so internalisierten Symbole sodann wie »heimatlose Gespenster durch die Welt geistern« oder nicht, hängt schließlich davon ab, wie stark sie im Laufe ihrer Entwicklung von ihrem individuellen und affektiven »Wurzelgrund« losgelöst und schließlich institutionalisiert und kommerzialisiert (z. B. Weihnachten!) worden sind (Scharfenberg 1975).

Der Anstoß im angelsächsischen Sprachgebrauch zur Entwicklung einer psychoanalytischen Religionspsychologie auf der Ebene der frühen Bildung von Objektbeziehungen und ihren späteren Repräsentanzen ist vor allem von D. W. Winnicott (1971) und von J. Klauber (1974; Nachdruck in: Nase, Scharfenberg 1977) ausgegangen. Die Religionsbildung, und damit die Entstehung des Gottesbildes, siedelt sich für diese Autoren in jenem Raum zwischen Mutter und Kind an, der sich als Folge der zunehmenden Unabhängigkeit des Kindes Schritt für Schritt öffnet und den Winnicott den »intermediären Raum« genannt hat. In diesem Raum weiß sich das Kind von der Mutter zwar getrennt und ohnmächtig. Gleichzeitig vermag es ihn jedoch mit Objekten anzufüllen, die die von ihm getrennte Mutter zwar wieder repräsentieren, damit Objektkonstanz gewährleisten, mit ihr aber doch nicht identisch sind. Sie sind echten kreativen Akten entsprungen, in welchen das Kind das Getrenntsein von der Mutter und deren symbolische Gegenwart gleichzeitig erlebt. Winnicott nennt diese Objekte deshalb Übergangsobjekte. Der Zipfel der Decke, mit dem das Kind in Abwesenheit der Mutter spielt, als ob es die Mutterbrust hielte, »wissend«, daß es sich diese Brust gleichzeitig selber erschaffen hat und das Geschaffene deshalb diese Brust auch nicht ist, kann als Gleichnis oder Ursprung solcher Übergangsobjekte gedacht werden. Das Kind glaubt an den Zipfel als an eine Brust und weiß doch, daß die Brust abwesend ist. Es glaubt auf Grund einer Erfahrung, die der Erschaffung des Zipfels als Übergangsobjekt vorangeht. Eine Bestimmung des Wesens dieses »Wissens« und dieses »Glaubens« setzte allerdings eine Diskussion des sogenannten »primären Narzißmusbegriffes« voraus, die hier nicht vorgenommen werden kann (s. dazu z. B. Scharfenberg 1973). Jedenfalls ist das Übergangsobjekt nach zwei Seiten hin offen: nach der Außenwelt, die es innerpsychisch repräsentiert, und nach der Innenwelt, in welcher es als neue, die Außenwelt in ihrer Inkonstanz übersteigende, konstante Wirklichkeit geschaffen worden ist. Liegen in solchen Erfahrungen – und nicht, wie Freud vermutete, im Über-Ich – die Keimzellen späterer Religionsbildungen oder Gottesbilder?

Die Schichten solcher Erfahrung sind der Konstellation und dem Untergang des Ödipuskomplexes vorgegeben und sind somit präödipaler Natur. In ihnen kann Religionsbildung nicht mehr nur als Überrest kindlicher, das Religionsprinzip leugnender Illusionen verstanden werden. Religionsbildung erscheint hier als ein in seinem Keim früh einsetzender Akt des Menschen, durch den dieser sein Getrenntsein, sein Gefühl der Ohnmacht und der Verlorenheit zwar nicht abwehrt oder verleugnet, jedoch in einer Art von Triangulation übersteigt um einer neuen, auf Erfahrung beruhenden Wirklichkeit willen. In diesem Akt vergewissert sich der Mensch der Unzerstörbarkeit seiner guten inneren Objekte, die seine Glaubenskraft fundieren. Die Erlebnisse, die der Entstehung solcher innerer Objekte vorangingen, sind dem wachen Bewußtsein allerdings oft entschwunden, so daß das innere Objekt oder die Imago wie ein Traum starken affektiven Gehalt haben und dennoch jedem Realitätssinn widersprechen können. Bezieht das Argument »Credo quia absurdum« gerade aus dieser Gegebenheit seine Kraft (Klauber 1974, Meerwein 1976)?

Die psychischen Strukturen, von denen hier die Rede ist, sind, wie die Untersuchungen Kohuts gezeigt haben, Abkömmlinge primärer Identifizierungen mit den allmächtigen Elternimagines, die ihren Niederschlag im Selbst des heranwachsenden Menschen finden (»grandioses Selbst« Kohuts) und sich später – unter dem Druck des Realitätsprinzips, aus rudimentären »Selbst«- und »Du«-Kernen zu stabilen Selbst- und Objektrepräsentanzen heranbilden (Kohut 1966). Mit dem Realitätsprinzip nicht vereinbare Teile werden dabei möglicherweise auf Übergangsobjekte projiziert, die dadurch als Übergangsideen (z. B. Gottesbegriff) die Funktion der Verbindung mit der verlorenen Matrix aufrechtzuerhalten haben (Meerwein 1971). In der Grenzsituation des Sterbens können solche der Grenzsituation erster Individuationsbildungen entstammende Strukturen regressiv wieder belebt werden und damit den oftmals kurz vor dem Tode mit besonderer Intensität in Erscheinung tretenden Unsterblichkeitsglauben reaktivieren. In diesem Glauben scheint somit nicht eine Qualität des Unbewußten, sondern der Niederschlag früher Erfahrungen vorzuliegen, die einer Art »Urverdrängung« zu Opfer gefallen sind (Meerwein, Kauf, Schneider 1976).

Grunberger (1974) verlegt die Matrix solcher Erfahrungen allerdings hinter die Bildung erster Individuationskerne zurück und geht dabei von der pränatalen Zeit aus. Im sogenannten »pränatalen Paradies« sind für Grunberger Aggression und Sexualität noch in einheitlicher Funktionsweise vereint. Die parasitäre Lebensweise des Fötus gibt den Grund späterer Aggression, sein beschleunigtes Zellwachstum denjenigen späteren Sexuallebens ab. Erst nach der Geburt treten Aggression und Sexualität als Antagonisten in Erscheinung. In der Entwicklung eines reifen Über-Ichs konvergieren diese antagonistischen Entwicklungslinien durch Introjektion der Macht der Mutter («Ober-Ich«) und des väterlichen Phallus zur Bildung eines endgültigen Über-Ichs. Diese Bildung wird als »narzißtische Vollendung« erlebt, die in ihrer Zeit- und Raumlosigkeit, ihrer Unendlichkeit, Allmächtigkeit und Allwissenheit als Abkömmling der »fötalen Coenasthenie« betrachtet werden muß und für Grunberger eine psychische Realität darstellt, die mit dem Gottesbegriff, wie er in der Religion erscheint, identisch ist (Grunberger 1974). Scharfenberg (1973) schlägt vor, religionsgeschichtliches Material auch als Ausdrucksform eines derart konzipierten »kosmischen Narzißmus« zu untersuchen. Denn bei diesem Narzißmus geht es um die Verflüssigung jener festen Abgrenzungen zwischen Subjekt und Objekt, in die die Wissenschaft unser Denken und Empfinden einpreßt. In solchen narzißtischen Phantasien »kann wahrhaft groß vom Menschen gedacht werden. Hier geht es ... um die dauerhaften Gefühle von Sicherheit und Behagen« (Scharfenberg 1973, 964) oder um das »ozeanische Gefühl«, das Freud als eigene Erfahrung immer bestritten hat.

Durch die Arbeiten Eriksons sind diese Erfahrungsgrundlagen des sogenannten »Urvertrauens« mit unserer Kenntnis des physischen und sozialen Wachstums des Kindes innerhalb seiner Familie und seiner Sozialstruktur verbunden worden. Er geht dabei von einem epigenetischen Prinzip aus, d. h. alles was wächst, hat einen Grundplan, dem die einzelnen Teile folgen, bis alle Teile zu einem funktionierenden Ganzen herangewachsen sind. Die Persönlichkeit wächst dabei in Abschnitten, die durch die Bereitschaft des menschlichen Organismus vorherbestimmt sind, einen sich ausweitenden Horizont wahrzunehmen und handelnd zu erleben (Erikson 1959). Vertrauen, Autonomie, Initiative, Leistung, Identität, Intimität, zeugerische Fähigkeit und Ich-Integrität stellen die Entwicklungsphasen des Menschen dar, die Erikson als typische Entwicklungsphasen des Menschen beschreibt (Erikson 1950; s. auch den Beitrag von E. C. Adams in Bd. III dieser Enzyklopädie). Jede dieser Phasen kommt zu ihrem Höhepunkt, einer kritischen Phase und einer Lösung, welche durch Verschiebung der Triebenergien zustande kommt. Es hängt von der jeweils vorliegenden Sozialstruktur ab, ob diese unvermeidlichen Identitätskrisen nicht nur erschwert, sondern auch geleitet und durch Aussicht auf eine gewisse Sicherheit, Identität und Integrität erleichtert werden. Letzten Endes würden Menschen nämlich nicht durch Versagungen neurotisch, sondern durch den Mangel oder Verlust der sozietären Bewältigung dieser Versagungen, die zu den Identitätskrisen führen (Erikson 1959). Die menschliche Stärke hängt somit von einem Gesamtprozeß ab, der gleichzeitig die Reihenfolge der Generationen und die Struktur der Gesellschaft regelt (Erikson 1964). Sinn dieses Gesamtprozesses ist – sofern er Beziehung zur Religion haben kann – die Vermittlung einer Hoffnung, die die »abgründige menschliche Entfremdung« (Erikson 1964, dt. Ausg., 142) übersteigt. Denn zusammen mit dieser, dem Urvertrauen entspringenden Hoffnung, ist dem Menschen auch eine »unentrinnbare Entfremdung« hinterlassen worden, »ein Gefühl drohender Trennung von seinem Urgrund, eines möglichen Verlustes aller Hoffnung und die Unsicherheit, ob das verdunkelte Antlitz sich wieder in Erkennen und Liebe erhellen wird« (Erikson 1964, dt. Ausg., 142). Diese Entfremdung wird, nach Erikson, durch Hoffnung aufgehoben (s. die Beiträge von H. H. Holz und B. Frei in diesem Bd.).

AUSBLICK

Die Zukunft der psychoanalytischen Religionspsychologie wird durch vier Schwerpunkte und deren Bearbeitung bestimmt werden. Sie wird erstens davon abhängen, ob ihre Vertreter die Psychoanalyse als positivistische oder als kritisch-hermeneutische Methode verstehen und anwenden werden. Zweitens wird sie, im individuellen und gesellschaftlichen Horizont, darauf angewiesen sein, daß die Psychoanalyse die Wiederbelebung religiöser Symbole wird vermitteln können und vermitteln wollen. Drittens wird die weitere Erforschung von Winnicotts »intermediärem Raum« aufweisen müssen, ob die psychoanalytische Religionspsychologie noch zu weiteren Entwicklungsschritten ausholen kann. Und viertens wird schließlich das Vermögen der Psychoanalyse, den Menschen zu befähigen, eine Sozialstruktur zu begründen, die eine die abgründige menschliche Entfremdung, von der Erikson spricht, übersteigende Hoffnung zuläßt, das Schicksal der Psychoanalyse als Ganzes entscheidend mitgestalten (s. den Beitrag von H. G. Preuss in diesem Bd.).

LITERATUR

ERIKSON, E. H.: Childhood and society. New York: W. W. Norton 1950. Deutsch: Kindheit und Gesellschaft. Zürich: Pan Verlag 1957

Young man Luther. London: Faber & Faber 1958. Deutsch: Der junge Mann Luther. München: Szczesny Verlag 1958

Identity and the life cycle. New York: Int. Univ. Press 1959. Deutsch: Identität und Lebenszyklus. Frankfurt/M.: Suhrkamp 1966 b

Insight and responsibility. New York: W. W. Norton 1964. Deutsch: Einsicht und Verantwortung. Stuttgart: Klett 1966 a

FREUD, S.: Die Zukunft einer Illusion (1927). G. W. XIV

Briefe 1873–1939, hg. von Ernst Freud. Frankfurt/M.: Fischer 1960

FROMM, E.: Psychoanalysis and religion. New Haven: Yale University Press 1950. Deutsch: Psychoanalyse und Religion. Konstanz: Diana Verlag 1966

Sigmund Freud's mission. London: Allen and Unwin 1959. Deutsch: Sigmund Freuds Sendung. Frankfurt/M.: Ullstein 1961

GRUNBERGER, B.: Gedanken zum frühen Über-Ich. Psyche, 28, 1974, 508–529

JONES, E.: Der Gottmensch-Komplex (1913). In: E. Jones: Zur Psychoanalyse der christlichen Religion. Frankfurt/M.: Suhrkamp 1971

Religionspsychologie (1926). In: E. Jones: Zur Psychoanalyse der christlichen Religion. Frankfurt/M.: Suhrkamp 1971

Psychoanalysis and the christian religion. In: E. Jones: Essays in applied psychoanalysis, II. London: Hogarth Press 1951. Deutsch: Zur Psychoanalyse der christlichen Religion. Frankfurt/M.: Suhrkamp 1971

KLAUBER, J.: Freuds Ansichten zur Religion aus heutiger Sicht. Psyche, 16, 1962, 50–57

Notes on the psychical rootes of religion, with particular reference to the development of western christianity. Int. J. Psychoanal., 55, 1974, 249–255

KOHUT, H.: Formen und Urformen des Narzißmus. Psyche, 20, 1966, 561–587

LEE, R. S.: Freud and christianity. London: Pelican Books 1967

LINK, C.: Theologische Perspektiven nach Marx und Freud. Stuttgart: Kohlhammer 1971

MEERWEIN, F.: Freud, der Moses des Michelangelo und die statische Psychiatrie. In: J. Kläsi (Hg.): Psychiatrie und Psychoanalyse in der psychiatrischen Klinik. Basel: Karger 1965, 60–70

Neuere Überlegungen zur psychoanalytischen Religionspsychologie. Zschr. Psychosom. Med. Psychoanal., 17, 1971, 363–380

Ödipuskomplex und Gottesbild. Neue Zürcher Zeitung, 21./22.8.1976

MEERWEIN, F., KAUF, S., SCHNEIDER, G.: Bemerkungen zur Arzt-Patientenbeziehung bei Krebspatienten. Zschr. Psychosom. Med. Psychoanal., 22, 1976, 278–300

MISS, W.: Sigmund Freuds Kritik am christlichen Liebesgebot als Herausforderung an den christlichen Glauben. Zürich: Juris 1976

MOSER, U.: Die Entwicklung der Objektbesetzung. Psyche, 21, 1967, 97–124

MÜLLER-BRAUNSCHWEIG, C.: Analyse eines Idealtypus des Gottesglaubens. Imago, 16, 1930, 374–388

MÜLLER-POZZI, H.: Psychologie des Glaubens. Grünwald: Kaiser 1975

NASE, E., SCHARFENBERG, J. (Hg.): Psychoanalyse und Religion. Darmstadt: Wiss. Buchgesellschaft 1977

PFISTER, O.: Die Illusion einer Zukunft. Imago, 14, 1928, 149–184

Das Christentum und die Angst (1946). Mit einem Vorwort von T. Bonhoeffer. Olten: Walter ²1975

REICH, W.: Die drei Grundelemente des religiösen Gefühls. Zschr. f. polit. Psychologie u. Sexualökonomie, 4, 1937, 44–50

The murder of Christ. New York: Noonday Press 1974. Deutsch: Christusmord. Olten: Walter 1978

REIK, T.: Der eigene und der fremde Gott (1923). Frankfurt/M.: Suhrkamp 1975

Dogma und Zwangsidee. Wien: Int. Psychoanal. Verlag 1927

Bemerkungen zu Freuds »Zukunft einer Illusion«. Imago, 14, 1928, 160–170

RICŒUR, P.: Der Atheismus der Psychoanalyse Freuds. Concilium, 2, 1966, 430–435

De l'interprétation. Essai sur Freud. Paris: Editions du Seuil 1965. Deutsch: Die Interpretation. Ein Versuch über Freud. Frankfurt/M.: Suhrkamp 1969

Le conflit des interprétations. Essais d'herméneutique. Paris: Editions du Seuil 1969. Deutsch: Der Konflikt der Interpretation, I. München: Kösel 1973

SCHARFENBERG, J.: Sigmund Freud und seine Religionskritik als Herausforderung für den christlichen Glauben. Göttingen: Vandenhoeck u. Ruprecht 1968

Narzißmus, Identität und Religion. Psyche, 27, 1973, 949–966

Zum Religionsbegriff Sigmund Freuds. In: E. Nase, J. Scharfenberg (Hg.): Psychoanalyse und Religion. Darmstadt: Wiss. Buchges. 1977, 296–310

Weihnachten – Ausdruck verborgener universaler Identität? Neue Zürcher Zeitung, 24.12.1975

TILLICH, P.: Der Einfluß der Pastoralpsychologie auf die Theologie. Neue Zeitschrift für systematische Theologie, 2, 1960, 128–137

WIDLOECHER, D.: Die Identität des Psychoanalytikers. Unveröffentlichter Vortrag am Haslemere-Symposium 1976

WINNICOTT, D. W.: Playing and reality. London: Tavistock 1971. Deutsch: Vom Spiel zur Kreativität. Stuttgart: Klett 1973

ZILBOORG, G.: Psychoanalysis and religion. London: George Allen & Unwin 1967

WIE STEHT DIE KATHOLISCHE KIRCHE ZUR PSYCHOANALYSE?

von Johannes Bökmann

UNTERSCHIEDE ZWISCHEN SEELSORGERISCHER UND THERAPEUTISCHER TÄTIGKEIT

Wenn das Wort Gottes »scharf ist wie ein zweischneidiges Schwert, das Herz und Nieren durchdringt«; wenn in der Begegnung mit dem Heil die »Gedanken vieler offenbar« werden; wenn Jesus als der unüberbietbare Christus, als *der* Sohn Gottes, die Metanoia, d. h. das vom innersten und letztentscheidenden Lebensvollzug getragene Anderswerden herausfordert: dann wird in alledem eine Sicht menschlicher Existenz faßbar, die zwischen faktisch-äußerlich-*scheinbarem* und *wahrem*-tieferen Verfaßtsein unterscheidet, zwischen dem, was der Mensch *meint* bzw. – auch vor sich selbst – *darstellt*, und dem, was er – den *Sekundärcharakter* seines Lebens und Strebens durchstoßend wie ent-larvend – *wirklich* ist und werden müßte. Diese Sicht weiß damit um eine dramatische Spannung zwischen jenen Polen; macht sie bewußt, verschärft sie zur Krisis, um durch Umstellungs- und Verwandlungsdruck die Versteck-, Ausweich- und Schleichwege, den Widerstand der »Verstockung« verlassen zu helfen und zur »Freude an Gottes Geboten« zu befreien.

Einige formale Ähnlichkeiten mit Annahmen, Methode und Prozeß der Psychoanalyse fallen sofort auf (zum Verhältnis von Psychoanalyse und Religion s. auch die Beiträge von H. G. Preuss und J. Scharfenberg in diesem Bd.). Mit Bedacht sollten sie als zunächst formale gekennzeichnet bleiben, um den Blick der Unterscheidung nicht zu trüben; ohne die Analogien, vielleicht gar die Berührungspunkte und Begegnungsmöglichkeiten, aus den Augen zu lassen.

Denn: Was heißt im einen wie im anderen Falle »Bewußtmachen«? Einerseits wird es, im Anruf von außen und oben, als von einer transzendenten Instanz und im Licht ihrer »ganz-anderen« Heiligkeit, provoziert und kontrastartig erfahren; wobei der wahre Stellenwert des gelebten Daseins erkannt und dadurch die fragwürdig gewordene Gewichtung von Bestrebungen aufgedeckt (bewußtgemacht) werden kann. In der Psychoanalyse andererseits wird im methodisch geschickten Heraufholen von Vergessenem, Abgesunkenem, Nicht-gelebtem, Verdrängtem, aus der Tiefe, von unten, aus gefühlsbesetztem Früheren, aber immer im Binnenraum des Eigenerlebten verbleibend – auf die Neurepräsentanz des Lebensmaterials im Innerpsychischen konzentriert –, Bewußtwerdung als Annahme (»Integration«) angestrebt.

Wird *dort* also eine fundamentale Entscheidungsbetroffenheit erreicht, die – so oder so – in religiös-ethische Entschiedenheit gewendet werden und dann durchgehalten werden muß; so wird *hier* eine differenzierende inner-psychisch-personale Reifung angestrebt, die allenfalls Gegensatz und Polarität – d. h. komplementäre Zusammengehörigkeit – umschließt; nicht aber Entscheidung durch ausschließenden Widerspruch (Ja oder Nein; Gut oder Böse) verträgt (so bei C. G. Jung die »Integration des Schattens«). Bewußt-machen heißt hier mehr: Abgespaltenes wieder einbeziehen; Unverarbeitetes annehmen. Stellungnehmende Reaktionen werden schon als störend und zu meiden abgewehrt.

Etwas zugespitzt gesagt: Der heilige Herausruf, weg vom Bisherigen nach vorn und zum »Vor-Gott-wandeln«, kann die Brücken nach hinten und unten abbrechen; ist nicht zu sehr am Aufarbeiten von Gewesenem interessiert, weil sein Fortwirken im Aufbruch des Neuen an Kraft verliert. Die Integration des ganzen Menschen geschieht – als Konsequenz – neu durch übernatürlich-spirituell-willentliche Fundamental-Entscheidung.

In der Psychoanalyse hingegen ist die innerpsychische Dynamik auf eine Art Gleichgewicht aus, das – als Psychisches – weniger an Dominanz geistig-religiöser Entscheidung sich ausrichtet, weil dies die Aufmerksamkeit von dem sensibilisierend-differenzierenden Aufarbeitungsprozeß im Binnenraum abziehen könnte.

Die zunächst scheinbar gemeinsame »Bewußtmachung« erweist sich also bei näherem Zusehen als sehr unterschiedlich im Verlauf, im Ziel, in den Folgen, bezüglich der Beanspruchungsdimensionen, im Hinblick auf Betontes und Vernachlässigtes. In gewisser Hinsicht besteht sogar Gegensätzlichkeit.

Allerdings: Ist nicht das übereinstimmende Bemühen um mehr Echtheit, um den Blick hinter die Kulissen, den Durchstoß zum Eigentlichen, Wahrhaftig-Wahren, die Ablehnung »sekundärer Rationalisierungen« wichtiger? Ist dies nicht mindestens gleichgewichtig den Unterschiedlichkeiten gegenüberzustellen und auf wechselseitige Begegnung und Ergänzung zu befragen? Eine vergleichende Zusammenschau von seelsorglich-ethischer Führung und therapeutischer Beziehung in der Psychoanalyse mag solch ein Fragen beantworten helfen.

Dabei soll insbesondere dem Bewußtsein von Schuld und Sünde einerseits sowie dem Phänomen der »Schuldgefühle« andererseits Aufmerksamkeit geschenkt werden.

Von der Psychoanalyse werden Schuldgefühle wegen ihres belastenden, quälend-desintegrierenden Charakters als unerwünscht bearbeitet. Ihre Deutung finden sie meist als überwertige, unangemessene, verselbständigte Reaktionen auf Erwartungen, Befürchtungen vor als Über-Ich verinnerlichten Autoritätsinstanzen.

Das Phänomen wird nur als innerpsychische Realität genommen. Ein – möglicherweise – dem Subjekt gegenüber äußerer, objektiver Bezug wird wenn nicht geleugnet, so doch außer acht gelassen (obgleich gerade er – wie wir gleich zeigen werden – religiöses Schuldwissen allererst konstituiert). Man nimmt an (und sei es einschlußweise), daß eine derartige Instanz psychisch nicht faßbar, bloß geglaubt, abtrennbar sei.

Demgegenüber ist Sünde nur gegeben, kann erkannt und bekannt werden erst im »Angesicht des Heiligen Geistes«. Und dies nicht nach Art unverarbeiteter Gefühls- oder Zwangsreaktion; sondern als Bewußtsein aus dem Abstand der Kreatur, der vor Gottes Anruf schuldig gewordenen Erbärmlichkeit; als Handeln wider die rechte Ordnung, wider Vernunft und Natur; als Mißbrauch der Freiheit; in Gottvergessenheit; durch unmäßige Ausnutzung von Kräften und Gütern im Haben- und Genießenwollen und *darin* als Abkehr von Gott, dem höchsten Gut; auch als Ur-gleichgültigkeit, die sich – die soziale Verwiesenheit egozentrisch, bequem und arrogant klein haltend – nichts wirklich angehen läßt (außer den eigenen intensiv verfolgten »Bedürfnissen und Interessen«); und die in verhärteter Beziehungslosigkeit – in der »Banalität des Bösen« (Hanna Ahrend) – sich jedem möglichen Anruf verschließt.

Die Folgen solcher sündhafter Selbstverschließungen, der innerpsychische Kontext gleichsam, die psychische Resonanz für das Ganze, haben zwar durchaus Indiziencharakter, partizipieren an der Grundverfehlung; sind aber doch – als abgetrennte Phänomene – nicht sehr aussageklar und geben das Wesen, die »Sünde hinter den Sünden«, nicht angemessen spezifisch wieder.

Wird der Psychoanalytiker seine Arbeit zu angemessenem Ende geführt ansehen, wenn »Schuldgefühle« gemindert, besser verstanden, »interpretiert«, aufgelöst (ver-arbeitet), ihrer störenden, vergiftenden Dynamik verlustig gegangen sind; so wird der Mensch der Glaubensexistenz Sünde getilgt wissen im Vollzug der Reue, durch konkret-persönliches Beim-Namen-Nennen im Sinn der Selbstanklage, vor einem bevollmächtigten Stellvertreter jener Instanz, die dann allein befreien kann durch die authentische Zusage der Vergebung. Das schließt notwendig ethische Aktivierung zu Wiedergutmachung, Neuanfang und verbessernder Umstellungsarbeit ein.

Der Therapeut soll nicht wertend Stellung nehmen; der Analysand soll alles aussprechen, wobei ein derartiges Aussprechenlernen sehr oft eine Bewertung vermeidende Selbstdistanz mit sich bringt (was so etwas wie Reue – falls sie aufkommen will – leicht niederhalten kann). So achtbar diese vornehme, therapeutisch oft angezeigte, häufig als lösend erlebte Grundstruktur der Beziehung Therapeut/Klient ist: Nicht wenige Menschen werden sich – wenn es ganz ernst wird – wünschen, es möchte ein anderer dort sein, der über das qualifizierbare Zuhören hinaus Schulderkenntnis annehmen, Sündenbekenntnis beantworten könnte – der auf dieser anderen, das Ganze der Person umfassenden, ihre transzendente Verwiesenheit einschließenden, Ebene – durch Rat und Urteil, schließlich durch Vermittlung des göttlichen Vergebungswortes wahrhaft lösen könnte.

Daß diese also sehr verschiedenen Dimensionen des Wirkens und der Betroffenheiten von keiner Seite vermischt, verkannt, verwechselt oder auch nur indirekt (etwa aufgrund eines verkürzten inkludierten Menschenbildes) verschüttet oder entleert werden möchten: Dies ist sicher eine Hauptsorge kirchlicher Einschätzung der Psychoanalyse.

Wenn aber psychologisch-therapeutische Arbeit und kirchlich-seelsorgerischer Heilsdienst je ganz bei ihrer Aufgabe bleiben, werden sie auch *wirklich* (ohne Grenzüberschreitung) und *je unvertretbar zusammenwirken* können.

So ist auch die theologische Substanz der Buße zu beachten, wenn sie im Sakrament als Teilhabe am sühnend-erlösenden Christus geglaubt und vollzogen wird. Jenseits alles Psychischen erscheint der büßende Mensch hier als Gestalt einzigartiger Würde, insofern seine Metanoia ein Hineingenommenwerden in das Gnadengericht Gottes über die Sünde im Tode Christi und damit eine mit- oder quasi-erlöserische Wirkung zeitigt.

Elemente des religiös-ethischen Grundvollzugs mögen damit so weit skizziert sein, daß einige Bemerkungen Pius XII. zur Psychoanalyse besser verständlich werden.

AUFFASSUNGEN PIUS XII. ZUR PSYCHOTHERAPIE

In seiner Ansprache an die Teilnehmer am fünften »Internationalen Kongreß für Psychotherapie und klinische Psychologie« vom 13. April 1953 (in: Utz, Groner 1954) bezieht sich der Papst auch auf die ein halbes Jahr vorher, am 13. September 1952 gehaltene Ansprache an die Teilnehmer am ersten »Internationalen Kongreß für Histopathologie des Nervensystems«. Er spricht von der Grundhaltung, zu welcher der christliche Psychologe und Psychotherapeut verpflichtet ist: »Diese Grundhaltung läßt sich auf folgende Formel bringen: Die Psychotherapie und die klinische Psychologie müssen den Menschen immer betrachten erstens als psychische Einheit und Ganzheit, zweitens als eine in sich gegliederte Einheit, drittens als soziale Einheit und viertens als transzendente, d. h. zu Gott strebende Einheit« (Utz, Groner 1954, 1143). In spürbarer Distanzierung von einer Auffassung des Psychischen, die von »Dynamismen«, »Determinismen«, »Mechanismen« redet, wird betont: »Die verschiedenen psychischen Fähigkeiten und Funktionen ordnen sich in den Gesamtkomplex des geistigen Seins ein und ordnen sich seiner Finalität unter« (Utz, Groner 1954, 1143). Gegenüber einem triebdynamischen Menschenbild (an die Stelle der Eigengesetzlichkeit des freien Willens tritt die Fremdherrschaft der instinktiven Grundkräfte), das die zwar geschwächte und gestörte, aber doch gegebene und aufgetragene sittlich-geistige Hoheit und relative Autonomie des Menschen leugnet oder nur noch rein theoretisch konzediert, wird entschieden betont: »So hat der Schöpfer den Menschen nicht gebildet. Die Erbsünde nimmt ihm nicht die Möglichkeit und die Verpflichtung, sich durch seine Seele selbst zu führen« (Utz, Groner 1954, 1144). Die Verfassung des Menschen »ist letztlich ontisch und metaphysisch, nicht psychisch und personal bestimmt. Man hat einen Gegensatz zwischen Metaphysik und Psychologie betonen zu müssen geglaubt. Ganz zu Unrecht! Das Psychologische liegt selber innerhalb des Ontologischen und Metaphysischen« (Utz, Groner 1954, 1145). Das, was der Mensch existentiell in seiner innersten Struktur ist, sei identisch mit dem essentiellen Menschen.

In der Tat hat Viktor E. Frankl auch als Therapeut zeigen können, daß *der wahre Realismus* den Menschen am tiefsten und wirkungsvollsten erreichen kann, wenn er ihn auf sein Werdenmüssen, sein Tunsollen, sein wesentliches Woraufhin anspricht; statt – im Faktischen moderierend – Homöostase anzustreben und objektive Kriterien zu einer vagen, »menschlichen«, subjektiven »Zumutbarkeit« zu verdünnen.

Indem Pius XII. dann eine falsche Deutung der »Ichverhaftung« als eine Art außersittlichen Schicksals, das »der Steuerung durch die Seele und das Gewissen einfach entzogen ist« (Utz, Groner 1954, 1147), kritisiert, spricht er auch ein Wort über die Methode des Alles-Aussprechens: »Es kann nicht als sittlich zulässig bezeichnet werden, den ganzen im Unbewußten und in der Erinnerung schlummernden Inhalt sexueller Vorstellungen, Affekte und Erlebnisse ins Bewußtsein zu rufen, also psychisch gegenwärtig zu machen. Wenn man auf den Einspruch der

Menschen- und Christenwürde hören will, wer würde dann zu behaupten wagen, daß dieses Verfahren keine sittliche Gefährdung weder für den Augenblick noch für später in sich schließt ...?« (Utz, Groner 1954, 1148). »Der oft wiederholte Satz, daß die sexuellen Störungen des Unbewußten, wie alle anderen Störungen gleichen Ursprungs, nur durch Bewußtmachen behoben werden können, gilt nicht in uneingeschränkter Allgemeinheit. Die indirekte Behandlung hat auch ihre Wirkkraft und ist oft durchaus genügend« (Utz, Groner 1954, 1148).

Bedenken, die sich auf die Wahrung zu hütender Geheimnisse beziehen, werden angemeldet. Gemeint sind Geheimnisse, die der Patient nicht – auch nicht im Diskretionsraum der Analyse – das Recht hat weiterzugeben.

Bezüglich des Unterschieds von »Schuldgefühlen» und einem religiös-sittlichen Schuldiggewordensein wird betont: »Wesentlich ist, daß ein wirkliches Schuldiggewordensein durch keine bloß psychologische Behandlung geheilt werden kann« (Utz, Groner 1954, 1151 f). In Reue und sakramentaler Lossprechung »wird die Quelle des Übels, die Schuld selbst weggenommen, auch wenn das Schuldbewußtsein noch weiterwirken sollte« (Utz, Groner 1954, 1151). Schließlich wird auch eine nur materielle (also nicht mit formeller Absicht vollzogene) sittliche Verfehlung als nicht leicht zu nehmende sittliche Unordnung gekennzeichnet. Es wird gewarnt, »dem Kranken den Rat zu erteilen, das materiell Verkehrte ruhig weiterzutun, weil er es ja ohne subjektive Schuld tun wird, und dieser Rat ist auch dann abwegig, wenn solches Tun des Kranken für seine psychische Entspannung, also für den Zweck des Heilverfahrens notwendig erscheinen sollte« (Utz, Groner 1954, 1152).

Der Therapeut muß in der Tat bedenken, daß solchen oder ähnlichen Ratschlägen, Zulassungen, Inspirationen unweigerlich – also auch un-gewollt – ein Mensch- und Wertordnungsverständnis zugrunde liegt und deshalb nicht nur funktionalistisch legitimiert werden kann. Auch Gewissen kann verdrängt, Wahrheitsbedürfnis frustiert, Sinnverlangen im Leerlauf belassen werden.

BEGEGNUNGSANSÄTZE ZWISCHEN PSYCHOANALYSE UND KIRCHLICHEM HEILSDIENST

Es war und ist biblische (vgl. z. B. Röm. 2, 14) und katholische Position, Glaubensexistenz nicht als total unvermittelt, an der Schöpfungs- und Wesensnatur des Menschen vorbei, verwirklicht zu sehen. Der Gesamtmensch ist angelegt auf transzendentale Erfüllung; strebt von Natur zu einem weltübersteigenden letzten Sinn und Gegenüber; sucht durch »Ruhe in Gott« seine strukturelle Unruhe zum Un-bedingten aufzuheben; erfährt im Gewissen – drängend und schwer zu unterdrücken – die Notwendigkeit, im Tun des reinen Guten befreiende Integrität zu finden. Deshalb anerkennt ein derartiges Verständnis von Glaube und Christsein die Bedeutsamkeit gesicherter Erkenntnisse, erprobter Heilmethoden sowie anthropologischer Befunde der Psychoanalyse für das rechte Menschsein, auch für den geläuterten Vollzug unverfälschten Christseins.

In ihrer eigenen, heute weithin vergessenen, Tradition der »Seelenführung« hat die Kirche aus spirituellen Erfahrungen und pastoralem Nachdenken Regeln einer dynamischen Psychologie entwickelt, die in einer oft überraschenden Nähe zu von der Psychoanalyse wiederentdeckten Zusammenhängen stehen. Auch insofern liegt Zusammenarbeit also nahe. An folgendes sei besonders gedacht:

1. Was man »Selbsttäuschungen« nannte, entspricht dem heute erfaßten Phänomen nachfolgender Rationalisierungen. Glaube erweist sich – als solcher – stets als ideologiekritische Potenz; ist aus auf Wahrhaftigkeit und Echtheit bis ins »Herz«.

2. Große Hilfe können Seelsorge, Pastoraltheologie und karitatives Wirken der Kirche finden durch die Möglichkeiten der Psychoanalyse, das dem Menschen jeweils Mögliche besser eingrenzen zu können; durch Abbau von Fixierungen, unfrei machenden Fehlreaktionen, Abwehrhaltungen, zwanghaften Einengungen des personhaften Selbstverfügungsraumes, das Vorfeld des eigentlich-sittlichen Lebens zu klären.

3. Seelsorger können und sollten sich vertraut machen mit den Erfahrungen der Psychoanalyse hinsichtlich »Übertragung« und »Widerstand«. In Gespräch und Beratung ist eine Kenntnis charakterologischer und typischer Aktions- und Verhaltensweisen nützlich, fördert Verständnis, hilft unnötige Verfremdungen meiden.

4. Damit der Mensch nicht überfordert, aber auch nicht unterschätzt werde, damit nicht Bezuglosigkeit, Oberflächlichkeit, Wirklichkeitsarmut, »Eindimensionalität« kirchliches Wirken gefährden, damit aber andrerseits »Tyrannei von Werten« durch Überzeugung und Reife fernbleiben kann, bedarf es jener *lernbaren* Kunst der »Unterscheidung der Geister«, die in der Kirche lange geübt und gepflegt wurde. Sie könnte durch die moderne Kunst einer verantwortlichen Psychoanalyse aufgefüllt, methodisch gesichert, je aktuell im gemeinsamen Helferwillen fruchtbar gemacht werden: als zusammenarbeitender Dienst an reiferer (demütigerer) und freierer Daseinsbewältigung.

LITERATUR

ANDREAE, S.: Pastoraltheologische Aspekte der Lehre Sigmund Freuds von der Sublimierung der Sexualität. Kevelaer: Butzon & Berker 1974

BÖKMANN, J.: Aufgaben und Methoden der Moralpsychologie. Köln: Bachem 1964

ERIKSON, E. H.: Insight and responsibility. New York: Norton 1964. Deutsch: Einsicht und Verantwortung. Die Rolle des Ethischen in der Psychoanalyse. Stuttgart: Klett 1966

GÖRRES, A.: Methode und Erfahrungen der Psychoanalyse. München: Kösel ³1973. Tb.-Ausg.: »Geist und Psyche«, Bd. 2019. München: Kindler 1966

An den Grenzen der Psychoanalyse. München: Kösel 1968

Psychoanalyse. In: Lexikon für Theologie und Kirche, Bd. 8. Freiburg, Basel, Wien: Herder 1969, 871–874

Kennt die Psychologie den Menschen? Fragen zwischen Psychotherapie, Anthropologie und Christentum. München, Zürich: 1978

GRIESEL, G.: Pastoralpsychologische Studien. Innsbruck, Wien, München: Tyrolia 1966

Praktische Theologie zwischen Verkündigung und Psychotherapie. Theol. prakt. Quartalschr., 13, 1975, 368–379

PIUS XII: Die Einheit des Menschen als Grundlage der personalen Rechte gegenüber psychotherapeutischen Eingriffen. Ansprache an die Teilnehmer am V. Internationalen Kongreß für Psychotherapie und klinische Psychologie; 13.9.1953 (Acta Apostolica sedis, XLV/1953, 278–286). In: A. F. Utz, J. F. Groner (Hg.): Aufbau und Entfaltung des gesellschaftlichen Lebens. Soziale Summe Pius XII. Freiburg (Schweiz): Paulus 1954, 1141–1153

SCHARFENBERG, J.: Psychoanalyse. In: Praktisches Wörterbuch der Pastoralanthropologie. Wien, Göttingen: Vandenhoeck & Ruprecht 1975, 866–869

SCHÖLLGEN, W.: Grenzfragen an die katholische Theologie. In: V. E. Frankl, V. E. v. Gebsattel, J. H. Schultz (Hg.): Handbuch der Neurosenlehre und Psychotherapie, V. München, Berlin: Urban & Schwarzenberg 1961, 627–678

BEZIEHUNGEN ZWISCHEN TIEFENPSYCHOLOGIE UND EVANGELISCHER THEOLOGIE

von Walter Neidhart

In der evangelischen Theologie werden grundlegende Fragen wie die nach Gott und seiner Offenbarung, nach der Autorität der Schrift und dem Verständnis des Heils kontrovers beantwortet. Kein kirchliches Lehramt sorgt für eine gewisse Einheitlichkeit der Lehre. Auch gegenüber der Tiefenpsychologie gibt es unter evangelischen Theologen nur einen Pluralismus von gegensätzlichen Meinungen. Diesem Sachverhalt versuche ich gerecht zu werden, indem ich idealtypische Modi des Rezipierens und des Distanzierens von tiefenpsychologischen Auffassungen unterscheide. Die meisten Theologen kombinieren individuell beide Verhaltensweisen. Daraus ergeben sich Nähe oder Abstand eines Theologen zur Tiefenpsychologie.

MODI DES REZIPIERENS

Freuds anhaltendes Interesse an Religion macht ihn zu einem potentiellen Gesprächspartner der Theologie – oder zu einem Gegner, mit dem man sich unablässig beschäftigt. Sein Engagement für Neurotiker, für Menschen, bei denen Seelsorge oft ohne jede Wirkung blieb, war eine Herausforderung für die Theologie. Er selber bezeichnete die Funktion des Analytikers am Patienten als »Seelsorge im besten Sinn«, als »weltliche Seelsorge« (Freud, XIV, 293). Unter den Freud-Schülern (etwa Th. Reik, W. Reich, E. Fromm u. a.) erlosch das Interesse an religiösen Phänomenen nicht. Die psychohistorische Arbeit von E. H. Erikson über Luther (1958) und Eriksons zentrale Begriffe »Urvertrauen« und »Ich-Identität« luden zu einer theologischen Rezeption ein.

Noch unausweichlicher ist die Theologie durch C. G. Jung herausgefordert. Für ihn war Gott »eine psychische Tatsache«. Mit seiner Archetypenlehre griff er teilweise uralte theologische Themen auf. Seine Behauptung, unter seinen Patienten jenseits der Lebensmitte kranke in letzter Linie jeder daran, daß er das verloren habe, was lebendige Religion ihren Gläubigen gegeben hat (Jung 1963), erregte bei Theologen Aufsehen und Neid. Der gewollten Provokation durch Jungs Schrift »Antwort auf Hiob« konnte man sich nicht entziehen.

Tiefenpsychologische Ansichten beeinflußten die Theologie auch durch Vermittlung von Psychotherapeuten, die nicht im engeren Sinn Schüler von Freud oder Jung waren: durch A. Maeder und seine Psychosynthese; durch V. von Weizsäcker und andere Psychosomatiker; durch Daseinsanalytiker; durch Lehrer der Gruppendynamik, der Gestalttherapie, der themenzentrierten Interaktionsmethode und durch die klientenzentrierte Therapie von C. R. Rogers.

Verbesserung der seelsorgerlichen Methode

Die ersten evangelischen Theologen, die sich auf Tiefenpsychologie einließen, taten dies pragmatisch. Sie hofften, dadurch wirksamere Seelsorge leisten zu können. In diesem Sinn übernahm O. Pfister von 1908 an die psychoanalytische Technik; er war in *einer* Person kirchlicher Seelsorger und Laienanalytiker. Sein therapeutisches Ziel war es, durch die Analyse krankhafte Hemmungen der Liebesfähigkeit zu beseitigen, um damit Menschen zum Glauben und zur Liebe zu befreien.

Mit pragmatischen Begründungen drangen Ansichten von Freud und Rogers in das »Clinical-Pastoral-Training« ein, eine besondere Ausbildungsform für Seelsorger in den USA. Ähnlich war es, als diese Ausbildungsform nach dem Zweiten Weltkrieg von europäischen Kirchen übernommen wurde (s. den Beitrag von J. Scharfenberg zum Thema »Pastoralpsychologie« in diesem Bd.).

Selbst Theologen, die der Tiefenpsychologie kritisch oder ablehnend gegenüberstehen, sind meistens bereit, in klar abgegrenztem Bezirk etwas von ihr zu lernen. E. Thurneysen, ein theologischer Antipode von O. Pfister, billigt ihr den Status einer »Hilfswissenschaft« für die Seelsorge zu und benützt sie ab und zu eklektisch.

Wirklichkeitsgerechtere Verkündigung

Auch bei dieser Art des Rezipierens benützen Theologen die Tiefenpsychologie als »Hilfswissenschaft«, weil sie eine tiefere Erkenntnis des Menschen als des Adressaten der Verkündigung ermöglicht. So verwendeten die Ärzte P. Tournier und Th. Bovet, die dem Analytiker A. Maeder nahestanden, Freudsche Ansichten über das Unbewußte und die Triebe zur Veranschaulichung der Botschaft, daß der Mensch Sünder ist und der Gnade bedarf. Ihre Bücher hatten hohe Auflagen – ein Symptom für die Stärke des Bedürfnisses, das populär werdende psychologische Wissen mit religiösen Ansichten zusammenzubringen.

Im gleichen Sinn wirkten die Schriften von F. Künkel. Als Schüler von Adler und später von Jung hatte er eine »Wir-Psychologie« aufgebaut, in welcher er die christliche Lehre von Sünde, Vergebung und neuem Leben in psychologischen Begriffen umschreiben konnte. Diese Begriffe hatten ursprünglich teilweise eine traditionskritische Sprengkraft. Sie waren bei ihm aber so adaptiert, daß sie sich harmonisch in theologische Lehren einfügten.

Tiefenpsychologie als Fremdprophetie

Die biblische Religion kennt Propheten, die im Auftrag Gottes Tempelkult und Frömmigkeit kritisierten, die also im Namen Gottes die Religion bekämpften. Die

Reformatoren beriefen sich bei ihrem Angriff auf das damalige Christentum auf diese prophetische Aufgabe. In Anknüpfung an solche Tradition verstehen einige evangelische Theologen die tiefenpsychologische Religionskritik ebenfalls als »Prophetie«, die religiöse Fehlentwicklungen korrigieren und den Glauben in seiner Reinheit wiederherstellen soll. So hat beispielsweise O. Pfister Freuds Aufgabe gesehen. Nach Pfisters Überzeugung setzte Freud das Werk des historischen Jesus fort. »So darf denn die analytische Seelsorge den Anspruch erheben, die wissenschaftlich verfeinerte Ausführung von Grundgedanken zu sein, die in Jesus selbst zum ersten Mal aufleuchteten und in seiner eigenen Heilandstätigkeit die herrlichsten Siege feierten« (Pfister 1927, 24). Als liberaler Theologe erwartete Pfister auch von der Philosophie eine Hilfe zur Befreiung des Glaubens von Aberglauben und Dogmatismus.

Bei einigen Systematikern, die sich mit Freud beschäftigt haben, ist der Modus des Rezipierens gleich: Für P. Tillich (1960) war »trotz Freuds eigener antireligiöser Anschauung seine Umgestaltung des intellektuellen Klimas der größte intellektuelle Beitrag für die Wiederentdeckung des zentralen Evangeliums von der Annahme des Sünders« (zit n. Läpple, Scharfenberg 1977, 260). Der amerikanische Protestantismus brauchte die Psychologie des Unbewußten, um seine eigene Tradition hinsichtlich dessen, was der Mensch ist und was Heilkräfte sind, wiederzuentdecken. Für J. Moltmann ist die Religionskritik von Freud theologisch bedeutsam, weil sie, ähnlich wie der biblische Glaube, die Götzen und die Gottesbilder, welche sich die Menschen immer wieder schaffen, bekämpft. Mit Berufung auf das alttestamentliche Bilderverbot bejaht Moltmann die Zurückführung von Gottesvorstellungen auf Projektionen und neurotische Symbolbildung.

Wenn Tiefenpsychologie das prophetische Mittel zur Reinigung des Glaubens ist, liefert sie die Kriterien zur Unterscheidung von Glauben und Götzendienst, von wahrer und falscher Religion. Welche Äußerungen der Frömmigkeit als krankhaft-regressiv und welche als progressiv zu beurteilen sind, wird nach tiefenpsychologischen Einsichten bestimmt. In der protestantischen Frömmigkeitsgeschichte wurde die Beziehung zu Gott als bleibendes Gefühl des Kindlich-Seins vor Gott beschrieben und gepriesen (z. B. in den Liedern von Paul Gerhardt). Theologen, die tiefenpsychologische Kriterien anwenden, beurteilen solche Glaubensformen als unreif.

Paradigmen zur Erklärung von religiösen Praktiken, Dogmen und Texten

Tiefenpsychologie fasziniert Theologen, weil ihre Theorien Paradigmen (im Sinne von Th. S. Kuhn: s. dazu das Nachwort zu den Bänden II/III dieser Enzyklopädie) liefern, um religiöse Phänomene einleuchtender als bisher zu erklären. Riten, religiöses Brauchtum, Dogmen, Dogmenstreitigkeiten, Texte, die mit bisherigen Methoden nur unbefriedigend zu interpretieren sind, lassen sich mit Theorie-Elementen aus Freuds oder aus Jungs Lehre funktional oder kausal erklären oder als Teile eines umfassenden Systems verständlich machen. Dabei wirkt sich der Gegensatz von Freud und Jung im Sinne einer Alternative des Paradigmenangebots aus. Es gibt Theologen, die fast nur Freud rezipieren, während andere ausschließlich mit Jungschen Elementen arbeiten.

Y. Spiegel (1972 a) beschreibt psychische Prozesse in traditionellen und neuen Gottesdiensten an Hand des Dreischrittes »Erinnern-Wiederholen-Durcharbeiten« in der Analyse und erwägt Möglichkeiten, wie das zwangsmäßige Wiederholen in Erinnern und therapeutisches Durcharbeiten zu verwandeln ist. Mit der Freudschen Theorie über die Trauerarbeit und mit soziologischen Theorien untersucht er ferner (1973) die Situation der Trauernden, die Rolle der kirchlichen Bestattung und die seelsorgerlichen Möglichkeiten in diesem Zusammenhang.

H. Faber benützt die drei Phasen der Libidoentwicklung und die Freudsche Projektionstheorie, um die verschiedenen Gottesvorstellungen der Weltreligionen zu erklären. Jedes Gottesbild ist Resultat von Projektionen und geht auf Lernvorgänge in einer Phase zurück: Natur-Religionen und ozeanische Gefühle des Einswerdens mit der Gottheit hängen mit der oralen Phase zusammen; nomistische, ritualistische und puritanische Formen von Religiosität mit der analen und die Gottesvorstellungen eines Königs, Richters und barmherzigen Vaters hängen schließlich mit der ödipalen Phase zusammen. Die religiöse Krise der Gegenwart erklärt Faber mit dem Sachverhalt, daß in der vaterlosen Gesellschaft das Projektionsbild Vater für Gott unbrauchbar geworden ist und daß neue, klar umrissene Projektionsformen noch nicht gefunden sind.

Das Paradigma von J. Scharfenberg ist ein modifizierter Symbol-Begriff und enthält Elemente der neueren Ich-Psychologie: Symbolisieren ist eine positive Ich-Leistung. Religiöse Symbole ermöglichen, sofern sie nicht verbalistisch mißverstanden werden, die Bewältigung von intrapsychischen Grundkonflikten und die Kommunikation mit den Kultgenossen. Ruhe in Gott, Liebe zu Gott, Überwindung der Subjekt-Objekt-Spaltung sind Symbolisierungen der narzißtischen Befriedigung und haben eine Funktion bei der Gewinnung von Ich-Identität und bei der Befreiung von objektlibidinösen Abhängigkeiten. Die Eigenschaften eines gestalteten Narzißmus (Kreativität, Einfühlung, Wissen um die eigenen Grenzen, Humor, Weisheit) konvergieren mit Idealen der protestantischen Frömmigkeit.

Für H. Müller-Pozzi dienen Symbole nicht nur der Lösung von intrapsychischen und sozialen Konflikten, sondern auch der Bewältigung von Grenzerfahrungen, die der Mensch als das Wesen erleidet, das nach sich selber fragt und damit sich selbst transzendiert. Symbole sind für ihn psychische Repräsentanzen für Erfahrungen mit dem Unbedingten und für Fragen nach dem Unsagbaren. D. Bakan deutet mit Hilfe von Begriffen der Analität die Geschichte der Satansvorstellungen. P. Homans, der die theologischen Freud-Rezeptionen von D. Bakan, N. O. Brown und Ph. Rieff in ein Theoriesystem vereinigt, sieht in den Symbolen und Bildern der Hoffnung als des Grundprinzips geistig-seelischer Ganzheit und Lebensfähigkeit die Möglichkeit, Transzendenz zu denken und zu erfahren, nachdem durch die Religionskritik der theistische Gott (der »Übertragungsgott«) sich als etwas Immanentes erwiesen hat.

Das sind Beispiele für theologische Interpretationen mit Hilfe von Paradigmen aus Freuds Lehre. Andere Autoren benützen in analoger Weise das Jungsche Denken, das mit seiner Tendenz zu Totalaussagen und seinen Kategorien Komplementarität und Kompensation eine Fülle von denkerischen Synthesen ermöglicht. U. Mann macht daraus das Strukturprinzip einer integrativen Religionswissenschaft, die Vergangenheit und Gegenwart der Religionen als Geschichte des Selbst-Werdens Gottes erklärt. G. Hummel entwirft sogar eine Totaltheorie über alle Fragen des Seins zwischen Physik und Parapsychologie und über die gegenwärtigen Probleme der Theologie hinweg und gleicht mit einer kleinen Korrektur an Jung die Differenz zwischen der kirchlichen Trinitätslehre und Jungs Ansicht von der Quaternität (s. Bd. III dieser Enzyklopädie) aus.

In vielen Arbeiten wurden die Paradigmen von Freud und von Jung für die Auslegung biblischer Texte herangezogen (z. B. Y. Spiegel 1972 b, P.-M. Pflüger 1975).

Die Beispiele sollen zeigen, daß dieser Modus des Rezipierens in der Theologie zu zahlreichen neuen Einsichten, Thesen und spekulativen Konstrukten geführt hat. Dabei fällt auf, wie wenig sich die genannten Theologen über den hypothetischen Charakter der von ihnen benützten Paradigmen und über die Schwierigkeit, sie empirisch zu verifizieren, Gedanken machen.

Tiefenpsychologie als Ausdrucksform eigener Gotteserfahrung

Die tiefgreifenden Umwälzungen der Gegenwart, die nur zum geringen Teil mit der Tiefenpsychologie zusammenhängen, haben zu einem Kollaps der überlieferten Metaphysik geführt (vgl. Homans 1970) und für zahlreiche Menschen bisherige religiöse Sprache als Ausdrucksmittel religiöser Erfahrungen unbrauchbar gemacht. An die Stelle der bisherigen religiösen Sprache können Vorstellungen aus der Tiefenpsychologie treten. Aussagen aus dem Bereich des Ödipuskomplexes werden benützt, um Erfahrungen von der Art des »Gott ist tot, wir haben ihn getötet« zu verbalisieren. Auf diese Weise werden tiefenpsychologische Kategorien »mythologisiert« und dienen der religiösen Kommunikation zwischen Menschen, die unter dem Einfluß von Tiefenpsychologie bisherige Projektionen zurückgenommen haben.

Die beiden Modi des Rezipierens sind oft miteinander verbunden: Ein Theologe, der mit dem Begriff Individuation das Erleben eines Mystikers deutet, kann dadurch zugleich seine Selbsterfahrung als Aspekt einer Gotteserfahrung verstehen. Auf diese Weise lösen manche, die schon vor ihrer Begegnung mit der Tiefenpsychologie bestimmte theologische Positionen vertreten haben, das Problem ihrer Identität mit der »vorpsychologischen« Vergangenheit: Eine Neuinterpretation von Dogmen ermöglicht es, deren Wahrheitsgehalt in Übereinstimmung mit den gegenwärtigen psychologischen Einsichten und Erfahrungen zu bejahen. Das Geheimnis der Menschwerdung Gottes wird dann mit der Vermenschlichung des Leidenden im therapeutischen Prozeß in Zusammenhang gebracht. Zwischen dem Fehlen religiöser Formen und Begriffe in der Analyse und der Selbstentäußerung Gottes in Christus wird eine Entsprechung gesehen. Der bedingungslosen Rechtfertigung des Sünders durch Gott wird als Analogie das bedingungslose Akzeptiertwerden des Klienten durch den Therapeuten gegenübergestellt, und die Gemeinschaftserfahrungen einer therapeutischen Gruppe werden mit Aussagen gedeutet, die das Dogma für die sakramentale Gemeinschaft braucht (z. B. bei H. J. Thilo 1971, R. Riess 1973).

MODI DES DISTANZIERENS

Nichtkenntnisnahme, Kritik und Polemik

Zahlreiche Theologen aller Disziplinen betreiben auch heute ihr Geschäft, als ob es keine Tiefenpsychologie gäbe. K. Barth hat in seinem umfangreichen Werk Freud nur an wenigen Stellen erwähnt. Wo er es tut, zeigt sich, daß er ihn mißversteht. Ähnlich verhält es sich bei zahlreichen anderen Dogmatikern und Exegeten.

Andere evangelische Theologen haben die Herausforderung durch die Tiefenpsychologie gehört und setzen sich polemisch mit ihr auseinander. Aber es lohnt sich kaum, über die dabei verwendeten Argumente zu referieren. Sie beruhen oft auf groben Mißverständnissen oder auf der Verabsolutierung von Teilaspekten. Bei differenzierteren Stellungnahmen werden bei Jung gnostische Häresien aufgedeckt, und Freud wird einseitig als materialistischer Naturwissenschaftler interpretiert. Man hat auch versucht, dessen Religionskritik als »Wiederkehr des Verdrängten«, als Ressentiment wegen unbewußter Schuldgefühle zu diskriminieren (H. Sundén 1959). Als Reaktion gegen die in den letzten Jahrzehnten erfolgte Rezeption von Tiefenpsychologie zeigt sich, wie mir scheint, heute zunehmend wieder die polemische Distanzierung. J. E. Adams (1970) lehnt im Namen einer biblischen Seelsorge vorbehaltlos die Psychologie Freuds ab, die für ihn eine Ethik der Verantwortungslosigkeit ist. O. H. Mowrer (1961) fragt anklagend: »Hat die evangelische Theologie ihr Erstgeburtsrecht für eine psychologische Wassersuppe verkauft?« (Zit. n. Adams 1970, dt. Ausg., XV).

Bestimmung des die Tiefenpsychologie transzendierenden Propriums der Theologie

Seit ihrer Begegnung mit der Philosophie der Antike hat die Theologie ein Gegenüber, mit dem sie sich ständig, rezipierend und sich distanzierend, auseinandersetzt. Fehlt das Distanzieren, so gibt sich die Theologie selber auf. In ihrer Beziehung zur Tiefenpsychologie ist das ähnlich. Sie verliert ihre Identität, wenn sie nicht wenigstens an einem Punkt ihre eigene Sache ins Spiel bringt: etwa in einem Bereich von Einsichten, die den tiefenpsychologischen Erkenntnishorizont transzendieren; oder in einigen Grundüberzeugungen und Motiven, die dem Tiefenpsychologen nur zugänglich sind, sofern er als Christ seinen Glauben reflektiert; oder in einer Vorentscheidung und durch das Engagement für die Person oder die Sache Christi; oder im Interesse für Jesus und seine Wirkungsgeschichte, wie es vom Tiefenpsychologen als solchem nicht zu erwarten ist.

Die Umschreibung des theologischen Propriums, des spezifisch Eigenen der Theologie also, erfolgt in verschiedener Weise, wobei die im folgenden skizzierten Möglichkeiten nicht alternativ zu verstehen sind: als rationales Gegenargument gegen eine tiefenpsychologische Auffassung; als innertheologischer Streit um die Art der Anwendung tiefenpsychologischer Techniken in der Seelsorge. Zur ersten Möglichkeit gehört Moltmann, der die unbefriedigende Resignation, die Freud an die Stelle der infantilen Illusion gesetzt hat, kritisiert und ihr die »progressive Sehnsucht nach Freiheit und Neugier nach dem Kommenden« (Moltmann 1972, 288) gegenüberstellt. Diese rechnet mit den noch nicht realisierten Möglichkeiten

Gottes und widerspricht einem (nicht absolut starren) Realitätsprinzip nicht. Die zweite Möglichkeit wählt D. Stollberg, für den sich Seelsorge und Therapie durch die Motivation des Beraters, durch seine Zielsetzung und durch den kirchlichen Kontext unterscheiden. H. Tacke bestimmt das Proprium auch inhaltlich: Seelsorge ist Glaubenshilfe. Das verbale Zeugnis von der Barmherzigkeit Gottes ist für sie konstitutiv. Schließlich gibt es die Möglichkeit, das Proprium der Theologie als bekenntnisartige, nicht hinterfragbare Aussage über ein Wirken Gottes zu bekunden. J. Moltmann behauptet, daß der Glaube an den gekreuzigten Gott dem Menschen ermögliche, den Selbstschutz durch Verdrängung fallenzulassen. Indem Gott »schwach, ohnmächtig, verwundbar und sterblich wird, befreit er Menschen von der Sucht nach mächtigen Idolen und schützenden Zwängen« (1972, 280).

Schließlich gibt es weitere Möglichkeiten: Vorschläge zur Grenzziehung zwischen Tiefenpsychologie und Glauben (Nach P. Tillich [1969] befaßt sich Tiefenpsychologie mit der neurotischen Angst. Existenzangst kann nur durch Glauben überwunden werden. Sie ist eine Frage der Theologie); Proklamation einer schlechthinnigen Differenz zwischen Heilung und Heil, Verstehen und Vergeben, Erfahrung und Hilfe Gottes (M. Seitz, W. Jentsch, H. Tacke); Aufforderung von Psychotherapeuten an Theologen, daß sie die der kirchlichen Seelsorge eigenen Chancen entdecken und wahrnehmen (H. Argelander berichtet aus Balintgruppen mit Theologen, wie der Pfarrer bei seinen Kontakten mit Gemeindegliedern besondere Schwierigkeiten, aber auch Möglichkeiten zur Seelsorge hat, die dem Psychologen in freier Praxis oder in einer staatlichen Dienststelle verschlossen sind). (Hinsichtlich des katholischen Standpunktes zum Thema s. den Beitrag von J. Bökmann in diesem Bd.)

LITERATUR

Adams, J. E.: Competent to counsel. New York: Nutley 1970. Deutsch: Befreiende Seelsorge. Giessen, Basel: Brunnen 1972

Argelander, H. (Hg.): Konkrete Seelsorge. Stuttgart: Kreuz 1973

Bakan, D.: The duality of human existence. Chicago: Rand McNally & Company 1966. Deutsch: Mensch im Zwiespalt. München, Mainz: Kaiser, Grünewald 1976

Bovet, T.: Der Mensch und seine Ordnung, Vol. I–V. Tübingen: Furche 1948

Erikson, E. H.: Young man Luther. New York: W. W. Norton 1958. Deutsch: Der junge Mann Luther. München: Szczesny 1964

Faber, H.: Cirkelen um een geheim. Meppel: Boom 1972. Deutsch: Religionspsychologie. Gütersloh: Gerd Mohn 1973

Freud, S.: Die Frage der Laienanalyse. Unterredungen mit einem unparteiischen Nachwort (1927). G. W. XIV

Freud, S., Pfister, O.: Briefe 1909–1939. Frankfurt/M.: Fiscer 1963

Homans, P.: Theology after Freud. Indianapolis, New York: The Bobbs-Merrill 1970

Hummel, G.: Theologische Anthropologie und Wirklichkeit der Psyche. Darmstadt: Wissensch. Buchges. 1972

Jentsch, W.: Verstehen und Vergeben. In: F. Gutsche (Hg.): Mut zur Seelsorge. Wuppertal: Brockhaus 1974, 31–43

Jung, C. G.: G. W. XI. Zürich, Stuttgart: Rascher 1963

Künkel, F.: Die Arbeit am Charakter. Schwerin: Bahn 1930

Ringen um Reife. Konstanz: Bahn 1955

Läpple, V., Scharfenberg, J. (Hg.): Psychotherapie und Seelsorge. Darmstadt: Wissenschaftl. Buchgesellschaft 1977

Maeder, A.: Wege zur seelischen Heilung. Zürich: Rascher 1945

Mann, U.: Theogonische Tage. Stuttgart: Klett 1970

Die Religion in den Religionen. Stuttgart: Klett 1975

Moltmann, J.: Der gekreuzigte Gott. München: Kaiser 1972

Mowrer, O. H.: The crisis in psychiatry and religion. Princeton: Van Nostrand Company 1961

Müller-Pozzi, H.: Psychologie des Glaubens. München, Mainz: Kaiser, Grünewald 1975

Nase, E., Scharfenberg, J.: Psychoanalyse und Religion. Darmstadt: Wissensch. Buchges. 1977

Pflüger, P.-M. (Hg.): Tiefenpsychologische Ansätze zur Theologie. Fellbach, Öffingen: Bonz 1975

Pfister, O.: Analytische Seelsorge. Göttingen: Vandenhock & Ruprecht 1927

Das Christentum und die Angst. Zürich: Artemis 1944

Riess, R.: Seelsorge. Göttingen: Vandenhoeck & Ruprecht 1973

Scharfenberg, J.: Religiöses Bewußtsein als Narzißmus? In: J. Scharfenberg (Hg.): Religion: Selbstbewußtsein-Identität. München: Kaiser 1974 a, 10–16

Psychologie und Psychotherapie. In: F. Klostermann, R. Zerfass (Hg.): Praktische Theologie heute. München, Mainz: Kaiser, Grünewald 1974 b, 339–346

Kommunikation in der Kirche als symbolische Interaktion. In: W. Becher (Hg.): Seelsorgeausbildung. Göttingen: Vandenhoeck & Ruprecht 1976, 34–53

Seitz, M.: Überlegungen zum Verhältnis von Theologie und Psychologie. In: F. Gutsche (Hg.): Mut zur Seelsorge. Wuppertal: Brockhaus 1974, 18–30

Spiegel, Y.: Erinnern – Wiederholen – Durcharbeiten. Stuttgart: Kohlhammer 1972 a

(Hg.): Psychoanalytische Interpretation biblischer Texte. München: Kaiser 1972 b

Der Prozeß des Trauerns, Vol. I–II. München, Mainz: Kaiser, Grünewald 1973

Stollberg, D.: Therapeutische Seelsorge. München: Kaiser 1969

Mein Auftrag – Deine Freiheit. München: Claudius 1972

Sundén, H.: Religionen och rollerna. Stockholm: Diakonistyrelsens Bokförlag 1959. Deutsch: Die Religion und die Rollen. Berlin: Toepelmann 1966

Tacke, H.: Glaubenshilfe als Lebenshilfe. Neukirchen: Neukirchener Verlag 1975

Tillich, P.: Der Einfluß der Pastoralpsychologie auf die Theologie. N. Ztsch. f. syst. Theol., 2, 1960, 128–137

Der Mut zum Sein (G. W. XI). Stuttgart: Ev. Verlagswerk 1969

Thilo, H.-J.: Beratende Seelsorge. Göttingen: Vandenhoeck & Ruprecht 1971

Thurneysen, E.: Die Lehre von der Seelsorge. Zollikon, Zürich: Evangelischer Verlag 1946

Tournier, P.: Médecine de la personne. Neuchâtel: Delachaux e Niestlé 1940. Deutsch: Krankheit und Lebensprobleme. Basel: Benno Schwabe 1941

Weizsäcker, V., v.: Menschenführung. Göttingen: Vandenhoeck & Ruprecht 1955

JÜDISCHE RELIGION UND PSYCHOANALYSE

von Yehuda Fried

Schon die Frage, was jüdische Religion und was Judentum ist, trifft weithin auf Unsicherheit und Konfusion.

Es erstaunt, daß nach historisch belegter Überlieferung die eigentliche jüdische Religion erst im 5. Jahrh. vor Chr. mit Esra, dem »Schreiber«, begann, während sie m. E. vom beliebigen »Mann auf der Straße« – Juden wie Nichtjuden – höchstwahrscheinlich auf Abraham oder auch Moses zurückgeführt würde. Einen ebenso verwirrenden Faktor bildet die Beziehung zwischen jüdischer Religion und dem jüdischen Volk selbst. Hier würde gemeinhin, ebenfalls ohne Zögern, geantwortet, sie sei reziprok.

Sigmund Freud als ein jüdisches Genie zu betrachten, das seinem Volk Ruhm brachte, und zugleich die psychoanalytische Theorie von der jüdischen Religion abgelehnt zu sehen, erscheint demnach zumindest paradox. Zur Erhellung dieser Zusammenhänge ist die Klärung der Begriffe »Jude« und »jüdische Religion« Voraussetzung. Die allgemeine Sicht des jüdischen Volkes und jüdischen Glaubens als Einheit zeigt sich in der Auffassung, daß wer auch immer jüdischer Abstammung ist, in religiöser Hinsicht dem Judentum zugerechnet wird. Darin sind auch die ethnischen Juden inbegriffen, die nicht »gläubig« sind. Sie mögen als »schlechte Juden« gelten, jedoch auch »Israel, das gesündigt hat, ist und bleibt Israel«.

Die Einheit endet jedoch an diesem Punkt. Denn, so merkwürdig das auch klingen mag, wird umgekehrt ein Angehöriger eines vollkommen fremden Volkes, z. B. ein Neger oder Chinese (um einen extremen, doch möglichen Fall zu wählen), dann gänzlich unser Bruder, wenn er den jüdischen Glauben annimmt, d. h., wenn er die Rabbiner davon überzeugen konnte, daß die Entscheidung zu seinem Übertritt auf echter religiöser Überzeugung beruht und andersartige Gründe, wie beispielsweise opportunistische Erwartungen, ausgeschlossen sind. Von diesem Augenblick an *sind* dieser Neger oder Chinese samt ihren Nachkommen Söhne Israels auch im ethnischen Sinne! Ihr Enkel kann sogar *Cohen Gadol* werden, das ist der höchste Priester, der im *Kodesh Hakodashim* (Allerheiligsten) des Tempels dienen darf.

Die Beziehung zwischen jüdischer Volkszugehörigkeit und jüdischem Glauben ist also nicht die einer völlig reziproken Einheit, sondern zeigt ein teilweises Überlappen. Ein Jude wird immer der jüdischen Religion zugerechnet, außer er tritt formell zu einem anderen Glauben über; andererseits wird jemand, der ethnisch kein Jude ist, dies in dem Moment, in dem er den jüdischen Glauben annimmt. Soviel zum Verhältnis Jude–jüdische Religion.

Doch nun mehr zum religiösen Judentum. Nach Esra, dem »Schreiber«, ist das Wichtigste am jüdischen Glauben die Ableitung seiner Gültigkeit allein aus göttlicher Quelle. Vor Esra hatte man zwar angenommen, daß die religiösen Gebote göttlichen Ursprungs seien, in Wirklichkeit jedoch war es eine Vermischung mit weltlicher Macht von Stammesführern, Staat, König. Selbst die Priester leiteten ihre Autorität sowohl von ihrer Abstammung aus begnadeten Familien (Söhnen Aarons) ab wie auch vom Staat. Paradoxerweise ist auch seit der Erneuerung des jüdischen Staates die Autorität des Obersten Rabbinats zurückzuführen auf die Stellung, die ihm von der Knesset als weltlichem Parlament zugestanden wird. (Vgl. die Position des Erzbischofs von Canterbury mit der des römisch-katholischen Papsts: Der Papst erhält seine Macht u. a. von der Kardinalsversammlung, der anglikanische Erzbischof die seine aus einer königlichen Urkunde; dafür krönt er den König.) In den alten jüdischen Königreichen der Ersten und Zweiten Tempelperiode herrschte eine ähnliche Situation. Erst nach dem Untergang des Königtums und dem Ende jüdischen Staatswesens schrieb Esra nieder, daß der jüdische Glaube nicht in einem jüdischen Staat verkörpert sein müsse. Es muß nicht nur nicht so sein, es ist geradezu gegen Gottes Willen. Demnach ist religiöses Judentum gänzlich Gottverehrung, und alle politischen Angelegenheiten regelt eine von der Religion getrennte Autorität. Juden sollen, wo immer sie leben, auf religiöser Autonomie bestehen. Alle jüdischen Angelegenheiten muß der Rabbiner regeln, der von der Gemeinde gewählt wird. Seine Autorität beruht auf der Ernennung durch die jüdische Gemeinde und nicht irgendeiner übergeordneten Institution. Jeder Rabbiner leitet die Angelegenheiten seiner Gemeinde nach der *Halacha*[1] (Sammlung überlieferter Auslegungen, die mit *Mischna* und *Gemara* den *Talmud*[2] bildet) sowie gemäß den Regeln der nachtalmudischen Rabbiner (*Poskim*). Jeder Rabbiner ist in seinen Entscheidungen unabhängig, so daß durchaus widersprüchliche Entscheidungen zu finden sind, wie es ja auch unterschiedliche Urteile bei verschiedenen Richtern gibt, die sich mit einander ähnlichen Fällen beschäftigen – Voraussetzung ist, daß sie ihr Urteil alle auf denselben Kodex stützen, in unserem Falle die *Halacha*.

So bemühte sich das Judentum nach Esra, sich nicht von historischen Ereignissen bestimmen zu lassen, sich in seinen religiösen Angelegenheiten nicht außerreligiösen Forderungen zu unterwerfen. Es akzeptierte alle säkularen Pflichten, die ihm ein Staat auferlegte, leistete aber Widerstand bis zum Tode gegen Eingriffe in die Regelung seiner religiösen Angelegenheiten. Der Priester Mattathias und sein Sohn Judas, der »Makkabäer«, revoltierten gegen einen weltlichen Herrscher, der einen Schweinekopf in den Tempel zu bringen trachtete, und das ganze Volk beteiligte sich an dem militärischen Aufstand der Makkabäer. Als Jahre danach von der Obrigkeit die religiöse Autonomie gewährt wurde, nahmen nur wenige am letzten Aufstand des Judas Makkabäus teil, weil nun aus nationalen und nicht mehr religiösen Beweggründen gekämpft wurde. Es erübrigt sich nahezu, die in der Diaspora zerstreuten Juden zu erwähnen, die, zu aktivem Widerstand nicht in der Lage, eher Märtyrer wurden, als ihren jüdischen Glauben aufzugeben. Einige konvertierten unter Zwang oder wegen persönlichen Vorteils. Für das Judentum waren diese Juden jedoch gestorben.

Seit Esra lag die Erhaltung des jüdischen Glaubens (und, in Anbetracht der Überlappung von jüdischer Religion und jüdischem Volk, auch die Existen des ethnischen Judentums) sowie die Aufgabe, die Autonomie von Volk und Religion zu schützen, in den Händen der Rabbiner. Jedes Abweichen von der Tradition, das die Macht der Rabbinerschaft gefährdete, wurde als Verrat betrachtet und als solcher mit äußerster Härte bekämpft. Spinoza wurde an sich nicht wegen einer seiner Überzeugungen exkommuniziert, sondern wegen eben der Tatsache, daß er versuchte, unabhängig von den Rabbinern zu denken. Die Shabetai Zvi-Bewegung (17. Jahrh.) ist das eklatanteste Beispiel für eine Bedrohung der rabbinischen Autorität. Bis heute sind die Folgen des Aufstandes gegen Shabetai Zvi und andere »falsche Propheten« sichtbar. Erst jetzt, zweihundert Jahre nach dem schrecklichen Kampf zwischen *Chassidim* und *Mitagnim*, gibt es gewisse Anzeichen von Versöhnung. Die zionistische Bewegung ist in den Augen der extremen Orthodoxen ebenfalls gefährlich für das religiöse Judentum. Es wird aus all dem ersichtlich, daß Strömungen wie Konservativismus, Reformertum usw. innerhalb des Judentums außerordentlich problematisch sind. Die Konfrontation zwischen den Richtungen ist noch aktuell und unbewältigt.

Wenden wir uns nun von der formalen Seite des Judentums seinem Inhalt zu. Über die Idee vom *Göttlichen* (Heiligen) als der höchsten religiösen Kategorie mögen sich Philosophen und Theologen auseinandersetzen. Was die jüdische Religion selbst angeht, so hält diese Idee stand. Offenbarung, heilige Versenkung, *Kedusha* sind lediglich verschiedene Aspekte von Gottes Wesen. Jeder Anthropomorphismus ist untersagt, »Gott ist kein Leibliches und hat kein derartiges Merkmal«. In gewisser Hinsicht wird Gott eher aus dem abgeleitet, was er *nicht* ist als aus dem, was er *ist*. Da wir nicht wissen können, was er ist, wollen wir zumindest sicher wissen, was er nicht ist, um der Gefahr von Abgötterei zu entgehen. Dies ist die der Theologia negativa zutiefst zugrundeliegende Idee.

Obwohl das Judentum viele verschiedene Strömungen einschließt, konnte es sich als umfassende Einheit bewahren – anders als etwa das Christentum, in dessen Geschichte sich diverse Spaltungen ereigneten. Zwar gab es auch in der Geschichte des Judentums Splittergruppen; diese sind jedoch untergegangen oder zu lediglich historischen Kuriositäten zusammengeschrumpft. Alles in allem werden alle Richtungen des Judentums einschließlich der gegenwärtig konkurrierenden als Judentum anerkannt. Etwas wie eine »Hochkirche« gibt es nicht. So könnte man also erwarten, daß die Frage nach der jüdischen Einstellung zur Psychoanalyse von verschiedenen religiösen Strömungen auf verschiedene Art und Weise beantwortet werden könnte; doch dem ist nicht so. Das Judentum als Religion leitet die Gültigkeit seiner Gebote von einer heiligen Quelle ab, und deshalb werden alle anderen sogenannten Quellen der Wahrheit, wie die Wissenschaft, als irrelevant angesehen.

Nehmen wir zunächst einen deutlicheren Fall als die Wissenschaft: die Ethik. Man könnte annehmen, daß Ethik mehr mit Religion zu tun hat als Wissenschaft. Aber selbst die Ethik wird in soweit vom Judentum als neutral betrachtet. Es ist nicht etwa so, daß sie für das Verhalten der Menschen keine Bedeutung hätte.

Nächstenliebe ist ein ethisches Gebot, doch bezieht sie ihre Gültigkeit aus Gottes Willen – nicht: »Liebe deinen Nächsten wie dich selbst«, sondern: »Liebe deinen Nächsten ... sprach der Herr«. Alle ethischen Gebote sind nicht von einem ethischen, sondern von einem religiösen Imperativ abgeleitet. Darüber hinaus klaffen manchmal Religion und Moral weit auseinander; die Religion kann Beweggründe haben, die von der Ethik nicht zu akzeptieren sind. Offensichtlich behauptet sich die Religion:

Gottes Befehl an König Saul, König Agag hinzurichten (1. Sam. 15), ist ein solches Beispiel. Buber fühlte sich davon gleichzeitig bewegt und abgestoßen. Er konnte es nicht verstehen. Aber es wurden noch viel eindrucksvollere Fälle reiner Ungerechtigkeit auf Gottes Befehl hin begangen, wie die Hiob-Geschichte so deutlich zeigt.

Dies kann freilich eher erfahren als rational verstanden werden. Und noch ernster liegen die Dinge heute mit der Frage: Ist Gott nach Auschwitz nicht etwa tot? Mit Staunen stehen wir vor tief religiösen Überlebenden der Vernichtungslager und verstehen sie doch. Denn: Gottes Wege sind nicht die Wege der Menschen (Jes. 55, 8). Andere Fragen scheinen daneben unbedeutend, ja trivial; dennoch drehte sich um sie manche polemische Auseinandersetzung. Kehren wir zur Frage der Ethik zurück. Wie wird aus moralischen Gründen Gutes zu tun vom jüdischen religiösen Standpunkt aus betrachtet? Es heißt, daß Gutes tun aus moralischen Motiven nicht »das Werk Gottes« ist. Dies erinnert an Kants Ethik. Wenn ich nicht aus aufrichtigem Pflichtgefühl heraus mildtätig bin, sondern *weil ich es will*, dann handele ich nicht aus moralischen Motiven. *Gegen* die persönlichen Wünsche zu handeln ist das moralischste Verhalten. Für das Judentum gilt, daß demgemäß Gutes tun aus moralischen Gründen ein moralischer, jedoch kein religiöser Akt ist.

Dies zeigt sich noch deutlicher an der Stellung des Gebets. Man soll beten, weil es göttliches Gebot ist – nichts weiter. Freilich hat das Judentum nichts dagegen, daß jemand aus persönlichem Bedürfnis oder für allgemeine Belange betet, aber dies ist dann ebenfalls kein religiöser Akt. Wir können uns die seelische Verfassung eines »Bräutigams, der aus seinem Brautgemach« kommt, vorstellen und vergleichen mit der ganz anderen eines Trauernden nach dem Begräbnis. Beide verpflichtet die *Halacha* zu beten, und beide sprechen die gleichen Worte. Dieser Sachverhalt ist aus theologischer Sicht äußerst extrem. Viele nichtreligiöse Menschen können ihn nicht akzeptieren – aber es ist so. Wenn nun schon der strengst religiöse Jude Moral bzw. Ethik als religiös belanglos betrachten kann, wenn er ein persönliches Gebet zu Gott eher als psychologische denn als religiöse Handlung bewertet, wieviel mehr kann man dann vom Judentum erwarten, daß es sich in wissenschaftlichen Belangen neutral verhält. Es ist kaum ein religiöser jüdischer Gelehrter vorstellbar, der sich innerlich engagiert mit Newtons physikalischen Theorien auseinandersetzt. Es ist fast undenkbar. Er würde in einer Diskussion höchstens zeigen, daß er persönlich naturwissenschaftliche Entdeckungen kennt und schätzt, jedoch wäre er nicht von ihnen beunruhigt. Denn die Wissenschaft liegt auf einer völlig anderen Ebene. Sofern ein jüdischer Theologe versucht, irgendeine naturwissenschaftliche Theorie etwa über die Erschaffung der Welt zu diskutieren, muten uns solche Erörterungen unüberzeugend und mittelalterlich an.

In der Tat sind solche Auseinandersetzungen prinzipiell für die jüdische Religion irrelevant. Andererseits gibt es jüdische Religionsgelehrte, die zu zeigen versuchten, daß die Naturwissenschaft theologische Ansichten bestätigt. Auch das ist für den Glauben völlig unwesentlich: Wenn ich die Verehrung Gottes auf mich nehme, brauche ich dazu keine außertheologischen Argumente, und eine wissenschaftliche Widerlegung wäre mir ohnehin gleichgültig.

Das regligiöse Judentum verhält sich gegenüber der Psychoanalyse als Wissenschaft unterschiedlich. Es wurden Versuche unternommen, sich mit der Psychoanalyse auseinanderzusetzen – sei es, um ihr in einem Kampf auf Leben und Tod den »coup de grâce« (Gnadenstoß) zu geben, sei es, um aufzuzeigen, was an der Psychoanalyse aus religiöser Sicht unannehmbar ist, oder auch, um in einen Dialog mit ihr einzutreten.

Es ist sehr einfach, die Psychoanalyse abzulehnen. Nach dem allgemeinen Verständnis basiert sie hauptsächlich (mancher würde sagen, völlig) auf Konzeptionen von Instinkten, Sexualität, unbewußten Trieben und Todeswünschen gegenüber Eltern und Geschwistern. Solch eine Theorie ist wohl auch für jede andere Religion völlig unannehmbar, da Religion auf der Idee des *Göttlichen* (Heiligen) beruht. Keine Religion könnte eine Theorie akzeptieren, die sich auf die animalischen Aspekte des Menschseins gründet – fast entsteht der Eindruck, als ob die Psychoanalyse aus bösartigen, satanischen Vorstellungen heraus entstanden sei.

Schwerer ist es, die Psychoanalyse nicht rundweg abzulehnen, sondern in der Auseinandersetzung mit ihr die psychoanalytischen Hypothesen und Ergebnisse ernst zu nehmen, ohne ethische Werturteile dabei einfließen zulassen. Auch ein religiöser Mensch wird nicht leugnen können, daß es Sexualität und Träume mit ihren vielfältigen und manchmal bedeutungsschweren Interpretationsmöglichkeiten sowie das Vorkommen von Geschwisterrivalität, Inzest, Ehebruch usw. gibt. Im Gegenteil, die Bibel berichtet uns freimütig über solche Themen! Nicht die Einzelaspekte der Psychoanalyse beunruhigen also, sondern ihr Gesamtkonzept der gänzlichen und *ausschließlichen* Determiniertheit durch jene Faktoren. Hier liegt die grundlegendste Diskrepanz zwischen Judentum und Psychoanalyse – die Frage nach dem freien Willen, eine Frage, die die Philosophie schon seit ihrem Beginn beschäftigt hat und die bis zum heutigen Tag noch nicht zufriedenstellend gelöst wurde. Ist der Mensch frei, bis zu welchem Grad ist er frei, was ist Freiheit, und wieweit täuscht sich der Mensch selbst vor, er sei frei? Philosophen haben versucht, aus wissenschaftlichen Daten hinsichtlich Determinismus und Indeterminismus den Begriff der Freiheit herauszuarbeiten. Für das Judentum hatte der große Rabbi Akiva das Problem der freien Welt durch die Worte gelöst: »Alles ist Vorsehung, und der freie Wille ist gewährt« (Pirkej Avot, III, 15)[3]. D. h., es gibt einen freien Willen, und der Mensch ist für sein Handeln verantwortlich. Der große Religionsphilosoph Maimonides sagte, der Mensch sei freilich von Geburt an mit biologischen und psychologischen Anlagen versehen, jedoch immer noch Herr seines Schicksals. Er treffe freie Entscheidungen. Der einzige Grund, wieso das Judentum die Psychoanalyse nie akzeptieren wird, ist die Tatsache, daß der Determinismus die Hauptforderung der Psychoanalyse ist.

Ein weiteres Argument, das das Judentum gegen die Psychoanalyse anführen wird, falls es überhaupt zu einer Diskussion kommt, ist folgendes: Es gibt keine Infrastruktur, deren Superstruktur Religion ist. Dies wird auch das Hauptargument des Judentums gegen eine marxistische Theorie sein. Religion als Göttliches ist die Quelle menschlichen Wesens, sie ist kein Menschenwerk. Aus diesen Gründen, so glaube ich, wird das Judentum auch Jung ablehnen. Jung ist anthropozentrisch, nicht theozentrisch. Soweit zur Ablehnung der Psychoanalyse durch das religiöse Judentum. Das Judentum würde jedoch eine neubelebte psychoanalytische Theorie akzeptieren: Eine Art existentialistischer Psychoanalyse kann in ihm einen Gesprächspartner finden. Die traditionelle Psychoanalyse beschäftigt sich mit dem »Niedrigen« am Menschen. Wenn sie dem Menschen helfen könnte, sich von dem »Unmenschlichen« an ihm zu befreien, um ihm freies Handeln zu ermöglichen, wird solch eine existentialistische Psychoanalyse vom Judentum willkommen geheißen – obwohl das Judentum darauf bestehen wird, daß die Theozentrizität den Vorrang hat, nicht die Anthropozentrizität. (Viele Existentialisten werden vermutlich für die Anthropozentrizität stimmen.) Aber kann sich die traditionelle Psychoanalyse von ihren tiefverwurzelten Vorstellungen über Sublimierung, Gott als Vaterfigur usw. lösen? Das ist fraglich.

Obwohl sich das religiöse Judentum gegenüber den Naturwissenschaften, der Psychologie usw. indifferent zeigte, meinen einige jüdische Denker sehr wohl, daß diese Wissenschaften die jüdische Jugend anziehen und ihre religiöse Überzeugung erschüttern könnten. Dem hieße es durch konkrete Maßnahmen entgegenzuwirken, die sich nach dem jeweiligen Bildungsstand der angesprochenen Gruppe von Menschen richteten. Den Intellektuellen gegenüber wird das Judentum argumentieren, daß man ein Newtonsche und darwinistische Standpunkte vertretender Naturwissenschaftler sein und trotzdem noch an die biblische Darstellung der Schöpfung glauben kann: Dies sind zwei völlig voneinander verschiedene Bereiche, die konfliktlos nebeneinander existieren können, zwei Welten, die sich nicht zu treffen brauchen. Den Gebildeten gegenüber wird das Judentum noch ausführen, daß wir der Konfrontation mit der Naturwissenschaft nicht nur nicht ausweichen, sondern im Gegenteil der Naturwissenschaft begegnen und ihre Herausforderung annehmen wollen.

Diese Haltung ähnelt der, die das traditionelle Judentum gegenüber dem Studium der jüdischen Mystik, der *Kabbala*, einnahm. »Vier betraten den Orchard (Paradies, d. h. die Welt der Mystik), (einer) blickte hinein und starb ... (einer) wurde verrückt ... (einer) verlor seinen Glauben ... nur (einer) trat in Frieden ein und schied in Frieden« (Hagiga, XIL, 15)[4]. Ein Risiko ist damit verbunden, aber es kann sich lohnen, dieses auf sich zu nehmen.

Ganz allgemein tendiert die jüdische Religionsauffassung dahin, daß der einzelne die religiösen Lehren *nicht* ohne Auseinandersetzung mit den Herausforderungen der Naturwissenschaft annehmen sollte, vorausgesetzt allerdings, er ist der Konfrontation gewachsen. Nochmals, es geht hier nicht nur um eine einmalig getroffene Entscheidung. Jeden Morgen, wenn ein Jude erwacht, muß er jedesmal wieder neu den Kampf durchstehen und sich zum wahren Glauben durchringen. Für den Nichtreligiösen mag eine solche Haltung vielleicht anthropozentrisch und nicht theozentrisch erscheinen. Es ist so, als ob der Mensch jeden Morgen entscheiden würde, daß Gott, der Akt der Gnade Gottes, existiert. Vom logischen Standpunkt aus mag dies vielleicht paradox erscheinen, und es mag auch ein logischer Widerspruch sein. Aber ein religiöser Widerspruch ist es nicht.

Zwei Argumente stützen diese Einschränkung. Erstens erfordert das Studium weltlichen Wissens Zeit, die man dem Studium der Thora widmen sollte. Zweitens, weltliches Wissen ist gefährlich: Junge Juden könnten ihren Glauben verlieren, ihr Volk verraten; einzig und allein das Studium der Thora und die Befolgung der Gesetze garantieren die Fortdauer, ja das Überleben des jüdischen Volkes. Auch dann, wenn man ernsthaft überzeugt ist, daß dies der Wille Gottes sei, erscheint mir das Verständnis der jüdischen Religion als einem Mittel zum Überleben Israels als eine ziemlich funktionelle Religionsauffassung. Nicht eigentlich die jüdische Religion selbst ist es demnach, die die weltlichen Studien verbietet – dies geschieht lediglich durch das funktionelle Verständnis in ihr. (Nebenbei bemerkt, wiegt nach der *Halacha*[1] unter gewissen Bedingungen die Rettung auch nur eines Menschenlebens die Einhaltung der meisten anderen Glaubensregeln auf, *Pikuah Nefesh*.[5]) Der andere Weg besteht darin, das Studium weltlicher Wissenschaften zu erlauben, jedoch gegen die allgemein vertretenen wissenschaftlichen Theorien zu argumentieren und hierbei mit diesen konkurrierende wissenschaftliche Theorien zu verwenden, die mit dem biblischen Standpunkt besser vereinbar sind. Diejenigen jüdischen Religionsgelehrten, die gegen die herrschenden wissenschaftlichen Theorien argumentieren, tun dies zögernd. Sie werden mit Pascal von ganzem Herzen darin übereinstimmen, daß solches Argumentieren Gott beleidige. Aber sie argumentieren trotzdem. Solch scholastisches Verhalten diene, wie sie annehmen, dem Wohl der breiten Masse.

Nun zur Psychoanalyse: Alle hier erörterten Standpunkte der jüdischen Religion sind auch gegenüber der Psychoanalyse möglich. Entweder verhält sich das Judentum zur Psychoanalyse neutral, oder es betrachtet sie als für das Judentum völlig nebensächlich und belanglos, oder es verbietet die Beschäftigung mit der Psychoanalyse und/oder die Behandlung durch sie, oder es verwendet Argumente konkurrierender psychologischer Richtungen, die mit der Schrift besser vereinbar sind. Zu jenen Haltungen ist nichts mehr hinzuzufügen, aber zum letztgenannten Punkt sei noch etwas gesagt.

Als eine solche konkurrierende psychologische Richtung – d. h. eine Theorie, die seitens des religiösen Judentums gegen die Psychoanalyse vorgebracht wurde – kann folgendes Beispiel gelten. Es wird behauptet, Maimonides habe eine psychologische Theorie des Menschen, die die Grundlagen der Religion nicht angreift, entwickelt. Einige unserer Zeitgenossen nennen diese Theorie eine »jüdische Psychologie«. Sofern Maimonides irgendwelche Ansichten über Psychologie vorbringt, ist dies aber nur ein Teil seiner (aristotelischen) Philosophie und keineswegs spezifisch jüdisches Gedankengut. Trotzdem bereitet diese sogenannte jüdische Psychologie, die einer Art Behaviorismus sehr nahe kommt, dem jüdischen Denken Schwierigkeiten: Denn die Grundlage des jüdischen Glaubens ist die menschliche Entscheidungsfreiheit, und der Behaviorismus hat dieses Problem bis jetzt noch nicht zufriedenstellend gelöst.

Es heißt manchmal, daß die Psychoanalyse dem Judentum viel verdanke, Freuds Theorien wurzelten in der jüdischen Tradition. Das mag sein. Das Umgekehrte aber trifft nicht zu. Aus der Sicht der jüdischen Religion ist die Psychoanalyse völlig uninteressant. Entweder ist sie irrelevant, oder sie wird abgelehnt. Dennoch wäre ein Dialog zwischen jüdischer Religion und einer wie im anfangs genannten Sinne »erneuerten« Psychoanalyse möglich. (Zum Standpunkt der katholischen und evangelischen Theologie zur Psychoanalyse vgl. die Beiträge von J. Bökmann und W. Neidhart in diesem Bd.).

Kurz gesagt, der freie Wille ist das Wesensmerkmal des Judentums: Die Möglichkeit des Menschen, Gott frei zu wählen, wie seine Freiheit, Gott *nicht* zu wählen – beide gehören zum Wesen des Menschen, und beide Möglichkeiten sind ihm durch Gottes Gnade gewährt. Wesentlich ist die Freiheit der Wahl, nicht die Wahl selbst. Jede Theorie, ob psychologisch oder anderer Art, die dem Menschen den freien Willen abstreitet, wird vom Judentum, ohne auch nur einen Moment zu zögern, abgelehnt. Die Psychoanalyse leugnet den freien Willen: Dies ist Grund genug, daß sie vom Judentum abgelehnt wird. Kurz zusammengefaßt sagt das Judentum: »Alles liegt in Seiner Hand, außer der freien Entscheidung des Menschen, Ihn zu verehren« (Berachot, 33).[6] Die Psychoanalyse lehnt den freien Willen ab; das ist, in wenigen Worten zusammengefaßt, das ganze Problem bei der Frage, wie das Judentum zur Psychoanalyse steht. (Zum Einfluß des Judentums auf die Psychoanalyse s. den Beitrag von A. R. Bodenheimer in diesem Bd.).

Aus dem Englischen übertragen von Delia Boettler und Ursula B. Werner

ANMERKUNGEN

Vorbemerkung: Der Beitrag ist meinem Lehrer Prof. H. H. Ben Sasson gewidmet.

1

Halacha (wörtlich: »Der Weg des Lebens«): Gesetzeskodex des jüdischen Volkes, der alle Aspekte des Lebens – sowohl des Individuums als auch der Gesellschaft – betrifft.

2

Der Talmud umfaßt die Bücher »Mishna« und »Gemara«. Mishna bedeutet die Sammlung der jüdischen Gesetze aus der Zeit siebzig Jahre vor der Zerstörung des zweiten jüdischen Tempels bis zur Zeit etwa 250 Jahre danach. Gemara enthält Interpretationen der Mishna aus etwa vier Jahrhunderten, beginnend etwa zwei Jahrhunderte nach dem Fall des zweiten jüdischen Tempels.

3

Pirkej Avot ist ein Teil des Talmuds.

4

Hagiga ist – wie Pirkej Avot – ein Teil des Talmuds.

5

Pikuah Nefesh ist ein wichtiges Prinzip des Judaismus, das besagt, daß die Rettung eines einzigen Menschenlebens Vorrang vor fast allen anderen Gesetzesbestimmungen hat.

6

Berachot ist ein Teil des Talmuds.

LITERATUR

Amado Levi-Alensi, E.: Les voies et les pièges de la psychoanalyse. Paris: Editions Universitaires 1971

Amsel, A.: Judaism and psychology. New York: Feldheim 1976

Rational-irrational man: Torah psychology. New York: Feldheim 1976

Bakan, D.: Sigmund Freud and Jewish mystical tradition. New York: Schocken 1958

Baruk, H.: Civilication hébraïque et science de l'homme. Paris: Zikharon 1965

Bergman, S. H.: Dialogical philosophy from Kierkegaard to Buber (in hebräischer Sprache). Jerusalem: Mosad Bialik 1974

Bergson, H.: Les deux sources de la morale et de la religion. Paris: Alcan ³1932. Deutsch: Die beiden Quellen der Moral und der Religion. Jena: Diederichs 1933

Braceland, F. J. (Hg.): Faith, reason and modern psychiatry. New York: Kenedy 1965

Buber, M.: Die Chassidischen Bücher. Berlin: Schocken 1927

Carmel, A., Domb, C. (Hg.): Challenge: Tora views on science and its problems. Jerusalem, New York: Feldheim 1976

Cohen, H.: Religion der Vernunft aus den Quellen des Judentums. Leipzig: G. Fock 1919

DINNUR, B. Z.: A documentary history of the Jewish people (Israel Bearzo, Israel Bagola, in hebräischer Sprache, 10 Bde.). Tel Aviv: Dvir 1938

DONAT, A.: The holocaust kingdom. London: Seckaz, Warburg 1965

DUBNOW, S.: Weltgeschichte des jüdischen Volkes, 10 Bde. Berlin: Jüdischer Verlag 1925–1929

ENGLARD, I.: The problem of Jewish law in a Jewish state. Israel Law Review, 3, 1968, 254–278

FACKENHEIM, E. L.: Encounters between judaism and philosophy. Philadelphia: Jewish Publications Society 1973

FRANKENSTEIN, C.: The roots of the ego. Baltimore. Williams and Wilkins 1966

FREUD, S.: Totem und Tabu (1912–1913). G. W. XIV

Vorlesungen zur Einführung in die Psychoanalyse (1915–1916). G. W. XI

Die Zukunft einer Illusion (1927). G. W. XIV

Das Unbehagen in der Kultur (1930). G. W. XIV

Neue Folge der Vorlesungen zur Einführung in die Psychoanalyse (1933). G. W. XV

Der Mann Moses und die monotheistische Religion: Drei Abhandlungen (1939). G. W. XVI

FROMM, E.: Psychoanalysis and religion. New Haven: Yale University Press 1950. Deutsch: Psychoanalyse und Religion. Konstanz: Diana Verlag 1966

GOLD, H. R.: Psychology and Talmud. New York: Jewish Heritage 1957

GRAETZ, H.: Geschichte der Juden, von den ältesten Zeiten bis auf die Gegenwart, 11 Bde. Leipzig: Leiner 1897–1911

GUTTMANN, J.: Die Philosophie des Judentums. München: Reinhardt 1933

HARTMANN, N.: Grundzüge einer Metaphysik der Erkenntnis. Berlin: de Gruyter 1925

HESCHEL, A. J.: The insecurity of freedom. New York: Schocken 1959

HIRSCH, W.: Rabbinic psychology. London: Goldstein 1947

JAKOBOVITZ, I.: Jewish medical ethics. New York: Bloch 1976

JAMES, W.: The varieties of religious experience: A study in human nature. London: Longmans, Green 1902

JEWISH ETHNO-PSYCHIATRY. New York: The Federation of Jewish Philantropies of New York, Task Force on Mental Health and Judaism 1977

JUNG, C. G.: Psychologie und Religion (Terry Lectures 1937, gehalten an der Yale-Universität). Zürich: Rascher 1940

KADISHIN, M.: The rabbinic mind. New York: Jewish Theological Seminary of America 1952

KAUFMANN, Y.: The religion of Israel: from its beginnings to the Babylonian exile. Chicago: The University of Chicago Press 1960

KOHLER, K.: Jewish theology. New York: Macmillan 1928

KOOK, R. A. Y. H.: The lights of holiness (Orot Ha-kodesh, in hebräischer Sprache), 3 Bde. Jerusalem: Harav Kook Institute Publication House 1963

LASKI, M.: Ecstasy. London: Crasset 1967

LEIBOVITZ, Y.: Judaism, Jewish people (Yahadut, Am Yehudi) and the State of Israel (Medint Israel, in hebräischer Sprache). Jerusalem, Tel Aviv: Schocken 1975

LICHTENSTEIN, A.: Does Jewish tradition recognize an ethic independent of Kalakha? In: M. Fox (Hg.): Modern Jewish ethics; theory and practice. Columbus: Ohio State University Press 1975

MACE, C. A.: The »body-mind problem« in philosophy, psychology and medicine. Philosophy, 41, 1966, 153–164

MAIER, J.: Das Judentum. München: Kindler 1973

MAIMONIDES, M.: Doctor Perplexorum, oder: Theologisch-philosophische Erörterungen über die Übereinstimmung der mosaischen und rabbinischen Religionsquellen mit der Philosophie (aus dem Hebräischen des Ebn Thybon ins Deutsche übersetzt und kommentiert von R. L. Fürstenthal). Berlin: L. Lamm ²1920

MURDOCH, I.: The sovereignty of good. London: Routledge & Paul 1970

MYSTICISM: Spiritual quest or psychic disorder? Report 97. New York: The Group for the Advancement of Psychiatry Committee on Psychiatry and Religion 1976

NOVECK, S. (Hg.): Judaism and Psychiatry. New York: Basic Books 1956

NYGREN, A.: Meaning and method: Prolegomena to a scientific philosophy of religion and a scientific theology. London: Epworth 1972

OSTOW, M., SCHARFSTEIN, B.: The need to believe. New York: International University Press 1954

OTTO, R.: Das Heilige: Über das Irrationale in der Idee des Göttlichen und sein Verhältnis zum Rationalen. Stuttgart: Perthes 1923

PIAGET, J.: Introduction à l'épistémologie génétique, 3 Bde. Paris: P. U. F. 1950. Deutsch: Die Entwicklung des Erkennens (Bd. VIII–X der Gesamtausgabe). Stuttgart: Klett 1975

QARO, J. (Rabbi): The Well-Laid Table (Shulhan Arukh Yore De'a), mit einem Kommentar von M. Isserles (1578), in hebräischer Sprache. Tel Aviv: Imrej Noam 1969

ROTH, L.: Judaism; a portrait. London: Faber & Faber 1960

SALIT, N.: Jüdische Religion und Psychotherapie. In: V. Frankl, V. v. Gebsattel, J. Schultz (Hg.): Handbuch der Neurosenlehre und Psychotherapie, V. München, Berlin: Urban & Schwarzenberg 1959, 690–706

SCHOLEM, G.: Zur Kabbala und ihrer Symbolik. Zürich: Rhein 1960

Ursprung und Anfänge der Kabbala. Berlin: de Gruyter 1962

STRACK, H. L.: Introduction to the Talmud and Midrash. New York, Philadelphia: Jewish Publication Society 1959

UNDERHILL, E.: Mysticism (1911). London: Methuen 1967

WEILER, G.: Jewish theocracy (Theocratia Yehudit, in hebräischer Sprache). Tel Aviv: Am Oved 1976

DAS JÜDISCHE ELEMENT DER PSYCHOANALYSE

von Aron R. Bodenheimer

Jede weltanschaulich zusammengehaltene Gruppe, namentlich wenn sie eschatologisch begründet und ausgerichtet ist, hat eine im wesentlichen mit jeder anderen Gruppe weitgehend übereinstimmende Auffassung von der Psychoanalyse: Sie erklärt diese für materialistisch, reduktiv, einseitig. Gleichzeitig versprechen alle diese Gruppen das Heil, welches die Menschheit sich von der Psychoanalyse erwartet, aus ihrer eigenen Lehre. Zu diesem Behuf weist sie dann jeweils auf ihre Geschichte, auf ihre Gesetze, auf die psychologische Weisheit und Dichte ihrer Erzählungen. Dies alles, um zu belegen, daß die Beobachtung der Gesetze und das Verständnis der Geschichte der jeweils in Frage stehenden religiösen Gruppe die Beschäftigung mit der Psychoanalyse obsolet mache.

Von dieser Grundhaltung macht das Judentum, machen die Vertreter ihrer orthodoxen Richtung, aber auch die mehr liberal gesinnten Kreise keine Ausnahme. Auch für sie ist Freud, und mit ihm seine Lehre, inakzeptabel.

Die leichte, jedoch – wie ich zeigen will – wesentliche Modifikation im Verhältnis der jüdischen Glaubensgemeinschaft gegenüber der Psychoanalyse, verglichen mit dem Verhältnis anderer Religionsgruppen zu ihr, liegt darin, daß der einerseits abtrünnige, andererseits in seinem Denken und Handeln und schließlich auch in seinem Schicksal dem Judentum immer verbunden gebliebene Sohn Sigmund Freud sein jüdisches Denken und seine Zugehörigkeit zur jüdischen Gemeinschaft ständig beibehalten hat und daß gerade die beiderseitigen Ambivalenzen einen Beleg für die intensive Verflechtung von Judentum und Psychoanalyse liefern.

DIE LEHRE DES JUDENTUMS UND DIE PSYCHOANALYSE

Die jüdische Lehre besteht aus der Bibel, d. h. dem sogenannten Alten Testament, und dem Talmud[1], wobei der Talmud eine weit ausgreifende, dialektisch gehaltene Interpretation der biblischen Bücher liefert. Bibel und Talmud sowie die apokryphen und pseudepigraphischen Schriften[2] sind voll überzeugender Schicksalsberichte und daraus folgender Schlüsse und Anweisungen, welche die Erkenntnisse der Psychoanalyse gleichsam vorwegnehmen. F. Alexander hat in »The History of Psychiatry« (1967) durchaus willkürlich das Buch Samuel I herausgegriffen, um an ihm die Tiefe psychologischer, genauer: psychoanalytischer Verlaufsberichte darzutun (an Hand der Darstellung von Sauls paranoischer Entwicklung, entwachsen aus seinem Verhältnis zu der »Vatergestalt« Samuel und der verstörten Beziehung zu der »Sohnesgestalt« David). Man müßte indessen Hunderte von anderen Beispielen anführen (unter ihnen seinen beispielhaft genannt: die Geschichte von Kain und Abel; von Rebekka, Esau und Jakob; von Hiob; von Jonas; die Anweisungen der Zehn Gebote; die Ausführungen über den Inzest – bei Noah etwa – und daraus folgende Verbote; Hinweise auf Fehlleistungen und Träume). Dennoch ist das Verhältnis des Judentums insgesamt zur Psychoanalyse komplizierter und dichter, allzu dicht, als daß es gültig aus solchen Passagen abgeleitet werden könnte. Es gibt wohl kaum einen anderen Kulturkreis, eine andere Religionsgemeinschaft, die nicht mit denselben Ansprüchen daherkommen könnten und den nämlichen Reichtum an psychoanalytischen Erkenntnissen vorzeigen dürften, sei es eine europäische oder außereuropäische, eine mittelalterliche oder antike Gruppe.

Wollen wir das Verhältnis des Judentums zur Psychoanalyse in seiner Spezifität kennenlernen, so haben wir andere Bereiche ins Auge zu fassen.

DIE EINHEIT VON LEHRE UND SCHICKSAL ALS SPEZIFIKUM DES JUDENTUMS

Das Judentum wäre, bei aller Tiefe und Weisheit seiner ursprünglichen Lehre, weltgeschichtlich gesehen provinziell geblieben, wenn es – den anderen Völkern gleich – als ein Volk in seinem Land gelebt hätte, mit seiner Geschichte als Nation, seiner Dichtung und Philosophie und seiner Gesetzgebung. Die Besonderheit des Judentums hebt an mit dem spezifischen Wanderleben dieser Gemeinschaft, mit seiner *Heimatlosigkeit* also.

Diese Wanderschaft hat schon sehr früh begonnen. In den ersten biblischen Erzählungen ist schon die Rede von ihr – dargestellt an der Geschichte Abrahams und Jakobs – als Vorausnahme dessen, was später zur »jüdischen Bestimmung« geworden ist; nämlich den Zusammenhalt zu garantieren aus tradiertem Material, dessen Einfluß stark genug war, um durch Jahrtausende und über Kontinente hinweg zu wirken.

Von der winzig kleinen Landzone zwischen dem Ostsaum des Mittelmeeres und dem Jordanfluß, mit seiner äußersten Grenze im Bereich von Euphrat und Tigris, wo sich so viele Wege treffen, daß die Gegend zum Wandern schon seit je herausgefordert, das Verweilen jedoch schwer gemacht hat, sind schon zu Zeiten, da noch die Kultzentren (erster und zweiter Tempel) standen, aus diesem Lande Gruppen ausgewandert. Namentlich waren es: die Punier, welche die Küste Palästinas verließen und sich in Karthago[3] ansiedelten; die seefahrenden Stämme Dan und Sebulon, welche im Mittelmeerbecken Niederlassungen gründeten. Angehörige der dortselbst wohnhaften kanaanitischen (= phönikischen) Völker schließlich zogen westwärts und besiedelten Griechenland. Die griechische Mythologie hat diesen langewährenden Prozeß in der Sage von Europa und Kadmus bearbeitet. Kadmus, Sohn des Königs Agenor, machte sich auf, um seine von Zeus geraubte Schwester Europa zu suchen. Die Sage berichtet nichts darüber, daß er seine

Schwester gefunden hat, jedoch nennt sie ihn als Gründer der Stadt Theben. Dieser Bericht ist wesentlich und nicht zu umgehen für diese Darstellung aus zwei Gründen:

1. Der Name des Kontinents Europa kommt von den Ufern Palästinas her. Er läßt sich auch direkt zurückführen auf das semitische Wort »Erew« = Abend.[4] Die Dunkelheit des Abendlandes erscheint also aus der Perspektive der Ufer Palästinas.

2. Kadmus, der phönikische Prinz, war der Vorfahr jenes Menschen, der die Verbindung von Erkenntnis und Heimatlosigkeit paradigmatisch repräsentiert: des Ödipus, der vor seiner Bestimmung, zu wissen und zu erkennen, immer tiefer in die Dunkelheit wandern muß.

Die entscheidende Wende, wiewohl durch solche Voraus-Schicksale vorbereitet und angekündigt, vollzog sich durch die beiden Exile: das babylonische Exil nach der Zerstörung des ersten Tempels (6. Jahrhundert v. Chr.) und das römische Exil nach der Zerstörung des zweiten Tempels (70 n. Chr.).

Als der zweite Tempel gefallen war, entwickelten sich im Judentum drei Strömungen:

Die erste versuchte den physischen Widerstand gegen die herrschenden Römer hochzuhalten. Es war die heldenhafte Gruppe um Bar-Kochba, die schließlich der Aushungerung durch die Gegner nach jahrzehntelangem Widerstand erlag.

Bar-Kochba und seine bedeutendste Festung Betar, später die Geschichte von Massada: Diese Namen haben seitdem eine merkwürdig traumatisierende Wirkung im Judentum gehabt. Der Held nimmt in der jüdischen Geschichte eine von zwiespältigen Gefühlen getragene Position ein. Etwas von »Tumbheit« gehört ja durchweg zur Gestalt des Helden – auch bei Achilles, Parsifal, Siegfried, Wilhelm Tell oder Andreas Hofer begegnen wir dieser Haltung; aber bei ihren jeweiligen Völkern werden die Helden just in ihrer Einfalt akzeptiert. Anders im Judentum: Dort gilt der Held nicht viel. Man denke schon an die biblischen Gestalten: den Jäger Esau, an den so leicht verführ- und besiegbaren Simson; schließlich an den pfiffigen David gegenüber dem heldenhaften Saul. Noch heute tut der Staat Israel sich schwer, den bedeutenden, sich vor allem als Arbeiterführer verstehenden Josef Trumpeldor zum Helden zu stilisieren, nachdem er in seiner Pioniersiedlung heimtückisch ermordet worden war.

Die Bewegung um Bar-Kochba ist zugrunde gegangen – auch wenn sie immer wieder begeisterte Verehrer inspiriert hat. Sie vermochte nicht, den Geist des Judentums in der Diaspora zu bestimmen.

Hier ist festzuhalten, daß eine Gruppe, welcher die Heldenverehrung hoch gilt, nicht die geistigen Voraussetzungen zur Formung eines Gebildes nach Art der Psychoanalyse zu liefern vermöchte. Sie kann Epen schaffen, auch Minnelieder, aber kein Theorem, welches die Einsicht in den Menschen, auch in seine Kleinheit und Schwäche, in sich trägt.

Die zweite Strömung trug das enthusiastische, das ekstatisch-prophetische Element aus dem Judenland in die Welt. Inwieweit es gerechtfertigt ist, vor dem historischen Aspekt die Gestalt des Nazareners Josua, genannt Jesus, zum Begründer einer neuen Richtung oder zum Fortführer der prophetischen Richtung zu machen, soll hier nicht eingehend untersucht werden. Mir scheint das Schisma Judentum – Christentum von dorther verstehbar.

Diese beiden Tendenzen, die ekstatische und die sogleich abzuhandelnde rabbinische, haben einander nicht immer so feindlich gegenübergestanden, wie es heute dargestellt und durch Ikonographie und Martyriologie belegt wird. Seit Philo v. Alexandrien, einem Zeitgenossen von Jesus, bis über Martin Buber hinaus sind Versuche zu einer Synthese der beiden Richtungen unternommen worden. Zu einer beständigen Vereinigung konnte es – wohl auch schon von der Konzeption her – niemals kommen.

Insgesamt ist dem ekstatischen Element, in Fortführung der prophetischen Richtungen im Judentum, eigen, daß es die Excitatio gegenüber der Ratio, das Exklamatorische, Hymnische gegenüber dem Substantiellen, Nüchternen aufkommen läßt.

Messen wir diese Richtung an der Psychoanalyse, so ergibt sich implizit, daß das Ekstatische, Getragene nicht den Grund zu deren Entwicklung abgeben kann.

Nun gab es noch eine dritte Strömung in dem zu Ende gehenden jüdischen Staat. Sie hebt an mit jener allegorisch eindrücklichen Szene, da aus den verkohlten Trümmern des von den Römern eingenommenen Jerusalem ein Sarg getragen wird. Diesem entsteigt, außerhalb Sichtweite der Besatzungstruppen, der große Gelehrte Rabbi Jochanan ben Sakkai, zuvor schon geistiger Führer seiner Zeit, und begibt sich in das Küstenstädtchen Javneh, wo er die erste große Talmudschule der Diaspora gründet.

Von jener Strömung geht aus, was am Judentum spezifisch (und für uns hier von Bedeutung) ist und was wir, in Abhebung der zwei zuvor genannten Strömungen, *das Rabbinische* nennen wollen. Dieser Strömung sind eigen:

1. das nur mittelbare Verbundensein der Gemeinschaft durch das Gesetz, welches stärker ist als eine Person und von Personen auch nicht abgeändert werden kann *(es ist das Gesetz, welches zusammenhält)*;
2. *der Ersatz der Materie durch Denksubstanz* und
3. *des heimatlichen Untergrundes durch dichteste Symbolik*;
4. die Partizipation ohne Honorierung durch Geborgenheit oder anders, schärfer formuliert: *das Teilnehmen ohne Dazugehören*;
5. das Setzen der Ekstase im Anrufen Gottes an Stelle von geistiger Betätigung (religiöse Übung statt strikten Gottesdienstes).

Die Synagoge ist ursprünglich weniger Gebets- als Disputationsstätte; daher der – unberechtigterweise abwertende – Begriff der »Judenschule« (Synagoge heißt auf jiddisch »Schul«; Lernen ist wichtiger als Beten). Dort soll es von der Bestimmung her laut zugehen.

DAS GEISTIGE FUNDAMENT DES JUDENTUMS ALS BASIS PSYCHOANALYTISCHEN DENKENS UND SEINER DEUTUNG

Die konkrete Einheit von Ding, Name, Symbol

Dinge, Wesen und Erlebnisse zu benennen, also Namen zu geben, sowie Ersatzdinge zu schaffen, welche, ihrerseits zugreifbar, das Ungreifbare hierherbringen (und mithin Symbole herstellen), oder Handlungen zu begehen, welche statt anderer Handlungen verrichtet werden (also Symbolhandlungen ausführen): Das sind allesamt grundmenschliche Schemata. Archaisch oder modern, an Glaubensbekenntnisse gebunden oder an soziale Schichten: Die nämliche Tendenz begegnet uns immer aufs neue.

Wenn nun gewiß der sogenannte Primitive weiß, daß er mit seiner Symbolhandlung das Böse exorzistisch gebannt hat, und wenn der gläubige Protestant erlebt, wie durch den Wein, der ihm beim Abendmahl gereicht wird, er von dem Blut Christi durchdrungen wird, so können diese Symbolismen vollauf Wirklichkeitswert annehmen – aber auch dann noch bleibt die Trennung von der Namengebung her bestehen. Es heißt: »Trinket diesen Wein, *denn* er ist mein Blut« – denn *Wein* ist *Blut*. Aber noch gibt es Wein, und es gibt Blut.

Anders der jüdische Symbolismus: An vielerlei Festtagen, in den Kalender eingefügten wie ins persönliche Leben der Familie tretenden (Heiraten, Beschneidungen usw.), wird die völlige Einheit von Symbol und Namen offenbar. Soll Gott auf die Freude hin angerufen werden, so sagt man einen Segensspruch auf die Frucht des Weinstockes. Es gibt keinen Segensspruch auf die Freude: Der Wein symbolisiert nicht, er *ist* die Freude. So gut, wie bei der Beschneidung der Akt der Operation nicht den Bund Abrahams mit Gott bedenken läßt, sondern ihn schließt, ihn – in völliger Identität – ausmacht.

Es gibt deshalb auch keine Verrichtung im täglichen Leben, sie mag noch so banal sein, noch so animalisch, die nicht in sich eine Beziehung mit dem Numinosen impliziert und sichtbar macht, diesem Göttlichen – und dies ist abermals das Besondere am Verhältnis des Judentums zur Symbolik –, welches seinerseits nirgendwo und unter keiner Bedingung sichtbar wird: in keiner Abbildung und keiner Vorstellung. Die Abwesenheit des sichtbaren Göttlichen macht dessen Omnipräsenz aus. Und das Verbot des Abbildens nötigt zum genauen verbalen Benennen. So entsteht eine merkwürdig nahe und zugleich merkwürdig indifferente Beziehung zu den Verrichtungen des Lebens, bewirkt durch die gegenseitige Durchdringung von Sachverhalt, Name und Symbol.

Während der Abfassung dieser Arbeit hörte ich den Lernvortrag eines kleinen Jungen bei Gelegenheit seiner Bar-Mizwa (der Initiationsfeier, die am dreizehnten Geburtstag abgehalten wird). Da er am Sabbat aus der diesbezüglichen Bibelstelle vor der Gemeinschaft die Passage über die Beschneidung Abrahams vorzusingen hatte, betraf sein Lernvortrag alle irgendwie vorstellbaren Bedingungen, welche sich an dem männlichen Genitale und folglich beim Koitus einstellen können – für den nicht eingeweihten Außenstehenden eine befremdend anmutende Mischung aus Vorlesung über Pathophysiologie und Pornographie. Das alles wurde jedoch in voller Unbefangenheit an der Festtafel auswendig vorgetragen, und zwar mit derselben Keuschheit, mit der die Psychoanalyse vom Sexus spricht.

Dieselbe Haltung macht die Grundlage des jüdischen Witzes aus: Der Name steht für die Substanz; das geht fließend ineinander über. Von daher rührt auch der ungemein komische Effekt, bedingt in dem Stolpern über Realität, wo der Hörer noch Namen oder Bilder vermutete.

Aber der Witz akzentuiert nur, was das tägliche Leben in einer wohl beispiellosen Konsequenz vorführt. So wird etwa die biblische Verordnung: »Koche nicht das Lämmchen in der Milch seiner Mutter« (in den Büchern Exodus und Deuteronomium) mit der letzten Konsequenz wörtlich genommen und durchgeführt. Wenn das so *auf*geschrieben steht, dann ist es auch so *vor*geschrieben, und dann hat das zu bedeuten, daß Milch – Sekret eines Muttertieres und von der Natur dazu bestimmt, das Junge zu nähren – auf keine Weise und nirgendwo mit Fleisch – es könnte von dem Lämmchen des Tieres stammen, dessen Milch danebensteht – vermengt werden darf: nicht an der Tafel, nicht in der Küche und auch nicht im Magen. Da ist kein Platz für Metaphorik oder für Beschwichtigungen wie: »Aber das ist doch bloß symbolisch gemeint.« Dergleichen Ausweichmöglichkeiten gibt es eben nicht im Judentum.

Manchem Außenstehenden mag das absurd vorkommen – genauso absurd, in der Tat, wie die meisten Leute während Jahrzehnten die Psychoanalyse gefunden haben: ihre Erkenntnisse und auch die Verhaltens- und Erlebensweisen, welche durch die Psychoanalyse aufgedeckt wurden.

So ist, das war zu zeigen, der Verlust der Materie wettgemacht durch Hinübernehmen in den Bereich der Symbolik und damit durch Aufheben der Abstraktion, welche in der Symbolik sonst gefunden wird. Dies ist um so eher gelungen, als das Gebot »Du sollst dir kein Abbild machen« jedwelchen Kompromiß zwischen Symbol und Wirklichkeit verunmöglicht hat.

Wie weit darf man gehen im Herleiten? Ist es gerechtfertigt zu sagen, daß diese Form von Denken und Erleben den Grundstock psychoanalytischer Symbollehre nicht nur ausmacht, sondern bereits einschließt?

Die personifizierte Dialektik

Der Babylonische Talmud repräsentiert das Judentum der Diaspora. Seit seiner Vollendung im sechsten Jahrhundert n. Chr. bildet er, namentlich in seiner ausgreifenden Exegetik, der Gemara, den Grundstock nicht nur der Gesetzeslehre, sondern auch der Gesittungs-Ausrichtung und vor allem der Denkschulung, welche treffend mit »Pilpulismus« (vom hebräischen »pilpel« = Pfeffer) bezeichnet wird.

Die Gemara ist von Grund auf dialektisch angelegt und durchgestaltet. Beispielhaft geht das so vor sich: Irgendein Problem wird zur Diskussion gestellt. Etwa dies, ob man ein Ei, das am Festtag gelegt worden ist, genießen dürfe oder nicht.[5] – Die vorausgegangenen Ausführungen mögen es selbst evident gemacht haben, daß derart äußerlich erscheinende Fragestellungen eben mehr sind als das, was die Fragen einschließen: nämlich Auseinandersetzungen mit Lebensgesetzlichkeiten, repräsentiert durch einfache Gegebenheiten, welche in sich selber Wirklichkeit und Idee gesamthaft und untrennbar umschließen.

Nun kommen die Antithesen. Sie werden üblicherweise nicht abstrakt dargestellt wie in der europäischen Dialektik, sondern personifiziert. Zumeist finden sie sich repräsentiert in den zwei Talmudschulen: dem Haus Hillel und dem Haus Shammai. Insgesamt repräsentiert Shammai (mit verschwindend wenigen Ausnahmen, welche nicht dastehen, um die Regel zu bestätigen, sondern um den unerbittlichen Gesetzeslehrer als Menschen aus Fleisch und Blut auszuweisen) das strenge, verbietende, kalte Buchstabenprinzip; Hillel dagegen den warmen, verstehenden Lehrer, der es eher darauf ankommen läßt, daß er vor dem göttlichen Gesetz im Unrecht sein könnte, als daß er es den Menschen schwermachen sollte. Hillel und Shammai werden gegeneinander ausgespielt, sie werden ausgreifend durchdiskutiert. Am Ende kommt die Synthese: »Die Halacha ist gemäß Hillel.«

Wie das agiert wird, das ist um nahezu anderthalb Jahrtausende vorweggenommener Hegel. Nur eben, wie erwähnt, in beständiger Personifikation der Thesen: Alle tragen sie den Namen eines Gelehrten, welcher seine Thesen vorträgt.

Die Sache und wie sie gedacht wird: Darauf kommt es an. Und es geht nicht darum, die Welt zu erfahren, wie sie ist, sondern sie im Gesetz beständig zu halten, will sagen: durch Auseinandersetzung mit dem Gesetz dialektisch als Gotteswerk zu betätigen. Dies geschieht durch »Lernen«. Die Anführungszeichen stehen, um deutlich zu machen, daß die geläufige europäische Unterteilung in Transitiv (Lehren als Unterweisen) und Intransitiv (Lernen als Sich-Aneignen) in der jiddischen Wortwendung nicht zu finden ist. Man lernt – und der »Schiurgebende«, welcher die Sitzung sehr frei leitet, lernt selber, und wenn er ein noch so weiser Rabbi ist. Mehr steht ihm gar nicht zu: Nicht er entscheidet, sondern das Gesetz; der Rabbi legt nur aus.

Neben der Disputation findet sich im Talmud auch freie Assoziation; es finden sich in ihm verblüffende, phantastisch anmutende Wortspielereien, aber auch – in jenem Teil, der Aggada genannt wird – erbauliche Geschichten. Allerdings: niemals Liebesgeschichten; Eros ist aufgesplittert in Dialektik, Exegetik, Vorschrift und viel Apologetik.

Niemals freilich stellt dieses System sich selber in Frage. Jedes derartige Transzendieren wird durch vielfältige Maßnahmen verhindert. Wer eine solche Fragestellung wagt, wird unweigerlich zum Apostaten.

Das ist der tragische Widerspruch dieser Welt, welche um den Talmud sich geformt hat: daß sie das Denken schärft, sowohl in der Genauigkeit seines »Pilpulismus« als auch in die Ausschweifungen von Phantasmen – und daß sie dennoch den Weg in die Transzendenz, welche das Befragen des Systems als Ganzes auf seinen Sinn, seine Bedeutung und seine Grenzen hin meint, bedingungslos versperrt. Wer aber diese Sperre durchbricht und weiter fragt, der wird, ein Apostat, hinausgeworfen ins Leere, ausgestoßen aus der eigenen Gemeinschaft – und mithin dazu genötigt, über sein eigenes Wesen tiefer und nachhaltiger zu reflektieren. Freud ist nur ein einzelnes, nicht das einzige, wohl nicht einmal das bedeutendste Beispiel für ein solches Schicksal. Aber er hat diesem Schicksal einen Namen gegeben: Ödipus.

Die jüdische Seinslehre

Als Moses (Exodus 3, 8), nachdem ihm die Stimme aus dem brennenden Dornbusch den Auftrag zur Führung seines Volks erteilt hatte, zurückfragte, auf wen er sich denn berufen solle – von wem er, platt gesprochen, »Grüße zu bestellen« habe –, schallte es aus der Flamme: »eh'jeh asher eh'jeh« (= »Ich werde sein, was (oder der) ich sein werde«). Der jüdische Gott gibt sich also kund als das Sein. Der Wortstamm »j'h'j'h« für Jehova ist identisch mit dem Stamm »h'j'h« (= das Sein).

Solange das Stiftszelt, danach der Tempel, bestand, war Gott für die Juden vergegenständlicht insofern, als das Volk wußte, wo für ihn – und damit seine Gläubigen – eine Wohnung eingeräumt war. Mit dem Fall des Tempels vollzog sich jener Übergang ins Symbolistische, von dem zuvor die Rede gewesen ist.

Damit nicht genug: Die Antinomie von Haben und Sein, welche eines der Grundprobleme des abendländischen Denkens bildet (etwa im Existentialismus

Gabriel Marcels), ist in der hebräischen Sprache aufgehoben. Eine Formel für »ich habe, ich besitze« gibt es auf hebräisch nicht. Der Hebräer sagt bis heute: »mir ist« (scil. mir ist gegeben), mit darauffolgendem Nominativ.

Weiterhin: In den Tempora wird die Zeitlosigkeit indiziert, welche, von der Sprache gesprochen, das Wesen des Juden gegenüber dem Sein bezeichnet. Dafür ein einzelnes, einfaches Beispiel: »h_aj_ah« bedeutet »war«. Die Zutat eines Buchstaben »w« (der im Hebräischen, als Präfix gebraucht, das Wörtchen »und« meint) ist imstande, die Vergangenheit in die Zukunft zu verschieben: »$w'h_aj_ah$« besagt also: »wird sein«.[6] – Die umgekehrte Wendung (Verwandlung von »wird sein« in »ist gewesen«) findet sich ebenfalls im klassischen Hebräisch.

Das Sein, das sich so leichthin wandelt von dem Gewesenen zu dem, was sein wird: So außerzeitlich lebt die hebräische Sprache.

Die nämliche Unbedingtheit kommt zum Ausdruck in dem Fehlen von Adverbien.[7] Wenn von der Furcht die Rede ist, so sagt die Sprache nicht: »Die Kinder Israels fürchteten sich sehr«, sondern, eindringlich, plastisch transitivierend: »Sie fürchteten eine große Furcht.«

Das abschwächende, relativierende Element, welches dem Adverb eignet, hat keinen Ort im Hebräischen. Eine Handlung, ein Begebnis *ist* so. Sie ist nicht »leider« so. Indem von dem Sachverhalt gesagt wird, er sei so, erübrigt sich jedes Stück Zutat, welches relativierend oder bedingend eingreifen könnte. Die rationale Eindeutigkeit, Schärfe, Klarheit, welche dem Judentum oft nachgesagt wird, hat in dieser Unbedingtheit ihren substantiellen Hintergrund.

So, wie die Sprache sich auf ihr Hier und Jetzt beruft, ebenso ist sie diesseitig ohne Konditionen: »Hier bin ich« heißt nicht: »Ich bin« oder: »Ich bin da«; vielmehr sagt das Hebräische: »hinejni« oder: »harejni«, was zu übersetzen ist mit: »schau mich an«. Eine so gehaltene Formulierung erspart die Frage nach dem »Sein des Da«. Indem ich sichtbar bin – für dich hier und jetzt sichtbar bin – ebenso lange, nicht durch mein Sein und nicht durch mein Sehen, sondern einzig in meinem Sichtbarsein belege ich mein Anwesendsein.

Diese Auffassung der Sprache, als Grundkonzeption einer jüdischen Ontologie, ist beibehalten und hinübergenommen worden in das Leben der Diaspora. Was die Sprache sagt, das deutet auf das Konzept des Lebens: Es bleibt alles hier; alles ist diesseitig. Das Jenseits hat geringe Bedeutung für den Juden. Im Judentum gibt es kaum eschatologische Verheißungen von Belang, welche Jenseitsversprechungen einschließen. Die jüdische Erlösungslehre ist eine durchaus hiesige, diesseitige, auf diese Welt zentrierte. Das reicht bis hin zu den messianischen Vorstellungen. Messias wird sein Volk nicht in den Himmel führen, sondern er wird auf dieser Erde walten, in Jerusalem einziehen[8] und dort den Tempel wieder aufbauen: *Hier*, nicht in einem himmlischen Jerusalem, wie es aufklingt in den Bachschen Kantaten, sondern an diesem Ort, den man genau kennt und bestimmen kann, und *heute* – »bald, in unseren Tagen«. Stündlich bereiten sich die Juden auf dieses Begebnis vor.

Der jüdische Witz, scharf und rücksichtslos, und daher so ungemein signifikant für die Eigenart der jüdischen Psyche (was Freud erkannt und vorwiegend zu seinem Buch über den Witz veranlaßt hat), weist vielfältig auf den Diesseitsbezug des Juden, der selbst mit Hinblick aufs Jenseits noch zum Ausdruck kommt. Etwa in dieser – für das Gelächter in der Tragik so bezeichnenden – Episode:

Zwei Schnorrer[9] lebten lange Jahre miteinander in großem Elend. Wie einer ans Sterben kommt, verabschiedet er sich von seinem Gefährten mit den Worten: »Lachen müßt' ich, wenn drüben auch nichts wär.«

Die Diesseitigkeit hält sich an die Substanz des hier und jetzt Geschehenden, des Zuhandenen, des Gegebenen. Sie ist also ungemein und unvergleichlich *substantialistisch.* Darin liegt ihre wesentliche Eigenart: in ihrer Ratio, die auch das Irrationale, wenn es sich etwa »Liebe« nennt oder »Jenseits«, in den Griff zu bekommen trachtet. Diese Ratio, oder Vernunft, wird oft als »Materialismus« mißverstanden.

Ratio – nicht Materialismus – ist die konzeptionale Basis der Psychoanalytik. Freud hat, nach den Worten Herbert Marcuses, das Irrationale der Ratio zugänglich gemacht. Und jetzt dürfte dem Leser angedeutet worden sein, wie so etwas geschehen, wie es dazu kommen konnte.

Es ist zuvor darauf hingewiesen worden, daß die Psychoanalyse nur beispielhaft für solche Phänomene steht – und daß sie vielleicht nicht einmal ihr bedeutendstes ist. In der Tat finden wir andere Erscheinungen, welche aus demselben Substantialismus wachsen, der immer dann seine bedeutendsten Leistungen zeitigt, wenn die Lebens- und Denkweise, die dem Judentum eigen sind, zur Berührung mit anderen Lebens- und Denkformen kommt, getragen von Persönlichkeiten, welche spezifische Charakterisierungen und spezifische Schicksale tragen.

Zu nennen sind hier Spinoza, Heine, Marx. Namentlich zu erinnern ist auch an einen etwas jüngeren Zeitgenossen Freuds, der – in der Folge des Nationalsozialismus – der völligen Vergessenheit anheimgefallen ist, obgleich sein Denken und Handeln dieselben Eigenarten wohl noch eindringlicher vorzeigt als das Werk Freuds: Gustav Landauer (geb. 1870, ermordet 1919), der die rein idealistischen, eher wirren Thesen Bakunins und Kropotkins über den Anarchismus rational zu begründen und schließlich, in der Münchener Räterepublik aktiv, mit der Tat zu belegen versucht hat. (Zum Thema jüdische Religion und Psychoanalyse s. den Beitrag von Y. Fried in diesem Bd.).

ANMERKUNGEN

1

»Talmud« (= die Belehrung) ist der Sammelbegriff für die nachbiblische jüdische Lehre. Man unterscheidet von dem weniger bedeutsamen »Jerusalemitischen« den grundlegenden »Babylonischen Talmud«.
Die Sammlung und Unterlegung von Gesetzen wird »Mischna« genannt; deren eingehende dialektische Disputation ist die »Gemara«. Sie bildet den eigentlichen Stoff des eingehenden Talmudstudiums. An ihm schulen sich die klaren Köpfe in scharfem Denken.
Der Gesetzeskodex des Talmud heißt »Halacha«, der erzählende Teil wird »Aggada« genannt.
Die Bestimmung des Talmuds ist eine innige Durchdringung des Lebens in der jüdischen Gemeinschaft mit den jüdischen Gesetzen, Auslegungen und Erfahrungen.

2

Apokryphen heißen die Schriften, welche, aus biblischer oder nachbiblischer Zeit stammend, nicht in den T'nach (Abkürzung der drei biblischen Ordnungen: Thora, Propheten, Schriften) aufgenommen worden sind. Es finden sich in ihnen so bedeutende Bücher wie etwa Jesus Sirach. – Pseudepigraphen sind Bücher jüdischer Autoren aus der hellenistischen Periode, die sich oft eng an biblische Schriften (Esra, Makkabäer) anlehnen.

3

Der Name »Karthago« leitet sich von dem semitischen »Kartha« (= Stadt) her. Er findet sich wieder etwa in jenem Stadtteil Jerusalems »Neturej Karta«, welcher die religiösen Zeloten beherbergt, die den Staat Israel nicht anerkennen und dessen Gründung der Wiederkunft des Messias vorbehalten bleiben lassen.

4

Die Inversion (»Erv« zu »Evr«) ist in der semitischen Philologie geläufig.

5

Eines der Prinzipien, auf denen die Beachtung der Sabbat- und Festtagsgesetze beruht, liegt darin, während des Festes das Bestehende zu genießen, jedoch nichts Neues zu schaffen und nichts Bestehendes zu zerstören.

6

Die zahlreichen Finessen und Akkuratessen der hebräischen Sprache, von denen soeben zwei angeführt worden sind, machen es aus, daß sämtliche Versuche, die Bibel zu übersetzen, inadäquat verlaufen.

7

Das moderne Hebräisch hat viele dieser Eigenarten von Bibel und Talmud aufgegeben.

8

Der Name »Jerusalem«, der in der christlichen Hymnik zu einer Art von eschatologischem Jodel geworden ist, bedeutet: »Ir Schalem« = Stadt der Vollkommenheit.

9

Schnorrer ist die Bezeichnung für Bettler. Die Namensherkunft ist unklar.

LITERATUR

Alexander, F., Selesnick, S. T.: The history of psychiatry. London: Allen and Unwin 1967. Deutsch: Geschichte der Psychiatrie. Zürich: Diana 1969

Bodenheimer, A. R.: Versuch über die Idee der Psychoanalyse. Protok. 125 der Schweiz. Ges. f. Psychiatrie, 1956, 416–422

Das Problem der Beziehung zwischen psychotherapeutischer Denkweise und jüdischer Weltauffassung. Ars Medici, 58, 1967, 52–133

Ist die Psychoanalyse lebendig oder tot? Keshet (hebr.), 18, 1976, 58–61

Buber, M.: Zwei Glaubensweisen. Zürich: Manesse 1950

Dubnow, S.: Weltgeschichte des jüdischen Volkes, 10 Bde. Berlin: Jüdischer Verlag 1925–1929. Jerusalem: Hozaah Ivrith 1937

Freud, S.: Gesammelte Werke. London: Imago 1940ff

Goldschmidt, L.: Der Babylonische Talmud. Berlin: Jüdischer Verlag 1966

Kautzsch, E.: Apokryphen und Pseudepigraphen des Alten Testaments. Tübingen: Mohr (Siebeck) 1900

Margalith, E.: The dilemma of Gustav Landauer. Vortrag beim Symposium: »Juden und jüdische Aspekte in der deutschen

Margalith, E.: The dilemma of Gustav Landauer. Vortrag beim Symposium: »Juden und jüdische Aspekte in der deutschen Arbeiterbewegung 1848–1918«. Beiheft 2 zum Jahrbuch für deutsche Geschichte, Universität Tel Aviv: 1977

Sammter, A., u. a.: Die sechs Ordnungen der Mischna. Wiesbaden, Leipzig: Kanel 1927

PSYCHOANALYSE UND ISLAM

von Quazi Muhammed Aslam

Psychoanalyse ist Therapie, Theorie und philosophische Anthropologie. In diesen drei Bereichen berührt sie die ideologischen Grenzen des Islams und dringt zuweilen sehr tief in dessen Gebiet ein. Es wäre eine interessante Aufgabe zu klären, wie dies geschieht und inwieweit es sich lohnt, dies im Hinblick auf die vielseitigen Belange menschlicher Krankheiten, Sehnsüchte und Weltanschauungen zu untersuchen. Ich beschränke mich hier auf einige Andeutungen:

Hinsichtlich der Therapie (Diagnose und Behandlung) von Geisteskrankheiten kann sich eine Religionsauffassung Neutralität leisten und den Aufstieg eines neuen Zweiges der Medizin ruhig beobachten. Sigmund Freud jedoch stellte bei der Begründung seiner Therapieform Grundsätze auf, die dem Islam zumindest fremd, wenn nicht gar äußerst fragwürdig erscheinen mußten.

Freuds Idee des »Unbewußten« wird kaum bestritten. Wenn auch islamische Gelehrte und Mystiker dieses »Unbewußte« unterschiedlich interpretierten, so nahm man von islamischer Seite keinen Anstoß an der Erklärung Freuds, das Unbewußte sei nicht nur eine bloße Tatsache, nicht nur eine Ausdrucksweise, sondern ein aktiver, lebendiger und wesentlicher Teil der menschlichen Psyche.

Freuds »Unbewußtes« ist schwer zugänglich und voller unangenehmer und schuldbeladener Erinnerungen und Motive. Die Psychoanalyse beschloß, den Vorhang aufzureißen und den Menschen diese Last tragen zu lassen; er sollte sein Unbewußtes nicht nur betrachten, sondern sein Wissen auch mit seinem Arzt teilen. All dies ist, soweit es psychischer Gesundung dient, zuzulassen, ja sogar zu begrüßen. Aber ein Moslem würde auch dann noch fragen, ob die Ent-Deckung nicht zu umgehen wäre. Der Islam würde sie gern vermeiden, sofern nicht eine wissenschaftlich-medizinische Notwendigkeit vorliegt. Beispielsweise verwirft der Islam die katholische Institution der Beichte. Auch die Psychoanalyse wendet gegen die Beichte ein, sie bleibe an der Oberfläche und dringe nicht in die tiefsten Winkel des Unbewußten ein. Der Islam führt gegen die Beichte an, daß sie die Privatsphäre des Menschen verletze, sein Privileg, Geheimnisse als Teil seiner Würde für sich zu behalten. Für den Menschen ist es besser, eine direkte Verbindung zu Gott zu haben und seine Geheimnisse ohne Vermittler unmittelbar mit Gott zu teilen. Der Mensch sollte sich dazu imstande fühlen können, seine Beweggründe und eventuellen Vergehen unter der wohlwollenden Fürsorge und Anteilnahme seines Gottes selbst zu prüfen. Auch voller Hoffnung, denn Gott sagt: »O du mein Volk, das du dich versündigt hast gegen dich selbst, zweifle nicht an der Barmherzigkeit Gottes« (39:54)[1]. Der Islam würde die Vorstellung unterstützen, daß »der Mensch wohl fähig ist, sein eigenes Selbst zu beobachten, selbst wenn es vielleicht von Schichten über Schichten von ›Vergessenheit‹ bedeckt ist« (75:15–16). Der Prophet lehrte: »Eure Handlungen werden nach euren Motiven beurteilt« (Bukhari)[2]. Wie könnte dies einen Sinn ergeben, wenn nicht Einsicht in die eigenen Motive möglich wäre. Bedenklich erscheint nur das professionelle »Muß« der psychoanalytischen Vorgehensweise. Zwar ist das verfügbare Fachwissen über Theorie und Methoden zu respektieren, aber man muß auch die Ansätze zu privater Selbstanalyse bestärken. Die letztere Forderung sollte in ein wissenschaftliches Gesamtprogramm zur Gesundheitsförderung eingebracht werden.

Die islamischen Vorstellungen vom Individuum beginnen und enden als Darstellungen einer Seele (Nafs-i-Wahida). Diese Seele besitzt eine Reihe von Entwicklungsfähigkeiten oder Neigungen. Sie bilden die natürliche Grundlage für das Wesen des Menschen und seien in folgender Aufzählung beschrieben: »... Vergnügen und Zerstreuung, Zierde sowie Anlässe zu Stolz und Mißgunst sind Reichtum und Kinderzahl« (57:21). Wir müssen uns auch der universalen Tendenz aller Organismen, speziell des menschlichen Organismus, zur Reifung bewußt sein. Das Wesen des menschlichen Organismus ist bei der Geburt und selbst während der ersten zwei, drei, vier oder fünf Lebensjahre noch nicht ganz festgelegt. Eine Psychologie, die diesen Aspekt des menschlichen Organismus vernachlässigt, läuft Gefahr, zu sehr zu vereinfachen.

Wir brauchen auch eine klare Aussage darüber, ob das Wesen des Menschen im Grunde gut, schöpferisch und vorwärtsblickend oder böse, zerstörerisch und rückwärtsblickend ist. In der Tiefenpsychologie wird viel von Schuld und Schuldgefühlen gesprochen. Darüber hinaus nennen wir die Theorie der Urschuld, welche die meisten psychologischen und ethischen Schriften des Westens beeinflußt.

Die islamische Einstellung zu diesen Fragen ist ziemlich klar. Es gibt zum Beispiel keine Ursünde und keine Urschuld. Adams Verfehlung war nach dem Koran kein moralischer Fehltritt. Es war lediglich eine falsche Beurteilung der Lage (20:116).

Das Wesen des Menschen – sein primär vorhandenes oder mögliches – ist gut: »Wir schufen den Menschen in der herrlichsten Gestalt« (95:5). Umwelteinflüsse verderben diese »beste aller Gestalten«, und durch häufige, schlechte Entscheidungen des Einzelnen selbst wird der Mensch auf das tiefste erniedrigt (95:6). Auch in einer Umgebung, die alle guten Entfaltungsmöglichkeiten bietet, können durch eigene schlechte Entscheidungen sekundär Tendenzen verschiedenster Art entstehen: Undankbarkeit (10:13), Ungeduld (7:21), Streitsucht (18:55), Pessimismus (30:37), Liebe zum materiellen Reichtum (89:21), Rebellentum und Undiszipliniertheit (96:7,8) usw. Hier finden sich Anklänge an Freuds Auffassung des Homo natura, dessen Über-Ich-Entwicklung wesentlich auch von gesellschaftlichen Einflüssen abhängig ist.

Nach Freuds Lehre wird der »moralische Mensch« als ein einsames und ziemlich hilfloses Ich geschildert, das darum kämpft, ein beständiges Verlangen des »amoralischen« Es (natürliche Leidenschaften) zu befriedigen. Dies weicht stark vom islamischen Bild ab, nach dem ein moralischer Mensch fähig ist, zwischen Recht und Unrecht zu unterscheiden und das Rechte zu wählen, sofern nicht Umwelteinflüsse ihn von dem natürlich vorgegebenen Weg ablenken.

Nach Freud üben sowohl das Kind als auch der Erwachsene eine moralische Kontrolle als verzweifelten Widerstand gegen Konflikte aus. Ihr ständiges Schutzbedürfnis schafft offensichtlich die Notwendigkeit, an Gott zu glauben; dies wird noch bestärkt durch die Emotionalität der Erinnerung an ein überstarkes Vaterbild der frühen Kindheit. Dieses Bild – das Bild des Gott-Schöpfers – wird eben »Vater« genannt. Die Psychoanalyse lehrt, daß er wirklich der Vater *ist*, gehüllt in eine Erhabenheit, in der er früher dem kleinen Kind erschien (Fodor, Gaynor 1950).

So zeichnet Freud das Bild von der mißlichen Lage des Kindes und das vom Glauben des Erwachsenen an Gott im gleichen Farbton. Diese Ähnlichkeit hätte dann einen Sinn ergeben, wenn Freud versucht hätte, die rationalen Motive des Glaubens an einen Schöpfer-Wohltäter-Gott aufzudecken. Dies hat er, wie es scheint, nicht getan. Er setzt als selbstverständlich voraus, der Glaube an Gott sei Aberglaube und besitze eine psychologisch erklärbare Grundlage. Man darf dabei davon ausgehen, daß Freud selbst nicht gottgläubig war. Es ist kaum verwunderlich, daß es Autoren gibt, die auf die Ähnlichkeit hinweisen zwischen Freuds Methode, sich des Glaubens an Gott zu entledigen, und der des deutschen Philosophen Ludwig Feuerbach, viele Jahre früher, den Freud gut kannte (Jones 1953–1957).

Dazu gäbe es zahlreiche islamische Kommentare. Freud stellt auf den Gottesglauben ab, wie er sich bei Durchschnittsmenschen zeigt. Er vernachlässigt das Wesen und die Tiefe des Glaubens, wie man sie bei den alten Lehrern dieses Glaubens, den Propheten und Mystikern, findet. Durch seine Entscheidung, der Glaube sei Aberglaube, eine Projektion des kindlichen Vaterbildes, hat Freud keine Schwierigkeiten, ihn auf die im christlichen Abendland übliche Darstellung zu beziehen. Man läßt dabei außer acht, daß zumindest die islamische Vorstellung hiervon abweicht. Die islamische Darstellung Gottes ist *Rabb* (ungenau übersetzt etwa »Herr«; es könnte auch mit »Schöpfer«, »Erhalter«, »In-Gang-Setzer«, »Herr aller Schöpfung« übersetzt werden). So wird weder die eine Aufgabe, den Gottglauben durch rationale Argumente und Kritik abzubauen, noch die andere Aufgabe, eine positive psychologische Grundlage für den »Aberglauben«, den Gottglauben, zu finden, wirklich erfüllt. Kein Wunder, daß es gläubigen Mohammedanern schwerfallen würde, mit Freudschen Theorien zu arbeiten, und daß sie der Freudianischen Therapie zu mißtrauen beginnen.

Nun wird sich wohl jeder fragen, ob die bewährte Methode, den Aberglauben zu zerstören, als Realitätstest gesehen werden soll. Hat nicht die Menschheit als Ganzes, einschließlich der Philosophen, Wissenschaftler und Mystiker neben mehr als hunderttausend authentischen Lehrern des Gottglaubens, die es zu allen Zeiten in der Geschichte und in allen Teilen der Welt gab, ihren Realitätstest während der etwa zehntausend Jahre, die vergangen sind, seit die Menschheit erwachsen wurde, abgeschlossen? Fairerweise müssen wir sagen, Freud war sich dessen voll bewußt. Er gibt ja zu, daß etwas Majestätisches, etwas nicht Reduzierbares um den Gottesglauben ist, das von allen Erklärungsversuchen noch nicht erfaßt worden ist (vgl. Jones 1953–1957).

Freuds Theorie, daß Moses ein Ägypter war, der später in die israelische Geschichte assimiliert und als Israelite gepriesen wurde, haben andere angezweifelt. Auch eine führende Autorität auf dem Gebiet der jüdisch-christlich-islamischen Religionsgeschichte hat diese Theorie nach eingehenden Forschungen abgelehnt (Tafsir o. J.).

Trotz all der Schwierigkeiten, denen islamische Gelehrte in der Freudschen Psychoanalyse begegneten, gab es in der islamischen Welt keine feindliche Reaktion auf sie. Sie wurde akzeptiert, wird aber nur von wenigen mohammedanischen Psychologen und Analytikern in Pakistan, Ägypten, im Sudan, in Kuwait und im Iran praktiziert. Diejenigen, welche die Therapie akzeptierten, haben allerdings nicht immer auch die Theorie übernommen. Sie verstehen es, Theorie und therapeutische Praxis auseinanderzuhalten. Mohammedanische Psychiater in Pakistan wenden jedenfalls die psychoanalytische Methode selten an. Nicht, daß sie dieser Therapie feindlich gegenüberstehen würden; aber ihre Ausbildung, die sie meist in britischen psychiatrischen Zentren erhalten, führt sie von Freud, sogar von anderen psychologischen Methoden, weg. Die somatischen Behandlungsmöglichkeiten scheinen ihnen näherzuliegen. Dies ermöglicht ihnen, schwierigen und widersprüchlichen Ideen, die mit der psychoanalytischen Psychiatrie zusammenhängen, aus dem Weg zu gehen.

Aus dem Englischen übertragen von Delia Boettler

ANMERKUNGEN

1

Bei den in Klammern eingesetzten Zahlen handelt es sich um Kapitel und Verse aus dem Koran.

2

»Bukhari« heißt die berühmte Sammlung islamischer Traditionen.

LITERATUR

Fodor, N., Gaynor, F. (Hg.): Dictionary of psychoanalysis. New York: Philosophical Library 1950

Jones, E.: The life and work of Sigmund Freud, 3 Bde. New York: Basic Books 1953–1957. Deutsch: Das Leben und Werk von Sigmund Freud, 3 Bde. Bern, Stuttgart: Huber 1960–1962

Tafsir-I-Kabir: Kommentar von Mirza Bashiruddin Mahmud Ahmed über den Koran. Rabwah o. J.

ALTINDISCHE PHILOSOPHIE, INDISCHE RELIGIONEN UND PSYCHOTHERAPIE

von Erna Hoch

Noch vor zwanzig oder sogar zehn Jahren hätte wohl niemand daran gedacht, einer »Enzyklopädie der Psychologie des 20. Jahrhunderts« einen Beitrag über Zusammenhänge zwischen altindischer Philosophie, indischen Religionen und westlicher Psychotherapie beizufügen. Heute jedoch sieht sich nicht nur der Westen geradezu überschwemmt von östlichen Lehren, Yoga-Systemen und Meditationsübungen (s. auch den Beitrag von I. Y. Wendt in diesem Bd.), sondern man findet auch innerhalb der Psychiatrie in Indien selbst, nach einer anfänglichen Phase blinden Nachahmens des Westens, eine Besinnung auf die eigenen traditionellen Werte und ernsthafte Versuche, auf diese aufgebaute und den einheimischen Verhältnissen besser angepaßte Formen der Psychotherapie zu entwickeln (Hoch 1974, 1976, 1977; Neki 1973, 1974, 1976).

Wohl einer der ersten Beiträge, der im deutschen Sprachraum auf psychotherapeutisch brauchbares Gedankengut in altindischer Philosophie hinwies, ist die 1959 erschienene – und offenbar erst heute richtig populär gewordene »Indienfahrt eines Psychiaters« von M. Boss (1959). Der Autor, der 1956 und 1958 einige Monate in Indien verbrachte, war dank seiner daseinsanalytischen Orientierung besonders offen für altindische Lehren, die in vielem der Heideggerschen Philosophie sehr nahestehen.

Als nächsten bedeutenden Markstein darf man wohl die Elmauer Tagung der Stuttgarter Gemeinschaft »Arzt und Seelsorger« im Sommer 1967 nennen, die das Thema »Abendländische Therapie und östliche Weisheit« hatte. Neben Vertretern des Zen-Buddhismus und anderer fernöstlicher Lehren, welche früher als ihre ursprünglicheren indischen Quellen Einfluß auf Psychotherapie in Europa (Dürckheim 1951, 1956, 1968; s. auch seinen Beitrag in Bd. III dieser Enzyklopädie und im vorliegenden Bd.) und den USA (Kelman 1959, 1960, 1963, 1971) gewonnen hatten, kamen während dieser Tagung und dem daraus hervorgegangenen Band (Bitter 1968) auch westliche Psychiater, Philosophen und Theologen zu Wort, die in Indien reiche Erfahrung gesammelt hatten.

Wollte man heute, zehn Jahre später, auf die einschlägige Literatur aus diesem Grenzgebiet der Psychologie verweisen, so müßte man bereits eine sehr ansehnliche Liste von Werken anführen.

SEELENHEILUNG – SEELENHEIL

Wenn nun versucht werden soll, einige der altindischen Überlieferungen zu kennzeichnen, die mit modernen psychotherapeutischen Auffassungen vereinbar sind und sich auch praktisch integrieren lassen, so muß vorausgeschickt werden, daß – wenn man »Psychotherapie« im ursprünglichen Sinne als »Pflege an der Seele« übersetzt – im Grunde genommen alle indische Philosophie und Religion »Psychotherapie« bedeutet. Allerdings ist dann diese »Psyche«, welcher gedient werden soll, nicht einfach ein System von Apparaten zur Anpassung an die Umwelt, sondern die »unsterbliche Seele«, der Funke ewigen Lichtes, der alles durchdringenden, alles hervorbringenden Schöpfermacht, die jedem Menschen auch in seiner Sonderung in diesem irdischen Dasein innewohnt. Das Primäre ist das Universelle, das Ungetrennte, Unvergängliche, das undifferenzierte All, zu dem letzten Endes alles Gewordene wieder zurückkehrt.

Während also im Westen »Psychotherapie« gemeinhin darauf hinzielt, den Menschen in seiner individuellen irdischen Existenz und in seiner Auseinandersetzung mit der Umwelt zu stärken, haben bei der »Pflege der Seele« nach indischer Tradition individuelle Unterschiede und Lebenskonflikte als trügerischer Schein in den Hintergrund zu treten. Was gesucht wird, ist ein Wieder-Eins-Werden mit dem Ewigen, Universellen, die Überwindung der Zweiheit, der Spaltung in Subjekt und Objekt. Methode dazu ist nicht, wie dies in der westlichen Psychologie der Fall ist, messende, berechnende, vielleicht sogar experimentierende Beobachtung manifesten Verhaltens eines Objektes, sondern Schau nach Innen, Entdekken der großen Stille, Wecken von schlummernden Kräften, die über die Bindung an irdischen Besitz, über alle Leidenschaften hinausführen in einen Bereich geweiteter und vertiefter Bewußtheit. Erforschung der individuellen Lebensgeschichte, Aufspüren und Durcharbeiten von psychischen Traumata und Komplexen, geschicktes Beherrschen von Übertragungs- und Widerstands-Phänomenen oder gar Dressur des Verhaltens spielen deshalb keine Rolle.

Wenn auch indische Lehren von den Ursachen seelischen Leidens, von den Wegen zu ihrer Überwindung, von der Beziehung zwischen Meister und Schüler, Elemente enthalten, die mit westlicher Psychotherapie vergleichbar sind und sich z. T. mit Nutzen in diese einfügen lassen, muß man sich doch ständig vergegenwärtigen, daß sie nicht dazu bestimmt sind, kranken Seelen Heilung zu bringen und zur Bewältigung der Umwelt zu befähigen, sondern dem als gesund geltenden, philosophisch gesehen jedoch an seiner Vereinzelung und an seiner Verhaftung am Irdischen krankenden Menschen durch Transzendenz über eben diese Umwelt hinaus, zum ewigen Seelenheil zu verhelfen.

LEHRE VON DEN URSACHEN SEELISCHEN LEIDENS

Ähnlich wie Freud, sehen auch indische Lehren den Ursprung menschlichen Leidens in Angst, und zwar einer Trennungsangst. Während jedoch für Freud das erste angstauslösende Erlebnis die physische Geburt, die Trennung des Kindes vom Mutterleib ist, liegt für den indischen Philosophen die Trennung in der Vereinzelung jeglicher Kreatur gegenüber dem ursprünglichen »Einen«. Immer wieder weisen die alten Schriften darauf hin, daß die kleinste Entfernung und Differenzierung des einzelnen Wesens von seinem Ursprung im All zur Zweiheit und damit zu Angst »vor dem anderen« führe (vgl. z. B. Taittīriopaniṣad II, 7).[1] In dieser Angst, von der es innerhalb dieser phänomenalen Welt kein Entfliehen gibt, da der Aufenthalt in diesem »Spiel von Maya«, d. h. von »Gemachtem«, untrennbar mit dem Erleben der Zweiheit verknüpft ist, sucht der Mensch aus seiner Isolierung heraus wiederum nach einem Eins-Sein, nach Bindungen, die ihm Geborgenheit geben sollen. Er rechnet jedoch nicht damit, daß all diese Sicherungen vergänglich, zerstörbar sind, und somit nicht nur das Sichanklammern an Schädliches, Unangenehmes, ganz unmittelbar Leiden bringt, sondern daß auch das Dahinschwinden oder der plötzliche Verlust anscheinend wertvoller, angenehmer Güter oder Beziehungen letztendlich Schmerz bereitet. Wenn nun der Mensch so verblendet ist, daß er dieses irdische Dasein mit seinem Verhaftetsein an Besitz, menschliche Verbindungen, Leidenschaften, Ideen und Strebungen als das einzig Wirkliche und Wünschenswerte verkennt, so ist er einem weiteren Übel verfallen, welches die klassische Trias »Angst, Leid und Verwirrung« vervollständigt (Hoch 1968).

Diese drei Übel gilt es zu überwinden, indem man sie als Verführungen einer »unwirklichen«, »trügerischen« Welt durchschaut und nach Beständigerem, Wirklicherem strebt. Wiederum denkt man an Freud und seine Lehre vom »Lustprinzip«, wenn man in indischen Schriften (vor allem Kaṭhopaniṣad II, 1 u. IV, 2)[2] eine Differenzierung zwischen »preya«, dem Angenehmen, für die Sinne Befriedigenden, und andererseits »shreya«, dem wirklich Guten, moralisch Erstrebenswerten, findet. Nach dem ersteren greifen Kinder und unreife Toren; nach dem wirklich Guten strebt derjenige, welcher, durch die Schau nach Innen und die Einsicht in seine eigene Vergänglichkeit, die Wertlosigkeit alles Irdischen erkannt hat. Das »shreya« der indischen Schriften darf man demnach nicht einfach mit dem Freudschen Realitätsprinzip oder gar dem Kulturprinzip gleichsetzen, die in der Entwicklung des Menschen allmählich an die Stelle des Lustprinzips treten und denen sich das Kind und der reifende Mensch im Interesse seiner Eingliederung in die Gesellschaft notwendigerweise zu fügen hat, auch wenn es ihn einige harte Kompromisse kosten sollte. Das wirklich Gute, »shreya«, ist das, was das innere Gewissen, der innere Herrscher und Mahner, das »ātman«, unfehlbar dank seinem Ursprung von und seiner ständigen Verbindung mit der höchsten Seins-Macht als »gut«, als »von ewigem Bestand« erkennt.

Offenbar wußten die alten indischen Weisen, daß es im Leben Momente des Konfliktes gibt, in welchen der Mensch zwischen dem Mahnen dieser inneren Stimme und seinem unreifen Wunsch nach Besitz, Ruhm, Liebe, Sicherheit usw. zu entscheiden hat. Folgt er dem mahnenden Ruf, so muß er unter Umständen Angst, Unsicherheit, Einsamkeit, Mißachtung erleiden. Läßt er sich jedoch von den Verlockungen dieser Welt verführen, so begeht er damit »ātmahatya«, »Töten der Seele«. Dieses gleiche Wort wird heutzutage ganz konkret im Sinne von »Selbstmord« verwendet. Die Sprachentwicklung hat offenbar dieselbe Mißdeutung begangen, auf die Boss (1957) hinweist, wenn er Selbstmord oder Selbstverstümmelungstendenzen seiner Patienten als ein Austragen im falschen Medium bezeichnet.

Psychotherapie ohne moralisches Werten wäre gemäß indischen Lehren auf keinen Fall denkbar. Nur darf man sich diese moralischen Werte nicht nach dem

Muster einer westlichen Gesellschaftsmoral vorstellen, welche durch ständig wechselnde Modeströmungen immer wieder in Frage gestellt und neu gestaltet wird, auch nicht in der Weise einer libertinistischen, vielleicht negativ-existentialistisch gefärbten »offenen Moral«. Es geht dabei vielmehr um eine grundlegende Unterscheidung zwischen dem, was ewig und im tiefsten Sinne »wirklich« ist, und andererseits dem, was vergänglich und trügerisch ist; zwischen dem, was eint mit dem Ursprung alles Seienden und damit auch mit allen anderen Geschöpfen in Liebe verbindet und andererseits dem, was trennt, was »entzweit«, was »Zwist« schafft, was, um Heideggers Ausdrücke zu gebrauchen, zu »Seinsverlassenheit« und »Seinsvergessenheit« (1947, 26) führt.

WEGE ZUR ÜBERWINDUNG DER DREI ÜBEL

Der Punkt des Lebens, an welchem ein Mensch den mahnenden Ruf seines »ātman« vernimmt, kann sehr verschieden gelegen sein. Es gibt Menschen, die schon von Geburt auf so dünn beschalt sind, die sozusagen die Trennung vom All nie radikal vollzogen haben, daß sie schon von Kindheit an den Zug zum Ewigen und zur Abwendung von der Welt verspüren (Patañjali IV, 1 u. I, 19 in: Taimni 1961).[3] Normalerweise jedoch sollte ein Mensch ungefähr im sechsten Jahrzehnt seines Lebens, nachdem er in der Jugend, in der sogenannten »brahmacharya«-Phase, Enthaltung gelernt hat und in einer zweiten Phase, derjenigen des »grihastha«, sich in seinen weltlichen Pflichten als Haushälter, also als Familienvater oder -mutter, im Beruf und als Staatsbürger bewährt hat, sich dem Weg nach Innen, nach dem Ewigen zuwenden, gerade so wie dies auch C. G. Jung für die zweite Lebenshälfte gefordert hat. Andere wieder verspüren diesen Ruf irgendwann schon früher im Leben; wieder andere bleiben taub und blind, in weltliche Bindungen verstrickt, bis zum Tode. Nicht nur vorzeitiges Aufbrechen, vielleicht unter dem Einfluß von Drogen, vielleicht durch Verlust einer schützenden Bindung, kann in gewissen Fällen zu psychischer Erkrankung führen, sondern auch eine Weigerung, zu gegebener Zeit dem einmal vernommenen Rufe zu folgen.

Moment und Grad dieses Sich-Öffnens für das Ewige sind Frucht der Bemühungen in früheren Inkarnationen. Entsprechende Unterschiede, die das »So-Sein« eines Menschen in der gegenwärtigen Existenz ausmachen, sind entscheidend für die Wahl des Weges, den er zu gehen hat, um dem Verfallensein an die Welt zu entfliehen und die einende Verbindung mit seinem Ursprung (der eigentliche Sinn von »yoga« ist »Verbindung«, »Einung«) wieder zu erreichen.

Die verschiedenen Zweige des Yoga, die jeweils für Menschen eines bestimmten Typus und einer bestimmten Lebensstufe besonders geeignet sind, dürften nachgerade auch im Westen genügend bekannt sein. Man findet in indischen Schriften verschiedene Einteilungen. In großen Linien kann man folgende Richtungen unterscheiden: Systeme, die auf die vollkommene Beherrschung des Körpers, insbesondere seiner vegetativen Funktionen, hinzielen (»hatha yoga« oder auch »prāña yoga«; s. den Beitrag von R. Walser in Bd. III dieser Enzyklopädie); andere, welche eine Vertiefung der Schau nach innen (»dhyāna yoga«) oder der Entwicklung verfeinerter, verschärfter intellektueller Fähigkeiten (»jnāna yoga«) dienen. Andererseits gibt es Wege, auf denen durch liebende Verehrung einer Gottheit (»bhakti yoga«) oder selbstloses Wirken in dieser Welt (»karma yoga«) das Eins-Sein zu erreichen ist. Während einige dieser Übungssysteme sehr allmählich, fast unmerklich eine Veränderung bewirken, sind andere durch oft sehr dramatisch verlaufende Aktivierungen schlummernder Kräfte gekennzeichnet (z. B. »kundalīni yoga«, s. Gopi Krishna 1976). Nicht alle indischen Wege des Heils verlangen eine Abwendung von der Welt. Es gibt Lehren, die gerade im Ausharren in der Welt und im aktiven Widerstehen gegenüber ihren Verlockungen oder gar im geschickten Gebrauch weltlicher Genüsse zwecks letztlicher Transzendierung über sie hinaus die beste Chance für die tiefste Wandlung und gründlichste Läuterung sehen.

Leider wird offenbar gerade mit der letztgenannten Möglichkeit, dem »tantrischen Yoga«, heutzutage viel Mißbrauch getrieben, indem man es im Sinne einer Ermutigung zu ungezügeltem Libertinismus versteht.

Mißverstanden und für falsche Zwecke verwendet werden im Westen auch Errungenschaften, die dem Yogi auf seinem Wege, sozusagen als Nebenwirkungen, zuteil werden können, wie z. B. robuste Gesundheit, körperliche Widerstandskraft und Geschmeidigkeit, aber auch Fähigkeit zu vertiefter Intuition oder sogar zu außersinnlicher Wahrnehmung oder Entwicklung übernatürlicher Kräfte. Wer den alten indischen Schriften treu bleibt, wird wissen, daß all diese Auswirkungen einer Yoga-Disziplin nicht Selbstzweck sein sollen oder dürfen, sondern daß sie im Gegenteil als Zerstreuungen und Versuchungen gelten, die zu überwinden sind und die, wenn überhaupt, nur im Sinne des liebenden Dienstes an anderen Menschen gebraucht werden dürfen.

MEISTER UND SCHÜLER

Was alle altindischen Schriften nicht nur empfehlen, sondern sozusagen als notwendige Bedingung für jeden Weg der Läuterung und des Eins-Werdens mit dem All darstellen, ist die Führung durch einen fähigen Meister, den »guru«. Wenn wir hier altindische Philosophie im Rahmen eines psychologisch-psychotherapeutischen Werkes betrachten, liegt es nahe, die Beziehung dieses Lehrers zu seinem Schüler mit dem Verhältnis des Psychotherapeuten zu seinem Patienten oder Ausbildungs-Kandidaten zu vergleichen. In Indien hat dies kürzlich Neki (1973, 1974, 1976) getan; Anklänge an das Thema finden sich bereits bei Boss (1959), und auch die Verfasserin dieses Beitrags hat in einigen ihrer Publikationen (Hoch 1968, 1973, 1976) darauf hingewiesen.

Wenn man in gewissen Texten liest, daß der »guru« für den Schüler gewissermaßen »alles« ist, also Vater, Mutter, Bruder, Freund, vielleicht manchmal auch Kind, dann aber auch allmächtiger Beschützer, Welt, Gottheit, so denkt man wohl vorerst an Übertragungsphänomene im Sinne der westlichen Psychoanalyse. Es geht dem indischen »guru« jedoch nicht darum, solche »Übertragungen« scharfsinnig aufzuspüren und allmählich, während er sich selbst innerlich davon distanziert, auch dem Schüler aufzudecken. Vielmehr gibt sich der »guru« unter Umständen völlig in die eine oder andere Rolle hinein, dem Aspiranten erlaubend, ihn ganz so zu sehen und zu nehmen, wie es in seiner Unreife seinen Bedürfnissen entspricht. Die dem Schüler auferlegten Übungen, die je nach seiner Eigenart sehr verschiedener Art sein können und unter Umständen sogar einmal einer ganz brutal anmutenden Abweisung oder Versagung gleichkommen, bringen dann von selbst eine allmähliche Lösung der unreifen Bindungen zustande, bis als letztes, auf dem Wege zur Nichtzweiheit allerdings ebenfalls noch zu überwindendes Verhältnis, noch rein das eines Weisheit vermittelnden Lehrers und des nach Erleuchtung verlangenden Schülers übrigbleibt.

Das Wort »guru« wird gelegentlich – in einem der im Sanskrit üblichen Wortspiele – interpretiert als »derjenige, der vom Dunkel zum Licht führt«. Dies ist eine sehr schöne Kennzeichnung der Funktion eines »guru«. Geradeso wichtig ist jedoch für ihn die Aufgabe, seinen Schüler vor vorzeitigem Einbruch geistiger Kräfte, vor dem noch ungewohnten Ausgesetztsein an ein überwältigendes, blendendes Licht, weise zu schützen und ihn jeweils nur gerade so weit auf seinem Wege vorrücken zu lassen, als dies für ihn tragbar ist. Voraussetzung dafür ist das beim echten »guru« intuitiv vorhandene Wissen um den Punkt, an dem der Aspirant in seiner Entwicklung angelangt ist, um den besten Weg, der ihn von hier aus weiterführen kann, und gleichzeitig auch darum, ob er selbst geeignet ist, die Aufgabe der Führung auf diesem Wege zu übernehmen.

Wer je mit einem »guru« in naher Verbindung gestanden hat, weiß aus eigener Erfahrung, daß dieser nicht nur Übungen, Lehren und Weisheit vermittelt, sondern daß er dem Schüler von seinen Kräften schenkt oder, anders gesagt, daß er sich zum Verbindungskanal macht, durch den er dem Schüler ewige Kräfte in für ihn bekömmlicher Form zufließen läßt.

Daß der echte »guru« selbst ein vollendeter Mensch sein muß, der seine eigene Wandlung seinerseits auch wieder seinem »guru« und einer ganzen Abstammungskette von Lehrern verdankt, und daß von ihm erwartet wird, daß er alles, was er lehrt, selbst in seinem Verhalten praktisch verwirklicht, ist selbstverständlich. Gewisse Texte schreiben denn auch, nicht nur für den geistigen Lehrer, sondern auch für den Arzt, gewisse Eigenschaften und Fähigkeiten vor, welche nicht nur an seine Gesundheit, einschließlich Freisein von allen Mißbildungen, und an seine persönliche Hygiene, sondern vor allem auch an einen tadellosen Lebenswandel hohe Ansprüche stellen.

ZIELE UND AUSWIRKUNGEN DES INDISCHEN WEGES

Verirrungen moderner »gurus« (oder vielleicht besser: »Pseudogurus«) sind sicher geeignet, ein Vorurteil zu bekräftigen, das schon viel früher von westlicher Seite gegen indische Philosophie und Religion erhoben wurde, nämlich daß das das Ziel der Meditation, aller religiösen Übungen, eigentlich immer sehr egoistisch, nur auf das eigene Heil gerichtet sei und keinen wahren Altruismus aufkommen lasse. Als Argument für diese Meinung dienten nicht nur Hinweise auf die Weltflucht vieler indischer Heiliger, sondern auch die Reinkarnationslehre, gemäß welcher das Leben eines Menschen jeweils schicksalsmäßig innerhalb von gewissen Grenzen festgelegt ist und er die besten Chancen hat, seiner Erlösung näherzukommen, wenn er die ihm auferlegten (oder besser: in früheren Inkarnationen verdienten) Lebensbedingungen demütig annimmt und dem durch sie vorgeschriebenen Weg folgt. Es hätte demnach niemand die Möglichkeit, das Los eines anderen durch seine Wohltätigkeit wirklich zu erleichtern. Wohl aber hat es jedermann in der Hand, wenn die Reinkarnationslehre nicht rein passiv-fatalistisch verstanden wird, seine eigene Zukunft, bis in die Gestaltung weiterer Inkarnationen hinein, günstig oder ungünstig zu beeinflussen. Somit stünde jegliche gute Tat im Dienste der eigenen Vervollkommnung und Erlösung.

Man findet tatsächlich Texte (vgl. z. B. Bṛhadāraṇyaka Upaniṣad II, 4, Vers 5 ff)[4], die sehr ausdrücklich darauf hinweisen, daß alle Beziehungen des Menschen, all sein Denken und Tun, eigentlich nur seinem eigenen Selbst gelten, ungefähr so, wie ein Träumer ja auch das wirkliche Schicksal der von ihm erträumten Gestalten in keiner Weise beeinflussen kann, sondern sie nur als Darsteller seiner selbst benutzt. Derartige Lehren jedoch haben keineswegs die Absicht, den Menschen von guten Taten oder selbstlosem Wirken abzuhalten, sondern regen lediglich zu einer demütigen Haltung solchem Tun gegenüber an. Man sieht sich nicht als großmütigen Spender und Wohltäter, dem andere zu Bewunderung und Anerkennung verpflichtet sind, sondern weiß im Gegenteil dem Hilfsbedürftigen Dank dafür, daß er einem Gelegenheit gibt, die eigenen Fähigkeiten zur Hingabe zu üben.

Für den gewöhnlichen Menschen stellt die Mahnung der Bhagavadgīta[5] (vor allem Kapitel 12), man solle so weit kommen, daß man Leid und Freud aller anderen Wesen wie seine eigenen empfinde, ein erstrebenswertes Ziel dar. Es kommt den Idealen christlicher Nächstenliebe und dem pragmatischeren westlichen »Was du nicht willst, daß man dir tu, das füg auch keinem andern zu« durchaus gleich oder geht in der Forderung nach sensitiver Offenheit und wohl zugleich Verletzbarkeit eher noch darüber hinaus.

Der Mensch jedoch, der durch »Pflege seiner Seele« mit dem All eins geworden ist, erlangt von selbst, ohne daß er sich groß in dieser Richtung anstrengen müßte oder sich solcher Bemühungen bewußt wäre, die Fähigkeit, für andere zu sorgen und für sie »da-zu-sein«. Am bekanntesten ist im Westen in dieser Hinsicht wohl die buddhistische Kennzeichnung des »bodhisattva«, des Heiligen oder Weisen, der auf seine eigene, in erreichbarer Nähe stehende Erlösung verzichtet, um anderen, noch irrenden Wesen, auf den rechten Weg zu verhelfen. Schon in den altindischen Schriften jedoch, auf die letztlich auch buddhistische Weisheit zum großen Teil zurückzuführen ist, findet man, allerdings recht versteckt und von späteren Kommentatoren kaum beachtet, Beschreibungen des vollendeten Menschen als eines »Mannes für die anderen«. Er wird für seine Umgebung zur »Nahrung«, zum »Aufenthaltsort« oder »Da-Sein«, zur »Welt«, zu dem, »der die Welt zur Reifung bringt« und – in erstaunlicher Ähnlichkeit mit dem, was Heidegger (1947, 19) mit seinem »Hirt des Seins« als die höchste Bedeutung des Menschen bezeichnet – zum »Hüter aller Wesen« (vgl. Hoch 1968).

Wenn auch diese Charakterisierung altindischer Philosophie in ihren Beziehungen zu moderner westlicher Psychotherapie in ihrer Kürze der ganzen Fülle alter indischer Schriften und der davon abgeleiteten, noch lebendigen Traditionen keineswegs gerecht werden kann, mag sie doch gezeigt haben, daß die beiden Gebiete zahlreiche Berührungspunkte haben, die vielleicht in Zukunft noch mehr als dies bereits der Fall ist, in Ost und West, zu vermehrter Besinnung auf die alten indischen Lehren und damit zu einer Vertiefung der Psychotherapie zu einer echten »Pflege der Seele« führen können.

ANMERKUNGEN

1

Taittīriopaniṣad: Eine der Upanishads, einer Reihe von altindischen philosophischen Abhandlungen und Gesprächen, die jeweils den Endteil einer vedischen Schrift bilden und deshalb auch »Vedanta« genannt werden. Während diese Schriften sich hauptsächlich mit religiösen Riten und ihrer korrekten Durchführung befassen, werden in ihren letzten Teilen, also den »Upanishads«, in poetischer Form hohe philosophische Lehren, also Ersatz äußerlicher Riten durch innere Meditation, dargeboten, insbesondere das ursprüngliche und wiederum letztliche Eins-Sein des individuellen »ātman« mit dem universellen »brahman«. Diese Schriften werden ungefähr in die Zeit von 800 – 600 v. Chr. datiert.
Taittīriopaniṣad: Teil von Taittīriāraṇyaka und damit Teil des Yajur Veda. Besteht aus drei Kapiteln. Besonders sei folgender Hinweis zitiert: »Das ›ātman‹ wird furchtlos nur, wenn es einen festen, ruhenden Grund in dieser unsichtbaren, selbst-losen, unaussprechbaren, keiner anderen Stütze bedürfenden letztlichen Wirklichkeit findet. Wenn auch nur die kleinste Spaltung in diesem Zustand des Eins-Seins sich auftut, so entsteht Angst. Deshalb kann auch ein weiser Mann Angst haben, wenn er dessen nicht eingedenk ist« (II, 7).

2

Kaṭhopaniṣad (s. auch Anm. 1): Nicht ganz sicher, zu welcher vedischen Schrift zugehörig. Die Rahmenerzählung des jungen Naciketas, der bei Yama, dem Herrscher des Totenreiches Erleuchtung sucht, soll in rudimentärer Form bereits in Rg-Veda enthalten sein. In unserem Zusammenhang sei hingewiesen auf II/1: »Das eine ist das echt Gute; etwas anderes ist das Angenehme. Sie beide, verschieden in ihrer Art, binden das Selbst (puruṣa oder ātman). Gutes erwartet den, welcher dem echt Guten folgt; der, welcher nur das Angenehme sucht, verfehlt sein Ziel.« II/2: »Beide, das Gute und das Angenehme, nähern sich dem Menschen. Der Weise unterscheidet zwischen ihnen nach eingehender Untersuchung. Ja, der Weise zieht das Gute dem Angenehmen vor. Der Tor jedoch, der auf Erwerb und Erhaltung von Besitz erpicht ist, wählt das Angenehme.« IV/2: »Kinder folgen äußerlichen Gelüsten und fallen so immer wieder in die weithin gespannten Schlingen des Todes. Die Weisen jedoch wünschen nichts in dieser Welt, da sie, inmitten von dem, was vergänglich ist, das erkannt haben, was unsterblich ist.«

3

Patañjali: Verfasser der »Yoga Sūtras«, einer sehr kurz, aphoristisch gefaßten Anleitung für Yoga-Übungen und das disziplinierte Leben, das derjenige führen sollte, der ewige Wahrheit erkennen will. Datiert (unsicher) auf entweder 200 v. Chr. oder 400 – 500 n. Chr.

4

Bṛhadāraṇyaka Upaniṣad: Eine der größten und bekanntesten der Upanishads, letzter Teil des Śatapatha Brahmana (Śukla-Yajur-Veda). Im zitierten Kapitel nimmt der Weise Yājñavalkya Abschied von seiner Frau Maitreyī und übermittelt ihr bei dieser Gelegenheit einige seiner Lehren. Nach langer Aufzählung einer Reihe von Beispielen menschlichen Verhaftetseins an irdische Güter, sagt er zusammenfassend (II/4.5): »Wahrlich, alles ist nicht lieb und teuer seinetwegen, sondern um des Selbst willen. Das Selbst sollte Gegenstand aller Erkenntnis, allen Hörens, allen Überlegens, allen Meditierens sein. Durch das Erkennen des Selbst allein kann all dies gekannt werden.«

5

Bhagavad-Gītā: Teil des Epos »Mahābhārata«, auf das 2. Jh. v. Chr. datiert und aus mehreren Quellen und wahrscheinlich von verschiedenen Verfassern stammend. Der Krieger Arjun, der davor zurückschreckt, gegen seine Verwandten in den Kampf zu ziehen, wird von seinem Wagenlenker, der kein geringerer als Śri Kṛṣṇa (ein »avatār« des Gottes Viṣṇu) ist, belehrt und ermutigt. Die Lehren stammen z. T. aus den Upanishads; das Gewicht liegt jedoch auf liebender Verehrung einer Gottheit (bhakti-yoga) und auf treuer, selbstloser Erfüllung der vom Schicksal zugewiesenen Pflicht (karma-yoga).

LITERATUR

Bhagavad-Gītā: (Sanskrittext mit Einleitung und Kommentar von S. Radhakrishnan; mit dem indischen Urtext verglichen und ins Deutsche übersetzt von S. Lienhard). Wiesbaden: R. Löwit o. J.

Bitter, W. (Hg.): Abendländische Therapie und östliche Weisheit. Stuttgart: Klett 1968

Boss, M.: Indienfahrt eines Psychiaters. Pfullingen: Neske 1959

Psychoanalyse und Daseinsanalytik. Stuttgart, Bern: Huber 1957.

Bṛhadāraṇyaka-Upaniṣad: Madras: Shri Ramakrishna Math 1951. Deutsch: Sechzig Upanishads. Leipzig: Deussen 1897

DÜRCKHEIM, K., GRAF V.: Im Zeichen der Großen Erfahrung. München-Planegg: Otto Barth 1951

Hara, die Erdmitte des Menschen. München-Planegg: Otto Barth 1956

Psychotherapie, Initiation, Glaube – Ost und West in uns. In: W. Bitter (Hg.): Abendländische Therapie und östliche Weisheit. Stuttgart: Klett 1968, 16–50

GOPI KRISHNA, P.: Science and Kundalini. In: Seminar on yoga, science, and man. New Delhi: Central Council for Research in Indian Medicine and Homeopathy 1976, 239–267

HEIDEGGER, M.: Über den Humanismus. Frankfurt/M.: Vittorio Klostermann 1947

HOCH, E. M.: Bhaya, Shoka, Moha. – Angst, Leid und Verwirrung in den alten indischen Schriften und ihre Bedeutung für die Entstehung von Krankheiten. In: W. Bitter (Hg.): Abendländische Therapie und östliche Weisheit. Stuttgart: Klett 1968, 134–160

Der Traum: eine Welt. – Die Welt: ein Traum? Zur Bedeutung des Traumes in der altindischen Philosophie. In: G. Condrau (Hg.): Medard Boss zum siebzigsten Geburtstag. Bern: Huber 1973, 35–62

Pir, faqir and psychotherapist. The Human Context, 6, 1974, 668–677

Process in instant cure. Beitrag zum 10. Kongreß für Psychotherapie, Paris, Juni 1976 (unveröffentlicht)

Psychotherapy for the illiterate. In: S. Arieti (Hg.): New Dimensions in Psychiatry, Bd. 1. New York: Wiley 1977, 76–92

KAṬHOPANIṢAD. Madras: Shri Ramakrishna Math 1956. Deutsch: Sechzig Upanishads. Leipzig: Deussen 1897

KELMAN, H.: Psychotherapy in the far east. In: J. Masserman, J. C. Moreno (Hg.): Progress in psychotherapy, Bd. 4. New York: Grune & Stratton 1959, 296–405

Psychoanalytic thought and eastern wisdom. In: J. Masserman (Hg.): Science and psychoanalysis, III. New York: Grune & Stratton 1960, 124–132

Oriental psychological processes and creativity. American J. Psychoanal., 23, 1963, 68–84

Helping people; Karen Horney's psychoanalytical approach. New York: Science House 1971

NEKI, J. S.: Guru-chela relationship: the possibility of a therapeutic paradigm. Am. J. Orthopsych., 43, 1973, 755–766

A re-examination of the Guru-chela relationship as a therapeutic paradigm. Int. Ment. Health Res. Newsletter, 16, 1974, 2–7

An examination of the cultural relativism of dependence as a dynamic of social and therapeutic relationships. British J. Med. Psychol., 49, 1976, 1–22

TAIMNI, I. K.: The science of yoga. Commentary on the Yoga-Sūtras of Patañjali in the light of modern thougt. Madras: Theosophical Publishing House 1961

TAITTĪRIOPANISAD. Madras: Shri Ramakrishna Math 1958. Deutsch: Sechzig Upanishads. Leipzig: Deussen 1897

AN DEN GRENZEN VON RELIGION UND PSYCHOANALYSE

von Hans G. Preuss

Die Psychoanalyse Sigmund Freuds hat das Geistesleben unseres Jahrhunderts in entscheidender Weise beeinflußt. Es gibt kein Gebiet des menschlichen Sinnens und Strebens, das sie nicht berührt oder gar verändert hätte. Mit den Methoden der Wissenschaft hat sie es unternommen, die Tiefen der menschlichen Person und deren Beziehung zur Umwelt zu erforschen. Ihr verdanken wir Einsichten in die geistigen und seelischen Funktionen des Menschen, die zentralen Probleme seiner Persönlichkeit und der Lebensführung. Als psychotherapeutische Methode wurde sie zu einem Instrument des Arztes und Psychologen, um auf seelische Störungen heilend einzuwirken.

Doch über ihren Wert als reine Erfahrungswissenschaft und als auf Empirie gegründete Therapie hinaus hat die Psychoanalyse ihren Einfluß dadurch erlangt, daß sie den Menschen in seiner Existenz, seinem Sosein, in Frage gestellt hat. Dieses In-Frage-Stellen kennzeichnet die Problematik des Menschen in der zweiten Hälfte dieses Jahrhunderts. Der Einblick in die Tiefe der unbewußten Bereiche der Seele hat dem Menschen die Möglichkeit des Zweifelns an seinen eigenen Motivierungen erschlossen, die sein Handeln bestimmen. Er mußte erkennen, daß bewußte Motive einer Selbsttäuschung erliegen können und dann nichts anderes sind als Rationalisierungen, die in blinder Beharrlichkeit, ja Bequemlichkeit jenen Teil seines Wesens verleugnen, der zu ihm gehört wie der Schatten zum Licht, wie das Böse zum Guten. Die großen Kriege dieses Jahrhunderts wie auch die Zunahme von Gewalttätigkeit, Grausamkeit und Kriminalität haben uns aufhorchen und zweifeln lassen an der Glaubwürdigkeit mancher, angeblich humanistischer Ideale.

Die Psychoanalyse hat neue Tore der Ein-Sicht und des Verständnisses des Menschen geöffnet. Mit der Erweiterung seines Bewußtseins haben sich jedoch die Fragen an sein Menschsein nicht erschöpft, sondern sich auch ausgedehnt auf Bereiche, die der Psychologie nicht unmittelbar zugerechnet werden. Eine dieser Fragen, denen die Psychoanalyse seit ihren Anfängen zu Beginn des 20. Jahrhunderts nicht ausgewichen ist, ist die Frage nach der Religiosität des Menschen. Diese »Grenzüberschreitung« auf Gebiete der Philosophie, Theologie und Ethik hat der Psychoanalyse zahlreiche Gegner eingebracht und zu mannigfachen Mißverständnissen geführt. An den Grenzen von Religion und Psychoanalyse haben sich manche Verfechter religiösen Glaubens wie auch manche Anhänger der Psychoanalyse geschieden, weil sie in beiden unvereinbare Gegensätze zu erkennen glaubten.

Ursache war Freuds Ansicht, Religion sei eine Gefahr für den Menschen, weil sie ihn dazu bringe, einer Illusion nachzulaufen, anstatt seine Vernunft zu gebrauchen. Indem sich der Mensch illusionären Vorstellungen hingebe, so glaubte Freud, beraube er sich selbst aller Möglichkeiten, die ihm das reale Leben – die Wirklichkeit – biete (ausführlich ist dieser Problemzusammenhang dargestellt in Preuss 1971).

In der Tat liegt zwischen den Illusionen des Menschen und der Wirklichkeit das breite Spektrum eines Raumes, den die Sinne und der Geist unermüdlich durchforscht haben, um zu einem Selbst-, wie zu einem Welt-Verständnis zu gelangen. Religion und Wissenschaft, Theologie und Medizin, Philosophie und Psychoanalyse als Formen menschlichen Denkens sind gemeinsam Zeichen ein und desselben Bemühens, diesen Raum zu erhellen.

Um die Religionskritik Freuds und der frühen Psychoanalyse verstehen zu können, sollten wir uns vergegenwärtigen, daß ihre Ausgangsbasis die Biologie war. Daraus erklärt sich, warum für die Psychoanalyse das Triebgeschehen über Jahrzehnte im Vordergrund stand. Die Erforschung der tiefen Bereiche des Unbewußten und der Triebe führte zu einer Tiefenpsychologie, die den Menschen in einer Abhängigkeit von inneren Kräften sah, denen er ebenso ausgesetzt schien wie seiner Umwelt und ihren Forderungen.

Freud ging zunächst davon aus, daß den Menschen zwei Dinge bedrohen: die Kultur – besser gesagt – der Zwang zur Kulturarbeit, und die unbezwungene Natur. Die Kultur mit allen ihren Einrichtungen legt dem Menschen Entbehrungen auf, indem sie von ihm fordert, auf die Befriedigung bestimmter Triebe zu verzichten. Dagegen entwickelt der Mensch Widerstand. Freud vertrat die Ansicht, »daß bei allen Menschen destruktive, also antisoziale und antikulturelle Tendenzen vorhanden sind und daß diese bei einer großen Anzahl von Personen stark genug sind, um ihr Verhalten in der menschlichen Gesellschaft zu bestimmen« (XIV, 328). Und er fuhr fort: »Ebensowenig wie den Zwang zur Kulturarbeit kann man die Beherrschung der Masse durch die Minderzahl entbehren, denn die Massen sind träge und einsichtslos, sie lieben den Triebverzicht nicht, sind durch Argumente nicht von dessen Unvermeidlichkeit zu überzeugen, und ihre Individuen bestärken einander in Gewährenlassen ihrer Zügellosigkeit« (XIV, 328).

Entwickelt der Mensch gegen die Einrichtung der Kultur und die durch sie auferlegten Entbehrungen einen Widerstand, so steht er den unbezwungenen Mächten der Natur in einem »ständigen ängstlichen Erwartungszustand« (Freud, XIV, 337) gegenüber. Hier hilft ihm kein Widerstand. Um diesem Problem Herr zu werden, bedient er sich der Projektion. So trachtet der Mensch danach, die Übermächte der Natur zu vermenschlichen: »An die unpersönlichen Kräfte und Schicksale kann man nicht heran, sie bleiben ewig fremd. Aber wenn in den Elementen Leidenschaften toben, wie in der eigenen Seele, wenn selbst der Tod nichts Spontanes ist, sondern die Gewalttat eines bösen Willens, wenn man überall in der Natur Wesen um sich hat, wie man sie aus der eigenen Gesellschaft kennt, dann atmet man auf, fühlt sich heimisch im Unheimlichen, kann seine sinnlose Angst physisch bearbeiten. Man ist vielleicht noch wehrlos, aber nicht mehr hilflos gelähmt« (Freud, XIV, 338).

Diese Situation, so meinte Freud, habe ein infantiles Vorbild. In den ersten Jahren seiner Entwicklung befindet sich auch das Kind in einer ähnlichen Ohnmachtssituation den äußeren und inneren Gewalten gegenüber. Es ist den Eltern hilflos ausgeliefert, deren Schutz es gegen die Gefahren des Lebens braucht. In seiner Hilflosigkeit wendet es sich an das Wesen, das es zugleich am meisten fürchtet – den Vater. Später wiederholt der Mensch seine Kindheitserfahrung und versucht nun in gleicher Weise, mit den unheimlichen Kräften der Natur fertig zu werden. Wie er als Kind gelernt hat, seine Angst und Unsicherheit zu bewältigen, so verläßt er sich auf Gott-Vater, den er gleichermaßen bewundert, liebt und fürchtet.

Aus der Hilflosigkeit gegenüber den Übermächten der Natur und dem Schicksal erwuchsen dem Menschen Vatersehnsucht und die Götter. Diese vermögen aber nicht nur die Schrecken der Natur zu bannen und den Menschen mit der grausamen, den Tod verheißenden Macht des Schicksals zu versöhnen, sondern sie können ihn zugleich für die Leiden und Entbehrungen entschädigen, die ihm das kulturelle Zusammenleben aufnötigt. So schafft sich der Mensch aus den Erinnerungen an die Hilflosigkeit der eigenen Kindheit und der Kindheit des Menschengeschlechts religiöse Vorstellungen, die nur den einen Sinn haben, seine Hilflosigkeit erträglicher zu machen.

Freuds Vorstellung vom Sinn der Religion soll deshalb wörtlich zitiert werden, weil in den folgenden Sätzen die Einstellung der Psychoanalyse zur Religion zu Beginn dieses Jahrhunderts eindrucksvoll dokumentiert ist: »Das Leben in dieser Welt dient einem höheren Zweck, der zwar nicht leicht zu erraten ist, aber gewiß eine Vervollkommnung des menschlichen Wesens bedeutet. Wahrscheinlich soll das Geistige im Menschen, die Seele, die sich im Lauf der Zeiten so langsam widerstrebend vom Körper getrennt hat, das Objekt dieser Erhebung und Erhöhung sein. Alles, was in dieser Welt vor sich geht, ist die Ausführung der Absichten einer uns überlegenen Intelligenz, die, wenn auch auf schwer zu verfolgenden Wegen und Umwegen, schließlich alles zum Guten, d. h. für uns Erfreulichen, lenkt. Über jedem von uns wacht eine gütige, nur scheinbar gestrenge Vorsehung, die nicht zuläßt, daß wir zum Spielball der überstarken und schonungslosen Naturkräfte werden; der Tod selbst ist keine Vernichtung, keine Rückkehr zum anorganisch Leblosen, sondern der Anfang einer neuen Art von Existenz, die auf dem Wege der Höherentwicklung liegt. Und nach der anderen Seite gewendet, dieselben Sittengesetze, die unsere Kulturen aufgestellt haben, beherrschen auch alles Weltgeschehen, nur werden sie von einer höchsten richterlichen Instanz mit ungleich mehr Macht und Konsequenz behütet. Alles Gute findet endlich seinen Lohn, alles Böse seine Strafe, wenn nicht schon in dieser Form des Lebens, so in den späteren Existenzen, die nach dem Tode beginnen. Somit sind alle Schrecken, Leiden und Härten des Lebens zur Austilgung bestimmt; das Leben nach dem Tode, das unser irdisches Leben fortsetzt, wie das unsichtbare Stück des Spektrums dem sichtbaren angefügt ist, bringt all die Vollendung, die wir hier vielleicht vermißt haben. Und die überlegene Weisheit, die diesen Ablauf lenkt, die Allgüte, die sich in ihm äußert, die Gerechtigkeit, die sich in ihm durchsetzt, das sind die Eigenschaften der göttlichen Wesen, die auch uns und die Welt im ganzen geschaffen haben. Oder vielmehr des einen göttlichen Wesens, zu dem sich in unserer Kultur alle Götter der Vorzeiten verdichtet haben. Das Volk, dem zuerst solche Konzentrierung der göttlichen Eigenschaften gelang, war nicht wenig stolz auf diesen

Fortschritt. Es hatte den väterlichen Kern, der von jeher hinter jeder Gottesgewalt verborgen war, freigelegt; im Grunde war es eine Rückkehr zu den historischen Anfängen der Gottesidee. Nun, da Gott ein Einziger war, konnten die Beziehungen zu ihm die Innigkeit und Intensität des kindlichen Verhältnisses zum Vater wiedergewinnen. Wenn man soviel für den Vater getan hatte, wollte man aber auch belohnt werden, zumindest das einzige geliebte Kind sein, das auserwählte Volk« (Freud, XIV, 340 f).

Bereits im Jahre 1907 hatte Freud auf die äußere Ähnlichkeit zwischen Zwangshandlungen und Religionsübungen hingewiesen und erklärt, daß solche Handlungen die Funktion besäßen, die Verdrängung eines gehemmten Wunschimpulses zu fördern. In den psychoanalytischen Bemerkungen über den autobiographisch beschriebenen Fall von Paranoia des Dr. Schreber (Freud 1911) versuchte er aufzuzeigen, wie Gott in einer Wahnidee religiösen Inhaltes einen Ersatz für den Vater darstellen kann. Kurz darauf veröffentlichte Freud die berühmte Arbeit »Totem und Tabu« (1913), in der er die Phänomene der primitiven Totem-Religion mit dem Seelenleben des Kindes und Neurotikers in Zusammenhang setzte. In denselben unbewußten Determinanten glaubte er das wesentliche Kernstück moderner Religionen zu erkennen, die sich von den primitiveren Formen ableiten. So sah er in der Tierphobie (vgl. auch Freud 1909) das verbindende Glied zwischen den Phänomenen des kindlichen Seelenlebens und der Neurose einerseits und dem Totemismus andererseits, wobei das gefürchtete Tier als Ersatz für den Vater steht. Der Gott der modernen Religionen leite sich von einem »Ahnherrn« ab, der, wie der Totem-Ahnherr, Gegenstand der Liebe, des Hasses und der Schuldgefühle des Individuums sei. »Allein die psychoanalytische Forschung des einzelnen Menschen lehrt mit einer ganz besonderen Nachdrücklichkeit, daß für jeden der Gott nach dem Vater gebildet ist, daß sein persönliches Verhältnis zu Gott von seinem Verhältnis zum leiblichen Vater abhängt, mit ihm schwankt und sich verwandelt und daß Gott im Grunde nichts anderes ist als ein erhöhter Vater« (Freud, IX, 177). In der 1923 veröffentlichten Arbeit »Eine Teufelsneurose im siebzehnten Jahrhundert« zeigte Freud, wie sowohl Gott als auch der Teufel als Vaterersatz in der Neurose Verwendung finden können.

Doch in seiner Auffassung der Religion ging Freud noch weiter, als nur in Gott eine Vaterprojektion anzunehmen. Er glaubte, in der Religion eine Illusion zu erkennen, die dem Menschen vorgibt, unerfüllte Wünsche erfüllen zu können. So übertrage der Mensch die Illusion von seiner eigenen Allmacht auf die Götter, ohne allerdings den eigenen Allmachtswunsch ernsthaft aufzugeben. Für Freud bedeutete Religion daher noch keine absolute Trennung von der Magie. Religion sei nichts weiter als eine Fluchtreaktion, eine Flucht auf das offene Meer, wo dem Gläubigen die Sicht auf die Küste der Realität verlorengegangen ist. Die rituellen Tabus und Gesetzesschriften der Religionen betrachtete Freud als Symptome einer kollektiven Neurose, die im besten Falle das Individuum vor der Entwicklung einer individuellen Zwangsneurose bewahren könne (vgl. Freud 1913).

In den Frühstadien der Entwicklung war der Mensch vom Verstande her noch nicht erfahren und klug genug, die Vernunft zur Bewältigung der äußeren und inneren Kräfte einzusetzen. Er hatte noch keine andere Wahl, als diese Kräfte entweder zu unterdrücken oder eine Hilfsmaßnahme zu ergreifen, die ihm zugleich die emotionale Stärke verleihen sollte, es mit ihnen aufzunehmen und damit fertig zu werden. In der Religion sah Freud nichts anderes als eine solche affektive Hilfe im Kampf gegen äußere und innere Bedrohung, einen unvollkommenen Ersatz für die mangelnde Vernunft, die allein die Gefahren erfolgreich bekämpfen kann. Nur durch den Einsatz seiner Vernunft sei es dem Menschen möglich, in der Unabhängigkeit des Erwachsenenseins für sich selbst gegen die äußeren Gefahren zu kämpfen und sich nicht in kindlicher Abhängigkeit auf den Vater zu verlassen. Durch seine Hingabe an die Illusion werde der Mensch untauglich, sich in der realen Welt durchzusetzen, verpasse und verderbe sich alle Chancen, die ihm ein an die Wirklichkeit gebundenes Leben biete. So wie ein neurotischer, in Illusionen lebender Mensch zu »krank« sei, seine Aufgaben in der realen Welt zu erfüllen, so bezeichnete Freud die Religion als eine kollektive Neurose, an der die Menschheit kranke. Mit dieser Schlußfolgerung erweiterte er die Vorwürfe der Denker der Aufklärung gegen die Religion auf das Gebiet der Psychologie.

So sah Freud den Menschen und die Menschheit in einem geschichtlichen Entwicklungsprozeß, dessen Grundtendenz es ist, aus dem Individuum wie aus der Menschheit eine selbständige, selbstverantwortliche Einheit zu schaffen, deren Leitbild der reife, erwachsene, von der Vernunft geleitete Mensch ist. Für den einzelnen Menschen ist die Neurose diejenige Störung in diesem Prozeß, die eine solche Entwicklung verhindert. Für die Menschheit stelle die Religion eine analoge Störung dar, weil sie durch die Illusion vom Gott-Vater den Menschen nicht nur abhängig und unselbständig mache, sondern ihn hindere, seine Vernunft weiterzuentwickeln und für die Weiterentwicklung der Menschheit einzusetzen. Freud ging so weit, daß er den Menschen, der sich demütig mit der geringfügigen Rolle in der großen Welt bescheidet, für im wahrsten Sinne des Wortes irreligiös hält. Sein Bild vom modernen Menschen war das eines freien Individuums, befreit zu sich selbst und frei für die Aufgaben in der Welt, die es zu bewältigen gilt.

Ein persönliches, ja intimes Bekenntnis Freuds über seine Stellung zur Religion als Menschheitsneurose finden wir in einem Brief an Ludwig Binswanger. In ironischer Selbstbescheidung schreibt er: »Ich habe mich immer nur im Parterre und Souterrain des Gebäudes aufgehalten. Sie behaupten, wenn man den Gesichtspunkt wechselt, sieht man auch ein oberes Stockwerk, in dem so distinguierte Gäste wie Religion, Kunst u. a. hausen. Sie sind nicht der einzige darin, die meisten Kulturexemplare des homo natura denken so. Sie sind darin konservativ, ich revolutionär. Hätte ich noch ein Arbeitsleben vor mir, so getraute ich mich, auch jenen Hochgeborenen eine Wohnstadt in meinem niedrigen Häuschen anzuweisen. Für die Religion habe ich es schon gefunden, seitdem ich auf die Kategorie ›Menschheitsneurose‹ gestoßen bin. Aber wahrscheinlich reden wir doch aneinander vorbei, und unser Zwist wird erst nach Jahrhunderten zum Ausgleich kommen ...« (Binswanger 1956, 115).

Wäre es so, wie Freud annahm, daß allein aus der Hilflosigkeit des Kindes gegenüber seinem bedrohenden Vater eine religiöse Beziehung zu einem höheren Vater hergestellt wird, so wäre das zwar eine psychoanalytische Deutung; doch reicht diese als Grundlage für eine Kritik bzw. Ablehnung religiöser Ideen und Vorstellungen aus? Freud war der Ansicht, daß es »überhaupt verboten« sei, die Frage nach dieser Beglaubigung (XIV, 348) religiöser Lehrsätze aufzuwerfen. Das schien ihm schon verdächtig. Für ihn konnte dieses Verbot, das er als Realität empfand, nur ein Motiv haben, nämlich, »daß die Gesellschaft die Unsicherheit des Anspruchs sehr wohl kennt, den sie für ihre religiösen Lehren erhebt« (XIV, 348). So kam er »zu dem sonderbaren Ergebnis, daß gerade diejenigen Mitteilungen unseres Kulturbesitzes, die die größte Bedeutung für uns haben könnten, denen die Aufgabe zuteil ist, uns die Rätsel der Welt aufzuklären und uns mit dem Leiden des Lebens zu versöhnen, daß gerade sie die allerschwächste Beglaubigung haben« (Freud, XIV, 349).

Kritiker der Psychoanalyse meinen, daß es vielleicht Freuds eigene Ohnmacht war, in den religiösen Ideen nichts anderes als Illusionen zu sehen, »Erfüllungen der ältesten, stärksten, dringendsten Wünsche der Menschheit« (Freud, XIV, 352). Niemals unternahm er den Versuch, die Werte und Inhalte religiöser Ideen und Doktrinen als »Wahrheiten« einzuschätzen, an denen der Gläubige seinen Glauben in religiöse Erfahrung umzusetzen vermag. Freud genügte es, sie als Illusion hinzunehmen. Er hielt es für ein Versagen der Religion, daß es ihr in den vielen Tausenden von Jahren nicht gelungen sei, den größten Teil der Menschheit zu befriedigen und zu beglücken. Sein Blick war gebannt durch die Vorgänge, denen er in der Neurose begegnete, so daß er versucht war, diese Vorgänge von vornherein in die Lebenswirklichkeit derart einzubauen, daß er deren Erscheinungen – wie Angst und Schuld, Haß, Neid und Süchte – als erklärende Ursachen der Kultur ansah. So ist es wohl zu verstehen, daß er sich damit zufriedengab, in der Religion eine »universelle Zwangsneurose der Menschheit« (VII, 139) zu sehen, und daß er die religiösen Lehrsätze für nichts anderes als neurotische Relikte halten konnte. Wenn aber diese religiöse Illusion erschüttert würde, so drohte Freud einem fiktiven Gesprächspartner gegenüber, »dann stürzt Ihre Welt zusammen, es bleibt Ihnen nichts übrig, als an allem zu zweifeln, an der Kultur und an der Zukunft der Menschheit« (Freud, XIV, 378).

Es erscheint uns heute allzu verständlich, daß die Psychoanalyse Freuds in der Frage nach dem Sinn und Wesen der Religion an eine Grenze stoßen mußte, die unüberschreitbar ist, wenn sie im religiösen Glauben nichts anderes als illusionäre Wünsche annahm. Freud konnte nur »glauben«, was er mit dem Verstande entdeckt hatte. Für ihn bestand Religion lediglich aus gewissen Dogmen, Vermutungen über Tatsachen und Bedingungen äußerer (oder innerer) Realität, die uns sagen, was man nicht selbst entdeckt hat, und die fordern, daß man ihnen Glauben schenkt. Es war für ihn auch »eine Illusion des Kolumbus, daß er einen neuen Seeweg nach Indien entdeckt habe« (XIV, 353). Und er erläuterte: »Der Anteil seines Wunsches an diesem Irrtum ist sehr deutlich« (Freud, XIV, 353). Doch Freud sprach nur von dem Traum und der Sehnsucht des Kolumbus, nicht aber von seiner Hoffnung, das Land zu entdecken, und seinem Glauben an das Ziel seiner Reise, ohne die Kolumbus wohl kaum seine Reise gewagt hätte! Und was vielleicht ebenso wichtig ist – Freud sagte nichts über die Entdeckung selbst.

So müssen wir heute feststellen, daß Freud letztlich die Phänomene des Glaubens verschlossen blieben. Er hoffte darauf, daß die Wissenschaft, und nicht zuletzt die Psychoanalyse, mit der Vorherrschaft des analytischen Verstandes, die Illusion des Glaubens vertreiben würde; er war überzeugt, daß mit der Zunahme an Erkenntnis des Menschen seine Befähigung, im religiösen Sinne zu glauben, abnehmen würde. Aber Freud war bereits unsicher geworden hinsichtlich der Wissenschaft und ihrer alles erobernden Vorherrschaft und wollte die Möglichkeit zugestehen, daß auch er einer Illusion nachjage. »Vielleicht ist die Wirkung des religiösen Denkverbotes nicht so arg, wie ich's annehme, vielleicht stellt es sich heraus, daß die menschliche Natur dieselbe bleibt, auch wenn man die Erziehung nicht zur Unterwerfung unter die Religion mißbraucht« (Freud, XIV, 371 f).

Es bleibt abzuwarten, ob die Psychoanalyse auch in Zukunft einen Beitrag zum Verständnis des religiösen Glaubens wird leisten können. Auch oder gerade heute versteht sich die Psychoanalyse als Teil einer Wissenschaft, die illusionsfrei bleiben will und muß, weil es ihr um die »Realitäten des Lebens« geht. Das wird sie immer eindeutig von der Religion abgrenzen. Der Religion hingegen geht es um Inhalte, die allein nur im Glauben verwirklicht werden können. Der Glaube aber läßt sich ebensowenig psychologisch erklären und psychoanalytisch deuten wie die Liebe oder die Hoffnung. Eine Theologie, die die Erfahrung des Göttlichen *voraussetzt*, will damit dem Menschen zu einer Selbstannahme verhelfen, die ohne die gleichzeitige Annahme eines »wahren« Gottes, des Schöpfers des Menschen, nicht vorstellbar ist.

Als naturwissenschaftliche Methode kann die Psychoanalyse niemals den Ursprung und die Bedeutung Gottes für den Menschen erhellen und aufzeigen. Es war Freud selbst, der zu größter Vorsicht bei einem solchen Unterfangen mahnte: »Wenn die Psychoanalyse irgendwelche Beachtung verdient, so muß, unbeschadet aller anderen Ursprünge und Bedeutungen Gottes, auf welche die Psychoanalyse kein Licht werfen kann, der Vateranteil an der Gottesidee ein sehr gewichtiger sein« (Freud, IX, 178). Wenn er trotzdem glaubte, er könne einige oder gar alle Aspekte der Religion in ihrer Gesamtheit erklären, indem er seine im psychologischen Studium des gesunden und kranken Seelenlebens gewonnenen Erkenntnisse anwendete, so liegt vielleicht darin sein wesentlicher Irrtum. Freud bediente sich zwar der Methoden der Naturwissenschaften, die nur nach dem »Wie?« fragen. Doch er versuchte darüber hinaus auch nach dem »Warum?« zu fragen. Dazu aber können die Mittel der Psychoanalyse nicht ausreichen. In der Verwechslung beider Fragen müssen wir noch immer die Ursachen dafür sehen, daß Naturwissenschaften und Religion in Widerspruch zueinander geraten.

Die Psychoanalyse Sigmund Freuds ist das Resultat einer geschichtlichen Entwicklung, an der wir heute noch teilnehmen. Zweifellos gehört sie zu den großen epochemachenden Leistungen, die einen Meilenstein in der Geschichte des menschlichen Strebens und der Kultur darstellen und mit den Entdeckungen eines Kopernikus und Galilei verglichen werden können.

An der Gestaltung des Menschen unseres Jahrhunderts hat die Psychoanalyse zweifellos einen bedeutsamen Anteil. Freud war einer der großen Anreger der Menschheit; die Auswirkungen seines Werkes sind noch völlig unübersehbar. Was er zutage förderte, war vielfach erschreckend, und oft klang seine Stimme düster und glaubenslos. Er schuf eine neue rationale Mythologie, die die kindliche Sexualität aufdeckte und forderte, alles was jenseits unseres Bewußtseins, jenseits unserer Verantwortung liegt, ernst zu nehmen. Er führte den Menschen des 20. Jahrhunderts zurück zum Mythos des Altertums und bewirkte damit einen Aufruhr, den kaum ein Gelehrter vor ihm hervorgerufen hatte.

Wenn sich auch heute die Psychoanalyse infolge ihrer unbeirrbaren Offenheit durchgesetzt hat und Gemeingut aller ernsthaft denkenden Menschen geworden ist, so bedeutet das nicht, daß der Kampf um diese Lehre zu einem Abschluß gelangt ist. Vielmehr erscheinen im letzten Viertel dieses Jahrhunderts die Theorien

Freuds nicht mehr als »Lösungen«, sondern eher als einleitende Versuche, ein äußerst kompliziertes Erfahrungssystem weiterzuentwickeln und auszuweiten. Die kritische Auseinandersetzung mit der Psychoanalyse im eigentlichen Sinne hat erst begonnen; damit wurde auch die Überschreitung der Grenzen zu benachbarten Gebieten in Gang gesetzt. (Zum Thema Psychoanalyse und jüdische Religion bzw. Islam s. die Beiträge von Y. Fried und Q. M. Aslam in diesem Bd.)

LITERATUR

BINSWANGER, L.: Erinnerungen an Sigmund Freud. Bern: Francke 1956

FREUD, S.: Zwangshandlungen und Religionsübungen (1907). G. W. VII

Analyse der Phobie eines fünfjährigen Knaben (1909). G. W. VII

Psychoanalytische Bemerkungen über einen autobiographisch beschriebenen Fall von Paranoia (Dementia paranoides) (1911). G. W. VIII

Totem und Tabu (1913). G. W. IX

Eine Teufelsneurose im siebzehnten Jahrhundert (1923). G. W. XIII

Die Zukunft einer Illusion (1927). G. W. XIV

PREUSS, H. G.: Illusion und Wirklichkeit. An den Grenzen von Religion und Psychoanalyse. Stuttgart: Klett 1971. Tb.-Ausg.: Reihe »Geist und Psyche«, Bd. 2199. München: Kindler 1978

FREUD UND DIE RELIGION

von Joachim Scharfenberg

Es gibt wenige Gegenstände in der Geschichte der Psychologie, die so kontrovers abgehandelt worden sind wie das Verhältnis des Schöpfers der Tiefenpsychologie zur Religion. Freuds eigene Einstellung zu ihr war durchweg ablehnend und zwar »in jeder Form und Verdünnung« (Freud, Pfister 1963, 10), wenngleich seine wissenschaftliche Analyse des Phänomens mancherlei Wandlungen durchlief. Die zeitgenössische Umwelt urteilte entsprechend: Abgesehen von Oskar Pfister, der Freud unbekümmert für so etwas wie ein »unbewußtes Christentum« in Anspruch nahm, war man einhellig der Meinung, Freud sei der größte Zerstörer und Auflöser von Moral und Glauben seit Menschengedenken und müsse als Feind des religiösen Glaubens zurück- und in seine Schranken gewiesen werden. Die Nachwelt hingegen urteilte differenzierter: Man entdeckte die überraschenden Parallelen des Lebenswerkes von Freud etwa zur jüdischen mystischen Tradition, begann seine Religionskritik als Herausforderung für den christlichen Glauben anzusehen und konnte Freud sogar die Rolle in einer Art »Fremdprophetie« zusprechen, das »protestantische Prinzip« reiner und kräftiger vertreten zu haben als die offizielle Theologie.

Ludwig Marcuse (1956), der ein wenig beachtetes, aber vorzügliches Freud-Buch geschrieben hat, macht darin die Bemerkung, daß das Stichwort »Widerstand« – von Freud zum »Schiboleth« der Psychoanalyse erklärt – auch der Schlüssel für das Verstehen der Biographie Freuds sei. Freud hat es seinen Biographen besonders schwermachen wollen – »Ich freue mich schon, wie die sich irren werden« (Freud 1960, 136) –; und wie er im 28. Lebensjahr alle persönlichen Aufzeichnungen und Briefe verbrannte und sich für das »Intimste«, auf dessen Offenlegung er bei anderen drang, selbst den Mund verschloß, so hat er wenig später auch eine Korrektur an seiner Beziehung zur Religion vorgenommen, einschließlich der Tilgung in der Autobiographie, daß die Religion einen tiefen Eindruck auf ihn gemacht habe und daß er sich, kaum des Lesens kundig, vor allem der Bibellektüre verschrieben habe (vgl. Jones, I, 1953). Freud hält sich von einem bestimmten Zeitpunkt an für religiös »indifferent« und behauptet wahrheitswidrig, er sei auch so erzogen worden, obwohl die tief religiöse Widmung noch nachzulesen ist, die Freuds Vater ihm in die Bibel schreibt, die er ihm zu seinem 35. Geburtstag schenkt. Gerade das Verhältnis zur Religion dürfte für Freud selbst reich an Widersprüchen, die für ihn das Leben so interessant machten, gewesen sein. Einerseits hält er sich für den schlimmsten Feind der Religion (vgl. Jones, III, 1957), andererseits schreibt er Sätze wie diesen, die zum unvergänglichen Überlieferungsgut religiöser Aussagen gehören dürften: »Wer die Großartigkeit des Weltzusammenhanges und dessen Notwendigkeiten zu ahnen begonnen hat, der verliert leicht sein eigenes kleines Ich. In Bewunderung versunken, wahrhaft demütig geworden, vergißt man zu leicht, daß man selbst ein Stück jener wirkenden Kräfte ist und es versuchen darf, nach dem Ausmaß seiner persönlichen Kraft ein Stückchen jenes notwendigen Ablaufes der Welt abzuändern, der Welt, in der das Kleine doch nicht minder wunderbar und bedeutsam ist als das Große« (Freud, VIII, 142 f).

Den gemeinsamen Lebensweg mit der Braut beginnt er mit dem Versprechen: »Wenn die Form, in der die alten Juden sich wohl fühlten, auch für uns kein Obdach mehr bietet, etwas von dem Kern, das Wesen des sinnvollen und lebensfrohen Judentums, wird unser Haus nicht verlassen« (Freud 1960, 24). Und noch als Achtzigjähriger kann er den Kern der Religion, das, was das Jude-Sein für ihn ausmacht, nur »that miraculous thing« (»dies geheimnisvolle Etwas«) nennen, »inaccessible to analysis so far« (»für die Analyse bisher unerreichbar«) (Freud 1960, 421). Die einzige Arbeit, die Freud anonym erscheinen läßt, ist die über den Moses des Michelangelo, die er noch zwanzig Jahre später als ein »Kind der Liebe« (Freud 1960, 409) bezeichnet und auf die er drei Wochen in Rom verwandte, in denen er täglich zu der Statue pilgerte, beunruhigt von dem Gedanken, »daß ich ergriffen sein soll und dabei nicht wissen soll, warum ich es bin und was mich ergreift« (Freud, X, 172). Religion ist also für Freud – und darin ist er ein echter »Aufklärer« – in erster Linie das äußerst beunruhigende Ergriffensein von einer überindividuellen Macht, die im Zusammenhang steht mit dem Herkommen, der Überlieferung. Sie ist ihm deshalb bis in hohe Alter hinein Anlaß zur Analyse – vornehmlich auch der Selbstanalyse. In immer neuen Anläufen hat er versucht zu verstehen und zu erklären, was sich vielleicht verstehen läßt, aber mit großer Beharrlichkeit immer wieder allen Erklärungsversuchen entzieht.

Als Wissenschaftler stößt Freud erstmalig auf das Phänomen der Religion, als er sich systematisch die Pathologie der Zwangsneurose klarzumachen versucht und ihm blitzartig die Parallelität zur Religionsausübung deutlich wird: hier wie dort rituelle Handlungen, die rational nicht mehr begründbar sind, die symbolisch etwas darstellen, dessen eigentlicher Sinn verlorengegangen ist, vergessen, unbewußt geworden ist, und die deshalb den Charakter des Zwanges annehmen. Beiden liegt letztlich die Bearbeitung eines universell vorgegebenen rätselhaften Schuldgefühles zugrunde. Die Feststellung, daß die Neurosen in dem Maße zunehmen, in dem der allgemeine Einfluß der Religion zurückgeht, brachte Freud (VIII, 109) auf die Idee, daß man beides miteinander vertauschen könne: Wer religiös ist, erspart es sich, eine individuelle Neurose zu entwickeln, also ist die Religion psychologisch gesehen nichts anderes als eine »universelle Zwangsneurose« (Freud, VII, 139). Freilich ist Freud vorsichtig genug, auch die »grellen« Unterscheidungen zwischen Zwangsneurose und Religion zu sehen. Wo diese nur einen einzigen und einförmigen Ritus kennt, herrscht auf seiten der Religion Mannigfaltigkeit. Sie findet öffentlich statt, während die Neurose in den allerprivatesten Bereich verbannt ist. Die neurotischen Symptome sind für den, der ihnen unterworfen ist, sinnlos, während religiöse Handlungen wenigstens intentional sinnvoll und symbolisch gemeint sind (vgl. Freud 1907). Er nennt deshalb auch weniger grob und weniger verallgemeinernd die Zwangsneurose »das halb komische, halb traurige Zerrbild einer Privatreligion« (Freud, VII, 132).

In einem glaubt er jedoch Religion und Neurose auf einer Ebene sehen zu müssen – und dies ist nicht mehr Beobachtung und Befund, sondern Deutung und Interpretation von Beobachtungen: In beiden werde die Herausforderung zur Reife, zum Erwachsenwerden, zur Realität nicht angenommen, sondern die reale Welt mittels einer Wunschwelt zu bewältigen versucht. Es besteht nach seiner Meinung eine Diskrepanz zwischen dem Reifestadium der Menschheit als ganzer und den religiösen Lebensformen, die im Banne eines Soges zur Regression verbleiben. Diese Lebensformen stellen eine »regressive Erneuerung der infantilen Schutzmächte« (VII, 195) dar, der persönliche Gott ist »psychologisch nichts anderes als ein erhöhter Vater« (VII, 195). Damit wird der Ödipuskomplex zum Kernproblem der Religion gemacht, und alle anderen Problembereiche werden zunächst einmal ausgeblendet.

Daß eine solche Reduktion sich fruchtbar auswirken kann, weil sie das Sichtfeld begrenzt, zeigen die weiteren Schritte, die Freud zur Erforschung der Religion unternimmt und die ihn ganz aus dem klinischen Bereich heraus und tief hinein in die allgemeine Menschheitsüberlieferungen führen.

Durch Zufall bekommt er das literarische Dokument einer mittelalterlichen Teufelsverschreibung in die Hand und macht an ihr eine höchst folgenschwere Entdeckung, die er in die lapidare Formel faßt: »Die dämonologische Theorie jener dunklen Zeiten hat gegen alle somatischen Auffassungen der ›exakten‹ Wissenschaftsperiode recht behalten« (Freud, XIII, 317). Das hieß jedoch nicht mehr und nicht weniger, als daß die Psychoanalyse zur legitimen Nachfolgerin der alten Dämonologie und Mythologie geworden war. Freud versuchte die Gleichung Mythologie = Tiefenpsychologie, und siehe da, die Rechnung ging auf. In der Psychoanalyse wurde tatsächlich mit Dämonen gerungen, die hypostasierten Begriffe der Triebelehre wurden wie böse Geister behandelt. »Die Trieblehre ist sozusagen unsere Mythologie« (XV, 101). Und: »Die Mythologie hat sich in Psychologie umgesetzt« (XV, 101). Freud lernte so, Denkstrukturen der Vergangenheit mit Phänomenen des Unbewußten, die noch in der Gegenwart lebendig sind, zu einem Kreislauf des wechselseitigen Verstehens zusammenzuschließen und miteinander in Verbindung zu bringen. Diese Möglichkeit steht und fällt aber mit einer bestimmten geschichtsphilosophischen Vorentscheidung, die erstmals von Vico (italienischer Philosoph, 1668–1744) angedeutet wurde und die Freud (1905) relativ früh in seinem Schaffen übernimmt; danach kann nämlich die Ontogenese als eine Wiederholung der Phylogenese angesehen werden. Denkstrukturen, die die frühe Kindheit beherrschen, den Ursprungsort aller neurotischen Konflikte, werfen somit ein neues Licht auf die frühe Zeit der menschlichen Geistesgeschichte und umgekehrt. Weil in der frühen Kindheit eine außerordentlich starke Offenheit zum Bereich des Unbewußten besteht, wie sie später in dieser Form nicht mehr gelebt wird, hält Freud den Schluß für erlaubt, daß dies auch von der menschlichen Frühgeschichte gilt. Das Jenseits der mythologischen Weltauffassung enthüllt sich ihm als das Jenseits der unbewußten Seelentätigkeit, die damit die Wissenschaft vor die Aufgabe stellt, jene übersinnliche Realität in Psychologie des Unbewußten zurückzuverwandeln – die Metaphysik in Metapsychologie umzusetzen (Freud 1901). Damit rückt die menschliche Urgeschichte in den Mittelpunkt von Freuds Interesse.

Diese seine Beschäftigung mit der Mythologie scheint ihm ein neues Verhältnis zur Wissenschaft eingebracht zu haben. Von einem bestimmten Punkt seiner wissenschaftlichen Entwicklung an meint er, sich nicht mehr an die strengen Regeln der Empirie halten zu müssen, sondern seiner »Neigung zur Spekulation freien Lauf« (Freud, XIV, 84) lassen zu dürfen. An Pfister schreibt er zur gleichen Zeit: »Phantasieren und Arbeiten fällt für mich zusammen, ich amüsiere mich bei nichts anderem« (Freud, Pfister 1963, 32).

Am Leitseil des vornehmlich autobiographisch entdeckten und bearbeiteten Ödipuskomplexes schnurrt die Substanz der Religion in der menschlichen Vorgeschichte zusammen auf »Tabus« – nämlich ethische Vorschriften, die zwangsartig zu wirken vermögen und für die jede bewußte Motivierung abgelehnt wird (Freud, IX, 4) – und das »Totem« eines tiefen, von der individuellen Lebensgeschichte unabhängigen Schuldgefühls, das auf das gleichzeitige Vorhandensein von positiven wie negativen Gefühlen zum Vater zurückzuführen ist. Bereits hier balanciert die Theoriebildung auf der »großen Zehe« eines einzigen Falles, nämlich dem des »kleinen Hans«, der Freud zur Rekonstruktion eines »mächtigen Urvaters« bewog (Freud 1909). Es zeigte sich hier nämlich, daß das Angstobjekt einer Tierphobie als Ersatz für den gefürchteten Vater genommen wurde und daß offenbar die meisten kindlichen Tierphobien so verfahren. Damit war für Freud eines der Haupträtsel der Totemreligion aufgeklärt: warum nämlich ein Tier für einen bestimmten Clan der primitiven Gesellschaft als heilig galt, höchste Verehrung genoß, einmal im Jahr jedoch geschlachtet und von den Kultgenossen in feierlicher Mahlzeit verspeist wurde. Für Freud konnte kein Zweifel bestehen, daß das Totemtier als Verschiebungsersatz für den Vater zu deuten sei, und zwar für einen prähistorischen, mächtigen Urhordenvater, dessen Gestalt er in Anlehnung an Darwin konzipierte. Gegen diesen Vater hatten sich die Söhne erhoben und ihn getötet. Die schuldhaften Erinnerungsspuren an diese Bluttat brachten sie später dazu, ihn sich wieder in einem sühnespendenden Kultus einzuverleiben. »Die Totemreligion war aus dem Schuldbewußtsein der Söhne hervorgegangen als Versuch, dieses Gefühl zu beschwichtigen und den beleidigten Vater durch nachträglichen Gehorsam zu versöhnen ... Sie macht es zur Pflicht, das Verbrechen des Vatermordes in der Opferung des Totemtieres immer wieder von neuem zu wiederholen« (Freud, IX, 175).

Freud (1912/13) war ausgezogen, um die übersinnliche Realität der mythologischen Religion in Psychologie des Unbewußten zurückzuverwandeln. Er endet in »Totem und Tabu« bei der ebenso übersinnlichen Realität eines prähistorischen Mythos, die ihm eine Erklärung dafür liefern soll, warum die Sohnesreligion des Christentums die ursprüngliche Vaterreligion ablösen konnte. Immerhin: Bereits in »Totem und Tabu« vermag Freud die Frage nach der Verbindlichkeit ethischer Forderungen bis hin zum kategorischen Imperativ Kants und die nach dem Schuldproblem als Grundgegebenheit menschlicher Existenz überzeugend darzustellen. Ihre religionskritische Spitze erhalten diese (was das historische Material angeht) mit Spekulation und Phantasie durchsetzten Überlegungen mit den Fragen an die Gegenwart: ob es heute noch möglich sein kann, ethische Forderungen, die sich auf nicht mehr zu hinterfragende Tabus stützen, aufrechtzuerhalten, und ob ein in totemistischer Manier korrekt wiederholter Ritus das Schuldproblem zu lösen vermag?

Freud selbst haben diese Fragen noch nicht befriedigt, denn er versuchte zunächst einen dritten Ansatz zum Verständnis der Religion von seinem bereits seit der »Traumdeutung« (1900) zentralen Begriff der Wunscherfüllung aus.

Wenn Freud (1920) den Weg der menschlichen Reifung als die fortschreitende Eindämmung des Lustprinzips zugunsten des Realitätsprinzips beschreibt, so hat er damit eine normative Deutung der menschlichen Existenz gegeben, in der die bestehende »Wirklichkeit« die eindeutige Prävalenz der »Möglichkeit« gegenüber erhält. Streng schied er zwischen dem Traum, in dem sich auch der Erwachsene ein Stück Rückkehr zur Wunschwelt des Lustprinzips gestatten mag, und dem Wachleben, in dem eine seelische Weigerung, erwachsen zu werden, nach Freuds Meinung unweigerlich zu den pathologischen Symptomen der Neurose führen müsse.

Daß zu jeder Realitätsveränderung ein Stück Wunschdenken gehört, d. h. die Fähigkeit, sich nicht nur an die Realität anpassen zu können, sondern sich eben diese Realität auch anders vorstellen zu können, war eine Vorstellung, der Freud sich beharrlich widersetzte, wiewohl er soviel lieber mit den Dichtern das »erflogen« hätte, was man mit der Wissenschaft so mühsam »erhinken« muß.

Allein er muß sich offensichtlich gegen die Versuchungen dieser Art selbst schützen, da er immer wieder selbst zu viel Phantasie in seiner eigenen wissenschaftlichen Arbeit beobachtet. Alles was man nicht als »Niederschläge von Erfahrung« oder als »Endresultate des Denkens« bezeichnen kann, erhält deshalb das Merkzeichen »Illusion« aufgeprägt. Diese muß nicht notwendigerweise ein Irrtum sein, sie muß nicht falsch, »das heißt unrealisierbar oder in Widerspruch mit der Realität sein« (XIV, 353), aber für die Illusion »bleibt charakteristisch die Ableitung aus menschlichen Wünschen« (XIV, 353). Dies aber ist für ihn der hervorstechendste Zug an der Religion. Er kann in ihr lediglich die Erfüllung der »ältesten, stärksten, dringendsten Wünsche der Menschheit« (XIV, 352) sehen. Im Reich der Religion scheint ihm alles so zu sein, »wie wir es uns wünschen« (XIV, 356). In ihm gehorcht der Mensch also stärker dem Lustprinzip als dem Realitätsprinzip. Gegen diese Einstellung mit ihren »Versuchungen« hegt Freud aber das äußerste Mißtrauen, weil er in ihr den Hang zur infantilen Haltung der Neurotiker befürchten muß. Mit Emphase proklamiert er: »Der Mensch kann nicht ewig Kind bleiben ...« (XIV, 373). »Die Erfahrung lehrt uns: Die Welt ist keine Kinderstube« (XV, 181). Und er fordert die »Erziehung zur Realität« (XIV, 373). Im Dienste des Realitätsprinzips glaubt also Freud gegen die Religion, deren offizielle Vertreter mit Unfreundlichkeiten und Seitenhieben auf die Psychoanalyse keineswegs sparsam gewesen waren, vorgehen zu müssen und ihre Schädlichkeit zu erweisen. Die Abwendung von ihr werde sich ohnehin »mit der schicksalsmäßigen Unerbittlichkeit eines Wachstumsvorganges« (XIV, 367) vollziehen.

Was Freud den religiösen Illusionen entgegenzusetzen hat, ist nicht erbaulich und wenig trostreich, denn »die Absicht, daß der Mensch glücklich sei, ist im Plan der Schöpfung nicht vorgesehen« (XIV, 434). Auch die »außerordentlichen Fortschritte in den Naturwissenschaften ... haben ... das Maß von Lustbefriedigung nicht erhöht« (XIV, 446). »Der Mensch ist sozusagen eine Art Prothesengott geworden, recht großartig, wenn er alle seine Hilfsorgane anlegt, aber sie sind nicht mit ihm verwachsen und machen ihm gelegentlich noch viel zu schaffen« (XIV, 451). Es bleibt kein Trost, denn »dunkle, fühllose und lieblose Mächte bestimmen das menschliche Schicksal« (XV, 180).

Demgegenüber klingt aber gerade in dieser Phase der äußersten Resignation und des Pessimismus, als ihm die Realität eines »Todestriebes« zur Gewißheit geworden war und er sich mit einer gewissen prophetischen Beharrlichkeit dazu genötigt sieht, immer wieder »die angeborene Neigung des Menschen zum ›Bösen‹, zur Aggression, Destruktion und damit auch zur Grausamkeit« (XIV, 479) herauszustellen, ein ganz anderer Ton bei ihm an, nämlich die Erkenntnis von der Notwendigkeit der Liebe: »Die Schicksalsfrage der Menschenart scheint mir zu sein, ob und in welchem Maße es ihrer Kulturentwicklung gelingen wird, die Störung des Zusammenlebens durch den menschlichen Aggressions- und Selbstvernichtungstrieb Herr zu werden. Die Menschen haben es jetzt in der Beherrschung der Naturkräfte so weit gebracht, daß sie es mit deren Hilfe leicht haben, einander bis auf den letzten Mann auszurotten. Sie wissen das, daher ein gut Stück ihrer Unruhe, ihres Unglücks, ihrer Angststimmung. Und nun ist zu erwarten, daß die andere der beiden ›himmlischen Mächte‹, der ewige Eros, eine Anstrengung machen wird, um sich im Kampf mit seinem unsterblichen Gegner zu behaupten. Aber wer kann den Erfolg und Ausgang voraussagen« (XIV, 506)?

Dieser Kampf zwischen Eros und Tod, zwischen Lebens- und Destruktionstrieb wird nun von Freud als »der wesentliche Inhalt des Lebens überhaupt« (XIV, 481) bezeichnet. Die Liebe wird für ihn zu »einem von der Wissenschaft ganz unabhängigen Lebensziel« (Jones, II, dt. Ausg., 521). Kultur »sei ein Prozeß im Dienste des Eros, der vereinzelte menschliche Individuen ... zu einer großen Einheit, der Menschheit, zusammenführen wolle. Warum das geschehen müsse, wissen wir nicht« (Freud, XIV, 481). So bleibt die Liebe für Freud doch letztlich ein tiefes Rätsel des Lebens – auch des eigenen. »Wenn ich mich frage, warum ich immer gestrebt habe, ehrlich, für den anderen schonungsbereit und womöglich gütig zu sein, und warum ich es nicht aufgegeben, als ich merkte, daß man dadurch zu Schaden kommt, dann weiß ich allerdings keine Antwort« (zit. n. Jones, II, dt. Ausg., 489).

Vielleicht war es die Unruhe über das Rätsel im eigenen Inneren, die Freud im hohen Alter noch einmal zu einer neuen Auseinandersetzung mit dem Problem der Religion zwang, das ihn quälte »wie ein unerlöster Geist« (Freud, XVI, 210).

Bereits in seiner Schrift »Die Zukunft einer Illusion« (1927), die Freud kurz nach dem Erscheinen bereits »kindisch« vorkommt, »analytisch schwach und als Selbstbekenntnis unpassend ... Im Grunde denke ich anders« (zit. n. Jones, III, dt. Ausg., 257), hatte er geschrieben: »Wir bemerken jetzt, daß der Schatz der religiösen Vorstellungen nicht allein Wunscherfüllungen enthält, sondern auch bedeutsame historische Reminiszenzen ... Die religiöse Lehre teilt uns also die historische Wahrheit mit« (Freud, XIV, 366). Fasziniert von der »Großartigkeit dieser Einsicht« (Jones, III, dt. Ausg., 257) wird sie ihm für den Rest seines Lebens zum Kristallisationspunkt eines Denkens, das sich nicht mehr von dem Phänomen der Religion und dem damit gestellten Menschheitsproblem loszureißen vermag, das sich für ihn in der Moses-Gestalt konkretisierte.

Weder erscheint ihm das historische Fundament seiner Altersarbeiten über Moses gesichert genug, noch gefallen sie ihm selbst besonders gut (vgl. Freud 1960), dennoch genügt es ihm, daß er selbst an die Lösung des Problems glauben kann, weil es ihn durch sein ganzes Leben hindurch verfolgte (vgl. Freud, Salomé 1966). Die Veröffentlichung der Arbeiten über Moses unterblieb zunächst, weil Freud die katholische Kirche, die damals noch als ein Wall gegen die nationalsozialistische Barbarei wirkte, nicht kränken wollte.

Worin besteht aber die Lösung des Problems, das Freud sein ganzes Leben lang verfolgt hat? Fasziniert von der Technik der Quellenscheidung, die er bei der Lektüre zu seiner letzten Moses-Arbeit erstmalig kennenlernt, zerlegt Freud Moses in zwei historische Gestalten: einen weniger wichtigen, primitiven und gewalttätigen midianitischen Moses, der dem Feuer-Dämon Jahwe dient, und in den »eigentlichen« Moses, der gar kein Jude war, sondern ein vornehmer Ägypter, der die hochgeistige monotheistische Aton-Religion vertrat, das armselige Fronvolk der Juden gleichsam adoptierte, aus der Gefangenschaft herausführte und auf den Monotheismus verpflichtete. Das widerspenstige Volk erschlug allerdings seinen Führer und muß seitdem trotz aller großartigen Leistungen mit dem Stigma eines Schuldgefühls in der Seele durch die Geschichte wandern. Auf dieser Grundlage konnte sich alsbald die Religion der Sühne für diese Untat, das stellvertretende Opfer des Sohnes, entfalten.

Was für die Einzelfälle Moses und Jesus gilt, hat jedoch exemplarischen Charakter für die ganze Menschheit. Dem historischen Wahrheitsgehalt der Religion schreibt Freud (1936) ihre eigentliche Macht zu, die dadurch zustande kommt, daß die religiösen Phänomene »als Wiederkehren von längst vergessenen bedeutsamen Vorgängen in der Urgeschichte« (Freud, XVI, 160) angesehen werden müssen. Daraus folgt, »daß das Menschengeschlecht eine Vorgeschichte hat, und da diese unbekannt, das heißt vergessen ist, hat ein solcher Schluß beinahe das Gewicht eines Postulates« (XVI, 186). Der entscheidende Satz über die Religion heißt also: »Sofern sie die Wiederkehr des Vergangenen bringt, muß man sie Wahrheit heißen« (XVI, 239).

Für Freud blieb noch die Frage zu klären, wie denn nun im Laufe der Menschheitsgeschichte als einer »Wiederkehr des Verdrängten« die Wirkungsmacht der Urgeschichte von Geschlecht zu Geschlecht vonstatten gehen könne. Und er entschließt sich endlich zu der Annahme, »daß die psychischen Niederschläge jener Urzeiten Erbgut geworden waren, in jeder neuen Generation nur der Erweckung, nicht der Erwerbung bedürftig« (XVI, 241). Und so schließt sich der Kreis dieser Überlegungen mit einem Zugeständnis an den großen Widersacher C. G. Jung: »Der Inhalt des Unbewußten ist ja überhaupt kollektiv, allgemeiner Besitz des Menschen« (XVI, 241). (Zur Einstellung Adlers und Jungs zur Religion s. die Beiträge von W. Metzger und E. Spengler in diesem Bd.).

LITERATUR

FREUD, S.: Die Traumdeutung (1900). G. W. II/III

Zur Psychopathologie des Alltagslebens (1901). G. W. IV

Drei Abhandlungen zur Sexualtheorie (1905). G. W. V

Zwangshandlungen und Religionsübungen (1907). G. W. VII

Hysterische Phantasien und ihre Beziehung zur Bisexualität (1908). G. W. VII

Analyse der Phobie eines fünfjährigen Knaben (1909). G. W. VII

Eine Kindheitserinnerung des Leonardo da Vinci (1910). G. W. VIII

Die zukünftigen Chancen der psychoanalytischen Therapie (1911). G. W. VIII

Totem und Tabu (1912/13). G. W. IX

Der Mose des Michelangelo (1914). G. W. X

Jenseits des Lustprinzips (1920). G. W. XIII

Eine Teufelsneurose im siebzehnten Jahrhundert (1923). G. W. XIII

»Selbstdarstellung« (1925). G. W. XIV

Die Zukunft einer Illusion (1927). G. W. XIV

Das Unbehagen in der Kultur (1930). G. W. XIV

Neue Folge der Vorlesungen zur Einführung in die Psychoanalyse (1933). G. W. XV

Nachschrift 1935 zur »Selbstdarstellung« (1936). G. W. XVI

Der Mann Moses und die monotheistische Religion. Drei Abhandlungen (1939). G. W. XVI

Psychoanalyse und Telepathie (1953). G. W. XVII

Briefe (1873–1939). Frankfurt/M.: Fischer 1960

FREUD, S., PFISTER, O.: Briefe (1909–1939), hg. v. E. Freud, H. Meng. Frankfurt/M.: Fischer 1963

FREUD, S., SALOMÉ, L. A.: Briefwechsel, hg. v. E. Pfeiffer. Frankfurt/M.: Fischer 1966

JONES, E.: The life and work of Sigmund Freud, I–III. New York: Basic Books 1953–1957. Deutsch: Das Leben und Werk von Sigmund Freud. I–III. Bern, Stuttgart: Huber 1960–1962

MARCUSE, L.: Sigmund Freud. Sein Bild vom Menschen. Reinbek: Rowohlt 1956. (Neuauflage) München: Kindler 1964

ALFRED ADLER UND DIE RELIGION

von Wolfgang Metzger

Über das Verhältnis Adlers zur Religion, genauer zu den Bekenntnissen, zwischen denen er aufwuchs, lebte und wirkte, liegen wohl die wichtigsten Zeugnisse in folgenden Werken vor:

1. in dem 1933 von Adler mit dem Theologen Ernst Jahn gemeinsam herausgegebenen Bändchen »Religion und Individualpsychologie«, inzwischen in einer Neuauflage erschienen (1975); darin besonders der Abschnitt »Grundsätzliche Darlegungen« (1975, 68 ff), aber auch die unter der Überschrift »Stellungnahme« (1975, 73 ff) folgenden Ausführungen;

2. in dem ebenfalls 1933 erschienenen Bändchen »Der Sinn des Lebens« (Neuauflage 1975); besonders im Kapitel 15, das ebenfalls den Titel »Der Sinn des Lebens« (Adler 1975, 152 ff) trägt;

3. in Manès Sperbers Schrift »Alfred Adler, der Mensch und seine Lehre« (1926);

4. vor allem in Sperbers Buch »Alfred Adler oder Das Elend der Psychologie« (1970, 47 ff).

Auf die oben genannten Schriften Adlers geht Sperber übrigens in seinem Text nicht ein. Er erwähnt sie am Schluß seines Verzeichnisses von Schriften Adlers; in das Namensregister ist aber der Name Jahn nicht aufgenommen. Im übrigen kann Sperbers Zeugnis wohl als das zuverlässigste betrachtet werden. Ihn verband eine jahrelange Freundschaft mit dem viel älteren Adler, und darüber hinaus braucht man angesichts des geistigen Niveaus Sperbers keine sektiererische Art blinder Anbetung zu erwarten.

Im folgenden werden – auf Grund der angegebenen Quellen – zunächst 1. die religiöse Atmosphäre in Adlers Kindheit, 2. die Geschichte der Bekenntniszugehörigkeiten Adlers, 3. die Aussagen Sperbers über Adlers Verhältnis zum (jüdischen und christlichen) Glauben, 4. Adlers eigene Aussagen hierüber in der Auseinandersetzung mit Pfarrer Jahn geschildert. Abschließend soll das Verhältnis zwischen Adlers und Sperbers Aussagen erörtert werden.

Zur religiösen Atmosphäre der Kindheit bemerkt Sperber: Adlers Vater kam »aus dem Burgenland, aus dörflichen Verhältnissen mit geringer jüdischer Substanz. In seinem Haus wurden gewiß die jüdischen Feiertage gehalten. Man ging an Festtagen, vielleicht auch am Sabbat, in den Tempel, aber es dürfte bei den Adlers ein sozusagen fahles, weil beschränktes, inhaltsschwaches Judentum vorgeherrscht haben. Alfred Adler erinnerte sich an diese oder jene Begebenheit, die mit religiösen Übungen verbunden war, so an einen Vorfall im Tempel oder an eine Episode während eines Osterabends, aber diese Erinnerungen waren seltsam blaß und zum Teil durch Unwissenheit entstellt. So erinnerte er sich, daß am Passah-Abend ein Engel erwartet wurde, an dessen Kommen er gezweifelt hatte. In Wirklichkeit erwartete man – ohne Zuversicht, doch der Tradition gemäß –, daß der Prophet Eliah erscheine« (1970, 47).

Für den jungen Adler, der sich nach der Übersiedlung in die Hauptstadt als Gassenbub auf den Straßen der Wiener Leopoldstadt herumtrieb – woran er sich sein Lebtag gern erinnerte –, spielte seine jüdische Herkunft offenbar keine Rolle. Es fehlten ihm die körperlichen Merkmale des Juden, so daß seine Spielkameraden aus christlichen Familien wahrscheinlich gar nicht auf den Gedanken kamen, daß er nicht ihresgleichen war.

Seinen frommen, aber nicht strenggläubigen Eltern hat er damals, was sein Verhältnis zu der jüdischen Überlieferung und den zugehörigen Bräuchen betraf, offenbar einigen Kummer gemacht. Ihren Versuchen, ihn zu ihrem Glauben anzuhalten, scheint er sich schon als Knabe erfolgreich widersetzt zu haben. Er war auch später, als Student, alles andere als das, was man bei uns, heute wie damals, einen »religiösen Menschen« nennt, sondern der typische gebildete Freigeist des ausgehenden neunzehnten Jahrhunderts – aufgeklärt, rationalistisch, wissenschaftsgläubig. In seinem Denken war kein Platz für den Glauben an überirdische Wesen und für religiöse Dogmatik überhaupt. Wenn man von den beiden »Religion und Individualpsychologie« und »Der Sinn des Lebens« betitelten Schriften, beide aus dem Jahr 1933, absieht, kommen in seinem Werk das Wort und der Begriff »Gott« nicht vor.

Doch gibt es in seinem Leben ein Ereignis, oder genauer, einen Entschluß, der darauf hinweist, daß ihm Glaubensfragen nicht *völlig* gleichgültig waren. Er hat sich eines Tages taufen lassen und gehörte seitdem der evangelischen Kirche seines Landes an. Die Zeit dieses Schrittes ist nicht überliefert; nach Sperber vollzog er ihn »als junger Mann«. Als Sperber ihn Anfang der zwanziger Jahre kennenlernte, lag das Ereignis offenbar schon Jahrzehnte zurück. Adler war gewiß kein eifriges Mitglied der protestantischen Kirche, so wenig er zuvor ein eifriges Mitglied seiner jüdischen Gemeinde gewesen war. Sperber beschäftigt sich sehr eingehend mit der Frage nach den Gründen dieses Übertritts. Er weist, sicher mit Recht, darauf hin, daß die Besonderheiten und Feinheiten der Lehren des protestantischen Christentums unmöglich eine unwiderstehliche Anziehungskraft auf Adler ausüben konnten. Im Gegenteil, die Auseinandersetzung mit dem Protestanten Fritz Künkel und die schließliche Trennung von ihm, das heißt, von einem Mann, der mit seiner »Einführung in die Charakterkunde« von 1928 – trotz einiger sprachlicher und auch inhaltlicher Neuerungen – eine der treffendsten, übersichtlichsten und zugleich verständlichsten Darstellungen des Gedankengebäudes Adlers gegeben hat, war wesentlich dadurch bedingt, daß Künkel in seiner Darstellung des Heilungsvorgangs sich gewisser Begriffe der protestantischen Theologie bediente, z. B. des paulinisch-lutherischen Begriffs der Gnade. Wo Adler auf die protestantischen Neigungen Künkels zu sprechen kommt, geschieht dies in einer so sarkastischen Weise, daß man, auch wenn er es nicht gelegentlich ausdrücklich gesagt hätte, sich nur schwer des Eindrucks erwehren kann, er betrachte sie als rein zweckbedingte Versuche der Anbiederung an eine der großen geistigen Mächte unserer Zeit, durch die Künkel die Unabhängigkeit der individualpsychologischen Lehre gefährde. Ich selber muß bei dieser Gelegenheit gestehen, daß ich (und u. a. auch die in England erfolgreich tätige Susanne Liebmann) mit Adlers Lehre durch Fritz Künkels »Einführung in die Charakterkunde« bekannt wurde und daß ich noch heute unverändert überzeugt bin, von Künkel in allem Wesentlichen durchaus treffend über sie unterrichtet worden zu sein. Künkel läßt in jener Darstellung auch nicht den geringsten Zweifel, daß er in allen entscheidenden Punkten widergibt, was er von Adler gelernt hat.

Sperber scheint mir auf dem richtigen Weg zu sein, wenn er für den Übertritt Adlers nicht nach dogmatischen, sondern nach sozialpsychologischen Gründen sucht. Sicher hat er vor allem darin recht, daß er es von sich weist, die Taufe Adlers als einen aus Ehrgeiz und Opportunismus begangenen Verrat zu bewerten. Doch scheint mir seine Darstellung etwas zu kompliziert zu sein. Ohne die Möglichkeit, es zu beweisen, glaube ich auf Grund von ähnlichen Vorgängen in meinem eigenen engeren Erlebnisbereich annehmen zu dürfen, daß es sich dabei in erster Linie nicht um Adlers eigene Stellung handelte, sondern um die – sogleich oder später zu erwartende – Stellung *seiner Kinder*. Meine Vermutung ist, daß Adler durch seine protestantische Taufe, die ohne weiteres auch die ihrige zur Folge hatte, seinen Kindern zweierlei – seiner Ansicht nach gleichermaßen quälende und überflüssige und außerdem ihre Entwicklung störende – Erfahrungen ersparen wollte: erstens die übertriebenen Verhaltensforderungen dogmatisch festgelegter Lehrer – in dem Fall, der mir vor Augen steht, waren das die Lehren und Forderungen des römisch-katholischen Beichtunterrichts; und zweitens die kaum weniger quälende Außenseiterstellung des »Dissidenten« an unseren öffentlichen Schulen, gegen die es kein Mittel gibt außer dem Anschluß an das Glaubensbekenntnis der Mehrheit. Aber wie gesagt, muß all dies Vermutung bleiben.

Welches war nun Adlers tatsächlicher Standpunkt in Glaubensdingen? Es gibt darüber zwei Aussagen, die einander – auf den ersten Blick – gegenseitig ausschließen. Da sind erstens die Aussage Sperbers auf Grund persönlicher Gespräche, die sich, ungefähr in Adlers fünfzigstem Lebensjahr beginnend, über fast zehn Jahre erstreckten, zweitens Adlers eigene Aussage.

Sperber: »Adler war entschieden ungläubig, total glaubenslos. In den Jahren, da ich ihn kannte, sagte ich mir, daß er unanfechtbar, unangefochten der radikalste Atheist wäre, dem ich je begegnet war. Ihm schien jeder Sinn für die unausschöpfbaren Werte des Glaubens zu fehlen, deren Bedeutung mir, der ich auch ein Atheist war (und geblieben bin), offenbar war« (1970, 49). Sperber kommt abschließend auf einen vermutlichen Wandel in der Einstellung Adlers zum Glauben in späteren Jahren zu sprechen, aber ohne sich konkret damit auseinanderzusetzen. Offenbar bezieht er sich dabei auf Erklärungen Adlers (Adler, Jahn 1933; Adler 1933), mit denen wir uns nunmehr auseinanderzusetzen haben.

Lassen wir am besten zunächst Adler selbst sprechen:

1. »Die Tatsache, daß sich ein immer größerer Teil der Menschheit gegen die Religion wehrt, stammt nicht aus dem ihr zu Grunde liegenden Wesen; diese Gegenwehr stammt vielmehr aus Widersprüchen, die sich aus dem Wirken des

Machtapparates der Religionen entgegen ihrem fundamentalen Wesen ergeben haben. Wohl auch aus dem nicht seltenen Mißbrauch zu Zwecken, die mit dem Wesen der Religion in Widerspruch stehen« (Adler, Jahn 1975, 72).

2. Sich anstelle des Glaubens an ein höchstes Wesen »mit der Anerkennung der kausal wirkenden Naturkräfte als dem Bilde der höchsten Kraft« (Adler, Jahn 1975, 70) zufriedenzugeben, widerspricht dem Ansatz der Individualpsychologie. Diese »wäre durch das Wesentliche ihrer Anschauung gezwungen, diese voraussetzungslose, mechanistische Anschauung als Illusion anzusehen, da sie ziel- und richtungslos ist ... Fehlt der materialistischen Anschauung das Leben bedeutende Ziel, so der religiösen – die in diesem Punkt weit voraus ist – der kausale Unterbau. Gott ist nicht wissenschaftlich erweisbar, er ist ein Geschenk des Glaubens« (Adler, Jahn 1975, 70).

3. »Die Individualpsychologie als Wissenschaft darf sich nicht religiöser Dogmen bedienen ... Aber auch sie kann Gott nicht aus der Welt verbannen ...« (Adler, Jahn 1975, 96).

Was aber meint der Individualpsychologe, wenn er das Wort »Gott« gebraucht?

Die einzelnen Thesen, aus denen Adlers Antwort besteht, sind in sich durchaus klar und konsistent, aber derart zerstreut über immer wieder erneute Ansätze, daß ich hier versuchen will, sie zu einer Gesamtaussage in meinen Worten zusammenzufassen: Die Gottesidee ist eine dem menschlichen Denken und Fühlen von jeher naheliegende Konkretisierung und Interpretation der Idee der Vollkommenheit der Menschheit als eines in der Zukunft der Menschen liegenden Zieles, an das der Einzelne wie die Gesamtheit gebunden ist bzw. sich gebunden fühlt. Dieser – nie ganz erreichbare, sondern für immer nur anzunähernde – Idealzustand der Menschheit besteht in der größten möglichen Ausbildung und Ausbreitung des Gemeinschaftsgefühls.

»Ob einer das höchste wirkende Ziel als Gottheit benennt oder als Sozialismus oder, wie wir, als reine Idee des Gemeinschaftsgefühls ...«, »immer spiegelt sich darin das ... Vollendung verheißende, gnadenspendende Ziel der« – gemeinsamen – »Überwindung« (Adler, Jahn 1975, 70) – der Unbilden, Beschwerden und Gefahren dieser Welt. Diesem Ziel kann die Menschheit sich deshalb nähern, weil »der Mensch ... *von Natur aus weder gut noch böse«* ist (Adler, Jahn 1975, 81 – Hervorhebung d. Ref.), d. h. weil es keine Erbsünde gibt.

Es ist kennzeichnend für Adlers Denken, daß das Wort »Gottes*idee*« in seine Gedankengänge besser hineinpaßt als das Wort »Gott«. Adler geht nicht so weit wie Freud, für den *jede* Religion eine Art Neurose ist. Aber Gott ist für ihn kein Wesen, das auch außerhalb der Gedanken des Menschen existiert und das dem Menschen *als wirkliches* gegenübersteht, mit dem der Gläubige sich bittend und dankend unterhalten kann, dessen Zorn er fürchtet und auf dessen Güte und Barmherzigkeit er vertraut. Im Gegensatz etwa zu Blaise Pascal oder zu Johann Georg Hamann gibt es für Adler – nach dem in dieser Hinsicht überaus treffenden Sprachgebrauch Meister Eckharts – nur einen gedachten, keinen gegenwärtigen Gott. Gott ist für ihn, wie gesagt, eine »Idee«, ein Gedankending, die Verbildlichung eines von den Menschen erhofften und erstrebten Zustandes der Menschheit selbst, die – nebenbei – nur in ferner Zukunft erreicht oder, genauer, angenähert werden kann. »Gott« steht, wie gesagt, dem Menschen nicht gegenüber; er ist auch in keinem irgendwie greifbaren Sinn etwa unpersönlicher »Grund des

Seins«. Zwar kann Adler von einer »Vereinigung des Menschen mit Gott« sprechen; genaugenommen meint er aber damit immer nur den Übergang des Menschen in den *Zustand* der Vollkommenheit, in welchem sein Tun und Lassen mehr oder weniger ausschließlich vom Gemeinschaftsgefühl geleitet wird.

Kurz: Die Auffassung von »Gott« oder der »Gottesidee« als bildlichem Ausdruck für einen ausgezeichneten Endzustand der Menschheit und zugleich als *vorläufiger* Ausdruck, der in dem Augenblick überflüssig wird, wo eine begrifflich schärfere Erfassung des gemeinten Sachverhalts gelingt, ist, theologisch gesehen, Atheismus; also genau das, was Sperber behauptet hat.

Es gibt wohl wenige Menschen, deren ganzes Leben in solchem Maße der tätigen Menschenliebe gewidmet war wie das Leben Alfred Adlers. Dabei lag ihm das Bewußtsein eines göttlichen Auftrags völlig fern. Aber merkwürdigerweise fehlt bei ihm auch jeglicher Bezug auf die Stellen im Alten und im Neuen Testament, in denen das Gebot »Liebe deinen Nächsten wie dich selbst!« (neben der Liebe zu Gott) als das höchste aller Gebote bezeichnet wird, das alle übrigen Gebote in sich begreift (3. Moses 18, 19; Jesaja 1, 17; 58, 7; Hosea 6, 6; Micha 6, 8; Amos 5, 21; Matthäus 5, 43; 19, 19; 22, 39; Lukas 10, 27; Römer 13, 9; Galater 5, 14; Jakobus 2, 8). Hier wird immer wieder das Verhalten gefordert, das aus einem gut ausgebildeten Gemeinschaftsgefühl ganz selbstverständlich hervorgeht. Daß bei Adler nicht von der Menge der einzelnen »Nächsten«, sondern, nicht selten ganz ausdrücklich, von »der Menschheit« als Ganzer die Rede ist, bedeutet doch für das Verhalten im Alltag nichts grundsätzlich Neues, sondern nicht viel mehr als eine Nuance, die ohnehin für die weniger Begabten kaum eine Rolle spielen kann. Wenn Adler selbst immer wieder betont, daß die Herrschaft des Gemeinschaftsgefühls »an den Früchten« (Adler, Jahn 1975, 75) und nur an ihnen erkennbar ist, so wird er, obwohl er ebenfalls betont, »daß diese Früchte sub specie aeternitatis erkannt werden müssen« (Adler, Jahn 1975, 75), mit den Armen im Geiste, die zugleich reich im Herzen sind, keine Prüfung darüber abhalten, wie sie es mit »der ganzen Menschheit« halten, wenn es an ihrem Verhalten nur deutlich wird, daß sie am Geben ebenso viel Freude haben wie am Nehmen, und zwar auch wenn niemand zuschaut und weder Anerkennung noch Belohnung in Aussicht stehen.

Adler wertet die bestehenden Religionen so gut wie ausschließlich nach ihrem Vermögen, ihre Anhänger zu mehr Mitmenschlichkeit zu erziehen. Er ist sich bewußt, daß die Individualpsychologie »manche verschüttete Position der christlichen Menschenführung wiederentdeckt« (Adler, Jahn 1975, 98) hat und dort, wo die Religionen ihren Einfluß verloren haben, eingesprungen ist, um »das heilige Gut der Allmenschlichkeit zu schützen und zu fördern« (Adler, Jahn 1975, 75).

Ja, er geht am Schluß seiner Antwort an Pfarrer Jahn so weit, darauf hinzuweisen, daß er *stets* bestrebt gewesen sei, »zu zeigen, daß die Individualpsychologie die Erbin aller großen Menschenbewegungen ist, die auf das Wohl der Menschheit hinzielten« (Adler, Jahn 1975, 98). Das bedeutet unmißverständlich, daß er sie im Hinblick auf die Erziehung des Menschengeschlechts ohne Scheu auch als die legitime Nachfolgerin der gegenwärtig vorherrschenden großen Religionen betrachtete. (Hinsichtlich Freuds und Jungs Einstellung zur Religion s. die Beiträge von J. Scharfenberg, E. Spengler und D. Spies in diesem Bd.).

LITERATUR

ADLER, A.: Über den nervösen Charakter. Grundzüge einer vergleichenden Individualpsychologie und Psychotherapie (1912). Neudruck Frankfurt/M.: Fischer 1972

Der Sinn des Lebens. Wien, Leipzig: Passer 1933. Neudruck Frankfurt/M.: Fischer 1973

ADLER, A., JAHN, E. (Hg.): Religion und Individualpsychologie. Eine prinzipielle Auseinandersetzung über Menschenführung (1933). Neudruck Frankfurt/M.: Fischer 1975

KÜNKEL, F.: Einführung in die Charakterkunde. Leipzig: Hirzel 1928

SPERBER, M.: Alfred Adler, der Mensch und seine Lehre. München: Bergmann 1926

Alfred Adler oder Das Elend der Psychologie. Wien: Molden 1970

C. G. JUNGS RELIGIONSPSYCHOLOGIE

von Ernst Spengler

FRÜHE ERFAHRUNGEN

Von den großen Psychologen des zwanzigsten Jahrhunderts hat C. G. Jung als erster die Religiosität als das zentrale Problem im Leben des Menschen anerkannt. Nach dreißig Jahren psychotherapeutischer Praxis zog er das Fazit, unter seinen Patienten im Alter von über 35 Jahren sei »nicht ein einziger, dessen endgültiges Problem nicht das der religiösen Einstellung wäre« (Jung 1932, § 509[1]). Jung selber ist nicht nur ungewöhnlich früh, sondern auch unheimlich heftig mit religiösen Erlebnissen konfrontiert worden: Mit etwa vier Jahren träumte er von einem unterirdischen Phallusgott, und dem Zwölfjährigen drängte sich eines schönen Sommertages die peinvolle Vorstellung auf, Gott lasse ein »ungeheures Exkrement« (Jung 1962, 2, 18, 42) auf das Basler Münster fallen. Beide Erlebnisse haben den Knaben völlig unvertrauten, für unseren Kulturkreis fremdartigen Gottesvorstellungen ausgesetzt, und sie waren so überwältigend, daß er darüber mit niemandem sprechen konnte, sie jahrzehntelang als persönliches Geheimnis[2] bewahrte (Jung 1962). Was damals und später, insbesondere zur Zeit von Jungs schöpferischer Krise nach seiner Trennung von Freud, an inneren »Bildern« aus seinem Unbewußten aufbrach und ihn zunächst überflutete, verstand er im Rückblick als »Urstoff für ein Lebenswerk« (Jung 1962, 203), den er sein Leben lang zu bearbeiten hatte.

Wer sich mit Jungs Religionspsychologie vertraut machen will, ist gut beraten, die Schilderung der beiden Kindheitserlebnisse im Original nachzulesen. Für Jung waren diese Erfahrungen prägend; von da aus wird verständlich, weshalb sein religionspsychologisches Denken stets von der *Erfahrung* ausgeht. »Damals wurde es mir plötzlich klar, daß Gott, für mich wenigstens, eine der allersichersten, unmittelbaren Erfahrungen war. Jene entsetzliche Geschichte mit dem Münster hatte ich doch nicht erfunden. Im Gegenteil, sie wurde mir aufgedrängt, und ich wurde mit größter Grausamkeit gezwungen, sie zu denken. Aber nachher wurde mir unaussprechliche Gnade zuteil« (Jung 1962, 67). In der Auseinandersetzung mit dem Erlebten wurde dem Knaben die Tragik seines Vaters, der protestantischer Pfarrer war, unversehens klar; der Vater glaubte wohl an den Gott der Bibel, aber er hatte nie den »lebendigen, unmittelbaren Gott« (Jung 1962, 46) erfahren, der dem Menschen gegen Traditionen und Kirchenglauben etwas aufzwingen konnte. In Jung erwachte die Ahnung, daß Gott etwas Furchtbares sein könnte (Jung 1962), und er begann, in Büchern zu suchen, was Gott, was Religion sei. In Biedermanns »Christlicher Dogmatik« von 1869 las er, daß Religion »ein geistiger Akt der Selbstbeziehung des Menschen zu Gott« (1869, 28) sei. Dies erregte seinen Widerspruch, denn auf Grund seiner Erlebnisse erschien ihm »Religion als etwas, was Gott mit mir tut; sie ist ein Akt Seinerseits, dem ich einfach ausgeliefert bin, denn Er ist der Stärkere« (Jung 1962, 62).

Diese Andeutungen über Jungs frühes Betroffensein von etwas, das er als überwältigend, furchtbar und zugleich gnadenvoll erlebte, müssen hier genügen; von da aus zeichnen sich die Linien ab, die Jungs Denken fortan leiteten. Er konnte am allgemeinen Glauben nicht mehr teilhaben, seine Einigkeit mit der Kirche und der menschlichen Umwelt, wie er sie kannte, zerbrach. Um Mißverständnissen vorzubeugen, sei betont, daß Jung mit dem Bericht über diese Erlebnisse keinen wissenschaftlichen Anspruch verbindet; der Gottesbegriff ist da undefiniert, offensichtlich am allgemeinen Sprachgebrauch orientiert, und erst die Erfahrung eines Gottes, der nicht der »liebe Gott« der Kirche sein konnte, wie Jung sie sah, nötigte ihn, nach dem Wesen dieser so anders erscheinenden Gottheit zu fragen. Bis Jung seine Antworten darauf in wissenschaftlicher Formulierung ausgearbeitet hatte, vergingen Jahrzehnte des Suchens und Forschens. Dabei galt es nicht nur Klarheit zu gewinnen, worüber wissenschaftliche Aussagen möglich sind und worüber nicht, also die Grenzen wissenschaftlichen Denkens zu respektieren, sondern auch psychologische und theologische Aussagen auseinanderzuhalten.

DIE PSYCHISCHE REALITÄT

Wenn Jung betont, sein einziges Erkenntnismittel sei die »Erfahrung« (Jung 1952a, 660), so ist damit vor allem die »innere« Erfahrung angesprochen, nämlich das Bewußtwerden von seelischen Inhalten. Umschrieb er anfangs solche Inhalte, die er mittels des Assoziationsexperimentes aufspürte, als »gefühlsbetonte Komplexe« (Jung 1934, 107; Meier 1968, 133), so faßte er diese emotional »geladenen« Inhalte später im Begriffe des Archetypus, wobei er schließlich – in Anlehnung an Kants Unterscheidung zwischen Erscheinung und Ding an sich – diesen Begriff aufgliederte in »archetypische Bilder«, wie sie etwa in Träumen erscheinen, und hypothetische »Archetypen an sich« (s. den Beitrag von C. T. Frey in Bd. III dieser Enzyklopädie; ferner Jacobi 1962, Spengler 1964).

Das Individuum steht vor der Notwendigkeit, sich mit diesen Inhalten auseinanderzusetzen; Jung selber hat eine solche Katabasis, den »Abstieg« ins Unbekannte der eigenen Psyche, nach seiner Trennung von Freud unternommen. Diagnose und Erläuterung dieser inneren Erfahrungen gab Jung erst Jahrzehnte später im Werk »Mysterium Coniunctionis« (Jung 1955a, 1955b). Vorstellungsmaterial, wie Jung es da beschrieb, findet man in Mythen, Märchen und Religionen, aber auch in Träumen, Phantasien, Delirien und Wahnideen. Diese archetypischen Vorstellungen beeindrucken, ergreifen, faszinieren, was als energetische Funktion der Archetypen bezeichnet werden kann (Spengler 1964); der »Archetypus an sich« verfügt als potentielles »Energiezentrum« über eine gewisse »Numinosität«, welche als emotionale Wirkung der archetypischen Vorstellung erfahren wird.

Im Rückblick auf Jungs eingangs erwähnte Kindheitserlebnisse wird nun gleichsam die Nahtstelle von »psychisch« und »religiös« sichtbar: Bei Jung gehört beides in den Rahmen der psychischen Realität, der seelischen Wirklichkeit. Unter »wirklich« versteht Jung das, was »wirkt« (Jung 1932, § 530; 1952b, § 757). Das ist das Entscheidende für Jung; es wird zum Kernpunkt seiner Definition von Religion: »Religion ist, wie das lateinische religere[3] sagt, eine sorgfältige und gewissenhafte Beobachtung dessen, was Rudolf Otto (1917) treffend das ›Numinosum‹ genannt hat, nämlich eine dynamische Existenz oder Wirkung, die nicht von einem Willkürakt verursacht wird. Im Gegenteil, die Wirkung ergreift und beherrscht das menschliche Subjekt, welches immer viel eher ihr Opfer denn ihr Schöpfer ist. Das Numinosum – was immer auch seine Ursache sein mag – ist eine Bedingung des Subjekts, die unabhängig ist von dessen Willen« (Jung 1939, § 6). Damit stellt Jung die relative Autonomie der religiösen Wirkung (bezüglich des Bewußtseins respektive des bewußten Wollens) fest. Religion erscheint somit als besondere Einstellung »eines Bewußtseins, welches durch die Erfahrung des Numinosums verändert worden ist« (Jung 1939, § 9). Als schlagendes Beispiel führt Jung die Bekehrung des Saulus an. Immerhin bedeutet solches Betroffensein nicht einfach passives Erdulden, sondern es ist auch aktives Verhalten notwendig (Schär 1955), da ansonsten eine Besessenheit auftreten kann: »Religion ist eine Beziehung zu dem höchsten oder stärksten Wert ...«; man kann von ihm »unbewußt besessen sein, oder man kann ihn unbewußt annehmen. Diejenige psychologische Tatsache, welche die größte Macht in einem Menschen besitzt, wirkt als ›Gott‹, weil es immer der überwältigende psychische Faktor ist, der ›Gott‹ genannt wird« (Jung 1939, § 137). In diesem Zitat wird der Gottesbegriff Jungs sehr schön ersichtlich. Es handelt sich, was Jung immer wieder betont, um einen psychologischen Gottesbegriff, da er eine psychische Wirkung bezeichnet, die empirisch festgestellt werden kann. Die Wirklichkeit dieses »Gottes« ergibt sich allein aus der Erfahrung. Der Zeugnisse sind unabsehbar viele: Es gibt kaum ein Volk der uns bekannten Geschichte, in dem nicht Menschen ausgesagt hätten, auf irgendeine Weise numinose Präsenz oder göttliches Wirken erfahren zu haben, sei das auf der religionsgeschichtlichen Stufe des Buschseelenwesens, von Totem und Tabu, von magischer Beschwörungspraktik, handle es sich um ein Götterpantheon altgriechischen Zuschnitts oder eine monotheistische Hochreligion wie das Christentum. Gott im psychologischen Sinne wird erfahren: Man hört eine Stimme, wie die Väter des Alten Testaments oder Saulus, man hat eine Vision wie Ezechiel oder Niklaus von Flüe, man träumt gewisse archetypische Situationen wie zahllose Menschen aller Zeiten. Was da an Erfahrenem berichtet wird, ist psychische Realität, die überwältigend, beglückend oder erschreckend erlebt wird; es ist nicht machbar, nicht evozierbar, deshalb wird es als fremd, übermächtig, »nicht von dieser Welt« erlebt. Diese besondere Erlebnisqualität des Unergründlichen, nicht willentlich Hervorbringbaren, ist immer als Ausdruck einer »Transzendenz« verstanden worden, ist als Beleg für ein Wirken göttlicher Kraft »jenseits« menschlichem Vermögen angesehen worden. Wie aber ist diese »Jenseitigkeit« zu verstehen? Hier ist daran zu erinnern, daß die Psyche für Jung Bewußtes und Unbewußtes umfaßt, und was da »transzendiert« wird, ist der Bereich des Bewußten. »Gott« im psychologischen Sinne ist das im Bewußtsein erscheinende archetypische »Bild« eines zuvor unbewußten »Energiepotentials« (s. den Beitrag von G. Hess in Bd. III dieser Enzyklopädie); sein Erscheinen ist von emotionalen Wirkungen begleitet, die, wie erwähnt, als fremd, überwältigend usw. erlebt werden. Es kann somit nicht deutlich genug gemacht werden, daß »Gott« im psychologischen Sinne, d. h. das Gottesbild, wie immer es erfahren wird, nicht mit dem Gottesbegriff christlicher Prägung gleichgesetzt werden kann, insofern dort eine Transzendenz im ontologischen Sinne beansprucht, Gott also ein »jenseitiges« Sein zugebilligt wird, das als unabhängig von den Grenzen menschlicher Erkenntnis gedacht wird.[4] Vielmehr betont Jung, »daß alles, schlechthin alles, was von ›Gott‹ ausgesagt wird, menschliche Aussage, d. h. psychisch, sei. Das Bild, das wir von Gott haben oder uns machen, ist doch nie ›losgelöst vom Menschen‹« (Jung 1952a, 661). Einen Beweis für die Existenz Gottes aus den numinosen Erfahrungen abzuleiten wäre verfehlt, da diese nur »das Vorhandensein eines archetypischen Bildes der Gottheit« belegen, »und das ist alles, was wir, meines Erachtens, psychologisch über Gott aussagen können« (Jung 1939, § 102). Damit sollte genügend klargeworden sein, daß Jungs Gottesbegriff ein psychisches Phänomen[5] bezeichnet und damit die Grenzen des wissenschaftlich Erkennbaren nicht überspringt.[6]

ERFAHRUNG STATT GLAUBEN

Es ist bereits erwähnt worden, daß die Erfahrung für Jung als die fundamentale Kategorie des religiösen Erkennens gilt. Für den Angehörigen einer christlichen Kirche, der von Kind auf gelernt hat, den Glauben als Grundlage des religiösen Lebens zu sehen, mag dies befremden, wenn nicht schockieren. Jung stellt den Glauben der Erfahrung gleichsam als begrifflichen Gegenpol gegenüber: »Der Glaube ist ... kein genügender Ersatz für die innere Erfahrung, und wo letztere fehlt, kann auch ein starker Glaube ... wieder verschwinden. Man bezeichnet zwar den Glauben als die eigentliche religiöse Erfahrung, bemerkt aber nicht, daß er eigentlich ein sekundäres Phänomen ist, welches darauf beruht, daß uns primär etwas zugestoßen ist, das uns ›pistis‹, d. h. Vertrauen, ... einflößt« (Jung 1957a, § 521). Soll Religiosität echt und tragfähig sein, muß sie somit auf einer numinosen Erfahrung gründen. Ohne eine solche bleibt der Mensch agnostisch oder wird, indem er sich der Unauffälligkeit halber einer Kollektivmeinung anschließt, zum Mitläufer und Lippenbekenner einer religiösen Tradition. Gerade in der letztgenannten Situation befinden sich heute unzählige Christen, und viele von ihnen frequentieren das Sprechzimmer des Psychologen. Dieser wird es vermeiden, vom hilfesuchenden Menschen Glauben zu fordern. Er wird vielmehr versuchen, jeden Menschen individuell einer persönlichen religiösen Einstellung zuzuführen, sei dies nun innerhalb einer Religionsgemeinschaft möglich oder nicht.

Die natürliche Religiosität der Seele bringt lebendige, wirksame Symbole hervor, von denen man unmittelbar betroffen ist, während die Symbole der gängigen Konfessionen letztlich kodifizierte und dogmatisierte Formen von religiösen Erfahrungen sind, die andere Menschen in längst vergangenen Zeiten gemacht haben und die daher heute vielfach als »leer«, »nichtssagend«, d. h. nicht mehr unmittelbar wirkend und überzeugend empfunden werden. Sie fungieren dann oft bloß als Ersatz aktueller Erfahrung (Jung 1939), können aber auch gerade ein Schutz vor eigener Erfahrung sein. Das Numinose ist nämlich nicht nur faszinierend, sondern oft auch schreckliches Tremendum und somit beileibe nicht angenehm zu erleben; die Rede von der Gottesfurcht im Sinne der Furcht vor Gott ist keine leere Floskel. Hinter ihr stehen grauenvolle, erschütternde Erfahrungen, wie man von Hiob oder von Niklaus von Flüe weiß. Es ist deshalb nicht auszuschließen, daß eine numinose Erschütterung für einen nicht genügend gefestigten Menschen psychoseähnliche oder gar psychotische Folgen zeitigen kann (etwa eine wahnhafte Identifikation mit »Gott«). Von daher ist eine Scheu vor dem Numinosen nur allzu verständlich, doch zeigt die psychotherapeutische Praxis, daß die Verdrängung der religiösen Erfahrung meist durch eine Neurose erkauft werden muß, denn die Flucht vor den psychischen Realitäten bedeutet eine fatale Verengung des Daseinsbereiches, oft sogar eine Spaltung der Persönlichkeit, was sich in mehr oder weniger ausgeprägten seelischen oder psychosomatischen Störungen manifestieren kann. Andererseits eröffnet die gewissenhafte Berücksichtigung der natürlichen Religiosität der Seele dem Individuum die Möglichkeit, seine Ganzheit, sein »Heil« zu suchen (Barz 1975). Dieses Streben nach dem »eigentlichen«, »höherwertigen« Dasein, das Selbstwertstreben (Keller 1963), hat Jung als »Individuation« (Jung 1921, § 825) bezeichnet; es ist für die seelische Dynamik von eminenter Bedeutung (s. den Beitrag von G. Hess in Bd. III dieser Enzyklopädie). Im Dienste dieses Strebens steht auch das Gewissen, das nicht bloß, wie Freud meinte, als verinnerlichte Repräsentanz kollektiver Normen zu sehen ist, sondern in seinem Wesenskern als zentrale Leitfunktion zum Selbstsein des Menschen erscheint (Spengler 1964), wie schon die alte Auffassung des Gewissens als »Vox dei« (Stimme Gottes) erkennen läßt (Spengler 1964). Das Gewissen – als ethischer Maßstab, der das Faktische am Möglichen mißt – setzt den Menschen in den Stand, sich vor sich selbst verantwortend zu entfalten, wobei dieser von Leiden und Rückschlägen, aber auch von Befreiung und Erkenntnis gezeichnete Weg nichts Geringeres für ihn bedeutet als das Streben, zu dem zu werden, wozu er die Möglichkeiten in sich trägt. Damit stellt sich aber unabdingbar die ethische Frage von Gut und Böse, insbesondere aber auch die Frage nach der Herkunft dieses Gegensatzes.

GUT UND BÖSE – JAHWES ANTINOMIE

Es ist daher unvermeidlich, in knappsten Zügen das Problem von Gut und Böse in religiöser Sicht darzustellen, wobei für unseren Zweck die Beschränkung auf die beiden Hauptkonfessionen des Christentums verantwortbar ist. Sowohl im Katholizismus wie im Protestantismus ist Gott der Inbegriff des vollkommen Guten (summum bonum). Gott gibt dem Menschen Gebote; dieser aber hat die Freiheit, auch ungehorsam zu sein, und so tut er auch Böses. Woher aber kommt dieses Böse? Ein evangelisches Werk nennt vier denkbare Ursprungsmöglichkeiten (Jentsch u. a. 1975): 1. das Böse steht im Dienste des Guten[7]; 2. Gut und Böse sind gegebene Gegensatzprinzipien; 3. das Böse ist der Mangel, die Abwesenheit des Guten und hat keine eigenständige Realität; 4. das Böse ist da als negative Möglichkeit, damit der Mensch sich frei für das Gute entscheiden kann.

Die Thesen 1 und 3 verharmlosen das Böse; These 2 nimmt die Wirklichkeit des Bösen ernst, wird aber von den Verfassern des Katechismus als Spaltung der Wirklichkeit abgelehnt, weil sie den Glauben an den einen Gott unmöglich macht: Man müßte von einem guten und einem bösen Gott reden. Der christliche Glaube kann Gott nicht als Urheber des Bösen ansehen, da das Böse gerade in der Auflehnung gegen Gott bestehe (Jentsch u. a. 1975). Auch die These 4 führt zur Frage, ob nicht Gott der Urheber jener selbständigen Macht neben dem Guten sei, und damit zum selben Dilemma. Der Protestantismus steht somit vor folgendem Widerspruch: a) Gott ist gut und hat alles geschaffen, es gibt kein zweites, böses Prinzip neben ihm; b) Gott ist nicht der Urheber des Bösen. Eine Lösung des Widerspruchs sei nicht denk-, sondern nur erfahrbar, indem Gott die Bosheit des Menschen durch seine Liebe überwinde.

Die katholische Kirche betrachtet das Böse als privatio boni; entsprechend der thomistischen Auffassung, daß das Böse nicht aus sich selber heraus existieren könne: »Das Böse ist das Fehlen von etwas Gutem in etwas, das aus sich selber gut ist« (White 1956, 230). Dies entspricht These 3. Im übrigen sind sich Protestantismus und Katholizismus darin einig, daß die Auflehnung oder Selbständigkeit des Menschen, seine Hybris gegen Gott, das eigentlich Böse ist. Sie ist die Ursünde, wie sich bereits im biblischen Sündenfallmythos zeigt.

Die Auffassung des Bösen als Abweichung vom Numen war auch Jung wohlbekannt (Jung 1957b). Aber er fragte sich: Wie kann der Mensch, der gut sein muß, wenn Gott nicht Schöpfer des Bösen ist, sich gegen Gott auflehnen? Der aus der privatio boni abgeleitete Satz »Omne bonum a Deo, omne malum ab homine«[8] nimmt dem Menschen die Möglichkeit, etwas Gutes hervorzubringen, anderseits wird ihm die verführerische Macht des Bösen gegeben. Dies erschien Jung anfechtbar; man kann nicht Adam für die Bosheit der Schlange im Sündenfallmythos verantwortlich machen (Jung 1956b). Solange man Gott als absolut gut (summum bonum) auffaßt, anderseits aber das Böse keine eigenständige Realität haben soll, bleibt man in der Frage von Gut und Böse ratlos in der Luft hängen.

Jungs Antwort auf die Frage nach dem Bösen gründet auf dem Gegensatzprinzip[6]: »Die Idee von Gut und Böse ist ... die Voraussetzung des moralischen Urteils. Es ist ein logisch äquivalentes Gegensatzpaar, das als solches eine *conditio sine qua non* jedes Erkenntnisaktes bildet ... Von diesem Standpunkte aus müßte man also feststellen, daß Gut und Böse als die koexistenten Hälften eines moralischen Urteils nicht von einander abstammen, sondern immer schon zugleich da sind« (Jung 1951, § 84). Diesem Gesetz der Erkenntnis ist auch das Gottesbild unterworfen. Das Gottesbild erscheint daher nicht nur als gut, sondern auch als böse. Diese These, am schroffsten formuliert in »Antwort auf Hiob« (Jung 1952b), ist geeignet, heftigste Reaktionen hervorzurufen. Deshalb ist zu beachten, daß Jung diese Schrift als persönliches Dokument von ausgeprägt emotionalem Charakter auffaßt und keinen Anspruch auf wissenschaftliche Gültigkeit daran knüpft. Dennoch muß Jungs These vom Doppelantlitz des Gottesbildes ernstgenommen werden; er hat sie nicht »erfunden«. Sie zeigt sich schon im biblischen Buch Hiob, wo Jahwe unverhohlen als grausamer, ungerechter Gott erscheint, und auch das Christusbild der Johannesapokalypse mit ihren verheerenden göttlichen Strafen am Ende der Zeiten hat einen »furchtbaren Doppelaspekt« (Jung 1952b, § 733); Johannes hat, wie Hiob, die »wilde Furchtbarkeit Jahwes geschaut, darum sein Evangelium der Liebe als einseitig erlebt und durch das der Furcht ergänzt: Gott kann geliebt und muß gefürchtet werden« (Jung 1952b, § 732).

Allerdings ist Jahwes Bild nicht einfach gespalten, es bildet vielmehr eine Antinomie, eine totale innere Gegensätzlichkeit, für deren widersprüchliche Folgen Jung den Mangel eines reflektierenden Bewußtseins verantwortlich macht (Jung

1952b). Aus diesem Grunde ist dieses Gottesbild erneuerungsbedürftig; die Erneuerung erfolgt, wie Jung darzulegen versucht, in der Menschwerdung Gottes, in der Geburt Christi. Diese ist die »Antwort« auf den Appell Hiobs an Gott gegen Gott: »Zu Gott blickt tränend mein Auge, daß er Recht schaffe dem Manne gegen Gott ...« (Hiob 16, 20). Damit ist ein Wandel des Gottesbildes in Gang gesetzt, dessen Auswirkungen noch kaum abgeschätzt werden können. Jung hat die Entwicklung an Hand der Texte bei Hiob, Ezechiel, Daniel, Henoch und insbesondere der Apokalypse des Johannes verfolgt und festgestellt, daß das Christentum in seiner Dogmatik einen Veränderungsprozeß in der Gottheit antizipiere (vgl. von Franz 1971): Mit dem Sturz Satans (Lukas 10, 18) tritt eine folgenschwere Spaltung ein. Das Böse wird von Jahwe abgetrennt, so daß er zum liebenden, barmherzigen Gott des Neuen Testamentes werden kann, in welchem sich schließlich das absolut Gute verkörpert. Mit der Menschwerdung Gottes in Christo, einer Idee, die sich bis zur Vorstellung des »Christus in uns« und der Gottessohnschaft des Menschen durch den Heiligen Geist (Jung 1952b) steigerte, gelangte das vorher völlig metaphysisch aufgefaßte Gottesbild sozusagen in den Entfaltungsbereich des Menschen, was später besonders bei Angelus Silesius sichtbar wurde, der Gott ein Sein ohne den Menschen geradezu abspricht: »Ich weiß, daß ohne mich / Gott nicht ein Nu kann leben, / Werd' ich zu nicht, er muß / Von Noth den Geist aufgeben« (zit. n. Jung 1944, § 959). Dieses Näherrücken von Gott und Mensch ist religionspsychologisch sehr bedeutsam.[9] Doch die moralische Spaltung bleibt. Gemäß dem christlichen Mythus wird »Gottes gute Seite« (Jaffé 1967, 134) in Christus Mensch, das nicht inkarnierte Böse aber bleibt als Teufel oder Antichrist abgespalten. Daher stehen auch im heutigen Christentum Gut und Böse als Urgegensätze unvereinbar gegenüber.

VEREINIGUNG DER GEGENSÄTZE

Die Psychologie der Gegensätze und deren Überwindung (s. hierzu den Beitrag von L. Schlegel in Bd. III dieser Enzyklopädie) kann ohne Übertreibung als jenes Gebiet bezeichnet werden, das Jung zeitlebens am intensivsten beschäftigte. Dem Problem der Vereinigung der Gegensätze widmete er besondere Untersuchungen (Jung 1946, 1955a, 1955b). Ganz allgemein kann gesagt werden, daß der Mensch, der sich mit dem einen Pol eines Gegensatzes identifiziert und damit den Gegenpol ablehnt, verpönt, bekämpft, verdrängt und verneint, einer Spaltung verfällt, die eine Störung des psychischen Zustandes bedeutet. Kompensatorisch zu dieser einseitigen bewußten Einstellung manifestieren sich dann oft gegensätzliche Tendenzen[10] (etwa in Träumen oder in Fehlleistungen), und zwar unter Umständen so kräftig, daß der Betroffene den Gegenpol doch zur Kenntnis nehmen muß. Je nach Grad der Einseitigkeit treten auch Phänomene auf, die Jung unter dem Begriff des »vereinigenden Symbols« (Jung 1921, § 315) beschrieben hat. Um nicht der unheilvollen Spaltung anheimzufallen, müßte der Mensch die Gegensatzspannung, wie sie gerade den Werturteilen Gut und Böse innewohnt, auszuhalten versuchen, indem er sie als natürliche Gegensätze, an denen er selber teilhat, akzeptiert. Diese Vereinigung der Gegensätze im menschlichen Bewußtsein wäre gleichsam eine Heilung der durch den Erkenntnisakt aufgerissenen Spaltung der Natur, eine Einswerdung mit den Dingen in einem Akt höherer Erkenntnis (unio mystica), die zur seelischen Ganzheit und Gesundheit gehört.

Daher vertritt Jung die Ansicht, daß das Böse vom Christentum nicht abgespalten, sondern ins Gottesbild integriert werden sollte. Die mittelalterlichen Hexenverfolgungen sind ein drastisches Beispiel dafür, was eine radikale Abspaltung des Bösen bewirken kann: Im Glauben, namens des Guten das Böse austreiben und ausrotten zu müssen, geschahen gerade die schlimmsten Verbrechen an unschuldigen Menschen. Ferner ist zu sehen, daß die Verabsolutierung des Bösen fragwürdig ist; der biblische Repräsentant des Bösen, Satan, ist nämlich immer wieder maßgeblich beteiligt an der Konstellierung von Situationen, die zur Entfaltung des reflektierenden Bewußtseins, zur »zweiten Kosmogonie« (Jung 1962, 341) führen, so etwa im Sündenfallmythos, wo er, in Schlangengestalt, den Menschen zwar zum Ungehorsam verführt, ihm damit aber zur Erkenntnis von Gut und Böse verhilft.

Das Christentum müßte also endlich mit dem Monotheismus ernst machen und seinen (offiziell verleugneten) Dualismus von gutem Gott und bösem Widersacher aufgeben; das Gottesbild vereinigt die Gegensätze in sich. In dieser Richtung jedenfalls scheint sich das Gottesbild, wie es sich psychisch manifestiert, zu verändern: Das Symbol der Dreiheit, welches das christliche Gottesbild anfänglich prägte, wird zusehends vom Symbol der Vierheit abgelöst. Wurde während Jahrhunderten die Trinität (Vater, Sohn und Heiliger Geist) als adäquater Ausdruck des Göttlichen empfunden, so treten heute, wie auch die Erfahrung in der psychologischen Praxis zeigt, Ganzheitssymbole mehr und mehr in Form von Quaternitäten auf. Jung hat die psychologische Bedeutung des Schrittes von der Trinität zur Quaternität in einer religionspsychologischen Untersuchung (Jung 1942) dargelegt. Die Formel 3 = 1 ist offenbar im Lauf der Zeit ergänzungsbedürftig geworden, da sie nicht die Ganzheit der Erscheinungen zu umfassen vermag. Es fehlt der – immer wieder erfahrene – gegengöttliche Wille, personifiziert in Luzifer; es fehlt dem rein Männlich-Göttlichen des Christentums aber auch die Ergänzung durch das Weibliche[11]; Ansätze zu einer Integration wenigstens des makellos-reinen Weiblichen sieht Jung in der Dogmatisierung der Assumptio Mariae (Jung 1952b, 1952c). Bemerkenswert in diesem Zusammenhang ist übrigens eine alte Auffassung, wonach der Zwiespaltsteufel und das Weibliche identisch seien (Jung 1942).

Quaternarische Gottesbilder sind bereits sichtbar bei Nicolaus Cusanus (vgl. Jung 1946), bei Clemens Romanus (vgl. Jung 1956a), bei Jakob Böhme (vgl. Jung 1944), erscheinen aber auch in Träumen oder Mandaladarstellungen von heute lebenden Menschen (vgl. Jacobi 1959). Bezüglich des Auftretens solcher Vorstellungen schreibt Jung: »Wer es erfahren hat, daß ›von Natur aus‹ durch das Symbol Gegensätze sich so einen können, daß sie nicht mehr auseinanderstreben und sich bekämpfen, sondern sich gegenseitig ergänzen und das Leben sinnvoll gestalten, dem wird die Ambivalenz im Bild eines Natur- oder Schöpfergottes keine Schwierigkeiten bereiten. Er wird im Gegenteil den Mythus von der notwendigen Menschwerdung Gottes, der essentiellen christlichen Botschaft, als schöpferische Auseinandersetzung des Menschen mit den Gegensätzen und ihre Synthese im Selbst, der Ganzheit seiner Persönlichkeit, verstehen. Die notwendigen inneren Gegensätze im Bild des Schöpfergottes können in der Einheit und Ganzheit des Selbst versöhnt werden als *coniunctio oppositorum* der Alchemisten oder als *unio mystica.* In der Erfahrung des Selbst wird nicht mehr, wie früher, der Gegensatz

›Gott und Mensch‹ überbrückt, sondern der Gegensatz im Gottesbild« (Jung 1962, 340 f). Die wesentliche Aufgabe des modernen Menschen besteht somit nach Jung in der bewußten Vergegenwärtigung des Selbst als paradoxe menschliche Ganzheit wie auch als paradoxes Gottesbild. »Die moralisch ambivalente Gottesgestalt enthüllt sich als Bild des ›inneren Gottes‹, des Selbst« (Jaffé 1967, 139). Bezüglich des Gegensatzes von Gut und Böse könnte man den Wandel, der sich in den Selbst-Manifestationen immer deutlicher kundtut, auch so formulieren: Das traditionelle Christentum strebt nach Vollkommenheit, das heißt nach Identifikation mit dem Guten und nach Verdrängung des Bösen; die natürliche Religiosität der menschlichen Seele läßt erkennen, daß nicht Vollkommenheit, sondern *Vollständigkeit* anzustreben ist (Jung 1936b, 1952b); erst wenn man den »Pfahl im Fleisch« wahrnimmt, die eigene Mangelhaftigkeit und Unvollkommenheit eingesteht, ist ein Weiterkommen auf dem Individuationsweg möglich (s. den Beitrag von G. Wehr in Bd. III dieser Enzyklopädie).

SCHLÜSSEL ZUR RELIGIOSITÄT DER PSYCHE

Vergleicht man die religiöse Situation des heutigen Christen etwa mit jener des Mittelalters, so wird sofort deutlich, daß der moderne Mensch zumeist nicht mehr so tief in religiösen Bindungen lebt; Gott steht nicht mehr im Zentrum des Lebens, und die Klage über den Verlust der Glaubensfähigkeit ist nicht zu überhören. Der tiefere Grund für diese religiöse Krise dürfte darin liegen, daß die religiösen Symbole von einst die seelischen Bedürfnisse von heute nicht mehr ausdrücken, gleichsam »leer« geworden sind; sie überzeugen nicht mehr. Zweitausend Jahre seelische Entwicklung haben sich in den alten religiösen Anschauungen kaum niedergeschlagen, denn für den Protestantismus gelten die authentischen Mitteilungen Gottes als mit dem Neuen Testament abgeschlossen, und die katholische Kirche hat Neuoffenbarungen Gottes im Menschen nur in beschränktem Maße anerkannt (vgl. Jung 1952b). Damit ist der Mensch auf den überlieferten Glauben verwiesen, was ihm je länger desto schwerer fällt. Die Entwicklung der Ratio, die Verselbständigung des Denkens gegenüber jener Zeit, in der die Philosophie noch die »Magd der Theologie« war, tat das Ihre zu diesem Erosionsprozeß am Glauben. Aber damit, daß beispielsweise zur Zeit der Aufklärung die Götter als Projektionen des Menschen abgetan wurden, die keinerlei Realität zu beanspruchen hatten, war die ihnen zugrundeliegende psychische Funktion keineswegs erledigt (Jung 1943). Sie wurde lediglich ins Unbewußte verdrängt, was fatale Folgen zeitigte, denn damit wurden archaische Kollektivinhalte verstärkt, die ihrerseits das Bewußtsein beeinflußten – die Zeit der Aufklärung schloß bekanntlich mit den Greueln der Französischen Revolution. Auch heute herrscht der religionsfeindliche Marxismus-Leninismus mit Terror und Diktatur.

Es ist ein bedeutendes Verdienst Jungs, mit der Erforschung der Veränderungen in den religiösen Manifestationen der menschlichen Seele insbesondere dem in einer religiösen Tradition erzogenen, von den überkommenen Vorstellungen aber nicht mehr ergriffenen und sie deshalb als antiquiert und »tot« empfindenden Menschen von heute wieder einen Schlüssel zum Zugang zur spontanen, lebendigen Religiosität der Psyche in die Hand gegeben zu haben. Damit öffnet sich die Möglichkeit, der Gefahr tödlicher Erstarrung, wie sie viele Ungläubig-Gewordene in der traditionellen Dogmatik verspüren, zu entrinnen und einen tragenden Sinn für das Dasein zu gewinnen; anderseits bewahrt die Notwendigkeit, sich mit den religiösen Phänomenen auch kritisch-reflektierend auseinanderzusetzen, vor blindem Glaubenseifer und Fanatismus (Rudin 1965).

Jungs Religionspsychologie ist gekennzeichnet durch eine erstaunliche Breite des Betrachtungsfeldes; seine Hypothesen und Interpretationen ermöglichen das Verständnis religiöser Phänomene der unterschiedlichsten Zeiten und Orte, gleichgültig, ob es sich um Inhalte primitiver Stammesreligionen, der Mysterienkulte, polytheistischer Nationalreligionen oder monotheistischer Hochreligionen handelt. Dennoch bleibt Jung bescheiden – er hat keine neue religiöse Sekte oder Bewegung gegründet – und erhebt keinen Anspruch auf Vertretung der alleinigen Wahrheit: »Unsere Hypothesen sind unsicher und tastend, und nichts bietet uns Gewähr, daß sie einmal endgültig richtig sein könnten ... Wenn wir überzeugt sind, endgültige Wahrheit über metaphysische Dinge zu wissen, so bedeutet das nichts anderes, als daß die archetypischen Bilder von unserem Denk- und Fühlvermögen Besitz ergriffen haben ...« (Jung 1955b, § 442).

Nachdem Aufklärung, wissenschaftlicher Rationalismus, Marxismus und eine »Gott-ist-tot-Theologie« den Eindruck erweckten, Religion sei passé, wird gerade in den letzten Jahren und vor allem wieder bei jungen Menschen ein verstärktes Suchen nach religiösem Erleben sichtbar, zwar weniger innerhalb der großen Kirchen, sondern in zahlreichen neuen Bewegungen, die oft an fernöstlichen Ideen und Praktiken wie Yoga, Zen usw. orientiert sind, oder aber, wie der »Psychedelismus«, mittels Drogen die göttliche Sphäre der Seele erschließen zu können glauben (Spengler 1971). Diese Versuche enden meist in Verwirrung, Umnachtung, Abhängigkeit, wenn nicht psychotisch oder durch den Tod – den Temenos (heiligen Bezirk) des Numinosen leichtfertig zu betreten, muß der Unvorbereitete, Unberufene oft bitter büßen (Jung 1936a).

Die Synthese des Bewußtseins mit den Manifestationen des Unbewußten fordert den ganzen Menschen heraus, um Übereinstimmung dessen, was aus der Tiefe der Seele sich anzeigt, mit dem, was vernünftiges Denken erstrebt, zu erlangen. Ob eine so erwachsende »Privatreligion« von Einzelnen in näherer oder ferner Zukunft wiederum eine Konvergenz religiöser Auffassungen ermöglicht oder nicht, ist kaum voraussehbar.

REAKTIONEN

Jungs religionspsychologische Auffassung hat schon sehr früh Reaktionen hervorgerufen. Prominentester der frühen Kritiker Jungs war Sigmund Freud, der sich zum Atheismus bekannte und die Religion im Zeichen der Wissenschaftsgläubigkeit des ausgehenden 19. Jahrhunderts bekämpfte; für Freud gelten die religiösen Phänomene nicht als primäre seelische Realität, sondern er betrachtet die Religion als »universelle Zwangsneurose« (Freud, VII, 139), als »Illusion« und »Wahnidee« (Freud, XIV, 354) oder als bloße »Vaterprojektion« (Freud, XV, 176). Es war nicht zuletzt die Verschiedenheit ihrer religionspsychologischen Standpunkte, wie sie in »Wandlungen und Symbole der Libido« (Jung 1912) und »Totem und Tabu« (Freud 1912/13) erstmals zutage traten, welche zu Verstimmungen und schließlich zum unglücklichen Bruch der Freundschaft Jungs mit Freud zu Beginn des Jahres 1913 führte (Spengler 1974).

Im Laufe der Jahrzehnte haben sich unzählige Autoren aus den verschiedensten Fachgebieten mit Jungs Religionspsychologie auseinandergesetzt; eine Bibliographie (Stand August 1972) faßt schon 442 Werke zusammen (Heisig 1976). Inzwischen dürfte die Zahl beträchtlich höher sein, da die Zentenarfeiern für Jung im Jahr 1975 weitere Impulse mit sich gebracht haben. Aber nicht nur die Quantität der Reaktionen auf Jungs Arbeiten ist beachtlich; ermittelt man nur schon, welche Theologen sich mit Jung beschäftigten, so stellt man fest, daß darunter die führenden Köpfe unseres Jahrhunderts sind.

Es ist hier nicht möglich, auch nur ansatzweise auf Kritik und Lob, die Jungs Arbeit betreffen, einzugehen. Um doch eine Ahnung von der Vielfalt des Echos zu bekommen, möge es genügen, das erstaunlich weite Spektrum der Etikettierungen zu sehen, die Jungs religionspsychologischem Standpunkt zuteil geworden sind: »Atheismus«, »Agnostizismus«, »positivistischer Humanismus«, »Pantheismus«, »Gnostizismus«, »Pseudomystizismus«, »Psychotheologie«, »pantheistisch-dualistische Metaphysik« (vgl. Heisig 1976) – diese Auswahl illustriert bestens, welch gegensätzlichster Haltungen Jung bezichtigt wird. Man darf daraus schließen, daß Jung von nicht wenigen Kritikern ungenau oder voreingenommen verstanden worden ist. Allerdings ist manchen wiederum zuzubilligen, daß Jung selber nicht ganz »unschuldig« war an gewissen Mißverständnissen. Einmal waren ihm Wissenschaft und wissenschaftliches Erkennen nicht unbedingt das einzig Erstrebenswerte, weswegen er manche Begriffe absichtlich unscharf und nicht eindeutig faßte sowie da und dort Formulierungen etwas locker handhabte (Spengler 1964). Man kann ferner auch die Ansicht vertreten, daß Jung »persönlich« doch »an Gott geglaubt« habe (von Franz 1971); tatsächlich erwecken einige Stellen in seinem Werk diesen Eindruck.[12] Anderseits wird diese Ansicht dort, wo Jung mit wissenschaftlichem Anspruch formuliert (und nur daran ist seine Religionspsychologie zu messen), deutlich negiert, was ihm den wohl verbreitetsten Vorwurf des »Psychologismus« eingebracht hat (vgl. Jung 1955c). Deshalb sei hier noch kurz auf diesen Vorwurf eingegangen. Bei ihm steht im Zentrum, daß Gott, indem man seine »Transzendenz« im theologischen Sinne erkenntnistheoretisch negiert, zu einem »bloß« psychischen Phänomen abgewertet werde. Hierauf ist zu entgegnen, daß erstens kein wissenschaftlich anerkennbares Kriterium zu sehen ist, das es erlaubte, zwischen einem psychischen und einem allfällig »metapsychischen« oder »metaphysischen« Gotteserlebnis zu unterscheiden. Zweitens ist mit der Beschränkung auf das empirisch Wißbare keinerlei Abwertung zu verbinden; es ist sinnlos, von etwas »bloß« Psychischem zu sprechen, weil es für den Menschen keine andere Erlebnisart gibt; er kann nicht anders als psychisch erleben. Endlich ist von entscheidender Bedeutung, daß ein Gotteserlebnis dadurch, daß es als psychisch bezeichnet wird, überhaupt keine andere Qualität erhält; eine Gotteserfahrung ist ihrer numinosen Wirkung wegen immer so beeindruckend, daß es für den Betroffenen völlig belanglos ist, wie sie erkenntnistheoretisch eingestuft wird.

Die Wirkung Jungs auf die christliche Theologie ist nur schwer abzuschätzen. Immerhin gibt es neben zahlreicher Kritik auch Stimmen, die unter dem Einfluß Jungs eine Revision entscheidender Glaubensartikel diskutieren: Entsagung sämtlicher Absolutheitsansprüche; Preisgabe des Redens vom »extra nos«, also der »Jenseitigkeit«; Akzeptierung der Erfahrung als kritischer Funktion; Verzicht auf das Glauben (Bernet 1975). Ob die Kirchen solch grundlegende Veränderungen in die Wege leiten können und wollen, erscheint fraglich; sind Jungs religionspsychologische Erkenntnisse gültig, so lassen die religiösen Erfahrungen, wie sie heute vor allem dem Psychotherapeuten berichtet werden, neben der psychologischen auch die theologische Diskussion als notwendig erscheinen. (Zur Einstellung Freuds und Adlers zur Religion s. die Beiträge von J. Scharfenberg und W. Metzger in diesem Bd.).

ANMERKUNGEN

1

Jung wird, soweit möglich, nach den »Gesammelten Werken« (G. W.), Olten und Freiburg/Br.: Walter, zitiert. Um den Vergleich mit der parallel erscheinenden englischen Ausgabe (Princeton, N. Jersey: Princeton University Press, und London: Routledge and Kegan Paul) zu ermöglichen, wird statt der Seite der Paragraph (§) angegeben.

2

Das arrheton (das Unaussprechbare, nicht zu Verratende) spielt bei Gotteserlebnissen vielfach eine zentrale Rolle, zum Beispiel bei den Eleusinischen Mysterien, wo die Preisgabe des Geheimnisses mit der Todesstrafe bedroht wurde.

3

Jung bevorzugt die Ableitung der religio von religere, was der klassischen Etymologie entspricht. Erst die Kirchenväter haben, so erläutert Jung, religio von religare (wieder anbinden) abgeleitet (Jung 1950, § 982).

4

Es ist Kants Verdienst, die Grenzen des Erkennens bestimmt zu haben. Einziger Gegenstand der menschlichen Erkenntnis ist die Erfahrung, das heißt die Erscheinung. Noumena oder Dinge an sich sind zwar *denkbar* als negative Grenzbegriffe der Erfahrung, also als Gegenstände einer nichtsinnlichen Anschauung, von der freilich unsere Erkenntnis absolut nichts aussagen könne. Kant will damit die Realität Gottes nicht leugnen, doch betont er, man müsse sich bewußt bleiben, daß ein Grenzbegriff wie »Gott« auf keine Weise »Gegenstand« der menschlichen Erkenntnis werden könne. Jungs Auffassung Gottes als eines »Archetypus an sich«, dessen Erscheinungen wir erfahren, stützt sich weitgehend auf Kants Modell der Erkenntnis.

5

Anderseits kann nach Jung, wie in Anmerkung 4 angedeutet, ein »Archetypus an sich« *gedacht* werden, welcher als »Anordnendes«, »Prägendes« »hinter« der Erscheinung vermutet wird. Zur Problematik dieser Auffassung vgl. Spengler (1964).

6

Um die Grenzen der wissenschaftlichen Erkenntnis aufzuweisen, ist zunächst die Voraussetzung jeglichen Erkennens zu sehen: das Prinzip des Gegensatzes (das in der Psychologie Jungs von zentraler Bedeutung ist). Schon das Leben selbst erscheint als zwischen Gegensätzen eingespannt, von der Geburt bis zum Tod; es zeigt sich in männlicher und weiblicher Form, erfährt Tag und Nacht usw. Erkennbar wird etwas, wenn ich es von etwas anderem abgrenzen, unterscheiden kann: hell von dunkel, da von nicht da usw. Ohne Unterscheidungsmöglichkeit ist nichts erkennbar. Allerdings genügt bloße Gegensätzlichkeit nicht; sie muß jemandem bewußt sein. Damit erweist sich Erkenntnis auch als mitbestimmt durch die Art des erkennenden Bewußtseins, das heißt durch die lebensgeschichtlichen Voraussetzungen und Bedingtheiten, die augenblickliche Gestimmtheit und die intentionalen Ausrichtungen des jeweiligen Menschen. Ferner folgt aus dem Gesagten, daß es nicht eine vom menschlichen Erkenntnisvollzug unabhängige »Welt« gibt; diese »ist« nur, indem *wir* sie als Welt erfassen. Zwar kann ich ein Sonnensystem denken, das vor allem Leben, auch menschlichem, irgendwie »da gewesen« ist. Aber auch dieses muß, um von mir als seiend erkannt zu werden, von mir gedacht werden; somit ist auch es von meiner Weise des Erkennens mitkonstituiert. Die zahllosen mythischen, religiösen und wissenschaftlichen Aussagen oder Theorien über den Anfang des Universums dürften diesen Sachverhalt genügend illustrieren.
Neuere philosophische Anthropologie beschreibt die dargestellte Beziehung formal präzis als dialektisches Urverhältnis zwischen Sein und Seiendem. Sein ist immer Sein von Seiendem und bezeichnet in diesem verbalen Sinn schlicht das Faktum, daß Seiendes ist. Sein bezeichnet den »Akt«, der Seiendes erst als seiend erscheinen läßt, und setzt daher unabdinglich ein »Dasein« voraus, dem es erscheinen kann, das dafür offen

ist. Die Wirklichkeit, die dem entspricht, ist die des menschlichen Daseins. Es ist ein Seiendes, das als Selbstsein sein eigenes Sein zu vollziehen hat und zugleich der Vollzug des Seienden der Welt ist. Jegliches Sein ist somit vom menschlichen Dasein »abhängig«, es ist immer von uns gemeintes Sein, denn der Begriff des Seins umschließt sein eigenes Gedachtsein im menschlichen Dasein. Damit ist die »Subjektivität« alles Seinsdenkens »verrechnet«, und sie wird in ihrer Unumgänglichkeit geradezu zum Pfeiler in der Dialektik des umfassenden Seinsbegriffes, der sich als Urverhältnis von einander bedingenden Relaten darstellt (Keller 1960, 1974). Erkenntnistheoretisch bedeutet dieser ontologische Sachverhalt, daß Erkenntnis von Sein wie von Seiendem immer Ausdruck menschlichen Daseinsvollzuges ist und somit »außerhalb« eines solchen nichts »sein« kann.
Eine Transzendenz im Sinne etwa der christlichen Auffassung, wonach Gott »außer uns« sei, »jenseits« oder »seiner Schöpfung gegenüber« stehe, läßt sich somit vom Standpunkt der philosophischen Anthropologie nicht begründen. Jung hat eine solche ontologisch-anthropologisch fundierte Erkenntnistheorie kaum gekannt; seine erkenntnistheoretischen Aussagen im Rahmen der Religionspsychologie lassen sich aber ohne größere Schwierigkeiten damit vereinbaren.

7

Ein Beispiel hierfür ist Goethes Charakterisierung des Mephistopheles als »ein Teil von jener Kraft, die stets das Böse will und stets das Gute schafft«.

8

»Alles Gute kommt von Gott, alles Übel vom Menschen.«

9

Die Beziehung zwischen Gott und Mensch kann in Jungscher Terminologie als Beziehung zwischen Selbst und Bewußtsein gesehen werden. Jung hat die empirisch aufweisbaren Manifestationen seelischer Ganzheit, die infolge ihrer Numinosität oft als persönlichkeitsverändernd erlebt werden, in Anlehnung an östliche Religionen als Selbst bezeichnet, wobei er ebensogut hätte »Gott« sagen können, insofern darunter das psychische Gottesbild verstanden wird (Jung 1944, 1955b). Die biblische Aussage »Gott schuf den Menschen« ließe sich somit psychologisch formulieren: »Aus der seelischen Ganzheit, dem Selbst, entfaltet sich das Bewußtsein.« Oder die Rede von der »Menschwerdung Gottes« könnte verstanden werden als Ausdruck jener Entwicklung, die einsetzt, wenn der Mensch sich seines Gottesbildes bewußt wird, dessen Wirkungen er erlebt. Die Übersetzung religiöser Aussagen in psychologische Begriffe ist allerdings für Menschen, die fest in traditionellen Glaubensvorstellungen verwurzelt sind, äußerst schwierig. Am ehesten scheint sie akzeptierbar bei der Entsprechung von Christus und Selbst – Jung hat in einer früheren Phase Gott und Selbst, in einer späteren auch Christus und Selbst gleichgesetzt (Heisig 1976) –, indem seit Paulus die Vorstellung von »Christus in mir« ins christliche Denken gedrungen ist, wodurch der entsprechende psychologische Ausdruck schon recht nahegerückt ist.

10

Solche gegensätzlichen Tendenzen treten oft auf als alter ego (anderes Ich) oder »Schatten«. Die Integration des »Schattens« ins Ichbewußtsein ist in der Jungschen Psychotherapie eine der schwierigsten Aufgaben für das Individuum (Jacobi 1959; s. auch den Beitrag von C. T. Frey-Wehrlin in Bd. III dieser Enzyklopädie).

11

Das Fehlen des Weiblichen im Gottesbild hat seine Auswirkungen bis in die gesellschaftlichen Strukturen im christlichen Bereich: Staat wie Familie waren patriarchalisch orientiert. Entsprechend der Ergänzungsbedürftigkeit dieser einseitigen Ausrichtung regten sich Tendenzen zum Weiblichen wie in der Marienverehrung des Hochmittelalters und neuerdings in der Frauenrechtsbewegung. – Mit dem Weiblichen ist im Christentum auch das Leibliche hintangesetzt worden, was sich zu gewissen Zeiten als Sexualfeindlichkeit manifestierte. Die Identifizierung des Geschlechtlichen mit dem Sündhaft-Bösen hat das Christentum einer lebendigen Kraft beraubt, deren es dringend bedarf, will es der Gefahr der Sterilität entrinnen (Spengler 1972).

12

Ein Beispiel: »Ich bin Gott jeden Tag dankbar, daß ich die Wirklichkeit der *imago Dei* (Gottesbild) in mir erfahren durfte. Hätte ich das nicht, so wäre ich ein bitterer Feind des Christentums und der Kirche insbesondere. Dank diesem *actus gratiae* (Gnadenakt) hat mein Leben Sinn, und mein inneres Auge wurde aufgetan für die Schönheit und Größe des Dogmas« (Jung 1977, 209).

LITERATUR

BARZ, H.: C. G. Jungs natürliche Theologie. Zürich: Neue Zürcher Zeitung, 218 vom 20. Sept. 1975

BERNET, W.: C. G. Jung und die Theologen. In: C. G. Jung im Leben und Denken unserer Zeit. Olten, Freiburg/Br.: Walter 1975, 72–87

BIEDERMANN, A. E.: Christliche Dogmatik. Zürich: Orell, Füssli 1869

FRANZ, M.-L., v.: C. G. Jung und die Theologen. Stuttgart: Radius 1971

FREUD, S.: Zwangshandlungen und Religionsübungen (1907). G. W. VII

Totem und Tabu (1912/13). G. W. IX

Die Zukunft einer Illusion (1927). G. W. XIV

Neue Folge zur Einführung in die Psychoanalyse (1932). G. W. XV

FREUD, S., JUNG, C. G.: Briefwechsel. Frankfurt/M.: Fischer 1974

HEISIG, J. W.: Jung und die Theologie: eine bibliographische Abhandlung. Analytische Psychologie, 7, 1976, 177–220

JACOBI, J.: Die Psychologie von C. G. Jung. Zürich, Stuttgart: Rascher 1959

Komplex, Archetypus, Symbol. Zürich, Stuttgart: Rascher 1962

JAFFÉ, A.: Der Mythus vom Sinn im Werk von C. G. Jung. Zürich, Stuttgart: Rascher 1967

JENTSCH, W., JETTER, H., KIESSIG, M., RELLER, H. (Hg.): Evangelischer Erwachsenenkatechismus. Kursbuch des Glaubens. Im Auftrag der Katechismuskommission der Vereinigten Evangelisch-Lutherischen Kirche Deutschlands. Gütersloh: Mohn 1975

JUNG, C. G.: Wandlungen und Symbole der Libido (1912), überarbeitet zu Symbole der Wandlung (1952). G. W. V

Psychologische Typen (1921). G. W. VI

Über die Beziehung der Psychotherapie zur Seelsorge (1932). G. W. XI

Allgemeines zur Komplextheorie (1934). G. W. VIII

Yoga und der Westen (1936a). G. W. XI

Traumsymbole des Individuationsprozesses (1936b). G. W. XII

Psychologie und Religion (1939). G. W. XI

Versuch einer psychologischen Deutung des Trinitätsdogmas (1942). G. W. XI

Über die Psychologie des Unbewußten (1943). G. W. VII

Über den indischen Heiligen. Einführung zu Heinrich Zimmer: Der Weg zum Selbst (1944). G. W. XI

Die Psychologie der Übertragung (1946). G. W. XVI

Vorwort zum I Ging (1950). G. W. XI

Aion (1951). G. W. IX, 2. Bd.

Antwort an Martin Buber (1952a). G. W. XI

Antwort auf Hiob (1952b). G. W. XI

Vorwort zu Z. Werblowsky: Luzifer und Prometheus (1952c). G. W. XI

Mysterium Coniunctionis (1955a, b). G. W. XIV, Bd. 1, Bd. 2

Briefe vom 2. 6. 1955 und 13. 6. 1955 (1955c). In: Briefe II (1946–1955). Olten, Freiburg/Br.: Walter 1972

Nachwort zu Antwort auf Hiob (1956a). G. W. XI

Geleitwort zu V. White: Gott und das Unbewußte (1956b). Zürich: Rascher 1956

Gegenwart und Zukunft (1957a). G. W. X

Brief vom 11. 6. 1957 (1957b). In: Briefe III (1956–1961). Olten, Freiburg/Br.: Walter 1973

Erinnerungen, Träume, Gedanken. Zürich, Stuttgart: Rascher 1962

C. G. Jung, Bild und Wort; hg. v. Aniela Jaffé. Olten, Freiburg/Br.: Walter 1977

KELLER, W.: Über philosophische Anthropologie. In: Studia Philosophica XX. Basel: Verlag für Recht und Gesellschaft 1960, 37–57

Das Selbstwertstreben. Wesen, Formen, Schicksale. Basel, München: Reinhardt 1963

Dasein und Freiheit. Abhandlungen und Vorträge zur philosophischen Anthropologie und Psychologie. Bern, München: Francke 1974

MEIER, C. A.: Die Empirie des Unbewußten. Mit besonderer Berücksichtigung des Assoziationsexperimentes von C. G. Jung. In: Lehrbuch der Komplexen Psychologie C. G. Jungs, Bd. I. Zürich, Stuttgart: Rascher 1968 (jetzt: Olten, Freiburg/Br.: Walter 1975)

OTTO, R.: Das Heilige. Über das Irrationale in der Idee des Göttlichen und sein Verhältnis zum Rationalen (1917). München: Biederstein 1974

RUDIN, J.: Fanatismus. Olten: Walter 1965

SCHÄR, H.: Religion und Seele in der Psychologie C. G. Jungs. Zürich: Rascher 1955

SPENGLER, E.: Das Gewissen bei Freud und Jung. Mit einer philosophisch-anthropologischen Grundlegung. Zürich: Juris 1964

Warum greifen Jugendliche zur Droge? In: Drogen – Meinungen und Fakten. Fachleute äußern sich zum Rauschmittelproblem. NZZ-Schriften zur Zeit, Nr. 23. Zürich: Buchverlag Neue Züricher Zeitung 1971, 7–11

Eros und Religion. Vortrag vor der Schweizerischen Gesellschaft für Praktische Psychologie 1972 (unveröffentlicht)

Eine Freundschaft und ihr unrühmliches Ende. Der Briefwechsel zwischen S. Freud und C. G. Jung. Neue Zürcher Zeitung, 396 vom 27. 8. 1974

WHITE, V.: Gott und das Unbewußte. Zürich: Rascher 1956

DIE PSYCHOLOGISCHE BEDEUTUNG MYTHISCHER GESTALTEN

von Walter Uhsadel

EINLEITUNG

Die Frage nach der Bedeutung einer psychologischen Betrachtung mythischer Phänomene verweist uns an die Tiefenpsychologie, vor allem an die Analytische Psychologie Carl Gustav Jungs. Im Bereich der heute weit verzweigten Tiefenpsychologie hat keiner sich in dem Maße wie Jung der Religionswissenschaft und der Theologie zugewandt, weswegen denn auch Freud sich von ihm trennte. Während Freud zeit seines Lebens in der Religion eine infantile Zwangsneurose oder Illusion sah, erkannte Jung die heilenden Kräfte, die die Religion darbietet. Davon zeugt besonders sein reicher Briefwechsel mit etwa siebzig Theologen verschiedener Konfession, der in den drei Bänden seiner Briefe veröffentlicht ist (Jung 1972a, 1972b, 1973). Zwar hat man in jüngster Zeit auch versucht, Freud in das theologische Gespräch einzubeziehen, aber der Ertrag mußte gering bleiben, da der Ödipuskomplex einer umfassenden Erörterung im Wege stand, ganz abgesehen davon, daß Freud das Verständnis für eine therapeutische Funktion der Religion fehlte.

Neben dem Begriff »psychologisch« bedarf das Wort »mythisch« (s. den Beitrag von K. A. Wipf in diesem Bd.) einer einleitenden Bemerkung. Wie Karl Barth vor dem Sumpf der Tiefenpsychologie warnte, so war man jahrzehntelang bemüht, den Begriff des Mythischen aus theologischen Aussagen zu verbannen. Eine bemerkenswerte Ausnahme macht die »Phänomenologie der Religion« von Gerardus van der Leeuw (1933), ein Werk, das in theologischer Klarheit den Begriff Mythos aufnimmt und für die Betrachtungsweise der Tiefenpsychologie aufgeschlossen ist. Die Vorherrschaft hatte im dritten Viertel des Jahrhunderts die sogenannte Entmythologisierungstheologie Rudolf Bultmanns und seiner Schüler. Man wird diesem Versuch, vornehmlich das Neue Testament aller mythologischen Züge zu entkleiden, ein gewisses Recht nicht absprechen können. Es ging um einen Ausgleich zwischen dem Bibelwort und dem heutigen Denken. Die wichtigste Voraussetzung war, daß die Naturwissenschaften des neunzehnten Jahrhunderts dem gegenwärtigen Menschen ein Verhältnis zum Mythos unmöglich gemacht hätten. Von dem naturwissenschaftlichen Denken der jüngsten Zeit, das eine positive Stellung zum mythischen und daher auch symbolischen Denken gewonnen hat, war nicht die Rede. Allerdings brachte die lebhafte Diskussion die Einsicht, daß die Aufgabe sei, den Mythos zu interpretieren, nicht zu eliminieren. Die programmatische Formulierung »Entmythologisierung« jedoch widersprach und widerspricht einer solchen Deutung bis auf den heutigen Tag. Wer *ent*mythologisiert, diskreditiert den Mythos. Hier setzt die Analytische Psychologie Carl Gustav Jungs an und bietet die Möglichkeit, mythische Aussagen so zu interpretieren, daß sie nicht als »nur« mythisch oder »nur« symbolisch entwertet werden. Jungs Werk bietet eine schier unübersehbare Fülle religionsgeschichtlichen Materials aus antiken, asiatischen und primitiven Religionen. Wollten wir die Frage unseres Themas auf dieses Material beziehen, so hätten wir es mit einem Übermaß zu tun, das wohl viel psychologisch Interessantes enthält, aber da es zu fremdartig scheint, für uns nicht unmittelbar fruchtbar werden kann. Wir müssen uns auf die religiöse Welt der abendländischen Tradition beschränken. Auch Carl Gustav Jung ist der Meinung, daß – therapeutisch gesehen – der abendländische Mensch zum Beispiel nicht aus den Quellen fernöstlicher Frömmigkeit leben kann, sondern an die abendländisch-christliche Überlieferung anknüpfen muß. Wir fragen also im folgenden nach der tiefenpsychologischen Interpretation biblischer Gestalten.

ARCHETYPISCHE SYMBOLE IN PSYCHOLOGISCHER SICHT

Der Ort der Begegnung zwischen Psychologie und Religionswissenschaft, daher auch Theologie, ist die Archetypenlehre Carl Gustav Jungs. (s. den Beitrag von D. Spiess in diesem Bd.). Jung fand in Tausenden von Träumen seiner Patienten ein reiches Bildmaterial, das religiösen Charakter trug, wenn dieser sich auch nicht unmittelbar zu erkennen gab. Nachdem sich Freud von Jung getrennt hatte, bemühte sich Jung um einen eigenen Weg seiner analytischen Arbeit. Im Unterschied zu Freud, der den vielfältigen Assoziationen folgte, die seine Patienten brachten und die er in seine Theorie einordnete, beschließt Jung, beim Traum selbst zu bleiben. »So beschloß ich, zunächst einmal voraussetzungslos abzuwarten, was sie von sich aus erzählen würden ... Bald zeigte es sich, daß sie spontan ihre Träume und Phantasien berichteten, und ich stellte lediglich ein paar Fragen: ›Was fällt Ihnen dazu ein?‹ Oder: ›Wie verstehen Sie das?‹ ›Woher kommt das?‹ Aus den Antworten und Assoziationen ergaben sich die Deutungen wie von selber. Theoretische Gesichtspunkte ließ ich beiseite und war den Patienten nur behilflich, die Bilder aus sich heraus zu verstehen. Schon nach kurzer Zeit erkannte ich, daß es richtig war, die Träume tel quel als Grundlage der Deutung zu nehmen, denn so sind sie gemeint. Sie sind die Tatsache, von der wir auszugehen haben. Natürlich ergab sich durch meine ›Methode‹ eine fast unübersehbare Vielfalt von Aspekten. Mehr und mehr stellte sich das Bedürfnis nach einem Kriterium ein, fast möchte ich sagen: das Bedürfnis nach einer ersten und anfänglichen Orientierung. Damals erlebte ich einen Augenblick ungewöhnlicher Klarheit, in der ich meinen bisherigen Weg überschaute. Ich dachte: Jetzt besitzest du einen Schlüssel zur Mythologie und hast die Möglichkeit, alle Tore zur unbewußten menschlichen Psyche zu öffnen ...« (Jung 1962, 174).

Das ist eine Aussage von größter Tragweite: Wer den Schlüssel zur Mythologie hat, dem stehen alle Tore zur unbewußten Seele offen. Dies bedeutet umgekehrt, daß die Seele aus dem Mythos lebt und es kein Verstehen der Seele geben kann, wenn man dem Mythos verständnislos gegenübersteht. Die Begegnung beider ereignet sich im »Kollektiven Unbewußten«, dem jene Kräfte innewohnen, die Carl Gustav Jung als die »Archetypen« bezeichnet hat. »Der Begriff des Archetypus ... wird aus der vielfach wiederholten Beobachtung, daß zum Beispiel die Mythen und Märchen der Weltliteratur bestimmte, immer und überall wieder behandelte *Motive* enthalten, abgeleitet. Diesen selben Motiven begegnen wir in Phantasien, Träumen, Delirien und Wahnideen heutiger Individuen. Diese typischen Bilder und Zusammenhänge werden als archetypische Vorstellungen bezeichnet. Sie haben, je deutlicher sie sind, die Eigenschaft, von besonders lebhaften Gefühlstönen begleitet zu sein ... Sie sind eindrucksvoll, einflußreich und faszinieren. Sie gehen hervor aus dem an sich unanschaulichen Archetypus, einer unbewußten Vorform, die zur vererbten Struktur der Psyche zu gehören scheint und sich infolgedessen überall auch als spontane Erscheinung manifestieren kann« (Jung 1958, 199 f – s. auch Bd. III, 703–716, dieser Enzyklopädie).

Die weite Bilderwelt, in der sich die an sich unanschaulichen Archetypen darstellen, ist die Welt der archetypischen Symbole. Sie erscheinen als Traumbilder, Phantasievorstellungen, Märchen und Mythen. Sie können nicht allgemeingültig erklärt und damit überflüssig gemacht werden. Hier liegt der Irrtum der Entmythologisierungstheologie, und hier setzt auch der Dienst ein, den die Tiefenpsychologie der Theologie und der gesamten Religionswissenschaft leistet. Die Bildsprache der archetypischen Symbole, daher auch die Bildsprache und das Gleichnisdenken der Bibel, ist unersetzbar. Sie kann nur in persönlicher Erfahrung verstanden und angeeignet werden.

BIBLISCHE BEISPIELE ARCHETYPISCHER BILDER

Schöpfung. Die biblische Schöpfungsgeschichte (Gen. 1) ist ein Musterbeispiel dafür, wie der Mythos verkannt und damit seiner hilfreichen Bedeutung für das Seelenleben beraubt werden kann. Die naturwissenschaftliche Popularphilosophie hat in dieser Geschichte eine überholte Form der Naturerklärung gesehen, die dem heutigen Menschen nicht mehr zugemutet werden könne. Aber auch in der Theologie ist man ihr in den letzten Jahrhunderten nicht mehr gerecht geworden. So hat man sich beispielsweise bemüht, darzulegen, daß sie ganz und gar unmythisch, vielmehr das Produkt einer rationalen Theologie ferner Vergangenheit sei. Aber sie ist ein Mythos. Wenn wir das sagen, entkleiden wir sie nicht ihrer biblischen Würde, heben vielmehr hervor, daß sie in ihrer tieferen Bedeutung verstanden werden muß, wenn sie für das persönliche Leben fruchtbar werden soll.

Schon Johann Gottfried Herder hat in seinem Buch »Vom Geist der ebräischen Poesie« (1782/83) darauf aufmerksam gemacht, daß das erste Blatt der Bibel das Werden der Welt in einem Bilde innerer Anschauung beschreibt, im Bilde des Sonnenaufganges. Die wissenschaftliche Theologie hat von diesem Hinweis keinen Gebrauch gemacht. Erst die Analytische Psychologie Carl Gustav Jungs öffnet uns wieder den Blick für die Wahrheit der Interpretation Herders. Der Mythos beginnt mit dem Blick ins Wüste und Leere und die Finsternis der Tiefe. Über den »Wassern« aber schwebt der Geist des Schöpfers. Man wird an die vielfältige Bedeutung des Wassers in der Bibel erinnert, die auch in der Welt der Religionen in mannigfachem Sinne wiederkehrt und uns in vielen Märchen begegnet. Wie das

Wasser verderblich sein kann, so auch schöpferisches Element. In die chaotische Dunkelheit und die Unheimlichkeit der Wassertiefe ertönt das Wort »Licht«.

»Gott sprach: Es werde Licht«. Der Tag, der Morgen der Schöpfung hebt mit dem ersten Lichtschein an. Das Licht hat ordnende Macht. Die trennende Linie zwischen »Himmel« und »Erde« zeichnet sich ab. Im wachsenden Lichte scheiden sich »Wasser« und »Land« voneinander. In der Morgenröte entfaltet die Pflanzenwelt ihre Schönheit. Dann erst geht die Sonne auf, und am westlichen Himmel sieht man noch die letzten verblassenden Sterne und den Mond – Sonne, Mond und Sterne in *einem* Bilde zusammengefaßt. Auf die Frage, wie denn das zu verstehen sei, daß erst von der Erschaffung des Lichtes und danach der Gestirne die Rede ist, meinte ein junger Mensch, zunächst habe Gott das Licht an und für sich geschaffen, danach dann die Gestirne damit ausgestattet. Er hat damit genau die Vorstellung wiedergegeben, die mittelalterliche Holzschnitte zeigen: Der Schöpfer breitet von oben die Arme über dem Weltkreis aus, der nach Art eines Mandala innerhalb eines Wolkenringes angeordnet ist und über den Pflanzen, Tieren und Menschen die Sonne, den Mond und die Sterne zeigt. Außerhalb des Weltkreises ist Licht und innerhalb – beide Arten des Lichts sind manchmal durch goldene und gelbe Farbe unterschieden.

Nachdem alle Dinge geschaffen sind, kommt der Mensch. So geschieht es an jedem Morgen. Nachdem die Natur aus der Finsternis der Nacht wieder zum Leben erwacht ist, geht der Mensch an seine Arbeit: »Macht euch die Erde untertan«. Die Frage nach dem Werden der Welt beantwortet der fromme Betrachter mit dem Erlebnis eines Sonnenaufganges. Der Weltenanbruch, der unbegreiflich ist, erscheint im Bilde des Tagesanbruchs. Es muß einmal Tag geworden sein. Für den Andächtigen aber heißt das zugleich: Gott spricht *für mich* jeden Tag von neuem: »Es werde Licht«.

Wie die Schöpfung unbegreiflich ist, so auch der Schöpfer. Da der Mensch als nach dem Bilde Gottes geschaffen gesehen wird, kann nun auch der Schöpfer in der inneren Anschauung wie ein schaffender Mensch betrachtet werden, der eine Woche arbeitet und am siebenten Tage ruht. Beide Bilder, das des Tagesanbruchs und das der schaffenden Arbeit im Gang der Woche werden ineinander verwoben wie Kette und Schuß. So breitet sich das Werden der Welt über die Tage einer Woche, Schöpfungstage, aus.

Alle Versuche, dieses Geschehen naturwissenschaftlich oder logisch zu verstehen, müssen scheitern. Der Tiefe der Seele aber erschließt sich die Darstellung, da die Seele archetypisch auf ein Verstehen angelegt ist.

Paradies und Sündenfall. Die erste Schöpfungsgeschichte (Gen. 1) unterscheidet sich von der sogenannten zweiten, der Geschichte vom Paradiese und Sündenfall (Gen. 2–3), dadurch, daß sie ein Mandala nicht unmittelbar darbietet. Dies ist vielmehr von der mittelalterlichen Kunst erst auf Grund von Gen. 2–3 in sie eingetragen worden. Ein Mandala (Sanskrit) ist ein Symbol der Mitte, dargestellt durch einen Kreis, verbunden mit der Vierzahl. »Mandala heißt Kreis. Die Mandalas sind nicht nur über den ganzen Osten verbreitet, sondern sind bei uns auch aus dem Mittelalter reichlich bezeugt. Christlich speziell sind sie aus dem frühen Mittelalter zu belegen, meist mit Christus in der Mitte mit den vier Evangelisten oder ihren Symbolen an den Kardinalpunkten« (Wilhelm, Jung [5]1957, 22). Ein Mandala meint immer psychische Ganzheit. So kann es auch als »Selbstdarstellung eines

Zentrierungsvorganges ... Herstellung eines neuen Persönlichkeitszentrums« (Jung 1962, 412) in Erscheinung treten und eine bedeutende seelsorgerliche Funktion ausüben.

In der Geschichte vom Paradiese haben wir ein eindeutiges Mandala vor uns. Paradeisos, der Garten, ist ein eingefriedeter Bezirk, der gehegt und gepflegt wird. Vier Ströme teilen den Garten auf und bewässern ihn in vier Richtungen. In der Mitte des Gartens steht der Baum, der den Menschen an die Hoheit Gottes erinnert. Das Verbot von der Frucht des Baumes zu essen, kennzeichnet den Menschen als freies Wesen; denn einem unfreien Wesen braucht nichts verboten zu werden. Der Mensch hat also die Möglichkeit in einem geordneten Ganzen unter Gott zu leben und selbst ein Ganzer zu sein. Das ist ein »utopisches«, das heißt ortloses Bild. Es hat etwas Statisches oder Kristallisches an sich. Eine Bewegung zu dem hin, was wir wirkliches Leben nennen könnten, hat es nicht. Erst durch das Handeln des freien Wesens Mensch gerät das Bild in Fluß. Die Schlange repräsentiert die Möglichkeit, diesen Prozeß auszulösen. Der Mensch verwirklicht seine Möglichkeit, sich gegen das essentielle Bild, sein Dasein im Paradiese, aufzulehnen, und gewinnt damit seine Existenz. In dieser Existenz ist er dem Ablauf der Zeit, dem Tode, hingegeben und erlebt im Existenzkampf die Folgen seiner Urschuld. Der Vorgang wird in starken Bildern beschrieben. Da ist zunächst das Gespräch Evas mit der Schlange, anhebend in der Zweifelsfrage »Sollte Gott ...?« Es folgt das Essen von der verbotenen Frucht, die Erkenntnis des Guten und Bösen vermittelt, dann das Verstecken hinter den Bäumen des Gartens (hinter der Natur?), das Verstecken hinter Worten und die Projektion »Das Weib, das *Du* mir gegeben hast ...«

Nachdem es kein Ausweichen vor Gott gibt, wird dem Menschen als Strafe die Existenz gewährt, die er gewollt hat, von dem Prinzip des Bösen aber, der Schlange, trennt sich Gott durch die Verfluchung. Es bleibt ein letztes Gnadenzeichen für den Menschen: Er wird der Schlange den Kopf zertreten. Damit wird in die menschliche Existenz ein Hoffnungszeichen gesenkt. Dem Menschen bleibt das Verlangen nach dem verlorenen Paradies. Er kann es aus eigener Kraft nicht wieder öffnen. Die Wiederherstellung seiner persönlichen Ganzheit wird ein Gnadenakt sein müssen. Davon spricht das ganze Neue Testament, das am Schlusse ein neues Mandala entwirft, das Himmlische Jerusalem. Die persönliche Existenz im Chaos der Wirklichkeit ist durch ein zerstörtes Mandala gekennzeichnet. Ein persönliches Ganzwerden (Individuation) bleibt ein Anheben bis zum Ende, der Vollendung im Tode (vgl. Uhsadel 1976, 130 ff).

David und Saul. In einer Schulklasse von etwa Vierzehnjährigen wird über die Geschichten von David und Saul gesprochen. Zunächst ist da die Rede von der Erwählung Davids durch den Propheten Samuel zum künftigen König. Die Schüler wundern sich genau wie die älteren Brüder Davids, daß die Wahl auf den jüngsten fällt, aber sie meinen, es werde schon einen Grund dafür geben. Immerhin sehen sie die Gefahr, daß Saul den unerwünschten Nachfolger verfolgen wird. Im anschließenden Text stoßen sie mit Verwunderung auf die Aussage, daß ein »böser Geist von Gott« in den König Saul kam. Sie meinen jedoch, daß der böse Geist der Zerstörung, der nun einmal in der Welt am Werke ist, nur mit Zulassung Gottes und insofern »von Gott« wirken kann. Was aber kann der Grund für diese Zulassung sein? Die folgende Darstellung läßt den Grund ahnen. Als der König Saul sehr unruhig wird, beraten seine Minister und beschließen, einen Harfenspieler zu holen, der durch sein Spiel den bösen Geist vertreiben soll. Die Wahl fällt auf David. David spielt und der böse Geist weicht. So geschieht es des öfteren. Das Harfenspiel »erquickte Saul, und es ward besser mit ihm, und der böse Geist wich von ihm« (1. Sam. 16, 23).

Hier nun taucht die Frage auf, inwiefern Musik solche Wirkung haben kann. Ein Schüler gibt die Antwort, die allgemeine Zustimmung findet: Musik ist Harmonie; wenn sie ertönt, zieht sie statt des bösen Geistes in die Seele des Königs ein. So gewinnt der König David lieb und die Gefahr der Verfolgung ist gebannt.

Die nächste Schwierigkeit ergibt sich bei dem Bericht, wie Saul, nachdem das Volk David mehr zugejubelt hat als ihm, wieder in seinen bösen Seelenzustand verfällt. David spielt wieder, aber der König wird nicht beruhigt; er nimmt den Spieß und wirft nach David. Die Frage ist also, warum die Musik diesmal nicht geholfen habe. Ein Schüler meint: Diesmal konnte die Musik nichts ausrichten, weil die Seele Sauls nicht nur verstimmt, sondern voll Haß war. Gegen Haß sei die Ordnung der Musik machtlos. Frage des Unterrichtenden: Gibt es denn nicht eine höhere Macht, die die Zerstörung der Seele durch Haß wieder in Ordnung bringen kann? Antwort: die Liebe. Frage: Woher wir Musik bekommen können, wissen wir; woher aber kommt die Liebe? Schülerantwort: von Jesus Christus. Die Schüler waren während der ganzen Stunde, die hier nur stark verkürzt wiedergegeben werden konnte, in die Bilderwelt des biblischen Berichtes vertieft. Sie sprachen aus bildhafter Erfahrung. Ihr Unbewußtes fand mit archetypischer Sicherheit die Lösung der Probleme. Die Erinnerung an Orpheus und an die frühchristlichen Darstellungen von Jesus Christus als Orpheus, der die Macht der Unterwelt besiegt, liegt nahe. Derartige Archetypik hat die Schüler offenbar geleitet, obwohl sie von Orpheus sicher nichts wußten.

Die Weihnachtsfeier. In der christlichen Weihnachtsfeier des Abendlandes haben sich viele Motive früherer Religion mit biblischen Motiven sinnvoll vereinigt. Das kam in einer Religionsstunde für etwa fünfzehnjährige Mädchen zum Ausdruck und ließ gleichzeitig Blicke in das Seelenleben der Schülerinnen zu. Zum Beginn der Stunde werden die Schülerinnen darauf aufmerksam gemacht, daß uns beim Hören eines Wortes gleich ein zweites einfällt. Nach einer Reihe vorbereitender Beispiele wird das Reizwort »Weihnachten« genannt. Den Mädchen kommen so viele Assoziationen, daß die Menge der Einfälle in vier Spalten an die Tafel geschrieben wird: festliche Speise, winterliche Landschaft, Festbrauchtum, biblische Geschichte nach Matthäus und Lukas. Dann wird der Vorschlag gemacht, alles auszustreichen, was nicht unbedingt zu Weihnachten gehört. Die Mädchen sind in erstaunlicher Weise bereit, vieles zu streichen. Von Marzipan bis Gänsebraten, Schnee bis Eiszapfen bleibt nichts übrig. Vor dem alten Heiden »Weihnachtsbaum« jedoch machen sie respektvoll halt. Sie wissen nicht, daß er mit der Weltenesche Yggdrasill und dem sie umgebenden Sternenglanz zu tun hat, der man einst zur Wintersonnenwende huldigte. Aber sie halten ihn für unentbehrlich. Der Archetyp des Lebensbaumes ist, wie es scheint, in ihnen am Werke. »Und wenn man nur einen kleinen grünen Zweig hat« – das Symbol des Baumes darf nicht fehlen. Ebenso ging es mit dem Lichtsymbol, den Kerzen. Man müsse sich im Notfall – wie im Kriege – eine kleine Kerze oder etwas Ähnliches selber machen. Baum- und Lichtsymbol erwiesen sich als unverzichtbar, obwohl sie in den beiden neutestamentlichen Geburtsgeschichten nicht vorkommen. In der biblischen Spalte war man bereit, die Hirten und die Weisen, Ochs und Esel zu streichen, auch an Joseph wurde nach einigem Zögern nicht festgehalten. Entschiedener Widerstand setzte ein, als es um Maria und das Jesuskind ging, wobei Jesus noch höher bewertet wurde als Maria: »Dies Kind ist Weihnachten«. Die »Große Mutter« und das »göttliche Kind« waren es, die unverzichtbar schienen, obwohl die Mädchen sicher nicht von der Bedeutung beider in der allgemeinen Religionsgeschichte wußten. In ihren Aussagen zeigte sich jedoch, welche Macht diese beiden archetypischen Symbole in der Seele ausüben.

Das so Erarbeitete wurde schließlich in der Betrachtung des Bildes »Die Heilige Familie« von Martin Schongauer (ca. 1430–1491) verifiziert. Man ließ die Figuren des Bildes (Ochs und Esel und drei Hirten) das Bild verlassen; auch Joseph wurde fortgeschickt. Bei Maria gab es wieder das starke Zögern, aber schließlich doch die Bereitschaft, sie auf kurze Zeit gehen zu lassen. Es blieb das göttliche Kind in einem verfallenen Stall in einer weiten Landschaft: »Gibt sich für uns verloren, gelobet muß es sein.« Das Wiederkehren der fortgedachten Figuren vollzog sich einfach. Zuerst mußte natürlich Maria wieder da sein, dann Joseph. Bei den Hirten hieß es: Sie brauchen nicht wiederzukommen, für sie sind *wir* jetzt da. Die Mädchen sangen angesichts des Bildes voll Hingebung den Vers aus dem alten Kinderlied »Ihr Kinderlein, kommet«: »O beugt wie die Hirten anbetend die Knie ...«. Sie waren ganz »im Bilde«.

Magna Mater. Eine sehr gebildete Frau gestand ihrem Seelsorger, daß sie vor Jahren schwere Schuld auf sich geladen hätte. Sie habe als Unverheiratete auf hartnäckiges Drängen des Mannes eine Abtreibung vornehmen lassen. Danach sei sie in einen ernsten Depressionszustand geraten und habe starke Selbstmordneigungen gehabt. In einer fröhlichen Gesellschaft wurde der innere Druck so unerträglich, daß sie hinauslief, um sich von einem benachbarten Felshang zu stürzen. Draußen aber sah sie plötzlich die Mondsichel und über ihr einen leuchtenden Stern. Sie fühlte sich im Nu verwandelt und kehrte in das Haus zurück. Die Depressionen kamen nicht wieder. Jahre später, nachdem sie zu einem bewußten christlichen Leben gefunden hatte, traten Bedenken bei ihr auf, ob sie nicht einem Trugbild erlegen sei. Sie konnte nicht glauben, daß sie wirklich Vergebung empfangen hätte, und suchte nun Rat beim Seelsorger. Der Seelsorger fragte sie, woran sie bei dem Bilde der Mondsichel mit dem Stern denken müsse. Sie antwortete: An Dürers Madonna auf der Mondsichel mit dem Sternenkranz. Alles Weitere ergab sich aus der Betrachtung dieses Bildes. Die Ratsuchende wußte, daß die Mondsichel ein Urbild des Weiblichen ist und der Stern ein Hinweis auf ein neues Leben. Sie fragte nun, ob die Große Mutter, die Gottesmutter und Mutter aller Schmerzen eine Hilfe für sie habe sein wollen, indem sie ihr in jener nächtlichen Wahrnehmung erschien. Sie meinte, daß ihr Erlebnis ihr zu verstehen geben wollte, daß über ihrem Frauentum der Stern eines neuen Lebens aufgehen würde. Diese Interpretation, die ganz von der Ratsuchenden selbst kam, beruhigte sie; denn sie konnte nun ihr Erlebnis durchaus mit ihrem christlichen Glauben in sinnvolle Verbindung bringen. Eine Beichte mit Absolution schloß die Seelsorge ab. Im Sinne Carl Gustav Jungs könnten wir sagen, daß die Ratsuchende in jener Nacht ein Gnadenerlebnis gehabt hatte, gegen das nur theologische Enge Bedenken haben könnte.

MANDALA IN RAUM UND ZEIT

Die ganze Bibel ist vom ersten bis zum letzten Blatt voll archetypischer Bilder. Sie erscheinen in Mythen, Legenden, Dichtungen, Gleichnissen, aber auch in historischen Gestalten. Man könnte auch, um der Bibel ihre Würde gegenüber historisch-kritischen Verstehensversuchen zurückzugeben, sagen, sie sei selbst durch und durch mythisch. Das Recht hierzu geben uns die Erkenntnisse der Tiefenpsychologie. Die Bibel breitet vor uns die Fülle menschlicher Grundverhältnisse und Verhaltensweisen aus und fordert in dem allen unsere Verantwortung unter Gott und unsere Bereitschaft, zu hören und zu handeln. Darin liegt ihr mythischer Charakter, daß nichts ist ohne Bezug auf Gott, aber auch nichts ohne die Aufnahmebereitschaft der Seele, die archetypisch auf ein Verstehen angelegt ist. Bis in die jüngere Vergangenheit nannte man den Weg, auf den die Bibel den Menschen mitnimmt, die Heilsgeschichte. Sie hat in zwei Mandalas Gestalt gewonnen, die aus der Tiefe des Lebens mit der Bibel entstanden sind. Sie umfassen daher alle Höhen und Tiefen menschlicher Existenz und führen zu einem Neuen Leben in persönlicher Ganzheit und Freiheit: Das Mandala des Raumes ist der *Kirchbau*, das der Zeit ist das *Kirchenjahr*. Man könnte auch sagen, beide sind das in Raum und Zeit projizierte Credo der Kirche.

Beide Mandalas sind um das Kreuz geordnete Darstellungen des christlichen Glaubens. Was den *Kirchbau* betrifft, muß allerdings festgestellt werden, daß er in der Gegenwart weithin von diesem Prinzip abgewichen und in ästhetisierendes Experimentieren hineingeraten ist. Wir müssen auf den Kirchbau des hohen Mittelalters zurückgreifen, um das Gemeinte zu veranschaulichen. Sein Grundriß ist das Kreuz. Außen- und Innenseiten des hohen Raumes sind geschmückt mit Gestalten der Bibel und der Geschichte der Christenheit: Propheten, Aposteln, Heiligen, aber auch mit Pflanzen, Tieren und andern Gestalten der Schöpfungswelt. So sieht sich der andächtige Betrachter von der großen Fülle biblischen Lebens umgeben und geleitet. Über allem aber schwebt das Triumphkreuz, anzeigend, wer der Herr dieser ganzen Welt ist, bisweilen auch ein mächtiger Kronleuchter, der das himmlische Jerusalem darstellt, das wieder offene Paradies, zu dem die Gemeinde berufen ist, und daran erinnern, daß die irdische Gemeinde gemeinsam mit der der Vollendeten Gott preist.

Mit dem *Kirchenjahr* sieht es nicht viel besser aus als mit dem Kirchbau. Auch dies ist in Verfall geraten und in dem Bewußtsein der Christen kaum noch lebendig. Vielfältigen Erneuerungsversuchen war jedoch ein oft überraschender Erfolg beschieden. Das Kirchenjahr ist in einem Kreis angeordnet, dessen Mitte durch das Kreuz und die Gestalt Jesu Christi bezeichnet ist. An den Kardinalpunkten stehen oben Weihnachten, rechts Ostern, unten das Johannisfest, links das Michaelisfest, zwischen Ostern und Johannisfest liegt Pfingsten. Jeder Sonntag, angefangen vor Weihnachten, dem Hohen Christfest, hat seinen bestimmten Sinn und bringt die Gemeinde in Verbindung mit biblischen Gestalten, die das christliche Leben vor der Gemeinde ausbreiten, so daß jeder, der sich der Betrachtung hingibt, auf immer neue Weise in der Tiefe der Seele angesprochen wird. Das geschieht oft unbewußt, aber es hat urbildhaft wegweisende, helfende und heilende Kraft. Carl Gustav Jung war überzeugt, daß den Menschen früherer Zeit auf diese Weise so geholfen wurde, wie es heute die Psychotherapie zu tun bemüht ist. Deshalb ließ er nie unberücksichtigt, was er noch von religiösem Leben bei seinen Patienten vorfand.

SCHLUSS

Es wurde versucht zu zeigen, in welchem Maße die Tiefenpsychologie dazu dienen kann, ein neues Verständnis für die Lebensbedeutung mythischer Gestalten zu wecken. Daß dabei die biblische mythische Welt im Vordergrund stand, möge nicht nur als Beschränkung aufgefaßt werden. Auch die religiöse Welt außerhalb der Christenheit zeigt solche Bedeutung, und in der gegenwärtigen Weltlage, die auf eine weltweite religiöse Erneuerung hinweist und damit zu einer Begegnung der Religionen führt, wird sichtbar werden, wie stark unbewußte religiöse Erlebnisse, die zu religiöser Erfahrung wurden, das Leben der Menschen zu bestimmen und zu heilen vermögen.

LITERATUR

Herder, J. G. von: Vom Geist der ebräischen Poesie. Dessau 1782/83

Jung, C. G.: Das Gewissen (1958). G.W. X

Erinnerungen, Träume, Gedanken, hg. von A. Jaffé. Zürich, Stuttgart: Rascher 1962

Briefe in drei Bänden, hg. von A. Jaffé. Olten, Freiburg: Walter. Bd. I (1906–1945): 1972a. Bd. II (1946–1955): 1972b. Bd. III (1956–1961): 1973

Jung, C. G., Wilhelm, R.: Das Geheimnis der goldenen Blüte. München: Dorn 1929, [5]1957

Leeuw, G., v. d.: Phänomenologie der Religion. Tübingen: Mohr 1933

Uhsadel, W.: Praktische Theologie, Bd. I: Die gottesdienstliche Predigt. Heidelberg: Quelle & Meyer 1963

Kleines Begriffslexikon biblisch-theologischer Grundbegriffe. Konstanz: Bahn 1976

INDIVIDUATION

Anthropologische und theologische Aspekte

von Raimar Keintzel

Der Begriff der Individuation steht bei C. G. Jung im Mittelpunkt. Ihn aufzugreifen hieße, »die gesamte methodische Problematik in der ›Tiefenpsychologie‹ im allgemeinen, in der Psychologie von Jung im besonderen« (Thomae 1968, 96) aufzuwerfen. Dies ist unter anthropologischen und theologischen Aspekten in wissenschaftlich-kritischer Weise, trotz einer kaum mehr zu überblickenden Sekundärliteratur, noch nicht geschehen und kann auch hier nur angedeutet werden.

Der Begriff spielt auch bei anderen Autoren eine Rolle, besonders bei Erich Fromm, den ich als scheinbaren Antagonisten Jung gegenüberstellen werde. Die Sache – die Selbstverwirklichung – ist für schlechthin jede anthropologisch oder klinisch orientierte Psychologie von zentraler Bedeutung. Sie erscheint auch unter dem Titel des »Gesundheitsmodells«.

Folgt man der, freilich allzu pessimistischen, Meinung von Ackerman (1973), dann ist eine eindeutige Definition des Gesundheitsmodells unmöglich, und »die Aussicht auf Beute« ist um so geringer, »je wilder die Jagd wird« (1973, 565). Schon E. Straus hatte beanstandet, daß die Begriffe »krank« und »gesund« zunächst unkritisch aus dem Bereich der somatischen Medizin in die Psychopathologie übernommen worden seien und dort ein »täuschendes Spiel« der »Äquivokationen« (Straus 1930, 1) treiben. Diese Kritik trifft auch Jung, und zwar an einer besonders verwundbaren, weil von ihm verleugneten, schwachen Stelle. Jung ignoriert aber auch die Forderung von Müller-Suur, daß »philosophische Probleme des Sinnes und des Wertes der menschlichen Existenz mit einbezogen werden müssen« (1959, 250), wenn definiert werden soll, was den Kranken vom Gesunden unterscheidet. Gesundheit ist von da her gesehen das »Sichverwirklichen«, das mit einer »Seinsgradmehrung« zusammenzufallen pflegt. Gesundheit heißt »Möglichkeit der Ausführung der dem Wesen entsprechenden Aufgaben, ... heißt: Sein. Krankheit heißt: Veränderungen in seiner Wesenheit« (1959, 250 f). Solche Kriterien, so unbefriedigend sie auch sein mögen[1], haben mehr Affinität zu der Individuation im Sinne von Fromm als zu der betont antiphilosophischen Psychologie Jungs.[2]

Der Begriff der Individuation leidet bei Jung in exemplarischer Weise unter dem Fehlen jeglicher metapsychologischer Reflexion, also der völligen Ungeklärtheit der logischen Voraussetzungen, theoretischen Strukturen, Randbedingungen und Folgen seiner Forschungspraxis, der Kontamination verschiedener Sprachstufen und Abstraktionsebenen, der fehlenden Explikation seines anthropologischen und psychologischen Integrationsprinzips, vor allem aber unter der Überlastung und Aufblähung der gesamten Terminologie[3]. Individuation wäre allenfalls noch brauchbar als ein bewußt offener, bzw. »fließender Begriff« (Lersch [11]1970, 39 f), auf einer niedrigeren Abstraktionsstufe, im Rahmen einer »Theorie mit mittlerer Reichweite«, die den »raum- und zeitbezogenen Wechselfällen menschlicher Konflikte eher gerecht werden würde« (Ackerman 1973, 560) als die sich Universalität anmaßende Archetypenlehre Jungs, die anthropologische, ja auch theologische Reichweite beansprucht.

Um die Begriffsgeschichte kümmert sich Jung so gut wie gar nicht, und obwohl er behaupten kann, alle seine Begriffe seien ausschließlich empirisch begründet[4], kann er von der Individuation doch auch sagen, sie sei »ein psychisches Grenzphänomen, das ganz besonderer Bedingungen bedarf, um bewußt zu werden. (Und sofort ins Universale ausweitend fügt er hinzu:) Es ist vielleicht das Anfangsstück eines Entwicklungsweges, den die zukünftige Menschheit nehmen wird ....« (Jung, G. W. VIII, 257 f).[5]

Welches die hier gemeinten »besonderen Bedingungen« sind, sagt Jung an anderer Stelle deutlicher: Nur wer seine Methode anwende, gelange zu seinen Ergebnissen.[6] Seine »Methode« aber ist letzten Endes der »methodische Irrationalismus«.[7] Er findet sich besonders kraß ausgedrückt in der Behauptung, eine psychologische Wahrheit sei nur dann gültig, wenn man sie auch umkehren könne.[8] Seine »Methode« ist so wenig festgelegt, daß er sie »naturwissenschaftlich«, »phänomenologisch«, »geisteswissenschaftlich«, »empirisch«, »religionspsychologisch«, ja sogar philosophisch »im uneigentlichen Sinne« nennen kann[9], nur auf keinen Fall »metaphysisch« oder »theologisch«.[10] Er vermag ohne Bedenken methodisch so verschiedenartig gewonnene Aussagen aufzunehmen wie Behauptungen aus Alchemie, Mythologie, Märchen, Astrologie, Parapsychologie, Mystik, den verschiedensten Religionen usw.[11] Sein Prinzip ist letztlich das unkritische und reichlich spekulative Suchen nach Analogien[12], wobei aber mit Jaspers festgestellt werden muß, daß diese Analogien sich »bei näherer Vergegenwärtigung als äußerlich erweisen. Sie beschränken sich auf allgemeine Kategorien. Gerade ihr wirksamer Inhalt ist damit nicht getroffen ... Die Analogie erleuchtet das Unwesentliche« (Jaspers [8]1965, 282). Das aber heißt, daß der auf diese Analogien hingewiesene und so einer Individuation entgegengeführte Analysand gerade vom Wesentlichen abgelenkt wird. Letztlich wird er einem geschichtslosen »unmenschlichen Unbewußten« (Bloch 1959, 66 f)[13] überantwortet, dem er absolut zu gehorchen hat.[14] Ziel ist »die Auslieferung des menschlichen Bewußtseins ans Unbestimmte und Unbestimmbare ...« (Jung, XI, 117), die »Unterwerfung und Hingabe an die fundamentale Gegensätzlichkeit der menschlichen Natur, (das) Akzeptieren der psychischen Selbstdurchkreuzungstendenzen«, (Jung, XVI, 325). Die so heraufbeschworene völlige Verunsicherung zwingt ihrerseits das Suchen nach falschen Sicherheiten geradezu herbei.[15]

Das Ziel der Individuation kann nach alledem keinesfalls mit Worten wie »Wesen«, »Sein« und »Sichverwirklichen« umschrieben werden, wie Müller-Suur (1959) sie gebraucht, um menschliche Gesundheit zu charakterisieren.

Jungs Psychologie ist zum großen Teil nicht wissenschaftliche Forschung, sondern Intuition.[16] Das systematische Denken tritt hinter der Imagination weit zurück.[17] Weder die Anthropologie noch die Theologie kann und darf aber ihre Aussagen lediglich auf diese Weise gewinnen. Davon freilich weiß Jung sehr wenig. Für ihn ist der Glaube eine Geschmacksache, über die man nicht diskutieren kann (1972 b, 278), und mit der »theologischen Religion« kann er nichts anfangen (1967, 98 f). Immerhin gibt er ausdrücklich oder indirekt zu, daß er theologisch ungebildet sei und daß ihm der Zugang zum christlichen Glauben fehle.[18] Trotzdem ist er davon überzeugt, »daß alles, was die Menschen von Gott behaupten, bloßes Geschwätz« (1973, 111) sei und daß der Glaube mit Erkenntnis nichts zu tun habe (1973, 163).

Jung nimmt also nur jene Karikatur einer Theologie zur Kenntnis, die ihre Aussagen »mit entwaffnender Harmlosigkeit vorgebracht (hat und deshalb als) ungeheuerliche Anmaßung eines Denkens (wirken mußte), das doch auch nur menschliches Denken sein kann« (Pannenberg 1973, 23).[19] Theologie reduziert sich für ihn auf einen »kognitiv unerheblichen, expressiven Sprachgestus« (Pannenberg 1973, 334). Man muß das sehen, wenn nicht alles Gerede über »Jung und die Theologen« (vgl. den Titel bei v. Franz, Mann, Heidland 1971) schief und unfruchtbar werden soll.

Um die theologischen Aspekte der Individuation herauszuarbeiten – um also Tiefenpsychologie und Theologie an einem entscheidenden Punkt in ein Gespräch miteinander zu bringen –, müßten zuerst beide Disziplinen auf eine wissenschaftliche Ebene gehoben werden. Für die Theologie ist das in neuerer Zeit geschehen. Es bedeutet: Das christliche Denken hat ein »konstitutives Interesse, sich seiner Wahrheit auf dem Boden des allgemeinen Denkens zu vergewissern« (Pannenberg 1973, 18). Theologie ist, wie jede andere Wissenschaft, nicht voraussetzungslos, aber ihren Grundlagen gegenüber selbstkritisch.[20] Daraus folgt: »Die Wahrheit der christlichen Überlieferung kann in einer wissenschaftlich verfahrenden Theologie nur als Hypothese fungieren« (Pannenberg 1973, 261). Auch der Gottesgedanke fungiert als Hypothese, zugleich aber auch als Gegenstandsbereich der Theologie. Damit scheint er nicht mehr verifizierbar zu sein, weil Hypothesen auf eine von ihnen unterscheidbare Realität angewiesen sind, um überprüfbar zu sein. Diese Schwierigkeit läßt sich überwinden, indem »der Gottesgedanke an seinen eigenen Implikationen gemessen und geprüft wird: Der Gedanke Gottes als der seinem Begriff nach alles bestimmenden Wirklichkeit ist an der erfahrenen Wirklichkeit von Welt und Mensch zu bewähren ... Die Weise, wie Gott als Gegenstand der Theologie zu denken ist – nämlich nur als Problem, nicht als gesicherte Gegebenheit – entspricht genau der problematischen Stellung des Gottesgedankens in unserer Erfahrung: (Die Wirklichkeit Gottes ist nur) in anderen Gegenständen der Erfahrung mitgegeben« (Pannenberg 1973, 302 f). »Gegenstand von Theologie ist danach die indirekte Selbstbekundung göttlicher Wirklichkeit in den antizipativen Erfahrungen der Sinntotalität der Wirklichkeit, auf die sich die Glaubensüberlieferungen der historischen Religionen beziehen. Theologie untersucht die historischen Religionen darauf, inwiefern sich in ihnen die alles bestimmende Wirklichkeit Gottes als einende Einheit aller von ihr verschiedenen Wirklichkeit bekundet« (Pannenberg 1973, 330).

Tiefenpsychologie untersucht die historischen Religionen auf ein anderes Ziel hin, und sie gerät dadurch beständig in die Gefahr, das Wesentliche zu übersehen. Allerdings stößt auch sie auf die notwendige Annahme einer letzten Einheit der Wirklichkeit. Jung nennt sie im Anschluß an Schopenhauer den *Unus mundus* und meint damit die Notwendigkeit, »daß wir unser Verhältnis zur Wirklichkeit in immer wechselnden Aspekten immer neu bestimmen müssen, daß aber in der Relativität dieser Versuche ein umgreifendes Wissen des Wirklichen selbst enthalten sein muß« (Röd 1960, zit. n. Bender ²1973, 171; vgl. Jung, VIII, 563). Indem Jung aber nicht daran festhält, daß – wie die Theologie betont – diese Einheit oder Ganzheit nur »sub ratione dei«, bzw. »coram deo« faßbar ist, erliegt er der Gefahr der Hypostasierungen und vermag die letztlich auch für ihn entscheidende »ontologische Differenz« zwischen dem Sein und dem Seienden, oder zwischen dem Schöpfer und dem Geschaffenen, nicht aufrechtzuerhalten.

Es läßt sich zeigen, daß das Problem der Differenz für Psychologie, Philosophie und Theologie zentral ist, daß aber die theologische Begründung dieser Differenz die vorhandenen (auch psychologischen und philosophischen) Sachverhalte am umfassendsten zu erklären vermag. Der ausführliche Nachweis dieser Behauptung würde freilich den Rahmen dieses Überblicks sprengen, wäre aber nötig, um der Jungschen Individuation eine differenzierte Individuation im Rahmen der theologischen Anthropologie entgegenzusetzen.

Bei der Individuation geht es darum, daß der Mensch Anschluß findet an seinen Ursprung – von Jung genannt: das *Selbst*. Jung mißachtet jedoch die logische und ontologische Regel: »Was Ursprung ist, läßt sich nicht unter das fassen, was von ihm ›abkünftig‹ ist« (Keller 1974, 243). Keller, der diese Grundregel erwähnt, fügt hinzu, daraus erhelle, »warum und in welchem Sinn der Mensch die Seinsweise dessen, das er nicht selbst ist, ›begreifen‹, die Seinsweise seiner selbst (d. h. in der Terminologie Jungs: seines Selbst, Anm. d. Ref.) aber nicht ›begreifen‹ kann – was im Grunde ein Skandalon ist – und warum er sich gar dazu verirrt, diese ihrerseits mit den Mitteln jenes ›Begreifens‹ verstehen zu wollen« (Keller 1974, 243).

Keller bemüht sich um die Erhellung des damit bezeichneten Tatbestands: der »Transzendenz des Daseins«. Eine eingehende Vergleichung seiner Ergebnisse mit denen der theologischen Anthropologie ließe den Nachweis zu, daß die Theologie noch weiter vordringt als die Philosophie, und zwar mit Mitteln, die nicht weniger wissenschaftlich sind als die der Philosophie. Auf jeden Fall ist aber die »Transzendenz des Daseins« bei Jung gründlich verdunkelt. Dazu hätte es nicht kommen müssen, wenn Jung das Unbewußte und seinen für die Individuation zentralen Inhalt, das »Selbst«, bzw. die »Entelechie des Selbst«, konsequent als das stets nur Mitgegebene, indirekt Erschließbare gefaßt hätte, und wenn er untersucht hätte, in welcher Weise hier eventuell eine Analogie oder Abschattung der Nichtobjektivierbarkeit und Unverfügbarkeit Gottes vorliegt. Die theologische und die tiefenpsychologische Hermeneutik hätten sich von da her in hervorragender Weise gegenseitig befruchten können.

Jung sagt: »Individuation zielt auf jenen verborgenen, noch nicht manifesten ›ganzen‹ Menschen, welcher zugleich der größere und zukünftige ist« (XII, 20). »Die Persönlichkeit als eine völlige Verwirklichung der Ganzheit unseres Wesens (ist aber) ein unerreichbares Ziel. (Sie ist ein) Ideal (und damit ein) Wegweiser« (XVII, 196).[21] Die Entwicklung der Persönlichkeit verlangt nach Jung »Treue zum eigenen Gesetz« (XVII, 197)[22], bzw. zur »Entelechie des Selbst« (XII, 215), die sich, wenn diese »Treue« fehlt, auch gegen die bewußte Einstellung durchsetzt, denn die »Offenbarung (des) wesentlichen Menschen ... ist zunächst ein bloßer Naturvorgang, der gegebenenfalls ohne Wissen und Zutun abläuft, ja gegen den Widerstand des Individuums sich gewaltsam durchsetzen kann« (VII, 120).[23] Der »wesentliche Mensch (ist) Mythos« (X, 22). Anders gesagt: »Im Tao sein bedeutet Vollendung, Ganzheit, erfüllte Bestimmung, Anfang und Ziel und völlige Verwirklichung des den Dingen eingeborenen Daseinssinnes. Persönlichkeit ist Tao« (XVII, 211; vgl. X, 505; XI, 675).[24] Das Tao aber ist das »Nichts«, womit »dessen Gegensatz zur Welt der Wirklichkeit« (VIII, 543) zum Ausdruck gebracht werden soll.[25]

Ziel der Individuation ist »die vollständige Auflösung des Ego« (Jung 1972 b, 354). Das Verschwinden der Ichhaftigkeit ist sogar das einzige Kriterium der ansonsten völlig unbestimmbaren Veränderung in der Wandlung (XI, 598 f).[26] Es handelt sich um einen »Lebensprozeß der Seele außerhalb des Bewußtseins« (XVI, 54), einen »Zentrierungsvorgang« (XVI, 54), bei dem das Ich in eine »periphere Stellung« (XVI, 54) kommt. In dieser »Konfrontation des Ich mit der ›Leere‹, der Mitte« (1972 b, 496) – mit dem inhaltlich leeren und nichtmenschlichen Selbst – ist »die Grenze jeglicher Erfahrungsmöglichkeit« (1972 b, 496) erreicht. »Das Ich als Bezugspunkt der Erkenntnis löst sich auf. Es kann aber nicht mit der Mitte zusammenfallen, denn sonst wären wir bewußtlos[27], d. h. die Auslöschung des Ich ist bestenfalls eine unendliche Approximation. Wenn das Ich aber die Mitte an sich reißt, so verliert es das Objekt (Inflation!)« (1972 b, 496).

So unklar das auch im einzelnen bleibt, so deutlich wird doch, daß die Pervertierung der Individuation »psychische Inflation« heißt. Inflation kann psychodynamisch als innerseelischer Grenzzusammenbruch, als umfassende Kontamination aller seelischen Instanzen und Inhalte, bezeichnet werden.[28] Individuation ist demnach nur möglich, wenn eine letzte, unaufgebbare Grenze erhalten bleibt. Die Conjunctio oder Complexio oppositorum – wie die Individuation, freilich aber auch das Selbst und auch die Inflation (!) bezeichnet werden können[29] – dürfte also niemals total sein. Trotzdem kann Jung das Selbst als den »Inbegriff der totalen Gegensatzvereinigung« (XVI, 283) bezeichnen und als Ziel der Synthese (Individuation) »die Paradoxie der Vereinigung des Unvereinbaren« (XII, 174) angeben! Licht in dieses Dunkel könnte die Unterscheidung zwischen vorbewußter und bewußter Ganzheit bringen. Die vorbewußte Ganzheit ist verkörpert im Selbst. Die bewußte Ganzheit dagegen besteht »in einer geglückten Vereinigung von Ich und Selbst, wobei beide ihre wesentlichen Eigenschaften bewahren« (VIII, 256, Anm. 127). Wie aber soll diese möglich sein, wenn das Ich von Jung immer wieder als ein Epiphänomen des Selbst geschildert wird und wenn er sagen kann: »Das Ich steht zum Selbst wie das patiens zum agens oder wie das Objekt zum Subjekt« (XI, 283; vgl. XVI, 54 f)? Die von Jung befürchtete »Überwältigung des Ich durch das Selbst« (VIII, 256, Anm. 127), wodurch das Selbst ebenfalls auf einer »primitiven Stufe« (VIII, 256, Anm. 127) stehen bleibe, ist ja dann samt ihrem Ergebnis Dauerzustand: Es entsteht »eine Art von vagem Übermenschen mit einem aufgeblasenen Ich und einem verblasenen Selbst« (VIII, 257). Die für die Individuation so wichtige Kompensation zwischen Selbst und Ich-Bewußtsein wird illusorisch – und zwar auch deshalb, weil das Selbst nicht nur das Ich, sondern auch die ganze Welt in sich einschließt und einen unabgrenzbaren Umfang hat (VIII, 258) und weil es seiner Seinsweise nach sowohl »ist« als auch »nicht ist« (XI, 287, Anm. 19)!

Einiges von diesen Spekulationen enthält einen Wahrheitskern, der sich aber unter der Perversion anthropologischer und theologischer Einsichten verbirgt. So ist der Rückgriff auf das Tao oder die Rede vom »Nichts« bzw. von der »Leere« der Mitte und vom Nichtsein des Selbst als ein Nachklang dessen zu verstehen, was Keller (1974) unter der »Transzendenz des Daseins« versteht, oder auch dessen, was Heidegger unter den Begriff der ontologischen Differenz faßt. Jung psychologisiert solche Probleme, ist aber auch darin nicht konsequent. Man kann das am besten am Problem der Grenze nachweisen.[30] Jung kann mit bewundernswerter Naivität sagen, was in der analytischen Psychologie, wie auch für »den Inder«, der Konflikt zwischen Ich und Selbst sei, sei für den Abendländer der Konflikt zwischen Mensch und Gott (XI, 626). Demnach ist die Grenze aller Grenzen, die Grenze zwischen Gott und Mensch, für Jung vollständig transponierbar auf die Abgrenzung zwischen Selbst und Ich.

Jung ist nun aber von seinem naturwissenschaftlichen Ansatz her nicht in der Lage, einen qualitativen und kategorialen Unterschied zwischen Ich und Selbst bzw. zwischen Bewußtsein und Unbewußtem[31] aufzuzeigen. Damit kommt auch eine Alternative zu dem Individuations*prozeß* – zu dem prozeßhaften Naturvorgang – gar nicht in sein Blickfeld. Zu Recht hat von Gebsattel beanstandet, Jung übersehe vollkommen die »Aktnatur der Person« (1953, 333). Und man könnte im Anschluß an Keller (1974, 38) formulieren: Er hat ein »Selbst« ohne Selbsthaftigkeit und eine »Person« ohne Personenhaftigkeit. Es klingt auch grotesk, daß er, der die Individuation zum beherrschenden Zentrum seiner Psychologie macht, Individualpsychologie zu einer »contradictio in adjecto« (VII, 323) erklärt und beharrlich alle Untersuchungen über das Individuum oder die Person ignoriert, sofern sie nicht seiner Schule entstammen. Diesen Weg betrat er freilich schon am Anfang seiner Laufbahn, als er eigenwillig erklärte, sein individuelles Leben gehöre voll und ganz der Allgemeinheit. Nur so (!) habe er seine »Existenz als eine relative Ganzheit zu leben und auszuhalten« ([4]1967, 196) vermocht. Und ganz auf derselben Linie liegt seine Gleichsetzung von vollendet Individuellem mit Kollektivem bzw. Allgemeingültigem (VII, 309, Anm. 7). Damit ist auch der von Hummel beobachtete »deutliche Überhang zum Transindividuellen, Identitären« (1972, 397), besser noch: zum Inflativen, in der Psychologie Jungs nachgewiesen worden. Jung geht aus von der »seelischen Gleichheit aller Menschen« (X, 160) als von einer »schlechthin vorhandenen Tatsache ... welche von der ursprünglichen Unbewußtheit des Individuums herrührt« (X, 160)[32], und er kehrt durch die fälschlich sogenannte »Individuation« zu dieser Gleichheit zurück. Daß es dieselbe kontaminöse Gleichheit ist, beweisen gerade die in bunter Reihe erwähnten Namen für die allgemeingültige Mitte der menschlichen Existenz: Tao, Atman, Purusha, Christus, Leere, Nichts, Gott, unus mundus, Selbst usw.[33]

Sehen wir von da aus hinüber auf Erich Fromm und seine Zielvorstellung von der Individuation. Auf den ersten Blick mag es scheinen, daß er die Aporien Jungs vermeidet oder überwindet. Jedenfalls fallen bei ihm die vielen ermüdenden und ärgerlichen »undialektischen Widersprüche« (Jaspers [8]1965, 278) Jungs sowie auch der Wust irreführender Sekundärliteratur weithin fort.

Bei Fromm, noch mehr als bei Jung, soll der Mensch nach Idealen streben. Seine

Zielvorstellungen lassen sich als individuelles und gesellschaftliches Über-Ich und auch als Kultur-Über-Ich beschreiben. Die Zensur des Über-Ich und somit auch die Gefahr der Verdrängung, die Freud abbauen wollte, wird damit aufs neue verstärkt, und zwar um so mehr, als die Dynamik des Unbewußten fast ganz ausgeklammert bleibt. Das Ideal, das Fromm aufrichtet, ist kein Archetypus, keine Entelechie des Selbst, die sich prozeßhaft auch ohne das Bewußtsein durchsetzen könnte. Fromm appelliert an die Vernunft (die Jung entthront hat) und an den Willen (den Jung, wie auch das Ich, auf eine energetische Quantität bzw. einen »Komplex« reduzierte), aber die Gefahr, daß dadurch neue Verdrängungen, Verleugnungen, Überforderungen, Hemmungen, Verkrampfungen und Selbsttäuschungen entstehen, bemerkt er nicht. Er warnt vor »stereotypen Denkalternativen« (1962, dt. Ausg., 206) und »Klischees« (1962, dt. Ausg., 206) und gebraucht doch selbst solche, etwa in der Entgegensetzung von »Haben oder Sein« (1976), von »Glauben« und »Glaubenslosigkeit« (1962, dt. Ausg., 204), »Liebe zur Menschheit« und »Abstammungsverpflichtungen« (1962, dt. Ausg., 203), »Leben« als »ständige Veränderung, ständige Geburt« und »Tod« als »Aufhören des Wachstums, Verknöcherung, Wiederholung« (1962, dt. Ausg., 199). Zwischen allen diesen Alternativen soll der Mensch wählen können. Er habe die Freiheit der Wahl. Die Möglichkeit, daß eine bewußte Wahl durch unbewußte Impulse durchkreuzt oder kompensiert werden könnte, überlegt Fromm nicht weiter. Darum erscheint seine Psychologie sogar im Vergleich mit den Naivitäten Jungs streckenweise ungeheuer naiv und anrührend, und er hat letztlich nicht einmal einen »Individuationsprozeß« anzubieten, sondern nur eine grandiose utopische Geste.[34]

Ziel der Individuation ist auch bei Fromm das »Erlebnis der Einheit und des Einsseins mit seinen Mitmenschen und der Natur« (1962, dt. Ausg., 198), mit anderen Worten »Harmonie und Kraft« (dt. Ausg., 199), kurz »Leben«. Damit der Mensch dieses Ziel wählt, genügt es, ihn mit den wahren Alternativen zu konfrontieren. Der Weg zu diesem Ziel soll weniger durch Pflichterfüllung und Gehorsam, als vielmehr durch ein »Wohlgefühl« gekennzeichnet sein, eine »gesteigerte Lebendigkeit, in der ich meine Kräfte und meine Identität bestätigt sehe« (dt. Ausg., 200). Auf diesem Wege sind »die Struktur und die Werte der Gesellschaft« (dt. Ausg., 201) der wichtigste Faktor. Durch diese Überlegung landet auch Fromm, wenn auch auf andere Weise als Jung, beim Identitätsprinzip: »Nur wenn das Ziel der Gesellschaft mit den Zielen der Menschheit identisch geworden sein wird, wird die Gesellschaft aufhören, den Menschen zu verkrüppeln und das Böse zu fördern. – Ich glaube, daß jeder Mensch die Menschheit repräsentiert ... Ich glaube, daß sich der Mensch das Erlebnis des ganzen, universalen Menschen nur vergegenwärtigen kann, wenn er seine Individualität realisiert und niemals, wenn er versucht, sich auf einen abstrakten gemeinsamen Nenner herabzuschrauben. Der Mensch hat ja gerade die paradoxe Aufgabe im Leben, seine Individualität zu verwirklichen und sie gleichzeitig zu überschreiten und zur Erfahrung der Universalität zu gelangen. Nur das voll entwickelte individuelle Selbst kann das Ego fallenlassen« (dt. Ausg., 203). Das »wichtigste Element« für die Erkenntnis der Wahrheit sei »der Mut, nein zu sagen ... aufzuwachen ... Eva und Prometheus sind die zwei großen Rebellen, die gerade durch ihre ›Verbrechen‹ die Menschheit befreiten« (dt. Ausg., 203). Zwei Seiten danach fordert Fromm aber »Das ›Ja‹ zu Gott« (dt. Ausg., 205), und auf derselben Seite erklärt er den Menschen zum Maß aller Dinge! »Kein Gott, weder in theologischen, philosophischen noch in historischen Gewändern, rettet oder verurteilt den Menschen. Nur der Mensch kann dem Leben ein Ziel geben und die Mittel zur Verwirklichung dieses Zieles finden« (dt. Ausg., 200). Fromm fordert deshalb eine »nichttheistische Religiosität« (1976, dt. Ausg., 159, 197) und propagiert einen »Glauben«, dessen Verwaschenheit charakteristisch für nordamerikanische Mentalität ist und von Berger (1962) durch zahlreiche weitere Beispiele belegt wird.[35] Weitere Probleme, in die Fromms Thesen hineinführen, kann man viel besser studieren, wenn man die Diskussion über die sogenannten »Theologien vom Tode Gottes« verfolgt. Auf jeden Fall hat Thielicke recht, wenn er sagt, man könne Fromm »wahrhaftig nicht für eine christliche Anthropologie in Anspruch nehmen« (1976, 452).

Das Ergebnis ist leider reichlich negativ. Sowohl Jung wie auch Fromm, so sehr sie Antipoden zu sein scheinen[36] (der erste den Schwerpunkt beim Unbewußten und beim Einzelnen setzend, der zweite beim Bewußtsein und bei der Gesellschaft), führen zuletzt in Aporien hinein, die sich sehr ähnlich sind. Die Frage, ob beide weitergekommen wären, wenn sie christliches Gedankengut nicht aus seinem Kontext herausgerissen und verfälscht hätten, kann allerdings in dem mir gesetzten Rahmen lediglich eine Vermutung bleiben, und Auswege können höchstens angedeutet werden.

Von der Warte einer philosophischen Anthropologie ist vor allem zu beanstanden, daß die Individuation (wie auch die Gesundheit) als akthafter »Selbstvollzug und Selbstsein« (Keller 1974, 143) inmitten aller menschlichen »Bedingtheit und Bindung« (1974, 143; vgl. 230) nicht in den Blick kommt, daß die qualitative und kategoriale Differenz zwischen Ich und Unbewußtem (bzw. »Selbst«) eingeebnet wird und daß der Akt des Transzendierens wie auch der religiöse Akt prozeßhaft mißdeutet werden. Auch die Paradoxien und Antinomien des Seins gehören bereits in die philosophische Anthropologie. Nur wer sie zur Kenntnis nimmt, kann sich (mit Plessner [^{2}1965] und Keller [1974]) auf den »Rückweg zum Bewußtsein« (Keller 1974, 247 ff) begeben und Prozeßhaftes in Akthaftes mit hineinnehmen. Das hierzu benötigte übergreifende Integrationsprinzip, mit anderen Worten das Humanum schlechthin, kann freilich die theologische Anthropologie noch besser in den Blick bekommen, wie auch sie es ist, die die Frage nach dem Wesen der dem Menschen gesetzten Grenze und ihrer ontologischen und psychologischen Abschattung wirklich erhellen kann.

Wenn Jung recht ungeschützt behauptet, man wisse nicht, was der Mensch sei (1973, 49), dann ist es nicht Hybris, wenn Theologen doch nach einer »Definition« des Menschen suchen. »Evangelische Theologie nennt als solche Definition des Menschen dessen Rechtfertigung durch Gott ... Paulus gibt eine gedrängte Definition des Menschen, indem er sagt, der Mensch werde durch den Glauben gerechtfertigt. Die Rede vom eschatologisch neuen, Gott entsprechenden Menschen impliziert das Geschehensein der Rechtfertigung des Menschen durch Gott, die allerdings insofern allein im Glauben ›realisiert‹ wird, als allein der Glaube sie wirklich definitiv und deshalb definierend geschehen sein läßt« (Jüngel 1975, 344 f).

Wir beobachten hier ein Reden vom Menschen auf zwei Ebenen, ähnlich und doch anders als in der Tiefenpsychologie: Es erscheint notwendig, auch hier von einem Geschehen zu sprechen, das unter Umständen nicht zum Erleben wird; das in irgendeiner Weise latent bleibt, wenn es nicht in den Selbstvollzug hineingenommen wird.

Der Ausgangspunkt dieser Argumentation ist ein streng wissenschaftlich, philosophisch wie psychologisch einsehbarer, denn »es gehört zu den anthropologisch unbestreitbaren Einsichten (der Theologie, Anm. d. Ref.), daß der Mensch sich selbst – im Bösen wie im Guten! – entzogen ist. Der *ganze* Mensch ist als solcher nur erfahrbar, wo die Ganzheit des Menschen schon transzendiert ist. Das heißt, daß der Mensch nur von außerhalb seiner zum ganzen Menschen wird.[37] Zur Wahrheit des »›totus homo‹ ... gehört die Struktur des ›nos extra nos esse‹, des Außerhalb-unser-selbst-Seins. Will sich der Mensch als ›totus homo‹ erfahren, muß er *mehr* als sich selbst erfahren« (Jüngel 1975, 344).

Die Auswirkungen der oben gegebenen »Definition« des Menschen sind ebenfalls wissenschaftlich verifizierbar im Rahmen eines Wettbewerbs mit anderen Konzepten: Individuation bzw. Gesundheit können sich nun im Rahmen des durch die Rechtfertigung gewährten Spielraums entfalten. Gesundheit ist das »bewußte Durchleben dialektischer Spannungen« (Richter 1955, 114),[38] deren endgültige Lösung bei Gott aufgehoben und verborgen bleibt (vgl. Kol. 3, 3). Diese Gesundheit ist gegen alle monistischen, identitären und inflativen Versuchungen gefeit. Diese Gesundheit nimmt »irdische Nichtidentität« (Sölle 1965, 29) in Kauf, weil sie die Identität durch Gott bewahrt weiß. Diese Gesundheit sucht keine falsche Sicherheit in einer »unsterblichen«, irgendwie substantiellen »Seele«. Sie definiert vielmehr als die »wahre Substanz des Menschen« gerade das anscheinend völlig Substanzlose, den Glauben, der Anteil nimmt am Bleibenden, Gültigen (vgl. Joest 1967), und darum das vorübergehende irdische Rollenspiel erträgt, ohne es völlig auflösen zu wollen,[39] ja sich darin sogar – wie Fromm, nur nüchterner als er – mit letztem Ernst engagiert. Diese Gesundheit sticht schließlich auch dem in allen seinen Formen stets neurotisierenden Moralismus und Perfektionismus den Star und nimmt ihm sein Gift: das Streben nach falscher Sicherheit, bzw. nach »Verewigung«, das die ungezügelten Spekulationen der Tiefenpsychologie Jungs und die sich realistisch gebenden Utopien Fromms gezeugt hatte.

Als Ausblick sei noch auf den impliziten Individuationsbegriff Freuds hingewiesen, den Bartels (1976, 125 f) expliziert hat. Individuation ist danach ein unabschließbarer Prozeß fortschreitender Selbständigkeit und Einheitlichkeit, der es dem Individuum ermöglicht, immer neue Anteile seiner undurchsichtigen Konkretion anzueignen. Die je konkret geleistete Integration erweist sich so als Vollzug, durch den das integrierende Ich jeweils selbst als integrierende Instanz verwandelt wird. Wenn aber alle seelischen Instanzen, unter Einschluß des Ich, in einer unabschließbaren Wandlung sind, droht Ich-Verlust und radikale Verunsicherung, aber auch der Begriff der Wandlung wird inhaltsleer, wenn er nicht von einem »Unwandelbaren« abgesetzt werden kann. Voraussetzung für die Möglichkeit der Individuation ist deshalb auch bei Freud eine universale Distanz zu allen (in steter Wandlung begriffenen) unmittelbaren Motivationen und Einstellungen. Um die Ermöglichung dieser Distanz ringt Freud so gut wie Jung und Fromm, ohne sie zu erreichen. Sie scheint nur »coram deo« erreichbar zu sein, in jener gläubigen Exzentrizität der Existenz (vgl. Gal. 2, 20), die weiter oben als die »Gesundheit des Glaubens« skizziert wurde. Nur sie ermöglicht ein »Nützen« (oder »Gebrauchen«) der Welt (wie auch der Psychologie) – ohne sie in falscher Weise auszunützen (oder zu mißbrauchen) – in dem Wissen, daß »ihr Wesen vergeht« (1 Kor. 7, 29–31). Nur sie bewahrt vor der verhängnisvollen religiösen Überhöhung und Verewigung der Individuation, die ihren Sinn nur behält als genau umgrenzter, vorläufiger Akt des Selbstvollzugs.

(Einen weiteren Beitrag über den Begriff der Individuation bei C. G. Jung von G. Wehr findet der Leser in Bd. III dieser Enzyklopädie. Der gleiche Band enthält auch eine Übersicht über das Werk Erich Fromms von G. Chrzanowski.)

ANMERKUNGEN

1

Vgl. Keintzel (1977, 89–95).

2

Vgl. Jung (VIII, 259; XI, 334, 658, 661; XII, 215; XVII, 103 f; 1972 b, 251, 272, 480 und noch sehr oft); vgl. auch Balmer (1972, 31 ff).

3

Zum Grundsätzlichen vgl. neben anderen Erlenkämper (1976, 15); zu Jung vgl. Wyss ([4]1972, 401 f), Wellek, Rorschach zustimmend ([3]1966, 258 f), Jaspers ([8]1965, 278, 281), Bloch (1959, 68).

4

Jung (1972a, 474; III, 319 und noch sehr oft). – Der Hinweis auf die »Empirie« läßt es völlig offen, ob Jung seine Begriffe deskriptiv oder reduktiv (vgl. Thomae 1968, 96; Erlenkämper 1976) verstanden wissen will. Eine solche Alternative wird Jung selbst niemals bewußt, aber sogar in der neuesten Darstellung seiner Psychologie durch C. A. Meier (1968, 1972, 1975a, 1975b, 1977) herrscht in dieser Beziehung Konfusion. So gilt auch für Meier, was Boss (1957, 37 ff) bei Jung bemerkt: Er habe es nicht weiter gebracht als bis zur Absicht, phänomenologisch vorgehen zu wollen, und habe Phänomenologie gründlich mißverstanden.

5

Vgl. Jacobi (1971, 104). – Die hier prophetisch angedeutete Utopie hat Jean Gebser (1949, 1953), zum Teil freilich in Absetzung von Jung, breit ausgemalt. Am Beispiel seiner »diaphanen«, bzw. »aperspektivischen« Ganzheit wird deutlich, in welche hybriden Widersprüche und Gefahren auch der Weg der »Ganzwerdung« bei Jung hineinführt. Aber auch Fromms Aufruf zur Individuation ist von prophetischem Pathos erfüllt – ein vielleicht unvermeidlicher »Schatten« jeder (außerchristlichen?) Beschäftigung mit diesem Thema? Sogar ein so völlig andersgearteter Denker wie Schmitz (1967, 215 f) erliegt dieser Gefahr.

6

Jung (1972b, 480); vgl. Keintzel (1977, 124 ff).

7

Vgl. Wellek ([3]1966, 368), Müller (1974, 106). Der methodische Irrationalismus Jungs ergibt sich sehr deutlich etwa aus seinen Ausführungen in G. W., XVII, 105 f.

8

Jung ([4]1967, 137; vgl. dort 375). In G. W., XII, 82 erklärt Jung, alles Seelische habe ein »doppeltes Gesicht«; in G. W., VII, 115 sagt er, es gelte für alle psychologischen Aussagen das »Gleichsam-als-ob«; und Medtner (1935, 597) zitiert eine Äußerung Jungs, wonach sogar stets das »Entweder-und-oder« gelten soll! – Hätte Jung eine methodische Reflexion auf sich genommen, dann wäre er vielleicht zu Ergebnissen gekommen wie Lersch ([11]1970, 36–41) oder Wyss (1973, 190).

9

Jung (1972b, 251); vgl. Jung (1972a, 480): Die Psychologie säge den Ast glattweg ab, auf dem der Philosoph sitze!

10

Jung (XII, 29 und 215; XVI, 204); vgl. seine Briefe an Bernet, Bovet, Buri, Frischknecht, Hostie, White und andere (Jung 1972/73).

11

Jung (VIII, 177; XI, 202; XIV, 2, 304); vgl. Keintzel (1977, 100, 135 ff, 263–265).

12

Jung (VIII, 243, 267), von Franz (1970); kritisch zum Problem der Analogien äußern sich u. a. Hubback (1973), Weyl (1948), Murray (1962).

13

Weitere Belege bei Keintzel (1977, 95 ff, 108 ff, 140 ff).

14

Jung ([4]1967, 358–360; VII, 327; VII, 104; X, 57 f; XVII, 197 f; 1972b, 395), Jaffé (1973, 88).

15

So tröstet sich etwa Jung über den Tod seiner Frau mit der angeblich aus Träumen entnommenen Mitteilung, daß sie im Jenseits ihre durch den Tod unterbrochenen Studien über das Grals-Motiv fortsetze (Jung [4]1967, 311 f).

16

Das braucht noch keine Abwertung zu sein, fordert doch der höchst abstrakt denkende Theoretiker der Psychoanalyse Rapaport (1973) einen vermehrten Einsatz der Phantasie bei der Theorienbildung, wobei er H. Dingle zitiert: Es scheine nur eine wissenschaftliche Methode zu geben: »Bring ein Genie hervor und laß es tun, was es will« (Dingle zit. n. Rapaport 1959, dt. Ausg. 148). Freilich: Was ist ein Genie? Und war Jung eines?

17

Jung ([4]1967, 196, 203; 1972b, 328).

18

Jung (1972a, 294, 460; 1972b, 260, 474, 486 f, 518 f; G. W., V, 130 f); McGuire u. Sauerländer (1974, 593); von Franz u. a. (1971, 34).

19

Pannenberg (1973) nennt allerdings Jung nicht, aber er wendet sich gegen den von diesem oft kritisierten K. Barth und seine Schüler.

20

Die Theologie stimmt hierin mit der Psychologie vollkommen überein: »Wissenschaftliche Methode besteht ... darin, daß sie die Voraussetzungen angibt, die sie macht, und zugleich voraussetzt, daß jede weitere Voraussetzung entfällt oder irrelevant ist. Die niemals fehlende letzte nach den explicite getroffenen Voraussetzungen einer Methode ist also die, daß weitere ausgeschlossen sind. *Das* ist die ›Voraussetzungslosigkeit‹. Wenn eine Methode überhaupt Methode sein soll, muß diese Voraussetzung erfüllt sein« (Wellek [3]1966, 103).

21

Man beachte, daß die »Transzendenz des Daseins« sowohl in der philosophischen wie auch in der theologischen Anthropologie etwas völlig anderes meint als den Abstand von einem Ideal! – Jung kann im übrigen von »Persönlichkeit« auch sehr viel negativer reden (vgl. V, 223).

22

Diese »Treue« ließe Jung unter Umständen rücksichtslos und unmenschlich werden (vgl. Jung [4]1967, 358 ff).

23

Vgl. Wyss (1972, 315 f).

24

Wie Jung angesichts solcher Lehren immer noch behaupten kann, seine Psychologie sei keine Heilslehre (z. B. Jung 1971, 121), bleibt unerfindlich.

25

Nach Jung (XII, 29) ist aber »Tao« ein unwissenschaftlicher Begriff, der in der Psychologie nicht gebraucht werden darf. Dann gilt das auch vom Jungschen Begriff der Individuation. Ohne ihn fällt aber seine ganze Psychologie auseinander!

26

Jung huldigt damit, trotz aller Unterschiede zu Freud, ja trotz der genauen Umkehrung, der Freudschen Maxime »Wo Es war, soll Ich werden«, doch dem naiven Optimismus Freuds, demzufolge nach erfolgter Analyse die Natur (oder »das Leben«) die Synthese von selbst besorge (vgl. dazu Wiesenhütter [1974, 40]). Daher kann er auch sagen, »die Einstellung auf das Selbst ... als Totalität der bewußten und der unbewußten Psyche (habe – gleich jedem Naturvorgang –) kein angebbares Ziel und keine ersichtliche Absicht« (XII, 214; vgl. VII, 328, Anm. 5).

27

Es ist nicht nur ein Lapsus linguae, daß hier für »unbewußt« »bewußtlos« steht. In der gesamten Psychologie von Jung wirkt es sich verhängnisvoll aus, daß er zwischen diesen beiden Bereichen nicht unterscheidet (zu dieser Unterscheidung vgl. Lersch [[11]1970, 611 ff]).

28

Vgl. Keintzel (1977, bes. 204 ff).

29

Vgl. Jung (VIII, 78; X, 461; XI, 117, 314, 553; XII, 216; 1972b, 125 f; III, 331). Sogar »Integration« kann bei Jung nicht nur zu Individuation, sondern auch zu Inflation führen (vgl. XI, 344). Jung geht von verschiedenen Integrationsprinzipien aus, ohne sich das klarzumachen.

30

Eine Phänomenologie der Grenze bleibt, wie Funke (1962, 141 f) richtig bemerkt, nach wie vor ein Desiderat. Damit fehlt aber eine weitere Grundvoraussetzung für eine Klärung der psychodynamischen Aspekte der Individuation.

31

Jung gebraucht im Unterschied zu Freud die Begriffe »Ich« und »Bewußtsein« promiscue.

32

Vgl. Jung (X, 150; V, 221 f; XVII, 204; 1972b, 11). – Was in diesem Satz »Individuum« noch bedeuten soll, bleibt reichlich unklar. Es ist wohl synonym mit »Entelechie«.

33

Theologische Arbeiten über Jung wie die von Schär (1946, 1950), White (1956), Cox (1959), Mann (1961), Hummel (1972), Unterste (1977) und anderen werden an dieser Stelle nicht weiter berücksichtigt, da sie den Individuationsbegriff bei Jung sowie die Voraussetzungen seiner Psychologie nicht kritisch untersuchen, anderseits aber auch keine wissenschaftliche Theologie im oben angegebenen Sinne vertreten. Dasselbe gilt von Sborowitz (1975), obwohl sein Buch über »Individuum und Glaube« vom Titel her unserer Thematik am nächsten steht.

34

Vgl. Bittdorf (1974), Hampe (1975), Teichert (1977).

35

Sowohl Jungs wie auch Fromms Psychologie könnte Pate gestanden haben bei der ununterschiedenen Aneinanderreihung »großer Persönlichkeiten« durch den »Theologen« H. P. van Dusen (1934): Lenin, Stalin, Mussolini, Hitler, Roosevelt, Karl Barth und Frank Buchman. Sie alle hatten ihren dynamischen Glauben, und das allein scheint wichtig! Damit durchaus vergleichbar ist die Instinktlosigkeit Jungs (vgl. dazu Balmer 1972, 134 ff) und die Nebeneinanderstellung von Jesus, Buddha, den Propheten, Meister Eckhart, K. Marx, S. Freud, Eva, Prometheus und vielen anderen als Beispiel für Individuation bei Fromm (z. B. 1976, dt. Ausg., 47).

36

Für Fromm (1950, dt. Ausg., 23–29) ist Jungs religiöser Relativismus und Psychologismus eine unhaltbare Position, weil dadurch die Wahrheitsfrage ausgeklammert werde.

37

Jung, der den Weg von »innen« her versucht, muß zuletzt das Innen und das Außen im Psychoiden verschmelzen und die Ganzheit ins Nichts, ins Tao auflösen.

38

Vgl. Kierkegaard (1924, 36). Vgl. Joest 1967, 243.

39

Jung strebt eine völlige Auflösung der Persona (= Rollenhaftigkeit) an (VII, 312).

LITERATUR

Ackerman, N. W.: Der wachsende Anwendungsbereich der Familientherapie. In: C. J. Sager, H. S. Kaplan (Hg.): Progress in group and family therapy, II. New York: 1972. Deutsch: Handbuch der Ehe-, Familien- und Gruppentherapie, II. München: Kindler 1973, 545–567

Balmer, H. H.: Die Archetypentheorie von C. G. Jung. Berlin: Springer 1972

Bartels, M.: Selbstbewußtsein und Unbewußtes. Studien zu Freud und Heidegger. Berlin, New York: de Gruyter 1976

Bender, H.: Verborgene Wirklichkeit. Olten: Walter ²1973

Berger, P. L.: Kirche ohne Auftrag. Stuttgart: Kreuz 1962

Bittdorf, W.: Über Erich Fromm. Der Spiegel 44, 1974

Bloch, E.: Das Prinzip Hoffnung. Frankfurt/M.: Suhrkamp 1959

Boss, M.: Psychoanalyse und Daseinsanalytik. Bern: Huber 1957

Cox, D.: Jung and St. Paul – A study of the doctrine of justification by faith and its relation to the concept of individuation. London: Longmans, Green Co. 1959. Deutsch (Auszug daraus): C. G. Jung und Paulus. In: Y. Spiegel (Hg.): Psychoanalytische Interpretation biblischer Texte. München: Kaiser 1972, 60–74

Dusen, H. P. van: Große Persönlichkeiten. Atlantic Monthly, 8, 1934, 240ff

Erlenkämper, R.: Reduktives Erkennen. München, Basel: Reinhardt 1976

FRANZ, M.-L., v.: Zahl und Zeit. Stuttgart: Klett 1970

FRANZ, M.-L., v., MANN, U., HEIDLAND, H.-W.: C. G. Jung und die Theologen. Stuttgart: Radius 1971

FROMM, E.: Psychoanalysis and religion. New Haven: Yale Univ. Press 1950. Deutsch: Psychoanalyse und Religion. Zürich: Diana 1966

Beyond the chains of illusion. New York: Simon & Schuster 1962. Deutsch: Jenseits der Illusionen. Zürich: Diana 1967

The heart of man. New York: Harper & Row 1964. Deutsch: Das Menschliche in uns. Zürich: Diana 1968

The revolution of hope. New York: Harper & Row 1968. Deutsch: Die Revolution der Hoffnung für eine humanisierte Technik. Stuttgart: Deutsche Verlags-Anstalt 1971

The anatomy of human destructiveness. Holt, Rinehart & Winston 1973. Deutsch: Anatomie der menschlichen Destruktivität. Stuttgart: Deutsche Verlags-Anstalt 1974

To have or to be. New York, London: Harper & Row 1976. Deutsch: Haben und Sein. Stuttgart: Deutsche Verlags-Anstalt 1976

FUNKE, G.: Grenzen. In: K. Hartmann (Hg.): Lebendiger Realismus. Festschrift für Johannes Thyssen. Bonn: Bouvier 1962, 136–148

GEBSATTEL, V. E. v.: Prolegomena zu einer medizinischen Anthropologie. Berlin: Springer 1953

GEBSER, J.: Ursprung und Gegenwart, I–II. Stuttgart: Deutsche Verlags-Anstalt 1949, 1953

HAMPE, J. C.: Über Erich Fromm. Hannoversche Allgemeine Zeitung v. 8./9. 3. 1975

HUBBACK, J.: Uses and abuses of analogy. Journal of Analytical Psychology, 18, 1973, 91–104

HUMMEL, G.: Theologische Anthropologie und die Wirklichkeit der Psyche. Darmstadt: Wissenschaft. Buchgesellschaft 1972

JACOBI, J.: Der Weg der Individuation. Olten: Walter 1971

JAFFÉ, A.: Die schöpferischen Phasen im Leben von C. G. Jung. Eranos-Jahrbuch 40, 1973, 85–122

JASPERS, K.: Allgemeine Psychopathologie. Berlin: Springer [8]1965

JOEST, W.: Ontologie der Person bei Luther. Göttingen: Vandenhoeck u. Ruprecht 1967

JÜNGEL, E.: Der Gott entsprechende Mensch. In: H. G. Gadamer, P. Vogler (Hg.): Neue Anthropologie, VI. Stuttgart: Thieme 1975, 341–372

JUNG, C. G.: Gesammelte Werke. Zürich, Olten: Rascher (Walter) 1958 ff

Erinnerungen, Träume, Gedanken, hg. v. A. Jaffé. Zürich: Rascher [4]1967

Mensch und Seele, hg. v. J. Jacobi. Olten: Walter 1971

Briefe in drei Bänden, hg. v. A. Jaffé. Olten, Freiburg: Walter. Bd. I (1906–1945): 1972a. Bd. II. (1946–1955): 1972b. Bd. III (1956–1961): 1973

KEINTZEL, R.: C. G. Jung – Ergebnisse seiner Psychologie. Eine Kritik anhand des Begriffs der »psychischen Inflation«. Bonn: Bouvier 1977

KELLER, W.: Dasein und Freiheit. Bern: Francke 1974

KIERKEGAARD, S.: Die Krankheit zum Tode (1849). Gesammelte Werke, Bd. VIII. Jena: Diederichs 1924

LERSCH, P.: Der Aufbau der Person. München: Barth [11]1970

MANN, U.: Theologische Religionsphilosophie im Grundriß. Hamburg: Furche 1961

Theogonische Tage. Stuttgart: Kreuz 1970

MCGUIRE, W., SAUERLÄNDER, W. (Hg.): Sigmund Freud – C. G. Jung, Briefwechsel. Frankfurt/M.: Fischer 1974

MEDTNER, E.: Bildnis der Persönlichkeit im Rahmen des gegenseitigen Sich-Kennenlernens. In: Psychologischer Club Zürich (Hg.): Die kulturelle Bedeutung der Komplexen Psychologie. Berlin: de Gruyter 1935, 556–616

MEIER, C. A.: Die Empirie des Unbewußten. Zürich: Rascher 1968

Die Bedeutung des Traumes. Olten: Walter 1972

Bewußtsein. Olten: Walter 1975a

Experiment und Symbol. Olten: Walter 1975b

Persönlichkeit. Olten: Walter 1977

MÜLLER, H. A.: Rationalität und Irrationalität. Hans Kunz zum 70. Geburtstag. Zeitschr. Klin. Psychologie u. Psychotherapie, 2, 1974, 100–107

MÜLLER-SUUR, H.: Abgrenzung neurotischer Erkrankungen gegenüber der Norm. In: V. E. Frankl, V. E. v. Gebsattel, J. H. Schultz (Hg.): Handbuch der Neurosenlehre und Psychotherapie, I. München: Urban & Schwarzenberg 1959, 250 ff

MURRAY, H. A.: Preparations for scaffold of a comprehensive system. In: S. Koch (Hg.): Psychology. A study of a science, III. New York: Mc Graw-Hill 1962, 7–54

PANNENBERG, W.: Wissenschaftstheorie und Theologie. Frankfurt/M.: Suhrkamp 1973

PLESSNER, H.: Die Stufen des Organischen und der Mensch. Berlin: de Gruyter [2]1965

RAPAPORT, D.: The structure of psychoanalytical theory: A Systematizing attempt. New York: Mc Graw-Hill 1959. Deutsch: Die Struktur der psychoanalytischen Theorie. Stuttgart: Klett [3]1973

RICHTER, L.: Immanenz und Transzendenz. Göttingen: Vandenhoeck & Ruprecht 1955

RÖD, W.: Das Realitätsproblem bei Schopenhauer. Zeitschr. f. phil. Forschg., 3, 1960

SBOROWITZ, A.: Individuation und Glaube. Darmstadt: Wissenschaftl. Buchges. 1975

SCHÄR, H.: Religion und Seele in der Psychologie C. G. Jungs. Zürich: Rascher 1946

Erlösungsvorstellungen und ihre psychologischen Aspekte. Zürich: Rascher 1950

SCHMITZ, H.: System der Philosophie, I–III. Bonn: Bouvier 1964, 1967, 1977

SÖLLE, D.: Stellvertretung. Stuttgart: Kreuz 1965

STRAUS, E.: Geschehnis und Erlebnis. Berlin: Springer 1930

TEICHERT, W.: Über Erich Fromm. Deutsches Allgemeines Sonntagsblatt v. 6. 3. 1977

THIELICKE, H.: Menschsein – Menschwerden. Entwurf einer christlichen Anthropologie. München, Zürich: Piper 1976

THOMAE, H.: Das Individuum und seine Welt. Göttingen: Hogrefe 1968

UNTERSTE, H.: Theologische Aspekte der Tiefenpsychologie von C. G. Jung. Düsseldorf: Patmos 1977

WELLEK, A.: Die Polarität im Aufbau des Charakters. Bern: Francke [3]1966

WEYL, H.: Wissenschaft als symbolische Konstruktion des Menschen. Eranos-Jahrbuch, 1948. Zürich: Rheinverlag 1948, 375–341

WHITE, V.: Gott und das Unbewußte. Zürich: Rascher 1956

Seele und Psyche. Salzburg: O. Müller 1964

WIESENHÜTTER, E.: Freud und seine Kritiker. Darmstadt: Wissenschaftl. Buchges. 1974

WYSS, D.: Die tiefenpsychologischen Schulen von den Anfängen bis zu Gegenwart. Göttingen: Vandenhoeck & Ruprecht [4]1972

Beziehung und Gestalt. Göttingen: Vandenhoeck & Ruprecht 1973

DIE RELIGIONSPSYCHOLOGISCHE BEDEUTUNG DER ARCHETYPENLEHRE C. G. JUNGS

von Dieter Spies

Religionspsychologie ist der Versuch, mit psychologischen Methoden und auf der Grundlage psychologischer Theorien das Phänomen Religion und die religiösen Phänomene begreifbar zu machen, d. h., die Formen religiösen Lebens und Erlebens in Abhängigkeit von der psychischen Struktur des Menschen und ihrer Entwicklung verständlich zu machen. Religion begreifen – ein derartiger Versuch, auch wenn er unvoreingenommen gewagt wird, impliziert die Möglichkeit einer Fülle von Irrtümern. So geschieht es nicht selten, daß in religionspsychologischen Untersuchungen zwar etwas begriffen wird, aber das, was begriffen wird, ist nicht mehr Religion, weil ihre wesentlichen Aspekte verlorengegangen sind. Dies ist u. a. bei psychoanalytischen Erklärungsversuchen der Fall.[1] Freud selber deutet in »Totem und Tabu« (1912/13) Religion und religiöse Phänomene als Symptome einer Menschheitsneurose, als kompensatorische Wirkung und illusionäre Sublimation des Ödipuskomplexes. Abgesehen von allen anderen möglichen Einwänden gegen seine Theorien muß seine Erklärung schon deshalb unbefriedigend bleiben, weil das für Religion wesentliche Element der Transzendenz, des Überschreitens menschlichen Horizonts, in der Erklärung zu kurz kommt. Gleiches gilt von religionspsychologischen Untersuchungen, die von positivistischem Ansatz her unternommen werden: Der transzendente Aspekt im religiösen Erleben wird nicht erklärt, höchstens als anerzogene Illusion abqualifiziert, was weder dem Verständnis dient noch befriedigen kann. Die kritische Reaktion von Theologen und Religionswissenschaftlern verfehlt andererseits ebenfalls häufig das Ziel, wenn diese den Versuch, Religion begreifbar zu machen, als von vornherein zum Scheitern verurteilt erachten. Denn: Eine ernstzunehmende Psychologie stellt zwar keine metaphysischen Behauptungen auf, aber sie kann und muß die psychische Verfassung desjenigen Menschen zu verstehen trachten, der metaphysische Behauptungen aufstellt! Jung geht noch einen Schritt weiter, wenn er meint, es gebe heute überhaupt nur noch über die Psychologie einen Zugang zur Religion (s. hierzu auch den Beitrag von E. Spengler in diesem Bd.).

Jungs Psychologie basiert auf den Begriffspaaren Bewußtsein – Unbewußtes und Ich – Selbst sowie der Idee einer fortschreitenden psychischen Evolution des einzelnen wie der Menschheit insgesamt. Das Wesen des Bewußtseins ist, die Beziehung psychischer Inhalte zum Ich herzustellen, wobei das Ich als Zentrum des Bewußtseinsfeldes ein relativ autonomer Vorstellungskomplex ist, durch den der Mensch sich als Individuum erfährt. Ist das Ich das Subjekt des Bewußtseinsfeldes, so bezeichnet das »Selbst« das Subjekt der gesamten Psyche, das Ich, Bewußtsein und Unbewußtes umfaßt. Der Begriff des Unbewußten steht für die Menge aller psychischen Inhalte und Vorgänge, die nicht bewußt sind, d. h, die nicht in wahrnehmbarer Weise auf das Ich bezogen sind. Dieses Unbewußte ist für Jung im Gegensatz zu Sigmund Freud nicht nur eine Ansammlung von störenden Faktoren, die durch Verdrängung, Frustration u. ä. erzeugt sind; vielmehr besitzt es darüber hinaus ein eigenständiges und originäres Wirken, das durch Verdrängung selber beeinträchtigt wird. Aufgrund seiner psychotherapeutischen Praxis unterscheidet Jung zwei Schichten des Unbewußten: das persönliche und das kollektive Unbewußte. Das persönliche Unbewußte enthält verlorengegangene und verdrängte Erinnerungen und Vorstellungen, unterschwellige Wahrnehmungen sowie Inhalte, die noch nicht bewußtseinsreif sind. Das »kollektive Unbewußte« ist ein speziell von Jung geprägter Begriff, der darauf hinweist, daß die unter diesem Begriff subsumierten Inhalte bei allen Menschen und allerorten vorgefunden werden können. Es gibt nach Jung also Verhaltens- und Funktionsweisen der Psyche, die nicht individuell erworben, sondern für das Individuum a priori vorhanden sind. Diese überall gleichen Weisen zu denken, zu fühlen, zu imaginieren usw. nennt Jung deshalb »Archetypen«, weil sie sich in urtümlichen Bildern zeigen, wie sie in Träumen, Phantasien, Visionen, Wahnvorstellungen oder in Sagen, Märchen, Mythen und Religionen vorkommen (s. auch die Beiträge von C. T. Frey-Wehrlin u. H. Dieckmann/E. Jung in Bd. III dieser Enzyklopädie). Die Archetypen sind a priori determinierende Bedingungen aller psychischen Prozesse. Wie das Neugeborene mit einem hochentwickelten Gehirn geboren wird, so bringt es auch eine unbewußte Psyche mit. Dabei handelt es sich nicht um ein inhaltliches Erbe von bestimmten Vorstellungen – also nicht um »angeborene Ideen« –, sondern um die *Möglichkeit* und die Disposition zu bestimmten Vorstellungen und zu bestimmtem Verhalten. Die Archetypen wirken auf das Bewußtsein faszinierend und okkupierend; sie verlangen absolute Aufmerksamkeit. Offenkundig wird ihr Wirken vor allem in den sogenannten Projektionen. Projektion bezeichnet die Hinausverlagerung eines unbewußten psychischen Inhalts aus der Psyche in ein äußeres Objekt und die Identifizierung dieses Objekts mit dem projizierten Gehalt des Unbewußten. Der Mensch macht eine Projektion nicht, sondern diese widerfährt ihm, und zwar ohne daß er es merkt. Das Zusammentreffen von äußerem Anlaß und psychischer Struktur ermöglicht eine Projektion.[2] Nur ein ständiges selbstkritisches Beobachten der Realität befähigt den Menschen in dem einen oder anderen Fall, einen Archetypen als projektionsbildenden Faktor zu erkennen.

Während das Bewußtsein und das Ich als Zentrum des Bewußtseinsfeldes von Archetypen beherrscht sein können und im allgemeinen tatsächlich auch beherrscht werden, verhält sich dies mit dem »Selbst« anders. Mit »Selbst« umschreibt Jung einen psychischen Zustand, in dem der Mensch über den gegensätzlichen Einstellungen und Komplexen der Psyche steht, diese beherrscht und nicht wie das Ich von ihnen beherrscht wird. Als »Ganzheit der Seele« übersteigt dieser Zustand menschliches Vorstellungsvermögen; daher kann das »Selbst« letztlich nicht adäquat ausgedrückt, sondern nur erlebt werden. Ist dieser Zustand also denkerisch nie restlos einholbar, so ist er doch eine Menschheitserfahrung. Als solche muß es für ihn eine archetypische Verankerung geben. »Selbst« bezeichnet folglich nicht nur das eigentliche Personzentrum, sondern auch einen Archetyp, dessen Wirken darin besteht, die Psyche auf die Realisation des »Selbst«seins hin anzuordnen und zu drängen. Da Selbst-Verwirklichung für Jung das psychische Ziel eines jeden Menschen ist, muß der Archetyp Selbst eine zentrale Stellung im psychischen Kosmos einnehmen: Er ist der »Archetyp der Archetypen«, was nur heißen kann, daß die Menge der Archetypen selber schon archetypisch auf Selbstsein hin angeordnet ist. In der Polarität von Selbst als psychischem Zustand und Selbst als zielgerichtetem Archetyp kann Jung die Dynamik psychischen Lebens einfangen: Im Begriff Selbst ist immer auch der Prozeß der Selbst-*Werdung* impliziert. Während am Beginn dieser Entwicklung Bewußtsein und Ich erst langsam und mühsam durch Widerstand und Abgrenzung gegen die Mächte des Unbewußten entstanden sind, ist von einem gewissen fortgeschrittenen Entwicklungsstadium an die Integration von Bewußtsein und Unbewußtem zu einer übergreifenden Ganzheit oberstes Ziel dieser Entwicklung. Das Ich des Menschen befindet sich in diesem Stadium in einem Zustand, in dem es, einem Spielball gleich, im großen Wechselspiel zwischen Psyche und Welt hin- und hergestoßen wird. Es sind nach außen projizierte psychische Energien, welche die Objekte und Ereignisse psychisch »aufladen«. Daher ist der umgekehrte Vorgang, der jetzt ansteht, die Erkenntnis und die Zurücknahme von Projektionen in das projizierende Subjekt, ein Akt der Selbsterkenntnis: Der Mensch wird sich in dem Maße seines »Selbst« und seines wahren Wesens bewußt, als er die projizierten Inhalte der bewußten Psyche anzugliedern, sie zu integrieren vermag. Jung nennt diesen Vorgang »Individuation« bzw. »Individuationsprozeß« (s. den Beitrag von E. Wehr in Bd. III dieser Enzyklopädie). Da der Individuationsprozeß ein archetypisches Geschehen ist, das vom zentralen Archetyp Selbst gesteuert wird, ist die Individuation nicht auf den einzelnen beschränkt, sondern notwendig Ziel einer Evolution der menschlichen Psyche überhaupt. Der Individuationsprozeß ist das »Anfangsstück eines Entwicklungsweges, den eine zukünftige Menschheit gehen wird« (Jung, G. W. VIII, § 431).

In seiner psychotherapeutischen Praxis wird Jung, aufgrund bestimmter psychischer Auseinandersetzungen neurotischer Patienten und der im Verlaufe ihres Heilungsprozesses von der Psyche produzierten Symbole numinosen Charakters, gezwungen, sich mit Religion zu beschäftigen. Den Begriff Religion deutet er, indem er ihn (wie Cicero) vom lateinischen »religere« ableitet, als »sorgfältige und gewissenhafte Beobachtung« des »Numinosen«, wobei das Numinose für jede dynamische, die Psyche, insbesondere das Bewußtsein, überwältigende und in Besitz nehmende Macht steht. Religion basiert demnach wesentlich auf Erfahrung, und zwar einer Erfahrung höchster Wertschätzung. Mit »Gott« wird der Inhalt dieser Erfahrung benannt. Gott ist also derjenige psychische Komplex, der die größte Menge psychischer Energie auf sich vereinigen kann. Am meisten Energie vereinigen aber die Archetypen – insbesondere der zentrale Archetyp Selbst – auf sich. Allem religiösen Geschehen liegt daher psychologisch ein archetypisches Geschehen zugrunde: ein archetypisches Wirken in Bildern, Symbolen, Vorstellungen, Gedanken und Handlungen. Sieht man das suggestive zusammen mit dem projizierenden Wirken der Archetypen, so ist es nur logisch, daß Jung die Archetypen als jene Mächte der Seele bezeichnet, die »der Mensch von jeher als Götter in den Raum projizierte und sie dort mit Opfern verehrte« (G. W. VII, § 728). Der Archetyp Selbst wirkt je nach Entwicklungsstufe unterschiedlich; hierin ist die Ursache für die unterschiedlichen Inhalte und Symbole der verschiedenen Religionen zu sehen. Diejenige Entwicklungsstufe, auf der der Archetyp Selbst indirekt über andere Archetypen wirksam ist, entspricht den polytheistischen Kulturen, während das Stadium, in dem der Archetyp Selbst direkt wirkt, den monotheistischen Kulturen zuzuordnen ist.

Diese Deutung beraubt die Religion keineswegs ihres Transzendenzcharakters. Im Wesen der Archetypen liegt der Schlüssel zur Wahrung des transzendenten Aspekts der Religion. Im Laufe der wissenschaftlichen Entwicklung Jungs verlieren die Archetypen immer mehr den aposteriorischen Charakter als »gehäufte Erfahrungen in der Ahnenreihe« (G. W. VIII, § 99) und als ein »mnemischer Niederschlag, ein Engramm ..., das durch Verdichtung unzähliger, einander ähnlicher Vorgänge entstanden ist« (G. W. VI, § 765); er betont schließlich nur noch ihren apriorischen Aspekt: Die Archetypen sind in ihrem Wesen uneinholbar und unerkennbar, weil immer schon Vorbedingung jeglichen bewußten Einholversuchs; daher sind sie ihrem Wesen nach auch nicht von psychischer Natur, sondern »vor-psychisch«, was Jung gelegentlich auch »geistig« nennt. Ihr Wesen kann nur aufgrund ihres Wirkens vermutet werden. Mit dieser Beschreibung der Archetypen als vor-psychisch transzendiert er die Psychologie und schafft Raum für metaphysisches Denken. Die Antwort auf die Frage, wieso man innerhalb des kollektiven Unbewußten viele Archetypen unterscheiden könne, wenn doch ihr Wesen »vor-psychisch«, d. h. aber der Psychologie unzugänglich sei, ist zweifach: Zum einen sind die Wirkungsweisen der Archetypen in der Psyche durchaus differenzierbar, und von diesen unterschiedlichen Wirkungsweisen wird auf die einzelnen Archetypen geschlossen. Zum anderen aber dient die Differenzierung der Archetypen vor allem dem Zweck des besseren Verständnisses psychischer Phänomene; denn Jung vermutet, daß die Archetypen in Wahrheit nicht zu trennen sind, sondern den vorgefundenen unterschiedlichen Wirkungsweisen und Wirkungen ein und derselbe Archetyp in unterschiedlichen Aspekten zugrunde liegt. Dies kann nur der Archetyp der Archetypen, also der Archetyp Selbst sein.

Die Psyche befindet sich zwischen zwei geheimnisvollen vor-psychischen Bereichen: der Materie und dem Geist. Einmal gibt es den fließenden Übergang zur Materie; es ist dies im wesentlichen der Bereich der biologischen Triebseele, die ihrerseits wieder in den Bereich der Physiologie übergeht – ein wirklich »vor-psychischer« Bereich also, dessen Wirkungen in der Psyche feststellbar sind. Das andere ist der Bereich der Archetypen bzw. des Archetyps Selbst, von dem ebenfalls nur die Wirkungen auf die Psyche feststellbar sind. Beides, Materie und Geist, ist Geheimnis; denn Materie wie Geist sind ihrem Wesen nach »vor-psychisch«. Und es spricht für Jung auch nichts dagegen, vielmehr sogar vieles dafür[3], daß *dieselben* »vor-psychischen« Anordnungsmächte nicht nur die Psyche, sondern auch die Materie anordnen (vgl. G. W. VIII, § 418). Damit hat Jung den Begriff Archetyp so erweitert, daß die Archetypen zu allgemeinen Anordnungsfaktoren des Seins schlechthin geworden sind. Seine psychotherapeutische Erfahrung führt ihn dahin, im Begriff Archetyp bzw. Selbst eine Hypothese zu entwickeln, die sich wissenschaftlichem Nachweis notwendig entziehen muß, die er aber gleichwohl für erforderlich hält, um die empirisch stattfindenden psychischen Prozesse hinreichend erklären zu können (vgl. G. W. VII, § 405).[4]

Ist durch den erweiterten Begriff des Archetyps in der Erklärung von Religion, religiösen Erfahrungen und religiösen Erscheinungsformen deren Transzendenz- und Unbedingtheitscharakter gewahrt, so bleibt noch aufzuzeigen, inwiefern sich mit der Archetypenlehre auch wirklich Erkenntnisfortschritte im Begreifen einzelner religiöser Phänomene erzielen lassen. Jeglichem religiösen Phänomen liegt psychologisch ein archetypisches Geschehen zugrunde. In religiösen Bildern und Handlungen läßt sich archetypisches Geschehen beschreiben, und umgekehrt eröffnet das Verständnis archetypischen Geschehens – das immer innerhalb des Individuationsprozesses gesehen werden muß – einen Zugang zu religiösem Geschehen. So steht jedes Gottesbild für einen Archetypen; und wie jeder Archetyp ein Aspekt des Archetyp Selbst ist und seine Numinosität und Faszination letztlich von diesem empfängt, so auch jedes Gottesbild. Die Mystik und die Lebenswege vieler Heiliger sind psychologisch nichts anderes als Wege der Individuation. Mysterienreligionen und alle Religionen, in denen Tod und Auferstehung oder die Idee der Wiedergeburt zentrale Bedeutung besitzen, beschreiben symbolisch den Individuationsprozeß; den sich hierbei artikulierenden Archetyp nennt Jung den Archetyp der »Wandlung«. Dieser drückt sich auch in der »Wandlung« der heiligen Messe der katholischen Kirche aus: Die Transsubstantiation (von Brot und Wein in Leib und Blut Christi) zielt nach Jung eigentlich auf die Wandlung des teilnehmenden Gläubigen; die Messe ist der Ritus des Individuationsprozesses.

Weitere Beispiele: In einer »Bekehrung« kommt das archetypische Geschehen zum Ausdruck, bei dem sich das Ich in die größere Ganzheit des Selbst einordnet. »Sünde« (bzw. »Erb«-Sünde) und »Zweifel« sind archetypische Ereignisse der Ab-»Sonderung« und der Ent-»Zweiung« des Ich vom Selbst. Das »Gewissen«, auch als Stimme Gottes bezeichnet, kann verstanden werden als das Hervortreten des Archetyps Selbst ins Bewußtsein. »Opfer« sind als Hingabe des Ich bzw. des ichhaften Willens an das Selbst zu deuten, wobei die jeweilige Opfergabe stellvertretend für die geforderte Unterordnung und Hingabe des Ich dargebracht wird.

Durchleuchtet man umgekehrt das archetypische Geschehen, so erhellen sich ebenfalls viele religiöse Vorstellungen und Handlungen. So konstatiert Jung z. B. einen Archetyp, den er »Schatten« (G. W. IX, Bd. 2, § 13 f) nennt: Neben dem »inferioren Teil« der Persönlichkeit umfaßt dieser Archetyp das alles Individuelle übergreifende Zerstörerische, von dem die Psyche beherrscht sein kann.[5] Religiös wird er als böser Dämon und Geist, als Teufel und als das Böse schlechthin erlebt. Weiteres Beispiel: Die vielen Aspekte des Mutter- und Weib-Archetyps, die Jung unterscheidet – hegende und nährende Güte (Fruchtbarkeit), orgiastische Emotionalität (Liebe) und geheimnisvolle Abgründigkeit (das Verführende und Verschlingende) –, wie auch die vielen Aspekte des Vater-Archetyps – des Beschützers, des Weisen, des Richters und des Tyrannen – erhalten durch Projektion eine »extramundane« Existenz und werden als Gott bzw. Götter, Göttinnen, Halbgötter oder Heroen verehrt.

Als letztes Beispiel dafür, daß in Jungs Psychologie alle religiösen und metaphysischen Aussagen und Phänomene in archetypischem Geschehen ihren Sinn und ihre Erklärung finden, sei seine psychologische Interpretation des christlichen Trinitätsdogmas kurz dargestellt (Jung 1942): In diesem Dogma sieht Jung die

Weiterentwicklung der ursprünglich bei Babyloniern, Ägyptern und Griechen zu findenden Idee der Trinität. Psychologisch ist sie ein Archetyp und die Geschichte und Entwicklung des Trinitätsdogmas nichts anderes als die Geschichte des allmählichen Hervortretens dieses Archetyps aus dem Unbewußten in das Bewußtsein. Im einzelnen: Der *Vater* als Schöpfer und prima causa steht psychologisch für das Unbewußte schlechthin. Die Welt des Vaters entspricht dem Kindheitszustand des Menschen bzw. der Menschheit, in dem so gut wie kein reflektierendes Bewußtsein vorhanden ist. Mit Beginn der Reflexion setzen Zweifel und Widerstand (gegenüber dem Unbewußten) ein, und die Ur-Einheit wird in Gegensätze gespalten. Es entsteht die Welt des *Sohnes*. Außer Reflexionsfähigkeit bedeutet sie Verselbständigung des Bewußtseins, Konfrontation mit dem Unbewußten und als Konsequenz Entstehung des Gegensatzes von »Gut« und »Böse«. Das Selbst als Ziel der psychischen Entwicklung symbolisiert sich jetzt in Christus, der wie der Archetyp Selbst als ordnender Faktor in der Psyche wirkt. In der Passion Christi wird die Passion des Ich abgebildet, das seine Eigenwilligkeit opfern muß, um in die größere Einheit des Selbst einzugehen. Der Mensch projiziert die archetypischen Individuationsprozesse auf das Christusleben und erkennt an ihm den eigenen Weg der psychischen Entwicklung. Das historische Leben Jesu ist an das archetypische Christusleben assimiliert, und dieses wird im Laufe der Menschheitsentwicklung weiter archetypisch umgestaltet.

Der *Heilige Geist* symbolisiert als das Gemeinsame von Vater und Sohn für Jung die »Aufhebung der Zweiheit, des ›Zweifels‹ im Sohn« (G. W. XI, § 204) und die Wiederherstellung der Einheit. Die Entfaltung des Ursprungs (= Vater) in Gegensätze (= Christus-Antichristus) führt im Heiligen Geist wieder zur Einheit. Diese Einheit entspricht psychologisch dem Ziel der psychischen Evolution und steht für die Vereinigung und Versöhnung von Bewußtsein und Unbewußtem durch die bewußte Einordnung des reflektierenden Ichs in eine größere Ganzheit der Psyche: das Selbst. Das Trinitätsdogma formuliert demnach einen dreiteiligen individuellen wie säkularen Reifungsprozeß.

Mit Hilfe des psychologischen Instrumentariums der Archetypenlehre kann Jung Religion und religiöse Phänomene dem Verständnis ein wesentliches Stück näherbringen, und zwar ohne Banalisierung dessen, was Religion eigentlich ausmacht: des unbedingten, faszinierenden, aber auch ungeheuren Anspruchs einer das Ich übersteigenden totalen Macht. Religion ist für ihn weder Irrweg noch Illusion (wie für Freud), sondern notwendiges Stadium auf dem Weg zur Vollständigkeit der Psyche, das weder beseitigt noch als überflüssig erachtet, sondern höchstens im Fortschritt der psychischen Evolution durch Bewußtwerdung des zugrundeliegenden archetypischen Geschehens überholt werden kann. Auf diese Weise begreift Jung Religion als Erlebnis von Archetypen auf derjenigen Entwicklungsstufe, auf der sie im wesentlichen noch projiziert und hypostasiert sind. Die Religion ist dabei insofern auf Psychologie bzw. psychische Phänomene zurückgeführt – freilich ohne, wie mehrmals dargelegt, Numinosität, Faszination und Absolutheitsanspruch zu schmälern –, als die metaphysischen und religiösen Projektionen auf dem weiteren Weg der psychischen Evolution in die Psyche zurückgenommen werden sollen, und damit »Gott« – freilich weiterhin Geheimnis bleibend, denn das Selbst ist ja ein Geheimnis – geistig (im Sinne des Jungschen »vor-psychisch«) gefunden wird.[6] An dieser Stelle wird deutlich, daß es ein sehr fragwürdiges Unterfangen ist, nur Teile von Jungs Archetypenlehre, losgelöst von seiner Gesamtkonzeption, zur Erklärung von Religion heranzuziehen. Jedenfalls ist Vorsicht geboten, wenn manche Theologen und Religionswissenschaftler allzu rasch die ihnen passend erscheinenden Teile der Archetypenlehre in ihre theologischen Systeme übernehmen. Andererseits erhebt sich hier zugleich die Frage, ob nicht Jungs Psychologie selber eine Art neuer Religion ist, eine Meta-Religion quasi, d. h. eine Religion, die einem modernen, psychologisch geprägten und geschulten Bewußtseins- und Entwicklungsstand der Psyche gemäß ist.

Die beiden zuletzt aufgeworfenen Fragen können an dieser Stelle nur erwähnt, aber nicht beantwortet werden. Unfraglich und unbezweifelbar bleibt, daß Jungs Idee kollektiver Archetypen eine neue Dimension im Verständnis von Religion erschlossen hat und – wie eine mannigfaltige, auf die Archetypenlehre Bezug nehmende Literatur beweist – zum mindesten eine Anregung sowohl für Psychologen wie für Theologen und Religionswissenschaftler ist, sich auf diesem neuen Weg um ein Verständnis von Religion zu bemühen.

ANMERKUNGEN

1

Dasselbe gilt von Untersuchungen, wenn sie sich, wie zu Beginn der religionspsychologischen Forschung auf wissenschaftlicher Basis etwa bei E. D. Starbuck, auf Fragebogenaktionen stützen, oder aber, wenn zwar psychologische Experimente durchgeführt werden wie bei K. Girgensohn und W. Gruehn, bei der Auswertung jedoch ausschließlich an das Bewußtsein der Versuchspersonen appelliert wird. Beide Male wird kein eigentlicher Erkenntnisfortschritt erzielt, denn Religion kann unmöglich nur aus Bewußtseinstatsachen begriffen werden.

2

Aus diesem Grunde kann Jung die Archetypen mit den platonischen Ideen vergleichen. Zum Verhältnis Jungs zu Plato vgl. Jung (G. W. VIII, § 275 und § 388) und Spies (1975, 71 ff).

3

Dies zeigt sich z. B. in Jungs Überlegungen zur Einführung eines vierten Erkenntnisprinzips neben Raum, Zeit und Kausalität, dem sogenannten Synchronizitätsprinzip. Vgl. Jung (G. W. VIII, § 816 ff).

4

Der Transzendenzcharakter im Begriff des Archetyps kommt ebenfalls zum Ausdruck, wenn Jung das Selbst als »transzendentale Idee« (G. W. IX, Bd. 2, § 124) bezeichnet, wobei »transzendental« bei ihm nicht nur im Sinne Kants zu verstehen ist – wiewohl auch der Aspekt des Vorstrukturierens von Erfahrung darin enthalten ist und die Archetypen durchaus als Bedingungen der Möglichkeit von psychischer Erfahrung überhaupt verstanden werden können –, sondern er beinhaltet auch die Bedeutung von »transzendent« im Sinne eines Realgrundes der Psyche in metaphysischem Verständnis.

5

Über die Möglichkeit, den Archetyp »Schatten« in die Einheitlichkeit und Ganzheit des Selbst zu integrieren, kann z. B. in Jung (G. W. IX, 667 ff) nachgelesen werden.

6

Anklänge an religiöse Mystik östlicher wie westlicher Prägung sind auch an dieser Stelle nicht zu übersehen.

LITERATUR

Franz, M. L. v.: Der Individuationsprozeß. In: Der Mensch und seine Symbole. Olten, Freiburg i. B.: Walter 1968, 160–229

Freud, S.: Totem und Tabu (1912/13). G. W. IX

Jung, C. G.: Geist und Leben (1926). G. W. VIII

Analytische Psychologie und Weltanschauung (1931). G. W. VIII

Über die Archetypen des kollektiven Unbewußten (1935). G. W. IX/1

Versuch einer psychologischen Deutung des Trinitätsdogmas (1942). G. W. XI

Psychotherapie und Weltanschauung (1943). G. W. XVI

Aion. Untersuchungen zur Symbolgeschichte (1951). G. W. IX/2

Synchronizität als ein Prinzip akausaler Zusammenhänge (1952). G. W. VIII

Das Gewissen in psychologischer Sicht (1958). G. W. X

Gut und Böse in der analytischen Psychologie (1959). G. W. X

Zur Psychologie westlicher und östlicher Religion (1963). G. W. XI

Erinnerungen, Träume, Gedanken von C. G. Jung. Aufgezeichnet und hg. von A. Jaffé. Zürich, Stuttgart: Rascher [2]1967

Rudin, J.: C. G. Jung und die Religion. In: W. Bitter (Hg.): Psychotherapie und religiöse Erfahrung. Stuttgart: Klett 1965, 73–86

Spies, D.: Philosophische Aspekte der Psychologie C. G. Jungs. Universität München: Diss. 1975

Vasavada, A. U.: Jungs analytische Psychologie und indische Weisheit. In: W. Bitter (Hg.): Abendländische Therapie und östliche Weisheit. Stuttgart: Klett 1968, 236–244

LEOPOLD SZONDI UND DIE RELIGION

von Werner Huth

Leopold Szondi, der Begründer der tiefenpsychologischen Forschungsrichtung der Schicksalsanalyse (vgl. Huth 1978 und den Beitrag des Verfassers in Bd. III dieser Enzyklopädie), beschäftigt sich an mehreren Stellen seines Lebenswerkes, vornehmlich im Kapitel »Das Ich und der Glaube« seiner »Ich-Analyse« (Szondi 1956) mit dem Glauben des Menschen. Es kann nicht die Aufgabe des vorliegenden Beitrages über »Szondi und die Religion« sein, Wesensbestimmungen von »Religion« und »Glaube« zu geben, weil dies unter anderem die Berücksichtigung aller religionshistorisch erreichbaren Vor- und Selbstverständnisse der genannten beiden, überall in der Geistesgeschichte antreffbaren Phänomene voraussetzen müßte und den gesetzten Rahmen völlig sprengen würde. Ja, selbst eine reinliche Separierung von »Religion« und »Glaube« scheint fragwürdig, auch jene der Barthschen Theologie (Barth 1923), hinter deren leidenschaftlichen Anathema gegen die Religion die Überzeugung steht, »Religion hat es mit dem Menschen, Glaube mit dem lebendigen Gott zu tun« (Gilg 1942, 475). Heute, wo man derartige Äußerungen der dialektischen Theologie als extreme Reaktionen gegen die Subjektivierung der Religion in der modernen Religionswissenschaft zu verstehen gelernt hat, wird man eher das Gemeinsame von Religion und Glauben sehen, nämlich, daß es beiden um dasselbe Ziel geht: um den Umgang des Menschen mit demjenigen, was er als letzte, tiefste Wirklichkeit erfährt (Heiler 1961, 1). Freilich ereignet sich dieser Umgang unter je verschiedenen historischen, sozio-kulturellen und psychologischen Voraussetzungen.

Der Psychologe wird sich bei seinen Überlegungen weniger auf Glaubensinhalte beziehen, sondern mehr auf den Glaubensakt selber beziehungsweise auf die glaubende Person. Für sie ist nach Szondi kennzeichnend, daß sie – wie der Wahnkranke und der Träumer – die Grenzen der »natürlichen Welt« überschreitet. Sie begibt sich in eine Dimension, die über das hinausreicht, was man zählen, messen und in Flaschen abfüllen kann, ja in der »das Prinzip von Raum und Zeit wie auch das der logischen Kausalität ihre Gültigkeit verlieren« (Szondi 1956, 464). Der genannte Schritt in eine sinnlich nicht faßbare Wirklichkeit ist freilich beim Wahnkranken, beim Träumer und beim Gläubigen völlig verschieden: Beim *Wahn* kommt es zu einer einseitigen Machtverteilung der Seins- und Habensmöglichkeiten des Menschen; beim Verfolgungswahn hat z. B. die Außenwelt, beim Größenwahn das eigene Ich die Übermacht (Szondi 1956, 458). Der *Traum* ist dadurch gekennzeichnet, daß wir dabei mit den von uns gelebten Seiten unseres Ichs den von unserem wachen Sein abgespaltenen, latenten Existenzmöglichkeiten begegnen (Szondi 1956, 466). Auch die im *Glaubensakt* intendierte Wirklichkeit ist »jenseitiger«, geistiger Art (s. den Beitrag von G. Wehr über »religiöse Erfahrung« in diesem Bd.).

Voraussetzung für die drei geschilderten Weisen des Überschreitens des sinnlich vorgegebenen Rahmens unseres Daseins ist nach schicksalsanalytischer Ansicht ein im Menschen innewohnender, vom Ich ausgehender Drang nach Partizipation, das heißt nach Teilhabe bis hin zum Einssein und Gleichsein mit dem anderen, mit der Welt und mit dem All. Er findet sich in zwei Urformen: beim Neugeborenen in der realen und vitalen Einheit mit dem Dasein der Mutter sowie bei gewissen »primitiven« Kulturen im archaischen Gleichsein mit dem Objekt, zum Beispiel mit dem Totem.[1] In unserer Kultur zerbricht die ursprüngliche Partizipation alsbald. Dadurch kommt es zur Erfahrung, vom Objekt abgelöst zu sein, beziehungsweise zu dem Dilemma, daß uns die Möglichkeit einer dauerhaften Partizipation verwehrt ist, während der Drang danach genauso ein lebenslanges Attribut unserer Existenz ist wie unsere Einsamkeit. Aus diesem Dilemma gibt es mannigfaltige Auswege:

»Der *eine* sucht sich ein Suchtobjekt, mit dem er die veruntreute partizipative Dualunion ersetzt.

Der *zweite* verdrängt ein Stück der Realität, von dem er nichts wissen will. Er meidet fluchtartig dieses Stück der Wirklichkeit und ersetzt den Schaden des teilweisen Realitätsverlustes durch neurotische Symptome.

Der *dritte* verleugnet ab ovo völlig die Wirklichkeit und baut die Welt neu auf, und zwar so, daß er seine Uransprüche auf die Partizipation restlos zu befriedigen vermag. Er wird wahnsinnig.

Der *vierte* verleugnet nicht das natürliche Sein und Sosein der Welt, er setzt sie nur außer Aktion, er klammert die natürliche Welt ein und baut sich bewußt eine absolute, transzendentale neue Subjektivitätswelt auf. Man nennt ihn einen Philosophen.

Der *fünfte* verleugnet die irdische Welt auch nicht, er öffnet aber sein Ich für die höchste Machtinstanz und bildet eine Partizipation, eine Dualunion mit Gott und dem Heiligen Geist. So wird er ein Gläubiger« (Szondi 1956, 411).

In welcher Form wir unseren Partizipationsdrang stillen, hängt primär von der Weise ab, in der wir die im Ich angelegte Macht auf die Objekte der Welt übertragen. Die Art dieser Machtübertragung bestimmt weitgehend unser Schicksal. Erhalten z. B. im Leben Erbe und Trieb die Übermacht, dann kommt es zu geist- und ichlosen Formen des Daseins; erhält die Umwelt alle Macht, so führt das zur Unselbständigkeit und Uneigentlichkeit; erfolgt die Machtverteilung einseitig zugunsten des Geistes, so verliert der Mensch die Verbindung zur natürlichen, alltäglichen Erfahrungswelt, er schwebt »wie Gott« über der Erde. Die Übermacht des Ichs dagegen isoliert ihn und zwingt ihn zu einem Bunkerleben, wo er in seinem eigenen Narzißmus erstickt (Szondi 1956, 522).

In der eben gebrachten Feststellung wurde eine zentrale Aufgabe des Ichs angesprochen, nämlich »Machtverteiler«, »Organisator« und »Administrator« der »Ge-

gensatzpole der bewußten und der unbewußten Seele« (Szondi 1956, 156) zu sein. Das Ich ist zugleich auch die Geburtsstätte jeglichen Glaubens, denn »ohne Ich gibt es keinen Glauben« (Szondi 1956, 31). Bedingung der Möglichkeit des Glaubens ist die aus dem Partizipationsdrang hervorgehende Glaubensfunktion des Ichs: Glaube ist eine besondere Weise des Partizipationsstrebens.

Mit der Konstatierung einer Glaubensfunktion des Ichs ist freilich über den Charakter des Glaubensaktes selber noch nichts ausgesagt. Er könnte prinzipiell illusionär sein, wie S. Freud annahm. Der Begründer der Psychoanalyse sah – genau wie sein Geistesverwandter Bleuler (1949, 24 ff) – im Glauben eine Illusion, bei der sich »die Wunscherfüllung vordrängt« (Freud, XIV, 354). In seiner Auseinandersetzung mit dieser »Illusionstheorie« des Glaubens betonte Szondi, daß man tatsächlich manche Gemeinsamkeit zwischen Wahn und Glauben feststellen könne (Szondi 1956, 510 f):

1. Beide sind Produkte des Ichs, genauer gesagt, Ich-Funktionen, die sich aber nicht diesseits, sondern jenseits der Naturwirklichkeit ereignen.
2. Wahn und Glauben berühren sich ferner darin, daß beide dem Partizipationsdrang des Ichs entspringen.
3. Wahn und Glauben zeigen auch in dem Punkt Ähnlichkeit, daß sie für den, der sie nie bewußt erlebt hat, völlig unverständlich sind.

Die genannten Berührungspunkte genügen aber nicht zur Behauptung, daß der Unterschied zwischen Wahn und Glauben kein absoluter oder daß der Glaube ein »physiologischer Wahn« beziehungsweise eine reine Illusion sei. Um die Stellungnahme von Bleuler und Freud zu verstehen, müssen wir die Wirkung des Zeitgeistes in Betracht ziehen. »Beide waren Repräsentanten einer Zeit, die rein monistisch-naturwissenschaftlich, materialistisch-rationalistisch eingestellt war. Bei ihnen wurde der ›Wahrheitswert‹ eines seelischen Vorganges mit einem Zollstock gemessen, dessen Eichung nur für die Naturrealität, nicht aber für die geistige Jenseitigkeit gültig ist. Beide waren dennoch ›religiös‹, nur war ihr Gott, den sie anbeteten, nicht der himmlische Vater, sondern die ›reale Naturwissenschaft‹. Und weil sie eben ›Monotheisten‹ dieser Naturwissenschaft waren, war für sie die Welt der Jenseitigkeit, die Welt des Geistes, gleichgesetzt mit der Welt des Wahnes oder der Illusion« (Szondi 1956, 510 f). Der Glaube dieser Zeit war der einseitige Glaube an eine verengt erlebte Natur. Diese Natur und ihre Wissenschaft dienten aber demselben Ziel wie der Glaube einer Religion: dem Schutz gegen Unsicherheit.

In Szondis zuletzt gebrachten Argumenten wird die zweite Dimension neben dem Ich sichtbar, die seiner Ansicht nach den Glauben ermöglicht: die Postulierung einer geistigen Wirklichkeit. Geist ist in dieser Sicht mehr als bei Freud und bei Jung. Freud reduziert den Geist auf die Fähigkeit, sich gegen die direkte Sinneswahrnehmung zugunsten der sogenannten »höheren intellektuellen Prozesse« (Freud, XVI, 225) zu entscheiden, während Jung den Geist primär im eigenen Inneren ansiedelt, was z. B. in dem Satz deutlich wird: »Religion scheint mir eine besondere Einstellung des menschlichen Geistes zu sein« (Jung 1947, 14). Für Szondi hingegen ist der Geist »nicht die Funktion, sondern das Objekt des Glaubens« (Szondi 1956, 517). Das heißt aber, daß sich der Geist nach Szondis Überzeugung nicht ableiten läßt, sondern ein principium sui generis ist, das als Sinnerlebnis und Sinnerfahrung nur im Glauben und nur für den Gläubigen existiert.

Für den humanistischen Wissenschaftler Szondi ist »Geist« die Idee Mensch, d. h. jene Instanz, die in der Kunst, in der Wissenschaft und in der Religion anwesend ist. Für den Menschen Szondi ist »Geist« göttlicher Geist (vgl. Frankhauser o. J., 90). Dieser göttliche Geist läßt sich – eben weil er nur als Sinnerfahrung zugänglich ist – genausowenig beweisen wie mit Hilfe der angeblichen Illusionstheorie des Glaubens widerlegen. Tatsache ist lediglich, daß zu allen geschichtlich erhellbaren Zeiten die Religionsstifter wie die Gläubigen auf die Fläche des einzigartigen Bildes, das »Gott« genannt wird, ihr Inneres verlegt haben, und zwar sowohl ihre Macht und Güte als auch ihre Schattenseiten, ihre böse »Kain-Natur« (Szondi 1973, 116). Daraus folgt aber weder, daß es deswegen keine von Projektionen unabhängige Instanz jenseits der Naturwirklichkeit gibt, noch heißt es, daß man vom Vorhandensein menschlicher Projektionen auf das Vorhandensein oder Nichtvorhandensein Gottes schließen könnte. Entweder existiert Gott oder er existiert nicht. Mit dem Vorhandensein menschlicher Projektionen hat er jedenfalls nichts zu tun.

Aus der Tatsache, daß der Glaube keine Illusion ist, wie Freud dies angenommen hatte, folgt allerdings noch nicht notwendig, daß der Glaubensakt als solcher nicht regressiv ist. Auf diesen Gedanken könnte man kommen, wenn man die vielen Zerrformen von Gläubigkeit ins Auge faßt, die sich empirisch überall auf der Welt finden lassen. Bei näherer Betrachtung des Charakters der Begegnung zwischen Ich und Geist ist aber auch dieser Einwand nicht stichhaltig. Diese Begegnung darf man sich ja nicht als regressive Identität, als »Beschlagnahmung« des Geistes durch das Ich vorstellen, sondern als »apertura ad coelum«, wie Szondi (1956, 31) dies genannt hat. Das Ich bleibt dabei »stets das persönliche Ich und der Geist stets der überpersönliche Geist. Die Partizipation bezieht sich also nur auf das Anteilhaben des persönlichen Ichs an der Allmacht des überpersönlichen Geistes. Sie ermöglicht also nur die *Begegnung*, nur die *dialogischen Gespräche* mit dem Geist im Sinne von Martin Buber« (Szondi 1956, 519).

Nach den bisherigen Abgrenzungen ist es nun möglich, zu einer positiven Begriffsbestimmung von »Glauben« zu kommen. Als Einstieg dazu bietet sich die Sprachwissenschaft an: Das Wort »Glaube« hat als Wurzel das indogermanische »leubh«, das etymologisch mit folgenden seelischen Funktionen zusammenhängt (Szondi 1956, 514): etwas begehren, liebhaben, für lieb erklären, gutheißen, loben, gierig verlangen, etwas mit Begierde wünschen, sich etwas lieb und vertraut machen, für wertvoll halten, willfahren, nachgeben, sich freundlich erzeigen, vertrauen. Das Gelingen dessen hängt von einer Vielzahl von Faktoren ab. Insofern sieht Szondi im Glaubenkönnen »ein besonderes Schicksal, das auf einer kollektiven allmenschlichen Anlage beruht, von besonderen familiären Erbanlagen in ihrer Stärke und Weise gefördert, von erzieherischen und sozialen Umweltfaktoren begünstigt oder gehemmt, von der Logik der Vernunft bezweifelt wird, vom Geist sein Objekt erhält, aber nur vom Ich allein gelebt wird« (Szondi 1956, 519).

Da die Glaubensfunktion des Ichs etwas Allgemein-Menschliches ist, ist nicht entscheidend, *daß* einer glaubt, sondern *was* das Objekt dieses seines Glaubens ist. Der (göttliche) Geist als Partizipationsobjekt hat dabei ein Charakteristikum, das ihn von allen anderen Partizipationsobjekten unterscheidet: Die Erfahrung lehrt, daß kein irdisches Objekt, kein Mensch und keine Ideologie auf die Dauer dem allmenschlichen Anspruch auf Machtübertragung standhalten können. Auch die

Trugpartizipation des Wahnes ist mit einem Objekt gebildet, mit dem die Person nicht wirklich eins und gleich zu sein vermag. Nur der religiöse Glaube ermöglicht eine derartige Gemeinsamkeit. »Der Gläubige kann in der Tat mit dem Allmächtigen ununterbrochen zusammen sein; in der Früh, wenn er aufsteht, am Tag, wenn er auf die Straße geht, bei der Arbeit, während er sein Brot verdient, und am Abend, wenn er schlafen geht« (Szondi 1956, 513). Die Verwirklichung der positiven Partizipation geschieht also im Leben und Verhalten. Sie ist die fünfte Bedingung des Glaubens neben dem Geist, dem Ich, der Eröffnung des Ichs zum Geist sowie der Allmachtübertragung auf eben diesen Geist. »Fehlt eine dieser Bedingungen oder wird nur eine dieser bedingenden Existenzen vom Verstand in Zweifel gezogen, so ist die Glaubensfunktion gestört« (Szondi 1956, 31). Mit der Bemerkung über »gestörte Glaubensfunktionen« wirft Szondi ein höchst brisantes Stichwort in die Diskussion, das – falsch interpretiert – dem Fanatismus Tür und Tor öffnen könnte. Daher die nachdrückliche Warnung, daß sich der Schicksalsanalytiker niemals in die Frage einmischen dürfe, wen der Mensch als den wahren Geist anzubeten habe. Er könne zu dieser Frage höchstens folgendes bemerken:

»1. Je integrierter das Ich ist, um so integrierter wird auch das Glaubensobjekt sein, das von ihm gewählt wird.

2. Je integrierter das gewählte Glaubensobjekt ist, um so größer die Wahrscheinlichkeit, daß der Glaubende mit dieser höchsten Instanz eine positive, wirksame participatio perennis zu schließen vermag« (Szondi 1956, 523).

So notwendig die Zurückhaltung des Analytikers gegenüber den Glaubensüberzeugungen seines Analysanden ist, so unabweisbar ist der in manchen Ohren zunächst schockierend klingende Satz: »Glaubensstörungen sind Ichstörungen« (Szondi 1956, 523), aus dem alle Konsequenzen bis zu einer eventuellen Psychotherapie zu ziehen seien. Szondi will damit sagen, daß es Ich-Funktionen gibt, die den Glauben erschweren, ja weitgehend ausschließen, während andere ihn ermöglichen und erleichtern. Ich-Funktionen sind keine psychischen Inhalte, denn diese hängen weitgehend von der aktuellen Lebenssituation ab und werden im Laufe des Lebens oftmals ausgetauscht. Vielmehr handelt es sich dabei um genetisch determinierte Bedingungen der Möglichkeit dafür, daß man psychische Inhalte in gesunder oder kranker Form in die Welt verlegt, bis zur vorübergehenden Aufhebung der Subjekt-Objekt-Schranken (*Projektion*); daß man das Bewußtsein mit unbewußten Inhalten erfüllt, bis zum Alles-Sein-Wollen (*Inflation*); daß man sich Inhalte der Welt einverleibt und in Besitz nimmt, bis zum Alles-Haben-Wollen (*Introjektion*); und daß man sich schließlich beschränkt und Verzichtleistungen erbringt, bis zur totalen Ich- und Weltverneinung (*Negation*) (Huth 1978, 995 ff).

Gestört ist die Glaubensfähigkeit, wenn die Inflation zum Narzißmus führt, die Introjektion als Materialismus erscheint und vor allem, wenn es durch die Negation zur Entwertung, Negierung oder Zerstörung aller Werte, Ideale, Ideen, Gesetze und Gebote kommt.

Empirisch trifft man die Ich-Funktionen nicht nur in isolierter, sondern hauptsächlich in kombinierter Form an. Manche dieser Kombinationen stören gleichfalls die Glaubensfähigkeit empfindlich oder schließen sie sogar praktisch aus. So zum Beispiel:

1. das autistisch-undisziplinierte Ich, das zwar die eigene Allmacht zu projizieren vermag, jedoch die hinausverlegte Macht nicht an eine überpersönliche In-

stanz überträgt, sondern sie sich sekundär selber wieder einverleibt. Jede Machtaufgabe dagegen würde dem autistischen »Gott-Menschen« als Entwertung der eigenen Würde erscheinen.

2. Eine andere Störung findet sich bei dem sich entfremdenden, eifersüchtigen Ich, bei dem die Introjektion aus dem Vordergrund verbannt ist und lediglich – quasi in entstalteter Form – als geistfeindliche, ausschließlich dem Stofflichen frönende Haltung im »Hintergänger« (s. den Beitrag des Verf. in Bd. III dieser Enzyklopädie, 1977, 1001) erscheint, während vordergründig die Träger dieses Schicksals als Hypochonder nicht dem Geist, sondern nur ihren eingebildeten Krankheitssymptomen leben.

3. Dazu kommen noch weitere, die Glaubensfunktion hemmende Ich-Formen, z. B. das am Aberglauben hängende Zwangs-Ich sowie das Ich, das zwar partizipationsfähig ist, bei dem aber alle Projektionen mit Zwang zurückgehalten werden; das narzißtische Ich, das selber alles sein und alles haben will; das Drill-Ich, das bewirkt, daß der Betreffende im Alltag aufgeht, ohne über sich hinauszukommen; vor allem aber das desintegrierte Ich, das sich zeitweilig selber völlig aufgibt.

Gleichsam der Gegenpart zur letztgenannten Ich-Funktion ist das integrierte Ich, dessen Träger die größten Möglichkeiten zum Glauben aufweist. Hier vereinigt sich die Fähigkeit zum Einssein mit dem Geist mit der Begeisterungsfähigkeit, dem Realitätssinn und der Bereitschaft zum Verzicht. Andere glaubensfördernde Ich-Funktionen sind die Projektionsbereitschaft als die Voraussetzung, mit den anderen eins und gleich zu sein; die Verlassenheit anzeigende Kombination von Inflation und Projektion; das die Verlassenheit annehmende Ich; das gehemmte Ich, dem allerdings die Partizipation in der Realität meist nur schwer gelingt; und schließlich das zwanghaft schaffende inflative Ich (Szondi 1956, 524).

Wenngleich die Schicksalsanalyse nur nach den unbewußten und ichpsychologischen Bedingungen des Glaubens und seiner Störungen fragt, so ergeben sich aus ihren Forschungen doch wichtige Konsequenzen für die heutige Zeit, insbesondere für die Theologie und Ideologiekritik. Um ein Beispiel herauszugreifen: Sie ermöglicht eine bessere Unterscheidung zwischen einer »negativen Theologie« und den vielen heute so sehr im Zentrum stehenden »Nichthaltungen«. Erstere hält sich für das Unendliche und Namenlose offen, das über alle positiven und negativen Bestimmungen erhoben ist. Bei den Formen einer »Theologie nach dem Tode Gottes« (Altizer 1968) aber und bei jenen reduktionistischen Weltauffassungen, die jede Sinnerfahrung leugnen, wird der Schicksalsanalytiker konstatieren, daß sie von Menschen getragen werden, die zum Glauben unfähig geworden sind, sei es aus persönlichen, sei es aus zeitgeschichtlichen Gründen. Trotz ihrer Beteuerung, ihre Aussage drücke mehr aus als die Erfahrung »nur von ein paar Neurotikern« (Altizer 1968, 158), vielmehr handle es sich hier um ein »öffentliches Ereignis« (Altizer 1968, 158), muß festgestellt werden, daß in ihren Äußerungen – aus welchen Gründen auch immer – die Ich-Funktion der Negation überwiegt. Diese ist zwar die gewöhnliche Endstufe der Ich-Entwicklung des Kulturmenschen (Szondi 1956, 528 f), jedoch keineswegs die höchste, sondern eine defekte, denn nur innerhalb einer Integration mit den anderen Ich-Funktionen haben Verneinung und Verzicht ihren Stellenwert.

Was schließlich die Bedeutung von Ideologien angeht, so sei nur daran erinnert, daß sich die Menschen im Laufe ihrer Geschichte bis auf den heutigen Tag vermutlich weniger aus Aggressivität und Habsucht gegenseitig umgebracht haben als vielmehr um sogenannter »höherer Ziele« willen, das heißt aus Hingabe an irgendeinen Gott oder an einen sich gottähnlich gebärdenden Führer, an sogenannte höhere Werte oder ein zukünftiges Paradies auf Erden. Der Drang danach entsprang dem gleichen Partizipationsbedürfnis, das auf der anderen Seite tiefste religiöse Erfahrungen ermöglicht. Die hier ins Spiel kommenden Kräfte zu begreifen ist einstweilen nur schwer möglich. Sie besser zu verstehen ist aber allein deshalb nötig, damit die Zukunft gesichert bleibt. Wir vermögen noch zu wenig ein integriertes Ich bei uns und unseren Mitmenschen zu befördern, obwohl dieses allein ein zu Gott und dem Nächsten geöffnetes Menschsein ermöglicht.

ANMERKUNG

1

Diese Behauptung wurde empirisch durch E. Percy erhärtet. Er untersuchte hundert Buschneger, die mit unserem Kulturkreis praktisch noch nicht in Berührung gekommen waren, mit dem Szonditest. Im Unterschied zu ihren Stammesgenossen, die die Missionsschule besucht hatten, überwog bei ihnen dasjenige Testsyndrom, das für die alleinige Vorherrschaft der Partizipation spricht. Es zeigte eine Intensität, die wir erfahrungsgemäß nur bei paranoiden Schizophrenen finden. Dabei bestand keinerlei Hinweis auf irgendwelche psychischen Störungen bei den Untersuchten (vgl. Szondi 1956, 524).

LITERATUR

Altizer, T. J. J.: ... daß Gott tot sei. Versuch eines christlichen Atheismus. Zürich, Stuttgart: Zwingli 1968

Barth, K.: Der Römerbrief. München: Kaiser 1923

Bleuler, E.: Lehrbuch der Psychiatrie, umgearbeitet von M. Bleuler. Berlin, Göttingen, Heidelberg: Springer 1949

Frankhauser, A.: Christlicher Glaube und Schicksal. Szondiana IV. Bern, Stuttgart: Huber o. J.

Freud, S.: Die Zukunft einer Illusion (1927). G. W. XIV

Der Mann Moses und die monotheistische Religion (1937–1939). G. W. XVI

Gilg, A.: Das Problem der Religion. In: Mensch und Gottheit in den Religionen. Bern: Universität Bern (Hg.) 1942, 475ff

Heiler, F.: Erscheinungsformen und Wesen der Religion. Stuttgart: Kohlhammer 1961

Huth, W.: Wahl und Schicksal. Voraussetzungen, Grundprinzipien und Kritik der Schicksalsanalyse von Leopold Szondi. Bern, Stuttgart, Wien: Huber 1978

Jung, C. G.: Psychologie und Religion (1939). G. W. IX

Szondi, L.: Ich-Analyse. Die Grundlage zur Vereinigung der Tiefenpsychologie. Bern, Stuttgart: Huber 1956

Moses, Antwort auf Kain. Bern, Stuttgart, Wien: Huber 1973

LOGOTHERAPIE UND RELIGION

von Uwe Böschemeyer

Logotherapie als eine Richtung der Psychotherapie muß nach den Worten ihres Begründers, Viktor E. Frankl (s. den Beitrag von N. Kindler in Bd. III dieser Enzyklopädie, S. 836, Anm. 58), grundsätzlich für den religiösen und nichtreligiösen Therapeuten bzw. Patienten handhabbar bzw. anwendbar sein. Religion ist deshalb für die Logotherapie auch kein »Standort«, sondern nur ein »Gegenstand« der Betrachtung. Mit anderen Worten: Logotherapie ist keine religiöse Form der Psychotherapie und also auch keine Psychotherapie für Religiöse, sondern eine Therapie, die unter anderen menschlichen Phänomenen auch das Phänomen der Religiosität ernst nimmt und als spezifisch menschliche Ausdrucksform versteht. Wenn in der Literatur trotz dieses Selbstverständnisses Religion nicht selten als »Standort« der Logotherapie interpretiert wird, so vermutlich deshalb, weil sich die Logotherapie als eine »sinn-zentrierte« Psychotherapie versteht und die Frage nach dem Sinn auf der Linie der Frage nach Gott liegt.

LOGOTHERAPIE ALS SINN-ZENTRIERTE FORM DER PSYCHOTHERAPIE

Für Frankl ist die Logotherapie ein Beitrag zur »Rehumanisierung« der Psychotherapie. Diagnostisch und therapeutisch will er zur Geltung bringen, was er lange Zeit in der Psychotherapie negiert bzw. vernachlässigt sah: die beiden »fundamental-anthropologischen« Gegebenheiten des Menschen, seine »Selbst-Transzendenz« und seine Fähigkeit zur »Selbst-Distanzierung«. »Rehumanisierte« Psychotherapie, das heißt also für Frankl: Rückbesinnung auf das Menschliche im Menschen, auf seine spezifisch humanen Phänomene, auf seinen Logos (= Geist); das meint zugleich das Ernstnehmen des Grundproblems des Menschen, seine Suche nach dem ihm eigenen Logos (= Sinn). Die Frage nach dem Sinn betrifft die Mitte der Existenz und hat deshalb für den ganzen Menschen vitale Bedeutung. So sind die ungenügend oder gar nicht beantwortete Sinnfrage und deren mögliche pathogene Folgen das spezifische Thema in Theorie und Praxis der Logotherapie.

Logotherapeutisch die Frage nach dem Sinn stellen heißt für Frankl, als konkreter Mensch in einer konkreten Situation nach einer konkreten Aufgabe zu fragen. Weil kein Mensch dem anderen gleicht und für jeden Menschen darum die jeweiligen Situationen seines Lebens unverwechselbar sind, ist der jeweilige Sinn nur einer »ad personam et ad situationem«. Nach Sinn fragen heißt also nicht, die Frage nach dem »Warum?« und dem »Wozu?«, dem Sinn des Seins der Existenz zu stellen. In der Logotherapie wird auch nicht nach dem Sinn des Weltganzen gefragt. Da der Mensch an Raum und Zeit gebunden ist, bleibt diese Frage für ihn unbeantwortbar. Und doch ist die Gewißheit einer letzten und höchsten Sinngebung für den Menschen unverzichtbar, denn von ihr allein hängen die Motivation und der Grund der Sinnsuche und Sinnfindung ab. Wie aber kann, wenn die Frage nach dem Sinn des Weltganzen unbeantwortet bleiben muß, trotzdem ein solcher, grundsätzlich vorhandener Sinn gedacht werden? Frankl findet die Antwort auf diese Frage mit Hilfe eines »Grenzbegriffs«, den er »Über-Sinn« nennt. Was dieser Begriff meint, versucht Frankl verstehbar zu machen am Beispiel des Verhältnisses der tierischen Umwelt zur Welt des Menschen. Durch das Gleichnis vom »Goldenen Schnitt«, demzufolge der kleinere Teil sich zum größeren wie der größere zum Ganzen verhält, verdeutlicht Frankl dieses Verhältnis: »Nehmen wir das Beispiel eines Affen, dem schmerzhafte Injektionen gegeben werden, um ein Serum zu gewinnen. Vermag der Affe jemals zu begreifen, warum er leiden muß? Aus seiner Umwelt heraus ist er außerstande, den Überlegungen des Menschen zu folgen ...; denn die menschliche Welt ist ihm nicht zugänglich ... in ihre Dimension langt er nicht hinein« (Frankl 1977 b, 92). Kann daraus nicht geschlossen werden, so Frankl, daß »die menschliche Welt selber ihrerseits überhöht wird von einer nun wieder dem Menschen nicht zugänglichen Welt, deren Sinn, deren ›Über-Sinn‹ allein seinem Leiden erst den Sinn zu geben imstande wäre« (Frankl 1977 b, 92)?

Für Frankl ist der Begriff »Über-Sinn« ein Analogon zu Kants Postulaten der Vernunft: Der Mensch *kann*, weil er an Raum und Zeit gebunden ist, den »Über-Sinn« *nicht* denken, gleichwohl muß er ihn denken, wenn er zur Sinnfindung gelangen will. Auflösbar ist diese Antinomie für ihn allein durch den Glauben, und dieser »Sinnglaube« hat – im Sinne Kants – eine transzendentale Bedeutung. Daß er sich jeder Beweisbarkeit entzieht, ist die notwendige Folge der Tatsache, daß der Mensch an Raum und Zeit gebunden ist und ihm also die Deutung des Weltganzen verschlossen bleiben muß. Diese Begrenztheit des Erkenntnisvermögens schließt aber andererseits die Möglichkeit des Glaubens an den grundsätzlich vorhandenen Sinn der Welt und damit des konkreten menschlichen Daseins nicht aus.

Indem nun der Mensch – trotz seiner Begrenztheit im Erkenntnisbereich – über sich selbst hinausfragt nach dem Grund und dem Sinn des Seins, fragt er nach der letzten Wirklichkeit, und deshalb sind für Frankl, wie z. B. auch für P. Tillich, »Sinnglaube« und »religiöser Glaube« Synonyma. Diese Grundgedanken zum Verhältnis von Logotherapie und Religion sollen nun konkreter beschrieben werden (s. auch den Beitrag von C. Gottwald in Bd. X dieser Enzyklopädie).

SINN UND VERANTWORTLICHKEIT

Frankl sieht menschliches Sein primär bestimmt von einem »Willen zum Sinn«. Der Mensch will nicht »dasein um jeden Preis«; was er »wirklich will, ist: sinnvoll sein« (Frankl 1975, 325). Der »Wille zum Sinn« ist ein anthropologisches Motiv sui generis, ist das primäre Movens menschlicher Existenz. Der Sinnwille darf jedoch nicht voluntaristisch mißdeutet werden. Den Sinn kann der Mensch ebensowenig wollen wie den Glauben, die Hoffnung und die Liebe. Wer oder was motiviert dann diesen Willen? Die Antwort auf diese Frage ist für Frankl die »kopernikanische Wende«, die er der Frage nach dem Sinn des Lebens gibt: »Das Leben selbst ist es, das dem Menschen Fragen stellt. Er hat nicht zu fragen, er ist vielmehr der vom Leben her Befragte, der dem Leben zu antworten – das Leben zu ver-antworten hat« (Frankl [8]1971, 72). Das bedeutet: Das Verantwortlichsein – für Frankl der Grundzug menschlicher Existenz – ist ein Antworten auf die Fragen, die das Leben stellt. Nicht der Mensch stellt die »Lebens«-Fragen, nicht er bestimmt, wofür er verantwortlich ist, nicht er fragt nach dem Sinn, sondern er ist ein vom Sinn, vom Logos, vom Leben Befragter. Er ist Sinnempfänger, das Leben hat für die Logotherapie »Aufgabencharakter«.

Der anthropologische Ort der Sinnfindung ist das Gewissen, in dem zur Sprache kommt, welchen Sinn der Mensch in der jeweiligen Situation ver-antwortlich zu realisieren hat. Das Gewissen zeigt sich – in phänomenologischer Sicht – in seinem transzendentalen Charakter. Die großen Lebensentscheidungen vollziehen sich unreflektiert und in diesem Sinne unbewußt, und darum charakterisiert Frankl das Gewissen als »irrational« und »prälogisch«; »irrational«, weil sich die vom Menschen getroffenen Entscheidungen letztlich nicht rationalisieren lassen, »prälogisch«, weil der Mensch ein vormoralisches Verständnis von dem hat, was er »eigentlich« tun sollte. Ihm eignet »ein prämoralisches Wertverständnis, das aller expliziten Moral vorgängig ist – eben das Gewissen« (Frankl [2]1977 a, 26).

Soll nun Verantwortlichkeit das sein, was der Begriff sagt: ein Antwort-Geben auf eine Frage, soll das Fragen und Antworten im Gewissen kein bloßes Selbstgespräch sein, dann kann das Gewissen, so schließt Frankl – nicht die letzte Instanz sein, vor der der Mensch sich zu verantworten hat, dann weist es über sich selbst hinaus. Deshalb ist das Gewissen für ihn eine *»Art Schlüsselstelle, an der sich uns die wesentliche Transzendenz* des geistig Unbewußten erschließt« (Frankl [2]1977 a, 47). Die Instanz, auf die hin das Gewissen sich transzendiert, ist der von Frankl postulierte »Über-Sinn«. Diese Instanz versteht Frankl personal. Er sieht dem menschlichen Ich korrespondierend das »Du-Wort der Transzendenz«: »Tatsächlich erweist sich (phänomenologisch, Anm. d. Verf.) dieses Wovor ... als aufhellbar, und aus dem Etwas wird ein Jemand, eine Instanz durchaus personaler Struktur, ja mehr als dies: ein *Personalissimum*; und wir sollen die letzten sein, die sich scheuen, diese Instanz, dieses Personalissimum, so zu nennen, wie die Menschheit sie nun einmal genannt hat: ›Gott‹« (Frankl 1972 a, 686). Diese phänomenologische Analyse ist nun für Frankl alles andere als ein Gottesbeweis. Aus ihr ergibt sich für ihn darum auch nicht die Notwendigkeit, mit dem Patienten die Frage nach dem Wovor der Verantwortlichkeit zu stellen. Es geht ihm meines Erachtens darum, auch für den bewußt religiösen Menschen den Zugang zur »Transzendenz« durch die Therapie nicht zu versperren, sondern offenzuhalten. Aus seiner Sicht mit gutem Grund: Von jenen Menschen, die nicht nur nach dem Wofür, sondern auch nach dem Wovor der Verantwortlichkeit fragen, sagt er nämlich: »Es gibt Menschen, die einen Schritt weitergehen, das Leben gleichsam in einer weiteren Dimension erleben« (die Homines religiosi). »Sie sehen die Aufgaben, die ihnen das ›Leben‹ stellt, ›transitiv‹« (Frankl [8]1971, 71); das Leben ist für sie transparent auf einen »transzendenten Auftraggeber hin« (Frankl [8]1971, 71). – Dadurch aber erfährt der Homo religiosus eine »Vertiefung« seines Verantwortungsbewußtseins und damit zugleich die Möglichkeit zu tieferer Sinnerfahrung. Keinesfalls aber ist daraus der Schluß zu ziehen, der Homo irreligiosus existiere unverantwortlich. Er ist vielmehr ein Mensch, der sich gegen »Gott« entscheidet und sich deshalb nur vor seinem Gewissen verantwortlich weiß. Und wenn er trotzdem von seinem Gewissen auf der Suche nach Sinn nicht fehlgeleitet wird, so deshalb, weil auch er, wenn auch unbewußt, auf »Gott« hin bezogen bleibt. Potentiell ist jeder Mensch ein Homo religiosus, potentiell hat jeder Mensch, wenn auch eine noch so unbewußte, Beziehung zu »Gott«. In seinen Traumanalysen findet Frankl diese These bestätigt (vgl. Frankl [2]1977 a).

SINN UND GOTT

Freuds Urteil über die Religion, sie sei eine aus dem Ödipuskomplex stammende »universelle Zwangsneurose« – dieses Urteil, das das Gespräch zwischen Psychologie und Theologie lange belastete, ist Frankl »nahe daran, ... umzukehren und eher die Behauptung zu wagen: Die Zwangsneurose ist die seelisch erkrankte Religiosität«. Denn: »Wenn die Gläubigkeit verkümmert, dann wird sie anscheinend verbildet« (Frankl [2]1977 a, 63). Doch ebensowenig wie nach Frankl der frustrierte Sinnwille pathogen sein muß, ebensowenig muß verdrängte Religiosität in die Krankheit führen, aber auch sie kann, wie jener, Ursache eines neurotischen Symptoms sein. Wenn gesagt wurde, der religiöse Mensch erlebe ein »vertieftes« Verantwortungsbewußtsein, so meint Frankl damit nicht – wir wiederholen das ausdrücklich –, es sei Aufgabe der Logotherapie, ein solches Bewußtsein erreichen zu wollen. Frankl treibt nicht »Theo-Therapie«, sondern »Logo-Therapie«, und für letztere muß die Frage nach dem Wovor der Verantwortlichkeit offenbleiben. Deshalb muß sie auch die Sinnfrage »diesseits einer Trennung in die theistische Weltanschauung einerseits und die atheistische andererseits beantworten« (Frankl 1977 b, 94), und deshalb kennzeichnet Frankl die bewußte oder unbewußte Frage nach Gott auch nicht als »Glauben an Gott, sondern als den umfassenderen Sinnglauben ...« (Frankl 1977 b, 94). So sieht er in der Logotherapie auch »keineswegs eine Endstation zur letzten Sinnfindung« (Frankl 1972 b, 75), wohl aber u. U. eine »Station« auf dem *Wege* dahin.

Die Anthropologie der Logotherapie ist eine philosophische. Sie zu entwickeln, sah Frankl sich veranlaßt durch die Erfahrung des Ungenügens der primär naturalistisch orientierten Psychotherapie und des daraus abgeleiteten therapeutischen Instrumentariums. Ein Satz H. Plessners, der meines Erachtens prägnant Frankls anthropologische Intention widerspiegelt, zeigt deutlich die Schwierigkeiten einer Psychotherapie, die ihren Erkenntnisrahmen ausspannt zwischen Empirie und Ontologie: »Philosophische Anthropologie ist Erkenntnis des Menschenmöglichen. Will sie philosophisch sein und gleichwohl Anthropologie bleiben, so muß sie an dem eingeschränkten Möglichkeitshorizont des Menschen festhalten, darf ihn nicht preisgeben, weder zugunsten bloßer Empirie noch einer Ontologie, um ihn gegen beide Dimensionen, die ineinander verschränkt sind, offenzuhalten« (Brunotte, Weber ^{2}1961/62,139). Frankl hat den Versuch gemacht, die »Erkenntnis des Menschenmöglichen« sowohl nach der einen als auch nach der anderen Seite bis an ihre Grenzen auszuschöpfen; und sicher hat er manchmal diese Grenzen überschritten. Sicher ist aber auch, daß er hinsichtlich des Verhältnisses von Logotherapie und Religion sich des grundsätzlich unterschiedlichen anthropologischen Ansatzes bewußt geblieben ist.

LOGOTHERAPIE UND CHRISTLICHE RELIGION

Vergleicht man die anthropologischen Aussagen des logotherapeutischen und des christlichen Menschenbildes, dann fallen die im wesentlichen gleichgestimmten Aussagen über das Menschliche im Menschen auf: Beide sehen in der Liebe die personale Seinsweise des Menschen; beide sehen den Doppelaspekt der Freiheit (wovon und wozu), und für beide verwirklicht sich Freiheit erst in der Verantwortlichkeit. Trotz dieses gleichen Erscheinungsbildes zeigen sich – notwendigerweise – hinsichtlich der Fundierung des Menschenbildes erhebliche Differenzen.

Die logotherapeutische Anthropologie, von Frankl Existenzanalyse genannt, beansprucht nicht nur nicht, theologische Aussagen über den Menschen machen zu wollen, sie kann sie auch gar nicht machen: Nach ihrem wissenschaftstheoretischen Selbstverständnis kann und darf sie nicht reden über die Geschichte Gottes mit den Menschen, über die Geschichte der Krisen, deren Ursache und Wirkung. Sie kann und muß zwar Aussagen machen über die ontologischen Bedingungen des menschlichen Schuldigwerdens, über Freiheit und Verantwortlichkeit, nicht aber über die Ursache der Schuld und die Möglichkeit ihrer Überwindung. Sie kann und muß die »Gebrochenheit« der Existenz thematisieren, nicht aber den »Bruch« zwischen Gott und Mensch selbst. Sie kann und muß beschreiben, was den Menschen zum Menschen macht, wie er seine Identität finden kann, nicht aber, *warum* er sich von sich selbst entfremdet hat. Die Gott-Mensch-Beziehung als das gleichsam theologische Vorzeichen vor der anthropologischen Klammer ist nicht ihr Thema.

Das Thema des logotherapeutischen Menschenbildes ist vielmehr die Frage nach den Bedingungen der Möglichkeit der die menschliche Existenz auszeichnenden Selbst-Transzendenz. Wie die Theologie, so sieht auch die Existenzanalyse den Menschen erst dann zur »Existenz« gelangt, wenn er frei ist zur Verantwortlichkeit, frei zur Hingabe an einen Menschen oder an eine Aufgabe, frei zur Liebe, die u. U. auch auf die Verwirklichung eigener Möglichkeiten verzichtet, d. h. wenn der Mensch sich selbst transzendiert. Anders als die Theologie sieht sie ihre Aufgabe bereits dann erfüllt, wenn sie dem Menschen »die Augen geöffnet« hat, so daß er (wieder) »sehen« und über sich selbst hinaus »sein« kann. Woraufhin er sich transzendiert – das zu bestimmen ist dann nicht mehr logotherapeutische Aufgabe; wohin er dann »sieht«, das zu entscheiden ist dem Patienten selbst vorbehalten. Und deshalb kann auch der Logos des Evangeliums, der nach christlichem Verständnis die »neue« Existenz begründet, weder Thema noch Ziel der existenzanalytischen Logotherapie sein.

LOGOTHERAPIE UND JÜDISCHE RELIGION

Was zum Verhältnis von Logotherapie und christlicher Religion gesagt wurde, gilt nun grundsätzlich auch hinsichtlich des Verhältnisses von Logotherapie und jüdischer Religion. Wie christliche Theologen die Logotherapie als eine spezifisch christliche, so haben jüdische Gelehrte sie als eine spezifisch jüdische klassifizieren wollen. Zweifellos trägt das Franklsche Person-Verständnis (Frankl ist ja Jude) charakteristische Züge des jüdischen Menschenbildes (zu denken wäre z. B. an sein Verständnis der »geistigen Tiefenperson« und damit an seine These vom »unbewußt Geistigen«). Dennoch: Die Logotherapie ist ihrem Verständnis nach weder von ihrer anthropologischen Voraussetzung her noch im Blick auf ihr therapeutisches Ziel theologisch orientiert.

Es bleibt dabei: Religion ist für sie ein »Gegenstand« der Betrachtung, kein »Standort«. Sie will und kann deshalb Religion nicht validieren, aber auch nicht negieren. Sie sieht ihre Aufgabe darin, »gleichsam das Zimmer der Immanenz einzurichten – es einzurichten allerdings, ohne die Tür hierbei zu verstellen« (Frankl 1972 b, 75). (Zum Thema »jüdische Religion« s. auch die Beiträge von Y. Fried und A. R. Bodenheimer in diesem Bd.).

DIE ZIELE DER LOGOTHERAPIE UND DER RELIGION

»Seelische Heilung« – darin sieht Frankl das psycho- bzw. logotherapeutische Ziel; »Seelenheil« – das ist für ihn das Ziel der Religion. Versucht die therapeutische Arbeit, die für das »Existieren« der Person notwendigen Bedingungen zu schaffen, so die Religion, die Existenz zu Gott, zum Grund ihrer selbst zu führen. Diese verschiedenen Zielrichtungen schließen nun keineswegs aus, daß, wenn auch nur per effectum, Logotherapie und Religion einander das angestrebte Ziel zu erreichen helfen. Glaube kann psychohygienisch wirken, und Logotherapie kann Glauben neu eröffnen, wenn die verdrängte Verantwortlichkeit wieder bewußt geworden ist.

Frankl sieht die Ziele der Logotherapie und der Religion nicht auf derselben Seinsebene: »Die Dimension, in die der (bewußt, Anm. d. Verf.) religiöse Mensch vorstößt, ist also eine höhere, will heißen eine umfassendere« (Frankl 1977 b, 91), als die Dimension, in der Psychotherapie sich vollzieht. »Der Durchbruch in die höhere Dimension geschieht aber nicht in einem Wissen, sondern im Glauben« (Frankl 1977 b, 91 f).

LITERATUR

Brunotte, H., Weber, O. (Hg.): Evangelisches Kirchenlexikon. Göttingen: Vandenhoeck & Ruprecht ²1961/62

Frankl, V. E.: Ärztliche Seelsorge. Grundlagen der Logotherapie und Existenzanalyse. Wien: Deuticke ⁸1971

Grundriß der Existenzanalyse und Logotherapie. In: G. Bally u. a. (Hg.): Grundzüge der Neurosenlehre, Bd. II. München, Berlin, Wien: Urban & Schwarzenberg 1972 a

Der Wille zum Sinn. Ausgewählte Vorträge über Logotherapie. Bern, Stuttgart, Wien: Huber 1972 b

Anthropologische Grundlagen der Psychotherapie. Bern: Huber 1975

Der unbewußte Gott. München: Kösel ²1977 a

Das Leiden am sinnlosen Leben. Psychotherapie für heute. Freiburg, Basel, Wien: Herder 1977 b

PERSONALE PSYCHOTHERAPIE UND RELIGIÖSE ERFAHRUNG

von Johanna Herzog-Dürck

Im Blickpunkt der Personalen Psychotherapie steht der Mensch als Person, steht die schöpferische Fähigkeit des Menschen, auf die Welt und auf sein Sein in ihr zu »antworten«. Nicht an ein Antworten in Worten, in logischen und philosophischen Systemen ist gedacht, sondern an das seinsmäßige Antworten auf den ewigen Anruf, den der Mensch vernimmt (personare, sonare). Kern und Wesen, Geist und Gefühl des Menschen liegen in dieser Kraft des personalen »Antwortens«, das in den ungezählten Wandlungen des Lebens und in Schritten der menschlichen Selbstfindung zur Identität heranreift, als die der einzelne sich erfährt und sich bezeugt. Identität meint also paradoxerweise prozeßhaftes Geschehen, nie sich selbst gleichbleibende Selbigkeit, schöpferische Dynamik, mit der der Mensch aus seiner natürlichen Anlage in steter Auseinandersetzung mit der Welt sich selbst in innerer Geschichte gründet. Dem was Entelechie ist im Bereich der lebendigen Natur entspricht beim Menschen diese so ganz andersartige Kategorie der personalen Selbstgründung in innerer Geschichte, aus der heraus er sich auszeugt in seinen Taten, in den immer neuen Entscheidungen des Lebens, sich herausschälend aus den primären und späteren Identifikationen, deren er zu seinem Wachstum bedarf. In währenden Schritten existentiellen Lernens sucht und findet er den Sinn seines unaustauschbaren personalen Seins, den er als seinen Auftrag für die menschliche Gesellschaft übernimmt. Es liegt auf der Hand, daß dieser Prozeß, der Prozeß der Reifung, ungemein vielen Störungen, Täuschungen und Gefahren ausgesetzt ist.

Diese entscheidenden Aspekte der Personalen Psychotherapie beruhen auf der Erfahrung, daß heute viele Menschen den Psychotherapeuten aufsuchen aus Gründen mangelnder Sinnfindung, seelischer Verödung und menschlicher Frustration.

Im Laufe des Jahrhunderts hat die Neurose ihr Gesicht weitgehend verändert – ein Umstand, dem (gegenüber den Anfängen der Psychoanalyse) bereits C. G. Jung, Fritz Künkel und viele andere Autoren, auch der Freudschen Richtung, Rechnung trugen. Die Personale Psychotherapie setzt sich über die Erkenntnisse der früheren Systeme nicht hinweg, sondern baut auf ihnen auf. Sie geht aber weiter, indem sie die existentielle Wirklichkeit des Menschen befragt, seine Liebe, seine Hoffnung, seine Verzweiflung, sein Sein vor Transzendenz (s. den Beitrag von K. v. Dürckheim in diesem Bd.).

Für die meisten Menschen unseres Kulturbereichs hat der Stellenwert der Religion sich verändert (was keineswegs besagt, daß Religion als solche nicht mehr lebe). Die erleuchtende Interpretation des Menschseins, die die Kirchen vermitteln, ist für die große Menge der Menschen irrelevant oder fragwürdig geworden. Wo vordem noch Mythos, Religion und Philosophie dem Menschen Bergung, Stand und Selbstverständnis schufen, fühlt er sich heute weitgehend im Stich gelassen und verarmt. Die Wissenschaft schweigt vor den letzten Fragen. Nichts anderes, aber auch nichts Geringeres erwartet das Rätsel seiner Existenz von ihm als das Werden seiner Identität, das Reifen, das »Erwachsenwerden« seiner selbst. Die »Antwort«, die nicht gegeben wird, muß er selber werden.

So wurde die Psychotherapie, und insbesondere deren Schulen, die dieser Problematik besondere Aufmerksamkeit widmeten, nolens volens mit der Rolle einer »säkularen Seelsorge« betraut. Dabei kann und will aber die Psychotherapie mit religiöser Seelsorge nicht in Konkurrenz treten und nicht mit ihr verwechselt werden. Beider Kontingente sind grundsätzlich verschieden. Wohl aber können sie sich ergänzen. So versucht etwa die Personale Psychotherapie, indem sie das »Antworten« evoziert, die verödeten Organe der Seele zu öffnen für das, was eben auch die Wahrheit lebendiger Religion bezeugen will. Die Entscheidung für oder gegen eine bestimmte Religion liegt freilich einzig und allein beim Patienten.

Wie ist es nun aber beschaffen mit dem Scheitern so vieler Menschen an der Sinnfrage ihres Lebens, am Leben selbst, an der Tatsache, daß die Wer-bin-ich-Frage (Identität) ja grundsätzlich nie zu einer rationalen Lösung kommen kann?

In unserem Leben gibt es tiefe existentielle Provokationen, die den Menschen seit eh und je in besonderer Weise forderten und beunruhigten. Die Personale Psychotherapie bezeichnet sie als die Grundbedingungen des Menschseins. Zu ihnen gehören die Zeit, der Tod, die Schuld, das Böse in der Welt, Leib und Schicksal, das Geschlecht als die Polarität von Mann- und Frausein, Grundbedingungen also, die allem individuellen Sein- und Habenwollen unüberschreitbare Grenzen setzen. Alle menschliche Selbstfindung stößt an dies letzte Geheimnis, in das unser Sein getaucht ist, und hat gerade an ihm sich zu bewähren. Hier kann der Mensch sich verschließen und verdunkeln in Angst, Trotz und Verzweiflung. Er kann sich flüchten in die abertausend Selbsttäuschungen der Jedermannswelt. Oder aber er findet den Weg ins transzendierende Vertrauen, den Weg seiner eigentlichen personalen »Antwort«. Die Grundbedingungen bilden also die eigentliche Chance der Reifung, konstellieren aber ebenso die Gefahren des Haderns, der existentiellen Verkrampfung und Verdunkelung, der Erkrankung des Menschen an seinem Menschsein selbst.

Hier setzt die Personale Psychotherapie ihre Auffassung der Neurose an. Die Unfähigkeit zu transzendierendem Vertrauen, das »Hadern« gegen die Grundbedingungen, steckt im Kern jeder Neurose, in deren verschiedenen Strukturen uns charakteristische Formen dieses Haderns begegnen. Das Hadern als solches pflegt weitgehend unbewußt zu sein und sich in die mannigfachen Symptome und Fehlhaltungen der Neurose zu verkleiden. Der moderne Mensch verdrängt weit weniger seine Triebe und Aggressionen, als er die existentielle Sinnfrage verdrängt, die ja unweigerlich an die Grundbedingungen führt. In seinen Träumen aber treten sie oft genug in seltsamen Bildern in Erscheinung, oder sie machen sich geltend in Stimmungen unbestimmter Angst, nihilistischer Verlorenheit. Vor allem aber begegnen ihm die Grundbedingungen ja im mitmenschlichen Du, dessen Schatten, dessen Begrenztsein in Zeit, Tod und Schuld er nicht »annehmen«, nicht verzeihen kann; wo es sich um Mann und Frau handelt, kommt es nach Rausch und Seligkeit oft genug zu jenem so traurigen Abbruch der Reifung aneinander, die die Grundbedingung des Geschlechts meint, in Entfremdung, Machtkampf, Untreue.

Jede Grundbedingung konstelliert ein ganzes Feld von Aufgaben menschlicher Reifung, denen auszuweichen in Bemächtigung oder Vermeidung, in die seinsmäßige Entwertung der Freude, der Liebe, der ursprunghaften Dankbarkeit für sein Geschaffensein als Mensch eben Neurose bedeutet. Mit diesen Aspekten existentieller Fragestellung umgreift das Menschenbild der Personalen Psychotherapie den ganzen Menschen und bietet die konkrete Anschauung für das Wesen der Neurose, welcher Struktur immer. Zugleich damit aber stellt sie den Heilungsprozeß unter einen hohen Anspruch.

Darüber, daß die Neurosen in der frühen Kindheit wurzeln, sind sich die verschiedenen Richtungen der Psychotherapie einig, wobei aber die verursachenden Momente verschieden bewertet werden. Die Personale Psychotherapie setzt hier den Begriff des Humanfeldes ein. In der Anamnese wird nicht allein die psychosoziale Familienstruktur erhoben, befragt wird vor allem die existentielle Gestimmtheit der entscheidend wichtigen Personen, der Mutter also und des Vaters, aber auch anderer Umweltgestalten, in deren Umkreis das Kind heranwächst und sich entwickelt. Auch bei unauffälliger »normaler« Erziehung können doch die atmosphärischen Strömungen sehr verschieden sein, die aus dem Lebensgefühl der Großen in die kindliche Seele einströmen, sie erfüllen mit dem Glück des Geborenseins, ihm die Welt lockend erscheinen lassen oder kalt und erschreckend. Wie antworten die Erwachsenen selbst, bewußt und unbewußt, auf die Grundbedingungen des menschlichen Seins und somit auch auf ihr Kind? Durch seelische »Osmose« teilen sich dem Kind, das ja a priori selbst ein personales Wesen ist, die unendlich mannigfaltigen Qualitäten solcher Grundstimmungen mit, und damit wird sein Urvertrauen genährt oder seine Urangst verfestigt. Diese existentiell-leibhaften Vorgänge wirken tiefer als die bewußten Erziehungshaltungen des familiären Kollektivs. So etwa die angsthafte Abwehr der Mutter, des Vaters gegen Tod und Zeit, ihre Bedrücktheit durch die Leistungsforderungen der Gesellschaft, der man nichts schuldig bleiben darf – wie tief und zwiespältig wirken sie schon auf die werdende Bewußtheit des Kindes ein. Insbesondere die Liebe zwischen den Eltern, ihr tiefes Verantwortlichsein füreinander oder aber Entfremdung, Haß, Verrat an der Grundbedingung des Geschlechts durchfärben die Ursprunghaftigkeit und den unbewußten Vorentwurf der kindlichen Seele.

In diesem Erfahrungsbereich werden von der Personalen Psychotherapie die Ansätze der vier hauptsächlichen Neurosenstrukturen gesehen (wobei die später ausgebildete Neurose meistens komplizierte Überschneidungen enthält, wie ja auch die Personen des Humanfelds kontrovers sein können). Was bei den Eltern noch in der allgemeinen Jedermannspsychologie, in der multilateralen Anpassung der Gesellschaft versteckt und integriert war, kann beim Kind verhängnisvollerweise einen Urkonflikt setzen und zur seelischen Erkrankung disponieren. Die kindliche Identität wurde verschüttet, vergrämt, kanalisiert oder exaltiert. Aber *daß* der Mensch seelisch erkrankt, sein Leiden an seinem verfehlten Menschsein erweist ja, daß der Kern nicht ertötet worden ist: Gerade darin liegt auch wieder der *Wert* der Neurose.

Hervorgehoben werden von der Personalen Psychotherapie das Humanfeld der Daseinsunlust, aus dem der Formenkreis der schizoiden Neurosen hervorgeht; das Humanfeld der Weltangst, das die vielfältigen Formen der Depressionsneurose erwachsen läßt; das Humanfeld der Menschensatzungen, das den Boden der Zwangsneurose bildet; und das Humanfeld des selbstherrlichen Ego, das die Neurosenformen der Hysterie begünstigt.

Im *Humanfeld der Daseinsunlust* werden die Grundbedingungen der menschlichen Existenz wie Fakten unter Fakten mit kühler Abständigkeit hingenommen, ohne antwortende Stimme, ohne fragenden Ruf des Cor humanum. Es gibt nichts Staunenswertes, nichts, das erschüttern würde, keine Fanale, die herausfordern, Probleme, die packen würden. Man lebt im Common sense den Stil der Gesellschaft, der man zugehört, den Stil einer – im Grunde unheimlichen – Langeweile.

Im *Humanfeld der Weltangst* aber belasten die Grundbedingungen das menschliche Gemüt als schwere Zumutungen der unbekannten Gottheit. Die Erde ist eben doch »Jammertal«; Vergils »sunt lacrimae rerum« könnte als Wandspruch dienen. Denn das Unglück unserer Endlichkeit, Vergeblichkeit, Schuld, der Wahnsinn des Lebens – sie alle besagen letzten Endes: Beuge dich. Dies Sichbeugen ist hier die Form des Haderns, wie im Feld der Daseinsunlust die »Langeweile«.

Das *Humanfeld der Menschensatzungen* setzt die Reifungschancen, die mit den Grundbedingungen gegeben sind, in Forderungen, in zu erfüllende Leistungen und Tugenden um. Das ewig quellende Geheimnis des Lebens wird hier eingefangen ins System fester Auslegungen, gleichviel ob religiösen, wissenschaftlichen oder politischen Inhalts. Der Mensch baut hier Sicherheiten auf, wo es keine Sicherheiten geben kann, baut Schutzwälle gegen die Gefahren der Freiheit. Durch seine festen Ordnungen, seine Gebote und Verbote hat er sich schon abgeschlossen gegen die lebendige Tiefe des Seins, die ihn doch immer neu befragt. Er hadert durch sein Rechthaben, durch seine wandlungsunfähige Starrheit.

Im *Humanfeld des selbstherrlichen Ego* macht sich der Mensch, und zwar der von seinem Ich besessene, zum Maßstab aller Dinge, er vergötzt sich selbst. Ohne wirklich zu reifen, baut er sich auf als Träger von Werten, die er doch nicht in innerer Arbeit selbst erschlossen hat, als einen »Eingeweihten in die Mysterien«, deren Initiation er nicht erlitt. So ist seine »Identität« kernlos und deshalb von Beifall und Anerkennung der vielen abhängig. Die Form seines Haderns kann als existentielle Eitelkeit (im doppelten Wortsinn) bezeichnet werden, aber auch als usurpierende Bemächtigung der Wirklichkeit gegenüber.

Jede Neurose stellt eine lebensgeschichtliche Entwicklung dar, in der die schon im Humanfeld verkümmerte, verbogene Identität sich immer wieder mißverstand, in Enttäuschungen, Leiden und Krisen scheiterte und sich immer wieder suchte. Für den *schizoiden Patienten*, der auch als der »paradoxe Niemand« bezeichnet wird, ist charakteristisch das Grundgefühl seiner »Austauschbarkeit«, seines Mangels an Leidenschaft, an »Herz«, an Betroffenheit und Beteiligung: »Ich könnte ebensogut nicht dasein.« Immer bleibt er abständig, dem Du gegenüber wie einem Kollektiv gegenüber, kann sich nie voll anvertrauen und rückhaltlos hingeben, immer ist es wie Glaswand um ihn. Aber daß er an diesem Zustand leidet, der Leidensdruck so groß wird, daß er den Psychotherapeuten aufsucht, weist ja auf die schmerzliche Entzündung des Wahrheitsgewissens in seinem Unbewußten, der doch noch wachen Identität, die zu ihrem Auftrag in der Welt heranreifen will, will und nicht will – kein Heilungsgeschehen ohne Krisen!

Die Sprache der *Depressionsneurose*, des »schwermütigen Haderns«, verrät uns oft, unter der Oberfläche von Gefügigkeit und Frömmigkeit, eine stille Wut auf Gott, Welt und Menschen. Zu schwer, zu unerträglich ist diesem Menschen die Unvereinbarkeit der Gegensätze von Leben und Tod, von Gut und Böse, von Glanz und Elend dieser Welt: »Ich möchte das Ganze sprengen« (oft mit Suizidwunsch verbunden). Sicher gibt es kaum einen großen, schöpferischen Geist, der nicht an der Tragik des Menschen, der Dunkelheit des Lebens gelitten hätte; aber er vermochte dies Leiden umzugestalten in seinen Werken. Der Depressive nimmt aber den großen »göttlichen Widerstand gegen die Welt« als ganz persönliche Kränkung, gegen die er sich unfruchtbar vertrotzt. Ein ums andere Mal beweist er sich, daß seine besten Absichten verhöhnt wurden, und dafür haßt er sich selbst. Nur in einer »Ewigkeit der Liebe«, einer »unendlichen Geborgenheit«, einer göttlichen Harmonie meint er Ruhe finden zu können und scheitert immer wieder an der enttäuschenden Realität. Aber die Wahrheitsstimme in seiner Tiefe sagt ihm unüberhörbar, daß sein Scheitern auf seinem Hadern beruht, daß er den schweren Weg der Versöhnung suchen muß, der Annahme seiner selbst und der Wandlung seiner selbst.

Die Anamnese des *Zwangsneurotikers*, des »erbittert Rechtenden«, läßt erkennen, daß Freiheit und Kreativität des Kindes in früher Lebenszeit erstickt worden sind. Forderung, Moralität, Leistungsanspruch kanalisierten das werdende kindliche Eigenwesen und zerstörten die Freude an eigener Erfahrung, neuem Spiel, am Wachstum durch Risiko. Nur das gehorsame Kind wird geliebt – und so ist die Welt gebaut! Sich durch Sicherungshaltungen gegen ihre Gefahren und Verführungen zu schützen wurde zum Prinzip der Vermeidung, aus dem das zwangsneurotische System entstand. Angst vor möglicher Schuld, auf die ja automatisch die Bestrafung durch das Schicksal folgen würde, unheimliche Angst vor dem »Bösen«, sei es außen, sei es innen, schränkt seinen Lebensradius ein durch immer mehr Verbotstafeln. Er kann nicht begreifen, daß seine »Schuld« gerade darin liegt, nicht schuldig werden zu wollen, immer sein kleines Ich salvieren zu müssen. Die Grundbedingungen sind ihm metaphysische Institutionen, denen er gehorcht, ohne sie zu er-horchen. Daß gerade die Grundbedingung der Schuld Reifung meint, Selbstfindung, Erstarken der Identität, diese Erkenntnis lehnt er ab. Und so muß seine quälende Bedrängnis ständig zunehmen.

Anders der *Hysteriker* (Bemächtigungsformen des selbstherrlichen Ego): Früh hat er gelernt, daß der bemächtigende Zugriff Erfolg verspricht, daß man, statt sich manipulieren zu lassen, die anderen manipulieren kann. Er dramatisiert die Grundbedingungen und weicht ihrem eigentlichen Anspruch dabei aus. Oft versteht er sich als einen Ausnahmemenschen, der in Höhen und Tiefen haust, wohin ihm die gewöhnlichen Sterblichen nicht folgen können, und dem auch anderes erlaubt ist. Durch seine »Liebe« macht er das Du zu dem Auserwählten, das ihn erhöht und das er fallen läßt, wenn es ihm nicht mehr applaudiert und die Rolle durchschaut, die er spielt. Denn die Wirklichkeit des Du anzunehmen hieße ja, auch für dessen Reifung mitverantwortlich zu sein, was nur im existentiellen Dialog der Liebe möglich ist. Nicht ohne Grund begegnen uns Konflikte der Sexualität gerade auf hysterischer Basis. Der Sinn der Polarität zwischen männlichem und weiblichem Menschsein wird umgesetzt in Berauschung und Genuß und oft in die Selbststeigerung der Perversion. Aber bei dem allem wächst das tief unbewußte Unglücklichsein, bis die Wahrheitsstimme zum Zusammenbruch der Lebenslüge führt. In verzweifelter Anklage straft er noch immer Gott und die Menschen dafür, daß er sich selbst den Weg der Reifung erspart hat.

In der Personalen Psychotherapie wird die Heilung der Neurose als ein Reifungsweg des Menschen aufgefaßt. Reifung hat viele Bedeutungsräume, die sich beim einzelnen je nach seiner natürlichen Anlage, seiner Lebensaufgabe und der möglichen Dynamik seiner existentiellen Vertiefung gestalten. Nichts weniger als Anpassung an ein Klischee von Normalität kann darunter verstanden werden, führt doch der Weg durch Krisen, Wandlungen und Entscheidungen und fordert oft genug Kampf, leidenschaftlichen Mut und Phasen der Einsamkeit.

Voraussetzung der Heilungsentwicklung ist nicht allein das Vertrauen des Patienten zu dem von ihm gewählten Therapeuten, sondern auch die echte personale Zuwendung des Therapeuten zu seinem Patienten, den er »annehmen«, gewissermaßen in seine eigene innere Geschichte hereinnehmen muß, um so auf ihn »antworten« zu können, daß lange festgefahrene Erstarrungen sich lösen. Auf die »existentielle Aufmerksamkeit« mit ihrer Verbindung von Intuition und Denken kommt es an, damit der Therapeut der produktive Partner werden kann, den der Leidende jetzt braucht. Was einstens im Humanfeld verstört und versäumt wurde, in der kindlichen Seele Zwiespalt setzte, in Selbstentfremdung und Lebensnot trieb, muß ja jetzt auf ganz anderer Lebensstufe neu verarbeitet werden und dies eben in der therapeutischen Kommunikation. Die Heilung der Neurose geschieht nie von außen her, etwa durch eine vom Therapeuten motivierte Veränderung bewußter Einstellungen. Sie kann sich nur ereignen in der Auseinandersetzung des Leidenden mit sich selbst, mit der eigenen Lebensgeschichte und nun vor allem mit dem Unbewußten. Wie in allen anderen Richtungen der Psychotherapie wird auch in der Personalen Psychotherapie entscheidender Wert auf die Aussage der Träume gelegt. Bekanntlich erlaubt die oft rätselhafte Chiffrensprache des Traumes jeweils mehrere Deutungen, dem komplizierten Wesen des Menschen und dem anthropologischen Bild des Deutenden entsprechend. In der Personalen Psychotherapie wird der Traum in seiner wesentlichen Funktion als »Erwecker aus dem Wesensschlaf« verstanden, d. h. die verdeckte Wahrheitsstimme der Persontiefe kann sich in ihm hörbar machen. Der Traum erinnert den Menschen an sich selbst, an die am meisten verleugneten Grundbedingungen seiner Existenz, an seine verlorene Freiheit, und rührt oft an religiöse Kräfte, die sich nie entwickeln durften oder früh programmiert wurden. Das Wer? des Traumes ist ja immer der Träumer selbst. Die anklingende Wahrheitsstimme in den oft erschütternden Bildern zu erhorchen, das kann im amplifizierenden Gespräch über den Traum zum Erlebnis werden. Auch ein Mensch, der sich niemals um religiöse Fragen gekümmert hat, kann sich dabei ganz spontan von einer religiösen Grenzerfahrung betroffen finden.

In der Auffassung des Unbewußten folgt die Personale Psychotherapie weitgehend der analytischen Psychologie C. G. Jungs, insbesondere in der Wertung der mythologischen Schichten von Bildern, Urbildern und Archetypen (s. Bd. III dieser Enzyklopädie). Doch sieht sie die heilende Intention der Träume (s. den Beitrag von M. Blöcker in diesem Bd.) wesentlich im personalen Anruf, im dadurch evozierten Reifungsschritt der Identität. (Gegen Archetypen kann man nicht hadern, wohl aber gegen die Grundbedingungen des Menschseins.)

Bestimmte seelische Kräfte sind es – sie werden von der Personalen Psychotherapie als »transzendierende Funktionen« bezeichnet –, die sich im Heilungsgeschehen aktivieren: Erinnerungskraft, Phantasie, Gemüt und Gewissen. Keine Selbsterkenntnis ohne Erinnerungskraft; die Momente des selbstgelebten Lebens, der eigenen Zeit, lichte wie finstere, tiefes Geöffnetsein eines ontischen Glaubens wie Verengung und Verlust bringt sie ins Jetzt ein. Die Wahrhaftigkeit der Selbstannahme ist wesentlich für Zukunft. Phantasie durchbricht die habituelle Seelenblindheit, die so oft Menschen von Menschen trennt, die sogar die Mutter ihr Kind, den Mann seine Frau nicht wirklich »sehen« läßt. Phantasie als transzendierende Funktion öffnet aber auch Auge und Ohr für alles, was Offenbarungscharakter hat in der Welt, für das Numinose in Natur und Kunst. *Gemüt* als transzendierende Funktion meint die Ursprungskräfte des Herzens, die Versöhnung schaffen von Mensch zu Mensch und die Welt trotz Tod und Bösem zur Heimat machen können. Als transzendierendes überschreitet das *Gewissen* die Enge der moralischen Genormtheit, wird sensibel für die Wahrheitsstimme, intuitiv für die unermüdliche Arbeit der Humanisierung des Menschen und der Menschheit, für die geheimnisvolle »Erziehungsarbeit Gottes« am Menschengeist. Durch die Aktivierung dieser Kräfte wird der Mensch sich durchsichtig in seiner Existenz, erfährt er sein Offenstehen in Transzendenz.

Kein Heilungsverlauf aber auch ohne Anstrengung, ohne »inneres Handeln«, »Übung im Menschsein«, die auch den Therapeuten mitbetrifft. In Schritten inneren Handelns müssen die neuen Impulse integriert, müssen Angst, Haß, Trägheit, Machtgier überwunden werden, alle die Hemmungen, die das spontane Leben einengen. Die Personale Psychotherapie schließt sich hier weitgehend der Auffassung der Ichhaftigkeit und ihrer Dressate von Fritz Künkel an.

Die Struktur des therapeutischen Gesprächs hat ihre strenge Besonderheit, entsprechend der mitmenschlichen Zuordnung der in dieser Arbeit Verbundenen. Seine Thematik bieten das breite Feld der neurotischen Konflikte des Leidenden und die Resonanz des Unbewußten, die oft zur wesentlichen Mitsprache der Träume wird. Der Therapeut hat sich in die besondere Welt seines Patienten einzuarbeiten, um sein »fruchtbarer Partner« werden zu können. Von sich selbst nicht sprechend, ist er doch in diesem Gespräch ganz personale Anwesenheit und Zuwendung, die Worte findend, die dem anderen ein Stück Erhellung, ein Umdenken, eine Horizonterweiterung aufleuchten lassen können, womit der neurotischen Selbst- und Weltinterpretation ganz andere und doch eigene Möglichkeiten entgegentreten. Nie spricht er als Autorität, kommt doch die Heilungsintention aus der unbewußten Persontiefe des Leidenden selbst. Daß der Patient in den Anfangsphasen auf den Therapeuten projiziert und überträgt, ist natürlich. In der Aufarbeitung all dieser Gefühlsstürme, Widerstände und Ansprüche tritt allmählich der Sinn der Übertragung hervor: Der von sich selbst Entfremdete sucht ja in der therapeutischen Begegnung die verlorene Dimension seiner eigenen Identität.

Der Therapeut steht zu seinem Patienten in unverbrüchlicher mitmenschlicher Solidarität. Über seine fachliche Ausbildung hinaus sollte er innerlich geschult sein durch Kunst und Natur, durch Geschichte und Philosophie und durch die großen Reifungsmodelle der Religionen; er sollte bewandert sein in den Mythen und Märchen der Völker und differenziert durch das Miterleben der großen Gestalten, die das Bewußtsein der Menschheit erweiterten und beschenkten. Aber auch seiner eigenen personalen Entwicklung wird er lebendig inne sein, um Not und Mühe des Partners ermessen zu können. Kennt er doch als lebendiger Mensch die Verdunkelungen und Erhellungen der Seele, die Gefahren und Rettungen, durch die ein Reifungsweg geht. Er weiß um Anstrengung und Geschenk dieses Weges. So ist er nie der Überlegene, vielmehr der therapeutische Mitmensch, auf den in unserer immer seelenloseren Zeit der Patient ja auch hofft.

LITERATUR

Herzog-Dürck, J.: Zwischen Angst und Vertrauen, Probleme und Bilder aus der psychotherapeutischen Praxis. Nürnberg: Glock & Lutz 1953, [2]1957

Menschsein als Wagnis. Neurose und Heilung im Sinne einer personalen Psychotherapie. Stuttgart: Klett 1960

Probleme menschlicher Reifung. Person und Identität in der personalen Psychotherapie. Stuttgart: Klett 1969

Die Arbeit der Seele. Das Erlebnis der Heilung im psychotherapeutischen Prozeß. Aus der Praxis der Personalen Psychotherapie. Hamburg: Furche 1972

Michel, E., Sborowitz, A. (Hg.): Der Leidende Mensch. Personale Psychotherapie in anthropologischer Sicht. Darmstadt: Wiss. Buchges. 1960

DASEINSANALYSE UND RELIGION

von Alice Kündig

DIE DASEINSANALYTIK MARTIN HEIDEGGERS ALS HERAUSFORDERUNG AN DIE CHRISTLICHE THEOLOGIE

Wenn hier die Beziehung von Daseinsanalyse und Religion Gegenstand der Untersuchung sein soll, so stellt sich die Frage nach dem Verhältnis der christlichen Theologie zum Denken Martin Heideggers, auf dessen Fundamentalontologie und Daseinsanalytik (vgl. den Beitrag von H. Kunz in Bd. I dieser Enzyklopädie) die Daseinsanalyse aufbaut (vgl. Kündig 1965 a und die Beiträge von D. Wyss in Bd. I und W. Blankenburg in Bd. III dieser Enzyklopädie).

Martin Heideggers Anliegen richtet sich vor allem auf die Analytik der ontologischen Grundstrukturen der menschlichen Existenz als Bedingungen für menschliches Sein, das sich als ein ganz bestimmtes Seiendes durch sein Seinsverständnis als Da-Sein vor allem anderen Seienden auszeichnet. »Das Dasein ist ein Seiendes, das nicht nur unter anderem Seienden vorkommt. Es ist vielmehr dadurch ontisch ausgezeichnet, daß es diesem Seienden in seinem Sein *um* dieses Sein selbst geht« (Heidegger 1927, 12). »Ob noch anderem Seienden, etwa den Engeln oder Gott Seinsverständnis eignet, wissen wir nicht« (Kunz 1976, 451).

Dem Menschen geht es aber nicht nur um sein Sein im ontologischen Sinne. Er fragt auch nach seinem Woher und Wohin und zugleich nach dem Sinn seiner Existenz, und damit nach etwas, was über ihn hinausweist, nach einem Du, das ihn als Person zu seinem So-Sein verpflichtet und dem er sich zu ver-antworten hat. Eine so verstandene Rück-bindung (Re-ligio) finden wir in Heideggers Daseinsanalytik nicht. Wenn Heidegger das Dasein als Lichtungsbereich des Seins bezeichnet, so ist das Sein nicht als objektive Größe zu verstehen, die den Menschen von außen bestimmt, also nicht mit Gott gleichzusetzen, sondern lediglich verbal zu verstehen im Sinne, *daß* etwas ist. Das Sein besteht immer nur in einem dialektischen Bezug zum Seienden und kommt im So-Sein des Menschen zum Austrag. Um dieses So-Sein als bestimmte Weise des Da-Seins in der Welt geht es dem Menschen in jedem Augenblick. Insofern lebt er sein Sein als Selbstsein, als In-der-Welt-Sein und somit auch immer schon als Mit-Sein. Obwohl das Dasein nicht selbstschöpferisch ist im Sinne ex nihilo creatio und sich nicht selber in die Welt setzt, bleibt der Ausblick in das Jenseitige alles Seienden ein Blick ins Leere, ein Blick der nichts erblickt. Da sich das Sein immer nur im Seienden, dem Da-Sein zeitigt, übergreift das Dasein alle Ableitungsgründe, die es als objektive Wesenheiten in Anspruch nehmen will.

An den Stellen, wo Heidegger vom Rufen des Seins im Gewissen und unausweichlichen Schuldigwerden des Menschen durch das ständige Zurückbleiben gegenüber dem Aufgerufensein, seine Daseinsmöglichkeiten in der ganzen Fülle und Vielfältigkeit auszuzeitigen, oder an den Stellen in seinen späteren Werken, wo er von der »Schickung« des gelichteten Seins spricht, sahen sich Theologen verschiedener theologischer Richtungen immer wieder herausgefordert, sich mit der Relevanz der Fundamentalontologie und Daseinsanalytik Heideggers für ihr christlich theologisches Verständnis auseinanderzusetzen. Dabei ließen sie sich oft allzu rasch dazu verleiten, das Sein und auch die Existentialien wie Angst und Schuld, die bei Heidegger auf der ontologischen Ebene verstanden sein wollen, einfach auf die ontische Ebene zu transponieren und das Sein mit Gott sowie die existentiale Schuld mit der existentiellen Schuld oder Sünde gleichzusetzen und damit die ontisch-ontologische Differenz aufzuheben.[1] Im gleichen Sinne wie »die Frage der Existenz ... eine ontische ›Angelegenheit‹ des Daseins« (Heidegger 1927, 12) ist, ist nach Martin Heidegger auch die Frage nach Gott nicht eine ontologische, sondern eine ontische. Entsprechend der existentialen Schuld als Grund und Bedingung dafür, daß sich ein Mensch existentiell schuldig erleben kann, d. h. daß Schuldgefühle möglich sind, kann das Sein, das sich im Dasein zeitigt und den Menschen im Gewissen zum Selbstsein aufruft, höchstens als die Bedingung dafür verstanden werden, daß der Mensch auf ontischer Ebene seine Beziehung zu etwas existentiell *erfährt*, das über ihn hinausweist und ihn individuell zu einem geglückten und erfüllten Dasein aufruft. »Das Gewissen ist ... die Bedingung der Möglichkeit für das Verständnis dessen, was mit dem Worte ›Gott‹ gemeint ist. ... Gewiß ist die Relation des ›coram seipso‹, die den Menschen als Gewissen kennzeichnet, nicht einfach schon das ›coram Deo‹ ... Desgleichen ist der Ruf des Gewissens keineswegs eo ipso die Stimme Gottes« (Ebeling [3]1967, 441). Hans Kunz weist in Bd. I dieser Enzyklopädie darauf hin, daß Heidegger es selbst als »letzte Verirrung« ausdrücklich verworfen hat, wollte man den »Satz über das existente Wesen«, das Seinsverständnis oder das Dasein bestimme das Menschsein, »so erklären, als sei er die säkularisierte Übertragung eines von der christlichen Theologie über Gott ausgesagten Gedankens (Deus est suum esse) auf den Menschen« (Heidegger 1947, 71). Formulierungen Heideggers – etwa: »Die Behauptung ›ewiger Wahrheiten‹ ... gehören zu den längst noch nicht radikal ausgetriebenen Resten von christlicher Theologie innerhalb der philosophischen Problematik« (Heidegger 1927, 229) – führten immer wieder zu der irrtümlichen Behauptung, Heidegger gehe es darum, den Menschen atheistisch zu verstehen. Solche Mißverständnisse können meines Erachtens nur dann aufkommen, wenn man den Kontext nicht beachtet, in dem solche Aussagen gemacht werden. Wenn Heidegger der christlichen Dogmatik, wie auch der Anthropologie, Psychologie und Biologie, den Vorwurf macht, unterlassen zu haben, »das Sein des Menschen je ontologisch zum Problem gemacht« (Heidegger 1927, 49) zu haben, indem sie dieses »vielmehr als ›selbstverständlich‹ im Sinne des *Vorhandenseins* der übrigen geschaffenen Dinge begriffen« (Heidegger 1927, 49)haben, heißt das nicht, daß er damit die erwähnten Disziplinen, die sich mit den Phänomenen auf der ontischen Ebene befassen, als überflüssig erachten würde. Mit seiner Fundamentalontologie schuf er vielmehr ein Fundament, das die erwähnten Disziplinen zu einer Neubesinnung in ihrem Verständnis anregte. So beschreibt Hans Georg

Gadamer (1964) in einem Aufsatz die erste Begegnung der Theologie mit dem Denken Heideggers durch die Marburger Vorlesungen und Vorträge, mit denen Heidegger in den zwanziger Jahren das Interesse der Theologen für seine Philosophie zu wecken vermochte, und wie sehr Heidegger sich am Gespräch mit der Theologie engagierte. Auch weisen entsprechende Anmerkungen Heideggers in »Sein und Zeit« (1927) und in seinen späteren Werken darauf hin, daß er sich mit den Schriften von Augustinus, Luther, Zwingli und Calvin genauestens auseinandergesetzt hat.

Unter den Marburger Theologen war es vor allem Rudolf Bultmann, der sich im Anschluß an Schleiermacher und Dilthey in ähnlicher Weise wie Heidegger um die Überwindung der alten Metaphysik bemüht hatte und bei seinem Suchen nach einem fundamentaleren Erfassen von Textauslegung und -interpretation auf theologischem Gebiet zu einem hermeneutischen Ansatz gelangt war, der dem hermeneutischen Verständnis im Denken Heideggers sehr entgegenkam. So sehr es Bultmann bei seinen Überlegungen zwar um ein theologisches Anliegen ging, nämlich um Auslegung der Heiligen Schrift, so stellte sich doch auch für ihn die Frage nach der richtigen Philosophie, die er darin sah, »formal die Struktur menschlichen Daseins« (zu erhellen), »ohne aber material zu sagen, wie man existieren soll« (Bernet 1961, 115). Damit gilt Bultmann als Begründer der existentialen und hermeneutischen Theologie.

DER GEMEINSAME HERMENEUTISCHE ANSATZ IM DASEINSANALYTISCHEN UND EXISTENTIALTHEOLOGISCHEN VERSTÄNDNIS DES MENSCHEN[2]

Die Daseinsanalyse versteht den Menschen als ein sprachliches Wesen, dem immer schon Bezogensein eignet, »nicht als ein Aufeinanderwirken (von Selbst und Welt), sondern als ein wechselseitiges Verhältnis von Ansprechbarkeit, Angesprochenwerden und Ansprechen, d. h. als ein ständiges ›Gespräch‹, das sich einem hermeneutisch-historiologischen Vorgehen erschließt« (Blankenburg 1977, 951). In seinen Bezügen teilt sich der Mensch nicht nur in Worten, Gestik, Mimik usw. mit, er erfährt vielmehr auch durch das ihm Begegnende, *daß* er ist und *wie* er ist, und erfährt sich damit in seinem eigenen Bezogensein zu sich selber und zu seiner Mit- und Umwelt. Auslegung, Verstehen ist ein hermeneutisches Geschehen, das sich immer nur da ereignen kann, wo Begegnung im weitesten Sinne stattfindet, sei es mit einem anderen Menschen, mit sich selber, einem Gegenstand oder einem Text. Wo sich zwei Menschen begegnen, wird der eine zum lesbaren Text des anderen: »Auslegung ist nie ein voraussetzungsloses Erfassen eines Vorgegebenen« (Heidegger 1927, 150). Das, was mir begegnet, kann ich immer nur aus meinem immer schon erworbenen Bedeutungshorizont heraus verstehen, und ich stifte von daher die Bedeutung meiner Umwelt immer wieder neu. Im theologischen Bereich bedeutet dies, daß der Ausleger in der Auslegung eines schriftlichen Textes insofern selber zum Text wird, als er dabei selber zur Sprache kommt, und damit Textinterpretation nur sachgemäß sein kann, wenn die Existenz des Auslegers mitbedacht wird.

In der Folge Bultmanns waren es u. a. die evangelischen Theologen Ernst Fuchs, Gerhard Ebeling, Herbert Braun, Manfred Mezger und Walter Bernet, die sich auf theologischem Boden um ein neues Verständnis von Hermeneutik bemühten. Den Gedankengang Heideggers und Bultmanns weiterführend, kann Bernet formulieren: »Der Mensch ist das hermeneutische Prinzip für das Verstehen und Mitteilen der Wirklichkeit als ganzer« (Bernet 1961, 126). Die fundamentale Einsicht, daß vom Menschen etwas immer nur erfaßt werden kann, ja sich als Seiendes erst konstituiert, indem es *durch* ihn in irgendeiner Form *für* ihn zur Sprache kommt, etwas be-sagt, stellte auch die Theologie in bezug auf die Frage nach Gott vor die Aufgabe existentialer Interpretation des Menschen. Es wurde ihr klar, daß auch Gott nur im Horizonte dieses Sprachereignisses gesehen werden kann. Wenn der Theologe von Gott reden will, so muß er den Menschen befragen, wie Gott für ihn und in ihm zur Sprache kommt.

Durch das in dem gemeinsamen hermeneutischen Ansatz im Denken Heideggers und in der existentialen Theologie formulierte Anliegen, die alte Metaphysik zu überwinden, stellte sich jetzt erst recht die Aufgabe einer sorgfältigen Analyse der Gemeinsamkeiten und Unterschiede in beiden Bereichen, die Gerhard Ebeling in seinem Aufsatz »Verantworten des Glaubens in Begegnung mit dem Denken Martin Heideggers« (1969) aufgegriffen hat. Dort weist er darauf hin, daß die Herkunft beider Erscheinungen zwar verschieden ist, »nämlich die Bindung an den Aufbruch philosophischen Fragens im Griechentum einerseits und die christlich verstandene biblische Überlieferung andererseits« (Ebeling 1969, 92), daß eine gegenseitige Beeinflussung aber nicht zu vermeiden war und die eine Disziplin auch immer nur aus dem Verständnis der anderen beurteilt werden kann.

Während Heidegger die Metaphysik durch das Denken des Seins zu überwinden versuchte, stellte sich für die Theologie die Aufgabe der Entmythologisierung, d. h. »unmetaphysisch (und d. h. nach der vorherrschenden theologischen Tradition: gott-los) von Gott zu reden« (Ebeling 1969, 97), was aber nicht bedeutet, daß sie damit nicht mehr Verkündigung des Evangeliums sein wollte. Vielmehr – und darin sieht Ebeling gerade das Spezifische der reformatorischen Theologie – ist Theologie »an der Unterscheidung von Gesetz und Evangelium als der Grunderfahrung des Glaubens orientiert« (Ebeling 1969, 95) und weiß sich von daher »verantwortlich für die rechte Wahrnehmung des Wortgeschehens in Gesetz und Evangelium« (Ebeling 1969, 97). Das bedeutet, daß sich die Differenz von Gott und Geschöpf nicht mehr als eine metaphysische Differenz zweier Welten darstellt, sondern »konkret verstanden wird als die im Wortgeschehen sich ereignende Differenz von homo peccator und Deus iustificans« (Ebeling 1969, 98). Dann ist aber die Ontologie Heideggers, »weil nicht Wort des Glaubens, nicht Evangelium« (Ebeling 1969, 95), sondern Interpretation des Daseins, d. h. des Gesetzes. Von daher stellt sich die Frage, welcher Art das Wortgeschehen in der Psychotherapie ist, und damit die Frage nach dem Verhältnis von Heilung und Heil und nach der Unterscheidung zwischen Psychotherapie und Seelsorge. Um auf diese Fragen eingehen zu können, bedarf es eines Einblicks in die religiöse Einstellung und Haltung des praktizierenden Psychotherapeuten.

DIE RELIGIÖSE EINSTELLUNG DES DASEINSANALYTIKERS UND SEINE HALTUNG IN DER PSYCHOTHERAPIE[3]

Vor allem sind es immer wieder die Phänomene Angst, Schuld, Gewissen und Tod, die den Psychotherapeuten zur Auseinandersetzung in philosophischer, psychologischer und theologischer Hinsicht herausfordern, wenn er in der Psychotherapie mit Angst- und Schuldgefühlen des Patienten konfrontiert wird. Der Daseinsanalytiker versteht den Menschen einerseits aufgrund der von Heidegger herausgearbeiteten Existentialien und andererseits von seinem eigenen christlichen Glaubensverständnis her und versucht auch die oben genannten Phänomene in diesem Horizont zu verstehen.[4] Da die Daseinsanalyse als Psychotherapie sich für alle Phänomene des menschlichen Existierens auf der ontischen Ebene, d. h. im Erfahrungsbereich, offenhält, schließt sie auch den Glauben und die religiösen Erfahrungen nicht aus, sondern als Erfahrungsmöglichkeit in die Existenz als eine Ganzheit mit ein. In den Symptomen des Patienten sieht der Daseinsanalytiker immer den Ausdruck einer Störung in der Austragung des Selbstseins, d. h. der Patient hat die ihm gegebenen Möglichkeiten seines Menschseins in irgendeiner Weise verfehlt und damit seine Identität noch nicht gefunden. Der Patient spricht nicht die natürliche, freie Sprache des Daseins, sondern eine eigene, für ihn typische, z. B. die Sprache einer Neurose, einer Psychose oder eine ausgewählte psychosomatische Sprache. Das ursprüngliche, normale Sprachgeschehen ist bei ihm gestört. Damit wird der Patient für den Therapeuten zu einem fremdsprachigen Text, den er zu verstehen und zu interpretieren hat. Hermeneutik wird hier zur Methode der Psychotherapie, in der der Patient »zum Verstehen dessen« (kommt), »was er selbst leiblich-seelisch be-sagt« (Bernet 1961, 35).

Der daseinsanalytische Therapeut versteht sich als einer, der selbst aufgerufen ist, seine eigenen Daseinsmöglichkeiten nach bestem Wissen und Gewissen auszuzeitigen und sein Leben für sich und die Mitwelt so sinnvoll wie nur möglich zu gestalten. Je mehr er sich in seinem Dasein ernst nimmt, um so deutlicher erfährt er auch, daß er nicht nur im ontologischen Sinne immer hinter seinen Möglichkeiten zurückbleibt, indem er nie alle vom Sein her aufgegebenen Daseinsmöglichkeiten auszeitigen kann, sondern auch den im Glauben von einem göttlichen Du erfahrenen Verpflichtungen, die auch sein Handeln in der Praxis bestimmen, immer nur teilweise nachkommen kann und damit existentiell seinen Mitmenschen und Gott gegenüber immer schuldig ist. Ausgerichtet auf Vollkommenheit, erfährt er sich genauso wie sein Patient als ein Unvollkommener, als Schuldiger. Somit kann es in der Daseinsanalyse niemals das Anliegen einer Therapie sein, den Patienten von seinem Schuldigsein zu befreien. »Der Psychotherapeut will nicht eine wirkliche Schuld beheben ... sondern er unterstützt den Patienten in dessen Bemühen, seine ›persönliche‹ Schuldhaftigkeit als zu seiner individuierten Lebensstruktur gehörend anzunehmen« (Condrau 1976, 143). Der Patient soll lernen, seine uneigentliche Schuld, die er als neurotische Schuld in Form von falschen Schuldgefühlen austrägt, von seinem echten Schuldigsein zu unterscheiden, indem er erfährt, daß gerade nicht das zwanghafte Befolgen übernommener Gesetze, Gebote und Verbote von Autoritätspersonen oder falsch verstandener Religion die Erfüllung seines Lebens ausmacht, sondern ihn gerade auf dem Weg zum Selbstsein hemmt. »Ein Mensch, der sein existentielles Schuldigsein anerkannt und im Innersten (nicht nur intellektuell!) angenommen hat, bleibt frei von neurotischen Schuldgefühlen ... Je mehr ein Mensch sich der moralischen Fremdherrschaft unterwirft, desto größer wird seine existentielle Schuld« (Condrau 1976, 136).

Ineins mit der Erfahrung seiner echten Schuld erfährt sich der Mensch als Endlicher, erfährt er seine Grenzen an der vorgegebenen Welt. Damit ist sein Daseinsvollzug immer Freiheit in der Gebundenheit, Freiheit im Durchbruch. Wenn Walter Bernet der Meinung ist, Leistungs- und Genußfähigkeit bei Sigmund Freud ließen sich nicht vom Heil her denken[5], so muß in Abhebung dazu von der Daseinsanalyse gesagt werden, daß sich zwar das Schuldigsein als existentiale Schuld, nicht aber das *Übernehmen* von echter Schuld und Endlichkeit ohne die Kategorie des Heils denken läßt. Hier meine ich, läßt sich bei Berücksichtigung des gesamten existentiellen Erfahrungsbereiches das religiöse Moment nicht mehr ausschließen. Dies drückt Ebeling mit folgenden Worten aus: »Obwohl das Gewissen der Ruf nach Selbständigkeit und Verantwortlichkeit, nach Wahrhaftigkeit und damit nach Freiheit ist, vermag es doch dies alles nicht zu geben ... Es ruft nach dem Menschen. Aber indem es nach dem Menschen ruft, ruft es eigentlich nach Gott als dem, der allein den Menschen, d. h. das Gewissen selbst wahr machen und frei machen kann, weil Gott allein den Menschen als Menschen identifizieren, ihn mit sich selbst einig machen kann, indem er, Gott, ihn, den Menschen, mit Gott versöhnt. Denn der Zwiespalt des Menschen mit sich selbst ist ein Zwiespalt mit Gott« ([3]1967, 445). So sehr es in der Psychotherapie dem Daseinsanalytiker um das Heil des Menschen geht, so wenig vermag er dieses zu vermitteln. Insofern kann auch die Auslegung des Daseins auf seine Möglichkeiten hin in der Psychotherapie aus theologischer Sicht immer nur Interpretation des Gesetzes und niemals Vermittlung von Evangelium sein. Indem der Mensch auf sein Selbstsein hin ausgelegt wird und sich dabei in bezug auf den Gewissensruf als Ohnmächtiger und Verzweifelter erfährt, erfährt er jedoch die Gewißheit, daß uns das Leben auch als Unvollkommene von Gott her zugesagt ist und uns in unserem Schuldigsein Vergebung zukommt. Die Offenheit für das Sein und damit für unser Dasein impliziert die Erfahrung des Glaubens und damit die Erfahrung der Gnade Gottes.

Diese Erfahrung gibt uns Mut, uns selber und unsere Mitmenschen in ihrer Unzulänglichkeit bedingungslos anzunehmen. Den Anderen anzunehmen und ihn zu lieben heißt: ihn erfahren zu lassen, daß ich ihn verstehend den sein lasse, der er seinen Möglichkeiten nach ist, daß ich ihn freigebe, nicht im Sinne des Verlassens, sondern des Loslassens, des Seinlassens. Was der Mensch braucht, ist nicht Sicherheit, sondern Gewißheit, daß er da, wo er sich existentiell befindet, einen Ort hat, der ihm zugesagt ist, wo er verweilen darf. Diesen Ort findet er als von Gott Angenommener in sich selber, wenn er den Mut hat, die äußeren Sicherungen loszulassen und sich selber ganz auf sein Menschsein einzulassen. Dann wird er sagen können: »Ich suchte vormals Ort und Zeit zum Beten und zur Einsamkeit. Jetzt bet' ich stets in stillem Sinn, jetzt bin ich einsam wo ich bin.« Diese Erfahrung wird ihm auch ermöglichen, seine Existenz als Spielraum von Möglichkeiten zu erleben und seine Verstiegenheit, der Beste in der Welt sein zu müssen, zugunsten einer demütigeren Haltung aufzugeben, so daß er seinen Halt nicht mehr in der Bestätigung durch Leistung und in Prinzipien suchen muß. Wenn Bernet in einer Predigt anläßlich eines akademischen Gottesdienstes in Zürich über den

1. Korintherbrief, Kap. 9, sagt: »Prinzipien lassen den Menschen in sich stagnieren ... Die Prinzipienlosigkeit christlicher Freiheit bringt den Menschen zu sich selbst, ermöglicht ihm, sich selber zu akzeptieren und von sich aus zu gestalten«, so heißt dies nicht, daß der Mensch jeder Verantwortung enthoben wäre. Vielmehr scheint es mir gerade ein echt religiöses Anliegen zu sein, den Menschen auch in der Psychotherapie wieder echt entscheidungs- und verantwortungsfähig werden zu lassen. Dabei werden aber die Gebote für ihn keine zwanghaften Gesetze im Sinne von vorgeschriebenen Geboten und Verboten mehr sein, sondern Spielregeln, die ihm wegweisend sind für das ihm entsprechende Verhalten, in dem es ihm um das Be-sorgen seiner Welt geht. Damit wird die Welt zum Spielraum seiner Möglichkeiten, zur »Welt seiner Besorgungen, Überraschungen und Beglückungen«[6], zur »schönen und verdankten Welt«[7]. »Der Glaube macht die Welt zu dem, was sie in Wahrheit ist, nämlich zur Schöpfung Gottes. Er entdämonisiert und entmythisiert die Welt und läßt sie wieder das sein, was sie nach Gottes Willen ist« (Ebeling 1959, 211). Durch diese Verwandlung des Daseins vom krampfhaften Ausgerichtetsein auf ein vorgestelltes So-sein-müssen hin zu einer natürlicheren Gelassenheit, die Bedingung ist für das Freiwerden gehemmter Daseinsmöglichkeiten, bekommt der Mensch auch eine neue Beziehung zur Institution Kirche, zu den Sakramenten und zum Gebet. Sie verlieren für ihn ihren Gesetzescharakter und werden für ihn zu An-Geboten, die er freiwillig in Anspruch nehmen kann.

Wo es um echte Psychotherapie geht, ist Vergebung als Erfahrung von Angenommensein mit im Spiel, nicht im Sinne des Befreitwerdens *von* der Welt, sondern *für* die Welt, d. h. Freiwerden nicht *vom* Dasein und *vom* Schuldigsein, sondern *zum* Dasein und *zum* Schuldigsein. »Weil der Glaube frei macht von der Welt, macht er gerade frei für die Welt« (Ebeling 1959, 211). Darin unterscheidet sich das christliche Verständnis wesentlich vom buddhistischen Denken, das das Freiwerden und Erlöstwerden *von* der Welt durch das Erreichen des Nirwana anstrebt. Im christlichen Verständnis ist das »Ich darf« als die Zusage an unser Leben von Gott her sozusagen der Kontrapunkt zu dem »Ich soll«, wie es in den christlichen Geboten zum Ausdruck kommt und wie wir es im Gewissen als Aufruf vom Sein her erfahren. Wo dieses »Ich soll« im theologischen Sinn als Gesetz ernstgenommen wird, geschieht das »Ich darf« als Evangelium, oder mit Herbert Braun gesprochen: »Gott wird ... das Woher meines ›Ich soll‹ und meines ›Ich darf‹« (1965, 173).

Diesen zentralen Gedanken hat vor allem Martin Luther in seiner Rechtfertigungslehre ausgedrückt, wenn er vom Menschen als »simul justus et peccator« spricht. Luther sieht den Menschen als einen, der immer wieder versucht, sich selbst gerecht zu werden, indem er die weltlichen Gebote zu befolgen versucht und dabei erfahren muß, daß er von sich aus nichts vermag und auf Heil von außen angewiesen ist, das ihm in den Sakramenten zuteil wird. In einem unveröffentlichten Referat, das ich vor einigen Jahren an der Theologischen Fakultät der Universität Zürich gehalten habe und auf das auch Condrau (1976, 261) hinweist, habe ich versucht, die Berührungspunkte der Rechtfertigungslehre Luthers und der Daseinsanalyse aufzuzeigen. Vor allem sehe ich Gemeinsamkeiten in bezug auf das Menschenverständnis, nicht aber in der Art der Heilsvermittlung. Das Heil, das bei Luther durch das Sakrament von außen vermittelt werden soll, hat in der Psychotherapie als individuelle Erfahrung zu geschehen. Oder anders gesagt: Was bei Luther durch das Sakrament in der cura generalis geschieht, *ereignet* sich in der Psychotherapie als cura spezialis. Das heißt: In der Auslegung des Daseins als Gesetz erfährt der Mensch die Zusage Gottes als Evangelium. Dadurch wird das coram seipso zum coram Deo. »Warum Selbsterkenntnis nicht wahre Selbsterkenntnis sein kann ohne Gotteserkenntnis« (Ebeling 1973, 99), stellt auch die Theologen vor eine schwer zu beantwortende Frage.

SEELSORGE UND DASEINSANALYTISCHE PSYCHOTHERAPIE

Geht es der Daseinsanalyse nicht nur um Heilung, sondern geschieht im erwähnten Sinne auch Heil, so stellt sich unwillkürlich die Frage nach dem Unterschied zwischen Seelsorge und Psychotherapie. Ich meine, daß es einen Unterschied gibt, nicht aber im Endeffekt, sondern in der Methode. Der Psychotherapeut hat es mit Menschen zu tun, denen es an der nötigen Offenheit ihrem Sein gegenüber mangelt, um ein geglücktes Dasein führen zu können. Im analytischen Gespräch geht es dem Daseinsanalytiker um Selbsterkenntnis des Einzelnen, wobei der Psychotherapeut die ärztliche Neutralität auch in bezug auf die religiöse Einstellung zu wahren sucht. G. Ebeling (1973, 93) zitiert in diesem Zusammenhang folgenden, sehr schön formulierten Ausspruch von Johanna Herzog-Dürck: »Daß der Vogel seine Flügel bewegt, das kann Wirkung der Therapie sein, aber wie und wohin er zu fliegen bestimmt ist, das greift über die Sache der Therapie hinaus.« Da aber »im Sein vor Gott alle Neutralität ein Ende hat« (Ebeling 1973, 93), ist Auslegung des Daseins, verstanden als Interpretation des Gesetzes, für den Psychotherapeuten im Horizonte seines eigenen christlichen Glaubens auch immer schon Auslegung des Menschen vor Gott. So sehr es ihm um Selbsterkenntnis geht, weiß er darum, daß diese die Beziehung zu Gott und damit Gotteserkenntnis impliziert. Während es dem Seelsorger vorrangig um das Heil durch Gotteserkenntnis geht, und nur insofern um Selbsterkenntnis, wird in der Daseinsanalyse die Beziehung zu Gott unmittelbar mit der Seinsoffenheit des Menschen, d. h. mit der Selbsterkenntnis zusammen gesehen. Wenn dem aber so ist, dann gibt die Art, wie ein Mensch glaubt und wie er nach Gott fragt, dem Psychotherapeuten Aufschluß darüber, wie der Patient in der Welt ist; ja dies kann sogar geradezu symptomatisch sein für seine Fehlhaltungen im Selbstsein. Glaubensfragen werden deshalb in der Daseinsanalyse nicht als ein Sonderbereich behandelt. Dem Psychotherapeuten geht es nur insofern um Gott, als es ihm um den ganzen Menschen in all seinen Bezügen geht, d. h. es geht ihm um das Wesen des Menschen, das die Erfahrung Gottes und damit den Glauben impliziert. »Dort wo sich der Mensch seiner Bestimmung als Mensch entzieht, entzieht er sich auch dem göttlichen Bereich« (Condrau 1964, 58).

Während der Psychotherapeut den Menschen von seinen vielfältigen Phänomenen her, in denen sich ihm der Patient mitteilt, zu verstehen und ihn auf sein Dasein hin auszulegen versucht, sieht der Seelsorger den Menschen immer schon auf das Wort Gottes bezogen, das ihm im Leben Jesu in der Heiligen Schrift begegnet. Er sieht seine Aufgabe darin, den Menschen als »Text« in eine dialogische Beziehung zu dem in der Bibel als Text festgehaltenen Leben Jesu zu bringen und ihn zur Nachfolge Jesu aufzurufen. Verstehen wir aber Jesus als Fleisch gewordenes Wort Gottes in Gestalt desjenigen Menschen mit der größten Offenheit seinem Sein und Gott gegenüber, so ist der Aufruf zur Nachfolge Jesu nichts anderes als der Aufruf zur höchstmöglichen Form der Auszeitigung des Daseins. »In Christus geht es, weil es ihm um das Wort schlechthin geht, um eben das, worum es im Gewissen geht: um Wahrheit und Freiheit« (Ebeling [3]1967, 445). Die Aufgabe, den Bibeltext so auf den Menschen hin auszulegen, daß dieser sich in der Konfrontation mit dem Leben Jesu darin als homo peccator und in Jesus *den Christus* und damit Gott erfährt, stellt an den Seelsorger höchste Anforderungen und sorgfältigste exegetische Arbeit. In bezug auf psychisch allzu kranke Menschen dürfte dies besonders schwierig sein. Bei letzteren besteht die Gefahr, daß sie nur das heraushören, was ihren Fehlhaltungen irgendwie entgegenkommt und ihr neurotisches Verhalten noch bestärkt. Auch das gemeinsame Gebet kann, je nachdem in welcher Situation es zu Hilfe genommen wird, öffnen oder verschließen. Es ist also wichtig, daß auch der Seelsorger sich überlegt, wen er vor sich hat, wenn er thematisch auf die Glaubensfragen eines Menschen eingehen will, und das Wort Gottes nicht einfach unüberlegt aussät.

Stellen wir uns die Frage nach der Quelle der Vollmacht in Psychotherapie und Seelsorge, so gehe ich mit G. Ebeling einig, wenn er schreibt: »Durch die bloße Begegnung mit dem pathologischen Fall wird Vollmacht nicht vermittelt ... Wie jeder Psychotherapeut wohl zugeben wird, bedarf es noch anderer Nahrung des Geistes und des Herzens, um der therapeutischen Wortverantwortung gerecht zu werden. Daß in dieser Hinsicht das christliche Wort in der Mannigfaltigkeit seiner Ausstrahlung einen außerordentlich wichtigen Faktor für die Psychotherapie darstellt, dürfte unschwer nachzuweisen sein« (1973, 97). Überall wo es gilt, einem leidenden Menschen beizustehen, bedarf es kritischer Wachheit, was in dem Miteinander geschieht, d. h. als wer ich für den anderen zur Sprache komme und wer der andere für mich ist. Dies gilt für den Seelsorger genauso wie für den Psychotherapeuten, aber auch in der alltäglichen Begegnung von Mensch zu Mensch. (S. zur Daseinsanalyse auch die Beiträge von M. Boss und A. Hicklin in diesem Bd.).

ANMERKUNGEN

1

Vgl. vor allem die unterschiedlichen Auffassungen verschiedener Autoren zu diesem Thema in: »Der spätere Heidegger und die Theologie«, Bd. 1 der Reihe »Neuland in der Theologie« (Robinson, Cobb 1964).

2

Einige Formulierungen zu dieser Thematik habe ich wörtlich aus meinem Artikel »Psychotherapie und Hermeneutik« (1967) übernommen.

3

Dieser und die nächsten beiden Abschnitte sind eine gekürzte und überarbeitete Wiedergabe eines von mir veröffentlichten Beitrags über »Daseinsanalytische Psychotherapie und christlicher Glaube« (Kündig 1970), sowie eines Artikels über »Die seelsorgerliche Aufgabe in der Psychotherapie (Kündig 1965 b).

4

In diesem Zusammenhang sei vor allem das kürzlich neu herausgegebene Werk von Gion Condrau (1976 b), die zweite, erweiterte und überarbeitete Auflage des 1962 erstmals veröffentlichten und in kürzester Zeit vergriffen gewesenen Buches »Angst und Schuld als Grundprobleme der Psychotherapie« erwähnt, in dem er die historische Entwicklung des Verhältnisses von seelsorgerlichem und ärztlichem Handeln vom Priesterarzt bis in die Neuzeit darstellt, und vor allem das daseinsanalytische Verständnis von Angst und Schuld in Abhebung sowohl vom naturwissenschaftlichen wie auch moraltheologischen Standpunkt und aus der Sicht seiner eigenen christlichen Auffassung beleuchtet, womit er für die praktische daseinsanalytische Arbeit mit psychisch Kranken einen wichtigen Beitrag geleistet hat.

5

Ich beziehe mich hier auf Diskussionsbeiträge von W. Bernet in Seminaren und persönlichen Gesprächen mit ihm über religionspsychologische Fragen in Zusammenhang mit seinen, diese Thematik betreffenden Vorlesungen an der Theologischen Fakultät bzw. Volkshochschule der Universität Zürich.

6

Zitat W. Keller – aus einer unveröffentlichten Vorlesung über philosophische Anthropologie, gehalten an der Philosophischen Fakultät der Universität Zürich.

7

Zitat W. Bernet – aus einer Vorlesung über das ästhetische Moment in der Theologie, gehalten an der Theologischen Fakultät der Universität Zürich.

LITERATUR

BERNET, W.: Verkündigung und Wirklichkeit. Tübingen: J. C. B. Mohr (Paul Siebeck) 1961

Die Predigt und ihr Text. Schweizer. Theologische Umschau, 1, 1962, 2–9

Bescheidung und Weile. Predigt über Psalm 127. Predigten für jedermann, 6, 1964

Seelsorge als Auslegung. Monatsschrift für Pastoraltheologie, 6, 1965, 207–213

BINSWANGER, L.: Ausgewählte Vorträge und Aufsätze, 2 Bde. Bern: Francke 1947–1955

Der Mensch in der Psychiatrie. Pfullingen: Neske 1957

Grundformen und Erkenntnis menschlichen Daseins. München, Basel: Reinhardt ³1962

BITTER, W. (Hg.): Die Wandlung des Menschen in Seelsorge und Psychotherapie. Göttingen: Verlag für Medizin. Psychologie 1956

Angst und Schuld. Stuttgart: Klett 1959. Tb.-Ausg.: Reihe »Geist und Psyche«, Bd. 2045. München: Kindler

Psychotherapie und religiöse Erfahrung. Stuttgart: Klett 1965

BLANKENBURG, W.: Die Daseinsanalyse. In: D. Eicke (Hg.): Die Psychologie des 20. Jahrhunderts, Bd. III, Zürich: Kindler 1977, 941–964

BOMMER, J., CONDRAU, G.: Schuld und Sühne. Zürich, NZN Buchverlag 1970

BOSS, M.: Einführung in die psychosomatische Medizin. Bern, Stuttgart: Huber 1954

Psychoanalyse und Daseinsanalytik. Bern, Stuttgart: Huber 1957

Lebensangst, Schuldgefühle und psychotherapeutische Befreiung. Bern, Stuttgart: Huber 1962

Grundriß der Medizin. Bern, Stuttgart: Huber 1971

BRAUN, H.: Vom Verstehen des Neuen Testaments. In: G. Otto (Hg.): Glauben heute. Ein Lesebuch zur evangelischen Theologie der Gegenwart. Hamburg: Furche 1965, 153–174

BULTMANN, R.: Glauben und Verstehen, 4 Bde. Tübingen: J. C. B. Mohr (Paul Siebeck) 1933–1965

Der Gottesgedanke und der moderne Mensch. In: F. H. Ryssel (Hg.): Der Christ in der neuen Wirklichkeit. Frankfurt/M., Berlin: Ullstein 1964, 11–21

CONDRAU, G.: Daseinsanalytische Psychotherapie. Bern, Stuttgart: Huber 1963

Wesen und Bedeutung der Psychotherapie. In: J. Rudin (Hg.): Neurose und Religion, Olten, Freiburg: Walter 1964, 9–62

Einführung in die Psychotherapie. Olten, Freiburg i. Br.: Walter 1970. Tb.-Ausg.: Reihe »Geist und Psyche«, Bd. 2115. München: Kindler 1974

Angst und Schuld als Grundprobleme der Psychotherapie. Frankfurt/M.: Suhrkamp ²1976 a

Der Januskopf des Fortschritts. Bern: Benteli 1976 b

Aufbruch in die Freiheit. Bern: Benteli 1977

EBELING, G.: Das Wesen des christlichen Glaubens. Tübingen: J. C. B. Mohr (Paul Siebeck) 1959

Wort und Glaube, 3 Bde. Tübingen: J. C. B. Mohr (Paul Siebeck) 1960–1975

Theologie und Verkündigung. In: G. Ebeling, E. Fuchs, M. Mezger (Hg.): Hermeneutische Untersuchungen zur Theologie, Bd. I. Tübingen: J. C. B. Mohr (Paul Siebeck) 1962

Luther. Einführung in sein Denken. Tübingen: J. C. B. Mohr (Paul Siebeck) 1964 a

Luthers Reden von Gott. In: A. Schaefer (Hg.): Der Gottesgedanke im Abendland. Stuttgart: Kohlhammer 1964 b, 35–53

Wort Gottes und Tradition. Göttingen: Vandenhoeck und Ruprecht 1964 c

Theologische Erwägungen über das Gewissen. In: G. Ebeling: Wort und Glaube, Bd. I. Tübingen: J. C. B. Mohr (Paul Siebeck) ³1967, 429–446

Verantworten des Glaubens in Begegnung mit dem Denken Martin Heideggers. In: G. Ebeling: Wort und Glaube, Bd. II. Tübingen: J. C. B. Mohr (Paul Siebeck) 1969, 92–98

Lebensangst und Glaubensanfechtung. Erwägungen zum Verhältnis von Psychotherapie und Theologie. Zeitschrift f. Theologie und Kirche, 1, 1973, 77–100

ELTZ-HOFFMANN, L. v.: Die Sprache in der modernen Theologie. Wege zum Menschen, 3, 1969, 88–96

FUCHS, E.: Zum hermeneutischen Problem in der Theologie. Tübingen: J. C. B. Mohr (Paul Siebeck) 1959

Programm der Entmythologisierung. Schriftenreihe der Kirchlich-Theologischen Sozietät in Württemberg, Heft 3. Bad Cannstatt: Müllerschön ²1960

Glaube und Erfahrung. Tübingen: J. C. B. Mohr (Paul Siebeck) 1965

Was ist Wirklichkeit? Theologia Practica, 1, 1967, 1–14

GADAMER, H. G.: Martin Heidegger und die Marburger Theologie. In: E. Dinkler (Hg.): Zeit und Geschichte. Dankesgabe an Rudolf Bultmann zum 80. Geburtstag. Tübingen: J. C. B. Mohr (Paul Siebeck) 1964, 479–490

HEIDEGGER, M.: Sein und Zeit. Halle: Niemeyer 1927

Platons Lehre von der Wahrheit. Bern: Francke AG 1947

Vom Wesen der Wahrheit. Frankfurt/M.: Klostermann ³1954

Was ist Metaphysik? Frankfurt/M.: Klostermann ⁷1955 a

Vom Wesen des Grundes. Frankfurt/M.: Klostermann ⁴1955 b

Was heißt denken? Tübingen: Niemeyer 1961

Zur Sache des Denkens. Tübingen: Niemeyer 1969

KELLER, W.: Vom Wesen des Menschen. Basel: Verlag f. Recht und Gesellschaft 1943

Das Selbstwertstreben. München, Basel: Reinhardt 1963

KÜNDIG, A.: Die Daseinsanalyse. Wege zum Menschen, 7, 1965 a, 243–249

Die seelsorgerliche Aufgabe in der Psychotherapie. Wege zum Menschen, 12, 1965 b, 449–461

Psychotherapie und Hermeneutik. Wege zum Menschen, 12, 1967, 444–454

Daseinsanalytische Psychotherapie und christlicher Glaube. Therapeutische Umschau, 12, 1970, 831–837

KUNZ, H.: Die Daseinsanalytik Martin Heideggers. In: H. Balmer (Hg.): Die Psychologie des 20. Jahrhunderts, Bd. I. Zürich: Kindler 1976, 446-460

LUTHER, M.: Von der Freiheit eines Christenmenschen (Bd. II der Calwer Luther-Ausgabe, hg. von W. Metzger). München, Hamburg: Siebenstern 1964

MEZGER, M.: Die Sprache der Predigt. Schweizer. Theol. Umschau, 4, 1959, 1–16

Glaube und Sprache. Schriftenreihe der Kirchlich-Theologischen Sozietät in Württemberg, Heft 14. Bad Cannstatt: Müllerschön 1963

Sprachgestalt und Sachverhalt. Zeitschrift für Theologie und Kirche, 3, 1967, 372–391

OTTO, G.: Der Mensch in seiner Welt. Theologia Practica, 4, 1967, 289–306

ROBINSON, J., COBB, J. B. (Hg.): New frontiers in theology, Bd. I: The later Heidegger and theology. Bd. II: The new hermeneutic. New York, Evanston, London: Harper & Row 1963-1964. Deutsch: Neuland in der Theologie. Bd. I: Der spätere Heidegger und die Theologie (1964); Bd. II: Die neue Hermeneutik (1965). Zürich, Stuttgart: Zwingli 1964–65

RYSSEL, F. H. (Hg.): Protestantismus heute. Frankfurt/M., Berlin: Ullstein 1959

SBOROWITZ, A., MICHEL, E. (Hg.): Der leidende Mensch. Düsseldorf, Köln: Diedrichs 1960

SEGUIN, C. A.: Der Arzt und sein Patient. Bern, Stuttgart: Huber 1965

WINKLER, K.: Psychotherapie und Seelsorge. Wege zum Menschen, 11, 1969, 449–457

WYSS, D.: Die anthropologisch-existentialontologische Psychologie und ihre Auswirkung insbesondere auf die Psychiatrie und Psychotherapie. In: H. Balmer (Hg.): Die Psychologie des 20. Jahrhunderts, Bd. I. Zürich: Kindler 1976, 461–569

DER EINFLUSS DER DASEINSANALYSE AUF DIE RELIGIOSITÄT DER ANALYSANDEN

von Medard Boss

Auch überall dort, wo es um den Bereich des Religiösen geht, eignet der Daseinsanalyse sowohl in theoretischer als auch in praktisch-therapeutischer Hinsicht ein Wesenszug, der ihr im Vergleich zu allen früheren psychologischen und therapeutischen Denk- und Behandlungsmethoden einen nicht zu überschätzenden Vorsprung einräumt. Im Lichte der daseinsanalytischen Menschenkunde nämlich zeigt sich das menschliche Existieren von seiner Grundverfassung her als ein primäres In-der-Welt-sein in dem Sinne, daß das Ganze des menschlichen Da-seins als das Sein des »Da« zu definieren ist. Dabei meint allerdings dieses »Da« nicht wie das »da« der Vulgärsprache eine je bestimmte Stelle innerhalb eines vorgegebenen gedachten Welt-Hohlraumes. Vielmehr ist dieses »Da«, das vom Menschenwesen »ek-sistiert«, das heißt ausgestanden und offengehalten wird, der ganze ungegenständliche und substanzlose, gelichtete Welt-Offenheitsbereich, der aus einem Vernehmenkönnen der Anwesenheit des Begegnenden und einem Ansprechbar-sein für dessen je besondere Bedeutsamkeiten und Verweisungszusammenhänge wie aus den Möglichkeiten eines entsprechenden denkenden, fühlenden und handelnden Antwortens besteht. So gesehen ist es allem uns Begegnenden verstattet, sich im Scheinen und Öffnen solchen menschlichen Da-seins unmittelbar als das zu entbergen, als was es zu sein hat (vgl. Heidegger [4]1935, § 12, § 13).

Wohl forderte bereits Freud vom Psychoanalytiker, daß er alles, was er von seinen Analysanden her zu hören und zu sehen bekomme, genau so zu nehmen hätte, wie es sich ihm darbiete. Eigens fügt er hinzu, daß dabei der Analytiker unter keinen Umständen die Vorurteile des Analysanden, die dieser durch die psychoanalytische Kur verliere, durch seine, des Analytikers eigene Vorurteile, ersetzen dürfe (Freud 1912). Indessen widersprach Freud selbst dieser Grundregel im Handumdrehen, indem er jenes auf keine Art zu beweisende eigene Vorurteil einführte, das wahrhaben will, daß das eigentlich Psychische in Wirklichkeit allein das Triebhafte sei. Alle übrigen seelischen Phänomene seien lediglich etwas aus diesem Abgeleitetes, Sublimiertes oder Reaktives (Freud 1941). C. G. Jung andererseits blieb zeitlebens in dem ebensowenig verifizierbaren Vorurteil befangen, es gebe eine menschliche »Psyche« mit eigenen individuellen und archetypischen Strukturen (s. den Beitrag von D. Spies in diesem Bd.). Allein durch diese hindurch vermöge der Mensch die Dinge seiner Welt wahrzunehmen. Deshalb seien diese dem Menschen nur in den durch solchen Filtrierungsprozeß bewirkten Verbiegungen zugänglich, nie aber in dem, was sie »in Wirklichkeit« und »an sich« seien. Darum könne die Psychologie auch nie sagen, ob es wirklich einen Gott gebe. Sie dürfe nur behaupten, es existiere eine psychische Funktion, die als etwas Religiöses angesprochen zu werden pflege.

Ganz anders die daseinsanalytische Menschenkunde: Sie gewann die Einsicht, daß der alles tragende Sachverhalt aus der untrennbaren Einheit von Mensch-sein als einem vernehmenden Welt-Erschlossenheitsbereich und von dem sich darin unmittelbar entbergenden Begegnenden besteht (s. den Beitrag von A. Kündig in diesem Bd.). Eine solche Sicht läßt die Rede von der Unerkennbarkeit »der Dinge an sich« und ihrer eigentlichen Wirklichkeit, wie sie ohne Mensch-sein aussähen, von vornherein schon als sinnlos erscheinen. Sie lehrt im Gegenteil höchste Ehrfurcht vor dem, was und wie es sich im Helligkeitsbereich des Mensch-seins als es selbst zu zeigen und sich dessen Obhut anzuvertrauen beliebt; auch alles, was sich als Gott oder als Göttliches zu erkennen gibt.

Aus dieser daseinsanalytischen Einsicht schöpfen wir die Berechtigung, uns im folgenden schlicht den wortgetreuen Berichten einiger unserer Analysanden über den Einfluß der daseinsanalytischen Therapie auf ihre religiöse Einstellung zu überlassen.

Der *erste Bericht* wurde uns von einem Inder, und zwar von einem Hindu-Priester zugeschickt, der wegen schwerer geschwüriger Mastdarmerkrankung eine dreijährige Daseinsanalyse durchmachen mußte. Er schrieb uns: »Ihre Frage nach dem Einfluß der Psychotherapie auf meine religiöse Einstellung ist leicht und rasch zu beantworten. Sie hat aus einem kleinmütigen, im leeren Formalismus der Zeremonien gefangenen und darin verdorrten Hindu einen tiefgläubigen Hindu gemacht, der erst jetzt die Weisheit der Besten unserer heiligen Schriften zu begreifen, zu erleben vermag. Ich war gelehrt worden, daß man nur durch das grausame und rigorose Fernhalten von allen sinnlichen, irdischen Bereichen zur geistigen Erlösung gelangen könne. Erst im Laufe der Analyse begriff ich, daß ich wesenmäßig ›Atman‹ bin und damit dem ›Brahman‹ zugehöre. Brahman ist kein verbietender, strafender Gott, ist überhaupt kein bestimmtes seiendes Wesen, sondern ist das Wesen schlechthin in einem verbalen Sinn, nämlich im Sinne des großen Aufgehen- und Währenlassens von allem, das zu sein hat. Das ist die genaue Übersetzung von Brahman. Als ich diesen Sinn verstand, konnte ich mir mein Offensein für alles, was sich mir zeigen wollte, gönnen, und es als Göttliches lieben. Erst jetzt verstand ich auch den Sinn der Geschichte unseres großen Heiligen, Sankaracharia, die von ihm erzählt, daß er sich erst einen großen Weisen habe nennen dürfen, als er sich nach seiner philosophischen Vervollkommnung auch noch in die Kunst des sinnlichen Liebens habe einführen lassen. In der Daseinsanalyse wurde mir einfach immer freier und glücklicher zumute durch die lebendige und überwältigende Erfahrung meiner Zugehörigkeit zu Brahman. Ich brauchte mich nun auch nicht mehr wie früher innerlich darüber so zu empören, daß ausgerechnet die bedeutendsten unserer weisen Männer lehren, die Vorstellung von Höllenqualen, von Sünden und schmutziger Sinnlichkeit seien nur eine Art von Kinderschreck, praktisch notwendig für die Zähmung der geistig Armen und Ungebildeten. Ich weiß jetzt, daß es soetwas wie Hölle und Sünde und Schmutz überhaupt nicht gibt. Es gibt mehr oder weniger sehende Menschen, denen alle Dinge auf ihre göttliche Essenz hin transparent geworden sind, und Blinde oder Halbblinde, die noch in irrigen, vordergründigen Vorstellungen herumtappen. Zugleich mit dieser Einsicht fühlte ich mich mehr und mehr dazu aufgerufen, den noch weniger Sehenden so gut wie möglich zu einem offeneren, freieren Blick in die Welt zu verhelfen. Plötzlich fühlte ich auch Ehrfurcht vor Buddha, dem das große Mitleid mit dem in Dunkelheit befangenen Lebewesen nachgerühmt wird. Nachträglich scheint es mir jetzt wie eine Art von Selbstverständlichkeit, daß ich im Verlaufe einer derartigen daseinsanalytischen Befreiung auch frei wurde von der demütigenden Verhaftung an den Kot und an das Blut meines Darmes in Form der erzwungenen andauernden Beschäftigung mit meinen Durchfällen. Äußerlich sind meine priesterlichen Verrichtungen dieselben geblieben, ich übe sie aber in einem völlig neuen Sinne aus.«

So weit unser Hindu-Priester. Wir als seine Psychotherapeuten durften es dabei wohl sein Bewenden haben lassen. Wie hätten wir Anlaß gehabt, woher gar das Recht genommen, ihn zum christlichen Glauben zu drängen? Die Bibel kannte er ohnehin schon besser als wir. Auch lebte er in seinen mitmenschlichen Beziehungen so, wie man es gütiger und hilfsbereiter nur von ganz wenigen Christen vorgelebt bekommt. Das schien uns genug zu sein.

Der *zweite Bericht*, das Zeugnis einer Jüdin, lautet: »Wenn ich versuchen soll, den Einfluß zu schildern, den die Daseinsanalyse auf meine religiöse Einstellung gehabt hat, so könnte ich das einigermaßen verständlich nur innerhalb einer Gesamtschau meiner Lebensgeschichte tun.

Einem areligiösen Hause entstammend, blieb meine Sehnsucht nach der Zugehörigkeit zu einem großen Ganzen und nach einer Geborgenheit in einer übergeordneten Macht von allem Anfang an ungestillt. Als es dann in meinen Jungmädchenjahren zur Scheidung meiner Eltern kam, steigerte sich diese Sehnsucht nach Geborgenheit in einem übergeordneten Ganzen noch erheblich, weil ich nun auch an meinen Nächsten noch weniger Halt als je zuvor hatte. Aus diesem Gefühl heraus unternahm ich während meiner Jugendzeit verschiedene hilflose Versuche, mich in meiner Suche nach Gott dem jüdischen Bekenntnis, in das ich hineingeboren wurde, zu nähern. Doch blieben alle diese Versuche in ihrer Insuffizienz stekken. Zurück blieb die Sehnsucht nach Geborgenheit in einer höheren Macht und die Erfahrung der Leere eines fehlenden Grundes.

In meiner Ehe mit einem Mann, der einer streng religiösen, traditionsgebundenen jüdisch-orthodoxen Familie entstammte, glaubte ich durch Übernahme von Tradition und Gesetzestreue die gesuchte Sicherheit zu finden. Statt dessen geriet ich in eine immer qualvollere seelische Versteinerung und schließlich in lebensbedrohliche melancholische Verstimmung hinein. Erst die Tragfähigkeit einer guten mitmenschlichen Beziehung, die ich in meiner Daseinsanalyse zum erstenmal in meinem Leben erfahren durfte, war es dann, die mir den Grund gab, von welchem aus sich mir auch ein freierer Zugang zum Numiosen eröffnete. Meine zwanghafte Gebundenheit an religiöse Rituale und Vorschriften lockerte sich zugunsten einer freieren, offeneren Beziehung zum Göttlichen. Nicht länger war es die Enge der religiösen Praktiken, die mir das Bindeglied zum Numinosen zu sein schienen, sondern das durch die zuverlässige mitmenschliche Beziehung zum Analytiker gewonnene Wissen um das Bestehen und das Aufgehobenseinkönnen in einer höheren Ordnung.

Zusammenfassend könnte ich also sagen: Das treue, mich ganz annehmende Zu-mir-Stehen des Analytikers, die ganze Zeit durch, bis ich selbst wieder den Mut fand, mich als das Wesen, das ich nun einmal bin, offen anzunehmen, ermöglichte mir ein Offenbarwerden eines tiefen religiösen Empfindens, das der zwanghaften Praktiken nicht mehr bedarf. Freilich bin ich jetzt keine fromme orthodoxe Jüdin mehr. Die jüdischen Rituale befolge ich nur noch meinen Kindern zuliebe, einfach damit sie zunächst einige äußere Hinweise auf das Göttliche hin dauernd vor sich sehen. Ich meine, daß Kinder derartiges in irgendeiner Form zunächst nötig haben.«

Als *dritter Bericht* sei der eines Katholiken angeführt, der Jesuit hätte werden sollen, unmittelbar vor der Priesterweihe jedoch aus dem Orden austrat. Er sagt: »Ich bin seinerzeit, vor jetzt sechzehn Jahren, aus dem Orden ausgetreten, weil ich genauso wie die meisten meiner Kameraden im Laufe des Noviziates innerlich gefühlsmäßig völlig abgestorben war. Dessen ungeachtet waren, als ich dann einige Jahre darauf in die Daseinsanalyse kam, meine religiöse Haltung und meine religiösen Vorsätze noch genauso festgelegt, wie während des Noviziates. Darum verlangte ich ja auch, daß die Analyse so gehen müsse, daß es darin zu keinem Widerspruch mit meinen Vorsätzen zur Keuschheit und zu den anderen Moralsätzen der Kirche kommen dürfe. Ich war empört darüber, daß dazu einfach geschwiegen wurde. Um so mehr entsetzte ich mich dann über mich selbst, als ich von der ersten Analysenstunde an feststellen mußte, daß sich alle meine Einfälle ausschließlich und andauernd um sexuelle Dinge drehten, daß ich im Grunde der sündigen Sinnlichkeit mit Haut und Haar verfallen war. Ich muß dabei gestehen, daß ich vom Analytiker in keiner Weise auf das Sinnliche hingelenkt wurde. Ich wurde sogar einmal gewarnt, als es mich drängte, Dirnen aufzusuchen, mich nicht leichtsinnig einer venerischen Infektion auszusetzen. Wenn ich ganz ehrlich bin, muß ich freilich gestehen, daß es zu der Beschäftigung mit der Sinnlichkeit nicht erst in der Daseinsanalyse kam. Ich erinnere mich, daß meine Phantasien schon vor dem Theologiestudium oft mit mir durchgingen, daß ich sexuelle Vorstellungen bekam, die zu Pollutionen führten. Dieses beichtete ich jeweils und nahm mir vor, es in Zukunft zu vermeiden. Doch die sexuellen Gedanken wurden dabei nur immer stärker. Sie hatten schwerste Schuldgefühle und Ängste vor Höllenstrafen zur Folge. Ich beichtete wieder meine Sünden, faßte wieder Vorsätze und wieder brach meine Sinnlichkeit durch, und so ging das dauernd im Kreise herum.

Im Verlaufe der Daseinsanalyse geriet ich mit diesem Kreisen in eine Klemme. Ich merkte allmählich, daß ich das Geschehene, die sexuellen Praktiken und Gedanken, gar nicht mehr recht bereuen konnte und keine echten Vorsätze mehr zu fassen vermochte, das Sündige und Verbotene nicht mehr zu tun. Mit der Zeit wußte ich gefühlsmäßig immer weniger, was eigentlich an meiner Sexualität zu bereuen sei. Wenn ich nun jeweils von der Beichte wegging, spürte ich, daß ich eigentlich die Daseinsanalyse abbrechen müßte, wenn ich dem in der Beichte Vorgenommenen treu bleiben wollte. Aber das ging natürlich noch nicht, weil erfahrungsgemäß der Abbruch auch nichts genützt hätte. Ich kam oft traurig und apathisch von der Beichte nach Hause, und oft wünschte ich mir, ich würde von einem Auto zu Tode gefahren, damit ich aus dieser unmöglichen moralischen Klemme befreit wäre.

Ich habe mich oft gefragt, wodurch, wieso ich in der Analyse dazu kam, nicht mehr zu wissen, weshalb das Onanieren, die sexuellen Phantasien, der Dirnenbesuch etwas Sündiges, Zu-Bereuendes sein sollten, obgleich vom Psychotherapeuten doch nie ein entsprechendes Urteil abgegeben wurde. Ich weiß nun, daß das dadurch zustande kam, daß ich bei allem meinem Erzählen über meine sexuellen Phantasien und Wünsche immer auf das abschätzige Urteil des Psychotherapeuten gefaßt war. Ich schämte mich vor ihm. Darum fragte ich ihn auch einmal zu meiner Entlastung, ob er selber auch schon onaniert hätte. Ich hoffte, mich durch seine positive Antwort vor meinen Schuldgefühlen absichern zu können. Aber er sagte kein Wort. Ich versuchte, ihn dauernd abzutasten, was er über mich denke. Ständig erwartete ich seinen Vorwurf: ›Wie kann sich ein anständiger Mensch nur auf so etwas Schmutziges einlassen?‹ Allmählich kam es durch sein beharrliches Mich-mir-selbst-Überlassen in mir drinnen zu einem Freierwerden gegenüber dem von ihm erwarteten Urteil über mich. Mehr und mehr hatte ich das Gefühl, von ihm mit allem, was ich nun einmal bin, angenommen zu werden. Darin sehe ich den radikalen Gegensatz zwischen der Beichte und der Analyse. Der Beichtvater versteht einen nicht, nimmt einen nicht an als das, was man ist. Er geht an die Sache immer mit vorgefaßten Ideen heran, kommt gleich an mit dem ganzen Sündenregister. Gleich wird moralisiert, im Gegensatz zur Daseinsanalyse.

Was nun Gott selbst angeht, so entdeckte ich in der Analyse von neuem mit großem Schrecken, daß Gott für mich ein ganz leerer Begriff war. Wenn ich die Vokabel ›Gott‹ höre, fällt mir nur ein, was ich von Kind auf über ihn gehört habe. Da hatte ich ihn nur als einen fordernden, gerechten, strafenden Gott kennengelernt. Man sagte schon auch, er sei barmherzig. Aber in Wirklichkeit ist er vor allem der moralische Gott gewesen, ein sehr präzis moralisch umschriebener Gott, der die Zehn Gebote und tausend andere Vorschriften machte, die sagen, was man alles nicht tun dürfe. Das also ist mein Gott, der von außen her durch ein Aufoktroyieren moralischer Vorschriften umrissen wurde und nichts mit meinem eigenen lebendigen Inneren zu tun hatte.

Was ist ›Gott‹ jetzt für mich nach der Analyse? Ich weiß es nicht. Der Begriff ist leer, wie mein Glaube an Gott leer ist, weil mein ›Gott‹ immer nur eine äußerliche Schale von moralischen Forderungen war. Doch spüre ich, daß ein wirklicher Glaube von innen heraus kommen müßte. Aber dies war bei mir nie da. Jetzt weiß ich einfach nichts mehr. Es ist gar kein Gott da. Schon gar nicht mehr der frühere rein intellektuelle, wissenschaftliche, philosophische ›Gott‹. In der Analyse habe ich einfach erfahren, daß ich gar nichts über Gott weiß. Ich weiß jetzt sogar, daß ich über ihn überhaupt nie mehr etwas werde wissen können. Zu dieser Einsicht zu stehen, mich ihr auszuliefern, war lange Zeit für mich höchst erschreckend und ein großes Risiko. Dann aber begann ich zu erfahren, daß gerade in diesem Annehmen des Nie-mehr-etwas-über-Gott-wissen-Könnens gar keine Traurigkeit oder Verzweiflung liegen muß. Immer häufiger kamen Augenblicke, in welchen mir gerade das Annehmen meines grundsätzlichen Nichts-wissen-Könnens von Gott großen Trost und viel Freude brachte. Ich gelangte in eine ständige Bereitschaft, mich an das Überhaupt-nichts-Wissen-von-Gott auszuliefern. Das empfinde ich als das Wahre, das Gottgefällige, das mich ganz unbesorgt sein läßt, wie ein Kind, auch unbesorgt in bezug auf Hölle und ewiges Leben. Diese Stimmung gibt mir jeweils die Bitte ein: ›Gott, gib mir mehr Licht auf diesem Wege ins Ungewisse und Nie-zu-Wissende!‹ Zu Anfang kamen jeweils immer wieder Zweifel, und der strafende, verrechnende Gott der Kirche wollte mich wieder packen. Aber jener Gott gab mir nie Freude. Oft überkommt mich jetzt eine echte Bet-Stimmung, die mich drängt, in die Kirche zu gehen. Wenn ich das tue, so kann mir zu meinem eigenen Erstaunen der frühere kirchliche Moralgott auch dort drinnen gar nichts mehr anhaben.

Wenn ich mir vorstelle, daß an Stelle des Psychotherapeuten ein Priester stünde, dem ich das berichte, wäre alles anders. Der Priester würde sogleich versuchen, mich zu führen. Er würde die Schilderung meiner eigenen Empfindungen gar nicht aushalten. Er könnte mich einfach nicht reden und mich zu meinen Erlebnissen stehen lassen. Ein Priester würde sagen, das sei nicht der richtige Weg, nicht der Weg der Gnade. Aber in Wirklichkeit habe ich bei den Priestern nie etwas von Gnade, sondern nur etwas von Bedrückung empfunden. Was Gnade ist, habe ich erst in der Analyse erfahren.«

Ein *vierter Bericht* stammt von einer Patientin, die aus konventionell protestantischem Hause kommend, mit siebzehn Jahren von sich aus zum Katholizismus konvertierte und mit zweiunddreißig Jahren wegen allgemeiner seelischer Verhärtung und melancholischer Verstimmung in die Analyse gekommen war.

Sie stellt in ihrem Bericht das Christentum der Psychotherapie scharf gegenüber. Vom Christentum sagt sie, es sei Offenbarungsreligion. »Dem christlichen Glauben gemäß«, so fährt sie wörtlich fort, »hat Gott dem Menschen die Wahrheit offenbart durch Christus und die Bibel, und in der Folge haben sich daraus die Glaubenssätze, die Moraltheologie, die Riten usw. entwickelt. Gott schenkt seine Liebe den Menschen. Der Mensch hat den freien Willen, diese Liebe – eine abwärts gerichtete Bewegung, von Gott zum Menschen – anzunehmen oder abzulehnen, das heißt ihm mit Liebe zu antworten und sich Gottes Geboten, die durch die Bibel und die Kirchen festgelegt sind, zu fügen. Tut er dies nicht, so ist er sündig. Von der Sünde kann er wiederum nur befreit werden durch die Erlösung, die für die Menschen erwirkt wurde von Christus durch seinen Tod am Kreuz. Außerdem ist das ganze Leben des Christen zielgerichtet auf das Leben nach dem Tode. Gott hat den Menschen geschaffen. Der Mensch steht also zu Gott in der Beziehung eines Geschöpfes.

In der Daseinsanalyse geschieht etwas Entgegengesetztes: Der Analysand muß tief zu den eigenen Wurzeln herabsteigen, bis er einen tragenden Boden in sich selbst gefunden hat. Er muß vorerst einmal alles in Frage stellen, somit auch das Religiöse. Er muß alles neu auf seine Richtigkeit und Wahrheit prüfen, ohne zum voraus Urteile und Antworten bereit zu halten. Nur was nach solcher, eindringlicher und langdauernder Befragung sich ihm als ihm selbst *zugehörig* erwiesen hat und ihm zu eigener lebendiger Erfahrung wird, hat Bestand und ist für ihn gültig. Ebenso wird er natürlich auch alles, was nicht in sein Dasein gehört und was ihn an seiner Entfaltung hindert, zu vermeiden oder zu überwinden suchen, denn sonst würde er sein natürliches Wachstum gefährden und seine Bestimmung verfehlen. In diesem Sinne könnte man vielleicht auch in diesem Zusammenhang von Sünde sprechen, wenn es sich um einen Mangel in der Erfüllung des eigenen Daseins handelt. Besser als von Sünde würde man hier freilich von Schuld, von einem Schuldigbleiben gegenüber der Lebensaufgabe einer Selbstentfaltung sprechen. Je mehr der Analysand zu seinem Eigenen zu stehen wagt, desto freier und selbständiger wird er, und desto offener wird seine Welt. Aus dieser Offenheit ergibt sich von selbst seine Religiosität, seine Beziehung zu Gott, oder wie immer man das nennen wird. Ja die Weltoffenheit ist immer in sich schon ein religiöses Phänomen. Es ist klar, daß der Analysand während einer solchen Entwicklung jede Begrenzung oder Einordnung von außen als störend, ja direkt lebensbedrohend empfinden muß, weil sie das anfänglich zarte Pflänzchen seiner eigenen Existenz beschneiden und einengen würde. So wirkt dann natürlich auch jeder Zwang von seiten einer Religion in Glaubens- und Moralfragen. Nur was schließlich, in neuem Lichte und in neuem Weltbezug, als richtig und zugehörig empfunden wird, kann dann frei und voll akzeptiert werden, und alle Aufgaben und Anforderungen, die bestehen oder an den Analysanden herangetragen werden, können dann von ihm in freiem Entscheid angenommen oder abgelehnt werden. So auch alle eventuellen Bindungen und Verpflichtungen einer Religion gegenüber. Sicher wird aber ein Mensch, der gelernt hat, seinen eigenen Weg zu gehen, auch hier vor allem seinem Inneren folgen und keinen Mittler zwischen sich und Gott brauchen, es sei denn einen, wie den Psychotherapeuten, der durchlässig ist für das Göttliche. So ist also die Daseinsanalyse eine Entwicklung, die von innen her nach außen strahlt, eine Offenbarung des Werdens des eigenen Daseins; sie unterscheidet sich darin vom christlichen Weg der Beichte.«

Der *fünfte Bericht* stammt von einem Mann reifen Alters, der in einem völlig areligiösen Elternhaus aufgewachsen war. Auch er selbst hatte nie irgendeine Beziehung zum Göttlichen verspürt, noch hatte er auch nur je das geringste Bedürfnis nach einer solchen Beziehung gehabt. Er war aber einer, der schon in jungen Jahren für seine Mutter die Kennzeichnung »Eisberg« hatte prägen müssen, weil nie irgendwelche Wärme von dieser Mutter ausgegangen war. Auch hatte diese Mutter selbst von sich sagen müssen, mit kleinen Kindern wisse sie nichts anzufangen. Erst als ihre Kinder vernünftig zu sprechen begonnen hätten, sei ihr ein Kontakt mit ihnen möglich geworden. Somit ist es nicht verwunderlich, daß unser Patient nie gelernt hatte, seine Existenz auch in nahe, gefühlsmäßige Beziehungen zu seinen Mitmenschen hineinzuentfalten. Alle emotionalen Nah-Kontakte hielt er sich rigoros vom Leibe. Offenbar diente ihm diese radikale Fernhaltung aller wahren mitmenschlichen Nähe auch zur seelischen Schmerzvermeidung. Er war wie ein gebranntes Kind, da ihn die frühe mütterliche Unzugänglichkeit qualvoll ins Herz getroffen hatte. Jedenfalls war das Äußerste, was er sich an gefühlsmäßigen Regungen leisten konnte, der rein ästhetische Genuß von lyrischer Poesie und von Gemälden. Auch zu männlichen Kollegen fand er einen gewissen, wenn auch nur höchst oberflächlichen Kontakt. Die Liebe zu einer Frau jedoch blieb ihm völlig verschlossen. Es graute ihm eher vor der Nähe einer Frau. Darum spielten sich seine erotischen Beziehungen zu Frauen ausschließlich im Verkehr mit rapide wechselnden Dirnen ab. Er kam zur Analyse, weil er an der typischen Neurose der Neuzeit litt. Es plagten ihn keinerlei körperliche oder psychoneurotische Symptome, die ihn hätten als krank erscheinen lassen. Er litt nur an innerer Leere und an der Sinnlosigkeit seines Junggesellenlebens. Deshalb kam er zu uns in Analyse. Warum er denn in solcher Lage nicht eher zu einem Theologen gehen wolle, wurde er zunächst gefragt. Ja, antwortete er, die Pfarrer könnten ebenso gut chinesisch sprechen, er würde nicht weniger von dem Zeug verstehen, das sie einem auftischten.

In einer sehr viele Jahre dauernden Psychoanalyse ging diese so schwer verschüttete Existenz in einer überaus erfreulichen Weise auf. Er konnte eine gefühlsmäßig sehr differenzierte, warmherzige Frau aus echter, tiefer Liebe heraus heiraten und zeugte mit ihr drei Kinder, denen er ein sehr zärtlicher Vater wurde. Er, der früher überaus geizige Mensch, der sich dank seines Geizes und freilich auch dank einer ungewöhnlich hohen Intelligenz in wenigen Jahren zu einem Multimillionär heraufgearbeitet hatte, kann jetzt auch seinen Mitmenschen gegenüber, sowohl in gefühlsmäßiger als auch in finanzieller Hinsicht, sehr großzügig sein.

Er selbst muß immer wieder von neuem staunen, wie glücklich und reich die Analyse sein Leben gemacht hat. Aber auf »Gott« oder auf die Religion war er all die Analysenjahre über nie zu sprechen gekommen. Er war und ist ein Mensch geblieben, dem weder Gott noch Teufel, weder Himmel noch Hölle auch nur das geringste bedeuten. Und doch ist er jetzt alles andere als ein leerer oder gar ein schlechter Mensch.

Soweit die Berichte der Analysanden und Analysandinnen. Fünf Berichte also über den Einfluß der Psychotherapie auf die religiöse Einstellung von Menschen, die ihrer religiösen Herkunft nach so verschieden voneinander sind wie nur möglich. Diesen Berichten läßt sich entnehmen, was unserer Auffassung und unserer Erfahrung nach ein Psychotherapeut mit der vorhandenen oder fehlenden religiösen Beziehung seiner Kranken anfangen darf und was nicht. Zusammenfassen läßt sich dies vielleicht am besten an Hand eines kurzen, aber bezeichnenden Traumes einer unserer eben zitierten Gewährsleute. Es ist der Traum eines ehemaligen katholischen Priester-Seminaristen und lautet: »Es will ein junges Mädchen unbedingt eine Wallfahrt nach Jerusalem unternehmen. Ich bringe jedoch alle möglichen fadenscheinigen Argumente vor, um das Mädchen unter allen Umständen von dieser Wallfahrt abzuhalten.«

So träumte der Mann zu einer Zeit, als in ihm noch der ihm aufoktroyierte, moralisierende, verbietende, philosophische »Gott« einer mißverstandenen katholischen Kirche übermächtig war und der sich gegen die Befragung durch die Psychotherapie ein letztes Mal mit allen Kräften wehrte, ja ihn die Psychotherapie um ein Haar hätte abbrechen lassen.

Dies läßt sich so verstehen: Im Traum vernimmt der Träumer vom Verhalten des jungen Mädchens her die Möglichkeit, zum Ursprung des Christentums, jenseits aller nachträglichen äußeren Moralgesetze, zu wallfahrten, nach Jerusalem, um unmittelbar aus der Quelle seines Glaubens schöpfen zu dürfen. Die Arbeit des Psychotherapeuten brauchte nach diesem Traum fast nur noch im tausendfach wiederholten Stellen der immer neu variierten Frage zu bestehen: »Wie steht es nun mit Ihnen im hellsichtigen, offeneren Wachzustand? Vermögen Sie jetzt, nach dem Wiedererwachen schon etwas davon zu ahnen, daß Sie nicht nur wie während des Träumens ein fremdes Mädchen, sondern vor allem Ihr eigenes Gemüt vergewaltigen? Überlassen Sie sich vielleicht selber nicht frei Ihrem eigenen Gewissensruf und Ihrer eigenen Sehnsucht nach einem ursprünglichen Glauben, und wenn ›Ja‹, weshalb eigentlich nicht?« (vgl. Boss 1975, 228 ff; 1953, 133 ff).

Ob nun ein Traummädchen nach Jerusalem oder nach Mekka oder nach Benares reisen oder ob die Analysanden – wie es bei unserem letzten Beispiel der Fall war – bei ihren ganz profanen Sachen in Zürich bleiben wollen, kann und muß dem Psychotherapeuten gleicherweise recht sein. Er wird nur sorgfältig darauf zu achten haben, ob einem solchen reisenden oder bleibenden Aufenthalt gewalttätige Hindernisse in den Weg gelegt werden oder ob der Reisende oder Bleibende selbst noch aus irgendwelchen Ängsten oder Ekelgefühlen heraus vor dem Begehen des Weges zurückschreckt, den er als den ihm gemäßen und zugetrauten erkannt hat. Hier darf der Psychotherapeut dann allerdings nicht ruhen, die äußeren und die inneren Schranken solange in Frage zu stellen, bis der Analysand den Mut zur Überwindung der Hindernisse und zum Eintritt in die ihm von seinem eigenen Gewissen gewiesene und umrissene Freiheit wagt (zum Problem des »Gewissens« s. auch den Beitrag von A. Hicklin in diesem Bd.).

LITERATUR

Boss, M.: Der Traum und seine Auslegung. Bern, Stuttgart, Wien: Huber 1953

»Es träumte mir vergangene Nacht...« Bern, Stuttgart, Wien: Huber 1975

Freud, S.: Ratschläge für den Arzt bei der psychoanalytischen Behandlung (1912). G. W. VIII

Abriß der Psychoanalyse (1941). G. W. XVII

Heidegger, M.: Sein und Zeit. Halle: Niemeyer [4]1935

PSYCHOANALYSE UND GEBET

von Walter Bernet

Uninteressant und unergiebig für diesen Beitrag ist die Frage, ob ein Mensch nach beendeter Analyse »noch« beten könne oder nicht. Der eine, der vor der Analyse gebetet hat, wird es danach immer noch tun – wenn vielleicht auch in anderer Weise –, der andere nicht. Der eine konnte vorher nicht beten und kann es nachher – oder auch nicht. Ob also die Psychoanalyse den »Glauben«, die »Frömmigkeit« nicht ausschließe, weil sie, wie Freud selbst erklärte, weltanschaulich neutral sei, ist ein Problem, das hier nicht zur Debatte steht. Meines Wissens fehlen für diese Fragestellung auch die nötigen empirisch-statistischen Untersuchungen. Mich interessiert hier zweierlei:

Einmal: Welches sind die Bedingungen, unter denen die Psychoanalyse möglich wurde? Wie stellt sich also der Horizont dar, in dem Psychoanalyse als sinnvolles Unternehmen in Erscheinung tritt?

Und zweitens dann: Wie kann in *diesem* Horizont, also unter den Bedingungen, unter denen die Psychoanalyse möglich wurde, sinnvoll gebetet und von Beten geredet werden? Es ist evident, daß an *dieser* Frage auch die andere, schwer auf theologischem Denken lastenden Frage, wie denn von Gott geredet werden könne, mit entschieden wird.

ZUM ERSTEN: DER HORIZONT DER ERFAHRUNG

Sucht man nach einem Wort, mit dem sich das, was man in aller historischen Bescheidung die Moderne nennen kann, auf einen – wenn auch strittigen – Begriff bringen läßt, so drängt sich das Wort »Erfahrung« geradezu auf. Nicht daß es eindeutig wäre und in solcher Eindeutigkeit als überall anerkanntes Signet der Moderne verstanden würde. Aber dieses Wort ist es doch, an dessen Gebrauch und Begriff sich die Debatte, die als modern beschreibbar ist, entzündet. An dieser Debatte ist nun auch und in vorderer Linie die Psychoanalyse beteiligt. Ja, die Psychoanalyse ist überhaupt möglich geworden unter der Bedingung, daß sie sich und in dem Maß wie sie sich an dieser Debatte beteiligt hat.

Drei Elemente scheinen mir die moderne Debatte um Erfahrung zu konstituieren:

1. Was ist der Ort der Erfahrung? Husserl etwa sagt: »Unsere Evidenz von individuellen Gegenständen macht im weitesten Sinne den Begriff der Erfahrung aus. Erfahrung im ersten und prägnantesten Sinne ist somit als direkte Beziehung auf Individuelles definiert« (Husserl 1954, 21). Es ist die *positive* Bedeutung, die Husserl diesem Satz gibt, die interessant ist. Kant hätte auch die Beziehung auf Individuelles als Bezeichnung für Erfahrung nennen können. Aber für ihn war diese Beziehung zugleich eine Beziehung auf Zufälliges; damit eine Beziehung, die den Erkenntniswert der Erfahrung zwar nicht verleugnet, ihn aber doch wesentlich einschränkt und vor allem nach einer erkenntnistheoretischen Überarbeitung der Erfahrung ruft. Für Husserl – und darin ist er typisch für die *moderne* Diskussion – geht es nicht um ein Ausgehen *von* der Erfahrung, in welchem Erfahrung, überboten wird, sondern um ein Zurückführen aller Erkenntnis *auf* Erfahrung. Der Erfahrung selbst eignet also eine bestimmte Rationalität, die sich nicht von einer absoluten Vernunft ableitet, sondern sich der prinzipiellen Rationalität und Auslegbarkeit des Singulär-Individuellen verdankt. Das aber ermöglicht, daß Erfahrung reflektierbar ist, der Reflexion bedarf und zugleich sich Erfahrung in der Reflexion als Erfahrung wiedererkennt.

Kurz: Erfahrung ist nicht eine zu überholende Kategorie des Zufalls (ich habe »es« eben erfahren, darum keine Diskussion bitte!). Sie ist eine prinzipiell kritische Kategorie, welche nie *eine* einzig wahre Antwort ermöglicht, sondern eine diskutierbare, modellhafte, welche weitere Erfahrung ermöglicht.

2. In der Reflexion zeigt sich Erfahrung als Erfahrung. Das heißt: In der Reflexion werden *Einzelerfahrungen* kritisch daraufhin geprüft, ob sie *Erfahrung* des der Erfahrung Möglichen, des Endlichen sind oder nicht. Dabei geht es nicht darum, Einzelerfahrung in einer einzigen, allein wahren Erfahrung zu fassen und so hinter sich zu lassen. Es geht darum, stets von Einzelerfahrung zu Einzelerfahrung fortzuschreiten, aber so, daß gewährleistet bleibt, daß Einzelerfahrung sich von Nichterfahrung abzuheben vermag.

3. Es ist unvermeidlich, der Erfahrung ein gewisses Moment der Direktheit und Spontaneität zuzuschreiben. Allein, dieses Moment darf nicht zur Kategorie erhoben werden. Spontaneität und Direktheit der Einzelerfahrungen werden dort, wo Reflexion auf Erfahrung einsetzt, geradezu zu Kennzeichen der dauernden Geschichtlichkeit und Vermitteltheit aller Erfahrung. Erfahrung versetzt nicht in den Nullpunkt. In ihr feiert das Endliche nicht Premiere. Im Gegenteil: Als Erfahrung reflektierte Einzelerfahrung schafft kritische Distanz zu ihren Gegebenheiten, indem sie sich als geschichtlich prozedierende versteht.

Alle diese drei Elemente scheinen mir konstitutiv für die Debatte um den die Moderne signalisierenden Begriff der Erfahrung. In einem damit sind sie aber auch konstitutiv für die Psychoanalyse und zeitigen gerade in ihr bezeichnende Resultate und Postulate.

Gerade in der Analyse kommt an den Tag, wie sehr Erfahrung nicht nur Grundlage, Material, sondern besonders auch kritische Kategorie wird. Im analytischen Prozeß geht es letztlich um nichts anderes als darum, daß individuelle Einzelerfahrungen sich prüfen lassen, ob sie Erfahrung von Erfahrbarem sind oder nicht. Das heißt der Mensch wird im analytischen Prozeß kategorisch an die Erfahrung und das heißt an das Endliche gewiesen. Das hat drei Konsequenzen, die nur angedeutet werden können:

1. Freud legt das Gewicht auf das *Aussprechen* des freien Einfalls. Die Sprache wird so zum Ort, an dem Vergangenheit gewissermaßen liquid, formbar wird und so ihre stummen usurpatorischen Ansprüche an die Gegenwart loswerden kann. Die Art solcher Sprache ist eine bestimmte: Es ist die erzählende Sprache, die epische. Im Epos findet sich der geschichtliche Prozeß, genannt Mensch, je und je ein. Hier erlangt Form, was die Erfahrung ermöglicht. Oder anders gesagt: »Erfahrung versagt sich alle Definition des Menschen. Der unabschließbare Prozeß kennzeichnet sowohl die Struktur der Erfahrung selbst wie die Struktur dessen, der erfährt, nämlich des Menschen. Die Sprache, die solcher Struktur Form gibt, ist die epische, Erfahrung setzt nicht, sie erzählt« (Bernet 1970, 77).[1]

2. Im Formulieren, im Erzählen von Erfahrung erscheint ein rationales Element. Erfahrung ist rationabel und verlangt aus sich selbst heraus nach Reflexion. »Die Ratio aber, die in dieser formulierenden Reflexion zur Anwendung kommt, ist eine spezifische: Sie ist nicht Weltvernunft *über* aller Erfahrung; sondern, gebunden an die Erfahrung, gibt sich ratio bescheidener: Statt Zutritt zu letzter Wahrheit zu verschaffen, beleuchtet sie ein Stück Weg, den Erfahrung wieder gehen kann« (Bernet 1970, 76).

3. Damit verbindet sich ein Weiteres. Der besondere Charakter der Ratio wie der besondere Charakter der Form, d. h. die Vorläufigkeit der Ratio wie das Epische ihrer Form, haben ihren Grund in der unabschließbaren Endlichkeit aller Erfahrung. Die Endlichkeit also ist die Form der Erfahrung. Je intensiver Erfahrungen als Erfahrung reflektiert werden, desto deutlicher tritt die Begrenztheit, die Kontur der Form von Erfahrung hervor. Solche Kontur aber verdankt sich nicht Grenzen, die ein Außen von einem Innen trennen, sondern stellt sich dar als Geheimnis der Endlichkeit, dem sich die Erfahrung verdankt. »Hat die Welt denn noch Geheimnisse? Und: Ist es noch sinnvoll, im Blick gerade auf die Erfahrung von Geheimnis zu reden? Geheimnis ist nicht Rätsel. Wenn wir fragen: Ist die Welt enträtselt oder soll sie immer noch weiter enträtselt werden?, dann würde ich sagen: Ja, und zwar je mehr desto lieber. Die Welt soll nicht rätselhaft sein, sondern hell und klar, und ohne Rätsel und den Menschen zuhanden. Aber ohne Geheimnis? Nur ein ganz langweiliger Tropf kann behaupten, die Welt sei ohne Geheimnis« (Bernet 1970, 87). Es ist das Geheimnis, das die unabschließbare Endlichkeit als rationable der Erfahrung zugänglich macht. Und es ist dieses gerade die Rationabilität des Endlichen gewährleistende Geheimnis, das der erzählenden Reflexion die Art des Reflektierens zuweist. Es ist das Fragen. Reflexion von Erfahrung ist Frage. Frage, so wie sie hier als Art der Reflexion auf Erfahrung verstanden wird, läßt sich nicht im Hinblick auf eine Antwort, die sie auflösen könnte, formulieren. Frage verwandelt alle Antwort sogleich wieder in neue Frage und wahrt so den Geheimnischarakter des Endlichen.

Wenn in diesen drei Punkten die Psychoanalyse kaum expressis verbis zum Thema wurde, so meine ich doch, sie sei in wesentlichen Elementen zum Zuge gekommen. Es gibt kaum einen Ort, an dem die Zuordnung von Erfahrung, rationabler Endlichkeit und Frage deutlicher an den Tag träte als in der Psychoanalyse. Insofern bedeutet die Psychoanalyse einen Horizont des Erfahrungsdenkens, dessen kritischer Kraft sich die Theologie nicht entziehen darf. Dabei ist zu betonen, daß weniger einzelne Stücke psychoanalytischen Denkens, etwa Freuds Religionskritik, als der psychoanalytische Denkhorizont als ganzer die Theologie zur Auseinandersetzung zwingt.

ZUM ZWEITEN: DIE FRAGE NACH DEM BETEN

Es kann der Theologie nicht darum gehen, ihre Frage nach dem Gebet in irgendeinem Gegenüber zum Horizont des Erfahrungsdenkens, also apologetisch anzusetzen. Sie wird nach »Wesen« und »Sinn« des Gebets *innerhalb* des Horizonts des Erfahrungsdenkens fragen müssen. Das heißt, sie entwirft ihren Diskurs über das Gebet so, daß sie die kritische Funktion dieses Horizonts gegenüber ihrer eigenen Tradition ernst und wahrnimmt. An einem Beispiel soll gezeigt werden, was das bedeutet. Luther äußert sich in einer Predigt zu Johannes 17 über das Gebet: »Sic mihi fit, quando ego sine verbis sum, non lego, non gedenck: nemo ist bey mir da heim, si lego psalmum, acquiro alias cogitationes. Ich hoff ein itzlicher solls also bey sich erfaren. Exemplum hoc quod externe orationes sol haben. Non papisticae. Ratio, quam invenietis vobiscum: adeo sumus incerti in nostris cogitationibus et wanckelmudig quando quis incipit speculari de deo an spruch, so ghets yhm gewislich also: quando vult de Christo cogitare crucifixo, sol er komen auff ein nackent weib odder auff ein golt perg vel in Hispaniam. Tenta cor tuum una hora et expecta, quales habiturus in ea hora cogitationes, Et gelobe dir selbs, quod velis cogitationes istas dicere ore. Si dicas mundo, so wurde sich zulauffen und mit keten binden, so ein iemmerlich dinge« (Luther 1903, 76 f).[2]

Daß Luther vom Beter Anhalt an einem äußeren »Spruch« verlangt, das macht noch keinen wesentlichen Unterschied zur Psychoanalyse. Auch sie setzt gelegentlich bei vorgegebenen Texten ein. Selbst der »freie Einfall« ist für sie in gewissem Sinne ein »Verbum externum«. Er kommt »von außen«, und es gilt ihn zu »biographisieren«, zu deuten, zu integrieren. Der Unterschied zwischen der Gebetsituation, wie sie hier von Luther beschrieben wird, und der psychoanalytischen Situation ist ein Unterschied der Horizonte.

Bei Luther findet das meditierende Beten als »Verbum externum« einen völlig uniken Anhalt, nämlich den biblischen Text als den Ort möglicher Externität. Wer sich daran nicht hält, der bleibt auf sich selbst verwiesen, cor incurvatum in se. Ja mehr noch, der verfestigt seine Existenz erst recht als eine sündige. Das Heil aber kommt von außen. Es erscheint als letzte, rettende Antwort von außen. Der Horizont traditionellen Betens, wie er hier bei Luther sich zeigt, ist ein Horizont gerade *nicht* des Erfahrungs-, sondern des Heilsdenkens. Das heißt Erfahrung wird aus dem Horizont des Heils heraus interpretiert.

Ganz anders die Psychoanalyse. Sie setzt ihr Vertrauen in die Rationabilität, mithin in die latente Logik des freien Einfalls und damit der Sprache, die von Erfahrung zehrt und erzählt. So erwartet die Psychoanalyse kein Heil von außen, auch kein Heil von innen. »Sie verläßt sich darin gänzlich auf die Erfahrung, dergestalt, daß sie von der Sprache, welche über die Erfahrung Rechenschaft gibt, ›nur‹ eine relative, aber darin allerdings effektive Bereinigung der psychischen Verhältnisse erwartet, damit der Weg zu neuer Erfahrung freigelegt wird. Dieser Weg führt nicht zu letzter Antwort, sondern zu neuer Frage« (Bernet 1970, 105).

Der Horizont der Psychoanalyse ist also der Horizont der Erfahrung. Aus ihm heraus deutet sie, was ihr erscheint. Aus ihm heraus deutet sie auch Phänomene, die dem Horizont des Heilsdenkens entstammen. Eine heute mögliche Theologie des Gebets wird sich dieser Horizontverschiebung nicht entziehen können. Sie wird Erfahrung nicht vom Heil her, sie wird vielmehr Heilsdenken aus dem Horizont der Erfahrung deuten, und so eben kritisch, nicht nur immanent, sondern sachkritisch interpretieren müssen. Beten hat seinen Sinn und seine Funktion als ein Akt des Denkens, in welchem die Erfahrung erzählt, die Erzählung um des Geheimnisses des Endlichen willen reflektiert und so reflektierte Erfahrung zum Ort des Menschenmöglichen gemacht wird. Dieser Akt findet sich vor im Horizont der Erfahrung. In ihm wird alles, was aus dem Horizont des Heils stammt, nicht verdrängt, aber in seiner Struktur der Antwort, ergangener und vergangener Antwort erkannt und verbraucht. Beten heißt: verzehren von Antwort, verbrauchen von Figuren des Heils und darin verwandeln in Frage und dauerndes Wiedereinsetzen bei und in der Erfahrung.

Ein solcher Vorgang des Denkens, den ich Beten nenne, leistet gerade darin, daß er stets auf neue Frage aus ist, in seinem Vollzug dauernd Verzicht. So etwa verzichtet er auf ein personales Gegenüber, wie er überhaupt die Kategorie des Personalen im Denken über Gott als eine zu verzehrende Kategorie des Heilsdenkens erkennt. Oder er verzichtet auf soteriologisches Denken, weil es ihm geradezu als Inbegriff des Heilshorizonts erscheint. »Beten als Reflexion der Erfahrung orientiert sich an der apersonalen Größe ›Geheimnis‹, oder besser gesagt: Im Beten spielt sich die Reflexion der Erfahrung auf den Geheimnischarakter ihrer Grenzen ein. Beten also, sofern es Erfahrung nicht überspielt, sondern ihr verbunden bleibt, stellt dem Denken, auch dem theologischen Denken über und an Gott, nicht Personalität als *die* theologische Kategorie des Eigentlichen und Unmittelbaren zur Verfügung. Beten stellt gerade theologisches Denken darin, daß es die Reflexion auf den Geheimnischarakter der Erfahrung einspielt, heute vor die Frage nach einer Sprache, die der Apersonalität und Mittelbarkeit ihres möglichen ›Gegenstandes‹ Rechnung trägt« (Bernet 1970, 108).

So verstanden ist der Denkakt des Betens der Ort, an dem herauskommt, wo Theologie überhaupt ihren Zirkel einsetzt, und ob sie – der Erfahrung entsprechend – fähig ist, *heute* zur Geltung zu bringen, was *unbedingt* zur Geltung kommen muß, nämlich die Menschlichkeit Gottes als Ermöglichung menschlichen Lebens überhaupt. Die Menschlichkeit Gottes aber ist im Horizont der Erfahrung nur zur Darstellung zu bringen, indem die Seinsweise Gottes verstanden wird aus der Grundstruktur des Menschen. Diese aber ist von der Art der Frage. Oder umgekehrt: »Es ist die kritische Funktion des Betens, daß es fragen lehrt und darin der Fragestruktur humaner ›Grundsituation‹ innewerden läßt. Diese kritische Funktion nimmt das Beten nicht zuletzt dadurch wahr, daß es uns von der Tradition her unvermeidlich das Wort ›Gott‹ zuspielt, jenes Wort also, das unter allen Menschenwörtern in dringlichster Weise eine Frage stellt, die niemals in eine Antwort umgelogen werden kann. So vernimmt das Beten das Wort ›Gott‹ als jenes Wort, das in seiner ganzen Abstraktheit und Apersonalität den Geheimnischarakter der Wirklichkeit und zugleich die im schweigenden Staunen gründende Fragestruktur des Menschen in sich schließt« (Bernet 1970, 152). (S. auch den zweiten Beitrag des Autors in diesem Bd.).

ANMERKUNGEN

1

Es ist nicht Unbescheidenheit, sondern es entspricht dem Auftrag des Herausgebers, wenn ich in diesem Artikel immer wieder Bezug nehme auf mein Büchlein »Gebet« (Bernet 1970). Im übrigen verweise ich auf das klassische Buch von Heiler, »Das Gebet«, sowie auf eine hervorragende neuere französische Arbeit von Vasse (1969), »Le temps du désir«.

2

Übersetzung: »So geht es mir: Wenn ich ohne Worte (Bibel) bin, (sie) weder lese noch mich (ihrer) erinnere, dann ist niemand bei mir daheim (d. h. dann bleibe ich bloß bei mir allein), wenn ich aber einen Psalm lese, komme ich auf andere Gedanken. Ich hoffe, daß jedermann es mit sich ebenso erfährt. Dies sei ein Beispiel dafür, daß man das äußerliche Gebet pflegen soll, allerdings nicht in der Art der papistischen Gebete. Der Grund, welchen ihr dafür bei euch selbst finden werdet, ist folgender: Wir sind in solchem Maße ungewiß und wankelmütig bei unsern Gedanken, daß, sobald jemand beginnt, über Gott nachzudenken ohne einen Bibelspruch, es ihm gewiß so ergehen wird: Will er an den gekreuzigten Christus denken, kommt er auf ein nacktes Weib, auf einen Goldberg oder auf Spanien. Versuche dein Herz eine Stunde lang und warte ab, welche Art Gedanken in dieser einen Stunde du hast, und gelobe dir, daß du diese Gedanken mündlich aussprechen willst. Wenn du sie öffentlich sagst, so wird man herbeilaufen und dich in Ketten legen, so eine jämmerliche Sache wäre das.«

LITERATUR

Bernet, W.: Gebet. Stuttgart, Berlin: Kreuz-Verlag 1970

Heiler, F.: Das Gebet. München 1908

Husserl, E.: Erfahrung und Urteil. Hamburg: Claassen 1954

Luther, M.: Wochenpredigten über Joh. 16–20. In: Werkausgabe, Bd. 28. Weimar: Hermann Böhlaus Nachfolger 1903

Vasse, D.: Le temps du désir. Paris: Seuil 1969

TIEFENPSYCHOLOGIE UND ZEN-BUDDHISMUS

Kritische Überlegungen zu Systematik und Sinn des Vergleichs

von Ingeborg Y. Wendt

KENNTNISSTAND

Das westliche Interesse am Zen-Buddhismus[1] ist in der zweiten Hälfte des zwanzigsten Jahrhunderts ähnlich angewachsen wie die technische »Rationalisierung«. Zu unterscheiden ist zwischen weltanschaulich motiviertem und wissenschaftlichem Interesse. Dabei fällt auf, daß der quantitative Beitrag zur Aufhellung des Phänomens von Ostasien-Spezialisten wie Indologen, Sinologen, Japanologen gemessen an der Verbreitung des Interesses relativ gering ist. Ohne die Arbeiten von Angehörigen anderer Wissenschaften wäre weit weniger über Zen im Westen bekannt. Allerdings enthält der bisherige Kenntnisstand Sprünge.

Man orientiert sich bezüglich des Zen-Buddhismus heute vorwiegend an Japan, wohin dieser auf dem Weg über China und Korea im dreizehnten Jahrhundert gelangte. Bodhidharma hatte ihn am Anfang des sechsten Jahrhunderts aus Indien, wo er schon zu jenem Zeitpunkt eine jahrhundertelange Tradition hatte, nach China gebracht, und dort traf Zen auf ebenfalls schon alte philosophische Konzeptionen. Als Zen sieben Jahrhunderte später von Japan aufgenommen wurde, hatte es in Form und Gedankengehalt chinesische Elemente in sich aufgenommen. In den folgenden Jahrhunderten durchlief der Buddhismus und mit ihm Zen in Japan wieder einen Assimilationsprozeß, und was der Westen heute kennenlernt, ist hauptsächlich die japanische Version.

Zur geisteswissenschaftlichen Erschließung wäre demnach interdisziplinäre Kooperation – zwischen Indologie, Sinologie, Koreanistik und Japanologie – erforderlich. Bisher erfolgt solche vergleichende Forschung aber nur vereinzelt; einer ihrer wenigen Repräsentanten ist der japanische Buddhismus-Gelehrte Hajime Nakamura (1964), und das Studium seines Werkes läßt vor dem westlichen Auge eine solche Vielfalt anderer als abendländischer Gedanken und möglicher Seinsvollzüge emotioneller, religiöser, perzeptiver Art erstehen, daß die westliche Vorstellung vom Wesen des Zen daneben außerordentlich klein wird.

Bei der Erarbeitung ostasiatischer Gedankenwelt sind besonders am Anfang oft Mißverständnisse entstanden. So wurde der Begriff Tao, der in der chinesischen Philosophie eine zentrale Rolle spielt, von frühen westlichen Interpreten mit »Gott« wiedergegeben, wodurch die übersetzten Texte unverständlich und oft unsinnig wurden: »Gott« paßte weder inhaltlich noch grammatikalisch in den

Zusammenhang. Ein Durchbruch zum Verständnis wurde erzielt, als man Tao wörtlich mit »Weg« oder »Bahn« wiedergab. Tao war die Bahn oder der Weg der Gestirne, des Universums, des Menschen, aller Dinge. Japanisiert dō oder tō findet sich der Begriff in Shintō wieder, dem »Weg der Götter«, in Ken-dō, dem »Weg des Schwertes«, bekannt als »Kunst des Schwertkampfes«, und in vielen anderen Begriffen. Gleichzeitig ist dō oder tō auch eine Vokabel in alltäglichen Zusammenhängen (Straße, Leitung).

Die Nähe von Geistigem und materiell Banalem zueinander ist ein Umstand, der zur Verwirrung im westlichen Verständnis ostasiatischer Phänomene beigetragen hat. Ein Ausweg schien zu sein, ostasiatisches Denken als »mystisch« zu verstehen, aber auch dann erschienen manche Begriffe unpassend. Man hat deshalb z. B. lange versucht, die japanische Vokabel hara im Zusammenhang mit Zen zu symbolisieren und zu verfeinern, indem man sie mit »Nabel« übersetzte. Nur langsam hat sich die Erkenntnis durchgesetzt, daß hara auch im Zusammenhang mit Zen tatsächlich »Bauch« heißt.

Soweit nun die westliche Tiefenpsychologie sich vergleichend mit Zen befaßt, überspringt sie einige Stufen. Sie stellt zwei aus verschiedenen kulturellen Zusammenhängen hervorgewachsene Phänomene einander gegenüber, ohne daß vorher deren unterschiedliche geistig-seelische Hintergründe kultur-anthropologisch erforscht – bzw. in Selbstreflexion hinterfragt – worden wären. (Zur historischen Ableitung der Psychotherapie s. den Beitrag von P. Seidmann in diesem Bd.).

UNTERSCHIEDLICHE VORAUSSETZUNGEN

Die Tiefenpsychologie geht von der spezifischen Bewußtseinslage des heutigen europäisch-amerikanischen Menschen aus, die von zweitausend Jahren abendländischer Geistesentwicklung geprägt ist.

Philosophie und Religion[2] sind im Abendland durchzogen vom Disput über den Primat des Geistes oder der Materie. Leib und Seele, Natürliches und Numinoses stehen einander »dialektisch« gegenüber. Die christliche Lehre fügte sich diesen existentiellen Dualismus ein; sie sah den natürlichen Menschen durch Sünde in Gott-Ferne gerückt. Gott und Natur gehörten zu den voneinander gespaltenen Dimensionen Geist und Materie. In der Neuzeit erfolgte eine Entwicklung zur vorrangigen Beachtung des Materiellen und Leiblichen. So gilt die Sexualität als natürlicher Trieb, während das kontrollierende »Über-Ich« gewissermaßen »nur« kulturell bedingt ist. Auch Aggressivität gilt seit einiger Zeit als biologisch begründeter, elementarer Antrieb, dessen zügelnde Gegenkräfte jedoch ohne vitale Eigenenergie sind. Der Selbsterhaltungstrieb wird auf leibliche, nicht auf geistig-seelische Bedürfnisse bezogen verstanden, und in materiell besonders erfolgreichen Gesellschaften der Gegenwart ist »Idealismus« das Gegenteil nicht mehr von »Materialismus«, sondern geradezu von »Realismus«.

Das erkenntnisgerichtete Denken selbst spaltete sich im Abendland auf in intellektuell-begriffliches und religiös-intuitives, und das erstere gewann die Oberhand. Es verstand sich als »rational« gegenüber »irrationalem« Denken, und als solches gehört es heute zum Instrumentarium der Weltanschauung des westlichen »Realisten«. Die Religion des christlichen Abendlandes scheint der rationalen Forderung angepaßt: Ihre Lehre manifestiert sich in einem theoretisch-formal geschlossenen Dogma, zu dessen Begründung, Auslegung und Verständnis viel rational-gedankliche Arbeit geleistet wird und das dem sich zu ihm Bekennenden nicht viel Raum zu intuitiver Annäherung an das Göttliche läßt.

Zur materiell-rational orientierten Entwicklung des Abendlandes gehört auch die rational-bewußte »Individuation« (s. den Beitrag von R. Keintzel über »Individuation« in diesem Bd.). Europa ist der Repräsentant des Individualismus unter den Kulturen. In seiner Kunst, Philosophie und Religion steht das menschliche Ego ringend und leidend im Mittelpunkt der Schöpfung: gottebenbildlich oder als Gras, das im Staub zertreten wird, heroisch oder demütig, die Natur beherrschend oder von ihr geschlagen. Der Grad der rational-bewußten Abhebung des Ego von anderen Egos und von der Welt gilt europäischer Beurteilung geradezu als Maßstab für das kulturelle Niveau der Völker, und sogar die höchste schöpferische Wesenheit stellt sich diesem Denken anthropomorph und individuiert dar (»Gott-Vater«).

In der Tiefenpsychologie spiegelt sich die abendländische Geistesgeschichte. Die Sexualität mußte nur deshalb »psychoanalytisch« aus den Fesseln seelischer Verdrängung befreit werden, weil sie epochenweise als sündhaft aus dem kulturellen Bewußtsein verbannt worden war (s. zur sexuellen Problematik den Beitrag von B. Nitzschke in Bd. II dieser Enzyklopädie). Die »Individualpsychologie« konnte nur in einer Kultur entstehen, in der das Ego eine zentrale Stellung innehat; infolge seiner kreatürlichen Begrenztheit ist es als Mittelpunkt allen Geschehens überfordert – Minderwertigkeitsgefühl und kompensierendes Macht- und Geltungsstreben sind die Folge. Auch diejenigen Zweige der Tiefenpsychologie, die sich mit weniger eng umgrenzten geistig-seelischen Bereichen wie z. B. dem kollektiven Unbewußten oder den Kräften des Logos befassen, sind Kinder des Abendlandes: In Kulturen, in denen Materie und Geist, rationales und intuitives Denken, Natürliches und Numinoses nicht voneinander gespalten sind, sind geistig-seelische Kräfte nicht, oder nicht in der abendländischen Weise, zum Problem geworden und machen dort weniger von sich reden.

In der Geistesgeschichte Ostasiens ist das Universum nicht in Materie und Geist zerspalten worden. Gegensatzpaare wie das chinesische Yin und Yang weisen nicht auf einen »Dualismus«, es geht bei ihnen nicht um den *Primat* des einen oder anderen, sondern Yin und Yang sind zwei gleichzeitige Seiten desselben Einen. Numinoses und Natürliches gehören nicht zwei verschiedenen Welten an, sondern der gleichen Dimension; keines ist vitaler – oder »geistiger« – als das andere.

Das Denken hat sich auch nicht in intellektuell-begriffliches und religiös-intuitives aufgespalten; rationale und religiöse Kräfte schufen verbunden miteinander die Systeme indischer und chinesischer Philosophie. Es entstand kein Konflikt zwischen Glauben und Wissen; die unendliche Schöpfungskraft und die Vielfältigkeit und Fülle ihrer in ständigem Wandel begriffenen Erscheinungen, die der Intuition zugänglich waren, wurden nicht in die gedanklichen Grenzen des Geschaffenen, des menschlichen Denkens, gezwängt, sondern die philosophischen Systeme blieben offen, und keine der Konzeptionen wurde zur Allgemeinverbindlichkeit erhoben. Die Wahrheit zeigte sich in verschiedenen Kulturen und zu verschiedenen Zeiten in verschiedener Gestalt, je nach der Verständnismöglichkeit der Menschen. Japan übernahm einige der buddhistischen Lehren und chinesischen »Wege« und ließ die Glaubensweisen des Shintō[3] mit der gleichen Toleranz daneben weiterbestehen.

Religion war und ist also in Ostasien nicht etwas, zu dem man sich rational-bewußt und theoretisch bekennt, sondern Religiosität wurzelt im Instinktiv-Intuitiven (das nicht natürlich-numinos zerspalten ist) und ist so unmittelbar da wie das Leben selbst. Die Religionen Ostasiens sind auch nicht monotheistisch-anthropomorph, und wenn im interkulturellen Gespräch der Gegenwart ostasiatische Menschen zu Europäern sagen, sie hätten keine Religion, heißt das: keine Religion im westlichen Sinne.

Schließlich ist der ostasiatische Mensch in Kunst und Philosophie kein heroisches oder demütiges Ego; nicht er, sondern das Geschehen steht im Mittelpunkt der Betrachtung; »Substanz« und »Accidenz«, wie Munzinger (1894) analysiert, sind gleichgewichtig. Der ostasiatische Mensch ist auch nicht rational-bewußt auf seine Individualität bedacht; er ist vielmehr ein Teil des Geschehens und, im Alltag, ein Glied des Verbandes der Familie oder der Dorfgemeinschaft. Daraus resultiert nicht Nivellierung oder Nichtachtung einer einzelnen Person. Im Gegenteil bleibt, da es ja niemanden um ein Ego geht, jedem natürlicher Raum für sein Selbst-Sein.

Japan, an dessen Version des Zen sich der Westen zur Zeit hauptsächlich orientiert, hat sich nicht von innen her, nicht auf dem Weg über Akzentuierung des Materiellen gegenüber Geistigem oder Abspaltung des intellektuell-begrifflichen von religiös-intuitivem Denken zu einer technisch-industriellen Zivilisation entwikkelt. Es hat lediglich die *Ergebnisse* naturwissenschaftlicher Entwicklung studiert und sie, von außen her, seiner traditionellen Substanz aufgesetzt. Der Boden seiner »Irrationalität« ist dabei so lebendig geblieben, daß es, unter Beibehaltung der buddhistischen Sekten[4] aus dem dreizehnten Jahrhundert, sogar noch nach dem Ende des Zweiten Weltkrieges eine kaum zu überblickende Anzahl »Neuer Religionen«, shinko shukyo, hervorgebracht hat. Zu einem Zeitpunkt zählte man sie nach Hunderten, die nach Hori (1968) buddhistisch, shintōistisch, christlich sowie von chinesischen und abendländischen Philosophien inspiriert sind.

Auch die sozio-psychologischen Bindungen sind, unter der Oberfläche gewisser westlich anmutender Zeiterscheinungen, traditionell verankert. Einer der bindenden Faktoren ist das »System« des amae, mit dem Verb amaeru, das der japanische Psychologe Doi (1973) durch amerikanische Veröffentlichungen westlicher Kenntnis zugänglich gemacht hat. Amaeru bedeutet demnach »to depend on«, »to rely on«, »to lean on«. Diese englischen Begriffe sind aber ebenso wie die deutschen »abhängig sein von«, »sich verlassen auf«, »sich anlehnen an« nur ungefähre Entsprechungen, und sie bezeichnen nur spezielle einzelne Bezüge von Person zu Person, während amae als Grundhaltung das Gesamt der japanischen Gesellschaft durchzieht. Innerhalb der weiteren Familie, des Freundeskreises und auch der größeren Gruppen des modernen Berufslebens verläßt man sich gegenseitig aufeinander und lehnt sich, emotional und praktisch in konkreten Alltagsbelangen, aneinander an; man empfängt und erteilt Gefälligkeiten, man lädt eine Last auf eines andern Schultern und bekommt Lasten von andern aufgeladen, man ist ständig, am gebenden oder am empfangenden Ende, in Dankbarkeits»verpflichtungen« verwickelt – eine der japanischen Vokabeln für »danke« heißt bezeichnenderweise sumimasen: »es ist nicht zu Ende« – und man *erwartet* das auch. Man ist nicht »Individualist«.

In neuen Formen existieren also in Ostasien und sogar im technisch-industriell modernen Japan auch heute Grundzüge, die den Boden gebildet haben und bilden, auf dem Zen entstehen und sich fortpflanzen konnte.

ZEN-ÜBUNG UND JAPANISCHE PSYCHOTHERAPIE

Wer sich zur Zen-Sekte des Buddhismus bekennt, begnügt sich nicht mit der magisch eingestellten Anrufung des Namens Buddhas oder mit dem einfachen Glauben, sondern nimmt es auf sich, dem zentralen Sein durch eigene Anstrengung näherzukommen.

Der Mönch setzt sich in einer bestimmten Körperhaltung, in der der Bauch, hara, der Schwer- oder Mittelpunkt ist, und mit einer bestimmten Blickrichtung, die ihn am Einschlafen hindert und seine Wachheit schärft, zur Konzentration. Die erste Forderung ist der Verzicht auf alle persönlichen Wünsche und Zielstrebungen, und bei der Zen-Übung zeigt sich, daß dieser Verzicht praktisch sehr schwer zu leisten ist. Aus den persönlichen Ambitionen steigen unablässig Gedanken und Bilder auf, und der Kampf gegen sie, die versuchte Unterdrückung, schafft *neue* Assoziationen. Die beste Methode ist das – wach-bewußte, nicht schläfrige – Auslaufen-Lassen aller dieser Regungen, und sie erfordert Zeit. Monate täglich vielstündiger Konzentrationsarbeit sind erforderlich, um die gereinigte, »leere« Ausgangsbasis für die Arbeit an der eigentlichen Aufgabe zu erreichen.

Mit der konventionellen, vordergründigen Art des Denkens kann der Ursprung allen Seins oder das »Nichts« (nicht nihil!)[5] nicht begriffen werden. Ein Hilfsmittel zu dessen Überwindung ist das Kôan, eine Frage, auf die es keine logische Antwort gibt; zum Beispiel »Wie kann man das Klatschen einer einzelnen Hand hören?« Der Mönch geht an diese Frage schon relativ gelassen heran, aber im Verlauf der immer gleich aussichtslos erscheinenden Bemühungen mögen doch Emotionen, z. B. der zornigen Rebellion oder der Depression und Hoffnungslosigkeit, in ihm aufsteigen, und auch im ausgeglichenen Zustand der Leere wird er, solange er noch logisch denkt, über den Zweifel nicht hinwegkommen. Der Zweifel kann nur immer weiter nach innen, immer tiefer wirken, bis der Mönch selbst zum Zweifel und Eins mit dem Kôan wird. Er wird nichts mehr sein als eine elementare Lebensdynamik, die, nun schon jenseits menschlicher Logik, die Antwort zu finden oder die Frage zu verstehen sucht. Der Mönch nimmt nichts mehr um sich her wahr, und Stunden vergehen für ihn wie eine Sekunde.

Und dann wird es eine unbenennbare Zeitspanne geben, in der der Übende »das Klatschen einer einzelnen Hand hört«. Es ist der Moment des Satori – in westlichen Sprachen mit dem problematischen Begriff »Erleuchtung« wiedergegeben –, während dessen der Übende aus den einengenden Fesseln der Logik in eine weitere Welt befreit wird. In ihr existiert die Frage nicht mehr.

Über die Sicht- und Seinsweise derer, die Satori erfahren haben, könnten nur sie selbst berichten; aber sie sprechen nicht mehr die Sprache der banalen Logik, denn sie haben sich bei der Arbeit an der Lösung der Frage verändert. Es ist nicht möglich, die Antwort als dasselbe Selbst zu erfahren, als das man die Frage gestellt hat; die Antwort erfolgt nicht im Denken, sondern im Seinsvollzug. Sie kann nicht theoretisch übermittelt werden.

Es gibt deshalb nur indirekte Überlieferungen über die Schau »Erleuchteter«, z. B. in der Form wiedergegebener Gespräche zwischen Meister und Schüler, die kaum mehr als die unterschiedlichen Bewußtseinslagen beider reflektieren. Der Schüler fragt noch mit zweidimensionaler Logik danach, was Wahrheit sei, und erhält Antworten wie »die Zypressen im Hof« oder »ein blauer Fächer im Wind«. Der Meister – so könnte man logisch spekulieren – spricht aus der gelassenen Intensität seiner mehrdimensionalen Schau der Fülle der Realität heraus, die vom Sein und seinen Erscheinungen gebildet wird, nur das aus, was im Moment der Unterhaltung im Vordergrund seiner Wahrnehmung steht. Zu den indirekten Mitteilungen gehört auch das Wort, wonach man »den Buddha töten« müsse, in dem Moment, da man ihn trifft. In der unendlichen Bewegtheit allen Seins – so versucht die Logik zu verstehen – würde eine momentan erkannte Form nicht die ewige Wahrheit repräsentieren. Satori ist kein Endpunkt, sondern der Beginn eines neuen Seins.

Za-Zen, das »Sitzen«, ist nicht die einzige Form der Zen-Übung. Eine der möglichen Konzentrations-Weisen ist das von Herrigel (1958) beschriebene Bogenschießen, bei dem schließlich Schütze und Ziel Eins sind wie beim Za-Zen Frage und Antwort. Der Bogenschütze ist in der Dimension des Satori, wenn er sein Ziel bei geschlossenen Augen treffen kann. Zu den möglichen Übungen gehören auch »Sport«arten wie das obengenannte Ken-dō und wie Jyu-dō, der »Weg der Geschicklichkeit«. Ken-jyutsu und Jyu-jyutsu (auch jitsu) sind die dazugehörigen praktischen Techniken, und an der konkreten Arbeit der sportlichen Übung kann der Umfang der inneren Arbeit beim Za-Zen ermessen werden. Bis zu einem gewissen Grade können die zur Zen-Übung gehörenden Techniken »mißbraucht« werden: Jemand kann einige Stufen des Jyu-jyutsu erlernen, ohne vom Jyu-dō mehr als die elementarste Voraussetzung zu kennen. Auf diese Weise kann man aber nicht die Dimension des Satori erreichen.

Gemessen an der inneren Arbeit der Zen-Übung und an der Länge des Weges bis zum Satori nimmt in der westlichen Betrachtung meist das erreichte Ziel, dessen vermutete Konsequenzen gedanklich vorweggenommen werden, einen zu großen Raum ein, der Akzent liegt auf Erbauung. Es zeigt sich darin die Tradition des Idealismus. Daisetsu Suzuki (1939), der japanische Interpret des Zen für den Westen, ist dieser abendländischen Tradition entgegengekommen. In Japan selbst interpretieren die Zen-Meister heute so wenig wie in alter Zeit, was sie sehen oder erkennen, und die Zen übenden Japaner, die noch nicht Satori erfahren haben, haben keine Zeit für oder keinen Antrieb zu theoretischer Erbauung. Auch die Gegenposition, der Versuch, die Zen-Übung losgelöst von ihren geistigen Wurzeln nur als Mittel zu einem praktischen Zweck (Steigerung der Konzentrations- und Leistungsfähigkeit) zu betreiben, ist spezifisch westlich. Der Japaner, der sich ohne theoretisch-verbales Bekenntnis zum Zen-Buddhismus aus der Alltagsarbeit heraus eine Stunde zu innerer Konzentration zurückzieht, ist in einer anderen psychischen Verfassung. Sein Denken mag nicht auf Göttlich-Geistiges gerichtet sein; aber seine Sinne sind nie so einseitig-materiell eingestellt, daß sie das Numinose ausklammern könnten.

Auf dem Boden buddhistischen Denkens hat ein japanischer Psychiater um 1918 eine Neurosen-Lehre und eine dazugehörige psychotherapeutische Methode entwickelt, deren Vorbild die Zen-Übung ist. Die Methode wird nach ihrem Begründer Morita-Therapie genannt. Sie ist anwendbar vornehmlich auf Angst- und Zwangsneurosen und auf »Neurasthenie«. Dabei gelten weniger die Symptome selbst als neurotisch als vielmehr die krampfhafte Überzeugung des Betroffenen, daß nur er unter derartigen Symptomen leide und daß es möglich sei, ohne Anstrengung in psychischer Ausgewogenheit zu leben. Aus seiner Selbstbeobachtung resultieren neue Ängste, Zwänge und Wünsche, so daß der Patient in einem engen Kreis krankhafter Egozentrik befangen ist. Der Definition nach ist diese »Egozentrik« gleichbedeutend mit »neurotischer Fehlhaltung«. Von dieser Auffassung ausgehend wird das therapeutische Augenmerk darauf gerichtet, den Patienten zum Akzeptieren seiner Bedrängnisse und zur Wiedereingliederung in die natürlichen Zusammenhänge zu führen. Das Kernprinzip der Therapie ist das *Aushalten* der quälenden Symptome.

Die Therapie ist nur im Rahmen einer Spezialklinik durchführbar. Der Patient, dem zunächst vom Arzt Prinzip und Methode erläutert werden, entscheidet selbst über seine Aufnahme. Ihm steht harte Arbeit bevor. In der vier bis sieben Tage dauernden Anfangsphase muß er sich absoluter Bettruhe in einem Einzelzimmer unterziehen; er darf nicht lesen, nicht rauchen, sich mit niemanden unterhalten (auch nicht mit dem ihn überwachenden Arzt) und bekommt keine Medikamente. Am Anfang fühlt er sich dabei abgeschirmt und erleichtert, aber dann kommen die Symptome wieder und bedrängen den Allein-Gelassenen stärker denn je. Es erfolgen keine vorübergehenden Minderungen des Druckes von außen; der Druck kann nur nach innen wirken bis zu dem Punkt einer Kulmination, in dem sich die neurotischen Kräfte erschöpfen und die gesunde Lebenskraft freigelegt wird. Dieser Prozeß wiederholt sich in drei weiteren Phasen, in denen der Patient schrittweise in die Gemeinschaft zurückgeführt wird. Er verrichtet Gartenarbeit, um die heilende Wirkung der Natur wieder spüren zu lernen, und auch sonstige Arbeit mit den Händen, um von der unfruchtbaren Beschäftigung mit sich selbst abgezogen zu werden. Er darf wieder mit andern sprechen, aber nicht über seine Problematik. Die Dauer der Therapie beträgt im allgemeinen sechs Wochen.

Im Aushalten des quälenden Symptoms liegt die Parallele zur Arbeit des Mönchs am Kôan, und im Freiwerden der gesunden Lebenskraft des Patienten die Parallele zum Satori. Aber Patient und Mönch arbeiten auf verschiedenen psychischen Ebenen: Der normal-gesunde Zustand, der das *Ziel* der Morita-Therapie ist, ist für die Durchführung der Zen-Übung nur die *Voraussetzung.*

EINE TIEFENPSYCHOLOGISCHE FRAGE

Der Gesprächspartner für die westliche Tiefenpsychologie wäre eigentlich die japanische Psychotherapie und Neurosenlehre. Vergleichender Forschung würden sich neben verwandten auch andersartige Symptominhalte und Verarbeitungsweisen zeigen (z. B. neigen Japaner weniger zu analytischen Problemlösungen; westliche Psychoanalyse, in der japanischen Wissenschaft bekannt, ist dort nicht in derselben Weise anwendbar wie im Westen).

Die Art, in der das westliche Interesse am Zen sich manifestiert, legt nahe, daß es weniger klinisch-psychologisch als weltanschaulich-philosophisch motiviert ist. Dann erhebt sich aber die Frage, warum dieses Interesse sich nicht eher traditionellen abendländischen Geistesströmungen zuwendet als dem noch wenig erschlossenen Phänomen einer fremden Kultur.

Angesichts der Tatsache, daß Zen im Unterschied zu allen, auch den mystischen,

Schulen abendländischer Geistesgeschichte ohne theoretisch-dogmatisches Gerüst ist, läßt sich eine Vermutung aufstellen: Vielleicht wirkt Zen gerade wegen des Fehlens einer rational-begrifflichen Form, gerade weil es nicht Theorie gegen Theorie setzt, anziehend auf den rationalen Zwang gewöhnten Europäer, dem in seiner eigenen Kultur nicht einmal die Religion Raum für Intuition läßt. Zen scheint sich zu rationalen Forderungen nicht in Widerspruch zu setzen; es transzendiert sie ohne Argumente. Tatsächlich ist Zen im modernen Japan nicht in der prinzipiellen Weise in Konflikt mit Technik, Materie und Rationalisierung geraten wie die christliche Lehre in Europa.

Vielleicht beweist das westlich-intellektuelle Interesse am Zen, das aus dem Sog rationalistischer Perfektionierung heraus entsteht, deutlicher als es religiöse Haltungen in vorindustriellen Gesellschaften tun das Vorhandensein eines natürlich-vitalen, elementaren Antriebs im Menschen, der von der westlichen Wissenschaft bisher vernachlässig worden ist.

Allerdings ist der Mensch der westlich-materiellen Zivilisation eher in der Situation des Patienten, der die Morita-Therapie braucht, als in der des Mönchs, der geistig-seelisch ausgewogen genug ist, um die Wahrheit suchen zu können. Vielleicht würden Morita-Kliniken in Europa einem rational noch nicht erkannten Bedürfnis entgegenkommen.

ANMERKUNGEN

1

Hinweise für die Aussprache der im Text vorkommenden japanischen Vokabeln:
Zen und *Za-Zen*: Z wie das deutsche S, also Sen und Sa-Sen;
j (in *Hajime* und *Jyu-jyutsu*): wie im englischen James;
ch (in *Ichiro*): wie im englischen church;
s in *sumimasen* (Betonung auf der kurzen letzten Silbe) und *Satori* (Betonung auf der kurzen ersten Silbe): wie im englischen sun;
amae = drei Silben: a-ma-e (Betonung auf der ersten Silbe), a-ma-e-ru (Betonung auf der dritten Silbe);
Morita, *Takeo*, *Ichiro*, *Hajime*: Betonung je auf der ersten Silbe.

2

Die folgenden Thesen ebenso wie die Beschreibung der Zen-Übung und der Morita-Therapie sind ausführlich dargelegt in Wendt (1961).

3

Damit ist nicht der erst in der zweiten Hälfte des 19. Jahrhunderts eingeführte Staats-Shintō gemeint. Der ursprüngliche, allgemeinere Shintō umfaßt eine Fülle von Glaubensweisen shamanischer Art (vgl. Wendt 1970).

4

»Sekten« stehen in ostasiatischen Religionen gleichbedeutend nebeneinander; eine »Kirche« mit einem Zentralisierungsanspruch besteht nicht.

5

Am ehesten ist vielleicht das »Sein« im Heideggerschen Sinne vergleichbar.

LITERATUR

Doi, T.: Anatomy of dependence. Tokyo: Kodansha Int. 1973

Herrigel, E.: Zen in der Kunst des Bogenschießens. München-Planegg: Otto Wilhelm Barth Verlag 1958

Hori, I.: Folk religion in Japan. Continuity and change. Chicago: University of Chicago Press 1968

Munzinger, C.: Die Psychologie der japanischen Sprache. Mitteilungen der Deutschen Gesellschaft für Natur- und Völkerkunde Ostasiens, 6, 1894, 103–148

Nakamura, H.: Ways of thinking of eastern peoples: India-China-Tibet-Japan. Honolulu, Hawaii: East-West Center Press 1964

Suzuki, D. T.: Die große Befreiung. Leipzig: Weller 1939; Zürich: Rascher [4]1958

Wendt, I. Y.: Zen, Japan und der Westen. München: List 1961

Die »unheimlichen« Japaner. Stuttgart: Kohlhammer 1970

TRANSZENDENZ ALS ERFAHRUNG

von Karlfried Graf Dürckheim

Der Kräfte, Vermögen und Erscheinungen, die den Horizont des natürlichen Menschen transzendieren, gibt es viele. Unsere Zeit ist reich an Entdeckungen im Raum des Übernatürlichen. Zu den die natürlichen Grenzen überschreitenden Phänomenen gehört alles, was heute unter dem Namen »Psi« registriert wird, so alle parapsychischen Phänomene. Der Mensch erkennt in sich und übt Fähigkeiten, die nach allen Richtungen die bisherigen Grenzen seines Bewußtseins überschreiten. Das Erinnerungsvermögen wird erweitert bis in die frühe Kindheit nicht nur, sondern bis in den Augenblick der Geburt und darüber hinaus bis in frühere Leben. Planmäßig übt sich der Mensch mit und ohne Zuhilfenahme von Drogen in der Erweiterung des Bewußtseins, die ihn befähigt, ungeahnte Räume des Universums zu sehen und in ihnen bisher unbekannten Wesen zu begegnen. Übersinnliche Kräfte und Vermögen erscheinen in der Telepathie und in der Telekinese, im Fern-Sehen, dem Voraus-Sehen, dem Wunderheilen durch Handauflegen sowie in dem auf den Philippinen geübten operativen Ein-Greifen ohne Instrumente u. a. m. Der Umgang mit Verstorbenen durch Schulung der Medialität wird immer häufiger berichtet, und die Erkenntnis über das, was nach dem Tode kommt, wird erweitert durch planmäßige Aufzeichnungen von Berichten über Menschen, die klinisch tot waren und wieder zurückgekehrt sind.

So also wie Naturwissenschaft und Technik in ungeahnte Räume des unendlich Großen und unendlich Kleinen vorstoßen und damit Grenzen überschreiten, die endgültig erschienen, so auch dringt der Mensch im Raum seines inneren Erlebens ohne technische Apparate heute in andere Weiten, Tiefen und Höhen vor. Es gibt ein Aufgehen der Grenzen der bekannten Dimensionen, das planmäßiger Forschung zu verdanken ist. Auch hier handelt es sich um eine Erweiterung der Erkenntnis objektiver, das heißt vom menschlichen Erleben anscheinend unabhängiger Wirklichkeiten.

Unabhängig davon gibt es eine transzendente Wirklichkeit, deren Erfahrung nicht den Raum der objektiven Erkenntnis und Leistungsmöglichkeit erweitert, sondern einen inneren, man kann sagen religiösen Sinn hat. Während die Naturwissenschaft als Erfahrungswissenschaft die im eigentlichen Sinn menschliche Erfahrungswirklichkeit als »nur« subjektiv ausschaltet und menschliche Erfahrung durch Foto, Reagenzglas und Computer ersetzt, gibt es eine Transzendenz, die als Inhalt menschlicher Erfahrung ernst zu nehmen ist, ja, nicht nur ernst zu nehmen, sondern in den Mittelpunkt aller Bemühungen um die Erkenntnis der im spezifischen und tiefsten Sinne menschlichen Wirklichkeit gerückt werden muß. Es geht um die Erfahrung der dem Menschen wie allen Dingen immanenten Transzendenz, die den Sinn des menschlichen Lebens birgt und so religiösen Charakter hat. Hier haben wir es zu tun mit einer die innerste Dimension des Menschen erfüllenden Erscheinung des überweltlichen Seins. Allein von dieser Erfahrung soll in diesem Aufsatz die Rede sein. Der Versuch, auch nur andeutungsweise auf die Fülle der Aussagen über diese Erfahrungen in den verschiedenen Religionen einzugehen, würde den Rahmen dieses Beitrages sprengen. So beschränken sich die folgenden Ausführungen auf eine Wiedergabe der Weise, in der sich das Problem der »Transzendenz als Erfahrung« dem Verfasser dieses Beitrages darstellt (zur Transzendenz allgemein s. den Beitrag von H. Holzhey in diesem Bd.).

Wir stehen heute im Zeichen eines weltgeschichtlichen Ereignisses: Die westliche Menschheit, die der Vereinigten Staaten nicht weniger als die Europas, öffnet sich zum ersten Mal in der Geschichte der Menschheit auf breiter Front dem Ernstnehmen von inneren Erfahrungen, die den Horizont des gewöhnlichen, gegenständlichen Bewußtseins überschreiten. Um solche Erfahrungen kreist seit Jahrtausenden das, was man die östliche Weisheit nennt. Um sie auch kreist die große Tradition des Einweihungsweges östlicher Meister. Im Abendland erscheint Transzendenz als Erfahrung in der Mystik. Es besteht jedoch die verwunderliche Tatsache, daß die Hüterin des religiösen Glaubens, die christliche Kirche, solchen Erfahrungen gegenüber immer sehr zurückhaltend, wenn nicht ablehnend, ja, sogar feindlich gegenüberstand. Während schon 3000 Jahre vor Christus in Indien durch Krishna das Gotterwachen in der Seele als Sinn und Höhepunkt menschlichen Lebens verkündet und gelehrt wurde, und Christus selbst den Menschen lehrte, Ihn in der eigenen Innerlichkeit zu suchen, hat die Kirche bis auf den heutigen Tag die Wirklichkeit des Göttlichen fast ausschließlich in einer Weise gelehrt, die den allmächtigen Gott, vom Menschen in einer unüberbrückbaren Distanz getrennt, zu einem »Gegenstand« des Glaubens gemacht hat. Demgegenüber wurde weithin eine angeblich innere Erfahrung des Göttlichen als etwas »nur« Subjektives, nur Naturales, Menschliches abgewertet. So stehen sich bis heute in unseren Zonen nahezu feindlich gegenüber Theologie und Mystik, Glaube und Erfahrung. Fragen wir nach der Ursache solcher Gegensätzlichkeit, so besteht sie wohl darin, daß, wie schon Christus sagte, es Menschen gibt, die »Ohren haben zu hören«, und andere, die dieses Ohr nicht haben. Damit ist der Mensch gemeint, der in seinem Bewußtsein eingeschlossen ist im Horizont seiner natürlichen Kräfte: seiner fünf Sinne, seiner natürlichen Gefühle, seines rationalen, gegenständlich fixierenden Bewußtseins, seines planenden Willens, seiner natürlichen Liebeskräfte und seiner Bindung an die in seiner Gemeinschaft geltende Ethik. Wer die Erfahrung der inneren Transzendenz nicht hat und daher in die Grenzen dieses Horizontes gebannt ist, ist auf den ihm autoritär überlieferten Glauben angewiesen und darauf, alle den Horizont seines natürlichen Bewußtseins transzendierenden Mächte in einem räumlichen Außen zu suchen. Auch in diesem Glauben kommt die für den westlichen Geist charakteristische Auffassung von Wirklichkeit zum

Ausdruck, die nie im inneren Erleben, sondern nur als eine gegenständlich fixierbare, ontologische Wirklichkeit Anspruch auf Anerkennung erheben darf.

Diesem in die Grenzen seines natürlichen Bewußtseins eingeschlossenen Menschen gegenüber steht der andere, der einer die Grenzen dieses Horizontes sprengenden Erfahrung nicht nur zugänglich ist, sondern sie zur Basis seines Wirklichkeitsverständnisses macht. Dieser Mensch entdeckt eine überweltliche, ihn tausendfältig transzendierende Wirklichkeit auch in sich selbst. Das ist die ihm immanente Transzendenz seines »Wesens«, die jeweils individuelle Weise des allem Seienden innewohnenden *Wesens* (das Sein alles Seienden im Sinne Heideggers).

Die Frage nach der in der Transzendenz als Erfahrung dem Menschen begegnenden Wirklichkeit wirft ein erkenntnistheoretisches Problem auf, dessen überragende Bedeutung für das Verständnis aller hier auftauchenden Fragen erst allmählich erkannt wird. Ist das erkennende Subjekt das Welt-Ich, das heißt der im Raum des Bedingten verwurzelte und auf sein gegenständliches Bewußtsein angewiesene Mensch, so bleibt das als wirklich Anerkennbare auf den Raum des seiner rationalen Erkenntnis Zugänglichen begrenzt. Was darüber hinausgeht, ist Inhalt von Phantasie, metaphysischer Spekulation, von frommem Glauben, kurz, Produkt aus Quellen, aus denen keinerlei Wirklichkeitserkenntnis fließen kann. Mit großer Selbstverständlichkeit hat bisher der abendländische Mensch dieses Ich als einziges Zentrum möglicher Wirklichkeitserkenntnis anerkannt. Die Zeit ist gekommen, daß die Alleinherrschaft dieses Ichs im Raum der Erkenntnis gebrochen und dort, wo es um den Menschen und den Sinn seines Lebens geht, als maßgebendes Zentrum der Erkenntnis das mit der Erfahrung des Wesens aufgehende Bewußtseinszentrum als das übergeordnete anerkannt wird. Die Rechtfertigung dieser Wende ergibt sich aus der Anerkennung des für die innermenschliche Reifung und Entwicklung ausschlaggebenden Gewichtes von numinosen Erfahrungen, die den Menschen zu überwältigen und zu verwandeln vermögen. Hier können wir von einer Begegnung mit dem Überweltlichen sprechen, das sich aller gegenständlichen Erkenntnis entzieht und nur im Innesein eines inständlichen Bewußtseins des Wesens erfahren wird. Alle zu seiner Kennzeichnung gebrauchten Begriffe haben keinen ontologischen Sinn, sondern halten lediglich den Inhalt gewisser besonderer Erlebnisse fest, so auch, wenn wir »Wesen« als die Weise verstehen, in der überweltliches Sein im und als Innesein erfahren wird, erfahren als die je individuelle Weise der Teilhabe an diesem überweltlichen Sein, das im Menschen und durch ihn hindurch offenbar werden möchte im Erleben, Erkennen, Gestalten und Lieben in der Welt.

Im Raum der Erkenntnis, in dessen Mittelpunkt das Welt-Ich steht, hat Wirklichkeit nur, was gegenständlicher Erkenntnis und begrifflicher Fixierung zugänglich ist. Alles, was darüber hinausgeht, alle transzendente Wirklichkeit, besitzt keine Wirklichkeit, sondern ist Gegenstand »bloßen« Glaubens. Vom Standort des in seinem Wesen gründenden Menschen dagegen hat der Erkenntnisraum des natürlichen Welt-Ichs die Bedeutung eines Schleiers, der die eigentliche Wirklichkeit verbirgt und verhindert. Es ist die in der »Erbsünde«, das heißt mit dem Erwachen des rationalen Bewußtseins entstehende Wirklichkeit, in der der Mensch sich mehr und mehr gegen die in seinem Wesen lebendige, aller gegenständlichen Erkenntnis unzugängliche, überraumzeitliche Wirklichkeit des Seins verschließt.

Wer der Erfahrung der inneren Transzendenz geöffnet ist, weiß, daß das ihn in seinem gewöhnlichen Bewußtseinshorizont tausendfältig Transzendierende als Wesen ihm wie allem, was ist, als innerster Kern innewohnt. Unter dem Druck einer die Innerlichkeit des Menschen mehr und mehr verneinenden Weltentwicklung gerät in unseren Tagen das Wesen mehr und mehr in Atemnot und durchstößt im aufbegehrenden Menschen immer häufiger die es blockierenden Wände.

Wir wüßten nichts vom überweltlichen Sein, bräche es nicht in dreierlei Weise in den Horizont unserer Erfahrung ein: als schöpferisch-erlösende Fülle; als allordnendes Gesetz; und als alldurchdringende Einheit. Diese Dreieinheit erscheint in allem, was ist, als Leben gebende und erhaltende Kraft, als Sinn und Gestalt gebendes Prinzip und als das Leben bewahrende und vollendende Ganzheit. Mit Bezug auf menschliches Leben bedeutet das zweierlei, je nachdem es auf der Ebene des Welt-Ichs oder aber auf der Ebene des in seinem Wesen gegründeten Menschen erscheint. Im Horizont des natürlichen Menschen erscheint die Dreieinheit als der ursprüngliche Drang, zu leben und zu überleben, als Drang zu einer bestimmten Gestalt seiner selbst wie seines Lebens und als Sehnsucht nach Geborgenheit und Liebe. Anders gesagt: Die Dreieinheit erscheint auf der Ebene des natürlichen, der immanenten Transzendenz noch verschlossenen Ichs in ihrer Fülle als Kraft, die der Mensch dem dankt, was er hat, kann und weiß; als Gesetz in dem, was für seine Begriffe »stimmt« und in seinem Sinn verständliche Gestalt hat; und in der Einheit des Seins als weltlicher Geborgenheit und Liebe. Dementsprechend sind die drei Grundnöte des Menschen die Angst vor der Vernichtung, die Verzweiflung am Absurden und die Trostlosigkeit der Einsamkeit. Transzendenz als Erfahrung ist das Erleben einer überweltlichen Wirklichkeit, die den Menschen von eben diesen Nöten befreit. Und in eben dieser, den Menschen aus seiner weltlichen Not befreienden Erfahrung erweist sich die Wirklichkeit des als überweltlich Erfahrenen. So besteht die Rechtfertigung dafür, hier von etwas Überweltlichem zu sprechen, darin, daß diese Kraft erfahren werden kann gerade dort, wo der Mensch in seinem weltlichen Bezug in der Schwäche oder der Vernichtung steht; daß ein tieferer Sinn gerade dort erfahren werden kann, wo der Mensch in der Welt einem Unsinn, einem Widersinn, gegenübersteht; und daß die hier aufbrechende, den Menschen durchdringende Liebe eben dort erfahren werden kann, wo er in der Welt ein Opfer der Lieblosigkeit ist. Die Legitimation, mit Bezug auf bestimmte Erfahrungen von Erfahrungen einer transzendenten Wirklichkeit zu sprechen, liegt also in der den ganzen Menschen verwandelnden, ihn mit einem neuen Sinn beschenkenden Bedeutung. Der Mensch wird in ihnen von seinen Urnöten erlöst und zu einem Leben aus einer völlig neuen Quelle befreit.

Mit der Anerkennung der in der inneren Erfahrung aufgehenden Transzendenz als einer alle Maße des Menschlichen überschreitenden, gegenständlich nicht faßbaren Wirklichkeit ergibt sich eine besondere Einsicht in das Verhältnis zwischen innerem Erleben und den Bildern und Vorstellungen überweltlicher Mächte im Aspekt des natürlichen Welt-Ichs. Das in der inneren Erfahrung der Transzendenz den Menschen Überwältigende und Verwandelnde ist die Quelle seiner Gottesvorstellungen. Diese also sind Spiegelungen inneren Erlebens, dessen umstürzende und verwandelnde Macht in ihnen seinen bildhaften Ausdruck findet. Während vom natürlichen Welt-Ich her gesehen eine ontologisch begriffene transzendente Wirklichkeit als Ursache der inneren Erfahrung angesehen wird, müssen umgekehrt von der Wesenserfahrung her alle Bilder und Vorstellungen transzendenter Mächte als Spiegelungen der inneren Erfahrung angesehen werden. Das innerste Erleben des Menschen als Quelle aller Gottesvorstellungen anzuerkennen, muß dem als Blasphemie erscheinen, dessen Wirklichkeitssicht sein Zentrum im nur gegenständlich erkennenden Welt-Ich hat, während dort, wo der Mensch sich im Wesen in der Teilhabe am universellen Sein erfährt, die Behauptung einer von ihm unabhängig existierenden Gottheit die Glut und den wahren Sinn seiner inneren Erfahrung verrät. In der Transzendenz als Erfahrung erfährt der Mensch sich selbst als Wesen eins mit dem Wesen aller Dinge. Wo die Transzendenz den dem natürlichen Menschen zugänglichen Wirklichkeitsraum überschreitet, wird sie zu einer ihm von außen her begegnenden, sei es erlösenden oder vernichtenden Macht.

Aber auch der Mensch, der die Transzendenz als seine innerste Wirklichkeit erfahren hat, wird immer wieder in den Horizont seines natürlichen Ichs zurückfallen und dann das zuinnerst erlebte göttliche Sein auch immer wieder nach außen projizieren. Auch der mystisch Begnadete betet wieder zu Gott.

Transzendenz als Erfahrung berührt und bewegt den Menschen in verschiedener Weise und verschiedener Macht. Am eindeutigsten und gewaltigsten trifft sie ihn in der »Großen Erfahrung«. Diese Erfahrung durchzieht alle Zeiten und alle Kulturen. Im Zen-Buddhismus heißt sie Satori (s. den Beitrag von I. Y. Wendt in diesem Bd.), im Raum des Hinduismus das große Samadhi als Erfahrung des Großen Lichtes (s. den Beitrag von E. Hoch in diesem Bd.). Im christlichen Raum ist sie die Erfahrung der Praesentia Dei, die Gotteserfahrung. Übergreifend für alle Formen der Großen Erfahrung steht der Begriff des »Kosmischen Bewußtseins«. Was auch immer die Namen sein mögen, es gibt die den Menschen bis in den Grund hinein aufreißende und verwandelnde Erfahrung, die ihn schlagartig auf eine andere Stufe seines Menschseins hebt und zu einem neuen Leben erweckt und beruft. Auch wenn die Gewalt des umstürzenden Erlebens schwindet – Sinnmitte, Richtung und Gesamtstimmung des Lebens sind ein für allemal eine andere: nicht mehr primär daseinsbedingt, sondern seinsbezogen.

Aber nicht nur in der Großen Seinserfahrung begegnet dem Menschen das überweltliche Wesen mit verwandelnder Kraft. Es gibt die kleinen Seinserfahrungen, ich nenne sie Seinsfühlungen. In ihnen wird der Mensch nur vorübergehend mehr oder weniger stark vom Sein berührt und aus der Ordnung seiner natürlichen Bezüge und Gefühle herausgehoben. In dieser Weise kann der Mensch in jedem Augenblick und durch alles berührt werden. Vorwiegend aber kann er die Strahlung des Seins auf vier Feldern seines Lebens in der Qualität des Numinosen fühlen: im Erlebnis der Großen Natur, wahrer Kunst, der Erotik und der Hingabe im Kult. Immer handelt es sich um das Erleben des Einbruchs einer anderen Dimension in den Raum seines gewöhnlichen Wirklichkeitsbewußtseins.

Ein drittes Medium möglicher Seinserfahrung ist die Seinsahnung, die manchen Menschen von Jugend auf drängt »zu suchen«. Etwas treibt ihn aus der Banalität des gewöhnlichen Lebens zu etwas Höherem hin. Er ist der Sucher. Er sucht das ihn als Ahnung durchwirkende Wunder des Seins, gegebene Grenzen überschreitend, in der Ferne. Die Sehnsucht der Ferne ist Ausdruck des ihn heimsuchenden Wesens. Die Triebkraft des Suchens ist das Gesuchte. Zu allen Zeiten suchte der

Mensch das Wunder des Seins zu erfahren. Und diese Suche fand ihren Ausdruck in Mythen und Legenden, im Leben und Wirken mehr oder weniger geheimer Bünde und Zirkel. So gab es im Abendland die Sucher nach dem Gral, die Rosenkreuzer, Templer, Alchimisten und andere. In alldem wirkt sich die immerwährende Präsenz des Überweltlichen aus als Suche nach der Essentia rerum, dem Wesen aller Dinge.

Kriterien dafür, daß der Mensch in einer Erfahrung wirklich von einer transzendenten Realität berührt wurde, es sich also nicht um eine Illusion handelte, sind die folgenden: Die Qualität des Numinosen, die das gesamte Erleben erfüllt und diesem einen besonderen Charakter verleiht, einen besonderen Schimmer, einen besonderen Glanz, eine eigentümliche Bewegung, ein eigentümliches Zittern. Wo die numinose Qualität den Menschen ergreift, ist das Erleben durchwittert von einem Fascinosum wie einem Tremendum (R. Otto [23]1917). Das Tremendum ist Anzeichen einer Kraft, die uns in der wohlgeordneten Oberfläche unseres gewöhnlichen Daseins bedroht und uns daher erzittern läßt. Fascinosum – was immer uns fasziniert, ist etwas, das wir im Grunde unseres Wesens sind, aber in unserer Personalität doch noch nicht ganz sind, zu dem wir uns also hingezogen fühlen, mit dem wir vollends eins sein möchten, von dem wir aber doch noch getrennt sind. Und so ist es mit der Wirklichkeit unseres Wesens. Wir haben an ihm teil, wir sind es im Grunde, sind eins mit ihm, aber sind in den Grenzen unseres Ich-Horizontes von ihm getrennt. So zieht es uns an. Zugleich aber ist das Sein dort, wo es uns berührt, immer auch das Bedrohliche für die derzeitige Form unseres Daseins. Wo das Wesen in uns auftaucht, sind alle Ordnungen, Sicherheiten und Grenzen der Weltwirklichkeit, in der wir uns eingenistet haben, mit der wir unseren Frieden gemacht haben, in Frage gestellt, und das Ganze gerät ins Zittern. Auf dem Hintergrund aller Qualitäten, in denen wir unsere im Ich zentrierte Weltwirklichkeit verspüren, weist das Numinose hin auf etwas völlig anderes. Diese Andersartigkeit jedoch kann graduell variieren zwischen der besonderen Qualität einer Seinsstimmung oder hauchzarten Seinsfühlung, z. B. der Qualität einer Zärtlichkeit zwischen Liebenden oder der wundersamen Stimmung einer lauen Frühlingsnacht oder der Ergriffenheit durch die transzendente Qualität eines Kunstwerks, bis hin zu jenen Formen des Ergriffenseins durch das ganz Andere, das den uns völlig umwerfenden Charakter der Großen Seinserfahrung kennzeichnet.

Das aller echten Seinserfahrung eigene Überschreiten der Grenze bedeutet aber auch Vernichtung des bisher Gültigen und Sicherheit Gewährenden – also Sterben. Wo Seinserfahrung nicht nur eine beglückende Sternstunde ist, sondern alles verwandelndes Ereignis, ist sie mit einem Tod des Welt-Ichs verbunden. Der mit seinem Welt-Ich und dessen Vorherrschaft identifizierte Mensch muß eingehen, damit der im Wesen gegründete Mensch aufgehen kann. Dabei fallen Tod und Neugeburt zusammen. (Zum Problem des »Todes« s. die Beiträge von L. Boros, M. Boss und H. Saner in diesem Bd.).

In der Erfahrung des uns von Grund auf erschütternden ganz Anderen, in dem man sich zugleich in der eigenen Tiefe erfährt, ist bereits das zweite Kriterium echter Seinserfahrung enthalten: die Verwandlung. Schon in jeder vorübergehenden Seinsfühlung ist eine Umstimmung der Gesamtqualität unseres Erlebens mit mehr oder weniger Nachhaltigkeit gegeben. Man fühlt sich nicht nur anders, sondern als ein anderer, man reicht in andere Tiefen, Höhen und Weiten. Die Verwandlung, die die Große Seinserfahrung herbeiführt, reißt den Menschen in eine andere Dimension in einer Weise, die ihn die Dreieinheit des Seins in bisher unbekannter Tiefe erfahren läßt. Gewiß hat das Erleben für jeden, der sich zu ihm begnadet erfuhr, einen anderen Charakter, und doch erscheint in allen Beschreibungen immer wieder das Erfahren einer unermeßlichen Fülle eines übergegensätzlichen Seins, die den Menschen nun gleichsam sprengt; einer unauslotbaren Tiefe des Sinnes, die Dunkelheit in Licht verwandelt und ungeahnte Horizonte der Erkenntnis aufreißt. Welten tun sich auf, und Zusammenhänge werden sichtbar, die außerhalb des Fassungsvermögens noch so weitreichender Erkenntnishorizonte des Welt-Ichs liegen. Und die Einheit des Seins wird als ein Meer von Liebe erfahren, deren Glück alles menschliche Liebesglück und alle menschliche Liebesnot blaß erscheinen läßt. Die Klangräume der Seele und ihre Tiefen sind etwas völlig anderes als der Tonraum der Welt des gegenständlichen Bewußtseins. In der Vollendung fallen Erkenntnis und Liebe zusammen, und höchste Erkenntnis ist Ausdruck eines mit der Ganzheit des Lebens einsgewordenen Menschen. Liebende, die sich von Wesen zu Wesen begegnen, erkennen einander im *Einen.* Im erkennenden Einswerden von Wesen zu Wesen erfährt sich der Mensch am tiefsten in der Teilhabe an dem Geheimnis, das er Gott nennt.

Diese »Gotteserfahrung in der Seele« – und dies ist das dritte Kriterium einer echten Seinserfahrung – hat den Charakter der Erfüllung einer Verheißung, die der Grundsehnsucht des Menschen entspricht; denn in seinem Welt-Ich gefangen, zugleich aber im Wesen dem überweltlichen Sein unverwandt zugehörig und aus ihm heraus zur Manifestation des Göttlichen in der Welt bestimmt und gedrängt, ist er zeitlebens von der Sehnsucht erfüllt, den ihm immanenten Gott erleben zu dürfen. In der Seinserfahrung erfüllt sich – wenn vielleicht auch nur für einen Augenblick – diese Verheißung.

Wenn die Seinserfahrung echt ist – und dies ist das vierte Kriterium –, ist dies zugleich die Geburt eines neuen Gewissens. Der Mensch erfährt unabdingbar und unausweichlich einen Ruf: den Auftrag, so zu werden, daß er für die Wirklichkeit, die ihn soeben für einen Augenblick und auch, wenn es länger dauerte, doch nur vorübergehend durchdrang, in einer Weise durchlässig wird, die ihn befähigt, im Kontakt mit ihr zu bleiben, in seiner Weise zu sein, sich in der Welt zu geben und in der Welt zu wirken, ohne Unterlaß von ihr zu zeugen. Dies bedeutet den in der Seinserfahrung enthaltenen Auftrag zum inneren Weg. Das ist der Weg der Selbstverwirklichung, der Verwirklichung des wahren Selbstes, darin der Mensch seine Gestalt als die in der Welt sich bewährende Persönlichkeit überschreitet hin zu jener gleichsam überweltlichen Person, in der er transparent geworden ist für die ihm immanente Transzendenz und fähig, in der Welt von ihr zu zeugen. In der Seinserfahrung vollzieht sich im Aufgehen des Tors zum Geheimen die Initiation des dazu Berufenen, auf dem initiatischen Wege die Auszeugung seiner individuellen Teilhabe am Sein in der Individuation (C. G. Jung – s. den Beitrag von R. Keintzel in diesem Bd.).

Es gibt jedoch keine echte Erfahrung des Seins, die uns zu einem neuen Weg einlädt, die nicht alsbald gefährdet wird durch die Begegnung mit der uns vom Sein trennenden Macht in Gestalt einer Versuchung zur Untreue gegenüber dem neuen Gewissen, zur Rückkehr auf eine flachere Ebene der Existenz, zum Ausweichen vor den Zumutungen, die der neue Weg an den Menschen stellt. Dem überweltlichen Licht tritt, wo immer es aufleuchtet, ein überweltliches Dunkel entgegen. Wo ein Göttliches erfahren wird, droht das Teuflische auch. Erst jenseits dieses Gegensatzes west das absolut Lichte, das jenseits ist von Licht und Dunkel, so wie auch das *Leben* aus dem Sein jenseits ist des Gegensatzes von Leben und Tod, der *Sinn* aus dem Sein jenseits ist von Sinn und Widersinn und die *Liebe* aus dem Sein jenseits von Einsamkeit und Geborgenheit in der Welt. Und dieses Licht hat der Mensch eigentlich im Sinn, wo er von »Gott« spricht. Auf dieses bezogen sagt Meister Eckehart: So hoch der Himmel über der Erde, so hoch ist die Gottheit über Gott. Zu diesem Licht hin aber öffnet sich der wahre Weg erst, wo der Mensch seine in der Seinserfahrung erfahrene Lichtgestalt noch einmal in der Begegnung mit den Mächten des Daseins zu opfern bereit ist; denn erst das im »Drachenblut« der Welt gehärtete, zum Wesen hin erwachte Herz befähigt den Verwandelten dann auch, als Verwandelter in der Welt zu bestehen.

Zusammenfassung. Menschliches Leben bewegt sich im Zeichen seines doppelten Auftrages: die Welt zu erkennen und zu gestalten im Werk, und aus dem Wesen heraus zu reifen auf dem inneren Weg. Die Frucht dieses Reifens sollte letztlich der zum Wesen hin durchlässig gewordene Mensch sein, Person im wahren Sinn des Wortes, durch die und aus der das immanente Wesen ohne Unterlaß hervortönt und auch im Werk der Welt sichtbare Gestalt gewinnt. Der Sinn des Werkes, geleistet mit den natürlichen Kräften des Welt-Ichs, sollte dann nicht allein die Ordnung und Gestaltung der Welt im Dienste eines gesicherten und glückhaften natürlichen Lebens sein. Der Sinn alles Leistens in der Welt sollte vielmehr darin bestehen, die Bedingungen zu schaffen, unter denen das Licht des Seins das Dasein auch dort zu durchleuchten vermag, wo es für das Welt-Ich Dunkelheit ist.

Der Weg der Verwandlung meint auch die Verwandlung im Leibe. Hierbei ist unter dem Leib nicht nur der Körper verstanden, den man *hat*, sondern der Leib, der man *ist*. Der Zusammenbruch der Vorherrschaft des sich am gegenständlichen Bewußtsein orientierenden Welt-Ichs in unserer Zeit betrifft auch die bisher nur vorherrschende gegenständliche Wahrnehmung des Leibes als eines Körpers, den man nur »hat«. Ihm gesellt sich als wesentlich für die Wahrnehmung und Reifung des Menschen hinzu das Wissen um den Leib, der man »ist«. Mit dem Interesse an der physischen Gesundheit und Leistungskraft des Körpers verbindet sich die Verpflichtung zur Transparenz des Leibes, der man ist, als der Einheit der Gebärden, in denen man sich ausdrückt, darstellt, im Wesen verfehlt oder verwirklicht.

Dieser Weg der Verwandlung setzt ständige Wachheit und Disziplin voraus, nicht als Unterwerfung unter eine äußere Autorität, sondern als Treue zu einer Entscheidung, die der Mensch aus Freiheit in dem Augenblick traf, in dem er den in der Seinserfahrung vernommenen Auftrag zum Weg annahm. Transzendenz als Erfahrung ist kein sich selbst genügendes Erleben, sondern, wenn sie echt ist, ein zu einem neuen Leben aufrufendes Ereignis. In ihm sieht der Mensch das andere Ufer, hat es aber noch keineswegs erreicht. Vor die Tugend haben die Götter den Schweiß gesetzt, vor die hier fällige Verwandlung den Tod. Der Mensch gelangt zum anderen Ufer nur durch den Strom, in dem er in der Identifikation mit dem Welt-Ich untergeht, ehe er als ein vom Wesen Durchlichteter wieder auftaucht.

Je größer die Bereitschaft, dem Ruf aus dem Wesen zu gehorchen, desto notwendiger die Erkenntnis all dessen, was sich diesem Weg entgegenstellt. Das ist nicht nur der Widerstandswille des in seinem Gehäuse festsitzenden Welt-Ichs, sondern das Insgesamt der im Unbewußten wirkenden Schattenkräfte. Die tiefenpsychologische Bereinigung des Unbewußten und die Wahrnehmung und Anerkennung vorhandener Schattenkräfte sowie die Übung aller Möglichkeiten, sie entweder auszuagieren oder zu integrieren, wird zum unabdingbaren Hilfsmittel für ein zuverlässiges Voranschreiten auf dem inneren Weg. Der Erfolg aller dem inneren Weg dienenden Praktiken, insbesondere auch meditativer Übungen, ist immer gefährdet, solange die Kräfte des Unbewußten unerkannt und verdrängt sind oder womöglich durch eine auf unbereinigtem Grunde geleistete Übung noch tiefer verdrängt werden.

Die den Horizont des natürlichen Ichs überschreitende Transzendenz ist jenseits der fünf großen »W«: das Was, Wann, Wo, Woher und Wozu. Vom Standort des Welt-Ichs ist es also nichts, nichts im Gegensatz zu einem Etwas. Und doch betrifft »nichts«, so verstanden, gerade nicht das in der Transzendenz als Erfahrung Erfahrene. Es ist vielmehr jenseits des Gegensatzes von Nichts und Etwas, von Wo und Nirgends, von Irgendwann und Niemals, von Woher und aus Nichts, von Wozu und zu Nichts. Eben deswegen ist es das völlig Unbegreifbare und für den Menschen, dessen Erfahrungsmöglichkeit nicht über den Horizont des Welt-Ichs hinausgeht, der, allseitig bedingt, auf die Sicht seiner Ratio beschränkt ist, bares Gerede. Der mit der Transzendenz als Erfahrung Beschenkte jedoch erfährt in diesem Nichts eben die Fülle des Seins. Es ist das lautere Nichts (Meister Ekkehart). Der Buddhist spricht von der »Fülle des Nichts«. Es ist das *Wesen* aller Dinge, das *Wort*, »das im Anfang war und durch das alle Dinge gemacht sind, und ohne das nichts gemacht ist, das gemacht ist« (Johannes-Evangelium, Kap. 1); das, worin alles als göttlich erfahren werden kann (»Kami« im Shintoismus). Es ist auch die Buddhanatur des Buddhisten. Es ist das »Christus – Ich bin, ehe denn Abraham ward«. Es ist das ewige Nun, das senkrecht auf aller Zeit und doch auch als *Wesen* der Zeit *in* aller Zeit ist. Aber alle diese Sätze, die mit »Es« beginnen, gehen an dem Gemeinten vorbei. Denn mit Bezug auf das, was hier zur Rede steht, ist schon die Frage, was es ist, unzulässig und irreführend. Und doch ist sein Innesein im Erleben des Menschen der Lebensnerv aller Religionen, richtiger gesagt, aller lebendigen Religiosität, ohne die jede Religion schließlich erstarrt und stirbt.

LITERATUR

ALBRECHT, C.: Psychologie des mystischen Bewußtseins. Bremen: Schünemann 1951

ASSAGIOLI, R.: Psychosynthesis. A manual of principles and techniques. New York: Viking Press 1971. Deutsch: Handbuch der Psychosynthesis. Angewandte transpersonale Psychologie. Freiburg: Aurum 1978

DÜRCKHEIM, K. Graf v.: Der Alltag als Übung. Bern 1962

Überweltliches Leben in der Welt. Weilheim: Barth 1968

Vom doppelten Ursprung des Menschen. Freiburg 1973

Meditieren – wozu und wie? Freiburg: Herder 1976

HISAMATSU, H. S.: Die Fülle des Nichts. Pfullingen: Neske o. J.

JAMES, W.: The varieties of religious experience. London: 1902. Deutsch: Die religiöse Erfahrung in ihrer Mannigfaltigkeit. Leipzig: [4]1925

MASLOW, A.: Religious, values and peak-experiences. Columbus: Ohio State University Press 1964

The psychology of being: A reconnaissance. 1966.New York 1966. Deutsch: Psychologie des Seins. München 1973

OTTO, R.: Das Heilige. München [23]1917

STACHEL, G. (Hg.): Munen-musó. Meditation ohne Gegenstand. Festschrift für P. M. H. Enomiya Lassalle zum 80. Geburtstag. Mainz: Gründewald 1979

SUZUKI, D. T.: Die große Befreiung. Leipzig: Weller 1939

Mysticism, Christian and Buddhist. London 1957

RELIGIÖSE UND PHILOSOPHISCHE WURZELN DER PSYCHOTHERAPIE

Hinweise und Erwägungen

von Peter Seidmann

DAS WORT »THERAPIE«: VON DER ETYMOLOGIE ZUR RELIGIONSGESCHICHTE

Diese aus geisteswissenschaftlich-anthropologischer Sicht verfaßte Studie sucht zuerst einen sprachlichen Zugang zum Thema. Am Leitfaden des altgriechischen Wortes »Therapie« und seiner ursprünglichen Wortbedeutungen soll das Verständnis auch des ursprünglichen Sinnes der Sache, um die es geht, gefördert werden. Auf diesem Hintergrund wird die zumindest partielle Verwurzelung der modernen Psychotherapie (insoweit sie sich von den tiefenpsychologischen Lehren Freuds und Jungs leiten läßt) in der altgriechischen philosophisch-religiösen Welt und schließlich überhaupt im philosophisch-religiösen Nachdenken deutlicher hervortreten.

Der vielleicht überraschende Rückgriff auf die Sprache als Erkenntnisweg wird vom Wesen der vornehmlich mit dem therapeutischen Gespräch arbeitenden Tiefenpsychologie sinnvoll nahegelegt. Freud selbst stellte das Wort ausdrücklich ins Zentrum des analytischen Instrumentariums. Psychotherapie war für ihn als »Behandlung von der Seele aus« primär Gespräch: das wesentliche Hauptmittel oder »Handwerkszeug« der Psychotherapie ist »vor allem das Wort« (V, 289).

Da das Wort »Psychotherapie« in der altgriechischen Sprache nicht vorkommt (es ist eine Neubildung, die sich an allerdings authentische griechische Wortverbindungen anlehnt), müssen wir auf das Grundwort »Therapie« zurückgehen, was uns unweigerlich auch in die Religionsgeschichte der alten Griechen hineinführt. Denn das Wort Therapie bzw. therapeia hat *auch* eine religiöse Bedeutung, die allerdings nicht voreilig und einseitig betont werden darf, enthält doch das griechische Wortbedeutungsfeld von therapeia und der dazugehörigen Verben und Substantive (therapeuein, therápon und therapeutes) noch mehr und anderes.

Ebenso nachdrücklich muß davon Abstand genommen werden, therapeia im altgriechischen Sinn ausschließlich und einseitig für die Medizin und die ärztliche Psychotherapie in Anspruch zu nehmen. Der medizinische Gebrauch des Wortes therapeuein, das der »Therapie« sprachlich zugrundeliegt, ist nur ein einzelner und nicht der wichtigste Aspekt in einem ganzen Netz von Wortverwendungen und Bedeutungsnuancen. Therapeia im Sinn von medizinischer Betreuung »n'est, en dernière analyse, qu'un exemple particulier de l'utilisation en valeur médicale de termes qui n'ont rien de spécifiquement medical à l'origine« (van Brock 1961, 138).[1]

Weder also die medizinische noch die religiöse Bedeutung sind im Grundbedeutungsfeld primär und ausschließlich vorherrschend. Vielmehr heißt therapeuein ursprünglich *dienen*, bedienen, gut sorgen für, pflegen, sorgfältig bilden und ausbilden, verehren und schließlich auch heilen (im Sinne der erfolgreich verlaufenen Pflege). Es kann aber bemerkenswerterweise auch bedeuten: z. B. einer hübschen Dame den Hof machen; jemand umschmeichelnd zu gewinnen suchen und ihm im üblen Sinne Komplimente machen, also *übertrieben* zu Diensten sein.

Der therapeutes ist jedenfalls nicht der Arzt, sondern der Diener, der Wärter, Hilfsarbeiter und Verehrer z. B. der Götter, bzw. der Helfer im Gottesdienst. Der therápon ist der Diener, der Anhänger und Gefährte, auch auf der numinosen »Kaderstufe«, denn Eros wird als Diener und Gefährte, therápon, der Aphrodite bezeichnet (Platon, Symposion, 203 c). Und das therápeuma ist das Dienen wie die therapeia, die beide die Besorgung und Behandlung im Sinne der Pflege, der Sorge um und des sorgfältigen Umgangs mit jemand oder etwas umfaßt und im weiteren so Verschiedenes wie Verehrung der Götter, Schmeichelei, Putz des Körpers und Dienerschaft heißen kann (Gemoll [9]1965; Preisigke 1924; Liddell, Scott 1930; Boisacq [4]1950; Frisk 1960; Chantraine 1970).

Infolgedessen kann der Dienst, der zusammen mit der Pflege und der Sorge (für und um etwas) im Zentrum des Bedeutungsfeldes dieser Wörter steht, Göttern wie Heroen, Musen wie Geliebten, Eltern wie Kindern, Tieren wie Pflanzen, Gesunden wie Kranken, Menschen und Dingen, dem Körper wie der Seele gelten, im Frieden wie im Krieg.[2]

Therapeia leistet gewiß auch der Arzt dem Kranken, wenn er ihn pflegt und – vielleicht – dabei heilt. Aber die Ausbesserung von Tempeln und der Anbau von Pflanzen können ebenfalls therapeia heißen. Folglich bedeutet alles, was einem Gott, einem Menschen oder einer Sache »dient«, d. h. was ihnen dank Dienst, Pflege, Besorgung, Regelung und Aufwartung hilfreich, angenehm, nützlich und vielleicht heilsam ist oder scheint, therapeia, »Therapie«.

Der Begriff ist also ursprünglich sehr breit angelegt und trotz seines Sinn-Schwerpunktes mehrdeutig, vielschichtig und schillernd. Nicht umsonst läßt Platon daher in einem seiner Frühdialoge Sokrates und Euthyphron darüber diskutieren, was die therapeia ton theōn, die therapeia der Götter, sei. Denn es gebe ja auch die therapeia, bzw. Pflege und Besorgung der Pferde, Hunde und Rinder (Platon, Euthyphron, 12, D ff). Demgegenüber, findet Sokrates, müßte doch eigentlich die therapeia für die Götter sehr viel präziser und eindeutiger definiert werden. Die wahre therapeia für die Götter, d. h. die wahre Frömmigkeit und der wahre Dienst an der Gottheit können jedenfalls nur diejenigen sein, in denen das wahrhaft Gute und Gerechte gewirkt und geleistet werden. Denn – und Sokrates denkt in diesem Punkt fast wie ein altjüdischer Prophet (vgl. Boman [5]1968) – »das Fromme ist ein Teil des Gerechten« (Platon, Euthyphron, 12 B – D 7; vgl. z. B. Jeremia 22, 15–17, und Jesaja 58, 4–10). »Religio« im Sinne einer solchen sorgfältigen, nachdenklichen und gewissenhaften Beachtung dessen, was die Gottheit in Wahrheit von uns will, zielt demnach auf die ethisch orientierte Verwirklichung des dem Menschen Gemäßen.

Was aber wäre das Maß für dieses »Gemäße«? »Das Maß aller Dinge sei der Gott«, hatte Platon in seinem Alterswerk (Nomoi 4, 716 c) den Sophisten und insbesondere dem Homo-Mensura-Satz des Protagoras entgegengehalten. Diesem höheren Maß sich unterordnen macht den Menschen erst menschengemäß, menschlich. Denn erst an diesem für alle gleicherweise gültigen und unverfügbaren Maßstab wird er bescheiden und durch Selbstbescheidung und Selbsteingrenzung human und einsichtig. Dazu soll ihm die *wahre* therapeia für die Gottheit, die dem Menschen in Wahrheit gemäße Verehrung der Gottheit, ihrer Gebote und ihres Maß-Seins verhelfen.

Religionsphänomenologisch dürfte diese Haltung, diese Art religio, am ehesten wohl in die Formen eines kult- und priesterfernen »innerlichen Frommseins des Nachdenkens« (Goldammer 1960, 128) einzuordnen sein, eines in höherer Verpflichtung »therapeutischen«, d. h. *dienenden* – Menschen, Seele und Geist dienenden – Nachdenkens. Durch diesen Zusammenhang, bzw. durch Sokrates und Platon, erhielt das Wort therapeia auch erstmals einen bedeutenden Platz und Rang in der Geschichte der philosophischen Religion bzw. religiösen Philosophie (vgl. Medicus 1944, Jaspers 1963).

DIE SOKRATISCHE »THERAPIE DER SEELE« ALS PHILOSOPHISCHER GOTTESDIENST

»Bedenke das Sterbliche« (Schadewaldt 1975, 22), hatte Sophokles gemahnt. Und seine Meinung sprach aus, was ihm und Sokrates delphische Religion gebot. Der Gott von Delphi, Apollo, war ein Gott der bewußtmachenden Wahrheit, der Reinheit, des Maßes und der inneren Ordnung (und eben dadurch auch der Heilkunst). Er wies dem Menschen, indem er ihn als ein auf den Tod hin entworfenes Wesen der Zeit ansprach und an seine Grenzen erinnerte, »den ihm zukommenden Ort ... in der großen Ordnung von Himmel und Erde an« (Schadewaldt 1975, 25).

Nur von einem in diesem Sinne richtig orientierten und geordneten Menschen wird die wahre therapeia für die Gottheit, d. h. die wahre religio und der wahre Gottesdienst geleistet. Er ist sich seiner von der Gottheit so und nicht anders eingesetzten Sterblichkeit und Vergänglichkeit, seines existentiellen Seins-auf-den-Tod-zu bewußt und *tut* daher auch, was dem Sterblichen angesichts der unsterblichen Gottheit geziemt.

Wahre therapeia für die Gottheit ist nach delphischer Religion also Gottesdienst im Wissen um die Hinfälligkeit und Mangelhaftigkeit des Menschen, seines Wissens, seiner Werke. Und das sokratische Wissen um das Nichtwissen entsprang demzufolge nicht etwa der Unwissenheit, sondern tiefer und tief wissender *religiöser* Demut (vgl. Seidmann 1974, Wach 1962): Sokrates wußte, daß wir als Menschen gemessen an der Gottheit und ihrem Maß nichts wissen und daß nur dieses Wissen-innerhalb-Grenzen ein echt menschliches Wissen und dieses nichtwissende Wissen die allein uns zukommende und bekömmliche Weisheit sein kann. Der wahre Philosoph im Sinne delphischer Religion und der wahre Gottesdiener im Sinne sokratisch-platonischer Philosophie ist daher immer nur ein sehnsüchtig Suchender, nie ein Wahrheitsbesitzender; ein in entsprechender Transponierung auch für den modernen therapeutischen Psychologen gültiger Gedanke.

Für Freud war analytische Psychotherapie eine – nicht auf den Arzt und seine Kompetenz beschränkte – Therapie bzw. Behandlung von Neurosen und Psychosen mit den seelischen Mitteln der Sprache, des Gesprächs. Für Sokrates war das

Gespräch, wie er es als Philosoph verstand und handhabte, viel allgemeiner eine »Therapierung der Seele« im Sinne der erzieherischen Sorge um den inneren Menschen, des erziehenden Dienstes auch an der gesunden Seele auf Geheiß der Gottheit, die das Gute, die Gerechtigkeit und die Wahrheit vom einzelnen und von der Polis fordert. Therapeia für die Seele war für Sokrates-Plato *paideia*, erzieherische »Behandlung« als eine am Guten orientierte Formung des inneren und äußeren Menschen: Dienst am Menschen als Dienst für Gott.

Um das absolut verbindliche Lebensgebot der Gottheit, der wir gehören, den Athenern zu veranschaulichen, zog Sokrates in seiner Verteidigungsrede Worte aus der Seemannssprache heran. Er erklärte ihnen, die Gottheit *befehle* ihm (Platon, Apologie, 30 B) seine dialogische und dialektische Arbeit (keleúei ho theós); der keleustēs aber ist der Rudermeister, der Chef der Ruderer. Er, Sokrates, leiste dem Gott, dem Rudermeister, mit seinem Philosophieren eben diese hyperesía: den geschuldeten Dienst (wie die Ruderer). Wir ergänzen: Denn das Schiff ist die Polis, die zerfällt und untergeht, wenn alle in unfähiger Weise durcheinander-»rudern«.

Rudern zu *können*, vor allem geistig und moralisch verstanden, setzt Aretē, menschliche, geistige, moralische Tauglichkeit und Tüchtigkeit voraus. Desorientierte Menschen »rudern« falsch und sind in sich und für andere nicht »richtig«. Sokratische therapeia und paideia, die in der Orientierung an den von der Gottheit gesetzten existentiellen Lebens- und Zeitordnungen geleistet werden, bedeuten harten »politischen Schiffsdienst« aus Sorge um den inneren Menschen und seine existentielle Lage. Für Sokrates hieß dies: mit philosophischer Dialogik und Dialektik der Seele des Menschen dienen und sie in Ordnung bringen und zwar in die gute, d. h. »richtige« Ordnung eines mit sich identischen, integren Lebens (bíos sýmphonos; Platon, Laches 188 d), damit sie nicht von hybridem Wahn, Größenwahn, »Herakleswahn« im Sinne des Sophisten Kallikles (Platon, Gorgias, 483 B – 484 A; Seidmann 1974) beherrscht werde.

Der im sokratisch-platonischen Geiste religiös orientierte Philosoph ist ein therapeutes, der mit seiner therapeía psychēs, seinem erzieherischen Dienst an der Seele (Platon, Laches, 185 e), die Fähigkeit zum ethisch wertvollen Selbstwerden und Zusammenleben weckt und die Seele durch das Anhalten und Hinführen zur rechten und ge-rechten Ordnung auch gesund erhält. In diesem Sinne betrachtete Plato die religiös-philosophische paideia und Therapie als ein »Gegenbild der ärztlichen Lehre« (Jaeger 1973, 770), d. h. teils als Gegensatz, teils als eine Art Parallelerscheinung zur Medizin. Denn wie der Arzt den durch Krankheit zerrütteten Körper heilt, so führt der religiös gestimmte Philosoph die durch Lebenswahn und geistige Verworrenheiten zerrüttete und desorientierte Seele mittels Überprüfung ihres geistigen Zustandes und durch Charakterbildung zu ihrer wahren Bestimmung. Nur diese Seelenführung, diese auf das wahre Gute, auf das »menschlich Richtige« gerichtete therapeia der Seele, kann den Menschen aus seiner existentiellen, geistigen und moralischen Notlage heraus zu einem glücklicheren, authentischeren Leben führen.[3]

Die hinter Sokrates und Plato in der griechischen Religions- und Philosophiegeschichte aufleuchtenden orphischen und pythagoreischen Lehren (vgl. Rohde $^{7/8}$1921, 2. Bd.), die medizinisch in den hippokratischen Schriften kulminierten (Edelstein 1969)[4], können hier nicht näher dargestellt werden. Wohl aber soll in einem weiteren Untersuchungsschritt dem komplexen Zusammenhang zwischen dem altgriechischen Denken und der tiefenpsychologischen Psychotherapie bei Freud und Jung kritisch sondierend nachgegangen werden. Denn durch die moderne Tiefenpsychologie fließt – neben und vermischt mit anderen bedeutenden Strömungen europäischer und allgemeiner Geistesgeschichte – gleichsam ein unterirdischer Strom altgriechischer philosophisch-religiöser und erzieherischer Gedanken, Haltungen und Impulse, die zu den Fundamenten auch tiefenpsychologischer Therapie gehören.

BEZÜGE ZUR GRIECHISCHEN PHILOSOPHIE BEI FREUD UND JUNG

Freud, der sich ausdrücklich auf Empedokles und Plato als griechischen Kronzeugen seiner Lehre berief, und Jung, der in Heraklit und Plato zwei seiner wichtigsten geistigen Ahnen zu erkennen glaubte, gehören mit solchen Bezügen in die Geschichte eines späten westeuropäischen »Kulturhellenismus«, wie er insbesondere seit Renaissance und Aufklärung lebendig wurde. Sie rücken unter diesem Blickwinkel literatur- und geistesgeschichtlich in die Nähe von neueren Dichtern und Denkern wie z. B. von Giraudoux, Sartre, Cocteau, Anouilh (vgl. Langlois 1971), im deutschsprachigen Bereich von Nietzsche, Spitteler, George, Hofmannsthal, dem späten Gerhard Hauptmann, Georg Kaiser, Klages, Heidegger – vielleicht gehört zum Teil sogar Brecht hierzu (vgl. Witzmann 1964) –, denen allen in unterschiedlichster Weise altgriechische Motive und Gesichtspunkte grundlegend wesentlich waren.

Während Freud z. B. Aristoteles namentlich nur gerade am Rande zur Stützung seiner Traumpsychologie beizog (vgl. II/III, 2 f; X, 426; XI, 84; XIV, 73, 548; XV, 16), glaubte er im stark pythagoreisch beeinflußten Philosophen- und Priester-Arzt Empedokles (483–424 v. Chr.) aus Akragas eine ausdrückliche Bestätigung seiner psychoanalytischen Triebtheorie im ganzen zu finden, wie Freud in seinem bedeutenden Aufsatz »Die endliche und unendliche Analyse« (1937) vermerkt.

Freud, der ja in frühen Studienjahren ein starkes philosophisches Interesse bezeugte und in Wien bei Franz Brentano (1838–1917), dem geistigen Vater Husserls, u. a. aristotelische Logik (Scharfenberg [3]1971; Gedo, Pollok 1976) gehört hatte, fand im Alter »nach dem lebenslangen Umweg« (XVI, 32) über Naturwissenschaften und Medizin wieder zu kulturellen Interessen bzw. zur Philosophie zurück. Als ein Denker naturalistisch-positivistischer Prägnanz bekannte er sich dabei zu einer Form von Lebensmetaphysik, für welche Eros (Lust- und Liebesstreben) und Thanatos (Todes- und Destruktionstrieb) die dominierenden Mächte sind. Genau diesen Dualismus glaubte Freud nun bei Empedokles wiederzufinden, der die Welt allerdings nicht nur von den zwei Gottheiten Liebe (als Urgottheit) und Kampf, Philia und Neikos, sondern auch von den vier Gottelementen Wasser, Feuer, Luft und Erde und den vielfältigen Vermischungen dieser sechs göttlichen Seinsmächte beherrscht sah.

Freud mißverstand meines Erachtens Empedokles allerdings zum Teil: Er setzte irrtümlicherweise z. B. das empedokleische »Grundprinzip« Neikos (Streit, Kampf, Hader) mit seinem Thanatos (Tod, Todes- und Destruktionstrieb) gleich, wobei er – wenigstens an dieser Stelle – zu übersehen schien, daß Kampf und Tod (bzw. Destruktion) wirklich nicht das gleiche sind (nicht einmal Kampf und »Aggression« sind identisch; vgl. z. B. Plack 1973, Seidmann 1966 b). Ferner unterstellte Freud Empedokles darwinistische Gedanken und sah an den auch für die Vorsokratik wesentlichen »theologischen« und ontologischen Fragestellungen vorbei. Indem er Empedokles für seine Zwecke zurechtschliff, dürfte er ihm zu wenig gerecht geworden sein. Aber indem er den Vorsokratiker und die Psychoanalyse so nahe zusammenrückte, verknüpfte er seine Auffassungen mit einem philosophiegeschichtlichen Hintergrund, der durch die damit hereingezogenen Fragestellungen dem Standort Freuds eine weitere Dimension und den Stachel der immanenten philosophischen Selbstbefragung vermittelt.

Das gleiche gilt von Freuds ebenfalls grundsätzlicher Berufung auf Plato, z. B. in der vierten Auflage der »Drei Abhandlungen zur Sexualtheorie« (V, 32) oder in »Massenpsychologie und Ich-Analyse«, wo er erklärt: »Der ›Eros‹ des Philosophen Plato zeigt in seiner Herkunft, Leistung und Beziehung zur Geschlechtsliebe eine vollkommene Deckung mit der Liebeskraft, der Libido der Psychoanalyse ...« (XII, 99). Dabei bezog er sich offenkundig in erster Linie auf den »allumfassenden und erhaltenden Eros des Symposions Platos« (Freud, XIV, 105).

Allerdings dürfte Freud meines Erachtens auch hier einem Mißverständnis unterliegen. Denn er setzte die Auffassung des Arztes Eryximachos im Symposion voreilig mit der entscheidenden Grundanschauung von Plato gleich. Worauf Plato gültig hinweisen wollte, sagen in diesem Dialog Diotima und Sokrates; und das ist etwas recht anderes, als was der Arzt Eryxímachos vorträgt. Keineswegs dürfte sich daher das, was Sokrates und Diotima darstellen und erläutern, mit Freuds Libidolehre »vollkommen« decken, wie Freud und einige seiner Anhänger meinten.

Freud und mit ihm z. B. der Psychoanalytiker-Theologe Oskar Pfister (1922) übersahen Sokrates-Platos Kennzeichnung des Eros als eines »Philosophen«, einer Kraft geistiger Sehnsucht, die aus Fähigkeit *und* Armut entspringt und eben gerade nicht eine allumfassend-gotthafte Liebeskraft im kosmologischen Sinne der Vorsokratik und des Mediziners Eryximachos ist. Der Eros Platos ist auch kein »Lustprinzip« und nicht die »Energie der Sexualtriebe« im Sinne Freuds, sondern die geistige Sehnsucht, am Guten, Schönen, Wahren und Weisen als »Ideen« teilzuhaben, weil Eros selbst kein Gott, nicht schön, gut und weise, sondern der Wahrheit und Weisheit bedürftig ist. Und nur ein einseitig biologistischer Standpunkt könnte und konnte in dieser Bedürftigkeit und Sehnsucht und dieser geistigen Schau »nichts als« psychoanalytisch–triebpsychologisch deutbare Sublimierung eines biopsychischen Grundtriebes erkennen. Unter dem Gesichtswinkel philosophischer Problemgeschichte betrachtet, beriefen sich Freud und Pfister auf Plato, ohne, wie es scheint, die einschlägige philosophische Grundthematik zu bemerken oder ihr auch nur nahezukommen.

Aber trotz dieser Einwände bleibt Freuds Bezugnahme auf Plato höchst bemerkenswert und bezeichnend: Sie drückt inmitten seines kämpferischen Bekenntnisses zur scheinbar unphilosophischen Psychoanalyse seine eigene starke philosophische Sehnsucht und sein Suchen nach Verwurzelung in philosophisch-religiösen Grundrichtungen der europäischen Geistesgeschichte aus. Diese Wurzeln liegen allerdings nicht nur in direkten »hellenistischen« Rückbezügen, sondern auch in einer mehrschichtigen Beziehung zu Spinoza, in einer an Goethe angelehnten und durch Kant, Feuerbach, Darwin, Haeckel u. a. beeinflußten kosmischen Religiosität und in der vage nachwirkenden Geistigkeit der von ihm verdrängten oder verleugneten chassidischen Religionskultur (McClelland 1967; Scholem 1967; Scharfenberg [3]1971; Nase, Scharfenberg 1977; Seidmann 1959, 1968).

Alle diese Bezüge zusammen erzeugten die philosophisch »unterströmte« und verankerte religio rationalis des nur scheinbar völlig »irreligiösen« Freud, dessen sublim komplexes Verhalten angesichts von Religion und Metaphysik die geistige Situation eines großen europäischen Aufklärers widerspiegelt: Er holte zwar in den Fußstapfen des von ihm ausdrücklich verehrten hochreligiösen Metaphysikers Spinoza zu radikaler religionskritischer Entmythologisierung aus, zog aber gleichzeitig Mythen der Griechen (Ananke, Narziss, Ödipus, Elektra) zur Unterstützung seiner Auffassungen heran. Und als ehemaliger Hirnanatom und zeitweiliger Materialist betrieb er zwar teil- und streckenweise Antimetaphysik, fühlte sich aber doch so kräftig von altgriechischer Metaphysik angezogen, daß er seine eigene spekulative Lebensmetaphysik und Metapsychologie darauf abstützte. Mit seiner Deutung der Analyse als »Nacherziehung des Erwachsenen« (XIV, 305) bewegte er sich zumindest praktisch in der Nachfolge von Sokrates und Plato und ihrer Paideia. Und mit ihnen zusammen gehört religionsphänomenologisch auch er zu der geistig machtvollen (bis in den Marxismus hineinreichenden) Strömung einer erzieherisch-lehrhaften, moralisch orientierten und dogmenfreien Religiosität, die sich bei ihm mit der »kosmischen Frömmigkeit des Ergriffenseins von der numinosen Natur und Welt« (Goldammer 1960, 136) vermischte.

Jung seinerseits fühlte sich am meisten von allen Griechen mit Heraklit verwandt. Er nannte ihn 1933 in einem seiner Briefe seinen »seligen Herrn Vorfahr« (1972/73, Bd. III, 154) und erwähnte ihn und das angeblich von Heraklit entdeckte »wunderbarste aller psychologischen Gesetze«, nämlich die Enantiodromia, häufig (VII, 77; IX/1, 57; 1952, 653 f; [8]1950, 130, 584).

Jung bezog sich mit seinem tiefen Verständnis für psychische Gegensätze in einem gewissen Sinn zu Recht auf Heraklit, für den die Zusammengehörigkeit der Gegensätze den Logos des Seins, d. h. das innerste kosmische Gesetz und damit die Gottheit bedeutete. Auch für Jung waren Konflikt und Gegensatz Grundgegebenheiten seelischen Lebens. Jung irrte jedoch, als er glaubte, Heraklit habe die Enantiodromie als *psychologisches* Grundgesetz *entdeckt.*

Denn das Wort »Enantiodromia« steht gar nicht bei Heraklit. Es stammt aus dem anthologischen Werk des spätantiken Sprüchesammlers Joannes Stobaios, der etwa tausend Jahre nach Heraklit gelebt hat (Stobaios 1884, 35; Seidmann 1967, 404). Auch hat Heraklit mit Sicherheit primär kein psychologisches Gesetz mit dem spätantiken Begriff »Enantiodromia« gefunden. Er hat ein metaphysisches, kosmisches Gesetz, nämlich das der Weltgegensätze und ihrer Zusammengehörigkeit formuliert und dieses Gesetz *auch* auf die Seele bezogen. Aber offensichtlich suchte Jung durch Umdeutungen und geistvolle Unterstellungen bei Heraklit eine Selbstbestätigung, wie das Freud auf seine Weise mit Empedokles und Plato tat.

Doch ist mit diesem kritischen Einwand wiederum nicht alles gesagt: Jung hat in seinem fruchtbaren Forschen nach den Ursprüngen und Grundgesetzen des seelischen Lebens durchaus mit sachlichem Recht seinen Blick auf die Vorsokratik gerichtet – zweifellos auch unter dem Einfluß von Nietzsche *und* Freud, der seinerseits nach archaischen Anfängen und »psychischen Ursituationen« (Freud X,

227) forschte. Denn die vorsokratische Philosphie suchte ja ihrerseits ebenfalls – in religiöser Betroffenheit (vgl. Jaeger 1964) – nach der Archē, nach Ursprung und Urgrund aller Dinge.

Wie stark Jungs schillernder Zentralbegriff des Archetypus in der griechischen Philosophie verwurzelt ist, zeigt sich nicht zuletzt an Jungs ausdrücklichen und grundsätzlichen Bezugnahmen auf Plato (z. B. Jung, XI, 3, 54; IX/1, 14, 42, 91 ff), wobei er im Gegensatz zu Freud, der sich besonders auf das Symposion stützte, eher den Timaios, ein Spätwerk Platos, bevorzugte. Archetypus, erklärte Jung 1938 ausdrücklich, ist ein antiker Ausdruck, »welcher mit ›Idee‹ im Platonischen Sinne synonym ist« (IX/1, 91). Der Archetyp könnte demnach im Sinne Jungs vielleicht als ein Begriff verstanden werden, der der Ideenlehre Platos – wie sie Jung (1950) erfaßte – »eine empirische Grundlage« (XI, 54) gibt. Deshalb und aus einer in der frühen Tiefenpsychologie üblichen antiphilosophischen Allüre betonte Jung, er treibe »nicht platonische Philosophie, sondern empirische Psychologie« (XI, 3). Aber trotz des Bekenntnisses zur »Empirie« ist seine Nähe zu der – allerdings eher eigenwillig erfaßten – Philosophie Platos und des Platonismus (bis hin zu Plotin) unverkennbar. Es dürfte auch eine unverhohlene Sympathie zu den Griechen in Jungs Bemerkung liegen, wonach »Kants Kategorienlehre ... eine Wiedergeburt *Platonischen Geistes* vorbereitet« (IX/1, 92 – kursiv vom Verf.) habe.

Aber wie immer die Beziehung von Jung zu Plato und Kant (und von da zu Schelling, Schopenhauer und Nietzsche) gewesen und einzustufen sein mag, auch seine Psychotherapie ist tief in altem philosophischem Gedankengut mitverwurzelt – tiefer und stärker noch als diejenige Freuds (was bei einem geistesgeschichtlich derart bewanderten Forscher wie Jung nicht überrascht). Und beide vermittelten, jeder in seiner Weise, der modernen Psychotherapie – neben anderen geistigen Bezügen – auch wesentliches und weiterwirkendes altgriechisches philosophisch-religiöses Gedankengut.[5]

Es ließe sich nun kritisch fragen, ob Freud und Jung gerade nur aus gewissermaßen privaten Neigungen einer späthumanistisch interessierten »Bildungsbourgeoisie« Lust dazu verspürt haben, sich philosophiegeschichtlichen Freuden und Reminiszenzen zu überlassen und in ihnen »Trost« (Freud, X, 205) zu suchen. Sollte es aber nicht viel eher im *Wesen* der psychotherapeutisch orientierten Tiefenpsychologie liegen, sich immer erneut auf philosophisch-religiöse Grundgesichtspunkte und Grenzfragen zu besinnen?

DIE WESENHAFTE BEZIEHUNG DER PSYCHOTHERAPIE ZUR PHILOSOPHISCH-RELIGIÖSEN REFLEXION

Ob nun der – ärztliche oder nichtärztliche – Psychotherapeut mit Freud zur angeblich »atheistischen« Demut vor der numinos erlebten »Großartigkeit des Weltzusammenhangs und dessen Notwendigkeit« (VIII, 142) und vor der »grimmigen Götterzweiheit Logos und Ananke« (Freud/Pfister 1963, 89) geführt wird; oder ob man mit Jung auf gnostizistischen Wegen (XI, 193 ff u. 275) zur Auffassung neigt, der heraklitisch-cusanisch konzipierte, d. h. in sich gegensätzliche, moralisch ambivalente Gott sei »ein Leiden, das der Mensch kurieren sollte« (Zit. n. Jaffé 1967, 142); oder ob der Tiefenpsychologe mit Erich Fromm (1950) antitheologisch-nichttheistisch und agnostisch unter »Gott« einen Symbolbegriff für ein höchstes spirituelles Postulat und Erlebnis von Wahrheit, Gerechtigkeit und menschlich reifer Liebe versteht: Solche Standpunkte sind *auch* als persönliche Varianten einer allgemeineren Grundreaktion auf die geistige, existentielle Herausforderung der Praxis an den Psychotherapeuten zu verstehen.

Denn die Leiden, Konflikte, Ängste und Zerrissenheiten, die dem Therapeuten in seinem Patienten entgegentreten, und die oftmals schwierige konfliktanalytische Erlebnis- und Arbeitssituation, in der sich Patient *und* Therapeut gemeinsam befinden, bewirken die mögliche Erfahrung einer Art innerweltlicher Transzendenz (vgl. zu diesem Begriff z. B. Jaspers 1963, 1965; Keller 1975). Wenigstens in jenen Formen tiefenpsychologischer Psychotherapie und Beratung, in denen der Therapeut in einem partnerlichen Gespräch mit dem Patienten oder Ratsuchenden arbeitet, ist die Erfahrung dessen, was uns existentiell »übersteigt«, möglich oder wahrscheinlich.[6]

Diese uns »übersteigende« Realität kann vielerlei, oft rätselhafte Gesichter annehmen und erscheint bald z. B. als die unüberwindliche konflikthafte Gebrochenheit menschlicher Existenz, als Tod und Todesgefahr (z. B. Mord- oder Selbstmordgefahr im Umkreis des Patienten), als besonders schwere Lebenstragik, bald als unabweisliche moralische Normativität des Tiefengewissens oder gnadenhaft erlösender Ausweg aus tiefster Not.

. C. G. Jung beschreibt gesprächsweise einige dieser »Situationen, die einen anfallen, die einem über den Kopf hinauswachsen, wo man in einer Lage ist wie in conspectu mortis, wo es auf Leben und Tod geht ... Etwas Stärkeres, Unüberwindliches ist da am Werk, mit ihm sind wir konfrontiert« (sei es nun) »als das Göttliche, das Teuflische oder als das Schicksalhafte« (XI, 673). Jung erlebte und deutete es – in der Terminologie von R. Otto (1963) – »als etwas Numinoses« (XI, 673). Und es kann angenommen werden, daß viele analytische Psychotherapeuten (und Patienten) ähnliche oder gleiche Erfahrungen dieses »ganz anderen« machen, auch wenn sie dafür andere (oder keine) Worte finden (vgl. aber auch den berechtigten kritischen Hinweis auf stark therapiehemmende pseudoreligiöse Motive z. B. bei Brocher 1972, der den »vorreligiösen Raum« der Therapie betont).

Erich Fromm spricht in diesem Zusammenhang vom mystischen Erleben des »Innewerdens des Lebens und des eigenen Daseins und des Rätsels der Beziehung zwischen dem Selbst und der Welt« (ethische, denknotwendige Mystik im Sinne von Albert Schweitzer [9]1953), von einem »äußersten Hingenommensein von den Fragen nach dem Sinn des Lebens« und vom religiösen Erleben des Durchbrechens der Ichgrenzen in Richtung auf ein viel Größeres, auf das Unbewußte und das All (Fromm 1950, dt. Ausg., 111 ff).[7] Auch Boss weiß vom Gesichtspunkt seiner phänomenologisch-daseinsanalytischen Perspektive in der Traumdeutungspraxis »um Erfahrungen ausgesprochen numinoser Art« (1974, 171).

Jedenfalls sind es diese Konfrontationen mit existentiellen Urerfahrungen, Urproblemen und Grenzfragen, die den – durch das Zusammenleben und die Gesellschaft geforderten – Dienst (therapeia) am Menschen zur vertieft denkenden Therapeutik führen können. Denkendes, problembewußtes Handeln im Dienst am Mitmenschen aus Betroffenheit durch existentielle Urerfahrungen und Grundprobleme des Lebens liegt am Grunde echter und berufener analytischer Psychotherapie – einer Psychotherapie nämlich, die *reflektiert*, d. h. die auch sich selbst befragt, was sie tut. Eine nicht nur (neurosen-)analytische, sondern tiefer reflektierende Psychotherapie fragt sich selbst, was »Psyche« (Seele, Geist, Mensch) und was »Therapie« überhaupt bedeuten und was Sinn, Maß und Grenzen therapeutischen, analytischen Handelns im menschlichen Dasein und Lebensganzen sein könnten.

Insbesondere analytische, d. h. tiefenpsychologische Psychotherapie, die methodisch auch nach den unbewußten Hintergründen der Lebensgeschichte fragt, nähert sich ihrem eigenen geistigen Wurzelgrund, indem sie nach den nicht nur individuell-lebensgeschichtlichen, sondern auch allgemeinen und allgemein verborgenen existentiellen Ursprüngen von Konflikt, Lebensproblematik, Angst und Schicksalhaftigkeit forscht, nach den grundlegenden anthropologischen Sinn- und Wesenszusammenhängen der Geschichte, in die der je besondere Patient (und Therapeut) verstrickt ist.

Dieses suchende Denken wird und ist philosophisch, wenn es sich über die Analyse individuell-lebensgeschichtlicher und persönlichkeitsstruktureller Besonderheiten hinaus auch an den umfassenderen Gesichtspunkten möglicher Allgemeingültigkeit und erkenntniskritischer Begriffsdifferenzierung orientiert und ein Denken zum Grunde mit dem Blick auf das Ganze des Seins überhaupt und auf das Wesen der Dinge bleibt (vgl. z. B. Landmann 1976; Misch [2]1950). Es muß anderen Untersuchungen überlassen bleiben, inwiefern ein echtes philosophisches Element z. B. im Denken von Freud und Jung von eingestandenen oder uneingestandenen Spekulationen und Amateurismen überwuchert oder sich entfremdet wird (vgl. Kunz 1975).

Durch eine offene, erkenntnis- und selbstkritisch philosophische Reflexion gefiltert, werden jedenfalls therapeutisches Denken ebenso wie die religio[8] am ehesten davor bewahrt, sich in geistige Verwirrungen, Verhärtungen und wahnhafte Partikularitäten zu verirren. Religio als sorgsame Beachtung der uns tragenden und uns transzendierenden Seinsmächte und Lebensordnungen umfaßt und fordert auch ihrerseits aus ihrer eigensten geistigen Gewissenhaftigkeit heraus philosophisches Nachdenken über Ursprünge und Grundstrukturen menschlichen Daseins, über anthropologische Konstanten und Grundzusammenhänge.

Was Freud, Jung und Fromm und andere zu den Themen Mensch, Schicksal, Leben und Geist gesagt haben, sind Versuche, diese ewigen, nie ganz beantwortbaren Grundfragen zu beantworten. Wesentlicher noch als ihre Antworten (und alle unsere Antworten) ist ihre Bezugnahme auf diese Themen. Sie beweist ein deutliches, von der Sache selbst her gefordertes Bewußtsein, wie sehr es im *Wesen* und Auftrag der tiefenpsychologischen Psychotherapie liegt, auch philosophisch-religiöse Reflexion mit zu berücksichtigen, selbst auf die Gefahr hin, daß sie in ungesicherte denkerische Spekulationen ausmündet. Gegen diese Gefahr wird der philosophische Geist, der seit den Pythagoräern und Sokrates-Plato die Psychotherapie verborgen oder offen mitträgt und begleitet, als eine freie, kritische Kraft immer wieder dialektisch reinigend und ordnend wirken, gleichsam als therapeia an der Psychotherapie selbst, die auch in der Auseinandersetzung mit ihren geistigen Ursprüngen und ihrer denkerischen, anthropologischen Verpflichtung weiter *wachsen* muß.

ANMERKUNGEN

1

Therapeia im Sinn von medizinischer Betreuung »ist nur ein einzelnes Beispiel für den medizinischen Wortgebrauch von Begriffen, die an ihrem Ursprung keinerlei spezifisch medizinische Bedeutung besitzen«.

2

Was die Beziehung des Wortes therápon zum Krieg betrifft, so redete z. B. Agamemnon in der großen Versammlung des 2. Gesanges der Ilias seine Freunde als »Helden ... therapontes des Ares« (Waffengenossen) an (Homer Ilias 2, 110).

3

Cushman (1958) sieht in Platos Philosophie gesamthaft eine erzieherische Methode (method of education), wobei die Diagnose der menschlichen Notlage und die therapeia, die *Therapie* dieser Notlage, im Zentrum seines philosophischen Denkens standen (vgl. Jaeger 1973). Zur Frage der wechselseitigen Abhängigkeit oder Berührung von medizinischer und philosophischer Psychotherapie siehe: »Lexikon der Alten Welt« (1965, 2470 ff).

4

Ebenfalls nur knapp verwiesen sei auf die jüdische Einsiedlersekte der »Therapeuten«, die mit ihrer philosophisch-religiösen Auffassung und asketischen Lebensweise zwischen Neupythagoräern und Essenern zu stehen scheinen. Es war kein Geringerer als Philo von Alexandrien (25 v. Chr. bis 40 n. Chr.), der erstmals und voller Begeisterung, aber evtl. unkritisch und ungenau vom Standort seines jüdisch-hellenistischen Neuplatonismus über diese antike Einsiedlerkolonie schrieb (vgl. Strathmann 1914, Bousset [3]1926). Zur Arzt-Patient-Beziehung in der griechischen Antike und in der hippokratischen Ethik siehe auch Entralgo (1969).

5

Ellenberger weist auf die »philosophische Psychotherapie« (1970, dt. Ausg., 76 ff) der Pythagoräer, Platoniker, Aristoteliker, Stoiker und Epikuräer hin, deren Schulen nicht nur philosophische Systeme lehrten, sondern ihren Anhängern sektenartig »eine spezifische Trainingsmethode und ihre Lebensweise vorschrieben« (a. a. O., 77). Ellenberger teilt die Auffassung von R. de Saussure mit (a. a. O., 79), der eine Linie von der Stoa zu den Adlerianern und Existentialisten, von der platonischen Akademie zur Jungschen Schule und von Epikur zu Freud zieht. Ellenberger schließt sich dieser Auffassung streckenweise an, indem er Freuds und Jungs Schulen »eine Neuauflage der alten Philosophenschulen« (a. a. O., 765) der Antike nennt, die Lehranalyse mit einer Initiation und die Preis- und Hingabe des Anhängers an seine sektenartige Schule mit der antiken Gemeinschaftdisziplin vergleicht bzw. gleichsetzt. Ellenberger geht so weit, »die augenfälligste Leistung Freuds in der Wiederbelebung des griechisch-römischen Typus der Philosophenschule zu sehen« (a. a. O., 765).

6

Es sei an dieser Stelle erwähnt, daß der Verfasser dieser Studie in Praxis und Theorie eine freie, allgemeine und synoptische (»konfliktanalytische«) Tiefenpsychologie anthropologischer Orientierung vertritt und keiner der »Schulen« der Tiefenpsychologie als verpflichteter Anhänger institutionell angehört. Es ist ihm daher von seinem Standpunkt aus auch kein Anliegen, alle und vor allem gerade die menschlich bewegenden und gehaltvollen Praxis-Erfahrungen von vornherein in ein dogmatisches »Erklärungs«-Schema irgendeiner Oberservanz zu pressen und damit um ihre existentielle, humane Bedeutung zu bringen. Vgl. Schultz-Hencke, der vom zeitweiligen unschematischen »Erschüttertsein« auch des Therapeuten spricht, das »vom Lebendigen her gesehen« sich »selbstverständlich« einstellt (1951, 245).

7

Ohne zu polemischen Bewertungen auszuholen, unterscheidet E. Fromm (1950) in bezug auf religiöse Thematik verschiedene Gruppen von Tiefenpsychologen (»Psychoanalytiker«): solche, die praktizierende Anhänger einer traditionellen Religion sind; andere, »welche religiöse Interessen für ein Symptom ungelöster emotionaler Konflikte halten« (1950, dt. Ausg., 7); und solche, die einer philosophisch-kritischen, humanitär-religiösen Haltung (im Sinne von Fromm) zuneigen. Ohne sich mit Fromms Standpunkt zu identifizieren, steht der Verfasser dieser Haltung näher als den andern genannten.

Eine analoge Grob-Einteilung ließe sich auch in bezug auf philosophisches Verständnis unter Tiefenpsychologen und Psychotherapeuten im allgemeinen vornehmen: erklärte Anhänger einer bestimmten philosophischen Schule oder eines einzelnen großen Philosophen; philosophisch völlig Desinteressierte, die die Philosophie oder philosophische Besinnung in der Psychotherapie zumindest als abwegig betrachten; schließlich solche, für die ein unabhängiges Philosophieren bzw. ein philosophisch orientiertes Problembewußtsein zur Offenheit von Geist und Existenz gehören. Vgl. übrigens die Unterscheidung

Fromms mit der ähnlichen von Wach (1962, 55) unter dem Gesichtswinkel der vergleichenden Religionsforschung.

8

»Religio« verstehen wir hier wie in der ganzen Studie gemäß der Deutung von Cicero (vgl. Goldammer 1960) als ein von lateinisch »religere« (= Rücksicht nehmen, sorgfältig beachten, gewissenhaft Sorge tragen) abgeleitetes Wort. C. G. Jung, dem wir in diesem Punkte folgen, übernimmt die ciceronianische, d. h. klassische Auffassung und spricht ebenfalls von »religio«, wenn er auf eine allgemeine Religiosität vor, neben und über jeder theologisch-konfessionell-kirchlichen Tradition, Schablone und Dogmatik hinweisen will (XI, 3, 45, 331, 643, auch 673 dem Sinne nach). Zitiert sei hier Goldammer, daß der Begriff der Religion »im Grunde wissenschaftlich *nicht definierbar* (sei), weil Religion ein existenz- und situationsbezogenes irrationales Phänomen« (1960, 9) ist. Vgl. dazu aber Mann, der aus religionsphilosophischer Perspektive Religion definiert als eine »im Wesen ganzheitliche Vermittlung von Transzendenz und Immanenz« (1970, 74). Vgl. auch Wach, der die religiöse Erfahrung definiert als »Antwort auf das, was als letzte Wirklichkeit erfahren wird« (1962, 56). Vgl. ferner Van der Leeuw (1961), Eliade (1957), Tillich (1959, 1961, 1964).

LITERATUR

Boisacq, E.: Dictionnaire de la langue grecque. Heidelberg: C. Winter ⁴1950

Boman, T.: Das hebräische Denken im Vergleich mit dem Griechischen. Göttingen: Vandenhoeck ⁵1968

Boss, M.: Sturmzeichen in der Psychologie und Psychotherapie. In: H. K. Fierz, T. Spoerri (Hg.): Psychotherapie und Geisteswissenschaft, Verhandlungen des 8. Internationalen Psychotherapie-Kongresses (Mailand 1970). Basel: Karger 1972, 92–106

Der Traum und seine Auslegung. Reihe »Geist und Psyche« Bd. 2137. München: Kindler 1974

Bousset, W.: Die Religion des Judentums im späthellenistischen Zeitalter. Tübingen: J. B. Mohr (P. Siebeck) ³1926

Brocher, T.: Die Aufdeckung pseudoreligiöser Motive in der psychotherapeutischen Praxis. In: H. Zahrnt (Hg.): Jesus und Freud. München: Piper 1972, 141–157

Bröcker, W.: Die Geschichte der Philosophie vor Sokrates. Frankfurt/M.: Klostermann 1965

Brun, J.: Les Présocratiques. Paris: Presses Universitaires de France 1973

Capelle, W. (Hg.): Die Vorsokratiker. Stuttgart: Kröner ⁴1963

Chantraine, P.: Dictionnaire étymologique de la langue grecque, histoire des mots. Paris: Klincksieck 1970

Cushman, R. E.: Therapeia, Plato's Conception of Philosophy. Chapel Hill: The University of North Carolina Press 1958

Edelstein, L.: Der Hippokratische Eid. Zürich, Stuttgart: 1969

Eliade, M.: Das Heilige und das Profane, vom Wesen des Religiösen. Hamburg: Rowohlt 1957

Ellenberger, H. F.: The discovery of the unconcious. New York: Basic Books 1970. Deutsch: Die Entdeckung des Unbewußten (I u. II). Bern: Huber 1973

Entralgo, L. P.: El médico y el enfermo. Madrid: Guadarrama 1969. Deutsch: Arzt und Patient, Zwischenmenschliche Beziehungen in der Geschichte der Medizin. München: Kindler 1969

Freud, S.: Gesammelte Werke, I–XVIII. Frankfurt/M.: Fischer 1952ff

Aus den Anfängen der Psychoanalyse 1887–1907, Briefe an W. Fliess. Frankfurt/M.: Fischer 1962

Freud, S., Pfister, O.: Briefe 1909–1939. Frankfurt/M.: Fischer 1963

Friedländer, P.: Platon (Bd. III). Berlin, New York: de Gruyter 1975

Frisk, H.: Griechisches Etymologisches Wörterbuch (Bd. I). Heidelberg: C. Winter 1960

Fromm, E.: Psychoanalysis and religion. New Haven: Yale Univ. Press 1950. Deutsch: Psychoanalyse und Religion. Zürich: Diana 1966

Gauss, H.: Philosophischer Handkommentar zu den Dialogen Platos. Bern: Lang 1952 ff

Gedo, J. E., Pollok, G. H.: Freud: The fusion of science and humanism. The intellectual history of psychoanalysis. New York: Universities Press 1976

Gemoll, W.: Griechisch-Deutsches Schul- und Handwörterbuch. München, Wien: G. Freytag/Hölder-Pichler-Tempsky ⁹1965

Goldammer, K.: Die Formenwelt des Religiösen, Grundriß der Systematischen Religionswissenschaft. Stuttgart: Kröner 1960

Guardini, R.: Die religiöse Sprache. Sonderdruck des Jahrbuches Gestalt und Gedanke, Bd. V. München: R. Oldenbourg 1959

Hadot, J.: Seneca und die griechisch-römische Tradition der Seelenleitung. Berlin: de Gruyter 1969

Heraklit: Fragmente, griech.-dt., hrsg. v. B. Snell. Tübingen: Heimeran ⁵1965

Hölscher, U.: Anfängliches Fragen, Studien zur frühen griechischen Philosophie. Göttingen: Vandenhoeck & Ruprecht 1968

Huonder, Q.: Die Gottesbeweise, Geschichte und Schicksal. Stuttgart: Kohlhammer 1968

Jaeger, W.: Die Theologie der frühen griechischen Denker. Stuttgart: Kohlhammer 1964

Paideia, die Formung des griechischen Menschen. Berlin, New York: de Gruyter 1973

Jaffé, A.: Der Mythus vom Sinn im Werk von C. G. Jung. Zürich: Rascher 1967

Jaspers, K.: Der philosophische Glaube angesichts der Offenbarung. München: Piper 1963

Kleine Schule des philosophischen Denkens. München: Piper 1965

Jones, E.: The life and work of Sigmund Freud (I–III). New York: Basic Books 1953–57. Deutsch: Leben und Werk von Sigmund Freud. Bern, Stuttgart: Huber 1960, 62

Jung, C. G.: Psychologische Typen (1921). Zürich: Rascher ⁸1950, ¹⁰1967

Symbole oder Wandlung (1912). Zürich: Rascher ⁴1952

Gesammelte Werke. Zürich: Rascher 1958 ff (jetzt: Olten, Freiburg i. B.: Walter)

Briefe in drei Bänden hg. von A. Jaffé. Olten, Freiburg i. B.: 1972/73

KANT, J.: Die Religion innerhalb der Grenzen der bloßen Vernunft. Hamburg: Meiner ⁶1961

Kritik der reinen Vernunft. Hamburg: Meiner 1956 (Neudruck 1967)

KELLER, W.: Philosophische Anthropologie – Psychologie – Transzendenz. In: H.-G. Gadamer u. P. Vogler (Hg.): Philosophische Anthropologie, 1. Teil. Stuttgart: Thieme 1975, 3–43

KERENYI, K.: Der göttliche Arzt, Studien über Asklepios und seine Kultstätte. Basel: Ciba 1948

Umgang mit Göttlichem. Göttingen: Vandenhoeck & Ruprecht 1961

KERSCHENSTEINER, J.: Kosmos, Quellenkritische, Untersuchung zu den Vorsokratikern. München: Beck 1962

KRANZ, W.: Die griechische Philosophie. Leipzig: Dieterich 1941

Empedokles, Antike Gestalt und romantische Neuschöpfung. Zürich: Artomis 1949

Studien zur antiken Literatur und ihrem Fortwirken. Heidelberg: C. Winter 1967

Vorsokratische Denker (Auswahl, griech.-dt.). Zürich: Weidmann 1974

KUNZ, H.: Die Erweiterung des Menschenbildes in der Psychoanalyse Sigmund Freuds. In: H. G. Gadamer, P. Vogler (Hg.): Philosophische Anthropologie, 1. Teil. Stuttgart: Thieme 1975, 44–113

LANDMANN, M.: Was ist Philosophie? Bonn: Bouvier-Grundmann ²1976

LANGLOIS, W. G.: The persistent voice. Essays on hellenism in french literature since the 18th century. Genf: Droz 1971

LEIBBRAND, A., LEIBBRAND, W.: Formendes Eros (I u. II). Freiburg: Alber 1972

LEIBBRAND, W., WETTLEY, A.: Der Wahnsinn. Freiburg: Alber 1961

LEXIKON DER ALTEN WELT. Hg. von C. Andresen, H. Erbse, O. Gigon, K. Schefold, K. F. Stroheker, E. Zinn. Zürich, Stuttgart: Artemis 1965

LIDDELL, H. G., SCOTT, R.: A greek-english lexikon. Oxford: Carendon Press 1930

LÖWITH, K.: Wissen, Glaube und Skepsis. Göttingen: Vandenhoeck & Ruprecht ³1962

MANN, U.: Einführung in die Religionsphilosophie. Darmstadt: Wissenschaftliche Buchgesellschaft 1970

MCCLELLAND, M. C.: Motivation und Kultur. Bern, Stuttgart: Huber 1967

MEDICUS, F.: Das Mythologische in der Religion. Zürich: Rentsch 1944

MEIER, C. A.: Antike Inkubation und moderne Psychotherapie. Zürich: Rascher 1949

MENSCHING, G.: Wesen und Ursprung der Religion. In: Die großen nichtchristlichen Religionen unserer Zeit. Stuttgart: Kröner 1954, 11–22

MISCH, G.: Der Weg in die Philosophie. Bern: Francke ²1950

NASE, E., SCHARFENBERG, J.: Psychoanalyse und Religion. Darmstadt: Wissenschaftliche Buchgesellschaft 1977

NESTLE, W.: Die Vorsokratiker. Düsseldorf, Köln: Diederichs ⁴1956

OTTO, R.: Das Heilige. Über das Irrationale in der Idee des Göttlichen und sein Verhältnis zum Rationalen. München: Beck 1963

PFISTER, O.: Die Liebe des Kindes und ihre Fehlentwicklungen. Bern: E. Bircher 1922

PLACK, A. (Hg.): Der Mythos vom Aggressionstrieb. München: List 1973

PLATON: Die Werke des Aufstiegs: Euthyphron, Apologie, Kriton, Gorgias, Menon. Zürich: Artemis 1948

Apologie des Sokrates und Kriton. Hamburg: Meiner 1951

Apologie des Sokrates (gr.). Bamberg, Wiesbaden: Bayerische Verlagsanstalt ²1966

Eutyphron (griech.-dt.). Hamburg: Meiner 1968

Symposion (griech.-dt., hg. von F. Boll, W. Buchwald). München: Heimeran ⁶1969

Laches (griech.-dt.). Hamburg: Meiner 1970

Platon-Lexikon der Namen und Begriffe. (Verf. von O. Gigon, L. Zimmermann). Zürich, München: Artemis 1975

PREISIGKE, F.: Wörterbuch der griechischen Papyrusurkunden. Heidelberg: Selbstverlag 1924

ROHDE, E.: Psyche, Seelenkult und Unsterblichkeitsglaube der Griechen. Tübingen: J. B. Mohr ⁷/⁸1921

SCHADEWALDT, W.: Der Gott von Delphi und die Humanitätsidee. Frankfurt/M.: Suhrkamp 1975

SCHARFENBERG, J.: Sigmund Freud und seine Religionskritik. Göttingen: Vandenhoeck & Ruprecht ³1971

SCHOLEM, G.: Die jüdische Mystik in ihren Hauptströmungen. Frankfurt/M.: Suhrkamp 1967

SCHULTZ-HENCKE, H.: Lehrbuch der analytischen Psychotherapie. Stuttgart: Thieme 1951

SCHWEITZER, A.: Kultur und Ethik; Kulturphilosophie, 2. Teil. München: Beck ⁹1953

SEIDMANN, P.: Der Weg der Tiefenpsychologie in geistesgeschichtlicher Perspektive. Zürich: Rascher 1959

Aggressivität bei Kindern und Jugendlichen. Schweiz. Zeitschrift f. Psychol., 25, 1966 a, 1–24

Begriff und Phänomen der Aggression. Basel: Studia Philosophica 1966 b

Lebensproblematik in der Sicht existenzphilosophischer Psychotherapie. Psychother., Psychosomatik, 15, 1967, 388–406

Freuds Glaube. Volkshochschule, 4, 1968, 3–27

Der Mensch im Widerstand. Studien zur anthropologischen Psychologie. Bern: Francke 1974

Die perspektivische Psychologie Nietzsches. In: H. Balmer (Hg.): Die Psychologie des 20. Jahrhunderts, Bd. I. Zürich: Kindler 1976, 382–445

Der erzieherische Aspekt der tiefenpsychologischen Therapie. Das schwierige Kind im Spiegel der späteren Erwachsenenanalyse. Vierteljahrsschrift f. Heilpädagogik u. ihre Nachbargebiete, 48, 1979, 44–52

SIGERIST, H. E.: Anfänge der Medizin. Zürich: Europa 1963

STOBAIOS, J.: Anthologii libri duo priores. Hg. von C. Wachsmuth. Berlin: Weidmann 1884

STRATHMANN, H.: Geschichte der frühchristlichen Askese bis zur Entstehung des Mönchtums. Leipzig: Deichertsche Verlagsbuchhandlung W. Scholl 1914

TILLICH, P.: Das Neue Sein. Stuttgart: Evangelisches Verlagswerk ³1959

Wesen und Wandel des Glaubens. Frankfurt/M.: Ullstein 1961

Auf der Grenze. München, Hamburg: Siebenstern 1964

VAN BROCK, N.: Recherches sur le vocabulaire médical du grec ancien, soins et guérisons. Paris: Klincksieck 1961

VAN DER LEEUW, G.: Einführung in die Phänomenologie der Religion. Darmstadt: Gütersloher Verlagshaus G. Mohn 1961

WACH, J.: Vergleichende Religionsforschung. Stuttgart: Kohlhammer 1962

WICHMANN, O.: Platon. Darmstadt: Wissenschaftliche Buchgesellschaft 1966

WITZMANN, P.: Antike Tradition im Werk Bert Brechts. Berlin: Akademie 1964

METHODEN IM GRENZBEREICH ZWISCHEN PSYCHOTHERAPIE UND RELIGIÖSER ERFAHRUNG

von Klaus Thomas

BEGRIFFLICHE ABGRENZUNG

Gemeinsamkeiten und Unterschiede

Bei den Beziehungen zwischen Psychotherapie einerseits und religiöser Erfahrung und Seelsorge andererseits wird oft die Ähnlichkeit betont: Beide dienen als angewandte Psychologie dem Leidenden. Früher suchten die Menschen den Beichtvater, heute den (nicht verurteilenden) Psychotherapeuten.

Andere betonen die Grenzen: »Der Bindestrich unterscheidet medizinische Seelen-Heilkunde und theologische Seelenheil-Kunde« (Schultz 1951, 174). Beichten läßt sich nur, was wir wissen; in der (analytischen) Psychotherapie geht es dagegen um das »Unbewußte«.

Geschichtlicher Überblick über einige Hauptmethoden

Vor dem Zweiten Weltkrieg lautete das Hauptproblem noch »Psychoanalyse und Beichte«; heutzutage treten über hundert neue Methoden der Gruppen-, Verhaltens-, Gesprächs-, Gestalt-, Urschrei- und Musiktherapie, der Transaktions-, Daseins- und Selbstanalyse, des »Sensitivity-Trainings« und vieler anderer Psychotherapiekonzepte auf und versprechen zum Teil umfassende Heilwirkungen.

Ihnen steht scheinbar in der Seelsorge nur das Gespräch gegenüber, das je nach dem Hauptinhalt in ein Beicht- oder Trostgespräch, ein entlastendes, anteilnehmendes, verstehendes, aufklärendes, ein ratendes oder gar weisendes Gespräch einzuteilen wäre.

Die Geschichte pflegt außerdem nach ihrem biblischen Ursprung (Apg. 2,42) die Vermittlung von Bibelworten, Gemeinschaft, Abendmahl und Gebet zu unterscheiden und kennt seit dem Altertum das »Herzensgebet« des Athos, die Wallfahrten und Meditationen der Pilger des Mittelalters oder die ignatianischen Exerzitien an der Schwelle zur Neuzeit.

Eine pietistische »biblische Seelsorge« erhebt (nicht selten schablonenhaft) Sünde und Vergebung, Glauben, Bibellesen und Beten, das Auffinden, Aussprechen und Beherzigen der passenden Bibelworte zur Grundmethode der Seelsorge, aber auch (gemeinschaftliche) Fürbitte und (oder) bei Kranken Handauflegung.

Heute gilt oft eine Gesprächstherapie nach Rogers und Tausch mit ihrem

»client-centered non-directive counseling« (klientzentrierte, nicht-direktive Beratung) als *die* Methode der Seelsorge (Frielingsdorf, Stöcklin 1976); oder die »themenzentrierte Interaktion« nach Ruth Cohn oder das »non-directive listening« und »befriending« der englischen Samaritans, also das annehmende Zuhören und der zwischenmenschliche Kontakt, werden als *die* Methoden der Seelsorge propagiert.

Zahlreiche Meditationsarten als Wege der Seelsorge erschweren mit unbestimmten Begriffen zusätzlich den notwendigen Vergleich zur Psychotherapie. Verstehen wir unter »Methoden« gar die verschiedenen Wege des Kontaktes und der Technik, so wären eine Brief-, Buch-, Fernseh-, Rundfunk-, vor allem aber eine Telefonseelsorge, Tonbandseelsorge und anderes mehr zu besprechen.

ÜBERSICHT ÜBER METHODEN UND BEWUSSTSEINSZUSTÄNDE IM PSYCHOTHERAPEUTISCHEN UND RELIGIÖSEN BEREICH

Um diese Vielfalt übersichtlich zu gliedern, soll hier ein psychologisches Schema nicht nur überwache und unterwache Bewußtseinszustände (vgl. Behn 1914, Gruehn [2]1960), sondern auch – je nach dem Maß von Krankheit und Spannung einerseits und Gesundheit und Entspannung andererseits – verschiedene »außerwache« Zustände unterscheiden (Thomas 1973). Danach lassen sich die Methoden jeweils verschiedenen Bewußtseinszuständen zurechnen.

Normalwacher Bewußtseinsbereich

»Moderne« Psychotherapiemethoden, besonders Gesprächs- und Verhaltenstherapie, arbeiten vorwiegend in einem normalwachen Zustand, wenn sie auch unterschwellige Affekte ins Bewußtsein heben.

Seelsorge, die sich im anteilnehmenden Zuhören und im »widerspiegelnden Sprechen« erschöpft, bietet weniger eine eigenständige Methode als eine Gesprächstherapie durch Seelsorger – vielleicht auch mit religiösen Themen.

Seelsorge läßt sich jedoch nach Geschichte und Wesen von dem geistlich-überweltlichen Gehalt nicht trennen, wenn dies auch heute oft nicht mehr erkennbar ist.

Unterwacher Bewußtseinsbereich

Wenn das Träumen seit Freud noch immer als königlicher Weg zum »Unbewußten« gilt, so bleibt die Psychoanalyse auf die unterwachen Zustände des Träumens im Schlaf methodisch zentriert. Dieser Bereich erscheint dagegen aus der Seelsorge ausgeklammert.

Zwar haben Keller (1918), Froboese-Thiele (1957), Sanford (1949) und Thomas ([3]1979) auf religiöse Träume achten gelehrt; zwar hat Pfister mit seiner »Analytischen Seelsorge« (1927) Wege zu einer Anwendung der Psychoanalyse gewiesen; zwar hat Köhler (1954) eine langfristige »große« Seelsorge geschildert, die zum Teil einem analytischen Vorgehen vergleichbar ist; doch von eigentlichen »Methoden« im unterwachen religiösen Bereich ist nicht zu sprechen, sondern allenfalls von einer Anwendung psychoanalytischer Erkenntnisse durch Seelsorger oder in der Seelsorge.

Überwacher Bewußtseinsbereich

Behn (1914) sah in den überwachen Bewußtseinszuständen, der Exaltation, der Exzitation bis hin zur Ekstase, den Inbegriff der religiösen Erfahrungen. Später verlegte Gruehn (1924) die religiös entscheidenden Wandlungs-, Berufungs- und Offenbarungserlebnisse in diesen Bereich. Er sah in seinen Stufen vom »Für-richtig-Erklären« über das »Billigen«, »Zustimmen« und »Aneignen« bis zu verschiedenen mystischen Erfahrungen zwar keine Methode der Seelsorge, wohl aber ein systematisches Fortschreiten zu überwachen religiösen Erfahrungen, ohne daß sich zu diesen Ansätzen durchaus denkbare Parallelen in psychotherapeutischen Methoden finden lassen.

Schubart (1941) arbeitete dann mit seinem Begriff »Schöpfungswonne« die religiösen Merkmale überwacher Begeisterungszustände im erotisch-sexuellen Erleben so nachhaltig heraus, daß für ihn eine dionysisch gesteigerte Erotik zum Inbegriff des religiösen Erlebens überhaupt wurde. Auch vorgebliche, um sich greifende amerikanische »Psychotherapiemethoden« pflegen unter dem Namen »Encounter«-, »Nudi«-, »Marathon«-Therapie gruppensexuelle Zusammenkünfte als »moderne Heilmethode«.

In diesem überwachen Bereich treten die Unterschiede stark hervor: Wohl wird in beiden Ebenen Hingabe gefordert, doch nicht das Aufgeben des Ich für einen anderen, sondern erst die Hingabe an bleibende geistliche Werte wandelt einen Menschen. Berufung zu lebenslanger Nachfolge läßt sich weder im religiösen noch im weltlichen Bereich durch einen flüchtigen Rausch ersetzen; zwischen lebenslanger Treue zu einem Menschen und der zu Gott bestehen erhebliche Unterschiede, es sei denn, wir vermenschlichten Gott oder wir vergöttlichten den Menschen.

»Außerwache« Grenzbereiche

Wir bezeichnen die Zustände eines eingeengten Bewußtseins mit körperlicher und seelischer Entspannung sowie einer fortschreitenden »Umschaltung im Gehirn« in ein vertieftes Gleichmaß rhythmischer Ruhe von Herzschlag und Atmung und von innerer Bilderschau – meist »Meditation« genannt – als »außerwachen physiologischen Bewußtseinszustand«.

Methoden der Hypnose und *der Bilderschau.* Schon seit dem heilenden Tempelschlaf in den Asklepios-Heiligtümern verbinden Priesterärzte »Psychotherapie« und religiöse Erfahrung in diesem Bewußtseinszustand. Die klassische Hypnoseforschung beschrieb diese Bereiche seit James Braid (1843). Durch Charcot, Liébault, Bernheim, Forel, Vogt bis hin zu Erikson u. a. haben sie in der Medizin eine weitreichende, heute mindestens in Deutschland kaum beachtete Bedeutung erlangt. Das Autogene Training von Schultz (1932) wurde dagegen international weit verbreitet.

Ende des vorigen Jahrhunderts hatten deutsche Ärzte (Vogt, Kohnstamm, Hocke, Tuczeck und Frank) solche außerwachen Zustände zu psychotherapeutischen Methoden erhoben. Der Engländer F. Galton ([2]1907) bezeichnete alle Bilderschaumethoden der Psychotherapie als »mental imagery« und sah als Wesenskennzeichen einen entspannten, hypnotischen (schlafähnlichen) Zustand an, in

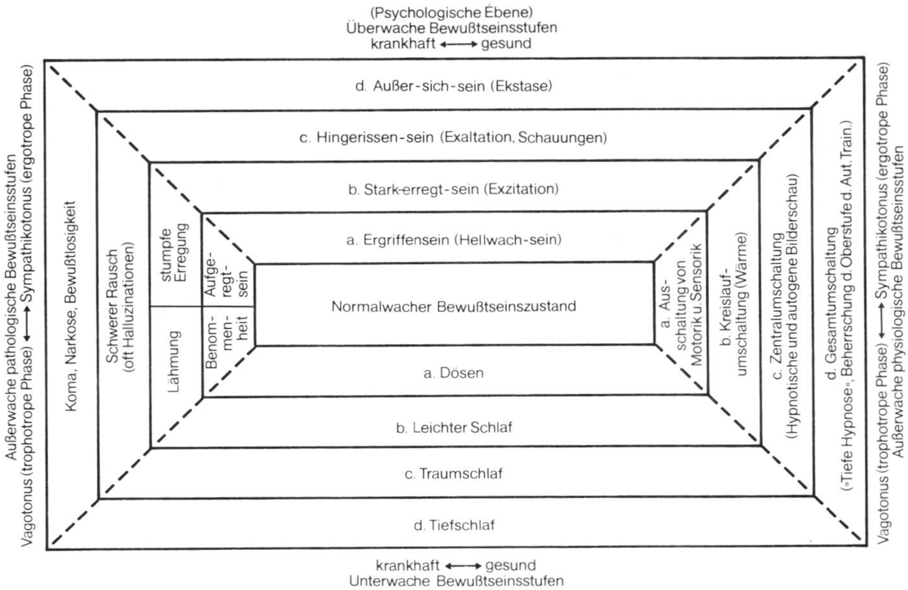

Abb. 1 Bewußtseinsstufen des innerweltlichen Erlebens.

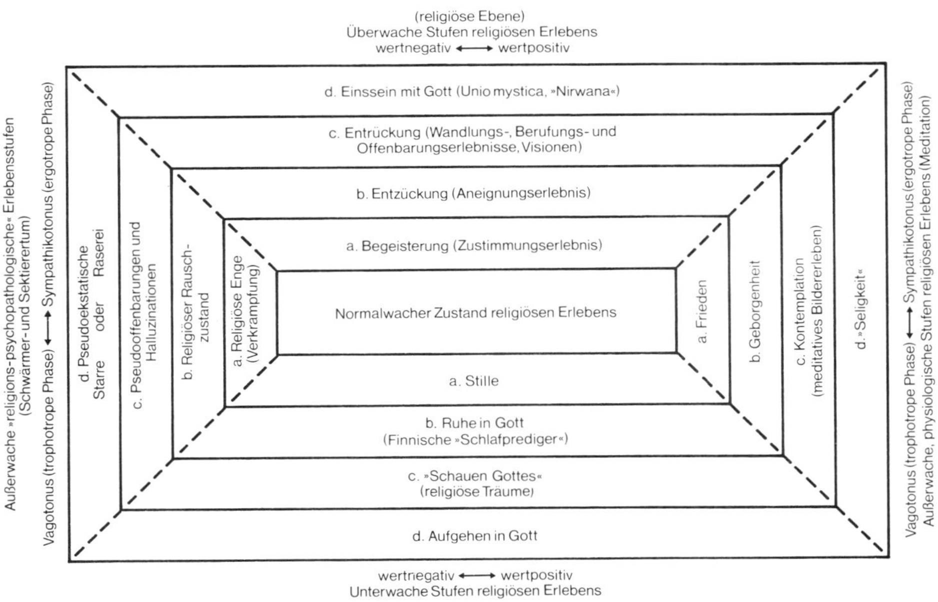

Abb. 2 Bewußtseinsstufen des überweltlichen Erlebens.

dem ein Patient spontan oder unter suggestivem Einfluß Bilder sieht und darüber dem Arzt oder Versuchsleiter berichtet.

Im französischen Sprachbereich wurden solche Psychotherapiemethoden des außerwachen Bilderlebens besonders von Binet, Janet, Guillerey, Frétigny, Virel und Desoille zwischen 1922 und 1968 verbreitet; im deutschen Sprachbereich gleichzeitig von Nachmansohn, Tramer und Beyme, vor allem aber von C. G. Jung mit seiner »Imagination active«, Kretschmer mit seinem »Bildstreifendenken« und Leuner mit seinem »katathymen Bilderleben« (1970). Auch die Oberstufe des Autogenen Trainings von Schultz wurde durch das Bilderleben der vertikalen Richtungsvorstellung nach Desoille und Berta wesentlich bereichert (K. Thomas [4]1976a).

Ärztliche und anthroposophische Wege der Meditation. Gegenüber diesen medizinisch-psychologischen Methoden überschreitet der Arzt Albrecht mit seiner mehr philosophischen »Psychologie des mystischen Bewußtseins« (1951) bewußt die Grenzen zur Theologie.

Auch der Nervenarzt Happich hat durch Aufsätze ([3]1948) und Kurse mit der inneren Schau einer »grünen Wiese« und einer »brennenden Kerze« zum Teil religiöse Meditationen in der evangelischen Kirche verbreitet (die von K. B. Ritter [o. J.] und F. Melzer [1968, 1974] weitergeführt wurden).

Die »Schau höherer Welten« von Rudolf Steiner ([2]1963) entwickelt aus subjektiven Erfahrungen eine anthroposophische Sondermethode der »Selbstversenkung«, die den »Geheimschüler« und »Hellseher« schließlich befähigen soll, den »Ätherleib zu entwickeln« und mit »höheren Welten zu verkehren«. Rittelmeyer dagegen kehrt mit seiner »Meditation« (1929) wieder zu zentralchristlichen Erlebnisweisen zurück. Die Abbildungen 1 und 2 verdeutlichen die Bewußtseinsstufen des innerweltlichen und äußerweltlichen Erlebens.

ERFAHRUNGEN IN »MEDITATIONEN« ÖSTLICHER RELIGIONEN

Synkretistische Einheitsschau oder Abgrenzung zwischen Psychotherapie und religiöser Erfahrung

Verbreitete Bestrebungen heben synkretistisch die *Gemeinsamkeiten* von Psychotherapie und religiöser Erfahrung hervor: Beide wenden sich mit vertiefter Selbsterkenntnis den innersten Bereichen und Bilderschichten der Seele zu, vermitteln leidenden Menschen Entspannung und Zugang zu einer neuen Lebensdimension und entfalten weitreichende Heilwirkungen.

Andere betonen grundlegende *Unterschiede*: Bei den psychotherapeutischen Methoden üben wissenschaftlich ausgebildete Therapeuten ihren Beruf aus, um Kranke zu heilen; in den religiösen Erfahrungen aber geht es um eine überirdische Berufung, die zum ewigen Heil führen will.

Synkretistische Einheitsschau oder Abgrenzung zwischen verschiedenen Religionen

Die vielen Wege und Methoden der verschiedenen Religionen werden heute ebenfalls meist synkretistisch vorwiegend als einheitliches Streben nach dem Heiligen gesehen oder in der Meditation als unmittelbarer Weg der Selbstversenkung und mystischer Weg der Frömmigkeit zur Begegnung mit Gott in der eigenen Seele bezeichnet.

Mystische Gotteserfahrung weist dabei in vielen Religionen Gemeinsamkeiten des Erlebens auf, so daß Meditation vielfach als relativ einheitlicher »Weg nach innen« zu einer schweigenden Anbetung und »Unio mystica« verstanden wird.

Andererseits kennt manche Religion keinerlei Gottesbild, wie etwa der Buddhismus, während das Christentum z. B. die persönliche Gottesbeziehung und Geborgenheit in den Vordergrund stellt; im Hinduismus wiederum versuchen zahlreiche Götter der Mannigfaltigkeit des Lebens gerecht zu werden, während im Judentum und im Islam ein streng monotheistisches Gottesbild die Erfahrung beherrscht.

Gottes- und Weltbild, Gebote und Verheißungen, vor allem aber das Bild des Menschen mit seinen Aufgaben und Zielen werden in den einzelnen Religionen so unterschiedlich oder gar gegensätzlich gezeichnet, daß auch die religiösen Erfahrungen weit voneinander abweichen.

Östliche Meditationsmethoden

Die mehrtausendjährigen *Yoga-Übungen* unterscheiden mehrere Stufen: Selbstzucht, körperliche Gebetshaltungen, Atemübungen, Ausschaltung von Sinneswahrnehmungen und Konzentrationsübungen bis zum Erlebnisgipfel des »Samadhi«. Jedenfalls setzen die 84 Asana-Gebetshaltungen die strenge asketische Entsagung der vorigen Stufen voraus. Bloße Gymnastik ist nicht Yoga.

Der achtgliedrige Pfad zweitausendjähriger *buddhistischer Meditation* führt von rechter Einsicht und Besinnung (besonders Liebe und Mitleid) über rechtes Sprechen, Handeln und Streben zu Aufmerksamkeit und Sammlung. Auch hier beherrschen strenge Gebote und Verbote die Frömmigkeit, ehe eine »höhere Meditation« »die 32 Teile des Körpers« als »nicht zugehörig« betrachtet und aus dem Geist alle Spuren von Gier, Haß und Verblendung auslöscht.

Der *Zen-Weg* als religiös-mystische Erfahrung mit der »Seinserfahrung vom Nicht-Zwei« (der Einheit der Gegensätze), dem Lösen von allen Bindungen und Erleben eines überindividuellen Seins bleibt einer Beschreibung oder gar Begründung verschlossen.

Die Sitzhaltung des »Za-Zen« und ihre Atmung, nachdenkliche Geschichten, logisch unmögliche Denkaufgaben des »Koan« oder körperlich-geistige Übungen wie das Bogenschießen führen zu dem Ziel der überwältigenden Erleuchtung und erneuernden Einsicht des »Satori«. Zen erstrebt eine Ich-Auflösung, ein Sich-Entleeren, einen Gleichmut ohne Affekte und eine absichtslose Identität zwischen dem Handelnden, dem Wirken und dem Ziel.

Einige Merkmale sind den östlichen Meditationswegen gemeinsam, z. B. die religiöse Grundhaltung, ein stufenweises Fortschreiten, eine innere Reinigung und Askese, ein Betonen bestimmter Gebets-Sitzhaltungen und eine Atem-Umschaltung, ein Nicht-mehr-Wahrnehmen durch die Sinne, Übungen der Gedankenkonzentration und Meditationen mit zunehmender Indifferenz gegen Umwelt und Innenwelt sowie schließlich ein Erlebnisgipfel mit innerer Erleuchtung.

Allen Wegen der Meditation ist ein überweltliches, geistliches Ziel der Verbindung mit dem Göttlichen eigen. Vegetative Gesamtumschaltung und -harmonisierung stellt sich bei Meditationen als *Folge* demütiger Gebetshaltung ein, beim Autogenen Training dagegen als innerweltliches *Ziel* systematischer Entspannungsübungen.

Die Sondermethode der »Transzendentalen Meditation« (TM)

Die TM gibt an, in den letzten Jahren 1,5 Millionen neu meditierende Anhänger gewonnen zu haben. Sie verspricht, praktisch sämtliche Lebensschwierigkeiten »völlig mühelos und natürlich« zu beseitigen durch ein zweimal tägliches Meditieren mit der individuellen, richtigen »Mantra«-Silbe. Über hundert naturwissenschaftliche, besonders medizinisch-physiologische Arbeiten »beweisen« die überragenden Wirkungen dieser Methode auf das Hirn-Nervensystem (s. den Beitrag von R. L. Woolfolk in Bd. VI dieser Enzyklopädie). Damit sollen auch psychotherapeutische Methoden angeblich überflüssig werden. Neuerdings erkennen auch in Deutschland einige Ärzte diese propagandistisch hochaktive Gruppe an.

Im Gegensatz zu dieser Hochschätzung beschuldigen etwa Mildenberger u. Schöll (1977) die TM als gefährliche hinduistische Sekte der Irreführung suchender, besonders kranker Menschen.

Christliche Meditationsarten

Die reichen Überlieferungen christlicher Meditation gerieten weithin in Vergessenheit. Sie reichen vom »Herzensgebet« in der »hesychastischen Mystik« (griech. hesychia = die Ruhe) mit seiner Koppelung von Herzrhythmus und Gebetsformeln (seit dem 2. Jh.) bis zu mittelalterlichen Bildmeditationen (z. B. Klaus von Flüe, gest. 1487). Die »Exerzitia spiritualia« ([11]1951) des Ignatius von Loyola erstreben mit der »Anwendung der Sinne« die Erfahrung zeitlich und örtlich unmittelbarer Gegenwart biblischer Ereignisse als Grundlage einer ganzheitlichen Erneuerung des Menschen vom Glauben her.

Im angelsächsischen Sprachbereich sind die Wert- und Begriffsmeditationen von Marian Dunlop ([3]1949, [6]1951) weit verbreitet. Zahlreiche Anleitungen zu Meditationen biblischer Texte wurden in den letzten Jahrzehnten bekannt und ergänzt durch biblische Betrachtungen der einzelnen Glieder und Sinne des Organismus sowie deren bewußter Hingabe (Banks o. J., Thomas 1973, Rosenberg 1976).

Alle Meditation vollzieht sich in demselben »außerwachen physiologischen Bereich« wie auch die ärztlichen Methoden (z. B. das Autogene Training).

In der überweltlichen, religiösen Ebene bleibt der Meditierende in seinem Erleben geborgen durch die Erfahrung der schützenden Nähe des persönlichen Gottes.

Im innerweltlichen Bereich bewahrt die fachkundige Begleitung des Arztes (Psychotherapeuten) den Übenden vor Schäden (die von schweren Ängsten bis zu psychose-ähnlichen Zuständen reichen und beim Fehlen einer oder beider Voraussetzungen bedenklich häufig zu beobachten sind).

EINIGE WEITERE METHODEN IM GRENZBEREICH

Von seiten der Psychotherapie tadelt V. E. Frankl ([5]1948) das Verdrängen der weltanschaulichen Fragen durch die Psychotherapiemethoden, die sie doch in ihrem Menschenbild einschließen. Er bekennt sich zu einer *Logotherapie* als einer »echt personalistischen« Psychotherapie.

P. Tournier ([5]1945) will mit seiner *Medizin der Person* die geistliche Dimension christlicher Seelsorge der naturwissenschaftlichen Medizin und der Psychotherapie hinzufügen, um damit den Nöten und Fragen des ganzen Menschen Rechnung zu tragen.

Von seiten der Seelsorge beschränkte sich eine früher übliche Krankenseelsorge vorwiegend auf das Trösten, wenn auch der wenig beachtete J. Chr. Blumhardt (gest. 1880) schon ein aktives Vorgehen forderte und *Glaubensheilungen* als Folgen von fürbittendem Gebet und geistlicher Handauflegung erlebte.

Seine Lehren lebten zum Teil im deutschen Neupietismus fort, aber auch in dem anglikanischen *ministry of healing* und in der Krankenseelsorgearbeit des weltweiten ökumenischen St.-Lukas-Ordens.

Nach dem Ersten Weltkrieg setzte sich in den USA mit dem *Clinical Pastoral Training* (s. den Beitrag von J. Scharfenberg in diesem Bd.) eine mehrmonatige klinische Seelsorge-Ausbildung für alle Pfarrer durch und lehrte u. a. ein methodisches Vorgehen seelsorglicher Gespräche (vgl. Rogers 1942).

Von England aus griffen die zunächst ärztlichen Selbst- und Berufserfahrungsgruppen Balints auch auf den europäischen Kontinent und die Fortbildung von Seelsorgern über.

Insgesamt dient ein klares Unterscheiden zwischen der innerweltlichen, psychotherapeutischen Ebene und der überweltlichen, geistlichen Ebene der religiösen Erfahrungen nicht nur dem Verstehen der verschiedenen Methoden im Grenzbereich, sondern auch der wünschenswerten fruchtbaren Zusammenarbeit zwischen Psychotherapeuten und Seelsorgern. (S. auch den Beitrag über »Religionspsychopathologie« vom selben Autor in diesem Bd.).

LITERATUR

ALBRECHT, C.: Psychologie des mystischen Bewußtseins. Bremen: Schünemann 1951

BANKS, J. G.: The how and why of christian healing. San Diego: Eigenverlag o. J. (etwa 1950)

BEHN, S.: Über das religiöse Genie. Archiv f. Relps., 1, 1914

Die Wahrheit im Wandel der Weltanschauung. 1924

BITTLINGER, A.: Biblische Seelsorge. Wetzhausen: Ökumenischer Schriftendienst o. J.

BLOOMFIELD, H. H., u. a.: Transzendentale Meditation. Düsseldorf, Wien: Econ 1976

BRAID, J.: Neurypnology or the rationale of nervous sleep considered in relation with animal magnetism. London 1843

COHN, R. C.: Von der Psychoanalyse zur Themenzentrierten Interaktion. Stuttgart: Klett 1975

DUNLOP, M.: Contemplative meditation (1935). Oxford: Alden Press [3]1949

Introduction to contemplative meditation. The guild of health. London: [6]1951

FRANKL, V. E.: Ärztliche Seelsorge. Wien: Deuticke [5]1948. Tb.-Ausg.: Reihe »Geist und Psyche«, Bd. 2157. München: Kindler 1975

FRÉTIGNY, R., VIREL, A.: Imagerie mentale. Genf: Editions du Mont Blanc 1968

FRIELINGSDORF, K., STÖCKLIN, G.: Seelsorge als Sorge um Menschen. Mainz: Grünewald 1976

FROBOESE-THIELE, F.: Träume – eine Quelle religiöser Erfahrung? Göttingen: Vandenhoeck & Ruprecht 1957

GALTON, F.: Inquiries into human faculty and its development (1883). New York: Dutton [2]1907

GRUEHN, W.: Die Frömmigkeit der Gegenwart. Konstanz: Friedrich Bahn [2]1960

HAPPICH, C.: Anleitung zur Meditation. Darmstadt: Roether [3]1948

IGNATIUS (von Loyola): Geistliche Übungen (1500). Freiburg: Herder [11]1951

KELLER, S.: Sonnige Seelsorge. Freiburg: Walter Momber Verlag 1918

KÖHLER, L.: Wahres Leben. Witten, Ruhr: Luther Verlag 1954

KRETSCHMER, E.: Psychotherapeutische Studien. Stuttgart: Georg Thieme Verlag 1949

LANGEN, D.: Archaische Ekstase und asiatische Meditation mit ihren Beziehungen zum Abendland. Stuttgart: Hippokrates 1963

LEUNER, H.: Katathymes Bilderleben. Stuttgart: Georg Thieme Verlag 1970

MELZER, F.: Innerung. Kassel: Stauda Verlag 1968

Konzentration, Meditation, Kontemplation. Kassel: Stauda Verlag 1974

MILDENBERGER, M., SCHÖLL, A.: Zauberformel TM. Wuppertal: Aussaat Verlag 1977

PFISTER, O.: Analytische Seelsorge. Göttingen: Vandenhoeck & Ruprecht 1927

RITTELMEYER, F.: Meditation. Stuttgart: Verlag der Christengemeinschaft 1929

RITTER, K. B.: Über die Meditation als Menschenbildung. Kassel: Stauda Verlag o. J.

ROGERS, C. R.: Counseling and psychotherapy. Boston: Mifflin 1942. Deutsch: Die nicht-direktive Beratung. München: Kindler 1972

ROSENBERG, A.: Kreuzmeditation. München: Kösel 1976

SANFORD, A.: The healing light. Evesham, Worcestershire: James 1949. Deutsch: Heilendes Licht. Berlin: Herzog 1956

SCHUBART, W.: Religion und Eros. München: C. H. Beck 1941

SCHULTZ, I. H.: Seelsorge und Psychotherapie. Der Weg zur Seele, 1, 1949, 4–11

Binome Psychotherapie. Stuttgart: Thieme 1951

Das Autogene Training (1932). Stuttgart: Georg Thieme Verlag [13]1966

STEINER, R.: Wie erlangt man Erkenntnisse der höheren Welten? (1904). Neuausgabe: Dornach: Anthroposophischer Verlag [2]1963

STOKVIS, B.: Lehrbuch der Hypnose, 2. Aufl., bearbeitet von D. Langen. Basel, New York: S. Karger 1965

TAUSCH, R.: Gesprächspsychotherapie. Göttingen: Hogrefe [5]1973

THOMAS, K.: Handbuch der Selbstmordverhütung. Stuttgart: Verlag Ferdinand Enke 1964

Meditation. Stuttgart: J. F. Steinkopf, Georg Thieme 1973

Praxis der Selbsthypnose des Autogenen Trainings. Stuttgart: Georg Thieme Verlag [4]1976a

Selbstanalyse. Stuttgart: Georg Thieme Verlag [2]1976 b

Träume – selbst verstehen (1972). Stuttgart: Georg Thieme Verlag [3]1979

TOURNIER, P.: Krankheit und Lebensprobleme. Basel: Benno Schwabe & Co. [5]1945

Der Anfang des Lebens

Transzendenz, Imagination und Kreativität verweisen ihrem Begriffe nach über die gegenwärtige Realität des Menschen immer schon hinaus – meinen ein Noch-Mehr, als es in der Gegenwart des Hier und Jetzt enthalten ist. In ihrer utopischen Dimension implizieren diese Begriffe die Zukunft des Menschen, die im künstlerischen Werk immer auch als befreite mitgedacht wird. Nach der psychoanalytischen Theorie des schöpferischen Aktes wurzeln diese Begriffe damit aber gleichzeitig auch in der Vergangenheit des Menschen, in der Rückbesinnung auf den Anfang des Lebens, in der utopischen Erinnerung an eine Zeit also, in der Subjekt und Objekt noch Eins sind, die Trennung von Mensch und Umwelt noch nicht stattgefunden hat. Die Erinnerung an das verlorene Paradies und die Erwartung der versöhnenden Utopie sind Symbole des Lebens, das in seinem Ende seinen Anfang wieder erreicht. Für das transzendente, imaginative und kreative Denken sind Ursprung und Ziel identische Begriffe.

František Kupka »Der Anfang des Lebens« (Ausschnitt)

Glaube

Die psychische Voraussetzung des Glaubens scheint eine gewisse Passivität, die Vita contemplativa zu sein, die im Gegensatz zur Vita activa steht. Glauben verdankt sich dem passiven Lauschen und Aufnehmen dessen, was aus der Welt auf den Geist eindringt, was von außen als Botschaft aufgenommen wird. Glaube setzt so Offenheit der Welt gegenüber voraus, eine Offenheit, die nicht gleich in rastlose Tätigkeit und faustischen Veränderungswillen überleitet, sondern erst einmal bereit ist, die Dinge so, wie sie sich der Anschauung offenbaren, anzunehmen. Glaube empfängt seine tiefste Rechtfertigung nicht aus dem Gemachten der Welt, nicht aus der von Menschen gestalteten Welt, sondern aus der Bereitschaft, Welt so zu sehen, wie Gott sie dem Menschen anbietet. Eine voraussetzungslose, passive Form der Erfahrung ist also die psychische Bedingung des Glaubens. Diese Erfahrung dürfte jenseits der unterschiedlichen religiösen Inhalte der gemeinsame Boden der verschiedenen Religionen sein.

Dante Gabriel Rossetti »Beata Beatrix« (Ausschnitt)

Verlust des Glaubens

In der Unfähigkeit, die Dinge wahr-zu-nehmen wie sie sind, sie zu sehen, ohne immer gleich in sie die eigenen Bedürfnisse und Wünsche hineinzusehen, auf sie zu hören, offenbart sich schon der Verlust des Glaubens. Glaube ist so recht verstanden immer erst einmal das Zur-Kenntnis-Nehmen der Welt. Der Künstler drückt in seinem Bild mit Hilfe der Disproportion zwischen den Figuren und den unheilverkündenden Vögeln, in der Mischung von Mystizismus und Quälerei die Vision einer glaubensleeren Welt aus: das Bild einer symbolistischen Hölle in einer versunkenen Kathedrale. An die Stelle des Glaubens an die Wirklichkeit und Transzendenz der Welt treten die Ängste und Visionen einer ins eigene Ich, in die eigenen Grenzen eingeschlossenen Seele. Verlust des Glaubens ist somit auch Gefangenschaft im eigenen Ich, ist gleichbedeutend mit der Unfähigkeit, die Enge der eigenen Person zu verlassen. Autismus ist extremster Ausdruck solcher Begrenztheit.

Jan Toorop »Verlust des Glaubens«

Verzückung

In dieser Plastik von Lorenzo Bernini aus der Kirche Santa Maria della Vittoria zu Rom, die das Erlebnis der Verzückung der heiligen Theresia darstellt, kommt religiöse Ekstase zum Ausdruck. Es handelt sich, psychologisch interpretiert, um einen außergewöhnlichen Erlebniszustand, in welchem, nach allgemeiner religiöser Auffassung, die Seele des Menschen mit der geistigen Welt, ja mit den göttlichen Sphären in eine sinnlich unmittelbar empfundene Verbindung gelangt. Religionspsychologie und Religionspsychopathologie bemühen sich – unter nüchterner wissenschaftlicher Perspektive –, solche Erlebnisse zu analysieren und mit rationalen Kategorien begreifbar zu machen. Sicher scheint zu sein, daß die Fähigkeit zum mystischen Erleben der Einheit der menschlichen und göttlichen Welt zu den primären Gegebenheiten menschlicher Existenz gehört. Jedenfalls liegen Berichte aus allen Kulturen über solche Phänomene vor, wenngleich sie in unserer Kultur oft als »irrational« abgelehnt werden.

Lorenzo Bernini »Die Verzückung der hl. Theresia« (Ausschnitt)

Leid und Schwermut

Der schwarze Schwan ist ein gebräuchliches Motiv für Leid und Schwermut. Die Erfahrung von Leid gehört wie die Erfahrung anderer menschlicher Affekte, Freude und Sehnsucht, Liebe und Trauer, Hoffnung und Angst, zu den Grundeigenheiten der menschlichen Existenz. Als Gegenstand der Psychotherapie gewinnt menschliches psychisches Leid allerdings neben seiner anthropologischen Dimension auch eine individuelle und gesellschaftliche. Psychisches Leiden wird zurückverfolgt in seine individuelle Entstehung, bis hin zu den traumatischen Anlässen, die als Ausgangsbedingungen zahlreicher chronischer Leidensverläufe erkannt werden können. Besonders die Diskussion der letzten Jahrzehnte der Psychotherapieforschung hat aber auch gezeigt, daß zahlreiche gesellschaftliche Bedingungen für scheinbar ganz individuelles psychisches Leiden verantwortlich gemacht werden können. Insofern hat die moderne Psychotherapie individuelle und gesellschaftliche Faktoren gleichermaßen zu beachten.

Christophe Karel Henri de Neree tot Babberich »Schwarze Schwäne«

Angst

Es ist sicherlich eine der wichtigsten Funktionen religiösen Glaubens, die Angst des Menschen zu überwinden. Angst, so darf man annehmen, gehört zu den Begleiterscheinungen menschlichen Existierens. Die Entwürfe utopischen Denkens richteten sich daher auch immer auf eine erhoffte zukünftige Welt, die frei von Angst sein sollte. Vielleicht sind Frieden und Freiheit im psychologischen Sinne sogar Synonyme für ein Leben des Menschen in einer angstfreien Gegenwart. Bei jeder Psychoneurose, von den psychotischen Krankheitsbildern ganz zu schweigen, spielt die Angst eine entscheidende Rolle. Neurotische Angst hat im Unterschied zur Realangst, die hier und jetzt ihren Grund kennt, scheinbar keinen vernünftigen Anlaß. Ihr Grund liegt tiefer, ist oft verborgen, kann nur durch fachmännische Analyse aufgedeckt werden. Dabei zeigt sich, daß neurotische Angst von einem Schrecken lebt, der zwar vergangen, nicht aber bewältigt ist.

Edvard Munch »Angst«

Sünde

Der Begriff der Sünde als eines Vergehens gegen Gott und die göttlichen Gebote und Verbote gehört zu den schillerndsten, die sich das religiöse Denken des Menschen geschaffen hat. Vor allem in der Tradition der jüdisch-christlichen Welt wurde die Sünde immer wieder identifiziert mit dem Leib, dem sinnlichen Verlangen, der Lust, der körperlichen Befriedigung. Und in Zusammenhang mit patriarchalischem Denken wurde diese Identifikation der Sünde mit dem Leibhaftigen der menschlichen Existenz zugleich auch mit dem Weib, der sündigen, verführerischen Frau gleichgesetzt. Diese kurzschlüssige Gegenüberstellung von reiner geistiger Liebe und sündiger, schmutziger Sexualität hat allerdings eine Fülle von psychoneurotischem Leid erzwungen, wie wir spätestens seit den Entdeckungen Freuds wissen. Der Mensch ist nun einmal zuallererst Körper – und Leibfeindlichkeit, auch wenn sie religiös getarnt auftritt, ist Menschenfeindlichkeit.

Franz von Stuck »Die Sünde«

Schuld

Die Schuld be-drückt den Menschen, sie hält ihn gefangen, läßt ihm keinen Freiheitsraum, macht ihn mut- und hoffnungslos. Die Welt des von Schuld geplagten ist öde und leer. Der aufrechte Gang, der freie Blick, das Selbstbewußtsein sind verlorengegangen, die Last wird so groß, daß am Ende nur Gefangenschaft oder Verzweiflung stehen, die Zwangsneurose oder die Depression. Ob »Schuldgefühle« einer echten oder vermeintlichen Schuld entsprechen, immer liegt ihnen ein ursprüngliches, existentielles Schuldigsein zugrunde, mit dem sich der Mensch zeitlebens auseinanderzusetzen hat, selbst dann, wenn es ihm gelingt, durch eine seelsorgerische oder psychotherapeutische Betreuung die Freiheit wieder zu erringen. Dann allerdings wird Schuld nicht mehr lediglich als Last empfunden, sondern als Aufforderung zur Selbstverwirklichung.

Hanno Forrer »Die Last« (Ausschnitt)

Schicksal

Am Ende kehrt das Schicksal die Gerechten und die Ungerechten ein und macht sie im Tode alle gleich. Vielleicht war es diese realistische Sicht des Schicksals, die den Glauben an eine Gerechtigkeit »danach« entstehen ließ, an eine göttliche. Im aufgeklärten Denken erscheint das Schicksal als Determinismus, als der Glaube an die eherne Gesetzmäßigkeit von Natur und menschlicher Existenz. Die beiden großen Aufklärer an der Schwelle zu unserem Jahrhundert – Marx und Freud – waren überzeugte Deterministen, glaubten an die Gesetzmäßigkeit der Welt und an die Irrealität des Zufalls. Freiheit diesem Schicksal gegenüber dachten sie dennoch, wenngleich in einer dialektischen Variante: Es komme darauf an, die Gesetze der menschlichen Natur und Gesellschaft so genau zu erforschen, damit man sie zum Wohle des Menschen anwenden und somit im Reich der Notwendigkeit dennoch Freiheit realisieren könne.

Alfred Kubin »Des Menschen Schicksal« (Ausschnitt)

Vision

Die Fähigkeit zur Vision, das zweite Gesicht, der Traum und der Tagtraum, die Allgewalt der menschlichen Wünsche, das Reich der Ahnungen gehören in allen menschlichen Kulturen zum Bestand menschlicher Existenz. Unterschiedlich in den je verschiedenen Kulturen sind nur die Versuche, diese menschlichen Erfahrungs- und Erlebniszustände in den allgemein akzeptierten sozialen Konsens zu integrieren. Der religiöse Kult ist ein Mittel, die prinzipielle Transzendenz des menschlichen Lebens auszudrücken und im Zeremoniell und Ritual festzuhalten. In Kulturen, die – wie die unsrige – eher durch säkularisierte und rationalisierte Strategien dem visionären Reich menschlicher Existenz gegenübertreten, werden entsprechende Inhalte einer wissenschaftlichen Untersuchung zugänglich gemacht. Religionspsychologie, aber auch Parapsychologie versuchen auf unterschiedlichem Wege solche Inhalte verständlich zu erklären, wenn sie sich dabei auch unterschiedlicher Erkenntnismethoden bedienen.

Auguste Rodin »Letzte Vision«

Teufelsaustreibung

In diesem Gemälde von Peter Paul Rubens wird die Austreibung des Teufels durch den heiligen Ignatius von Loyola dargestellt. Der Exorzismus hat in der jüdisch-christlichen Glaubenslehre eine lange Tradition. Während im Alten Testament die Teufel und Dämonen eine eher untergeordnete Rolle spielen und als Strandgut des Dämonenglaubens benachbarter Kulturen aufgefaßt werden können, wird im Neuen Testament der Satan zum eigentlichen Gegenspieler Gottes. Bereits Jesus und seine Jünger nehmen Teufelsaustreibungen vor, wobei der vom Teufel Besessene in der Regel als das Opfer des Bösen erscheint, das durch entsprechende Rituale wieder befreit, dem Teufel entrissen werden kann. Das eigentliche Exorzistenamt entstand im dritten Jahrhundert n. Chr. und hat in der katholischen Kirche bis zum heutigen Tage überlebt: Der Priesterweihe geht noch heute die Weihe des Exorzistats voraus, und Exorzismen sind im katholischen Taufritus noch enthalten.

Peter Paul Rubens »Teufelsaustreibung durch den hl. Ignatius von Loyola« (Ausschnitt)

Schlaf der Vernunft

Franzisco de Goya stellt in dieser Skizze den Schlaf der Vernunft dar, der die Ungeheuer gebiert. Ganz in diesem Sinne hat auch Freud seine Traumtheorie verstanden. Wenn das Ich und die damit verbundene Ratio ihre Funktion der Zensur einstellen, dann – so meinte Freud – gewinne das Unbewußte an Auftrieb, kehre längst Vergessenes und Verdrängtes in den Träumen zurück. Trauminhalte reflektieren vor allem Ängste und Wünsche des Menschen, die jenseits kultureller Werte und Moral im Unbewußten im archaischen Zustand erhalten sind. Normalerweise werden solche Ängste und Wünsche von der wachen Zensur zurückgehalten oder nur in entstellter, »harmloser« Form zum Bewußtsein zugelassen. Wenn diese Funktion der Vernunft beschädigt ist, die Zensur ausfällt, entsteht der Wahnsinn. Daher sah Freud in der Zensur des Verstandes auch den Garanten unserer geistigen Gesundheit und im Wahnsinn einen Traum im Wachen, der nicht enden will.

Francisco de Goya »Der Schlaf der Vernunft gebiert Ungeheuer«

Nachtmahr

Dieses Bild, das auch auf dem Titel des vorliegenden Bandes zu sehen ist, hing in Freuds Arbeitszimmer. Das Reich der menschlichen Imaginationen, das Unbewußte, scheinbar Irrationale, war ja im wesentlichen der Gegenstand der Freudschen Forschung und ist im weiteren Sinne auch der Gegenstand jeder so genannten Tiefenpsychologie. Die Aufklärung als historische Epoche hatte dem religiösen Dämonenglauben den Kampf angesagt, hatte ganz auf die Vernunft gesetzt und hing dem Glauben an, die Vernunft könne den Menschen aus dem Gefängnis des Irrationalen befreien. Die Aufklärung ging dabei allerdings einen Schritt zu weit, indem sie die Existenz des Irrationalen prinzipiell leugnete. Freud hingegen machte das Irrationale wieder zum Gegenstand vernünftigen Nachdenkens, leugnete dessen Existenz nicht. Die Psychoanalyse ersetze den mittelalterlichen Dämonenglauben durch eine psychologische Formel und mache das Dämonische so beherrschbar, meinte Freud einmal.

Heinrich Füssli »Der Nachtmahr«

Schlaf und Tod

Hypnos und Thanatos galten von jeher als verschwistert. Der Schlaf ist ein vorübergehender Tod, der Tod kann als ein langer, nie mehr endender Schlaf begriffen werden. Hypnos und Thanatos besänftigen das wache Ich, schalten es aus und geben der »Seele« ihre Freiheit zurück, die sie in ihren irdischen, körperlichen Fesseln vorübergehend verloren hat. Vielleicht ist gerade die Tatsache von Schlaf und Tod eine der Erfahrungsebenen, die dazu geführt haben, noch an etwas Darüber-Hinaus zu glauben, an die Existenz einer unsterblichen Seele, die jenseits von Schlaf und Tod noch weiterexistiert, ja dort erst zu ihrem eigentlichen Wesen zurückfindet. Die moderne Thanatosforschung hat ja gezeigt, daß Menschen, die schon einmal klinisch tot waren und dennoch ins Leben zurückkehrten, in erstaunlicher Gleichheit von Erlebnissen berichten, die jenseits des jeweiligen kulturellen Hintergrunds einander ähneln, aber auch mit religiösen Überlieferungen übereinstimmen.

Eucharides-Maler »Hypnos und Thanatos nehmen den Körper Memnons in ihre Obhut«

Anhang

Autorenverzeichnis

Quazi Muhammad Aslam, Prof. Dr. phil.
geb. 1900 in Lahore (Pakistan). Studium in Aligarh, Lahore und Cambridge. Unterrichtete Experimentelle Psychologie und Philosophie an der Aligarh University, später an der Punjab University. 1966–1970 war er Direktor des Talimul Islam College in Rabwah (Pakistan). Er ist Mitglied der Pacistan Academy of Sciences. Er veröffentlichte u.a. eine kurze Geschichte der Psychologie des indisch-pakistanischen Subkontinents.

Walter Bernet, Prof. Dr. theol.
geb. 1925 in Thalwil (Schweiz). Er studierte in Zürich und Basel Theologie und Psychologie (1952 Promotion zum Dr. theol.). Von 1953–1961 war er Pfarrer in Volketswill bei Zürich. 1959 erhielt er die Venia legendi an der Theologischen Fakultät der Universität Zürich. 1959 erhielt er die Venia legendi an der Theologischen Fakultät der Universität Zürich. 1961 wurde er außerordentlicher Professor für Praktische Theologie und Religionspsychologie; seit 1964 ist er Ordinarius. Veröffentlichung u.a.: »Gebet« (Stuttgart, Berlin 1970)

Aron Ronald Bodenheimer, Prof. Dr. med.
geb. 1923 in Basel. Studium der Medizin in Basel bis 1949. Danach psychiatrische Ausbildung bei H. Binder, später in England und Holland. 1953 stellvertretender Leiter des Sanatoriums Kilchberg bei Zürich. Seite Ende 1958 freie Praxis. 1971 Berufung in die Leitung der psychiatrisch-psychotherapeutischen Abteilung des Universitätshospitals Tel-Hashomer in Israel. Professur an der Universität Tel Aviv. 1975 Übergang in reine Unterrichts- und Supervisionstätigkeit an der Universität Tel Aviv. Daneben Gastvorlesungen und -professuren in Deutschland und in den USA. Veröffentlichungen u.a.: »Erlebnisgestaltung« (1957), »Versuch über die Elemente der Beziehung« (1967)

Johannes Bökmann, Prof. Dr. theol.
geb. 1926 in Stettin. Priesterweihe 1952, theologische Promotion 1963. Danach Lehrauftrag an der Pädagogischen Hochschule in Bonn. Seit 1970 Professor für Moraltheologie am Priesterseminar in Köln. Veröffentlichungen u.a.: »Aufgaben und Methoden der Moralpsychologie« (Köln 1964)

Uwe Böschemeyer, Dr. theol.
geb. 1939 in Oranienburg. Studium der Theologie; danach Gemeindepfarrer, Wiss. Assistent an der Universität Hamburg; Ausbildung zum Logotherapeuten in der American Medical Society an der Universität Wien (bei V. Frankl). Seit 1976 Hochschulpfarrer an der Universität Hamburg und Lehrbeauftragter im Fachbereich Theologie. Veröffentlichung u.a.: »Die Sinnfrage in Psychotherapie und Theologie« (Berlin, New York 1977)

Medard Boss, Prof. Dr. med.
geb. 1903 in St. Gallen (Schweiz). Medizinstudium in Zürich, Paris, Wien und London. Postgraduate-Studium der Psychoanalyse in London und Berlin. 1947 Ernennung zum Titularprofessor für Psychotherapie. Er entwickelte als Schüler Martin Heideggers eine neue daseinsanalytisch fundierte Psychopathologie und Therapie (»Daseinsanaylse«). Zahlreiche Veröffentlichungen, u.a.: »Es träumte mir vergangene Nacht« (Bern, Stuttgart, Wien 1975)

Hans-Jürg Braun, Dr. phil.
geb. 1927 in Davos (Schweiz). Theologiestudium und später Philosophiestudium in Zürich. Dissertation über Ludwig Feuerbachs Anthropologie und Religionsphilosophie. Evang.-reform. Pfarrer in St. Peter (Chur) und Schlatt (Zürich). Seit 1976 Privatdozent für Philosophie an der Universität Zürich. Hauptarbeitsgebiete: Phänomenologie der Religion, philosophische Phänomenologie, Religionsphilosophie. Veröffentlichungen u.a.: »Ludwig Feuerbachs Lehre vom Menschen« (Stuttgart, Bad Cannstatt 1971); »Die Religionsphilosophie Ludwig Feuerbachs« (Stuttgart, Bad Cannstatt 1972)

Gion Condrau, Prof. Dr. med. et phil.
geb. 1919 in Disentis (Schweiz). Studium der Medizin in Bern; Promotion zum Dr. med. 1944. Studium der Philosophie, Psychologie und Soziologie in Zürich; Promotion zum Dr. phil. 1949. Spezialarzt für Neurologie, Psychiatrie und Psychotherapie; Privatdozent an der Medizinischen Fakultät der Universität Zürich und an der Philosophischen Fakultät der Universität Fribourg. Direktor des Daseinsanalytischen Instituts für Psychotherapie und Psychosomatik; Titularprofessor an der Universität

Fribourg. Schüler u.a. von Manfred Bleuler, Medard Boss, Georges Guillain, Martin Heidegger und Gregory Zilboorg. Spezialgebiete: Psychosomatische Medizin, Psychotherapie, Daseinsanalyse sowie gesellschaftspolitische Fragen. Herausgeber dieses Bandes. Veröffentlichungen u.a.: »Daseinsanalytische Psychotherapie« (Bern 1963); »Psychosomatik der Frauenheilkunde« (Bern ²1970); »Medizinische Psychologie« (München ²1975); »Der Januskopf des Fortschritts« (Bern ²1977); »Aufbruch in die Freiheit« (Bern ²1978)

Karlfried Graf Dürckheim, Prof. Dr. phil.
geb. 1896 in München. 1932 Professor für Psychologie an der Pädagogischen Akademie und Dozent für Philosophie an der Universität Kiel. 1937–1945 in Japan. Seit 1948 in Todtmoos-Rütte (Schwarzwald) im Kreis seiner Mitarbeiter in seiner existenzialpsychologischen Bildungs- und Begegnungsstätte psychotherapeutisch tätig. Zahlreiche Veröffentlichungen u.a.: »Meditieren – wozu und wie« (Freiburg, Basel, Wien ³1977)

Claus D. Eck, Psychologe
geb. 1918. Stellvertretender Direktor des Institutes für Angewandte Psychologie in Zürich; Lehrbeauftragter an der Universität Zürich. Arbeitsschwerpunkte: Sozial- und Betriebspsychologie, Psychologie des Erwachsenenalters; Religionspsychologie. Publikationen in Fachzeitschriften und Wörterbüchern der Psychologie und Theologie.

Yehuda, Fried, Prof. M. D.
geb. 1929 in Tel Aviv (Israel). Er promovierte 1959 an der Hebrew University, Jerusalem, in Medizin. Schüler von J. Piaget und H. Ey. Forschungen am Institute of Psychiatry in London. Er ist Senior Lecturer an der Sackler School of Medicine der Universität Tel Aviv und Leiter eines Hospitals für psychiatrische Akutpatienten. Veröffentlichungen u.a.: »Paranoia: A study of diagnosis« (zusammen mit J. Agassi) (Dordrecht, Boston 1976)

Johanna Herzog-Dürck, Dr. phil.
geb. 1902 in Leverkusen. Studium von Philosophie, Germanistik und Nationalökonomie in Heidelberg bei Jaspers, Rickert und Gundolf. Dissertation über Hegel 1926 in Bern. Literarische und journalistische Tätigkeit in Basel und Berlin. Ab 1932 Ausbildung in Analytischer Psychologie. Eigene Praxis als Psychotherapeutin in Berlin. Nach dem Krieg in München als Psychotherapeutin und Dozentin tätig. Entwickelte eine eigenständige psychotherapeutische Methode, die als Personale Psychotherapie bezeichnet wird. Veröffentlichungen u.a.: »Probleme menschlicher Reifung. Person und Identität in der Personalen Psychotherapie« (Stuttgart 1969); »Die Arbeit der Seele. Heilung als Erlebnis im psychotherapeutischen Prozeß« (Hamburg 1972)

Erna M. Hoch, Prof. Dr. med.
geb. 1919 in Bülach (Schweiz). Medizinisches Staatsexamen 1946, Promotion 1949, Facharzt für Psychiatrie 1954. Seit 1956 in Indien tätig; 1956–1961 Direktorin einer Privatklinik in Lucknow; 1961–1963 Privatstudium in Almora/Himalaya; 1963–1967 Beraterin für »Mental Health« des indischen Gesundheitsministeriums. Seit 1965 akademische Lehrtätigkeit. Seit 1969 Professor für Psychiatrie am Gouvt. Medical College, Srinagar (Indien) und zugleich Leitung des einzigen psychiatrischen Spitals von Kashmir. Zahlreiche Publikationen, vor allem über transkulturelle Psychiatrie und über Beziehungen zwischen altindischer Philosophie und westlicher Psychiatrie.

Helmut Holzhey, Prof. Dr. phil.
geb. 1937 in Jauer. Studium der evangel. Theologie in Berlin, Göttingen, Marburg, Zürich (Fakultätsexamen 1962 in Zürich). Studium der Philosophie und Soziologie in Zürich (Promotion 1968). Habilitation für Philosophie (unter besonderer Berücksichtigung ihrer Geschichte) in Zürich 1974. Privatdozent für Philosophie in Zürich 1974–1978. Seit 1978 Assistenzprofessor für Philosophie. Leiter des Hermann-Cohen-Archivs am Philosophischen Seminar der Universität Zürich. Veröffentlichungen u.a.: »Kants Erfahrungsbegriff. Quellengeschichtliche und bedeutungsanalytische Untersuchungen« (Basel, Stuttgart 1970); »Cohen und Natorp. Ein Beitrag zur Geschichte des Neukantianismus« (im Druck)

Werner Huth, Dr. med.
geb. 1929 in Amberg/Oberpfalz. Facharzt für Neurologie, Psychiatrie und Psychotherapie. Eigene Praxis in München. Vorstandsmitglied der Internationalen Forschungsgemeinschaft für Schicksalspsychologie. Lehrbeauftragter für anthropologische Grenzfragen der Tiefenpsychologie an der Hochschule für Philosophie, München. Veröffentlichung u.a.: »Wahl und Schicksal. Voraussetzungen, Grundprinzipien und Kritik der Schicksalsanalyse von Leopold Szondi« (Bern, Stuttgart, Wien 1978)

Raimar Keintzel, Dr. phil., Mag. theol. Dipl.-Psych.
geb. 1924 in Hermannstadt (Rumänien). Studium der Theologie, Philosophie und Psychologie in Deutschland, den USA und der Schweiz. Ausbildung als Psychotherapeut in Zürich; Tätigkeiten als Pfarrer, Dozent und Psychotherapeut. Von der Steo-Stiftung in Zürich beauftragt mit einer Untersuchung über die Bedeutung des sogenannten Unbewußten für die theologische Anthropologie. Veröffentlichung u.a.: »C. G. Jung – Ergebnisse seiner Psychologie. Eine Kritik« (Bonn 1977)

Alice Kündig, Dr. phil.
geb. 1936 in Zürich. Studium der Psychologie, Musikwissenschaft und Philosophie in Zürich (1955–1960); zusätzliche Studien der evangel. Theologie in Zürich (1961–1970). Weiterbildung in Psychiatrie, Psychosomatik, schicksalsanalytischer Psychotherapie, Psychoanalyse, daseinsanalytischer Psychotherapie, analytischer Gruppenpsychotherapie, Themenzentrierter Interaktion, Gestalttherapie, Atem- und Bewegungstherapie Zen-Medidation. Schülerin u.a. von L. Szondi, G. Bally, M. Boss, R. Battegay, G. Schwöbel, R. Cohn, K. Graf v. Dürckheim. Seit 1961 eigene Praxis für Analytische Pschyotherapie in Zürich. Assistentin an der Evan-

gel. Theol. Fakultät der Universität Zürich (1965–1968). Freie Mitarbeiterin für Psychotherapie und Bewegungstherapie im Privaten Psychiatrischen Krankenhaus »Schlössli«, Oetwil a.See (1967–1969). Ausbilderin für Themenzentrierte Interaktion am Workshop Institute for Living Learning (W.I.L.L.) seit 1972. Veröffentlichung u.a. »Das Musikerlebnis in psychologischer und psychotherapeutischer Sicht, mit besonderer Berücksichtigung seiner kompensatorischen Funktion« (Winterthur 1961)

Gonsalv K. Mainberger, Dr. phil., Lic. theol.
geb. 1924 in St. Gallen. Theologiestudium in Chur und Fribourg; Promotion übr Platon und Aristoteles. Studienaufenthalte in Tübingen und Marburg. Forschungsauftrag in Zentralafrika (1958–1960). Lehrauftrag für Philosophie in La Sarte (1960–1968). Seelsorgepraxis in Luzern und Zürich. Lehraufträge an der Theol. Fakultät in Zürich. Unterrichtet Philosophie am Gymnasium in Zug (seit 1971). Veröffentlichung u.a.: »Die Seinsstufung als Methode und Metaphysik« (Freiburg 1959). Weitere wissenschaftliche Publikationen zu den Themen Strukturalismus und Religionsphilosophie.

Paul Matussek, Prof. Dr. phil., Dr. med.
geb. 1919 in Berlin. 1937–1939 Studium der Philosophie und Theologie an der Universität Breslau und der Theologischen Hochschule Fulda. 1940–1944 Medizinstudium an der Universität Berlin und Würzburg. Fortsetzung des Philosophiestudiums, vorwiegend bei Prof. E. Spranger und Prof. N. Hartmann in Berlin. 1945–1946 Fortsetzung des Medizinstudiums in Heidelberg. 1946–1950 Assistent an der Psychiatrischen und Nervenklinik der Universität Heidelberg. 1952 Privatdozent für Neurologie und Psychiatrie an der Universität München. 1953–1954 Assistent am Institute of Psychiatry, Maudsley Hospital, London. Seit 1965 Leiter der Forschungsstelle für Psychopathologie und Psychotherapie in der Max-Planck-Gesellschaft, München. Veröffentlichungen u.a.: »Die Konzentrationslagerhaft und ihre Folgen« (Berlin, Heidelberg, New York 1971); »Kreativität als Chance« (München 1974)

Fritz Meerwein, Prof. Dr. med.
geb. 1922 in Basel. Nervenarzt, Titularprofessor für Psychiatrie, Psychotherapie und Psychosomatik an der Universität Zürich. Konsiliarischer Leiter des medizinpsychologischen Liaison-Dienstes an der Medizinischen Universitätsklinik in Zürich. 1973–1976 Präsident der Schweiz. Gesellschaft für Psychoanalyse. Veröffentlichungen u.a.: »Psychiatrie und Psychoanalyse in der psychiatrischen Klinik« (Basel, New York 1965); »Das ärztliche Gespräch« (Bern ²1974). Ferner Publikationen über psychoanalytische Religionspsychologie und medizinische Psychologie, insbesondere Psychologie der Karzinom-Kranken.

Wolfgang Metzger, Prof. Dr. phil.
geb. 1899 in Heidelberg. Studierte von 1920–1927 in Heidelberg, München, Berlin und Iowa City (USA) erst Germanistik, Anglistik und Kunstwissenschaft, dann Psychologie, Physik und Philosophie. Wichtigste Lehrer in Berlin: Max Wertheimer, Wolfgang Köhler, Kurt Lewin. Promotion 1926, Habilitation 1932 für Psychologie. 1939 außerplanmäßiger Professor in Frankfurt/M. 1942–1967 ordentlicher Professor der Psychologie und Direktor des (von ihm gegründeten) Psychologischen Instituts der Universität Münster; seit 1967 Leiter der Unterabteilung für gnostische Funktionen am gleichen Institut. Seit 1976 freier Schriftsteller. Wichtigste Arbeitsgebiete: Wahrnehmungslehre und Pädagogische Psychologie. Veröffentlichungen u.a.: »Psychologie« (Darmstadt ⁵1975); »Schöpferische Freiheit« (Frankfurt/M. ²1962); »Psychologie in der Erziehung« (Bochum ³1976)

Heinz Müller-Pozzi, Dr. phil.
geb. 1940 in Schleitheim (Schweiz). Studium der Psychologie, der Heilpädagogik und Theologischen Ethik in Zürich. Anschließend Tätigkeit als beratender Psychologe; psychoanalytische Ausbildung. Seit 1972 psychoanalytische Praxis in Zürich. Veröffentlichung u.a.: »Psychologie des Glaubens« (München 1975)

Walter Neidhart, Prof. Dr. theol.
geb. 1917 in Basel. Er studierte Theologie in Basel und arbeitete zunächst zwölf Jahre lang als Gemeindepfarrer in Binningen (Schweiz). Nach der Habilitation wurde er 1967 Ordinarius für Praktische Theologie an der Universität Basel. Veröffentlichung u.a.: »Psychologie des Religionsunterrichts« (Zürich, Stuttgart 1960)

Hans G. Preuss, Dr. med.
geb. 1923 in Löwenberg/Niederschlesien. Studium der Medizin in Breslau, Düsseldorf und Basel; Promotion in Düsseldorf 1949. Ausbildung zum Nervenfacharzt und Psychoanalytiker in der Schweiz und in den USA. Dozent für Psychiatrie und Psychotherapie am Medical College of Virginia in Richmond (1955) und an der Harvard University, Boston (1956–1961). Seit 1961 in freier psychoanalytischer Praxis in Verbindung mit einer psychosomatischen Privatklinik in Ebenhausen/Isartal tätig. Dozent und Lehranalytiker an der Akademie für Psychoanalyse und Psychotherapie in München. Wissenschaftliche Veröffentlichungen auf dem Gebiet der psychosomatischen Medizin, analytischen Gruppenpsychotherapie und Familientherapie. Herausgeber und Mitarbeiter der »Praxis der klinischen Psychotherapie« (München 1965) und der »Analytischen Gruppenpsychotherapie« (München 1966). Veröffentlichungen u.a.: »Illusion und Wirklichkeit« (Stuttgart 1971); »Ehepaartherapie« (München 1974)

Joachim Scharfenberg, Prof. Dr. theol.
geb. 1927 in Erfurt. Studium der Theologie und Psychologie in Jena, Halle, Tübingen, Kiel, Cambridge/Mass. (USA). Psychoanalytische Ausbildung am Berliner Psychoanalytischen Institut (1961 beendet); Gemeindepfarrer, Krankenhauspfarrer und Leiter der Evangelischen Beratungsstellen sowie der Telefonseelsorge in Berlin. Ab 1964 Leiter der Evangeli-

schen Eheberatung in Stuttgart sowie Lehrbeauftragter an der Universität Tübingen. 1968 Habilitation im Fach Praktische Theologie und Dozent in Tübingen. Seit 1971 Ordinarius für Praktische Theologie an der Universität Kiel und freipraktizierender Psychoanalytiker. Zahlreiche Veröffentlichungen, u.a.: »Sigmund Freud und seine Religionskritik als Herausforderung des christlichen Glaubens« (Göttingen ^{2}1976)

Peter Seidmann, Priv. Doz. Dr. phil.
geb. 1925 in Zittau (Auslandschweizer). Psychologische Praxis in Zürich; Dozent für Psychologie, speziell für Tiefenpsychologie, mit Lehraufträgen an verschiedenen Instituten; seit 1972 Privatdozent für Psychologie an der Universität Zürich. Zahlreiche Veröffentlichungen, u.a.: »Der Mensch im Widerstand. Studien zur anthropologischen Psychologie« (Bern 1974)

Ernst Spengler, Dr. phil.
geb. 1935 in Zürich. Zunächst Schriftsetzer; Abitur nach dem Abendgymnasium. Studium der Psychologie (mit Philosophie und Religionsgeschichte) an der Universität Zürich sowie Ausbildung zum Analytiker am C. G. Jung-Institut Zürich. Dann zehn Jahre Redakteur an der »Neuen Zürcher Zeitung«. Heute selbständig praktizierender Analytiker in Zürich sowie Psychotherapeut an der Klinik am Zürichberg. Veröffentlichung u.a.: »Das Gewissen bei Freud und Jung. Mit einer philosophisch-anthropologischen Grundlegung« (Zürich 1964)

Dieter Spies, Dr. phil., Dipl.-Theol.
geb. 1941 in München. Studium von Theologie, Philosophie, Psychologie und Mathematik an der Universität München. Seit 1974 Studienrat am Städt. Werner-von-Siemens-Gymnasium in München.

Gerhard Strube, Dr. phil., Mag. theol., Dipl. Psych.
geb. 1948 in Ansbach. Wissenschaftlicher Assistent und Lehrbeauftragter für psychologische Methodenlehre am Institut für Psychologie der Universität München. Koordinator des Gesamtwerks und Herausgeber von Band V dieser Enzyklopädie.

Gerhard Szczesny, Dr. phil.
geb. 1918 in Sallewen/Ostpr. Studium der Philosophie, Literaturwissenschaft und Publizistik in Königsberg, Berlin und München. 1947–1962 Leiter des Nachtstudios, dann des Sonderprogramms im Bayerischen Rundfunk. 1963–1969 Leiter des Szczesny-Verlages, München. Herausgeber des Jahrbuchs für kritische Aufklärung »Club Voltaire« von 1963–1970. Gründer (1961) und Vorsitzender der »Humanistischen Union« bis 1969. Mitglied des PEN-Club. Veröffentlichungen u.a.: »Die Zukunft des Unglaubens« (München 1958); »Das sogenannte Gute« (Reinbek 1974); »Ein Buddha für das Abendland« (Reinbek 1976)

Klaus Thomas, Dr. med., Dr. phil., D. D.
geb. 1915 in Berlin. Er studierte in Berlin und Marburg Theologie, Philosophie, Neuphilologie, Psychologie, Psychotherapie und Medizin. Zunächst Studentenpfarrer in Berlin, dann Klinikpfarrer in Marburg und heute Arzt und Psychotherapeut in Berlin, Oberstudienrat und Dozent an der Lessing-Hochschule und Leiter von Seminaren für Ärztliche Fortbildung bei der Ärztekammer Freiburg i.Br. Seit 1956 leitet er die von ihm gegründete »Ärztliche Lebensmüdenbetreuung Berlin«, ihre Telefonseelsorge und seit 1972 das »J. H. Schultz-Institut für Psychotherapie, Autogenes Training und Hypnose«. 1964 und 1965 war er Staff-Psychiatrist und zugleich Professor für Seelsorge in Washington D.C. Veröffentlichungen u.a.: »Handbuch der Selbstmordverhütung« (Stuttgart 1964); »Praxis der Selbsthypnose des autogenen Trainings« (Stuttgart ^{4}1976)

Walter Uhsadel, Prof. Dr. theol. h.c., Dr. phil.
geb. 1900 in Danzig. Er war zunächst Pastor in Hamburg und Cuxhaven. 1950 Berufung auf den Lehrstuhl für Religionspädagogik in Hamburg; 1956 Ordinarius in Tübingen; 1966 Gastprofessor in den USA, 1972 in Wien, 1972–1974 in Heidelberg. Veröffentlichungen u.a.: »Praktische Theologie, I–III« (Heidelberg 1954–1966); »Der Mensch und die Mächte des Unbewußten. Studien zur Begegnung von Psychotherapie und Seelsorge« (Kassel 1952); »Kleines Begriffslexikon biblisch-theologischer Grundbegriffe« (Konstanz 1966)

Gerhard Wehr, Publizist
geb. 1931 in Schweinfurt. Ausbildung als Diakon; sechs Jahre Dienst in zwei Kirchengemeinden, daneben theologische und tiefenpsychologisch-geistesgeschichtliche Studien; 1960–1968 in der Erwachsenenbildung tätig. Jetzt freier Schriftsteller mit Lehrauftrag an der Akademie für Sozialpädagogik Rummelsberg b. Nürnberg. Veröffentlichungen u.a.: Monographien über Martin Buber (Reinbeck 1968), C. G. Jung (Reinbek 1969), Jakob Böhme (Reinbek 1971) und Thomas Müntzer (Reinbek 1972)

Ingeborg Y. Wendt, Dr. phil. Dipl.-Psych.
geb. 1925 in Berlin. Nach dem Studium der Psychologie Forschung und Lehre hauptsächlich in Japan. Ausgedehnte Forschungsaufenthalte in anderen asiatischen Ländern. Zunächst psychologisch und geistesgeschichtlich orientierte vergleichende Studien, später Erweiterung des Interesses auf sozioökonomische Fragestellungen. Zur Zeit Arbeit als klinische Psychologin. Publikationen in deutscher, englischer und japanischer Sprache, u.a.: »Zen, Japan und der Westen« (München 1961); »Die ›uheimlichen‹ Japaner« (Stuttgart 1970)

Karl A. Wipf, Dr. phil.
geb. 1938 in Winterthur (Schweiz). Lehre als Laborant; Tätigkeit in diesem Berufe bis 1967. Studium der Germanistik im Hauptfach, der Altphilologie und Urgeschichte in den Nebenfächern an der Universität Zürich. Daneben Studien in Religionsgeschichte; Abschluß mit der Promotion 1972. Postdoktorale Studien in Urgeschichte bei E. Vogt, der Religionsgeschichte und des Alten Testaments bei V. Maag. 1971–1973 Assistent bei St. Sonderegger. Von 1972–1978 Lehrbeauftragter an der Universität Zürich für Althochdeutsch, seit 1974 auch für Reli-

gionsgeschichte, besonders für die Religionen des präkolumbischen Mittel- und Südamerika, des nordischen und keltischen Raumes. Von 1976–1978 Assistent für Religiongeschichte. Gegenwärtige Tätigkeit: Religionsgeschichtliche, sprachwissenschaftliche und kulturhistorische Forschungen präkolumbischer Hochkulturen. Mehrere Reisen nach Mittelamerika, Mesopotamien, Ägypten und in den Fernen Osten. Veröffentlichung u.a.: »Elpis, Betrachtungen zum Begriff der Hoffnung in Goethes Spätwerk« (Bern, München 1974)

Namenregister

Sachregister

Quellenverzeichnis der Abbildungen

Bildteil nach Seite 370:
Národni Galerie, Prag: Kupka »Der Anfang des Lebens«; *Tate Gallery, London:* Rossetti »Beata Beatrix«; *Rijksmuseum, Amsterdam:* Toorop »Verlust des Glaubens«; *Archiv für Kunst und Geschichte, Berlin:* Bernini »Die Verzückung der hl. Theresia«; *Sammlung Haags Gemeentemuseum, Den Haag:* Babberich »Schwarze Schwäne«; *Oslo Kommunes Kustsamlinger, Munch-Museet, Oslo:* Munch »Angst«; *Bayerische Staatsgemäldesammlungen, München:* v. Stuck »Die Sünde«; *G. Condrau, Herrliberg:* Forrer »Die Last«; *Kubin-Archiv, München:* Kubin »Des Menschen Schicksal«; *Bildarchiv Foto Marburg/Lahn:* Rodin »Letzte Vision«; *Kunsthistorisches Museum, Wien:* Rubens »Teufelsaustreibung durch den hl. Ignatius von Loyola«; *Archiv für Kunst und Geschichte, Berlin:* de Goya »Der Schlaf der Vernunft gebiert Ungeheuer«; *Freies Deutsches Hochstift, Goethemuseum, Frankfurt/M.:* Füssli »Der Nachtmahr«; *Giraudon, Paris:* Eucharides-Maler »Hypnos und Thanatos, die Dämonen des Schlafs und des Todes, nehmen den Körper Memnons in ihre Obhut«.